KRÖNERS TASCHENAUSGABE BAND 483

EPISCHE STOFFE DES MITTELALTERS

HERAUSGEGEBEN VON

VOLKER MERTENS UND ULRICH MÜLLER

ALFRED KRÖNER VERLAG STUTTGART

CIP-Kurztitelaufnahme der Deutschen Bibliothek

Epische Stoffe des Mittelalters /
hrsg. von Volker Mertens u. Ulrich Müller. –
Stuttgart: Kröner 1984.
(Kröners Taschenausgabe; Bd. 483
ISBN 3–520–48301–7

Gesamtherstellung Friedrich Pustet, Regensburg

INHALT

V. REZEPTIONS- UND FORSCHUNGSGESCHICHTE

VERZEICHNIS DER ABKÜRZUNGEN

ATB	Altdeutsche Textbibliothek
DNL	Deutsche Nationalliteratur
DTM	Deutsche Texte des Mittelalters
DVjs	Deutsche Vierteljahresschrift für Literaturwissenschaft und Geistesgeschichte
Euph.	Euphorion
GAG	Göppinger Arbeiten zur Germanistik
GRLMA	Grundriß der romanischen Literaturen des Mittelalters
GRM	Germanisch-romanische Monatsschrift
MGH	Monumenta Germaniae Historica
MTU	Münchener Texte und Untersuchungen zur deutschen Literatur des Mittelalters
PBB	Beiträge zur Geschichte der deutschen Sprache und Literatur
RUB	Reclams Universal-Bibliothek
StLV	Bibliothek des Stuttgarter Litterarischen Vereins
VL	Die deutsche Literatur des Mittelalters. Verfasserlexikon, Berlin–New York ²1978 ff.
WdF	Wege der Forschung
ZfdA	Zeitschrift für deutsches Altertum und deutsche Literatur
ZfdPh	Zeitschrift für deutsche Philologie

VORWORT

Es liegt nahe, die Herausgabe dieses Bandes mit dem, inzwischen schon zum Gemeinplatz gewordenen, neuen Interesse am Mittelalter zu motivieren – allerdings ist diese Motivation zwiespältig. Der »Mittelalter-Boom« vermarktet diese Zeit inzwischen als ein Fantasy-Land, vergleichbar Tolkiens »Third Age of Middle-earth«, die Funktion der neuen Artusromane und -filme ist im besten Fall der Entwurf eines utopischen Freiraums »vor« der bekannten Geschichte, in der noch das Abenteuer, noch nicht die Zweckrationalität die Lebenszusammenhänge bestimmte. Nachdenkliche Betrachter werden nach dem Ursprung und der frühen Überlieferung dieser Stoffe fragen, wissen wollen, was und wie das Mittelalter tradierte, werden die eigene Vergangenheit darin suchen wollen. Der Zugang zu den Quellen ist oft nicht einfach – sprachliche Schwierigkeiten, Probleme der ganz anderen literarischen Tradition und der versunkenen Gesellschaftsordnung, in der die Texte entstanden und wirkten, behindern das Verständnis. Hier soll unser Buch helfen: die stofflichen Grundlagen referieren, ihre literarische Eigenart skizzieren und das soziale Umfeld andeuten.

Im Zusammenhang der einzelnen Kapitel soll sich ein Einblick in die Eigenart des mittelalterlichen literarischen Lebens ergeben: die europäischen Zusammenhänge der volkssprachlichen Literaturen, ihre Stellung im Rahmen der lateinisch-literarischen Bildungswelt, ihre soziale und politische Funktion in der höfischen Gesellschaft. Europäisch sind nahezu alle behandelten Stoffe – die christlichen (Bibel- und Legendendichtung) und die antiken an erster Stelle, aber auch die ursprünglich national begrenzten wie die von Artus und Tristan, auch die von Karl und Roland. Zwei eigene Kapitel sind regionalen Besonderheiten gewidmet: der Isländersaga als selbständiger Entwicklung einer volkssprachlichen Prosaerzählung und der angelsächsischen Heldendichtung, deren Isolation allerdings vornehmlich überlieferungsgeschichtlich begründet ist.

Die Auswahl der Kapitel orientiert sich an den erzählerischen Großformen, in denen die Stoffe thematisiert werden – die Stoffe geben daher das Organisationsprinzip, nur im Fall der Allegorie, die als literarisch-exegetische Technik selbständige erzählerische Formen produziert hat, machen wir eine Ausnahme. Beiseite bleiben spätmittelalterliche Stoffe wie Eulenspiegel und Faust z. B. – ihre Nachwirkung war kontinuierlich, ist damit auch Gegenstand einer nachmittelalterlichen Literaturgeschichte.

Das Vorgehen der Autoren bei der Darstellung ihres Stoffgebiets ist unterschiedlich, das Ziel das gleiche: einen Überblick zu geben. Das führt, vor allem bei schlecht erschlossenen Bereichen (z. B. ›Antike Stoffe‹), zum Streben nach Vollständigkeit, während andere Bereiche eher exemplarisch abgehandelt werden, oft abgehandelt werden müssen wegen unbewältigbarer Fülle. Dabei ist das Auswahlprinzip auch von der »literarischen« Bedeutung bestimmt: im Mittelalter und in der Neuzeit geschätzte oder besonders folgenreiche Texte sollten vordringlich herausgestellt werden. Manchmal erscheinen die gleichen Texte in verschiedenen Zusammenhängen (›Parzival‹ z. B. im Artus- und im Gral-Kapitel): dann sind Verweise notiert. Die Interpretationen gehen meist in die inhaltlichen Referate ein, manchmal erscheinen sie an diese angehängt, mitunter werden mehrere Deutungen referiert: der Tendenz zu Forschungsberichten haben die Herausgeber versucht zu steuern. Die Pluralität der interpretatorischen Ansätze bleibt dem Leser deutlich. Wir wollten zwar allzu Thesenhaftes fernhalten, den Beiträgen jedoch nicht ihr wissenschaftliches Profil nehmen. So finden sich nüchterne Referate aus dem Bemühen, der historischen Situation gerecht zu werden, neben einer engagierten Parteinahme gegen die Texte aus unserer heutigen Einsicht in die gesellschaftlichen Zustände. Die wichtigsten Interpretationsansätze werden obendrein in einem eigenen Kapitel vorgestellt.

Im Darstellungsstil wurde eine das engere Fachschrifttum überschreitende Verständlichkeit angestrebt, Fachjargon sollte reduziert (bzw. erklärt) werden, mittelalterliche Zitate wurden übersetzt oder paraphrasiert. Der »interessierte Laie« schwebte uns als Leser vor. Daher sollten schwer vermittelbare Forschungsprobleme nicht diskutiert, Forschungsliteratur nur in begrenzter Auswahl aufgenommen werden. Da das Ziel grundsätzlich in der Hinführung zu den Texten besteht, werden die Ausgaben genannt, bevorzugt solche mit Übersetzungen oder Übersetzungen zuzüglich. In diesem Sinn wünschen wir, mehr noch als diesem Buch, den mittelalterlichen Werken viele interessierte Leser.

Berlin/Salzburg 1983

Volker Mertens
Ulrich Müller

MITTELALTERLICHE EPIK: ANSÄTZE, BRECHUNGEN UND PERSPEKTIVEN

von

WALTER HAUG

I

Die Anfänge der volkssprachlichen Epik des Mittelalters liegen im dunkeln. Die westliche mittelalterliche Schriftkultur ist – vom Sonderfall Runeninschriften abgesehen – bis ins 8. Jahrhundert ausschließlich und dann noch jahrhundertelang vorwiegend lateinisch. Von Klerikern getragen, dient sie der Vermittlung des antik-christlichen Kulturerbes. Es hat daneben eine mündlich-volkssprachliche Dichtung gegeben. Das belegen uns indirekt die lateinischen und später die volkssprachlich-kirchlichen Schriftsteller, wenn sie – wie Jordanes oder Otto von Freising – als Historiker auf mündliche Traditionen Bezug nehmen oder als christliche Eiferer gegen eine heimisch-profane Dichtung polemisieren, die selbst vor Klostermauern nicht haltmachte: Alcuin mahnt in seinem berühmten Brief von 797 den Bischof von Lindisfarne, daß den Geistlichen beim Mahl das Wort Gottes vorgelesen werden solle: »Es ziemt sich, dort den Vorleser zu hören, nicht den Harfenspieler, die Predigten der Väter, nicht die Lieder der Heiden«. Proteste solcher Art ziehen sich durch die Jahrhunderte und bezeugen damit die Virulenz der mündlichen Tradition.

Wenn man von wenigen frühen Zeugnissen aus altenglischer und althochdeutscher Zeit absieht, setzt die direkte schriftliche Überlieferung der heimischen epischen Dichtung erst im 12. Jahrhundert ein. Sie bestätigt jedoch, daß die Stoffe zum Teil bis in die Völkerwanderungszeit zurückgehen, denn sie handelt immer wieder von Personen und Ereignissen, die in diesem Zeitraum historisch festzumachen sind: Die Nibelungensage hat eine ihrer stofflichen Wurzeln im Untergang der Burgunden am Mittelrhein im 5. Jahrhundert. Die Sagen um Dietrich von Bern knüpfen an den Einfall Theoderichs in Oberitalien und die Ermordung Odoakers im Jahre 493 an. Es gibt daneben jüngere geschichtliche Ansätze: die Karls- und Wilhelmsepen beruhen auf den Araberkämpfen in Spanien und Südfrankreich im 8. Jahrhundert, usw.

So gewiß man also mit mündlichen epischen Traditionen zumindest von der Völkerwanderung bis ins hohe, ja späte Mittelalter zu rechnen hat, so unerreichbar ist uns ihre konkrete Gestalt. Man hat zwar immer wieder versucht, mit Hilfe der indirekten Zeugnisse und der späten schriftlichen Formen, den Weg zum germanisch-deutschen Heldenlied zurückzufinden. Solche Rekonstruktionen sind nicht nur angesichts der zeitlichen Distanz zwischen den geschichtlichen Ansätzen und der schriftlichen Überlieferung höchst problematisch, sondern es verbietet sich prinzipiell, von der schriftlichen Stufe aus auf die mündlichen Vorformen zurückzuschließen. Das Heldenlied wird – das hat die Oral-Poetry-Forschung Milman Parrys und Albert B. Lords gezeigt – nicht in einem festen Wortlaut weitergegeben. Der Sänger improvisiert vielmehr immer wieder neu aufgrund eines Handlungsschemas und mit Hilfe eines traditionellen Formelschatzes und ebenso traditioneller szenischer Versatzstücke. Der improvisierte Vortrag erlaubt eine kontinuierliche Anpassung und Neuakzentuierung je nach Situation und Interesse. Es ist deshalb müßig, die mündliche Vorgeschichte eines Stoffes in der Vielfalt seiner möglichen Verwandlungen durchdringen zu wollen. Und wenn ein heroischer Stoff schließlich das Pergament erreicht, hat man auch damit nicht eine einzelne fixierte mündliche Variante vor sich, denn die mündliche Form tritt bei der Niederschrift unter die besonderen Bedingungen der schriftlichen Komposition. Werden dabei spezifisch orale Stilmittel, wie z. B. Wortformeln, in die Schriftlichkeit übernommen, so stellen sie auf der neuen Ebene etwas Neues dar: indem sie selbst nicht mehr mündlich sind, deuten sie auf eine Mündlichkeit, die man zurückgelassen hat. So hat das ›Nibelungenlied‹ einen archaisierenden Sprachstil entwickelt, der die mündliche Form nachahmt und somit als schriftlich-literarische Kunstform auf Mündlichkeit verweist. Entsprechend verändern Bauformen ihren Sinn: die additive Verkettung von Episoden ist auf mündlicher Stufe durch die Vortragssituation bedingt. Auf dem Pergament wird daraus ein Strukturprinzip; es wird als solches bewußt und damit manipulierbar.

Wenn also von der Schriftlichkeit aus kein Weg zu der in der Improvisation realisierten konkreten Gestalt der oralen Poesie zurückführt, so ist es doch unter Umständen möglich, wenigstens die epischen Handlungsschemata, die der Improvisation als

Basis dienten, in die Mündlichkeit hinein zurückzuverfolgen. Zwei Beispiele:
Die Eroberung Italiens durch Theoderich wird in der Dietrich-Epik nach dem Schema der Heimkehrsage stilisiert: Es wird erzählt, daß Dietrich aus seinem Erbland von Odoaker vertrieben worden sei, daß er ins Exil an den Hunnenhof ging, um schließlich mit einem hunnischen Heer heimzukehren und sein Land wieder in Besitz zu nehmen. Man hat vermutet, daß die historische Eroberung Italiens und die Ermordung Odoakers dadurch legitimiert werden sollten, daß man Theoderich mit Hilfe des Exilschemas zum rechtmäßigen Herrscher machte. Wenn dies die ursprüngliche Tendenz der Dietrichsage war, so zeigen die überlieferten Epen – sie stammen aus dem 13. Jahrhundert – jedoch eine wesentlich andere Akzentuierung. Dietrich erscheint hier als glückloser Heimkehrer, d. h. er besiegt zwar seinen Gegner, er wird jedoch durch Verrat um die Früchte seines Sieges gebracht; er muß erneut ins Exil gehen, zum zweitenmal zurückkehren, worauf sich dasselbe in abgewandelter Form wiederholt; und so geschieht es ein drittesmal. –

Es ist verschiedentlich versucht worden, den Prozeß, der von der Adaptation des Exilschemas zur späteren Uminterpretation führte, literarhistorisch zu rekonstruieren. Man ist hier heute sehr viel zurückhaltender geworden (vgl. J. Heinzle S. 142f.). –

Im Jahre 436 sind die Burgunden am Mittelrhein von Aëtius mit Hilfe hunnischer Truppen vernichtend geschlagen worden. Die Sage formt diese Völkerschlacht nach dem epischen Schema der verräterischen Einladung um, das uns in einer Reihe von Varianten belegt ist – im ›Finnsburgkampf‹, im ›Mabinogi von Branwen‹ u. a. m.: Königliche Brüder haben ihre Schwester einem fremden Herrscher zur Frau gegeben. Die Brüder ziehen – aus Gründen, die variabel sind – an den Hof des Schwagers. Sie geraten in eine Falle, und es kommt zu einem Vernichtungskampf, den auf beiden Seiten nur wenige überleben. Diente dieses Schema einmal der Erklärung der historischen Katastrophe von 436? Die schriftlichen, späteren Zeugnisse zeigen andere und unterschiedliche Motivierungen. Im ›Atlilied‹ der Edda lockt der Hunnenkönig seinen Schwager Gunnar an seinen Hof, um sich in den Besitz von dessen sagenhaftem Hort zu bringen. Da Gunnar sich weigert, sein Leben mit dem Schatz zu erkaufen, wird er in die Schlangengrube geworfen, wo er harfenspielend stirbt, d. h. er triumphiert im Untergang über seinen Gegner: darin liegt die Pointe dieser Version. Im ›Nibelungenlied‹ dagegen lädt Kriemhild die Brüder an den Etzelhof ein, um die Ermordung Siegfrieds an ihnen zu rächen; der Burgundenuntergang wird damit aus einem größeren epischen Zusammenhang heraus neu begründet.

Es ist schwierig, mehr als Vermutungen darüber zu äußern, wie es zu diesen verschiedenartigen Motivierungen und Akzentsetzungen gekommen ist. Was wir mit einiger Sicherheit fassen, ist stets nur das Handlungsschema; die Sinnperspektive hängt an der konkreten Gestaltung. Solange diese in mündlicher Improvisation erfolgt, ist sie für uns verloren. Wenn sie schriftlich wird und erhalten bleibt, ist sie durch die Bedingungen der neuen literarischen Stufe gebrochen und von da aus zu beurteilen. Wie stellen sich diese schriftlichen Bedingungen geschichtlich dar?

II

Die frühmittelalterliche Kultursituation ist dadurch charakterisiert, daß sich eine kirchlich geprägte Bildungsschicht mit einer lateinischen Schriftlichkeit von der Welt der Laien abhebt. Das Lateinische erfüllt alle Funktionen, für die Schriftlichkeit erforderlich ist: Verwaltung, Dokumentation, Religion, Wissenschaft usw. Die weltliche Elite sieht sich in diesen Bereichen um so mehr auf die schriftkundigen Kleriker angewiesen, je weniger sie selbst einen Zugang zum lateinischen Kulturerbe besitzt. In den romanischen Gebieten ist dies in dem Maße der Fall, in dem die einzelnen Vulgäridiome das Lateinische als gesprochene Sprache ablösen. Das klassische Latein wird zur Fremdsprache, die gelernt werden muß. In den germanischen Gebieten mußte man das Lateinische von vorneherein über die Schule vermitteln. Gerade dieser Vermittlungsakt aber wird zur Einbruchstelle der Volkssprache in die Schriftlichkeit: die frühesten deutschen Schriftzeugnisse sind Glossen in lateinischen Texten, Vokabulare und zwischen die Zeilen geschriebene deutsche Übersetzungen; d. h. das vulgärsprachliche Schrifttum ist zunächst Hilfe beim Lateinlernen. Dazu kommen Übersetzungen der elementarsten katechetischen Texte: Vaterunser, Glaubensformeln, Beichten. Denn in einfachster Form mußte die christliche Lehre in einem fixierten Wortlaut auch an jene weitergegeben werden, die des Lateinischen nicht mächtig waren. Die Bildungsreform Karls des Großen hat insbesondere durch die ›Admonitio generalis‹ von 789 in diesem Sinne gewirkt.

Das älteste deutschsprachige Schrifttum diente also praktisch-pädagogischen Zwecken. Das änderte sich, als das Sprachproblem als Politikum begriffen wurde. Erste Ansätze faßt man schon in karlischer Zeit. Es entsteht, höchstwahrscheinlich am Hofe des Kaisers selbst, ein Corpus von althochdeutschen Musterübersetzungen. Erhalten sind u. a. Übersetzungsfragmente eines Traktats von Isidor von Sevilla, des Matthäus-Evangeliums, einer Predigt Augustins – also keineswegs anspruchslose Vorlagen. Um so erstaunlicher ist es, auf welch hohem sprachlichem Niveau sich die deutschen Versionen bewegen, wobei zugleich der Versuch einer orthographischen Normierung unternommen wird. Das Ziel dieser Musterübersetzungen konnte nur darin bestehen, die deutsche Sprache zu einem dem Lateinischen ebenbürtigen Gefäß für das Wort Gottes und die Darstellung der theologisch-philosophischen Tradition zu machen. Man kann darin ein Zeugnis für eine heimisch-deutsche Komponente im Kulturprogramm Karls des Großen sehen. Ob er auch germanische Heldenlieder hat aufzeichnen lassen, wie man aufgrund einer Notiz seines Biographen Einhard vermutet hat, ist jedoch umstritten.

Neue Impulse zu einem eigenständigen deutschen Schrifttum erfolgen nach Karls Tod im Laufe des 9. Jahrhunderts. Es entsteht nun eine deutschsprachige Bibeldichtung. Auf der einen Seite der ›Heliand‹ und die ›Genesis‹ in altsächsischer Sprache, auf der anderen das ›Evangelienbuch‹ Otfrids von Weißenburg, jene in Stabreimversen – vermutlich in Anlehnung an die große angelsächsische Tradition geistlicher Epik –, dieses, erstmalig, in Endreimversen.

Otfrid hat seinen Versuch theoretisch begründet. Er will mit seinem deutschen Evangelium den Einfluß heidnischer Dichtungen zurückdrängen und zugleich das Wort Gottes jenen näherbringen, die kein Latein verstehen: Er sei sich bewußt, daß er dabei mit seiner ungeschliffenen fränkischen Sprache nicht an die Stilkunst der griechischen und lateinischen Dichter heranreiche, aber es komme darauf an, Gott zu loben, auch wenn die Form noch so unvollkommen sei, ja letztlich gehe es überhaupt nicht um poetische Fertigkeiten, sondern um die Verwirklichung des Gotteswortes im Leben; und in Hinblick auf ihre christliche Lebensführung wie ihren politischen Rang seien die Franken den antiken Völkern zumindest ebenbürtig. Die Legitimation für Otfrids Evangeliendichtung in deutscher Sprache ergibt sich damit letztlich aus der Stellung, die dem fränkischen Stamm im Geschichtsplan Gottes zugewiesen ist. Die ersten Ansätze zu einem deutschsprachigen epischen Schrifttum sind also zugleich kirchlich und politisch motiviert.

III

Bibeldichtung ist Bibelinterpretation. Als solche steht sie im Dienst der Verwirklichung des Gotteswortes, sie erweckt den toten Buchstaben zum Leben, sie aktualisiert das Vergangene für die Gegenwart, indem sie die heilsgeschichtliche oder auch die allgemein ethische Bedeutung der biblischen Berichte herausstellt. Diese Auslegungsmethode auf der Basis der sog. Lehre vom mehrfachen Schriftsinn ist von frühchristlichen Exegeten entwickelt und an das Mittelalter weitergegeben worden. Die volkssprachliche geistliche Literatur übernimmt sie. Otfrid folgt ihr, indem er den biblischen Erzählungen allegorische Interpretationen beifügt. So berichtet er etwa die Geschichte der heiligen drei Könige zunächst nach Matthäus 2,1–12: Die Weisen aus dem Morgenland kommen dem Stern folgend zu Herodes und fragen ihn nach dem neugeborenen König. Die Schriftgelehrten in Jerusalem wissen nichts Genaueres. Herodes bittet die drei Weisen – nicht ohne Hintergedanken –, ihm auf dem Rückweg Bericht zu erstatten. Sie finden das Kind in der Krippe; doch von einem Engel im Traum gewarnt, sprechen sie nicht mehr bei Herodes vor, sondern kehren auf einem andern Weg in ihre Heimat zurück.

Otfrids exegetisches Interesse gilt dieser Heimkehr auf einem andern Weg. Er versteht sie als Mahnung für uns, nach der Begegnung mit Christus einen neuen Weg einzuschlagen, einen Weg, der uns in unsere Heimat zurückführt. Diese Heimat ist das Paradies, ein Land, in dem Leben ohne Tod ist, in dem Licht ist ohne Finsternis und ewige Freude. Es folgt eine Klage darüber, daß wir durch unsere Schuld diese Heimat verloren haben, daß wir wegen unseres Hochmuts und Eigenwillens verstoßen worden sind und nun in der Fremde leben müssen, in einem Exil, in dem es nur Weinen und Bitternis gibt. Dann fährt Otfrid fort: »Wenn uns aber das Heimweh ganz erfaßt hat, dann gehen wir wie die drei Könige eine andere Straße, wir wenden uns dem Weg zu, der in die paradiesische Heimat führt. Dieser andere Weg ist der Weg der Güte, der Demut und der wahren Liebe.«

Hinter dem wörtlichen Sinn der Schrift gibt es also eine zweite verborgene Bedeutung, die der Exeget aufzudecken hat und die den Hörer hier und jetzt in das Geschehen einbezieht.

Diese Interpretationsmethode wird im übrigen nicht nur auf die Bibel, sondern auch auf die Natur angewendet. Im mittelalterlichen Naturkundebuch, dem ›Physiologus‹, werden Tiere, Pflanzen und Steine entsprechend moralisch oder allegorisch ausgelegt. Wenn es hier heißt, daß die Schlange ihr Gift ausspeie, bevor sie Wasser trinke, so bedeutet dies, daß man das Böse ausspeien soll, bevor man das Wort Gottes hört. Das Einhorn, von dem man annahm, daß es sich nur von einer reinen Jungfrau fangen läßt, bedeutet Christus, der sich nur von Maria verlocken ließ, auf die Erde zu kommen.

Auch die Geschichte wird in dieses exegetische Verfahren einbezogen. So verweisen die Ereignisse des Alten Testaments auf das Neue, d. h. die Fakten der jüdischen Geschichte sind von Gott so gesetzt, daß sie das Geschehen des Evangeliums in vorläufiger Form vorwegnehmen: der Durchzug der Israeliten durch das Rote Meer mit dem Untergang des Pharao verweist auf die Taufe Christi im Jordan, durch die der Teufel besiegt wurde. Die profane Weltgeschichte wird mit den Stufen der Heilsgeschichte synchronisiert und bildet im übrigen ein Arsenal von Beispielfiguren.

Diese Interpretationen auf einen zweiten Sinn hin sind im Mittelalter allgemein verfügbar. Sie erscheinen in Stein gehauen an den Kathedralen, als Bildkorrespondenzen in illustrierten Handschriften und Fresken, sie sind allgegenwärtig in der Predigt und in erbaulicher Literatur, sie erstarrten teilweise geradezu zu moralisch-allegorischen Enzyklopädien. Man lebt in einer doppelten Welt: hinter der Welt der Fakten liegt die zweite Welt der Bedeutungen.

Möglich und wahr wird eine solche Interpretation unter der Voraussetzung, daß Gott bei der Schöpfung diesen zweiten Sinn in die Dinge gelegt hat bzw. die Geschichte so lenkt, daß sie auf das Heilsgeschehen verweist. Die Unterscheidung zwischen Gegenstand und Bedeutung, zwischen Stoff und Sinn wird damit grundlegend für das mittelalterliche Weltverständnis. Sie sollte auch das literarische Bewußtsein und die literaturtheoretische Reflexion – und dies nicht nur im Rahmen der Bibeldichtung – entscheidend prägen.

IV

Wenn vor dem Hintergrund des christlichen Heilsgeschehens alle Erscheinungen in Natur und Geschichte zu Metaphern der einen Wahrheit werden, dann bildet sich ein umfassender metaphorischer Horizont heraus, dem sich auch profane literarische Themen nicht entziehen können. Man hat sie teils programmatisch umgedeutet, teils hat die neue Metaphorik ihre Schatten auf die traditionellen Vorstellungen geworfen. Die christliche Neuakzentuierung des thematischen Komplexes »Heimat – Fremde – Heimkehr« z. B., wie sie sich in Otfrids Deutung der Erzählung von den heiligen drei Königen findet, die auf alter exegetischer Tradition beruht, hat auch vor der profan-antiken Heimkehrdichtung nicht haltgemacht. Die ›Odyssee‹ wie die ›Aeneis‹ hatten die Fahrt ihrer Helden gleichermaßen, wenn auch unter anderen literarhistorischen Bedingungen und Intentionen, als Weg zu sich selbst bzw. zur Erkenntnis der eigenen Bestimmung begriffen: das epische Geschehen war Anverwandlung der Welterfahrung in der Rückkehr zum Ursprung. Im christlichen Horizont konnten Ursprung und Ziel nicht mehr diesseitig verstanden werden. So wird denn die Heimkehr des Odysseus heilsgeschichtlich als Weg in die jenseitige Heimat gedeutet: Odysseus, der an den Mastbaum gefesselt an den Sirenen vorbeifährt, wird zur Figura Christi, der, ans Kreuz geschlagen, das Schiff der Kirche an den Verlockungen der Welt vorbei zum himmlischen Ziel lenkt. Die allegorische Vergil-Interpretation deutet den Lebensweg des Aeneas als Weg der Seele zur Erlösung im paradiesisch-transzendenten Ursprung.

Aber es bleibt nicht bei der Uminterpretation der antiken Heimkehrepen oder bei Allegoresen wie derjenigen Otfrids zur Geschichte der heiligen drei Könige. Es kommt zu literarischen Gegenentwürfen: zur christlichen Meerfahrt. Als Paradigma kann die Reise des irischen Abtes Brandan gelten, der aufbricht, die *terra repromissionis*, das Land der Verheißung, zu suchen. Er erreicht es, allen Gefahren trotzend, über eine Kette von Inselabenteuern, die übrigens nicht unbeeinflußt sind von antiken Seefahrtmotiven. In Brandans Meerfahrt realisiert sich das genaue Gegenbild der antiken Heimkehridee: die irdische Heimat ist zur Fremde geworden, die Ferne steht für die Transzendenz, für den Ursprung im Jenseits.

V

Das Motiv der Heimkehr spielt auch in der deutschen Heldensage eine prominente Rolle. Doch sind diese Heimkehrsagen, sobald wir sie in schriftlicher Überlieferung fassen, ebenfalls nicht mehr ohne Rücksicht auf den neuen metaphorischen Horizont der Thematik »Heimat – Fremde – Heimkehr« zu verstehen. Von hier aus erklärt sich die negative Akzentuierung, unter die das Exilschema der ostgotischen Dietrichsage getreten ist, und dies nicht erst in der Dietrich-Epik des 13. Jahrhunderts, sondern indirekt schon in der Spiegelung durch das ›Hildebrandslied‹ im 9. Jahrhundert.

Das ›Hildebrandslied‹ ist eine Abwandlung des Motivschemas vom Vater-Sohn-Kampf. Es handelt sich um eine in Persien, Rußland und Irland belegte Wanderfabel: ein Held zeugt in der Fremde einen Sohn und verläßt darauf seine Geliebte. Herangewachsen geht der Sohn auf die Suche nach dem Vater. Sie treffen zusammen, doch unglückliche Umstände verhindern es, daß sie sich erkennen. Es kommt zum Kampf, und der Vater tötet sein eigenes Kind.

Dieses Motivschema ist im ›Hildebrandslied‹ der ostgotischen Exilsage angepaßt worden: es ist nicht mehr der Sohn, sondern der Vater – Hildebrand –, der aus der Ferne kommt. Denn er hat seinerzeit Weib und Kind zurückgelassen, um mit Dietrich ins Exil zu gehen. Im Zwiegespräch mit dem Sohn, der ihm bei der Heimkehr an der Spitze eines Heeres entgegentritt, erkennt der Vater, wen er vor sich hat. Der Sohn jedoch schenkt den Beteuerungen des Fremden, daß er sein Vater sei, keinen Glauben. So bleibt nur der Kampf, in dem der Sohn fallen wird.

In Hildebrands Schicksal spiegelt sich das Schicksal Dietrichs: beide sind sie Sieger, denen der Sieg bitter wird. Das ›Hildebrandslied‹ ist also schon geprägt von jener Perspektive, in der der »arme Dietrich« der späteren Heldensage erscheint.

Man hat sich vergeblich bemüht, das ›Hildebrandslied‹ im Sinne einer heroisch-germanischen Tragik zu interpretieren, es von einem Konflikt zwischen Ehre und Sippenbindung oder zwischen Gefolgschaftstreue und Sohnesliebe her zu verstehen. Wie immer die mündliche Improvisation die Akzente gesetzt haben mag, bei der überlieferten schriftlichen Fassung ist zu berücksichtigen, in welcher Weise das Thema der Heimkehr christlich umgeprägt worden ist. Wenn die Heimkehr im wahren Sinne eine Heimkehr zum transzendenten Ursprung ist, kann die profane Heimkehrsage an sich, d. h. wenn sie nicht neu gedeutet wird, nurmehr eine Heimkehr als Selbstverlust sein.

Hildebrand tötet seinen Sohn, weil dieser sich weigert, ihn anzuerkennen. Hildebrand sagt: »Wohl sehe ich an deiner Rüstung, daß du zuhause einen guten Herrn hast«, d. h. Hildebrand erkennt, daß sein Sohn sich inzwischen mit dem Usurpator, seinem Todfeind, arrangiert hat; seine Existenz hängt daran, daß der Vater tot ist. Hildebrands Heimkehr ist damit zutiefst sinnlos geworden. Wenn er in den Kampf geht, dann ist das kein heroisches Unternehmen mehr, und wenn er siegt, dann ist das ein Sieg ohne tragische Größe, ohne heroischen Glanz.

Im Rahmen der christlichen Umbesetzung des Heimkehrthemas erscheint die heroische Heimkehrsage, ob bewußt oder zwangsläufig, als negative Variante der himmlischen Heimkehr. *Welaga nu, waltant got*, ruft Hildebrand aus, bevor er den Kampf beginnt. Der *waltant got* kann nur der christliche Gott sein. Die neue Welt ist präsent, aber es gibt von der profanen Konzeption aus keinen Zugang zu ihr. Das Profane kann sich nurmehr durch die traurig-sinnlose Tat als überholt entlarven.

Daß die mündlich-heroische Heimkehrsage im christlichen Horizont nicht nur in ein dunkles Licht getreten ist, sondern daß sie im neuen Horizont reflektiert und kritisch durchgespielt worden ist, beweist ein weiterer heldenepischer Stoff, der verschriftlicht und zugleich latinisiert wurde, die Walthersage: Waltharius und seine Braut Hiltgunt, die als Geiseln am Hunnenhof aufgewachsen sind, planen ihre Flucht in die Heimat. Waltharius gibt ein Fest, bei dem er dafür sorgt, daß die Hunnen sich gehörig betrinken. Indessen machen sich die beiden Geiseln davon und lassen im übrigen eine Truhe voll Gold mitgehen. Da die Hunnen die Flüchtigen nicht zu verfolgen wagen, kommen sie unbehelligt an den Rhein. Hier jedoch erregt der fremde Recke mit dem schönen Mädchen und dem Goldschatz Aufsehen. Der König des Landes – es ist der Gunther der Nibelungensage – überfällt sie mit seinen Kriegern. Doch Waltharius, gut geschützt in einer Waldschlucht, erledigt einen Angreifer nach dem andern. Unter den Gefolgsleuten Gunthers befindet sich auch Hagen, der sich aber zunächst aus dem Kampf heraushält, denn er und Waltharius sind alte Freunde. Erst als alle Krieger Gunthers erschlagen sind, bringt der König Hagen dazu einzugreifen. Sie warten, bis das Paar die Waldschlucht verlassen hat, dann fallen sie über Waltharius her. Es kommt zu einem wilden Kampf, bei dem alle drei verstümmelt werden: Gunther verliert ein Bein, Hagen ein Auge und sechs Zähne, Waltharius eine Hand. Unter diesen Umständen bleibt nichts, als sich zu versöhnen. Bei einem Becher Wein sitzen die Kämpfer zusammen und frotzeln sich gegenseitig wegen ihrer Verstümmelungen.

Daß der ›Waltharius‹-Epiker mit dieser Geschichte einen mündlichen Stoff aufgegriffen und umgestaltet hat, belegen parallele Überlieferungen. Etwas Genaueres über die Vorlage zu sagen, ist aber auch hier nicht möglich. Hingegen kann kaum zweifelhaft sein, daß der burleske Schluß mit den Verstümmelungen der Helden einen Einfall des lateinischen Bearbeiters darstellt. Denn ein einbeiniger Gunther paßt schlecht in den Zusammenhang der Nibelungensage, deren Handlung ja zeitlich nach dieser Walthergeschichte liegen muß. Worin jedoch das besondere Interesse des christlich-lateinischen Dichters an diesem Stoff bestand, das kommt in der großen Hexameter-Arie zum Ausdruck, die mitten in die Kämpfe eingeschoben ist. Ihr Thema ist die Avaritia, die Besitzgier; sie zielt auf den sinnlosen Kampf um den Schatz. Es ist daran zu erinnern, welche Rolle der Schatz in der Nibelungensage spielt: im alten ›Atlilied‹ geht es bei der verräterischen Einladung des Hunnenkönigs ausschließlich um den Hort. Dieses nibelungische Thema wird im ›Waltharius‹ mit vertauschten Rollen aufgenommen und in charakteristischer Weise abgewandelt. Es ist hier Gunther, der die Rolle des goldgierigen Atli spielt, und es ist Waltharius, der in der nibelungischen Rolle Gunthers auftritt. Diese Umformulierung des Kampfes ums Gold kann nur auf eine Ironisierung der Burgundentragödie zielen. Die profane Heimkehr des Helden wird also verbunden mit einem zentralen Motiv der deutschen Heldensage, aber aus dem Hortsymbol, dem Symbol der Königsmacht, wird eine Kiste mit Gold und Geld, und der Kampf mündet in eine humorige Kumpelei.

An die Stelle des Weges zum Hunnenhof ist also der Gegenweg in die Heimat getreten, und wenn auf diesem Weg das Hortthema abgehandelt wird, dann als Akzentuierung der Perspektive, in die die profane Heimkehr gerückt worden ist: es ist eine Heimkehr als Streit um irdische Güter. Und das Ergebnis sind groteske Verstümmelungen, Denkzettel für die im christlichen Verständnis pervertierte Heimkehridee. Der lateinische ›Waltharius‹ erweist sich als eine strategisch raffinierte kritische Umdeutung der Heldensage, eingebettet in den durch das christliche Heimkehrthema desavouierten Weg in die diesseitige Heimat.

VI

Die althochdeutsche Bibeldichtung versiegt zu Beginn des 10. Jahrhunderts mit den politischen Impulsen, von denen sie getragen wurde. Das deutschsprachige Schrifttum lebt in jenen Grenzen weiter, die ihm durch die Bedürfnisse der Schule und des katechetischen Unterrichts gezogen waren. Erst nach der Mitte des 11. Jahrhunderts setzt erneut eine epische Literatur in deutscher Sprache ein, doch nun unter wesentlich veränderten Bedingungen. Sie hängen mit den gesellschaftlichen Umwälzungen zusammen, die nicht zuletzt durch den Investiturstreit hervorgerufen wurden. Es entwickelt sich dabei eine weltliche Führungsschicht mit einem eigenen Bildungsanspruch. Die Kirche muß sich mit neuen Mitteln den selbstbewußter gewordenen Laien zuwenden. So entsteht eine deutschsprachige geistliche Literatur, die sich der Welt und ihren Problemen öffnet. Die Methode der Weltbewältigung ist zwar weiterhin die traditionelle – es erscheint nun das ganze breite Typenspektrum der allegorischen Natur- und Geschichtsdeutung in volkssprachlicher Form –, aber das Erzählen gewinnt doch zunehmend mehr Eigengewicht. Denn es mußte die literarische Bemühung um den Laien dazu drängen, die überkommenen poetischen Möglichkeiten der Volkssprache zu nützen. Man macht zunächst stilistisch-technische Anleihen bei der mündlichen Dichtung. Doch spätestens von der Mitte des 12. Jahrhunderts an greift man auch Themen heimisch-profaner Herkunft auf. Was nun niedergeschrieben wird, sind jedoch keine Heldenlieder, sondern epische Großformen, d. h. es kommt im Übergang zur Schriftlichkeit zu einer entscheidenden strukturellen Verwandlung.

Das Leitthema der ältesten Epengruppe ist die gefährliche Brautwerbung. Das früheste Zeugnis dürfte der ›König Rother‹ sein (vgl. die detailliertere Analyse von W. Röcke, u. S. 401ff.): Rother, der König von Süditalien, sucht eine ihm ebenbürtige Frau. Eine Ratsversammlung wird einberufen. Einer berichtet von der wunderschönen Tochter des Königs von Konstantinopel. Aber bisher sind alle Werber zu Tode gekommen. Rother schickt Boten an den byzantinischen König; sie werden in den Kerker geworfen. Da zieht er selbst aus. Als Recke verkleidet erscheint er in Konstantinopel, begleitet von gewaltigen Riesen, die Schrecken verbreiten. Zudem entfaltet er eine staunenerregende Pracht, er demonstriert seinen Reichtum und seine Machtfülle. Es gelingt ihm dann, heimlich zur Prinzessin vorzudringen und sie für sich zu gewinnen. Schließlich ergibt sich eine Gelegenheit, sie und auch die befreiten Boten unbemerkt auf die Schiffe zu bringen und nach Italien zu segeln.

Dieser erste Handlungsteil folgt dem gängigen Brautwerbungsschema; es finden sich die gewohnten Motive: der König, der eine Frau sucht, die Ratsversammlung, die Botschaft, der mutiglistige Vorstoß zur Braut, die Gefährdung, die Flucht usw. Doch der Rother-Dichter hat nicht beliebig in den Motivfundus gegriffen, sondern die Materialien unter einer bestimmten Perspektive ausgewählt und dargeboten: es ist die Perspektive der Machtdemonstration. Diese besitzt zwar ihren guten strategischen Sinn, sie erschöpft sich jedoch nicht darin. Ihre tiefere Bedeutung enthüllt sich im 2. Teil der Erzählung, in dem die Handlung unter veränderten Bedingungen noch einmal durchgespielt wird: Es gelingt dem König von Konstantinopel, seine Tochter durch eine List rückzuentführen. So muß Rother ein zweites Mal ausziehen. Wieder fährt er mit einem gewaltigen Heer nach Konstantinopel. Aber es hält sich verborgen, während er selbst als Pilger verkleidet und von nur zwei Getreuen begleitet in die Stadt geht. Da werden sie jedoch entdeckt und sollen gehängt werden. Im letzten Augenblick gelingt es, das verborgene Heer zu alarmieren, das Hilfe und Rettung bringt. Das einfache Brautwerbungsschema ist hier also gedoppelt, wobei es zu einem charakteristischen Perspektivenwechsel kommt. Beim ersten Auszug erscheint Rother als Recke, er demonstriert seine Macht und gewinnt seine Frau durch Kühnheit und List. Diese traditionelle Motivkonstellation wird im zweiten Durchgang kritisch umformuliert: Rother tritt als Pilger auf und gibt sich demütig in die Hand Gottes. Er geht bis zum Galgen und wird erst im letzten Augenblick gerettet.

In ähnlicher Weise wird bei den weiteren Epen dieses Typus, beim ›Oswald‹, ›Orendel‹ u. a., mit dieser Form des kontrastiven doppelten Kursus gearbeitet. Wenn die ersten Themen aus mündlicher Tradition in der Mitte des 12. Jahrhunderts in großepischer Form verschriftlicht werden, so bedeutet dieser Übergang also auch hier Reflexion und Interpretation. Dies jedoch nicht als Auslegung auf einen zweiten Sinn hin, sondern als Wiederholung der Handlung unter wechselnden Vorzeichen. Das Denkschema erinnert an das Strukturmodell der heilsgeschichtlichen Stufung. Wenn die geistlichen Verfasser der Brautwerbungsepen sich hieran angelehnt haben sollten, so haben sie den doppelten Kursus jedoch literarischen Zwecken dienstbar gemacht: Man hebt mündliche Themen auf die schriftliche Stufe und bewältigt sie dabei, indem man sie in kritisch-kontrastiver Variation in eine neue Sinnperspektive stellt. Die Brautwerbung ist ein Paradethema der Weltaneignung. Man hält damit positiv am Ausgreifen ins Fremde und an der siegreichen Heimkehr fest, und doch erweist sich der Gewinn als nicht beständig, wenn der Held seinen Weg nicht tiefer aus einem unbedingten Vertrauen in die göttliche Führung heraus begreift und durchsteht.

Diesem Gedanken ist auch die neue Idealfigur des christlichen Ritters verpflichtet, der aktiv für die Sache Gottes in dieser Welt eintritt: als Verteidiger des Glaubens, als Heidenkämpfer, als Streiter für Frieden und Gerechtigkeit. Die Idee findet ihre exemplarische Verkörperung in Gestalten wie Ruodlieb oder Roland. Der *miles christianus* ist die Synthese, in der man den neuen Anspruch dieser Welt mit dem christlichen Jenseitsbezug zu verbinden sucht.

VII

Im romanischen Bereich entsteht im 12. Jahrhundert die autochthone Großerzählung des Artusromans durch einen der Brautwerbungsepik vergleichbaren Strukturierungsprozeß. Die Grundlage bilden bretonische Lais, also wieder eine mündliche Erzähltradition, und wieder geschieht es bei der Umsetzung in die schriftliche Großform, daß man die Handlung doppelt, um dabei den neuen Sinn in den Perspektivenwechsel zwischen den beiden Zyklen zu legen: Der arthurische Held zieht vom Hof aus, erkämpft sich auf dem ersten *avanture*-Weg eine *amie* und kehrt mit ihr zur Tafelrunde zurück. Eine Krise, in der das Verhältnis zur Partnerin und zur Gesellschaft problematisch wird, zwingt den Helden zu einem zweiten Auszug, bei dem das Paar seine Liebe neu und tiefer verstehen lernt und über den schließlich auch die gesellschaftliche Position zurückgewonnen wird.

Der Doppelweg des höfischen Romans ist mit Hilfe kunstvoller Motivkorrespondenzen und -kontraste sehr viel differenzierter durchgestaltet als das schlichte Zwei-Phasenschema der Brautwerbungsepik, und selbstverständlich ist auch das sprachlich-poetische Niveau nicht mit jenem eines ›König Rother‹ zu vergleichen. Doch die strukturellen Verfahren sind im Prinzip identisch. Man nützt die Möglichkeiten der schriftlichen Großform, um den Weg, den der Held zu gehen hat, zweimal unter verschiedenen Bedingungen durchzuspielen und dabei über wechselnde Akzentuierungen ein bestimmtes Problem zum Bewußtsein zu bringen. Wenn man sich damit von den einfachen Formen der mündlichen Tradition löst, so wird hier jedoch – anders als bei den Brautwerbungsepen – der Sinn literarisch-innerweltlich gefunden, d. h. es handelt sich nicht mehr um eine dezidiert geistliche Umdeutung des mündlichen Typus. Man setzt die Sinnfindung als schriftliche Gestaltung literarisch-programmatisch zugleich gegen die »Sinnlosigkeit« der oralen Vorlage. Chrétien de Troyes, der Schöpfer des Artusromans, sagt im Prolog zum ›Erec‹, daß die Berufssänger ihre Geschichten zu verstümmeln und zu zerstückeln pflegten und damit ihren Sinn zerstörten. Er hingegen wolle durch die Art seiner Komposition den im Stoff liegenden Sinn herausholen. Der Terminus dafür lautet *conjointure*: dieser umstrittene Begriff meint letztlich nichts anderes als die sinngebende Strukturierung des Stoffes. Verschriftlichung bedeutet also wiederum, daß traditionell-mündliche Formen, indem man sie als Bauelemente für komplexe Strukturen verwendet, in die Reflexion geraten und dabei in eine neue thematische Perspektive treten.

Der Artusroman, der zu einem gesamteuropäischen Erfolg wird, markiert eine entscheidende Entwicklungsschwelle. Die mittelalterliche Epik erreicht mit ihm eine äußerste Gegenposition zu jener Form der Sinnvermittlung, unter der sie seinerzeit in die Verschriftlichung eingetreten ist. Einst: Darstellung von Geschichte und Natur in ihrer Transparenz auf das Heilsgeschehen hin; die Welt erscheint als geschlossener metaphorischer Horizont der einen Wahrheit; die Sinnvermittlung erfolgt über den Akt der Exegese. Jetzt: Fiktionale Entwürfe anhand eines Strukturschemas, das den Sinn trägt; es geht nun um die literarische Bewältigung spezifischer, und d. h. historisch wandelbarer Probleme.

Doch es ist keineswegs so, daß die neue fiktionale Dichtung die älteren allegorisch-exemplarischen Literaturtypen einfach überholt und abgelöst hätte. Es kommt vielmehr zu einem lange währenden Nebeneinander und Gegeneinander, aus dem vielfältige Mischformen hervorgehen. Dabei spielt der fiktive Roman zugleich die neu entdeckten poetologischen Möglichkeiten aus, und dies z. T. in so extremer Weise, daß er sich selbst fragwürdig macht.

Fünf Aspekte sind bei diesem Prozeß insbesondere zu beachten:

1) Die Wende zur Fiktionalität läßt eine Natur und eine Geschichte zurück, die, insoweit sie nicht dem traditionellen Verständnis verpflichtet bleiben, ihr Recht verlangen. Es stellt sich die Frage, wie sich der ideale literarische Entwurf im freien Raum der Fiktionalität mit der faktischen Wirklichkeit verträgt. In Wolframs ›Willehalm‹ bricht die aus menschlichem Vermögen nicht zu überwindende Kluft zwischen ritterlich-christlicher Verpflichtung und Schuld in aller Härte auf. Das ›Nibelungenlied‹ konfrontiert die höfische Idealität mit der brutalen Eigengesetzlichkeit eines heroisch-historischen Stoffes. Rudolf von Ems versucht in seinem Alexanderroman, anhand einer historischen Idealfigur Glück und Verdienst zusammenzuzwingen, also von der Faktizität etwas zu fordern, was sich nur fiktiv konstruieren läßt. Eine überzeugende Lösung ist bestenfalls über eine Trennung von innerer Norm und äußerem Erfolg zu erreichen. So vertritt Rudolf im ›Guoten Gerhard‹ die These, daß wahres Verdienst sich selbst genügen muß, ja, daß äußerer Lohn den moralischen Gewinn aufzehrt. Damit steht man am Übergang zum Legendenroman. Mit dem legendenhaften Typus des duldenden Helden aber ist die Idee der aktiv-positiven Weltbewältigung, die am Beginn der neuen volkssprachlichen Literatur gestanden hat, in ihr Gegenteil verkehrt.

2) Im Zusammenhang der Konfrontation des fiktiv-idealen Entwurfs mit der geschichtlichen Faktizität kommt es auch zum Einbruch der Heilsgeschichte in den fiktionalen Bereich. Den Weg hat schon Chrétiens ›Perceval‹ mit der Überhöhung des Artusreiches durch das Gralsreich gewiesen. Doch seit Robert de Boron verbinden sich Heilsgeschichte und Profangeschichte in der Weise, daß das Rittertum am religiösen Anspruch gemessen wird und letztlich scheitert. Die große Lancelot-Kompilation endet in der ›Mort Artu‹ mit dem Untergang der arthurischen Welt.

3) Zum Anspruch der Geschichte tritt der Anspruch der Natur. In dem Maße, in dem auch sie frei wird, erfährt man ihre Irrationalität und Unkontrollierbarkeit. Der Zwiespalt bricht programmatisch schon im ›Tristan‹ auf, der die natürliche Liebe zwischen Mann und Frau als absolute Forderung gegen die Bedingtheit der Welt und der Gesellschaft stellt. Damit ist der Prototyp des tragischen abendländischen Liebesromans geschaffen. Doch auch hier gibt es die Möglichkeit, in die untragische

Form der duldenden Bewährung im Liebesleid auszuweichen. Der erotische Roman des 13. Jahrhunderts nimmt über das Schema »Trennung und Wiederfinden« legendenhafte Züge an. ›Meraugis‹ in Frankreich und Rudolfs von Ems ›Wilhelm von Orlens‹ sind typische Beispiele für diese Wende.

4) Neben dem sekundären Einbruch von Geschichte und Natur ins Fiktionale entwickelt dieses die Möglichkeiten seiner neuen autonomen Position weiter. Denn wenn der epische Sinn nicht mehr transliterarisch, sondern innerliterarisch vermittelt wird und sich somit der geschlossene metaphorische Horizont, in dem die Erscheinungen der Natur und der Geschichte bislang standen, auflöst, wird auch die Fantasie, die im Dienst dieses Horizonts stand, prinzipiell frei. D. h. sie ist nun zwar an die fiktionale Struktur gebunden: sie stellt dieser die Materialien zur Verfügung, die den Stationen, durch die der Held geht, ihre auf den Sinn des Weges bezogene Symbolik zu geben vermögen. Doch es entwickelt sich eine Eigendynamik des Fantastischen. Die Fabulierkunst beginnt das strukturelle Konzept zu überwuchern. Am Ende steht der sinnentleerte, stoffhungrige Abenteuerroman.

5) Gegenüber dem Aushalten der Widersprüche zwischen Fiktion und Faktizität, wie gegenüber der Schrankenlosigkeit des Subjektiven und gegenüber dem Wuchern der Fantasie kommt es zu drei epischen Reaktions- oder Rückzugsformen. Zum einen kann man den Widerspruch zum Thema machen: es entsteht das parodistisch-kritische Kontrafakt, bald mehr komisch-vergnüglich wie der ›Daniel‹ des Stricker, bald mehr böse-aggressiv wie der ›Yder‹-Roman. Auf der andern Seite wird – wie unter verschiedenen Aspekten schon angedeutet – das ideale Konzept programmatisch festgehalten, ja überzogen; es bildet sich der märchenhafte Roman heraus, dessen makelloser Held unangefochten durch noch so ungeheuerliche Gefahren und Proben hindurchgeht, wobei die Grenze gegenüber dem Legendarischen fließend ist. Der Sinn erfüllt sich in einer mehr oder weniger erbaulichen Vermittlung von Normen. Ein Abgleiten ins Moralische und Sentimental-Triviale ist dabei kaum vermeidbar. Als dritte Möglichkeit ergibt sich der Rückgriff auf das allegorische Konstrukt – von der Minneallegorie über satirisch-politische Formen bis zum religiösen allegorischen Roman –: es bietet den Sinn unmittelbar und unproblematisch über eine Handlung, deren Figuren als Personifikationen ihr Leben freilich aus zweiter Hand beziehen – ein Typus, dessen Erfolg in Deutschland in

dem Maße zunimmt, in dem nach 1300 die produktive Phase des höfischen Romans zu Ende geht, um erst im 15. Jahrhundert nochmals eine Nachblüte zu erleben.

Die Entwicklungsphasen und die Ablösung der Typen verlaufen in den einzelnen Literaturen unterschiedlich, aber die fünf skizzierten Aspekte kennzeichnen doch gesamteuropäisch das schillernde Bild der großepischen Literatur des späteren Mittelalters. Dabei wäre schließlich noch der Übergang zur Prosa in Rechnung zu stellen, der keineswegs nur formale Bedeutung besitzt. Denn sie dient bald der Reduktion auf das bloß Stoffliche, und bald zielt sie auf ein Kompilieren, das in der umfassenden Bestandsaufnahme und Verarbeitung der Stofftraditionen Sinn und Wahrheit zu finden hofft.

BIBLIOGRAPHIE

Forschungsliteratur

Zu I: H. NAUMANN, Die Zeugnisse der antiken und frühmittelalterlichen Autoren zur germanischen Poesie, in: GRM 15 (1927) 258–273. – K.v. SEE, Germanische Heldensage. Stoffe, Probleme, Methoden, Frankfurt a. M. 1971. – E. R. HAYMES, Das mündliche Epos. Eine Einführung in die ›Oral-poetry‹-Forschung (Sammlung Metzler 151), Stuttgart 1977. – M. CURSCHMANN, ›Nibelungenlied‹ und ›Nibelungenklage‹. Über Mündlichkeit und Schriftlichkeit im Prozeß der Episierung, in: Deutsche Literatur im Mittelalter. Kontakte und Perspektiven, hg. v. CH. CORMEAU, Stuttgart 1979, S. 85–119.

Zu II: B. BISCHOFF, Karl der Große, Bd. II: Das geistige Leben, Düsseldorf 1965. – K. MATZEL, Untersuchungen zur Verfasserschaft, Sprache und Herkunft der althochdeutschen Übersetzungen der Isidorsippe (Rheinisches Archiv 75), Bonn 1970. – G. MEISSBURGER, Zum sogenannten Heldenliederbuch Karls des Großen, in: GRM 44 (1963) 105–119. – G. VOLLMANN-PROFE, Kommentar zu Otfrids Evangelienbuch, I, Bonn 1976.

Zu III: H. DE LUBAC, Exégèse médiévale. Les quatre sens de l'écriture, Paris 1959. – U. ERNST, Der Liber Evangeliorum Otfrids von Weißenburg, Köln/Wien 1975. – F. OHLY, Schriften zur mittelalterlichen Bedeutungsforschung, Darmstadt 1977. – N. HENKEL, Studien zum Physiologus im Mittelalter, Tübingen 1976.

Zu IV: H. RAHNER, Griechische Mythen in christlicher Deutung, Zürich 1957. – W. HAUG, Vom Imram zur Aventiure-Fahrt, in: Wolfram-Studien [1] (1970) 264–298.

Zu V: H. KUHN, Stoffgeschichte, Tragik und formaler Aufbau im Hildebrandslied, in: H. K., Text und Theorie, Stuttgart 1969, S. 113–125; ders., Hildebrand, Dietrich von Bern und die Nibelungen, ebd., S. 126–140. – W. HAUG,

Andreas Heuslers Heldensagenmodell: Prämissen, Kritik und Gegenentwurf, in: ZfdA 104 (1975) 273–292.

Zu VI: H. Kuhn, Gestalten und Lebenskräfte der frühmittelhochdeutschen Dichtung. Ezzos Lied, Genesis, Annolied, Memento mori (1953), in: H. K., Dichtung und Welt im Mittelalter, Stuttgart ²1969, S. 112–132. – M. Curschmann, Der Münchener Oswald und die deutsche spielmännische Epik, München 1964. – W. J. Schröder, König Rother. Gehalt und Struktur (1955), in: W. J. Sch., *rede* und *meine*, Köln/Wien 1978, S. 1–22.

Zu VII: K. Ruh, Höfische Epik des deutschen Mittelalters I. Von den Anfängen bis zu Hartmann von Aue (Grundlagen der Germanistik 7), Berlin ²1977. – W. Haug, Paradigmatische Poesie. Der spätere deutsche Artusroman auf dem Weg zu einer ›nachklassischen‹ Ästhetik, in: DVjs 54 (1980) 204–231. – J. O. Fichte, The Middle English Arthurian Verse Romance: Suggestions for the Development of a Literary Typology, in: DVjs 55 (1981) 567–590. – Vgl. ferner: Neues Handbuch der Literaturwissenschaft, hg. von K. v. See, 7 und 8, Wiesbaden 1978, 1981, insb. die Beiträge von B. Schmolke-Hasselmann, Bd. 7 (S. 283–322); K. Ruh, Bd. 8 (S. 117–188), W. Erzgräber, Bd. 8 (S. 221–274); und GRLMA IV/1, Heidelberg 1978.

BIBELEPIK

von

DIETER KARTSCHOKE

I

Dem christlichen Weltverständnis des Mittelalters gilt die Bibel als Buch der Bücher, als die Schrift schlechthin. Die Bibel enthält den Weltstoff so umfassend, wie nur irgend denkbar, und so verbindlich, wie es dem in ihr offenbarten göttlichen Wort zukommt. Alles, was in dieser Welt ist, alles, was in ihr geschieht, erhält von hier aus seinen Sinn. Erst die Bibel ermöglicht, auch das Buch der Natur zu lesen. Die Bibel gibt der Menschheitsgeschichte und dem Handeln des einzelnen Maß und Ziel. Was letztlich zu erzählen lohnt, ist immer schon erzählt – als Geschichte des Heils von der Erschaffung der Welt über das göttliche Erlösungswerk bis hin zu ihrem Untergang am Ende der Tage.

Darf man, kann man die geoffenbarte Wahrheit, die Geschichte des Heils in Christus, nacherzählen, neu erzählen, in andere Worte fassen als die der Bibel oder gar in Verse umgießen und damit deren »kraftvolle, einmalige, autoritative Prägung« (Curtius, S. 457) wechselnden sprachlich-stilistischen Konventionen unterwerfen? Wird das Wort Gottes nicht verfälscht durch solche Literarisierung und Ästhetisierung? Die Bibeldichter haben diesen Zweifel gekannt und ihm in unterschiedlicher Weise immer wieder Ausdruck gegeben. Dennoch steht Bibeldichtung am Beginn einer christlichen Kunstdichtung im 4. Jahrhundert; bleibt Bibeldichtung eine bevorzugte christliche Kunstübung das ganze Mittelalter hindurch; wird Bibelepik zum Programm einer dem antiken Epos würdig an die Seite zu stellenden christlichen Epik seit der Renaissance. Dem modernen literarkritischen Anathema, das Bibelepos sei »während seiner ganzen Lebenszeit – von Juvencus bis Klopstock – eine hybride und innerlich unwahre Gattung gewesen, ein *genre faux*« (Curtius, S. 457), hat die jüngere Forschung die Einsicht entgegengestellt, es handle sich vielmehr »um ein dichterisches Bemühen, das auch grundsätzlich, poetisch, ernst genommen zu werden verdient« (Wehrli, S. 52). Denn es gehe hier »um den Gedanken einer christlichen Epik, einer höchsten Begegnung von Dichtung und Offenbarung, einer *sacra poesis* nicht nur dem Thema nach, sondern auch vielleicht nach ihrem Anspruch auf besonderen Rang und besondere Wahrheit« (Wehrli, S. 51f.).

Seither hat sich die Literaturwissenschaft mit Erfolg um die Bestimmung der spezifischen Ästhetik von Bibeldichtung bemüht. Neben einer Vielzahl von Untersuchungen zu einzelnen Texten ist hier besonders auf die Abhandlung von Reinhart Herzog zu verweisen, der am Beispiel der ältesten lateinischen Bibelepen des 4. Jahrhunderts die Erbaulichkeit als das entscheidende Formprinzip analysiert hat. Dieser Interpretationsansatz ist umso bedeutsamer, als er ein genuin literaturästhetisches Interesse an diesen heute kaum noch bekömmlichen Texten zu artikulieren vermag und ihnen damit sicher näher kommt als das bislang überwiegend theologiegeschichtliche und ausschließlich in der altkirchlichen Hermeneutik verankerte Deutungsverfahren. Denn Bibelepik will von ihren Anfängen an nie Theologie sein, so intensiv sie sich auch der je verfügbaren theologischen Argumentationsformen und Interpretationsweisen bedient. Bibeldichtung in all ihren möglichen Präsentationsformen ist in erster Linie Lob Gottes und seiner Heiligen, dient der Erbauung von Hörern und Lesern und ist Mittel der Selbstheiligung ihrer Autoren.

Zwar lag es zumal für die gebildeteren Autoren nahe, manches in der poetischen Umsetzung nicht nur zu umschreiben, sondern auch zu erklären, auf seinen tieferen oder höheren Sinn hin zu deuten und mit geistlichen Nutzanwendungen zu versehen. Anregung und Recht zu solchen exegetischen und katechetischen Zutaten bezogen die Bibeldichter aus der gängigen theologischen Literatur, aus Schriftkommentar und Predigt. Dies waren die begrenzten Möglichkeiten eines literarisch produktiven Umgangs mit dem geheiligten Grundtext. Denn kein mittelalterlicher Bibeldichter, so sollte man meinen, durfte es wagen, den ihm verbindlich vorformulierten Stoff entscheidend zu verändern, das immer nur Nachzuerzählende wirklich neu zu erzählen, einzugreifen in Fakten- und Motivationszusammenhang der Heilsgeschichte. Erst seit der Renaissance beginnen sich die kirchlich-dogmatischen Zügel zu lockern.

Bibelepik stellt insofern einen Sonderfall dar für die literaturwissenschaftlich interessierte Stoffgeschichte. Der Stoff ist hier der immer gleiche, ein für allemal feststehende, unveränderliche Grundtext der Bibel. Dieser Stoff hat nicht wie weltliche Erzählstoffe eine eigene, über die Reihe seiner Literarisierungen sich herstellende Geschichte. Bibeldichtung in all ihren (besonders mittelalterlichen) Erscheinungsformen hat allenfalls teil an der allgemeinen theologischen Auslegungsgeschichte. Und doch gab es bescheidene Möglichkeiten des Um- und Weiterdichtens. Denn das wissenschaftlich-theologische wie das fromm-erbauliche Interesse an der biblischen Geschichte stieß auf mancherlei Schwierigkeiten des Verständnisses angesichts des vielfach allzu lakonischen Berichts, angesichts der Widersprüche und schmerzlichen Lücken in der Heiligen Schrift. Wie verlief das Leben Adams und Evas nach ihrer Vertreibung aus dem Paradies? Wer waren die Eltern der Gottesmutter Maria und wie verbrachte sie ihre Jugendzeit? Was erlebte die heilige Familie auf ihrer Flucht nach Ägypten? Warum – dies ganz besonders! – wissen die Evangelisten nichts über die sicher doch wunderbaren Taten Jesu in seiner Jugend zu berichten? Wer war Pilatus und was geschah mit ihm nach der Kreuzigung? Wo war Christus zwischen Tod und Auferstehung? Die Schicksale der Apostel, das Ende der Welt – all dies sind alte Fragen und phantasieträchtige Vorstellungen, die in den apokryphen Schriften zum Alten und Neuen Testament behandelt werden. Eine Reihe dieser, im Einzelfall bis ins 8. Jahrhundert produktiv gebliebenen und dem Mittelalter nicht durchweg anstößigen »unechten« Schriften bilden ein Reservoir von Erzählmotiven, das die Autoren von Bibelgedichten je länger je fleißiger ausbeuteten. Es ist schwer, die Grenze zu ziehen zwischen »eigentlicher« Bibelepik und Dichtung über apokryphe Stoffe, der gelegentlich so genannten »Legendenepik aus biblischer Wurzel« (Masser 1976, S. 83ff.). Was in dogmatischer Hinsicht geboten sein mag, ist in stoffgeschichtlichem Interesse nicht gleichermaßen sinnvoll. Im folgenden wird deshalb nicht geschieden zwischen Bibelepik und biblischer Legende, auch auf die Gefahr hin, daß sich Überschneidungen ergeben mit dem nachfolgenden Kapitel über die Legendenepik. Denn es »bilden Bibel und Apokryphen, Kanonisches und Nichtkanonisches als Quelle für geistliche Erbauung, als Grundlage der darstellenden Kunst wie der erzählenden Dichtung, soweit sie sich mit Themen aus dem Umkreis der biblischen Geschichte befaßt, eine feste Einheit« (Masser 1969, S. 31).

Der inhaltlichen Ungenauigkeit der Bezeichnung Bibelepik tritt eine entsprechende gattungsmäßige Unsicherheit an die

Seite. »Epik« ist hier kein durchweg klassizistisch zu verstehendes ästhetisches Präjudiz, sondern meint schlicht die erzählende Umsetzung biblischer (und apokrypher) Stoffe in nichtliedhafte Versdichtungen größeren Umfangs. (Erst in der Renaissance wird das Gattungskriterium zum entscheidenden Maßstab zumindest eines Teils der lateinischen und volkssprachigen Bibelepik.) Nicht berücksichtigt wird die Fülle der Hymnenpoesie, deren ideelle Herleitung aus der Psalmendichtung sie von vornherein zur Bibeldichtung stempelt, und die in formaler Vielfalt den biblischen Grundtext nicht nur der Psalmen in Verse umsetzt. Nicht berücksichtigt wird die Masse der lateinischen Kleindichtung über biblische Vorlagen, inhaltliche Zusammenfassungen, Merkverse, Tituli etc. Eine ausführliche Darstellung von Bibeldichtung hätte auch von ihnen zu handeln.

Eine weitere Schwierigkeit kommt hinzu: Die wenigsten der hier als Bibelepen registrierten Texte begnügen sich mit der schlichten, nacherzählenden Versparaphrase des biblischen Grundtextes. Sie kommentieren mehr oder minder ausführlich, erklären, belehren, mahnen, meditieren; sie wählen aus dem Grundtext aus, resümieren, kürzen oder umschreiben weitläufig, kombinieren biblische Aussagen, die im fortlaufenden Wortlaut der Schrift nicht aufeinander folgen, montieren sie unter übergreifenden dogmatischen oder sonst bedeutsamen Stichworten neu. Auch hier fällt die Grenzziehung schwer zwischen Bibelepik und etwa »dogmatischer Lehrdichtung«, »gereimten Glaubenslehren« oder ganz allgemein »religiösen Lehrdichtungen« (Sowinski, S. 51ff.). Jede Darstellung der literarischen Tradition von Bibeldichtung wird anders verfahren; denn »wo Kommentar und Ausdeutung das erzählende Element überwuchern« (Masser 1976, S. 16), ist dem Urteil des Betrachters anheimgestellt. Doch die damit angedeuteten Unterschiede sind nur graduell, nicht substantiell. Auch die scheinbar auf jede Interpretation verzichtende Wiedergabe des Inhalts, die bloße epische Paraphrase ist immer schon Kommentar, Erklärung der – im Sinne der mittelalterlichen theologischen Hermeneutik gesprochen – *historia*, der ersten Sinnebene, deren sie überwölbende mehrfache Bedeutung nach dem allegorischen, moralischen und anagogischen Gehalt einer biblischen Formulierung oder Aussage erst die explizite Exegese oder ein an ihr geschultes produktives Wortverständnis an den Tag zu bringen vermögen. Man vermeidet also besser, die Bibelgedichte nach ihrem jeweils überwiegenden Auslegungsverfahren verschiedenen Gattungen erzählender und didaktischer Dichtung zuzuordnen, wenn auch sicher richtig ist, der »bewußt bei dem historischen Sinn verharrenden Bibeldichtung (...) die allegorisierende Bibeldichtung als Dichtung höheren Anspruchs entgegenzustellen« (Ohly, S. 26).

Schließlich ist Bibelepik auch insofern ein Sonderfall für die Stoffgeschichte, als das Buch der Bücher eine Fülle von durchaus unterschiedlichen Inhalten in literarisch unterschiedlichen Präsentationsformen enthält. Die alte Theologie lehrte zwar, die Sammlung heiliger Schriften als Kanon zu rechtfertigen und als Einheit zu verstehen, wies aber selbst immer wieder auf die literarische Selbständigkeit einzelner biblischer Bücher und ihre Vorbildlichkeit für eine christliche Poesie hin. Bibeldichtung konnte sich des chronikalischen, epischen, lyrischen und didaktischen Inhalts der Bibel sehr unterschiedlich bemächtigen. Bibelepik als nacherzählende versmäßige Paraphrase des biblischen Grundtextes war im allgemeinen nur möglich, wo dieser selbst zumindest ein episches Gerüst zur Verfügung stellte. Die Lehrbücher des Alten Testaments, Hiob, die Psalmen, die Weisheit Salomons und das Hohelied, ließen sich mit wenigen Ausnahmen so wenig nacherzählen wie die Propheten, wie die Paulinischen und die übrigen katholischen Briefe des Neuen Testaments. Aber auch die geschichtlichen Bücher des Alten und Neuen Testaments wurden nur im Ausnahmefall Wort für Wort in Verse umgesetzt. Vielmehr mußte man angesichts der Fülle des alttestamentlichen Stoffes und angesichts der Parallelüberlieferungen der Evangelien auswählen; konnte sich auf einzelne Bücher beschränken oder gar nur auf einzelne Episoden; konnte die Schöpfungsgeschichte nachdichten wie das Heilsleben; oder konnte – in dann notwendig raffender Form – den gesamten heilsgeschichtlichen Kursus von der Schöpfung der Welt bis zu ihrem Untergang, vom Sündenfall bis zur Erlösung, zum Inhalt eines Gedichts machen. Doch gerade dieser Fall der umfassenden heilsgeschichtlichen Bibeldichtung ist durchaus nicht die Regel. Das Hauptstück und vornehmste Werk christlicher Dichtung ist das Heilandsleben, gefolgt von der Schöpfungsgeschichte. In der Geschichte der Bibeldichtung überwiegen die episodischen Behandlungen kleinerer Ausschnitte. Die Handbücher, Lexika und Bibliographien zur Stoffgeschichte verzeichnen denn auch nicht das allzu pauschale und ungenaue Stichwort »Bibel«, sondern eine Fülle biblischer Namen als Lemmata solcher Episodengedichte, die aneinandergereiht, eindrucksvoll den Anteil von Bibeldichtung an der europäischen Literatur von mehr als ein-

einhalb Jahrtausenden dokumentieren: Adam und Eva, Antichrist, Belsazar, David, Esther, Herodes, Hiob, Jephtha, Jesus, Johannes der Täufer, Joseph in Ägypten, Judas, Judith, Kain und Abel, Maria, Maria Magdalena, Moses, Paulus, Saul, Simson, der verlorene Sohn, Susanna (Frenzel 1983)! Die Liste ist ergänzungsbedürftig (etwa um Sodom und Gomorrha, Bileam, Tobias, die Makkabäer, die Apostelgeschichte u. a. m.). Aber darauf kommt es hier ebensowenig an wie darauf, daß die mittelalterliche Literatur nicht durchweg alle hier benannten Bibelstoffe verarbeitet und daß auch zwischen den verschiedenen Gattungen nicht unterschieden wird.

Die folgende Übersicht über den Traditionszusammenhang von Bibelepik ist überaus lückenhaft, da der Textbestand besonders des späten Mittelalters systematisch nocht nicht erfaßt ist. Dennoch soll der Versuch gemacht werden, einen wenigstens groben Begriff zu vermitteln von der wechselnden Frequenz, von den jeweils dominierenden Stoffen und von dem ungleichen literarischen Anspruch der einschlägigen Texte.

II

Die christliche Kunstdichtung in lateinischer Sprache setzt ein mit Bibelepik. Um 330 verfaßt Juvencus, ein spanischer Presbyter, eine umfängliche Versparaphrase der evangelischen Geschichte, ›Evangeliorum libri quattuor‹, und liefert neben dem unübersehbare Folgen zeitigenden praktischen Beispiel gleich auch Programm und Theorie einer christlich sich verstehenden Poesie: ihre Überlegenheit über alle heidnischen Poesien kraft ihres besonderen Wahrheitsanspruchs, ihre allen irdischen Ruhm überdauernde Unvergänglichkeit, die Verdienstlichkeit solch frommer Dichtkunst, ihr Ethos als *laus Domini*. Juvencus unternimmt das Kunststück, den Wortlaut des Matthäus-Evangeliums in vergilianische Hexameter zu übertragen. Christus erscheint im Gewand des Aeneas. Die Bibel wird »romanisiert«, wie sie in der volkssprachigen Stabreimdichtung späterer Jahrhunderte »germanisiert« werden wird – wenn man darunter nur immer ein stilistisches Verfahren versteht und keine den Bibeldichtern fern liegende Säkularisierung der Heilsbotschaft. Das von Juvencus praktizierte Verfahren eines möglichst engen Anschlusses an den Wortlaut des Grundtextes und der damit in Einklang stehende Verzicht auf interpretative Zusätze konnte nicht beliebig nachgeahmt werden, ohne in identische Wiederholungen zu münden. Dem Beispiel von Juvencus folgte unmittelbar noch eine umfängliche Paraphrase der Bücher des Alten Testaments, die in der Überlieferung einem sonst unbekannten Cyprian zugeschrieben wird. Zu diesem sog. ›Heptateuch‹ (›Genesis‹ bis ›Buch der Richter‹) gesellen sich Fragmente aus Versparaphrasen weiterer alttestamentlicher Bücher, die den Eindruck eines umfassenden Bibelwerks in Versen vermitteln. Damit aber waren die Möglichkeiten derart wortfromm verfahrender Bibelepik erschöpft. Die Nachfolger mußten andere Wege einschlagen, wenn sie auf diesem Gebiet weiterarbeiten wollten. Man konnte, wie die römische Aristokratin Proba in ihrem ›Vergilcento‹, die Klassikerimitation bis zu dem Extrem treiben, daß man die Heilsgeschichte von der Erschaffung der Welt bis Christi Himmelfahrt in unverändert übernommenen Versteilen der ›Aeneis‹ wiederzugeben versuchte. Oder man konzipierte Auswahl und Anordnung des biblischen Stoffes neu und durchsetzte ihn mit exegetischen Kommentaren. Diesen Weg beschritt im 5. Jahrhundert Sedulius in seinem ›Carmen paschale‹. Den vier Büchern über das Leben des Heilands mit dem besonderen Interesse an den *miracula Christi* geht ein fünftes Buch über die Wundertaten Gottes im Alten Testament voran, durch die auf die Wunder der Erlösung durch Christus typologisch vorausgedeutet wird. In größerer Unabhängigkeit vom biblischen Wortlaut verfahren auch die drei großen Genesisgedichte des 5. und frühen 6. Jahrhunderts. Die kühne »kulturhistorische« Konzeption des Cl. Marius Victorius in seiner ›Alethia‹ wurde kaum rezipiert, vielleicht sogar unterdrückt und findet erst in den lateinischen, dem Hexaemeron gewidmeten Bibelgedichten des 12. Jahrhunderts Nachfolger. Von den drei hymnisch-elegisch gehaltenen und mit vielen biblischen und antiken Exempla durchsetzten Büchern ›De laudibus Dei‹ des Blossius Aemilius Dracontius wurde das erste, die Schöpfungsgeschichte behandelnde Buch schon früh abgetrennt und als ›Hexaemeron‹ gesondert tradiert. Der Vorstellung eines Bibelepos, der ausführlich nacherzählenden versmäßigen Bibelparaphrase, am nächsten kommt das Gedicht des Avitus über Schöpfung, Sündenfall, Verstoßung aus dem Paradies, Sintflut und Exodus: ›De spiritalis historiae gestis‹. Sein Einfluß reicht über die volkssprachigen Bibelgedichte des 9. Jahrhunderts bis zu Miltons ›Paradise Lost‹. Abgesehen von kleineren Episodengedichten zum Alten Testament (›De Sodoma‹, ›De Iona‹, ›De martyrio Macchabaeorum‹)

oder knappen heilsgeschichtlichen Resümees in Versen steht am Ende der spätantiken Reihe hexametrischer Bibelepik das Apostelgedicht ›De actibus apostolorum‹ des Arator aus dem Jahre 544, in dem der andere Weg einer konsequenten, den epischen Kern überwuchernden geistlichen Kommentierung des Bibeltextes beschritten wird. In einem normativen Gattungsverständnis ist von Epik hier nicht mehr zu sprechen.

Die Kanonisierung dieser spätantiken Bibelepik, insbesondere der Geschichte des Juvencus, Sedulius und Arator, als obligater Schullektüre, hat für Jahrhunderte die Entstehung neuer großer Bibelepen verhindert. Bibeldichtung wird auch weiterhin gepflegt, nun aber in der aus klassizistischen Fesseln befreiten merowingischen und karolingischen Rhythmendichtung. Daneben ist der merkwürdige und für Bibeldichtung auch künftig charakteristische Prozeß »sekundärer (parasitärer) Produktion« (Herzog, S. XXXVIII) zu beobachten. Werkindividualitäten werden aufgelöst, Teile von Gedichten abgetrennt, mit anderen Teilen kombiniert und zu neuen Textcorpora montiert.

Auch am Beginn der volkssprachigen Literatur christlichen Interesses steht Bibelepik. Nach dem Zeugnis der englischen Kirchengeschichte (›Historia ecclesiastica‹) des Beda Venerabilis war der gotterweckte Laiensänger Caedmon in der zweiten Hälfte des 7. Jahrhunderts ihr Archeget. Überliefert sind freilich nur sieben stabreimende Langzeilen eines Schöpfungsgedichts (nach Beda hat Caedmon Gedichte über den ganzen heilsgeschichtlichen Zyklus des Alten und Neuen Testaments gemacht). Die überlieferten altenglischen stabreimenden Bibelepen ›Genesis‹, ›Exodus‹, ›Daniel‹, ›Judith‹, über das Heilandsleben, die Erlösung und die letzten Dinge sind jünger. Das Hauptwerk der stabreimenden Bibelepik ist jedoch der kontinentale altsächsische ›Heliand‹ (zwischen 822 und 840), ein monumentales Heilandsleben, das mit Ausnahme eines längeren exegetischen Exkurses sich ganz auf die nacherzählende Paraphrase des Evangelienberichts konzentriert. Gemeinsame Tradition und gegenseitige Beeinflussung der altenglischen und altsächsischen Bibeldichtung dokumentiert eine altsächsische ›Genesis‹, die nachweislich auch in England rezipiert und teilweise in die altenglische Genesisdichtung aufgenommen wurde.

Mit dem älteren ›Heliand‹ in Konkurrenz tritt die andere große Evangeliendichtung aus der zweiten Hälfte des 9. Jahrhunderts, das ›Evangelienbuch‹ des Mönchs Otfrid aus dem elsässischen Kloster Weißenburg. Mit ihm beginnt die deutschsprachige Endreimdichtung in – sicher programmatischer – Absetzung von der heimischen, heidnisch geprägten »oral poetry« in Stabreimen. Otfrids Evangelienbuch ist über die begrenzte Tradition von Bibelepik hinaus eines der prominentesten Gedichte und sicher das umfangreichste der gesamten Epoche. Es stellt die Synthese dar zwischen allen bislang erprobten Möglichkeiten von Bibeldichtung, mischt epische, exegetische und hymnische Partien in offensichtlich hochbewußter Absicht zu einer zumindest in der volkssprachigen Bibelepik lange nicht wieder erreichten Gesamtkonzeption.

Die lateinische Literatur hat außer der allerdings überaus produktiven und nicht selten bibelepische Dimensionen erreichenden Rhythmendichtung (etwa über Joseph, Esther, Judith, die Verkündigung und Geburt Jesu, Lazarus, über Passion, Auferstehung und die Letzten Dinge) hexametrische Bibeldichtung in klassizistisch-spätantiker Tradition kaum aufzuweisen. Außer wenigen kürzeren Episodengedichten wäre hier allenfalls an die sogenannte ›Occupatio‹ des Abtes Odo von Cluny (erste Hälfte des 10. Jahrhunderts) zu denken. Am Leitfaden der Heilsgeschichte von der Erschaffung der Engel und Menschen bis zur Gründung der christlichen Kirche werden moralisch-theologische Erörterungen über Sünde, Gnade und Erlösung geboten. Und die deutsche Nonne Hrotswith von Gandersheim hat nach apokryphen Vorlagen ein kürzeres episches Gedicht über die Geburt und das Leben der jungfräulichen Gottesmutter Maria verfaßt und steht damit am Beginn eines zwischen Bibel- und Legendenepik angesiedelten Texttypus, der seine Hochzeit erst ab dem 12. Jahrhundert haben wird. Eine nennenswerte Bibelepik lateinischer Sprache entsteht wieder seit der zweiten Hälfte des 11. Jahrhunderts. Sie ist erst zum Teil durch Editionen erschlossen. Ich nenne hier nur die prominentesten Vertreter, übergehe manches kleinere Gedicht zumal aus dem Bereich der Hymnen- und Sequenzendichtung. Zwei namhafte Gelehrte und Dichter stehen am Beginn dieser neuen Phase von Bibeldichtung. Marbod von Rennes versifizierte den Raub der Dina (Gen. 34), Jonas, Ruth und das Martyrium der Makkabäischen Brüder; Hildebert von Lavardin lieferte ebenfalls ein Makkabäergedicht sowie zwei summarische Versparaphrasen über die Heilstatsachen von Adam bis Christus (›De ordine mundi‹) und die vier alttestamentlichen Bücher Samuelis und der Könige (›In libros regum‹). Ein besonderes Gewicht wird nun auf die Schöpfungsgeschichte gelegt, die im neuerwachten Interesse an der

Wirklichkeit und unter dem Einfluß neuplatonischer Philosophie mehr als einmal nur Anlaß ist zu naturbeschreibenden, naturphilosophisch-spekulativen Verskompendien. Als Bibelepik im weitesten Sinne anzusprechen sind nur jene Werke, in denen der Genesisbericht zumindest Teil der poetischen Umsetzung bleibt, also etwa des Hugo von Amiens ›In Pentateuchum‹ und des Giraldus Cambrensis ›De creatione mundi‹, die Hexaemerongedichte des Lunder Erzbischofs Andreas filius Sunonis und des Stephan Langton und besonders die entsprechenden Partien in den umfassenden Bibelgedichten von Laurentius von Durham und Petrus Riga. Von den alttestamentlichen Paraphrasen verdient besonders der ›Tobias‹ des Matthäus von Vendôme erwähnt zu werden, während die Psalmen- und Hoheliedbearbeitungen hier wie auch im folgenden keine Berücksichtigung finden. Die beiden nach Umfang, Anspruch und poetischem Gewicht herausragenden Werke aber sind das ›Hypognosticon‹ des Laurentius von Durham aus der ersten und die ›Aurora‹ des Petrus Riga aus der zweiten Hälfte des 12. Jahrhunderts. Das ›Hypognosticon‹ ist ein die biblische Vorlage inhaltlich und deutend ausweitendes Weltgedicht in neun Büchern, die, der christlichen Weltalterlehre entsprechend, zu je einem Drittel von der Zeit *ante legem*, der Zeit *sub lege* und der Zeit *sub gratia* handeln. Besonders frei verfährt der dritte Teil: das siebente Buch ist der Gottesmutter gewidmet, das achte Christus und das neunte den Heiligen und Märtyrern der christlichen Kirche. Die ›Aurora‹ des Petrus Riga dagegen besteht aus der – später korrigierten und ergänzten – Abfolge in sich abgeschlossener Versparaphrasen der Bücher des Alten und Neuen Testaments mit jeweils angefügten allegorischen Ausdeutungen. Es ist das wohl am weitesten verbreitete und am meisten gelesene Bibelepos des gesamten Mittelalters. Das Merkwürdigste aber ist ein die Heilsgeschichte von Adam bis Christus nicht allegorisch ausdeutendes, sondern vielmehr verhüllendes hexametrisches Gedicht eines wohl deutschen Autors, der sich Eupolemius nennt. Inhalt ist der Kampf zwischen *Agatus* (= Gott) und den Agatiden und *Cacus* (= Teufel) und seinen Anhängern um das Gottesvolk. Der Messias greift in den Kampf ein und fällt. Seine Auferweckung und Himmelfahrt werden abschließend kurz angedeutet.

Von den volkssprachigen Literaturen des 11. und 12. Jahrhunderts hat nur die deutsche eine vergleichbare Fülle von Bibeldichtungen freilich leichteren Gewichts aufzuweisen. Denn während das gelehrt-lateinische Bibelepos die Kenntnis der Vulgata voraussetzen durfte und sich also stärker reflexiv zum biblischen Grundtext verhalten konnte, hatte die volkssprachige Bibelepik immer auch die Aufgabe, die Kenntnis der Heilsgeschichte überhaupt erst zu vermitteln. Sie richtete sich offensichtlich nicht an ein klerikales, zumindest aber an ein über elementare Bibelkenntnis nicht immer verfügendes Publikum wie besonders an die Konversen, deren später Übertritt in ein geistliches Leben sie nicht auch schon in den Stand versetzte, der Pflicht zum frommen Umgang mit dem Wort Gottes nachzukommen. Aus der großen Reihe von zum Teil nur fragmentarisch überlieferten Texten hebe ich das älteste, umfangreichste und noch dem 11. Jahrhundert angehörende Genesis-Gedicht hervor, das uns nur in zwei jüngeren Bearbeitungen des 12. Jahrhunderts (›Wiener Genesis‹ und ›Milstätter Genesis‹) erhalten ist. In der Beschreibung des Paradiesgartens und der Erschaffung des Menschen dokumentiert sich das gleiche Interesse an den natürlichen Dingen, das die lateinischen Schöpfungsgedichte des 12. Jahrhunderts breit entfalten. Wichtig ferner ein ›Exodus'-Gedicht, in zeitnaher Stilisierung der jüdischen und ägyptischen Ritterheere. Weitere Paraphrasen alttestamentlicher Stoffe liegen vor in den ›Vorauer Büchern Mosis‹, in Gedichten über Tobias, Judith, die Makkabäer etc. Altes und Neues Testament umgreifen Bruchstücke eines groß angelegten und – wie wir das auch aus der zeitgenössischen lateinischen Dichtung kennen – in Märtyrer- und Legendengeschichten auslaufenden Bibelepos (›Mittelfränkische Reimbibel‹). Aus den neutestamentlichen Paraphrasen ragen die Gedichte einer Frau Ava über ›Johannes den Täufer‹, das ›Leben Jesu‹, den ›Antichrist‹ und das ›Jüngste Gericht‹ hervor. Hier schon und endgültig in dem Mariengedicht des Priesters Wernher (›Driu liet von der maget‹) erhält die apokryphe Überlieferung einen bestimmenden Anteil an der volkssprachigen Bibeldichtung.

Aus der französischen Literatur des entsprechenden Zeitraums sind zwei Genesis-Bearbeitungen erwähnenswert, eine Geschichte Josephs und eine Versbearbeitung der Makkabäer-Bücher und schließlich das ›Marienleben‹ des Hermann von Valenciennes.

Die englische Literatur ist beteiligt mit dem nur fragmentarisch überlieferten monströsen Gedicht eines Orrm (um 1200). Die erhaltenen zehntausend Verse machen nur etwa ein Achtel des ursprünglichen Umfangs eines die evangelische Geschichte nacherzählenden und umfassend kommentierenden Werks aus, dem sein Verfasser mit nicht geringem Stolz den Titel ›Orrmulum‹ gegeben hat.

Die erzählende Bibeldichtung des 13. und 14. Jahrhunderts wird inhaltlich bereichert durch die breite Aufnahme apokryphen und legendarischen Schrifttums. Das Leben Adams und Evas; die Geschichte Mariens, ihrer Eltern, ihrer Jugend, ihres Mitleidens in der Passion, ihres Todes und ihrer Himmelfahrt; die Geschichte des Pilatus und der Descensus des Erlösers zwischen Tod und Auferstehung sind Gegenstand einer ganzen Reihe von Bibeldichtungen, deren neutestamentlicher Anteil die alte Evangelienparaphrase verdrängt. Die lateinische Literatur ist an dieser Entwicklung entscheidend beteiligt mit der ›Vita beatae Mariae virginis et salvatoris rhythmica‹ eines unbekannten Dichters aus der ersten Hälfte des 13. Jahrhunderts, die Vorbild und Vorlage wird einer Anzahl von deutschsprachigen Marien- und Passionsgedichten. Ihnen voran geht die ›Kindheit Jesu‹ des Konrad von Fussesbrunnen, eine höfisch stilisierte Versbearbeitung des Pseudo-Matthäusevangeliums. Erzählt werden die Ereignisse von der Eheschließung der Eltern bis zur Rückkehr aus Ägypten mit nachdrücklichem Interesse an den wunderbaren und abenteuerlichen Erlebnissen der heiligen Familie auf der Flucht, an den Begegnungen mit wilden Tieren und Räubern, an Gefahr und Errettung durch die Wunderkraft des Gotteskindes. Dagegen behandelt die ›Vita rhythmica‹ und behandeln die ihr nachfolgenden Gedichte, die nicht ganz treffend so genannten ›Marienleben‹ des Walther von Rheinau aus der zweiten Hälfte des 13. Jahrhunderts, des Karthäusermönchs Philipp aus dem frühen und des Schweizers Wernher aus dem späten 14. Jahrhundert, die gesamte, durch Legendenmotive erweiterte evangelische Geschichte von den Eltern Marias über das Leben und Sterben des Erlösers bis zu Tod und Himmelfahrt der Gottesmutter. Am weitesten verbreitet wurde die Version des Bruders Philipp, deren Rezeptionsgeschichte in den für die versmäßige Bibelparaphrase typischen Bahnen verläuft. Sie wurde vielfach und unterschiedlich erweitert, mit anderen Bibelgedichten kontaminiert oder in Weltchroniken eingearbeitet. Wie denn überhaupt die großen Reimchroniken in dem Maße der Tradition von Bibelepik sich einfügen, als sie die historischen Stoffe des Alten und Neuen Testaments versifizieren. Ein Beispiel dafür ist die allerdings nur bis zum Tod Salomons gediehene ›Weltchronik‹ des Rudolf von Ems, die u. a. eine kürzere

Fassung des ›Lebens von Adam und Eva‹ enthält. Eine ausführlichere deutsche Version dieses in Vers und Prosa viel behandelten apokryphen Erzählstoffes stammt von einem sonst unbekannten Autor, der sich Lutwin nennt. Philipp widmete sein ›Marienleben‹ den Brüdern vom Deutschen Orden, in dem die Tradition von Bibelepik besonders intensiv gepflegt wurde. Es handelt sich hier überwiegend um – ganz auf die Vermittlung der *historia* abgestellte – Gedichte bescheidenen literarischen Anspruchs über ›Daniel‹, ›Esra und Nehemia‹, ›Judith‹, ›Esther‹, ›Makkabäer‹ und, umgreifend, über die ›Historien von der alden ê‹. Anspruchsvoller sind die ebenfalls der Ordensliteratur zuzurechnenden Gedichte des Heinrich von Hesler über Engelsturz und Sündenfall (›Erlösung‹), über die Leidensgeschichte nach dem ›Evangelium Nicodemi‹ und die ›Apokalypse‹. Das Evangelium Nicodemi ist eine im Mittelalter hochgeschätzte, oft bearbeitete und vielfältig erweiterte späte Kompilation zweier ursprünglich selbständiger apokrypher Berichte über die Anklage Jesu vor Pilatus und den Verlauf der gerichtlichen Verhandlung (Pilatusakten) sowie über die Höllenfahrt Christi zwischen Tod und Auferstehung (Descensus). Die Bearbeitung des Heinrich von Hesler mündet – wie schon seine Vorlage? – in die Veronikalegende, die breit erzählte Geschichte der Heilung des kranken Kaisers Tiberius durch das Schweißtuch und des Kriegszuges des Kaisers Vespasian gegen die Juden. Die evangelische Geschichte ist Teil auch der lateinischen und von ihnen angeregten volkssprachigen Legendensammlungen. So ist das erste Buch des deutschen ›Passionals‹ als legendarisch ausgeschmücktes Evangeliengedicht zu lesen und wurde u. a. im Deutschen Orden so rezipiert. Eine Reihe von hier nicht im einzelnen anzuführenden erbaulich-didaktischen Bibelgedichten nimmt die Heilsgeschichte nur zum Anlaß ihrer frommen Betrachtungen, ohne sie ausführlich nachzuerzählen. Dem Begriff Bibelepik am nächsten kommt ein Gedicht des 14. Jahrhunderts, das wir ›Erlösung‹ nennen. Der unbekannte Dichter hat es verstanden, die Geschichte des Heils von der Schöpfung bis zum Sündenfall so souverän und anschaulich wiederzugeben, daß sein Einfluß auf das geistliche Spiel nicht überrascht, das zunehmend die Aufgabe ihrer Vergegenwärtigung übernimmt. Die einschlägigen Texte des ausgehenden Mittelalters sind systematisch noch nicht erfaßt. Dennoch kann man wohl feststellen, daß ihr literarisches Gewicht abnimmt in dem Maße, in dem eine Bibelübersetzung auch literarischen Anspruchs entsteht. Einen Schritt in diese

Richtung tun die sog. ›Historienbibeln‹, die sich vielfach als Prosaauflösungen älterer versmäßiger Bibelparaphrasen zu erkennen geben.

Auch die französische Literatur des 13. und 14. Jahrhunderts ist reich an Bibelgedichten. So wurden die historischen Bücher des Alten Testaments u. a. von Jehan Malkaraume in Versen bearbeitet; es entstehen Gedichte über ›Judas Macchabäus‹, ›Tobias‹, die ›Kindheit Jesu‹. Macè de la Charité paraphrasiert den Inhalt des Alten und Neuen Testaments bis zur Apokalypse in einem umfänglichen Werk. Aus dem 14. Jahrhundert, in dem die Prosabearbeitungen das Übergewicht bekommen, verdient das eigenartige Passionsgedicht des Nicole Bazon einiges Interesse. Die Geschichte des Leidens Christi wird hier, im zeitgenössischen Geschmack und offensichtlich nach homiletischem Vorbild, verhüllt im Bild des Kampfes eines Königs um seine entführte Geliebte. Die Bibeldichtung kennt die Allegorie nicht nur als übliches hermeneutisches, sondern auch als produktives Verfahren, etwa in Gestalt der Darstellung des Erlösungsbeschlusses durch den Streit der ›Töchter Gottes‹ *misericordia, veritas, iustitia* und *pax*, für die Bernhard von Clairvaux die Anregung gegeben hat. Eher noch aber denkt man bei den Versen des Nicole Bazon an das Gedicht des Eupolemius aus dem 12. Jahrhundert, ohne daß freilich ein unmittelbarer Zusammenhang zwischen beiden Texten hergestellt werden kann.

In der mittelniederländischen Literatur ist außer einem Evangeliengedicht ›Van den levene ons Heren‹ besonders die ›Rijmbijbel‹ des Jacob von Maerlant (um 1270) zu erwähnen, eine Versbearbeitung der ›Historia Scholastica‹ des Petrus Comestor.

In der englischen Literatur entspricht ihr der weitläufige, die gesamte Heilsgeschichte nach dem Weltalterschema ordnende ›Cursor mundi‹ (um 1300). Noch aus dem 13. Jahrhundert stammt ein großes Gedicht über Genesis und Exodus, ein anderes über Jakob und Joseph und eine Paraphrase des Evangelium Nicodemi (›The Harrowing of Hell‹). Dem 14. Jahrhundert gehören an eine strophische Paraphrase der Bücher des Alten Testaments, eine Susanna (›The Pistill of Susan‹), ›The Stanzaic Life of Christ‹ nach dem ›Polychronicon‹ des Ranulph Higden und zwei Passionsgedichte (›The Northern Passion‹ und ›The Southern Passion‹).

Die Aufzählung ist nicht vollständig. Aber darauf kommt es hier auch gar nicht an, wo nur die Breite der mittelalterlichen

Bibeldichtung und ihre bis ins 14. Jahrhundert reichende Tradition abgesteckt werden soll. Der Strom derart erbaulich-lehrhafter Bibelepik versiegt auch in den folgenden Jahrhunderten nicht, fließt vielmehr mit erneuter Mächtigkeit vom 16. bis ins 18. Jahrhundert. Die letzten Rinnsale versickern erst im 20. Jahrhundert. Doch da hatte die prosaische Erbauungsliteratur der alten versmäßigen Bibelepik längst den Rang abgelaufen. Der vornehmlich historisch interessierte Bibelroman war neben das christliche Epos getreten, dessen säkularen ästhetischen Anspruch er erbte und in die moderne Literatur des 20. Jahrhunderts hinein rettete.

III

Diese Säkularisierung der traditionellen Bibelepik setzt schon sehr viel früher ein, beginnt im Humanismus mit der Rückbesinnung auf den Eigenwert der antiken Literatur, auf ihre eigene und nicht erst durch die mittelalterliche *interpretatio christiana* legitimierte Ästhetik. Die Anfänge reichen bis ins 14. Jahrhundert zurück. Schon Petrarca macht der lateinischen Bibelepik den Vorwurf, sie habe mit der heidnischen Muse auch der Kraft epischer Gestaltung abgeschworen (Herzog, S. XVII). Wo die spätantike Bibelepik die antike Gattung verchristlichte und spiritualisierte, da beginnt die geistliche Epik der Renaissance den Stoff der Bibel zu säkularisieren, indem sie ihn zunehmend den klassischen Kunstregeln unterwirft. Der spätantiken »Destruktion der antiken Epik« entspricht nun die schon bald mit Aristoteles begründete Inanspruchnahme des Epos für den sakralen Stoff (Herzog, S. LXVII). Dieser Vorgang wird verstärkt und befördert dadurch, daß die traditionelle Hermeneutik nach dem mehrfachen Schriftsinn zurücktritt und das Interesse an der *historia*, am einfachen Wortsinn der Schrift, sich verstärkt und auch in der Theologie sich durchzusetzen beginnt, bis es in der reformatorischen Exegese zum Programm erhoben wird.

Das Bibelepos der Renaissance ist zunächst ausschließlich lateinisch und überwiegend wieder in vergilianisierenden Hexametern abgefaßt. Erst im 16. Jahrhundert wird es auch in den Volkssprachen nachgeahmt. Den Übergang bildet das im Stil klassizistisch sich gebende Gedicht über Joseph, den Ziehvater Jesu, des Johannes Carlerius, der sich nach seiner Herkunft Gerson nannte. Die ›Josephina‹ (1418) dieses hochberühmten

Gelehrten und Kanzlers der Pariser Universität ist freilich noch ganz der Tradition mittelalterlicher Schriftexegese verpflichtet, der er im Prolog mit dem Zitat der bekannten Merkverse huldigt:

> *Littera gesta docet, quid credas allegoria*
> *Moralis quid agas, quo tendas anagogia.*

> »Der Buchstabensinn (*historia*) sagt aus, was geschehen ist, der allegorische Sinn, was man glauben, der moralische, wie man handeln, der anagogische, wohin man streben soll.« (S. dazu unten S. 206.)

Das mittelalterlich geprägte lateinische Bibelepos wurde nicht mit einem Schlag und nie gänzlich vom geistlichen Renaissanceepos abgelöst. Viele der in ihrem Gesamtbestand kaum überschaubaren älteren Texte erscheinen noch – und zum Teil mehrfach – im Druck. Während die vorreformatorische, humanistisch beeinflußte Bibelepik dieser Tradition insofern folgt, als sie in breitem Maße apokryphe und legendarische Erzählkomplexe einbezieht und etwa nicht nur Maria, sondern auch ihre Mutter, die heilige Anna, in eigens ihr gewidmeten epischen Gedichten feierlich verherrlicht, ist nach der Reformation das neulateinische geistliche Epos zumal in Deutschland wieder strenger auf Inhalt und Wortlaut der kanonischen Bücher der Schrift ausgerichtet. Die Zahl der einschlägigen Texte ist groß. Gegenstand sind so gut wie alle Bücher des Alten und Neuen Testaments. Engelsturz, Schöpfung, Sündenfall, Sintflut, die Josephsgeschichte, Moses, die Geschichte der Könige und – hier allerdings in die alttestamentlichen Apokryphen übergreifend – Daniel und Susanna, Johannes der Täufer und das Leben und Sterben Christi – über alles und jedes gibt es oft mehr als nur ein Gedicht. Ein epochales Werk aber ist nicht darunter, obwohl so bekannte Autoren wie Thomas Naogeorg (Episodengedichte über den Engelsturz, den Garten Eden, Versuchung und Sündenfall, das Leben Adams und den Tod Abels in seinen ›Satiren‹, 1555), Friedrich Dedekind (›Metamorphoses sacrae‹, 1565) und Nikodemus Frischlin (›Hebraeis‹, 1590/99) daran beteiligt sind. Ein eigenes Kapitel bilden die erzählenden Gedichte über Paulus, die sich einer Reihe von Paulusdramen und Versifizierungen der Paulinischen Briefe anschließen. Schon 1512 erschien ein Gedicht über die Reisen des Apostels von einem Marcus Jordanes. Ihm folgten die Paulusepen des französischen *poeta laureatus*

P. Rossetus (1552) und der beiden deutschen Autoren Achatius Curaeus (1562) und Caspar Reppusius (1581).

Die beiden bekanntesten, poetisch eindruckvollsten und folgenreichsten lateinischen Bibelepen des 16. Jahrhunderts aber stammen von den italienischen Humanisten Sannazaro und Vida. Jacopo Sannazaro verfaßte ganz im Stile Vergils ein Gedicht über Verkündigung und Geburt Christi ›De partu Virginis‹, das er nach angeblich zwanzigjähriger Arbeit im Jahre 1526 der Öffentlichkeit übergab. Wenig später erschien die Messiade des Marcus Hieronymus Vida ›Christiados libri VI‹ (1535). In diesem wohl bedeutendsten neulateinischen Bibelepos wird die Passionsgeschichte vom Einzug in Jerusalem bis zur Ausgießung des heiligen Geistes erzählt und nach dem Muster des antiken Epos mit vielerlei Rückblicken auf die Kindheitsgeschichte, auf Schöpfung und Sündenfall angereichert und so zu einem auch dem theologischen Sinn genügenden heilsgeschichtlichen Gedicht komplettiert.

Nach der Mitte des 16. Jahrhunderts setzen fast gleichzeitig in Frankreich und Italien die volkssprachigen Bibelepen klassizistischer Prägung ein. In Frankreich steht am Beginn eine ›Monomachie de David et de Goliath‹ (1560) des Hofpoeten Guillaume De Bellay. David bleibt ein weiterhin bevorzugter Held der geistlichen Epik (im 16. Jahrhundert bei Remy Belleau, Jean Vauquelin de la Fresnaye und Pierre de Brach), daneben treten Judith (Thierry Petremand, Du Bartas, Gabrielle de Coignard), Susanna und Esther (Didier Oriet). Das beherrschende Werk aber ist das Schöpfungsgedicht des Guillaume de Saluste Sieur Du Bartas ›La Sepmaine ou Creation du Monde‹ (1578), das geplant war als erster Teil eines umfassenden heilsgeschichtlich-enzyklopädischen Weltgedichts. Von der Fortsetzung, die ab 1584 unter dem Titel ›La Seconde Sepmaine‹ zu erscheinen begann, ist nur die Paraphrase der geschichtlichen Bücher des Alten Testaments bis zur Zerstörung Jerusalems vollendet worden.

Die italienische Bibelepik des 16. Jahrhundert tritt in quantitativer und qualitativer Hinsicht dagegen zurück. Den Anfang macht eine ›Vita di Guiseppe‹ des Arztes Lodovico Dolce von 1561 und am Ende des Jahrhunderts steht immerhin Torquato Tasso mit seiner, von der Literaturkritik nicht sonderlich geschätzten Versifikation des Hexaemeronkommentars des Kirchenvaters Basilius des Großen aus dem 4. Jahrhundert ›Le sette giornate del mondo creato‹ (1594).

Spanien liefert seinen Beitrag mit der ›Cristiada‹ des Paters

Diego de Hojeda erst im Jahre 1611, während das portugiesische Schöpfungsgedicht ›Da creacao e composicao do homem‹ des Luis de Camões noch dem 16. Jahrhundert angehört.

Die englische Literatur des 16. Jahrhunderts kennt – wie die deutsche – vornehmlich die liedmäßige Versparaphrase des Psalters aber auch biblischer Erzählstoffe. In der Tradition mittelalterlicher Bibeldichtung steht noch ›The History of Jacob and his Sons‹ (zuerst gedruckt 1510). Die jüngere Version der Josephsgeschichte des katholischen Geistlichen William Forrest erschien ebenso wenig im Druck wie das gleichfalls einem altkirchlichen Autor verdankte und nun schon ganz klassizistisch eingeformte ›The Life and Death of Mary Magdalene‹. In diesen Zusammenhang gehört auch die Rezeptions- und Wirkungsgeschichte des neulateinischen Bibelepos und der Gedichte Du Bartas' in England. Die zahlreichen Übersetzungen und Adaptationen besonders der Bibelepen Du Bartas' können hier nicht einzeln aufgeführt werden. Ihr Einfluß auf die englische Literatur wird voll erst im 17. Jahrhundert sichtbar.

Die deutsche Literatur hat dem nichts an die Seite zu stellen. Es war die Zeit des Dramas. Biblische Stoffe wurden vornehmlich in lateinischen und volkssprachigen Schauspielen behandelt. Eigentümlich dagegen sind die strophischen Versparaphrasen nicht nur der Psalmen, sondern gerade auch der historischen Bücher des Alten und Neuen Testaments, die zuweilen in ausgedehnten und Vollständigkeit anstrebenden Liedfolgen zusammengefaßt und der frommen Lektüre zubestimmt wurden. In quantitativer Hinsicht können sie durchaus den Charakter epischer Bibeldichtung annehmen, ohne freilich auch nur das geringste mit dem Renaissanceepos, seiner Ästhetik und seinem ganz anders gearteten literarischen Anspruch zu tun zu haben. Sie stehen vielmehr als meistersingerliche Kunstübung in der Tradition der Hymnendichtung und versmäßigen Bibelparaphrase des Mittelalters und sind dem praktischen Zweck der Erbauung und Belehrung mehr zugedacht als einem, wenn auch christlich legitimierten Kunstgenuß. Sie wollen die Bibelkenntnis befördern, wie nicht zuletzt die entsprechend kommentierten mnemotechnischen Kompositionsprinzipien verraten. Das 17. und 18. Jahrhundert führt über den hier gesteckten Rahmen »mittelalterlicher Erzählstoffe« hinaus. Die Masse epischer Bibelgedichte wird nicht annähernd umrissen durch die Nennung der Texte, die sich dem literarischen Gedächtnis tiefer eingegraben haben: das Gedicht über den bethlehemitischen Kindermord

›La Straghe degli innocenti‹ (1632) des Giambattista Marino (nachgedichtet von B. H. Brockes 1724), ›Paradise Lost‹ (1667) des John Milton und Klopstocks ›Messias‹ (1748 ff.). Das Bewußtsein, eine seit der Spätantike andauernden und in der Renaissance erneuerten Tradition geistlicher Epik fortzusetzen, wurde bis ins frühe 18. Jahrhundert bewahrt. Als einer seiner letzten Zeugen gilt der Pietist und Freundschaftsdichter Immanuel Jakob Pyra, der im fünften Buch seines poetologischen Lehrgedichts ›Tempel der wahren Dichtkunst‹ (1737) neben Prudentius, dessen Märtyrergedicht ›Peristephanon‹ freilich eine Sonderstellung einnimmt, die Bibelepiker Sedulius, Sannazaro, Vida, Du Bartas (= Sallust), Marino, Milton und Opitz (mit Rücksicht auf dessen Gedichte über Jonas und die Evangelien) versammelt:

Mit majestätschen Schritten
trat Milton nun einher. Er hat die Poesie
vom heydnischen Parnaß ins Paradieß geführet:
bey ihm ging Vida her, der Jesu blutgen Sieg
durch seine Laute erhob; nach dem betrat die Schwellen
der edle Sannazar, der mit der Flöten sich
zur Wiege hingesetzt, worin der Heyland ruhte ...
Sedulius kahm nun nebst den Prudentius,
der euch, ihr Märtyrer! mit frommen Psalmen krönte;
Marin trat nun herein, der uns den Kindermord
so kläglich schön beschrieb ...
Der die Geburt der Welt gesehen und besungen
Sallust erschien nachdem. Und Opitz folgte ihnen (5,28 ff.).

Schon »Klopstock erörtert nur mehr Homer, Vergil, Milton und moderne französische Epik als Modelle. Der klassizistische Horizont hat die spätantik-barocke Tradition ersetzt. Die spätantike Epik schwindet aus dem Bewußtsein der Epiker wie der Gebildeten überhaupt; sie wird dann im späten 19. Jahrhundert in der Nachschlagbarkeit der Handbücher und Editionen endgültig mumifiziert« (Herzog, S. XVIII).

BIBLIOGRAPHIE

Textausgaben

Angesichts der Fülle einschlägiger Texte ist es unmöglich, hier auch nur die wichtigsten Editionen zu nennen. Über sie geben die im folgenden aufgeführten Handbücher und allgemeinen Darstellungen Auskunft.

Forschungsliteratur

Grundlegende und übergreifende Darstellungen

H. Brinkmann, Mittelalterliche Hermeneutik, Darmstadt 1980. – Elisabeth Frenzel, Stoffe der Weltliteratur. Ein Lexikon dichtungsgeschichtlicher Längsschnitte. Stuttgart [6]1983. – W. Kirkconnel, The Celestial Cycle. The Theme of Paradise Lost in World Literature, With Translations of the Major Analogues, Toronto 1952; Nachdruck 1967. – F. Ohly, Schriften zur mittelalterlichen Bedeutungsforschung, Darmstadt 1977. – H. Rost, Die Bibel im Mittelalter, Beiträge zur Geschichte und Bibliographie der Bibel, Augsburg 1939. – M. Wehrli, Sacra Poesis: Bibelepik als europäische Tradition (1963), in: M. W., Formen mittelalterlicher Erzählung. Aufsätze, Zürich 1969, S. 51–71.

Zu einzelnen Epochen der Bibeldichtung

Zur spätantiken Bibeldichtung: E. R. Curtius, Europäische Literatur und lateinisches Mittelalter, Bern/München 1948 u. ö. – R. Herzog, Die Bibelepik der lateinischen Spätantike. Formgeschichte einer erbaulichen Gattung, I (Theorie und Geschichte der Literatur und der schönen Künste. Texte und Abhandlungen 37), München 1975. – D. Kartschoke, Bibeldichtung, Studien zur Geschichte der epischen Bibelparaphrase von Juvencus bis Otfrid von Weißenburg, München 1975.

Zur mittelalterlichen Bibeldichtung: J. Bonnard, Les traductions de la Bible en vers français au moyen âge, Paris 1884; Nachdruck Genève 1967. – D. Kartschoke, Altdeutsche Bibeldichtung (Sammlung Metzler 135), Stuttgart 1975. – A. Masser, Bibel, Apokryphen und Legenden, Geburt und Kindheit Jesu in der religiösen Epik des deutschen Mittelalters, Berlin 1969. – A. Masser, Bibel- und Legendenepik des deutschen Mittelalters (Grundlagen der Germanistik 19), Berlin 1976. – B. Naumann, Dichter und Publikum in deutscher und lateinischer Bibelepik des frühen 12. Jahrhunderts, Untersuchungen zu frühmittelhochdeutschen und mittellateinischen Dichtungen über die kleineren Bücher des Alten Testaments (Erlanger Beiträge zur Sprach- und Kunstwissenschaft 30), Nürnberg 1968. – J. R. Smeets, Les traductions, adaptations et paraphrases de la Bible en vers, in: GRLMA VI, 1, S. 48–57 und VI, 2, S. 81–96. – B. Sowinski, Lehrhafte Dichtung des Mittelalters (Sammlung Metzler 103), Stuttgart 1971.

Zur nachmittelalterlichen Bibeldichtung: Lily Campbell, Divine Poetry and Drama in Sixteenth Century England, Cambridge 1959. – B. O. Kurth, Milton and Christian Heroism. Biblical Themes and Forms in Seventeenth-Century England (Univ. of California Publications, English Studies 20), Berkeley/Los Angeles 1959. Nachdruck Hamden/Conn. 1966. – R. A. Sayce, The French Biblical Epic in the Seventeenth Century, Oxford 1955.

LEGENDEN

von

ULRICH WYSS

I

Anders als die *matière de Bretagne*[1] oder die Tierfabel konstituieren die Legendenstoffe in den mittelalterlichen Literaturen keine epische Gattung. Legendenstoff vermag sich vielmehr an andere Themen anzuschmiegen, die Ästhetik anderer Gattungen zu übernehmen. Es gibt keine literarischen Ausprägungen des Legendenerzählens, die kanonische Geltung beanspruchen könnten, sondern nur mehr oder weniger gelungene Versuche, mit den Mitteln der Literatur auch von dem Heiligen und von den Heiligen zu erzählen. Legendenerzählen ist aber gerade deshalb ein Problem für die Literatur, weil es mit Literatur eigentlich nichts zu tun hat. Es stellt sich zunächst als kultpraktische Notwendigkeit schon des frühen Christentums dar: Religiös besonders qualifizierte Verstorbene sollten bei Gott Fürbitte für die Lebenden einlegen. Die besondere Qualifikation ergab sich entweder aus der Tatsache, daß eine Person im Alten oder Neuen Testament als Akteur des Heilsgeschehens vorkam, oder aus besonderen Leistungen bei der Verkündigung und Behauptung des neuen christlichen Glaubens. Schon die Kirchenväter des 3. Jahrhunderts – Tertullian, Origenes, Cyprian – kennen neben der Anrufung von Engeln und Bibelfiguren die der christlichen Märtyrer; diese stehen Gott ebenfalls besonders nah und bilden ein Bindeglied zwischen den sündigen Menschen und der göttlichen Allmacht. Insofern stellen sie das theologische Prinzip des Monotheismus nicht in Frage: wohl aber machen sie verschiedene kultische Praktiken und deren Institutionalisierung notwendig. Bilder der Heiligen, die Überreste ihres Leibs und ihres Lebens können Anlaß zu Andacht und Verehrung werden; vor allem aber entstehen spezifische Kultdiskurse: preisende Hymnen zum einen, anderseits die Erzählung vom außergewöhnlichen Leben, das der Heilige geführt, und von den Wundern, die er gewirkt hat. Dazu kommen die Wunder, die noch nach seinem

Tod an der ihm geweihten Kultstätte geschehen sind: als nachträgliche Beweise für die Wirksamkeit der Fürbitte, die der Heilige zu leisten vermag. Auf Treue zur historischen Faktizität kam es dabei kaum an. Erst der Papst Alexander III. nahm 1171 die Kanonisation als alleiniges Recht des Heiligen Stuhls in Anspruch, und das nicht aus Sorge um die Authentizität der verehrten Heiligenfiguren; einen förmlichen Kanonisationsprozeß, der auch auf die historische Glaubwürdigkeit einer Gestalt und ihrer Wunder Rücksicht nimmt, gibt es sogar erst seit dem Papst Urban VIII. (1623–1637).

Auf literarische Qualität mußten es die Autoren von Heiligenviten nicht abgesehen haben; die Beschäftigung mit Heiligenleben war ein Teil der praktizierten Religion, Spielräume für poetische Phantasie schien es da nicht zu geben. Doch genau so, wie die bildende Kunst des mittelalterlichen und nachmittelalterlichen Europa aus kultischen Anlässen großartige Bildwerke zu schaffen vermochte, die wir heute noch bewundern, hätte die Literatur aus den heiligen Stoffen poetische Qualität machen können. Das ist jedoch nicht der Fall; jedenfalls nicht in den Heiligenleben. Die religiöse Authentizität christlichen Erzählens scheint sich schwer mit dem zu vertragen, was wir als profane Epik kennen. Auch die Bibelepik leidet darunter: die Geschichte von Gott und seinem Wirken in der Welt ist ein für allemal erzählt; zu der Heiligen Schrift darf eine menschliche Erzählkunst nicht in Konkurrenz treten. Die Bibel nachzudichten ist daher ein hybrides Unterfangen, die ganze Gattung ein »genre faux«. Hegel hat das Problem mit nach wie vor unerreichter Prägnanz formuliert. Einerseits sprengt der Inhalt des christlichen Glaubens jeden Kanon der Schönheit; alles Anschaubare wird entwertet, wenn der gegeißelte, gemarterte Schmerzensmann zugleich der triumphierende Gottessohn sein kann. Anderseits wird Kunst gerade dem zentralen Thema des Christentums gerecht: der Inkarnation, in welcher die Gottheit ja »den Anthropomorphismus auf die Spitze zu treiben« sich bereitfand. Doch ist dabei immer der Zufälligkeit jeder äußeren, von der Bildkunst zu gestaltenden Erscheinung des Göttlichen Rechnung zu tragen. Um so leichter fällt es uns deshalb, von der religiösen Bedeutung des jeweils Dargestellten zu abstrahieren. Kathedralplastiken des Hochmittelalters ebenso wie die Heiligenbilder der Renaissance erfahren wir heute als Triumphe profaner Kunstübung; vielleicht fragen wir uns sogar, ob die ungeheure Virtuosität gewisser Bilder nicht den geistlichen Ernst ihrer Sujets Lügen straft. Der heilige

Sebastian, von Pfeilen durchbohrt, aber nackt und schön; der heilige Laurentius auf dem Rost; die Muttergottes mit dem Leichnam ihres Sohnes – lauter Bilder, die alle mögliche Aufmerksamkeit des Kunstliebhabers und Kulturhistorikers in Anspruch nehmen, nicht aber die Andacht des Gläubigen. Das ist die Dialektik der christlichen Kunst: als Kunst ist sie am Ende doch heidnisch, profan, gottlos. Wo das Bild für sich spricht, redet es nicht von Gott. Analog dazu darf die Poesie nicht von Gott reden, ist doch Gott selbst ein Redender, ja: selbst das Wort ... Die Kirchenväter haben sich lange mit dem Problem abgemüht, wie eine christliche Literatur überhaupt zu rechtfertigen wäre; bietet die Bibel nicht das Modell einer heiligen Schrift, die aller literarischen Kunstfertigkeit zuwiderläuft? Die Gegenposition beharrte darauf, daß auch das aus dem Altertum ererbte Arsenal poetischer Kunstmittel in den Dienst der Verkündigung zu nehmen sei (Erich Auerbach). Ums Erzählen ging es da aber zuallerletzt. Die komplizierten und raffinierten Gedichte karolingischer Mönche wollen den heiligen Text erklären, Sinnbezüge herstellen, Gottes Lob singen. Wo religiöse Dichtung es zugleich ästhetisch und theologisch ernst meint, ist sie ganz unepisch: in Frauenlobs ›Marienleich‹ und in Dantes ›Göttlicher Komödie‹.

Da ist es nicht verwunderlich, daß wir zwar in der Literatur des Mittelalters viele Legenden antreffen, aber keine große Legendenepik. Das, was die theologische Substanz eines Heiligenlebens ausmacht, läßt sich zwar erzählen – aber letzten Endes nicht nach dem Maß dieser Welt plausibel imaginieren. Hegel hat von dem »Fanatismus der Heiligkeit« gesprochen, der viele Legenden so unerfreulich macht:

»Zum Beispiel die Erzählung von einem Manne, der voll Liebe für sein Weib und seine Familie und von allen den Seinigen wiedergeliebt sein Haus verläßt, umherpilgert und, als er endlich in Bettlergestalt zurückkehrt, sich nicht entdeckt; es werden ihm Almosen gereicht, unter der Treppe ein Plätzchen ihm aus Mitleid zum Aufenthalt angewiesen; so lebt er zwanzig Jahre lang in seinem Hause, sieht den Kummer seiner Familie um ihn mit an, und erst im Sterben gibt er sich zu erkennen.« »Dergleichen Handlungen«, sagt Hegel dazu, »fehlt ein inhaltsvoller, gültiger Zweck, denn was sie erreichen, ist nur ganz subjektiv, ein Zweck des einzelnen Menschen für sich selber, für das Heil seiner Seele, für seine Seligkeit. Es liegt aber eben wenigen viel daran, ob gerade dieser eine selig werde oder nicht« (Hegel, Bd. 2, S. 527). Sobald eine Erzählung Handlungen vorstellt,

Gedanken und Gefühle nachbildet, muß sie irgendwie dem Publikum kommensurabel sein; dieses muß in irgendeiner Form nachvollziehen können, was der Held der Geschichte tut und denkt und fühlt. Genau dieses Gebot sieht Hegel in der Legende verletzt: und die Legendenepik des Mittelalters bezeugt, daß die mittelalterlichen Erzähler und ihr Publikum im Grunde nicht anders dachten. Dante wiederum hat dort, wo Heiligenviten zu erzählen waren, von den erzählbaren Details strikt abgesehen: und das durchaus gegen die Tradition. Vom heiligen Franziskus von Assisi wird im XI. Gesang des ›Paradiso‹ ohne alle jene rührenden Episoden erzählt, mit denen die Schriftsteller des Franziskanerordens sein Leben ausschmückten. Dante läßt an jener Stelle den heiligen Thomas von Aquin nur die Vorstellung von der Hochzeit des Franziskus mit der allegorischen Dame Armut ausführen. *Ella con Cristo pianse in su la croce* (Par. XI,72): »Sie weinte mit Christus auf dem Kreuz«. Schon früh findet sich stattdessen die Lesart *salse in su la croce* – »sie stieg mit ihm aufs Kreuz«: eine kühne Vorstellung, die nun wieder konkreter episch zu sein scheint, fast als wäre Dantes Abstraktion von der Handlung des Heiligenlebens den Lesern zu weit gegangen.

II

Wird in den Legenden das Leben außergewöhnlicher Menschen berichtet, so haben sie das mit der meisten Epik jedenfalls älterer Zeit gemeinsam. Der Heilige läßt sich geradezu als ein Sonderfall des Helden auffassen: als der heilige Held eben, der seine Heldentaten weniger als Krieger und Liebender vollbringt denn als Zeuge für die Allmacht des christlichen Gottes. Kein Wunder auch, daß die Vitenliteratur zahlreiche Beziehungen zu anderen traditionalen Erzählgattungen unterhält, die gleichfalls in der hochliterarischen und trivialen Epik des Mittelalters (und der Neuzeit) wirksam geworden sind: das Volksmärchen und die Sage etwa. Es spricht auch nichts dagegen, daß sich in den Legenden archaische Mythenmotive abgelagert haben; Jacob Grimm etwa hat mittelalterliche Heiligenviten als ergiebige Quellen der ja größtenteils nur in indirekten Zeugnissen zu greifenden germanischen Mythologie zum Sprudeln gebracht. Schließlich sind in die Heiligenleben Motive der antiken Romanliteratur eingeflossen: die christlichen Schriftsteller bedienten sich von Anbeginn des Motivrepertoires der zeitgenössischen heidnischen Unterhaltungsliteratur. Die in allen europäischen Literaturen bis hinauf nach Skandinavien geläufige Erzählung von Barlaam und Josaphat verarbeitet sogar das Leben des indischen Religionsstifters Buddha, das spätestens Johannes von Damaskus (um 650 – um 750) in griechischer Prosa als christlichen Erbauungsroman umerzählt hatte.

Haben die Legenden aber soviel Erzählgut mit den vorliterarischen und literarischen Traditionen der Völker gemein, fragt es sich, ob nicht überhaupt das Legendenerzählen anders als durch seine Bindung an den Kult der christlichen Kirche zu bestimmen wäre. Wirkt in den Legenden ein elementares Faszinosum, das weit über die Heiligenleben hinaus Geltung hätte? André Jolles hat die Legende als »einfache Form« bestimmt: als sprachliche Artikulation einer elementaren psychischen und intellektuellen Tätigkeit: der *imitatio*. Der Heilige wäre demnach »eine Gestalt, an der wir etwas, was uns allseitig erstrebenswert erscheint, wahrnehmen, erleben und erkennen, und die uns zugleich die Möglichkeit der Betätigung veranschaulicht – kurz es ist im Sinne der Form ein *imitabile*« (Jolles, S. 36). Doch was allseitig erstrebenswert erscheint, ist variabel je nach Kultur und Epoche. Daß es eine sakrale Leistung sein muß, gilt für das Mittelalter, meint Jolles; heute können ganz andere Leistungen an die Stelle der Zeugenschaft für Gott und seine Allmacht treten. Dennoch würden diese in analogen Sprachspielen dem Leser vorgeführt: als Biographien von Politikern, Industriekapitänen oder Hochleistungssportlern etwa.

Es fragt sich, ob diese Analogie nicht doch das spezifische Skandalon aller Legendenerzählungen übergeht: eben jene schreckliche Inkommensurabilität des Erzählten, wie Hegel sie gebrandmarkt hat. Daß die sakrale und die profane Daseinssphäre prinzipiell unterschieden sind, wie die Religionswissenschaft zu zeigen nicht müde wird, mag einleuchten – wichtiger erscheint mir zu beobachten, wie sehr das literarische Schicksal der Legendenstoffe in den mittelalterlichen Literaturen Hegels Urteil bestätigt. Und das, obgleich – nein: gerade weil – die Legendenstoffe einen prominenten Anteil an der Entfaltung einer vulgärsprachlichen Epik in Europa haben (Max Wehrli). In der Handschrift der Bibliothek von Valenciennes (um 880), die das althochdeutsche ›Ludwigslied‹, ein Preislied auf den westfränkischen König Ludwig III. (879–882) enthält, findet sich auch ein altfranzösisches Stück, das älteste überhaupt der französischen Literatur: der Text zu einer Sequenz, der in kurzen Worten das

Leben der spanischen Märtyrerin Eulalia (›Eulalia-Sequenz‹) evoziert. *Buona pulcella fut Eulalia, / bel auret corps, bellezour anima* – »Ein edles Mädchen war Eulalia, schön war ihr Leib, schöner die Seele«, so hebt die Sequenz an. Es ist damit die entscheidende epische Dissonanz allen Legendenerzählens intoniert: daß die Seele schöner sei als der Leib. Demgegenüber gehört es zu den Prinzipien der meisten höfischen und heroischen Epik, daß die Schönheit der Seele an der des Leibes untrüglich abzulesen ist.

Einige Jahrzehnte jünger ist das in einer Handschrift aus Clermont-Ferrand erhaltene ›Leodegarlied‹. In paarweis gereimten Achtsilblern beschreibt es das Leben Leodegars, der 659 Bischof von Autun wurde. Er geriet in burgundische Thronwirren, verfeindete sich mit dem Majordomus Chlotars III. und dessen Nachfolger, dem später ermordeten Childerich II. Um 680 schnitt man ihm die Zunge aus dem Mund, er wurde geblendet, schließlich geköpft. Von den politischen Wirrnissen und dem Hin und Her der Hofintrige, wie die lateinische Vita aus der Feder des Ursinus von Ligugé sie erzählt (Acta Sanctorum 2. Okt.), behält das vulgärsprachliche Gedicht kaum etwas übrig. Es kommt dem Erzähler überhaupt nicht darauf an, ob der Zusammenhang der Biographie den Gesetzen der Logik und den Regeln der Lebenserfahrung entspricht; »eine absolute, durch nichts begründete tückische Grausamkeit kämpft gegen eine ebenso absolute, im Leeren sich bewegende Tugend«[2]. Alles läuft wiederum auf den Gegensatz zwischen der Nichtigkeit des Leibes und dem Triumph der Seele hinaus, der überaus prägnant ausgedrückt wird. Als der Widersacher dem Heiligen die Zunge hat ausreißen lassen, freut er sich, daß Leodegar jetzt nicht mehr Gott loben könne. Doch der Erzähler fährt fort: *Sed il non a lingu'a parlier, / Deus exaudist lis sos pensaez; / Er si el non ad ols carnels / En cor los ad espiritiels; / Et si en corps a grand torment, / L'anima·n awra consolament* – »Hat er auch keine Zunge zum Sprechen, so erhört Gott seine Gedanken, und hat er keine fleischlichen Augen, so hat er geistliche im Herzen, und leidet er am Leibe Qualen, so wird die Seele doch getröstet« (v. 167ff.). Wieder läuft die Legendenerzählung auf diese rigide Logik von ungeheuren Schmerzen, unermeßlichem Verlust und ebendarum maßloser Kompensation hinaus. Und es ist diese Thematik, die den zugleich kargen wie pathetischen Duktus der Erzählung erträglich macht. – Noch deutlicher wird das in dem ›Lied vom Heiligen Alexius‹, das hundert Jahre später, gegen Ende des 11. Jahrhunderts, entstanden sein dürfte. Es gilt als erstes größeres Stück altfranzösischer Epik, seine Zehnsilbler entsprechen denen der Chanson de Geste (s. dazu unten S. 86ff.). Auf der Grundlage wiederum einer lateinischen Vita (Acta Sanctorum 17. Juli) wird die Geschichte von dem römischen Patriziersohn dargestellt, der seine Familie verläßt, schließlich unerkannt zurückkehrt und unter der Treppe des Elternhauses als Bettler sein Leben fristet – eben jene Geschichte, die Hegel als charakteristisch für die epische Substanzlosigkeit der Legendenepik angeführt hatte. Wieder schreitet die Handlung voran, indem Bilder und Gegenbilder schroff nebeneinandergestellt werden, ohne daß eine Kontinuität der Erzählung irgendwelche Einfühlung ins Tun und Leiden der Akteure ermöglicht. Als die Frau und die Eltern des Alexius dessen Tod beklagen, weist der Papst sie brüsk zurecht: zum Jammern besteht kein Anlaß, denn der Verstorbene wird ein guter Nothelfer sein (v. 501ff.). Die Philologen haben immer wieder versucht, die psychologischen Nuancen in der Erzählung aufzuspüren, man hat sogar impressionistische Züge herausgelesen, was E. R. Curtius ingrimmig glossierte.[3] Auch schwanken die ästhetischen Urteile zwischen dem Respekt vor der archaischen Schlichtheit des Denkmals und der Hochschätzung der raffinierten Rhetorik, die man in ihm ebenso am Werk sehen kann. Alles das bezeugt, daß das Werk eben doch kaum zu verstehen ist. Aufschlußreich jedoch der eine lakonische Satz, mit dem die ungeheuerliche Zumutung gerechtfertigt wird, die Alexius, unerkannt unter der Treppe, für seine Angehörigen darstellt: *Plus aimet Deu que trestut son linage* – »Er liebte Gott mehr als seine ganze Verwandtschaft« (v. 250). Das signalisiert, was die Legendenhandlung ganz besonders draußen lassen muß: die Verwandtschaftsbeziehungen und deren Semantik, der sich viel epischer Problemstoff in der Heldenepik wie im höfischen Roman verdanken wird. Das gilt für die Hagiographie ganz allgemein.[4] In den merowingischen Heiligenleben, die durchwegs komplizierte politische Verhältnisse abbilden, kommen nur die Beziehungen der Kleinfamilie vor: Vater/Mutter/Kind; Bruder/Schwester; Ehemann/Ehefrau – und das, obgleich in der merowingischen Aristokratie durchaus noch weitverzweigte, archaische Regeln der Consanguinität und Allianz in Geltung gestanden haben müssen. Jesus hatte auch die Beziehung zu Eltern, Ehegatten und Geschwistern hintanzustellen befohlen: »Vnd wer verlesset Heuser/oder Brüder/ oder Schwester/ oder Vater/ oder Mutter/ oder Weib/oder Kinder/ oder Ecker/ vmb meines Namens willen/ Der wirds hundertfeltig nemen/ Vnd das ewige Leben ererben« (Matth. 19,29); an der Alexiuslegende zeigt es sich, daß daraus eine mittelalterliche Epik auf die Dauer nicht zu machen war. Spätere vulgärsprachliche Alexiusversionen werden mehr oder weniger kunstlos die lateinische Vita übersetzen; gelegentlich bemüht man sich, episch ausgedachtes Detail hinzuzufügen, so in jener mhd. Fassung (Alexius A, nach 1250?), die den Alexius und seine Frau, wenn schon nicht das Ehebett, so doch den Sarg teilen läßt: als die Frau bestattet werden soll, rückt des Heiligen schneeweißes Skelett galant zur Seite und winkt sie neben sich (v. 1129ff.). Doch das bedeutet kein episches Gelingen; die Stunde des Alexiusstoffes hatte in jener Frühzeit der französischen Literaturgeschichte geschlagen, als aus der Enge des Blickwinkels das düstere Pathos eines altertümlichen hohen Stils zu gewinnen war. Erich Auerbach hat gezeigt, daß auch das kurz darauf entstandene ›Rolandslied‹ (vgl. S. 86ff.) diese Form fand, »in welcher die Parataxe dichterische Kraft besitzt«; auch für das erste Stück französischer Heldenepik gilt: »Die Welt ist ganz klein und eng geworden, und in ihr geht es, ganz starr und unverrückbar, um eine einzige, schon im voraus beantwortete Frage«[5]. Doch sollte die profane Epik es lernen, aus Geschichte, Mythos und Märchenphantasie weite Welten aufzubauen, während die Legende das ganze Mittelalter hindurch in ihre Grenzen gebannt bleiben mußte.

In der französischen Literatur markieren die drei Legendengedichte den ersten Anfang. Im Deutschen, Englischen und Nordischen dagegen stellen sie sich von Anbeginn nur als eine Möglichkeit vulgärsprachlichen Erzählens unter anderen dar. Die altnordische Heldenepik kommt ganz ohne christliche Sujets aus. Legenden zählen indessen zu den ältesten erhaltenen Sagatexten. Neben der Geschichte des norwegischen Königs Olaf des Heiligen (um 990–1030) begegnen wir nach 1150 dem Leben Thomas Beckets († 1170), dem Marienleben, der Geschichte Barlaams und Josaphats, Gregorius und anderen Legenden in altnordischer Prosa.

Die altenglische Heldenepik bildet sich im Gefolge der Bibelepik heraus. Vor 700 entstehen die (allerdings nicht überlieferten) Bibelepen Caedmons, in der ersten Hälfte des 8. Jahrhunderts liegt der ›Beowulf‹ (vgl. S. 156ff.) vor, der die literarischen Errungenschaften der geistlichen Stabreimepik auf einen einheimischen Stoff anwendet; nach 750 finden wir, in eben diesem Stil, einige kleinere Epen mit Legendenthema: die beiden dem englischen Heiligen ›Guthlac‹ gewidmeten Gedichte, die Legende von der Märtyrerin ›Juliana‹ und die Geschichte Helenas, der Mutter des Kaisers Konstantin, die das Kreuzesholz in Jerusalem auffindet (›Elene‹). Diese Stücke werden einem Autor namens Cynewulf zugeschrieben. Auffällig vor allem, daß die beiden ›Guthlac‹-Gedichte die Vorlage, die Vita aus der Feder des ostanglischen Klerikers Felix von Crowland (um 730), nicht einfach übersetzen, sondern jeweils bestimmte Aspekte hervorheben: Hatte Felix das ganze Leben, die Geburt und kriegerische Jugendzeit, dann die Klosterjahre, schließlich das Eremitendasein mit seinen Versuchungen erzählt, so konzentriert sich der ›Guthlac A‹ auf die Darstellung des Kampfes gegen die Dämonen, die den Heiligen vor die Pforten der Hölle zerren; der ›Guthlac B‹ handelt vom Sterben des Helden, der hier als mannhafter Kämpfer gegen Krankheit und Tod in Szene gesetzt wird. Das hat durchaus Gemeinsamkeiten mit dem aus den älteren Eddaliedern und dem ›Beowulf‹ vertrauten pathetisch-psychologischen Stil germanischer Heldendichtung, bedient sich außerdem eines eindringlich mahnenden Predigerstils – von dem Lakonismus der altfranzösischen Gedichte weit entfernt.

Auch in der althochdeutschen Literatur vertreten die Legenden die Frühzeit nicht allein. Im Gegenteil. Neben einzigartigen Stücken wie dem ›Hildebrandslied‹, dem ›Muspilli‹ und dem ›Ludwigslied‹ nehmen sich die drei Legendengedichte, von denen wir Zeugnis haben, bescheiden aus. Das ›Georgslied‹, im 10. Jh. in eine Otfrid-Handschrift (P, heute in Heidelberg) eingetragen von einem Schreiber, der der ungewohnten Orthographie seiner Vorlage offenbar nicht gewachsen war und vorzeitig abbrach, erzählt das Leben des Märtyrers Georg, der hier noch nicht in der romantisch-ritterlichen Rolle des Drachenkämpfers erscheint. Die wichtigsten Wunderzeichen, die er wirkt, werden mit refrainartigen Zeilen markiert: *Daz giteta selbo der māro grābo Gorio* – »Das wirkte er selbst, der berühmte Graf Georg« (v. 6 und 11, ähnlich v. 16 und 21); dann folgen die Martern, aus denen Georg immer wieder lebend hervorgeht, herausgehoben durch das offenbar jeweils wiederholte *ūf irstuont sih Gorio dār* – »Georg erstand da vom Tod« (v. 26/27, 34/35, 41/42). Das Lied hebt an wie ein Lied von einem Kriegshelden: *Gorio fuor zu mahalo mit mihilemo herio, / fona dero marko mit mihhilemo folko* – »Georg zog zum Gerichtstag mit großem Heer, aus der Mark mit großer Schar«; doch dann wird sofort klargemacht, daß es sich um einen Kampf um des Seelenheiles willen handelt: *firliez er wereltrīhhi, giwan er himilrīhhi* – »Er verließ das Erdenreich und gewann das

Himmelreich« (v. 5). – Liturgischem Gebrauch diente offenbar das ›Petruslied‹, in eine aus Freising stammende Handschrift des Genesiskommentars von Hrabanus Maurus aus dem 9. Jahrhundert eingetragen (München Clm 6260): dreimal zwei gereimte Langzeilen, als Refrain *Kyrie eleison Christe eleison*. Gott hat Petrus Gewalt gegeben, die zu ihm bittenden Menschen zu erretten; er bewacht auch die Himmelspforte; wir müssen ihn bitten, uns gnädig zu sein. Das wurde offenbar im Gottesdienst gesungen, denn der Text ist mit Neumen, also altertümlichen Notenzeichen versehen. – Das ›Galluslied‹ schließlich, das der St. Galler Mönch Ratpert († nach 884) um 880 gedichtet haben muß, ist nur in einer lateinischen Übersetzung durch Ekkehard IV. (um 980–1060) erhalten, die ganz im Stil der lateinischen Heiligenhymnik gehalten ist: Leben und Wunder, Vita und Miracula am Grab des Gallus werden lobpreisend aufgezählt. Das althochdeutsche Original wird sich, wie die beiden anderen Stücke, des neuen Endreims bedient haben.

Eine Gattungstradition ist mit allen diesen Werken nicht begründet worden. Legendendichtung in der Volkssprache wird nach 1100 einerseits eine populäre Unterströmung der ritterlichen Epik bilden, die erst im 13. und 14. Jahrhundert in Handschriften greifbar wird; zum andern haben Legendensujets und Legendentendenzen an der profanen Epik teil.

III

Sobald es in Europa eine Kontinuität vulgärsprachlicher profaner Epik gibt, treten die Legenden in den Hintergrund. Es zeigt sich, wie sehr Hegel recht haben sollte, als er der Legende die humane – und das heißt eben auch: die epische – Substantialität absprach. Die Entwicklungsgeschichte weltlichen Erzählens im 12. Jahrhundert bringt schließlich das zukunftsreiche Genus des Romans hervor, und das bedeutet, daß Epik immer stärker auf sich selbst gestellt sein wird. Wird etwas erzählt, so muß es einen Zusammenhang ergeben, der sich nacherleben läßt; das Publikum muß mitphantasieren können. Statt schroffer Antithesen mit absolutem Anspruch sind jetzt die Übergänge gefragt; dialektische Vermittlungen und Zweideutigkeiten, seelischer Zwiespalt und innerweltliche Tragik, Abenteuer und Gefühle konstituieren die profane Welt der Epik – genau das, was die sakral definierte Tugend eines Heiligen nicht zu bieten hat. Dennoch sind die

Legendenstoffe nicht einfach hinfällig geworden. Zu den Paradoxien der Frühgeschichte des Romans gehört vielmehr, daß das profane Erzählen Legendenmotive aufgreift, sich an ihnen abarbeitet, sie überbieten möchte. Fast möchte ich sagen: die Legende erweist sich als Geburtshelfer des Romans. Von den Legendenstoffen her gesehen, stellt sich das 12. und 13. Jahrhundert als eine Zeit immer neuer Versuche dar, Heiligengeschichten doch noch zu erzählen, Hegel zum Trotz. Dabei werden verschiedene Strategien entwickelt, vom Heiligen auch anspruchsvoll zu erzählen.

Eine Möglichkeit, das einzelne Heiligenleben aus seiner peinlichen Kontingenz zu erlösen, besteht darin, es heilsgeschichtlich bedeutsam zu machen. Das tat natürlich auch schon das Alexiuslied. Doch nun wird der Schematismus von göttlicher Gnade und sündiger Welt nicht einfach mehr in der Vita des Heiligen sichtbar gemacht, sondern als Rahmen um diese gelegt. So etwa in der ›Veronikalegende‹ eines Kölner Verfassers, der sich der »Wilde Mann« nennt (um 1170).

Es handelt sich nicht eigentlich um eine Vita der Heiligen. Diese ist vielmehr überaus bedeutsam, weil sie das einzige Bildnis des Erlösers besitzt: als Abdruck von Jesus' Antlitz auf einem Handtuch, mit dem er sein Gesicht abgetrocknet hat. Andere Fassungen reden von dem Schweißtuch der Veronika. Das Tuch heilt später den todkranken Kaiser Vespasian. In der Erzählung des Wilden Mannes wird das alles in eine heilsgeschichtlich akzentuierte Christusvita eingebettet: von den Propheten des Alten Testaments bis zur Eschatologie; daß mit Vespasian der römische Kaiser zum Christentum übertritt, eröffnet ohnehin eine universalhistorische Perspektive. Später wird die Geschichte von Veronika in den Gralromanen eine Rolle spielen: Robert de Boron hat sie mit der Geschichte Josephs von Arimathia, des ersten Gralshüters, verknüpft, und auch in diesem Kontext stellt sich ein universaler Zusammenhang her (s. dazu unten S. 341 f.). – Dem Prinzip der Anordnung von Legenden in einer weltgeschichtlichen Betrachtung folgt auch die ›Kaiserchronik‹, die Regensburger Geistliche um 1150 zusammengereimt haben. Doch nimmt sich die Weltgeschichtskonstruktion, etwa im Vergleich mit dem Geschichtswerk Ottos von Freising, unbedarft aus: sie besteht im wesentlichen in der Aneinanderreihung der römischen Kaiser, von Julius Caesar bis zu Konrad III., und der Kreuzzugspredigt des Bernhard von Clairvaux im Jahr 1146. Zu vielen Kaisern weiß die Chronik nichts als Legenden zu berichten: Tiberius bildet den Anlaß, die Veronikalegende mitzuteilen (v. 690ff.): Petrus bewährt sich in der großen Disputation mit dem Magier Simon (v. 2058ff.); unter Decius spielen mehrere Märtyrergeschichten, vor allem die der Sieben Schläfer (v. 6115ff.). Am wichtigsten ist der Abschnitt über Constantin mit der Silvesterlegende (v. 7806ff.): der Kaiser wird vom Aussatz befallen, nur das Blut unschuldiger Kinder kann ihn heilen, er verzichtet auf das Opfer, wird geheilt, Silvester tauft ihn, er führt das Christentum im Imperium ein; in einer großen Disputation mit 12 jüdischen Schriftgelehrten siegt Silvester; Constantins Mutter Helena findet das Kreuzholz, sendet den Heiligen Rock nach Trier. Das ist keine Vita, sondern ein Ausschnitt aus der Weltgeschichte, an dem sich wichtige Umbrüche vollziehen. Diese werden jedoch in erbaulichen Taten des Papstes und der Kaiserinmutter manifest. – Kaiser Heraclius (v. 11138ff.) erobert das Kreuz von dem Heidenkönig Cosdras zurück. Ein sentimentaler Roman geradezu ist die Geschichte von Crescentia (v. 11352ff.): diese Kaiserin wird von ihrem Schwager begehrt, widersteht seinen Anträgen, wird verleumdet, in den Tiber geworfen, gerettet; als Magd an einem Herzogshof erlebt sie dieselbe Geschichte noch einmal – sie wird vom Vizegrafen, einem Hofbeamten, begehrt, verleumdet, in den Fluß geworfen; diesmal erscheint ihr der heilige Petrus und verleiht ihr die Gabe, jeden kranken Sünder zu retten, wenn er öffentlich seine Sünden bekennt. Sie vollbringt es an allen, die ihr Leid zugefügt haben, es kommt zu herzzerreißenden Wiedererkennungsszenen, schließlich gehen Kaiser und Kaiserin ins Kloster. Das ist nach der Technik des spätantiken Romans gearbeitet, ähnlich wie die Geschichte von Faustinian (v. 1219ff.). Es zeigt zum ersten Mal, wie eine Abenteuergeschichte dadurch zur Legende gemacht wird, daß man ihr einen frommen Schluß gibt, nachdem man dem Protagonisten bereits einige gutchristliche Tugenden oder Motivationen untergeschoben hat.

Beim Wilden Mann wie in der ›Kaiserchronik‹ erhalten die Legenden epische Substanz, indem sie in größere Zusammenhänge eingeordnet werden. Die Taten und Leiden einzelner Heiliger erscheinen so als Beispiele für die ganz großen Entscheidungen in der Geschichte des Menschengeschlechts; ihre Substanz wird also gewissermaßen bei der Heilsgeschichte erborgt. Das fiel natürlich dort am leichtesten, wo von Heiligen zu berichten war, die ohnehin in der Heilsgeschichte agieren: bei den biblischen Gestalten also. Neben den Evangelien und der Apostelgeschichte boten vor allem die Apokryphen reichen Erzählstoff; daraus wurden die Geschichten von der Kindheit Jesu, vor allem aber die ›Marienleben‹ geschöpft, in denen Bibelepik und Legende zusammentreffen.

Anders verhält es sich, wenn die Experten für ritterliche Romanliteratur Legendenstoffe bearbeiten. Das geschieht zwar nicht allzuoft, aber nicht nur in Ausnahmefällen. Heinrich von Veldeke, der die Tradition des französisch inspirierten Ritterromans in Deutschland schon nach der Auffassung der nächsten Generation begründete, schrieb um 1160 eine Servatiuslegende (›Sente Servaes‹) – noch bevor er mit der Arbeit an dem epochemachenden Aeneasroman (›Eneide‹) begann. Das Stück, von der Gräfin Agnes von Loon in Auftrag gegeben, dürfte mit dem Servatiuskult in Maastricht zusammenhängen; es kommt ganz ohne literarische Eitelkeit und ohne Bewußtsein ästhetischer Probleme daher. Im Prolog wird aus der Pfingstsequenz Notkers zitiert, ein Exkurs über Schlafen und Wachen im geistlichen Sinn (vgl. Matth. 24. 42–47) wirkt ganz und gar predigthaft (v. 35–140) – diese Legende kann man sich gut als Teil des Gottesdienstes zu St. Servas in Maastricht vorstellen. – Im Hinblick auf einen ganz andersartigen Gebrauch dürfte Hartmann von Aue, der als erster einen Artusroman verdeutschte, gegen 1190 in seinem ›Gregorius‹ das fabulöse Vorleben eines gewissen Papstes dieses Namens nach einer französischen Vorlage (›Grégoire‹) gedichtet haben. Schon diese Vorlage diente eher höfischer Unterhaltung, Erbauung und Repräsentation als einem Kult: ist doch der hier behandelte Papst Gregor keiner, der in der Kirchengeschichte vorkam oder gar verehrt wurde: ein sonderbarer Heiliger. Aber eben eine hochadelige Romanfigur. Sproß einer inzestuösen Geschwisterbeziehung, wird er wie Moses ausgesetzt, heiratet später, als er ein exzellenter Ritter geworden ist, unwissentlich seine Mutter. Als die Verstrickung aufgedeckt wird, tut er als Eremit auf einem Felsen im Meer siebzehn Jahre lang härteste Buße. Schließlich qualifiziert ihn gerade diese zum Papst. Der alte Thomas Mann hat aus diesem Stoff einen ironischen Gnadenroman gemacht (›Der Erwählte‹) – es fragt sich, ob Ironie nicht auch bei Hartmann schon im Spiele war. Der Prolog setzt den Erzähler als reuigen Sünder in Szene: und zwar als sündigen Erzähler, der immer wieder »nach dem Lohn der Welt gesprochen« hat. Das neue Werk soll das nun wiedergutmachen helfen – was um so eher gelingen könnte, als in ihm von der Möglichkeit der Reue, und sei's für noch so große Untat, gehandelt werden muß (v. 36ff.).

Das geht alles ein wenig zu glatt: die Geschichte spekuliert überdeutlich auf den Reiz der Extreme, die über alles lebensweltlich Konkrete hinausschießen, in der Maßlosigkeit der Sünde wie der Buße, in der Erniedrigung wie in der Erhöhung. Gerade deshalb kann sich Hartmann auch die Nutzanwendung auf sich selbst so leicht machen. Thomas Mann hat, im selben Sinn, in dieser Geschichte den »Geist der Erzählung« am Werk sein lassen und weniger sich selbst als Erzähler. In dieser fiktiven Legende, die auf keinen Kult Rücksicht zu nehmen braucht, wird sichtbar, wie Legenden als Literatur vorgestellt werden könnten. Dabei ist Hartmanns Ironie durchaus sanft; sie zweifelt nicht an der Objektivität von Sünde und Gnade, sondern führt vor Augen, wie diese mit den Mitteln der profanen Literatur als menschenmöglich dürften genommen werden. In der Übertreibung liegt das humane Maß. – Die zweite legendenhafte Dichtung Hartmanns, der ›Arme Heinrich‹ (um 1165 bis um 1215) spielt auf das Legendenmotiv des Aussatzes an, der gerade durch den Verzicht auf das Blutopfer geheilt werden kann: wie in der Silvesterlegende. Das Thema wird mit einer Liebesgeschichte verknüpft und dadurch ein wenig psychologisiert und ästhetisiert: Der Ritter Heinrich, vom Aussatz befallen, zieht zu einem seiner Bauern; dessen Tochter ist bereit, für seine Heilung ihr Leben hinzugeben. Doch Heinrich würde die schöne Gestalt des Mädchens zerstören, nähme er ihr Opfer an. So erwächst das Gnadenwunder gerade auch aus der Rücksicht auf die weltlichen Qualitäten. In der Erzählung ›Engelhard‹ Konrads von Würzburg (um 1260) wird das Motiv mit der unverbrüchlichen Freundschaft zweier Männer verbunden: der eine bietet dem anderen das Leben seiner Kinder an. Man hat auch den ›Armen Heinrich‹ eine »höfische Legende« genannt, wohl zu Unrecht, denn es kommt darin kein Heiliger vor. Wohl aber werden Fragen, die die beiden kleinen Romane Hartmanns aufwerfen, auch in den großen Werken der höfischen Epik zum Thema. Daß in einem profanen Rittertum Schuld liegen kann, die den höfischen Helden unvorbereitet trifft – davon ist auch im ›Parzival‹-Roman die Rede. Und die Gralromane des 13. Jahrhunderts werden ohnehin das weltliche Ritterabenteuer durch die sakrale Aventiure der Gralssuche zu übertreffen versuchen. Doch das hat mit der Legende gar nichts mehr zu schaffen. Weniger deutlich ist das bei Wolframs von Eschenbach ›Willehalm‹ (s.

dazu auch unten S. 97ff.). Jenes Epos macht den Krieg christlicher Ritterheere gegen die Heiden zu einem auch theologisch brisanten Problem, und sein Held wird vom Erzähler als *hêrre sanct Willehalm* im Gebet angerufen wie ein Nothelfer. Man hat deswegen das ganze Werk als Legende klassifizieren wollen – wie übrigens auch schon das ›Rolandslied‹ des Pfaffen Konrad.[5] Was den ›Willehalm‹ von aller Legende deutlich trennt, ist indessen der Umstand, daß sein Held zwar als Heiliger angerufen werden kann, aber nicht als Heiliger handelt – sondern wie ein Mensch. Heiligkeit ist bei Wolfram nicht einfach vorausgesetzt, sondern wird selber zum Problem; der epische Prozeß treibt die tragische Aporie eines Kriegerstandes hervor, der in Gottes Namen Gottes Geschöpfe töten soll. Das war von keinem Epiker zu überbieten; der ›Willehalm‹ diente jedoch als Stilvorbild für den ›Georg‹ des Reinbot von Durne. Dieser entstand im Auftrag des Bayernherzogs Otto II. von Wittelsbach (1231–1253). Reinbot entsprach wohl dem an dessen Hof herrschenden Literaturgeschmack, wenn er Wolframs Stil auf Biegen und Brechen nachahmte. Doch er verfehlte die ästhetische Idee des Vorbildes; die Leiden und Taten des altchristlichen Märtyrers Georg lassen sich nicht ritterlich *episieren*. Zwar bemüht sich Reinbot, auch seinen Helden als vorbildlichen Gotteskrieger vorzustellen, sein Rittertum hat jedoch nicht nur keine Tragik, sondern überhaupt keine moralische und seelische Substanz; es ist der Figur ganz und gar äußerlich. Statt das Inkommensurable zu ironisieren wie der ›Gregorius‹ des Hartmann, bietet Reinbot alle Mittel der Rhetorik auf. Heiligkeit, die sich nicht episch bewähren kann, muß immer wieder rhetorisch beteuert werden. Die Personen der Handlung singen sich immer wieder regelrecht Arien vor, auch noch in den unwahrscheinlichsten Situationen: etwa Georg, nachdem er aufs Rad geflochten wurde (v. 3852ff.), oder die von ihm bekehrte Kaiserin, die man an den Brüsten aufhängte (v. 4251ff.).

Anders verhält es sich mit der Legende Rudolfs von Ems. Der prominenteste Literat im Umkreis des staufischen Königshofes, der für Konrad IV. eine lehrreiche Weltchronik zu dichten hatte, muß nach 1220 seinen ›Barlaam und Josephat‹ geschrieben haben. Vor ihm hatte bereits ein hochadeliger Dilettant, der Bischof Otto II. von Freising (1184–1220), den beliebten Stoff auf deutsch nachgereimt. Er ist wiederum nicht typisch legendenhaft. Einmal, weil er keinen autochthon christlichen Heiligen behandelt, sondern die Bekehrung Buddhas ins Christliche transponiert; dann vor allem wegen der zahlreichen didaktischen Partien. Barlaam, der alte Eremit, bekehrt den Königssohn Josaphat in einem langen Lehrgespräch (v. 1459 ff.), ein heimlich bekehrter Heide widerlegt in einer Disputation den Irrglauben der Chaldäer, Ägypter, Griechen und der Juden (v. 9159 ff.), schließlich tritt auch Josaphat als christlicher Disputant auf (v. 12673 ff.). Dazu kommen zahlreiche Gleichnisse und Beispielerzählungen, die das Werk geradezu zu einer Anthologie dieses Genres machen. Die ästhetische Notwendigkeit, einen Erzählzusammenhang herzustellen, mildert sich dadurch. Anderseits versucht Rudolf durchaus, der Geschichte so etwas wie eine höfische Plausibilität zu verleihen. So distanziert er sich von der Verteufelung der Frauen, wie die asketische Ideologie sie mit sich bringt. In einem Exkurs hält er wie ein Minnesänger Zwiesprache mit seinem Herzen, das ihm rät, Frauenminne hoch zu preisen (v. 11735 ff.), was er dann auch auf der Stelle besorgt. Mit der Bemerkung, das gehöre nicht zu dieser Geschichte (v. 11851) kehrt er dann zu der Erzählung zurück. Als eine schöne Prinzessin den keuschen Prinzen zu verführen trachtet, deutet er das als Minne (v. 12063 ff.), nicht als die pure versucherische Teufelei, als die es dennoch gemeint ist. Auch der heidnische Vater Josaphats ist kein widergöttlicher Machthaber, sondern ein vorbildlicher Herrscher, der sich schließlich, auch im Interesse seines Volkes, zum Christentum bekehrt (v. 13756 ff.).

Auch Rudolf kannte seinen Wolfram. Der ›Barlaam‹-Prolog ist als Replik auf den ›Willehalm‹-Eingang konzipiert und hebt wie dieser mit einem Gebet an den dreifaltigen Gott an; doch während Wolfram nach dem Gebet sich selber als Christenmenschen, Ritter und Dichter ins Spiel bringt, wird das Gebet bei Rudolf nur prunkvoll amplifiziert. Rudolf hat ein Bewußtsein von der Differenz jeder Legendenerzählung zu Wolframs religiösem Epos: Seine Geschichte handle nicht von Ritterschaft, von Liebe und Abenteuer und heller Sommerszeit, sagt er zum Schluß, sondern sei *der welte widerstrît* (v. 16105 ff.), sie setze sich gegen die Menschenwelt, von der allein Romane reden mögen.

IV

Mit Rudolf von Ems ist die Gattungsgeschichte der höfischen Legende auch schon wieder zu Ende. Konrad von Würzburg hat nach 1270 ›Alexius‹, ›Silvester‹ und ›Pantaleon‹, die Legende von dem römischen Märtyrer, im Auftrag Basler Patrizier zu kurzen und ziemlich schmucklosen Reimerzählungen verarbeitet, die weder als Epik noch als religiöse Poesie besonders bedeutsam sind; ungleich interessanter erscheint uns heute sein poetischer Marientraktat ›Die goldene Schmiede‹. Im übrigen sind im 13. Jahrhundert weiterhin romanhafte Sujets aller Art mit frommen Zügen ausgestattet worden. Das begann schon früher, etwa im ›Oswald‹, einem Spielmannsepos vom als Heiligen verehrten König Oswald, das allerdings nur in Handschriften aus dem 15. und 16. Jahrhundert erhalten ist (s. dazu unten S. 410ff.). Die Abenteuer von Oswalds Brautfahrt wären auch ganz weltlich zu erzählen; sie erscheinen wie nachträglich fromm eingefärbt. – Analog dazu der ›Orendel‹ (s. dazu auch unten S. 412f.), der gleichfalls nur in später Überlieferung auf uns gekommen ist. Er handelt von der Erwerbung einer überaus kostbaren Reliquie: des grauen Rocks, dessen Wolle Maria gesponnen, den die Kaisermutter Helena ohne Naht gewoben hatte und den Jesus während seiner 40 Fastentage trug. Die Erzählung verbindet das wiederum mit einer Brautwerbungsgeschichte und viel kreuzfahrerischem Heidenkampf. Später erhalten noch des öfteren abenteuerliche Romanhandlungen einen erbaulichen Einschlag. Etwa die ›Gute Frau‹ (wohl 2. Hälfte des 13. Jahrhunderts), die davon handelt, wie ein reiches minnigliches Fürstenpaar, plötzlich von religiösen Skrupeln gepackt, bettelarm in die Fremde zieht, getrennt wird und erst nach langen Irrungen Wiedersehen feiern kann. Ähnliches hatte schon ein gewisser Chrétien – wahrscheinlich Chrétien de Troyes, der Begründer des höfischen Artusromans – in seinem ›Guillaume d'Angleterre‹ (um 1175) zu erzählen gewußt. Es wirkt hier stark das Modell des antiken Abenteuerromans von dem Typ des ›Apollonius von Tyrus‹ (s. dazu unten S. 281ff.) nach. Sorgfältige höfische Stilisierung erfuhr das Thema in dem Roman ›Wilhelm von Wenden‹ (um 1290) des böhmischen Hofdichters Ulrich von Etzenbach.

Alle bisher bekannten Grenzen des Legendenerzählens sprengt die ›Martina‹ des Hugo von Langenstein (nach 1290). Mit ihren 33000 Versen ist sie doppelt so lang wie Rudolfs ›Barlaam‹, aber auch länger als der ›Parzival‹ oder Gottfrieds ›Tristan‹. Und das obgleich sie wenig zu erzählen hat: eigentlich nicht mehr als ein gewöhnliches Märtyrerschicksal: Die Heilige wird vielfach gefoltert, triumphiert immer wieder über die Anschläge ihrer Widersacher und bringt die Abgötter der *heiden* zu Fall. Dafür kann der Erzähler an jeder beliebigen Stelle abschweifen: zu allegorischer Ausdeutung von Dingen, die in der Handlung vorkommen (die Kleider der Heiligen; der Löwe, den man auf sie hetzt), aber auch von eigens heranzitierten Symbolen, etwa dem »himmlischen Panther«, dem Martina in ihrem Innern nachlief. Dazu kommen umfassende Exzerpte aus der Bibel und theologischer Fachliteratur des 13. Jahrhunderts. So ist die ganze Heilsgeschichte, vom Sündenfall bis zum Jüngsten Gericht, in dem Legendentext enthalten. Hugo von Langenstein nimmt das Prinzip auf, das wir schon in der frühen ›Veronika-Legende‹ des Wilden Mannes diagnostiziert haben – nur jetzt auf der Grundlage einerseits der Kenntnis aller höfischen Klassiker, anderseits einer theologischen Gelehrsamkeit, die ihr Wissen immer stärker in enzyklopädischen Kompendien organisiert. Das episch substanzlose Legendengeschehen schrumpft vollends zusammen: es bildet nur noch den Anlaß einer vulgärsprachlichen Enzyklopädie von Heilsgeschichte und Moraltheologie.

Einen lokalen Martinakult konnte der oberrheinische Geistliche und Deutschordensmann Hugo von Langenstein mit seiner Riesenarbeit nicht fördern; die Verehrung der Heiligen des 1. Januars blieb das ganze Mittelalter hindurch auf Rom beschränkt. Das Werk ist ein gattungsgeschichtliches Unikum geblieben. Es fügt sich jedoch in den Kontext der vulgärsprachlichen Literaturproduktion des Deutschen Ordens, für die sowohl das Bemühen um theologische Systematik als auch die Rücksicht auf literarische Standards charakteristisch war. Das konnte bis zu einer seltsamen Vorliebe für manieristische Sprachkunststücke gehen.

Einen anderen, erfolgreicheren Weg der enzyklopädischen Legendenerzählung gehen die lateinischen und volkssprachigen Legendare, die am Ende des 13. Jahrhunderts vielfach entstehen. Das bei weitem populärste und zugleich gelehrteste dieser Werke ist die ›Legenda Aurea‹ des Dominikaners Jacobus de Voragine (1228–1298), der 1292 Erzbischof von Genua wurde. Es handelt sich um eine Zusammenstellung der zu jedem Tag des Kirchenjahres gehörigen Legenden – eine enzyklopädische Konzeption durchaus und voller Gelehrsamkeit. Jacobus bemüht sich, aus der Vielfalt der Traditionen zu einer Figur das herauszupräparieren, was am ehesten Anspruch auf auch historische Wahrheit haben dürfte. Ermangelt er zureichender Kriterien der Authentizität, läßt er Varianten nebeneinander stehen. Auch darin zeigt sich der wissenschaftliche Ehrgeiz des Buches. Es wurde das erfolgreichste Buch des gesamten Mittelalters, in über 1000 Handschriften und 97 Inkunabelauflagen verbreitet und in alle Volkssprachen übersetzt. Im Deutschen Orden hat man sie zu einem riesenhaften, mehr als 100000 Verse umfassenden Gedicht verarbeitet (›Passional‹); nach 1300 entstehen zahlreiche Prosafassungen, die zum größten Teil ungedruckt sind. Eine Straßburger Fassung wurde 1980 kritisch herausgegeben. Literarästhetisch gesehen, bildet der Legendenzyklus die Alternative zur heilsgeschichtlich totalisierenden Einzellegende von der frühen ›Veronika‹ bis zur manieristischen ›Martina‹. Sie realisiert sich jedoch erst in einem Augenblick, als die volkssprachliche Epik bereits ihre eigenen Möglichkeiten der totalisierenden Zyklenbildung entwickelt hatte, und das durchaus auch mit Hilfe einer religiösen Perspektive. In der Suche nach dem Gral, die man das »Gesamtabenteuer des europäischen Rittertums« genannt hat, schufen sich die Laien eine authentische, wenn auch hybride Form der Epik mit universalem Anspruch, der das Heilige einschloß: in einer kühn improvisierten Mythologie. Für die kirchlich offizielle Gestalt der religiösen Erzählung gab es nach 1300 keinen literarischen Spielraum mehr. Legenden wurden weiter erzählt, gesammelt, bearbeitet; eine Konkurrenz oder Ergänzung der profanen Epik bilden sie nicht mehr. In den Jahrzehnten, in denen der europäische Ritterroman das Licht der Welt erblickte, hatten legendarische Handlungsmuster, heilige Personen und geweihte Schauplätze das weltliche Erzählen stabilisieren helfen. Jetzt hat der Roman sich der sakralen Objekte bemächtigt: der Abendmahlskelch, das Schweißtuch der Veronika, die Lanze des Longinus, die Nägel vom Kreuz, das Grabtuch Jesu kommen nicht mehr nur als Reliquien in Betracht, sondern dienen im Roman als Requisiten.

ANMERKUNGEN

1 S. dazu unten S. 290ff. (Artus) und S. 365ff. (Tristan).

2 E. Auerbach, Über das altfranzösische Leodegarlied, in: E. A., Gesammelte Aufsätze, S. 31.

3 E. R. Curtius, Zur Interpretation des Alexiusliedes, in: E. R. C., Gesammelte Aufsätze zur romanischen Philologie, Bern 1960, S. 58–80, S. 72, Anm. 20.

4 L. Theis, Saints sans famille? Quelques remarques sur la famille dans le monde franc à travers les sources hagiographiques, in: Revue historique 571 (1976) 2–20; Anita Guerreau-Jalabert, Sur les structures de parenté dans l'Europe médiévale, in: Annales 36 (1981) 1028–1049.

5 E. Auerbach, Mimesis, S. 115, 110.

6 F. OHLY, Die Legende von Karl und Roland, in: Studien zur frühmittelhochdeutschen Literatur. Cambridger Colloquium 1971, hg. von L. P. JOHNSON, u. a., Berlin 1974, S. 292–343.

BIBLIOGRAPHIE

Textausgaben

Alexius (altfranzösisch): hg. von G. ROHLFS (Romanische Übungstexte 15), Tübingen 1950.

Dante: s. S. 79.

Elena: hg. von P. O GRADON, London 1958.

Eulaliasequenz: in W. FOERSTER/E. KOSCHWITZ, Altfranzösisches Übungsbuch I, Tübingen, Sp. 47–52.

Georgslied: in W. BRAUNE, Althochdeutsches Lesebuch, Halle/Tübingen 1875 u. ö., Nr. XXXV.

Die Gute Frau: hg. von E. SOMMER, in: ZfdA 2 (1842) 385–481.

Guthlac: Felix's Life of Saint Guthlac, hg. von B. COLGRAVE, 1956.

Hartmann von Aue

Armer Heinrich: hg. von H. PAUL, 14. Auflage von L. WOLFF (ATB 3), Tübingen 1972; hg. und übersetzt von H. DE BOOR (Fischer-Bücherei 772), Frankfurt a. M./Hamburg 1967 u. ö. – *Gregorius:* hg. von H. PAUL, 12. Auflage von L. WOLFF (ATB 2), Tübingen 1973; mhd. Text und Übersetzung von B. KIPPENBERG (RUB 1787 ab), Stuttgart 1970 u. ö.

Heinrich von Veldeke, Servatius: hg. von TH. FRINGS/GABRIELE SCHIEB, Halle a. S. 1956.

Hugo von Langenstein, Martina: hg. von A. VON KELLER (StLV 38), Stuttgart 1856, Nachdruck 1978.

Jacobus de Voragine, Legenda aurea: hg. von TH. GRAESSE, ^{3}1890; Nachdruck 1965; Übersetzung von R. BENZ, Heidelberg 1917–1921 u. ö.

Juliana: hg. von R. WOOLF, London 1955.

Kaiserchronik: hg. von E. SCHRÖDER, MGH Deutsche Chroniken I 1, 1892, Nachdruck 1964.

Konrad von Würzburg

Alexius: hg. von P. GEREKE (ATB 20), Halle a. S. 1926. – *Goldene Schmiede:* hg. von E. SCHRÖDER, Göttingen 1926. – *Pantaleon:* hg. von P. GEREKE (ATB 21), Halle a. S. 1927. – *Silvester:* hg. von P. GEREKE (ATB 19), Halle a. S. 1925.

Leodegarlied (Vie de Saint Léger), in: W. FOERSTER/E. KOSCHWITZ (siehe Eulaliasequenz), Sp. 77–92.

Orendel: s. S. XXX.

Oswald: s. S. XXX.

Passional: hg. von K. A. HAHN, Frankfurt a. M. 1845 [1. und 2. Buch], F. K. KÖPKE, Quedlinburg-Leipzig 1852 [3. Buch].

Pfaffe Konrad, Rolandslied: s. S. XXX.

Reinbot von Durne: hg. von C. VON KRAUS, Heidelberg 1907.

Rudolf von Ems, Barlaam und Josaphat: hg. von F. PFEIFFER, Leipzig 1843, Nachdruck 1965.

Der Wilde Mann, Veronica: hg. von F. MAURER, Die religiösen Dichtungen des 11. und 12. Jahrhunderts III, Tübingen 1970, S. 490–531.
Wolfram von Eschenbach
Parzival: s. S. XXX. – *Willehalm:* s. S. XXX.

Forschungsliteratur

E. AUERBACH, Mimesis, Bern 1946 u. ö. – E. AUERBACH, Literatursprache und Publikum in der lateinischen Spätantike und im Mittelalter, Bern 1958. – E. AUERBACH, Gesammelte Aufsätze zur romanischen Philologie, Bern 1967. – M. ELIADE, Das Heilige und das Profane, Hamburg 1957 (rowohlts deutsche enzyklopädie 31). – H. GÜNTER, Psychologie der Legende, Freiburg 1949. – H. U. GUMBRECHT, Faszinationstyp Hagiographie. Ein historisches Experiment, in: CH. CORMEAU (Hg.), Deutsche Literatur im Mittelalter. Kontakte und Perspektiven. Hugo Kuhn zum Gedenken Stuttgart 1979, S. 37–84. – G. W. F. HEGEL, Ästhetik, 2 Bde., Berlin und Weimar 1965. – K. HELM und W. ZIESEMER, Die Literatur des Deutschen Ritterordens, Gießen 1951. – A. JOLLES, Einfache Formen. Legende, Sage, Mythe, Rätsel, Spruch, Kasus, Memorabile, Märchen, Witz, Halle 1930; Nachdruck Darmstadt 1968 u. ö. – H. KECH, Hagiographie als christliche Unterhaltungsliteratur, (GAG 225) Göppingen 1977. – HILTGART L. KELLER, Reclams Lexikon der Heiligen und der biblischen Gestalten, Stuttgart 1968. – V. MERTENS, Gregorius Eremita (MTU 67), Zürich und München 1978. – H. ROSENFELD, Legende (Sammlung Metzler 9), Stuttgart 1961 u. ö. – K. SCHIER, Sagaliteratur (Sammlung Metzler 78), Stuttgart 1970. – R. SCHULMEISTER, Aedificatio und Imitatio, Hamburg 1971. – G. STRUNK, Kunst und Glaube in der lateinischen Heiligenlegende (Medium Aevum 12), München 1970. – M. WEHRLI, Roman und Legende im deutschen Hochmittelalter, in: M. W., Formen mittelalterlicher Erzählung, Zürich 1969, S. 155–176. – TH. WOLPERS, Die englische Heiligenlegende des Mittelalters (Buchreihe der Anglia 10), Tübingen 1964. – U. WYSS, Theorie der mittelhochdeutschen Legendenepik (Erlanger Studien 1), Erlangen 1973.

JENSEITSVISIONEN – JENSEITSREISEN

von

PETER DINZELBACHER

I. DAS JENSEITS IN DER VORSTELLUNG DES MITTELALTERS

Wiewohl sich auch das Bild von den Bereichen, in denen die Seelen nach dem Sterben des Leibes weiterleben werden, während jener tausend von uns vereinfachend »das Mittelalter« genannten Jahre verändert hat, wurde es in dieser Zeit doch stets von wenigstens zwei ganz wesentlichen Konstanten geprägt: allgemeine Glaubensgewißheit war es, daß die unsterbliche Seele in Räumen weiterexistieren werde, die den noch Lebenden üblicherweise verborgen sind, und daß sie in jenen Räumen Lohn oder Strafe für ihr Erdendasein empfangen werde. Nur von wenigen mittelalterlichen Menschen hören wir, die daran zweifelten oder nicht daran glaubten; sie wurden meist als Häretiker angesehen. Genauso allgemein verbreitet war die Vorstellung, daß jene Räume keineswegs transzendent seien (wie sich heutige Christen die andere Welt denken), sondern daß sie konkrete Regionen dieser unserer Welt seien, unsichtbar zwar, aber materiell. Für uns nicht mehr nachzuvollziehen ist die Bedeutung, die das Wissen um das Jenseits im Alltagsleben jener Menschen hatte, nicht nur in Gebet oder Meditation, sondern auch im Hinblick auf die Motivationsgründe ihres Handelns. Es genüge – als ein Beispiel – auf die Fülle noch existenter Bauten und Kunstobjekte hinzuweisen, die ihr Dasein einer Stiftung »des Seelenheils willen« verdanken.

Die primäre Quelle für die Eschatologie des Mittelalters ist das, was die Bibel vom Leben nach dem Tode sagt. Dazu kommt eine Anzahl nicht in den Kanon aufgenommener altjüdischer oder frühchristlicher Schriften, Apokryphen bzw. Pseudoepigraphen, die sich besonders mit dem Jenseits beschäftigen. Glaubensgut aus den heidnischen Religionen der christianisierten Völker tritt hinzu (antike, keltische, germanische Mythologie), doch in geringerem Umfang.

Himmel und Hölle sind die zwei großen Jenseitsreiche, auf die sich seit Beginn des Christentums Hoffen, Fürchten und Denken des Gläubigen richten: in eines von ihnen wird er nach dem Endgericht eingehen und auf ewig. Der Himmel wird dabei meist als oberste jener die Erdscheibe halbkugelförmig umgebenden Sphären angesehen; er ist oben, direkt über der Erde (wie die Identität der Worte für den atmosphärischen und den eschatologischen Himmel in den meisten europäischen Sprachen verdeutlicht). Der Himmel ist die Wohnstätte Gottes, wo er seinen Thronsitz hat, umringt von den Heiligen und Engeln. Die Hölle dagegen ist ein Höhlensystem unter der Erdoberfläche, betretbar durch die Vulkane. Geschaffen hat sie Gott für die abgefallenen Engel, die dort als Teufel hausen und die Verdammten bestrafen.

Von einem dritten Jenseitsbereich, dem Fegfeuer, in dem läßliche Sünden abgebüßt werden, lesen wir erst bei einigen Kirchenvätern und in frühmittelalterlichen Quellen, doch gewinnt es gerade durch die Visionsliteratur immer mehr an Bedeutung, bis es im Hochmittelalter allgemein geglaubt und in der 2. Hälfte des 13. Jahrhunderts endlich Gegenstand päpstlicher Lehrverkündigungen wird. Diese Peinstätte wird allgemein als ein unterirdischer Kerker in unmittelbarer Nähe der Hölle gedacht, wo Feuer und Folter die Seelen reinigen, unter entsprechender (theologisch umstrittener) Mitwirkung der Dämonen.

Die Scholastiker kennen noch zwei Vorhöllen, den *Limbus patrum*, wo die Vorväter bis zur Erlösung durch Christus weilten, und den *Limbus puerorum*, in den die ungetauft verstorbenen Kinder eingesperrt sind – beide werden aber in den Jenseitsfahrten nur selten erwähnt.

Viel wichtiger ist dagegen ein Gebiet, das als Vorhimmel bezeichnet werden könnte: das irdische Paradies. Es ist der Garten Eden der Genesis, auf einem himmelhohen Berg, von Feuer umflossen. In ihm erwarten die Seelen der Gerechten das Endgericht, nach dem sie erst in den Himmel selbst eingehen dürfen.

Es versteht sich, daß das eben grob umrissene Bild in den Quellen wesentlich differenzierter ist, und daß etwa ein norddeutscher Bauer im späten 12. Jahrhundert[1] und ein Standesgenosse im Okzitanischen des 14. Jahrhunderts[2] recht unterschiedliche Jenseitskonzeptionen hatten, und ein radikaler Intellektueller, wie etwa Meister Eckhart, über beide den Kopf geschüttelt hätte. Nichtsdestoweniger zeigt die obige Skizze die immer und immer wiederkehrenden Grundmotive so vieler Predigten, Gedichte, Traktate, Dramen, Exempla . . . und Visionen.

II. VISION UND VISIONSLITERATUR

Visionen sind ein wohl in allen Kulturen und Epochen vorkommendes psycho-somatisches Phänomen, bei dem ein Mensch erlebt, wie seine Seele durch eine überirdische Gewalt in einen anderen Raum entrafft wird, wo er eine Offenbarung empfängt. Dabei bleibt der Körper in Ekstase (oder Schlaf) ohne Wahrnehmung zurück. Die visuelle Erfaßbarkeit dieses neuen Raumes gehört zur Natur der Vision; hierdurch unterscheidet sie sich von anderen ekstatischen Erlebnissen, die bildlos sein können, wie die Gottesvereinigung *(unio mystica)* u. a. Mit der Vision verwandt ist die Erscheinung, bei der ein Mensch in seiner natürlichen Umwelt eine vorher nicht dagewesene Person oder Sache üblicherweise ohne Ekstase wahrnimmt (z. B. Marienerscheinung, Teufelserscheinung usw.). Die andere Welt ist das häufigste Thema der mittelalterlichen Visionen, aber nicht ihr einziges; es gibt auch Entraffungen in irdische Räume (z. B. ins Heilige Land), in symbolische Räume (z. B. in den Tugendgarten) usw.

Wenn die berichteten Visionen faktische, psychische Erlebnisse sind, woran in den meisten Fällen nicht zu zweifeln ist, dann gehört die Visionsliteratur zur Gattung des Erlebnisberichtes, und jeder Text müßte sich durch persönliche Inhalte und persönlichen Stil auszeichnen. Dies stimmt so nur in Grundzügen, denn tatsächlich finden sich in den visionären Jenseitsschilderungen immer wiederkehrende Motive, Topoi also, wie z. B. der von der Totenbrücke[3] oder dem Führerengel. Der Grund liegt einerseits beim Visionär, der in seinen Schauungen ja immer, wie wir im Traum, Elemente seiner Umwelt verarbeitet. Zu dieser gehört auch das Ensemble der religiösen Vorstellungen in ihrer jeweils zeittypischen Ausprägung, an der natürlich alle Visionäre einer Epoche partizipieren. So gibt es z. B. Visionen, in denen Franziskaner oder Dominikaner vorkommen, eben erst seit der Entstehung der Bettelorden, also dem frühen 13. Jahrhundert, dann aber dauernd. Doch die Ähnlichkeit verschiedener Visionen erklärt sich auch daraus, daß die jeweils älteren Visionsberichte zum Lese- (häufiger: Hör-)stoff der späteren Visionäre zählen konnten, die dann einzelne Motive daraus in der Ekstase nacherlebten.

Dazu kommt ein zweites: Die Jenseitsvisionen sind kaum je vom Seher selbst aufgeschrieben worden, sondern wurden meist diktiert, sei es, daß der Charismatiker nicht schreiben konnte, sei es, daß er sich (wie meist) in einer Extremsituation befand (Krankheit, nach Scheintod). Der Aufzeichner veränderte nun ohne besonderen Vorsatz den Bericht, indem er ihn aus der Volkssprache in sein Latein übersetzte, das je nach seiner Bildung vom Stil der Vulgata, der Kirchenväter, der Klassiker geprägt war. Gleichzeitig mochten sich auch ihm Bilder früher gelesener Darstellungen der anderen Welt aufdrängen, deren Formulierungen man sich bedienen konnte. Bis zu einem gewissen Grad mußte so der Aufzeichner durch die Verleihung des neuen sprachlichen Gewandes auch Deuter des Erzählten werden.

Ein weiteres (ver-)formendes Element war die Absicht, aus der heraus im Mittelalter Visionen der Jenseitsreiche aufgezeichnet wurden. Das primäre Ziel war immer paränetisch: der Ekstatiker berichtete ja von den Belohnungen der Frommen im Paradies, von den Qualen der Sünder in der Unterwelt, woraus erhellte, welches Verhalten auf Erden nachzuahmen, welches zu verwerfen war. Warum sollte man zu diesem guten Zweck dann nicht besonders anschauliche Passagen aus anderen eschatologischen Texten einfügen, einem Heiligen nicht eine Predigt gegen ein jetzt besonders grassierendes Laster in den Mund legen? Und es gibt Beispiele, daß man aus Visionären regelrecht herausgefragt hat, was man hören wollte.

Der fertige Text unterlag dann in der Überlieferung natürlich noch den Bearbeitungen, Verkürzungen (bis zum Predigtexempel), Übertragungen in Vulgärsprachen, Versifizierungen etc., so wie alle andere religiöse Gebrauchsliteratur.

III. VON DER ANTIKE ZUM FRÜHMITTELALTER

Auch die Geschichte der Visionsliteratur beginnt für uns im antiken Griechenland. Platon schließt das 10. Buch seiner ›Politeia‹ um 375 v. Chr. mit dem Bericht der Vision des Pamphyliers Er, der in zwölftägigem Scheintod von den Schicksalen der Seelen bis zur Wiedergeburt auf Erden erfuhr. Nicht nur Cicero hat sich davon zum ›Somnium Scipionis‹[4] anregen lassen, auch Plutarch scheint den Er-Mythos als Vorbild verwendet zu haben, wenn er von der Jenseitsreise seines Zeitgenossen Aridaios aus dem Jahre 79 n. Chr. erzählt. Aridaios, seit seiner Vision Thespesios genannt, schaut dabei neben verschiedenen Orakeln vor allem die Zone der bestraften Seelen, deren Leiden dem recht ähnlich ist, was dann im Mittelalter je und je visionär aus dem Fegfeuer berichtet wird. Auch von einem anderen Visionär, Timarchos, lesen wir bei Plutarch: dessen Schau der farbglühenden Sphären scheint ganz die Erfindung des Autors zu sein.[5] Noch eine Reihe weiterer, kürzerer Jenseitsvisionen findet sich im griechischen Schrifttum, wogegen wir aus dem heidnischen Rom nichts dergleichen hören.

Wesentlich wichtiger als die klassische Antike (das 6. Buch der ›Aeneis‹ Vergils nicht ausgenommen) wurde für die mittelalterlichen Vorstellungen von der anderen Welt die eschatologische Literatur des Judentums ab etwa 200 v. Chr. Hier gab es eine große Zahl fiktiver Himmelsreisen,[6] die berühmte Männer, wie Henoch, Abraham, Baruch u. a. erlebt haben sollen, oft nicht im Schlaf oder in Ekstase, sondern in leiblicher Versetzung. Viele im Mittelalter wiederkehrende Motive, wie der umflammte Himmelsthron, die Feuer- und Eisstrafen, die bösen Engel (Dämonen) usw. waren hier schon geformt und wurden durch christliche Überarbeitungen dieser Texte weiterüberliefert. Während das Alte Testament keine Jenseitsvision enthält, kann als eine solche die Johannesapokalypse des Neuen Testaments angesprochen werden. Was der Seher auf Patmos hier vom Himmelreich berichtete, haben mittelalterliche Visionäre immer wieder bei ihren Gesichten vom »Himmlischen Jerusalem« nacherlebt.

Im Frühchristentum hat sich auch eine Fülle von Legenden um die Personen des Neuen Testaments gerankt, doch nur von Petrus, Paulus und Maria wurden Reisen in die andere Welt erzählt.[7] Die ›Petrus-Offenbarung‹ (2. Jahrhundert) ist ein furchtbarer Rachekatalog, der detailliert die Strafen der Sünder am Ende der Zeiten vorführt, sie war aber dem mittelalterlichen Westen wohl unbekannt. Dafür um so besser die ›Visio Pauli‹, die im 3. Jahrhundert im gräzisierten Ägypten nach diesem Vorbild verfaßt wurde. Von ihr waren in der westlichen Christenheit im Mittelalter wenigstens 14 lateinische Versionen sowie ein Vielfaches an volkssprachlichen Bearbeitungen im Umlauf, wodurch sie Visionären und Aufzeichnern oft die christliche Jenseitsreise par excellence wurde. Paulus wird vom Erzengel Michael durch die Hölle geführt: feurige Bäume, Blut, Schlangen, Blitze, Gestank, Feuerrad, Probebrücke, Pech und Schwefel ... Siebenfach versiegelt ist der Höllenbrunnen, in dem die Ungläubigen von Würmern zerfressen werden. Auf Bitten des Heiligen und des Engels gönnt Christus den Seelen schließlich eine Ruhepause in ihren Martern. So die verbreitetste Redaktion IV (12. Jahrhundert), in der die Himmelstadt und der Paradiesesgarten des griechischen Textes fehlen.

Zwei unter dem Namen der Gottesgebärerin laufende, ostkirchliche Apokalypsen von den Jenseitsstrafen gehören erst dem Frühmittelalter an.

In der Alten Kirche finden sich kurze, authentische Jenseitsvisionen noch in den Akten afrikanischer Märtyrer, am bekanntesten die der hl. Perpetua (†202), und in den Viten ägyptischer Wüstenväter.

Dann hören wir auffallenderweise bis ins späte 6. Jahrhundert nichts mehr von ekstatischen Schauungen der Jenseitsreiche; erst Papst Gregor d. Große (†604) und Gregor von Tours (538–94) zeichnen wieder dergleichen in Kürze auf.[8] In Heiligenleben (z. B. dem des Iren Furseus [†ca. 649]), Geschichtswerken (wie Bedas [†735] ›Historia Ecclesiastica‹) und Briefen (z. B. des hl. Bonifatius [†754]) des frühen Mittelalters findet sich noch manche ekstatische Jenseitsschau, als eigenes literarisches Genus sind die Jenseitsvisionen jedoch nur durch die ›Visio Baronti‹ von 678/9 vertreten. Dieser Mönch wird in schwerem Fieber vom Erzengel Raphael zum Paradies gebracht, in dessen Glanz er verschiedene Gruppen von Seligen schaut. Dämonen greifen ihn wiederholt an, bis der hl. Petrus sie mit seinen Schlüsseln in die Flucht jagt. Nach einem Besuch in der Unterwelt mit ihren Sündern kehrt der Ekstatiker wieder in den Leib zurück.

IV. FRÜHES MITTELALTER

Die Karolingerzeit erlebt nicht nur die Etablierung der Literaturgattung Jenseitsvision, sondern bereits auch ihre Nachahmung in Fälschungen, die zur Erreichung bestimmter politischer Ziele erdichtet und eingesetzt wurden. Berühmtester authentischer Text ist die Vision, die dem Mönch Wetti von Reichenau 824 vor seinem Tode zuteil wurde. Der Dichter Walahfrid Strabo hat sie bald darauf in Hexameter gebracht. Ein Engel führt Wetti zuerst zu den Peinstätten, wo die Seelen je nach dem Stand, dem sie zu Lebzeiten angehörten, in Gruppen zusammengefaßt büßen; auch Karl d. Gr. steht gequält unter ihnen. Mit seinem Führer kommt Wetti dann zu den mauerumgebenen Wohnsitzen der Seligen. Sie bitten fußfällig vor dem Throne Christi für den Visionär; allein die Fürsprache der Jungfrauen aber rettet ihn vor der Hölle. Am Tag nach der Ekstase stirbt er.

Kritik an Hochgestellten findet sich auch in anderen karolingischen Visionen, wie der des ›Armen Weiblein‹ (›Visio pauperculae‹) aus dem Gau Laon (zw. 818/40); andere Visionen gehen darüber hinaus, indem sie gezielt auf die Mächtigen im Reich Einfluß nehmen wollen. So die angebliche Vision Kaiser Karls III. (839–88). Nach diesem als Urkunde stilisierten Dokument sei dem Kaiser ein Engel erschienen, der ihn an einem Lichtknäuel (eine singuläre Reminiszenz an den Faden der Ariadne) zu Feuertälern geleitet, wo Bischöfe seines Vaters und seiner Onkel brannten, zu Strömen aus glühendem Metall, in denen ihre Vasallen kochten, zu Öfen mit Schlangen, die ihre Ratgeber beherbergten. Auch seinen Vater, Ludwig d. Frommen, trifft Karl dort, wogegen sein Onkel Lothar und dessen Sohn gekrönt im Paradies thronen. An Lothars Urenkel, Ludwig III., muß nun Karl symbolisch die Herrschaft übergeben, und damit enthüllt sich die Tendenz des Werkes eindeutig: sie ist eine Propagandaschrift der Reimser Kirche für den westfränkischen Karolinger. – Politische Elemente treten gewiß in späteren Jenseitsvisionen auch auf, doch kaum mehr so betont, wie in der karolingischen Epoche.

Dem 9. oder 10. Jahrhundert anzugehören scheint auch die erste ausführliche irische Visionsbeschreibung der anderen Welt: ›Fís Adamnáin‹. Ihr Propugnator ist der hl. Adamnán v. Hy († 704). Was hier über das feuerumwallte Land der Heiligen, die Himmelschöre, die kristallene Gottesstadt, die sieben Himmel mit ihren Strafen (!) erzählt wird, erinnert unmittelbar an die jüdische Apokalyptik; und auch die ausgedehnte Höllenschilderung hat Bilder aus jener Welt aufgenommen. ›Fís Adamnáin‹ ist ein Fall von visionärer Jenseitsbeschreibung, die in offensichtlich bearbeiteter Form auf uns gekommen ist, mag sie sich vielleicht auch an eine tatsächliche Vision des Heiligen anschließen.

V. HOHES MITTELALTER

Das Hochmittelalter, genauer: das 12. Jahrhundert, sollte die Entfaltung und den Höhepunkt der Jenseitsvisionen bringen. Gewiß gibt es auch Quellen aus den beiden vorhergehenden

Jahrhunderten, doch sind es meist nur kürzere Schilderungen, ausgenommen die ungewöhnlicherweise in Dialogform niedergeschriebenen Visionen zweier Mönche aus St. Vaast in Arras (1011/12), denen der hl. Michael Schrecken und Freuden nach dem Tode zeigt. Die Himmelsentrückungen der spanischen Rekluse Oria († 1069) sind nur in einer dichterischen Bearbeitung des 13. Jahrhunderts erhalten.[9]

Aus dem 12. Jahrhundert haben wir dagegen mindestens fünf ausführliche Texte: es sind die Schauungen des zehnjährigen italienischen Rittersohnes Alberich (›Visio Alberici‹ ca. 1117), des irischen Ritters Tundal (1148), des irischen (?) Ritters Owen (ca. 1153), des holsteinischen Bauern Gottschalk (›Visio Godeschalci‹ 1189) und des englischen Mönches Edmund (1196). Daneben werden aus ganz Europa, sogar aus Island, ungezählte kürzere eschatologische Visionen berichtet. Zu der obengenannten Gruppe ist noch die Vision Thurkills (1206) zu rechnen, so daß Westeuropa hier einen Schwerpunkt bildet, zumal da in Alberichs Gesicht noch Passagen irischer Provenienz eingearbeitet scheinen.

Die ›Visio Alberici‹, die vor allem von den Strafstätten handelt, ist mehrfach mit apokryphem Material angereichert worden, auch mit Predigtexempeln, die im Sinne der gregorianischen Reform wirken sollten. Sie ist nämlich im Kloster Monte Cassino aufgezeichnet worden, in dem der Knabe, von dem Geschauten erschüttert, die Kutte nahm.

Ist von dieser Jenseitsschau nur ein mittelalterliches Manuskript erhalten, so stehen wir bei der ›Vision des Tundal‹ (›Visio Tnugdali›) vor einem Text, der nicht nur der bestüberlieferte der Visionsliteratur überhaupt ist, sondern mit seinen mehr als 150 lateinischen Handschriften und Übersetzungen in sämtliche Volkssprachen (die skandinavischen und slavischen nicht ausgenommen) zur beliebtesten Lektüre des hohen und späten Mittelalters gehört haben muß (zum Vergleich: das – heute – wesentlich bekanntere ›Nibelungenlied‹ steht nur in 35 Codices). Das liegt gewiß auch daran, daß Bruder Marcus, der Verfasser, sein Latein mit einer dem Inhalt angemessenen Plastizität und Emphase zu gebrauchen weiß. Der Beginn unterscheidet sich von den anderen vorekstatischen Situationen: Tundal sitzt mit einem Freund beim Mahl, als er plötzlich in eine dreitägige Vision entrafft wird. Höhnende Dämonen umringen sogleich seine Seele, doch ein Engel kommt ihr zu Hilfe, nur um sie auf eine Reise mitzunehmen, deren Schrecklichkeit nicht viele andere Höllenfahrten erreichen. Auf langem Weg gelangen sie zum kohlenglühenden Tal der Mörder, bedeckt mit einem dicken Eisendeckel, auf dem die Seelen wie Wachs zerschmolzen werden. Hinterlistige werden mit glühenden Gabeln zwischen Feuerschlund und Eissturm hin- und hergeworfen, ein Riesenungeheuer verschlingt die Habsüchtigen, – auch der Ritter muß diese Pein kosten. Ein Sumpf, gefüllt mit turmgroßen, feuerspeienden Bestien erwartet Diebe und Räuber. Eine zwei Meilen lange, aber nur handbreite Brücke, besetzt mit den spitzesten Eisennägeln, führt darüber. Sie bleibt Tundal nicht erspart, zur Verschärfung muß er noch eine im Leben gestohlene wilde Kuh darübertreiben. Nach einem Flammenhaus für Schlemmer und Hurer gelangt er zu einem geflügelten, eisenschnäbeligen, feuerspeienden Monstrum, das die Seelen verschlingt und, nachdem sie unendliche Qualen in seinem Bauch erlitten, in einen Eissumpf wiedergebiert. Dort werden sie von innen durch Schlangen zerfetzt, die sich mit glühenden Köpfen und Hakenschwänzen aus ihnen herausfressen. Doch dies alles war nur das Fegfeuer, der Verbleibsort der Sünder, die das Jüngste Gericht noch erwarten (wobei hier nur einige Stationen zitiert sind). Abgestiegen zu den tiefsten Tiefen der Unterwelt erblicken sie einen feuerlohenden, dämonengefüllten Brunnen, dann Luzifer, den Fürsten der Finsternis: mit glühenden Ketten an einen Rost über einem Feuer gefesselt zerquetscht er mit tausend Riesenpranken die Seelen, um sie mit Flammenhauch ein- und auszuatmen. Nun endlich führt der Weg wieder nach oben zu den Zwischenbezirken der nicht sehr Bösen und nicht sehr Guten. Im Paradies umzieht eine silberne Mauer die Gefilde treuer Ehegatten, eine goldene die Throne und Seidenzelte der Märtyrer und Religiosen. Unter einem lieblichen Baum hausen die Beschützer der Kirche. Von einer edelsteinbesetzten Mauer aus darf Tundal noch die Engelschöre und einige Heilige schauen, dann muß seine Seele in den Leib zurück. Verständlich, daß nach dieser Schau aus dem Weltkind ein Verkünder des Gotteswortes wurde.

Eine Sonderstellung innerhalb der Jenseitsreisen nehmen die Erlebnisse des Owen (›Tractatus de Purgatorio S. Patricii‹) ein: er betont nämlich, an einem bestimmten Ort das Fegfeuer im Körper durchwandert zu haben. Es ist dies das *Purgatorium S. Patricii*, eine bis heute vielbesuchte Pilgerstätte auf einer Insel im Lough Derg (Nordirland). Hier steigt der Bußwillige nach langen Zeremonien in eine Grotte hinab, die sich alsbald zu einem

Palast weitet, von dem aus man mehrere Peinstätten durchwandern muß. Die Siedepfanne, das Folterrad, der glühende Brunnen, die schlüpfrige Probebrücke ... Vieles dieserart muß Owen schauen, vieles auch selbst durchkosten, bis er zu den herrlichen Paradieseswiesen gelangt, von denen er freilich wieder zum Eingang zurückgeschickt wird. Noch von mehreren anderen Rittern des späteren Mittelalters sind Pilgerberichte erhalten, die von dem an jenem Wallfahrtsort Geschauten Zeugnis geben; sie lehnen sich aber alle mehr oder minder an Owens Schilderung.

Auch die Vision des Gottschalk (›Visio Godeschalci‹) zeigt viele eigene Züge, wenn auch in anderer Hinsicht. Einmal liegt diese Jenseitsbeschreibung in zwei voneinander unabhängigen, aber völlig übereinstimmenden Aufzeichnungen vom Munde des Sehers her vor, zum anderen hat Gottschalk eine Reihe sonst nicht anzutreffender Vorstellungen, in denen auch Bilder aus der germanischen Mythologie auftauchen. Während schwerer Krankheit in fünftägige Ekstase gefallen, muß die Seele des Bauern über Dornheide und Schwertstrom zum neunseitigen Feuer, darf dann hinauf zur königlichen Halle der Seligen und das Fest des hl. Andreas schauen, auch die Stadt der Gerechten mit den wandlosen Häusern, um schließlich auch wieder in den Körper zurückkehren zu müssen.

Die umfangreiche Vision, die dem eben in das Benediktinerkloster Eynsham eingetretenen Edmund zuteil wurde (›Visio cuiusdam monachi‹), zeigt dagegen wieder eine stärkere Verarbeitung traditionellen eschatologischen Materials. Sie kündet aber dadurch von einem Umbruch im visionären Erleben, daß der Seher vor der Jenseitswanderung »mystische« Ergriffenheitszustände hat. Martern aller Arten und in ihnen manchen Bekannten, manchen Großen der Welt zeigt der hl. Nikolaus dem Mönch, aber auch die Stätten der Seligen sowie den gekreuzigten und den thronenden Erlöser. Ein starkes Interesse für das Biographische bei den im Jenseits angetroffenen Personen kennzeichnet diesen Text.

Zu den angloirischen Visionen gehört schließlich noch die des Bauern Thurkill von 1206 (›Visio Thurkilli‹); neben Reflexen der älteren Werke dieser Gruppe, wie Tundal und Owen, gibt es auch eine Reihe von ans Grotesk-Komische grenzenden Übersteigerungen, wie z. B. besonders die Ständesatire im Teufelstheater der Hölle. Diese Gruppe von Visionen scheint auch die schreckliche Jenseitswanderung des Norwegers Olav Åsteson (wohl 13. Jahrhundert) geprägt zu haben, deren Text nicht mehr vorhanden ist, die aber in der bekanntesten der norwegischen Volksballaden, dem ›Draumkvæde‹ erhalten ist.

Keine Vision, sondern ein fantastischer Reisebericht unter Verwendung visionärer Bilder ist die ›Navigatio Brandani‹ (›Brandans Seereise‹), die seit dem 10. Jahrhundert in vielen, auch volkssprachlichen Versionen verbreitet war.[10] Sie stellt eine Verchristlichung der altirischen Schiffermärchen von wunderbaren Seefahrten dar: auf der mehrjährigen Suche nach der Insel der Seligen erlebt der Heilige viele Abenteuer eschatologischer Natur, wie den Angriff der Höllenschmiede, die Begegnung mit den zu weißen Vögeln verwandelten gefallenen Engeln und dem armen Judas, der vom Meer umtost auf einer Felsenklippe sitzt und Brandan so seine so furchtbaren Höllenfoltern schildert, daß er für ihn eine Pause der Martern von Gott erfleht.[11] Hölle und Paradies liegen in dieser Erzählung in einer fernen, aber durchaus zu unserer Welt gehörigen Zone des Weltmeers.

Der Umbruch des 12. Jahrhunderts, der sich in fast allen Gebieten der Kultur- und Geistesgeschichte manifestiert – die Entstehung einer volkssprachlichen Literatur für Laien ist nur ein Beispiel – wird auch auf dem Gebiet der Visionen überaus deutlich. Denn nun treten neben die Jenseitsgesichte (von denen hier nur die wichtigsten erwähnt werden konnten, die aber viel zahlreicher sind, doch zumeist mit ähnlichem Inhalt und Aufbau wie bei den geschilderten) Schauungen anderer Art: es sind die »mystischen« Visionen, die vor allem die Begegnung mit dem Mensch gewordenen Erlöser zum Inhalt haben. Wenn Jenseitsräume ihr Schauplatz sind, dann fast nur die Himmelsregionen. Die Unterwelt, die bisher dominiert hatte, wird nur mehr selten geschaut. Oft aber sind es nicht topographisch zu lokalisierende, symbolische Räume, das Herz Christi u. ä., in die die Visionärinnen nunmehr versetzt werden. Die Visionärinnen – denn ab dem 12. und 13. Jahrhundert wird dieses Charisma zum Unterschied gegenüber dem früheren Mittelalter primär Frauen zuteil.

Doch gerade im frühen 13. Jahrhundert, da die authentische, erlebte Jenseitsreise in Ekstase seltener wird, beginnt in ihrer Nachfolge die Literaturgattung der fiktiven, allegorischen Jenseitsreise. Sie entspringt nicht mehr dem Erleben, sondern dichterischer Erfindung, zeigt aber die nämliche Struktur, wie die echten Visionen der anderen Welt: der Dichter durchwandert im Traum die Jenseitsreiche, unterhält sich mit deren Bewohnern und bringt davon seinen Hörern Kunde wie der Visionär von den Offenbarungen Gottes. Dieses neue Genus umfaßt im Gegensatz zu den Visionen auch Fahrten in Gefilde mit Jenseitscharakter, die nicht Teil der katholischen Eschatologie sind, enthält Dichtungen, deren Themen nicht mehr wie bei den Visionen ausschließlich religiöser Natur sind, sondern auch profaner. Die Traum- oder Visionseinkleidung wendet der Autor als Stilmittel aus künstlerischen Gründen an, oder um nicht die Verantwortung für etwa in dieser Form geäußerte Kritik, Satire usw. übernehmen zu müssen. Daneben gibt es nun auch Jenseitsreisen, die als echte körperliche Reisen gegeben sind.

VI. DANTE

Die ›Divina Commedia‹ (›Göttliche Komödie‹) des Dante Alighieri (1265–1321) ist das berühmteste Beispiel einer fiktiven Jenseitswanderung, die sowohl ihrer Grundkonzeption nach als auch in tausenden Einzelheiten der Summe der älteren Jenseitsvisionen verpflichtet ist. Sie ist Kunst- und Lehrdichtung höchster Komplexität, moraltheologische Unterweisung, Zeitkritik, Exempelsammlung und Unzähliges mehr, nicht aber Bericht eines ekstatischen Erlebnisses. Anders als die Visionen will sie nicht historisch verstanden sein, sondern als ein Werk von, wie Dante selbst in einem Brief sagt, »mehreren Sinnschichten«. »Buchstäblich verstanden, ist das Thema der Zustand der Seelen nach dem Tode . . ., allegorisch verstanden der Mensch, wie er vermöge der Willensfreiheit durch Verdienst und Unverdienst der belohnenden oder strafenden Gerechtigkeit anheimfällt«.[12] Als Ziel gibt der Dichter an, das Werk solle die Lebenden »zum Zustand der Glückseligkeit hinführen«[13] (weshalb er es der Moralphilosophie zurechnet). Damit steht er völlig in der Tradition der Visionsberichte.

Buchstäblich genommen erzählt der Autor, wie er in einem dunklen Wald verirrt auf Vergil trifft, der ihn in den Höllentrichter hinabführt. Durch neun schmerzensreiche »Kreise«, die, jeweils noch untergliedert, bestimmten Sünden vorbehalten sind, geht es zum Erdmittelpunkt, in dem der dreigesichtige Luzifer im Eise eingefroren ist. Was der exilierte Dichter auf diesem Weg an Rachephantasien Gestalt werden läßt, steht den Sadismen der Visionsliteratur in keiner Weise nach. Das Fegfeuer ist als Läuterungsberg gestaltet, den man in Kreisen zum irdischen Paradies hinansteigt. Nun übernimmt Beatrice die Führung und geleitet Dante durch zehn Himmelssphären in die

Höhe bis zum unsagbaren Licht der Dreifaltigkeit. In diesen knapp 15 000 Versen gibt es unzählige realistische Szenen und Gespräche, die aber auch allegorisch zu verstehen sind, wie etwa Vergil für Weisheit und Vernunft steht, Beatrice für Glaube und Liebe, die Hölle den Durchgang des Menschen durch Sünde und Leid symbolisiert, das Fegfeuer die Läuterung durch den Glauben, das Paradies die Erlösung durch Offenbarung und Liebe. Thomistische Theologie, Zahlensymbolik und Astrologie strukturieren die ›Comedia‹, durch die der Dichter stellvertretend für jeden Christen wandelt.

Die Wirkung dieses Werkes, das in Italien in öffentlichen Vorlesungen erklärt wurde, war groß. Bald fanden sich auch Nachahmer, wie Federico Frezzi, der um 1400 in seinem ›Quadriregio‹ (›Vier Reiche‹) einen Gang durch die Regionen Amors, Satans, der Laster und der Tugenden antritt. – Es ist nicht verwunderlich, daß die fiktive Jenseitswanderung Dantes auch in echter, ekstatischer Schau nachvollzogen werden konnte, wie es die hl. Francesca von Rom († 1440) erlebte.

VII. SPÄTES MITTELALTER UND RENAISSANCE

Die allegorischen Jenseitsfahrten treten zuerst in der französischen Literatur auf, dann auch im Italienischen, Englischen und Spanischen; Deutschland fehlt auffallenderweise. Ihre Autoren bedienen sich fast durchgehend der Volkssprache.

Frankreich hat zwischen 1200 und 1400 mindestens acht solcher Traumreisen hervorgebracht, darunter die ›Voie de Paradis‹ (›Paradiesesweg‹) eines so bekannten Dichters wie Rutebeufs († ca. 1285). Betrachten wir als Beispiel den ältesten Text, den ›Songe d'enfer‹ (›Höllentraum‹) des Romanverfassers Raoul de Houdenc († ca. 1230): Auf breiter Straße pilgert der Träumer in die Unterwelt; dabei muß er verschiedene symbolische Plätze passieren, wie den »Fluß der Schwelgerei«, die »Bordellburg« oder die »Mordstadt«. So also führt, ein von mittelalterlichen Moralisten je und je wiederholter Gedankengang, ein Laster zum nächsten und alle zusammen schließlich zur Hölle. Dort wird gerade gespeist: auf Tischtüchern aus Wuchererhaut verzehrt man Gerichte wie geröstete Häretiker oder gegrillte Advokatenzungen. Vom König der Hölle wird Raoul endlich fürstlich belohnt, als er ihm über die Untaten böser Spielleute vorliest. Allegorie und Burleske finden sich so zu einer beißenden Satire auf verschiedene Sünden der Zeit zusammen.

Das umfangreichste Werk dieser Art sind die allegorischen Wallfahrten des Guillaume de Digulleville (1293–1380), für deren Beliebtheit mehrere Übersetzungen ins Englische, Deutsche, Niederländische und Spanische zeugen. In der ›Pèlerinage de Vie Humaine‹ (›Pilgerfahrt des Menschenlebens‹) sind der Strom der Taufe und der der Welt zu durchqueren, muß zwischen der breiten Straße der Lüste und dem engen Pfad der Tugend, zwischen denen die Dornenhecke der Buße wächst, gewählt werden, muß das Meer der Welt durchschwommen werden, um endlich auf dem Schiff der Religion zum Himmlischen Jerusalem zu gelangen. Die Fortsetzung bildet die ›Pèlerinage de l'Ame‹ (›Pilgerfahrt der Seele‹), die, vom persönlichen Gericht ausgehend, unter der Leitung eines Engels eine Schau von Fegfeuer, Hölle und Paradies beschreibt, die völlig den ekstatischen Visionsberichten verpflichtet ist.

In Spanien wurde das Thema der Visions- bzw. Traumeinleitung besonders beliebt; nicht selten betritt der Dichter dabei die andere Welt. So trifft etwa der Dante-Verehrer Francisco Imperial († 1409) den Florentiner im irdischen Paradies, um sich über die sieben Tugenden (die seinem Werk den Titel ›Dezir a las siete virtudes‹ geben) belehren zu lassen, oder der berühmte Santillana (1398–1458) besucht die ›Hölle der Verliebten‹, ›Infierno de los enamorados‹, in der bekannte Liebende aus Mythologie und Geschichte in einer feuerumgebenen Burg an ihrer Passion leiden. In seiner ›Visión deleitable‹ (›Ergötzliche Vision der Philosophie‹) beschreibt Alfonso de la Torre (15. Jahrhundert) eine säkularisierte Form des Paradiesesberges Dantes. Ein Kind, Verstand, besteigt in Begleitung der personifizierten Freien Künste, seiner Lehrerinnen, einen hohen Berg, wobei es zum Manne heranreift. Oben trifft es in paradiesischer Landschaft die Wahrheit, die Königin dieses ganzen Reiches. In ihm herrscht ewiger Tag, singen die Vögel mit engelsgleicher Süße, stehen die Bäume des Lebens und der Erkenntnis, – alles aus den früheren Visionen bekannte Topoi.

Im Italien der Renaissance scheint, sieht man von Albertino Mussatos († 1329) ›Somnium in aegritudine‹ (›Traum in der Krankheit‹) ab, vor allem die profane Jenseitsreise beliebt gewesen zu sein. Oft sind es nur schwache, aber unverkennbare Elemente, die an die Beschreibungen der anderen Welt erinnern. Giovanni Boccaccio (1313–1375) hat auch ein allegorisches Gedicht mit dem Titel ›Amorosa Visione‹ (›Liebesvision‹) verfaßt, in der der Dichter neben der symbolischen engen und der weiten

Pforte auch einen allegorischen Blumengarten schaut. In seinem Traum vom Liebeslabyrinth, dem ›Corbaccio‹, nimmt er wieder abgeschwächt das Motiv der Liebeshölle auf, in der hier die in Tiere verwandelten Liebhaber herzloser Frauen umherirren. Echte Höllenzüge weist dagegen die ›Hypnerotomachia Poliphili‹ (›Traumliebeskampf der Poliphil‹) von Francesco Colonna (1433–1527)[14] auf: es ist allerdings nur die Beschreibung eines Gemäldes, wo es im Felsengewirr einen kochenden See gibt, einen Schwefelberg, und eine Brücke aus teils glühendem, teils eisigem Metall. Sie ist die Strafe für zu heftige, bzw. zu kalte Liebende. Die Beschreibung einer für den Seher nicht mehr betretbaren Jenseitslandschaft ist quasi der letzte Schritt in der Entwicklung dieses Genres und findet bei den erlebten spätmittelalterlichen »Visionen« Analogien, wenn der Charismatiker die andere Welt nicht mehr selbst schaut, sondern darüber nur Wortoffenbarungen von höheren Mächten empfängt.

Ab der Epoche Chaucers (1340–1400) bietet auch die wiedererwachte Literatur englischer Sprache manche allegorische Traumfahrt, die nicht innerhalb der gewohnten Umwelt spielt. Wir beschränken uns auf einen Text primär religiöser und einen primär profaner Aussage. ›Pearl‹ (›Perle‹) heißt eine Stabreimdichtung eines anonymen Dichters aus der 2. Hälfte des 14. Jahrhunderts. Es ist nicht nur eine Landschaft von paradiesischer Schönheit, die er in seinem Schlaf schaut, sondern auch das Himmlische Jerusalem der Apokalypse, die heiligen Jungfrauen und das Lamm Gottes. Doch indem der Erzähler den Graben durchschwimmen will, der ihn von jener Welt trennt, zerstört er selbst den Traum: ein für fiktive Visionsdichtung nicht uncharakteristischer Zug. Neben Chaucers ›House of Fame‹ (›Haus der Fama‹) mit seinem Glastempel und dem daran inspirierten Werk Lydgates (1370–1449) enthält ›Kingis Quair‹ (›Des Königs Buch‹), das wohl aus der Feder des schottischen Königs Jakobs I. (1394–1437) stammt, ein schönes Beispiel für eine säkularisierte Himmelsreise im Traum: in einer Kristallwolke wird der Dichter in den Venushimmel entrafft, um bei den Göttinnen der Antike Hilfe in Liebesangelegenheiten zu erbitten. Wie mutatis mutandis die echten Visionäre bringt auch er eine Botschaft aus der oberen Welt zu den Menschen.

Wie fast alle mittelalterliche Literatur haben auch die fiktiven Jenseitsreisen lehrhaften Charakter; sie suchen ihr Ziel durch Satire und Unterweisung zu erreichen – darum geht es den Autoren, die Traum- oder Visionseinkleidung und -handlung ist nur das Vehikel dazu. Wie bemerkt, gibt es auch im Spätmittelalter noch einige authentische Jenseitsvisionen von Ekstatikern, wie die der Mechthild von Magdeburg (2. Hälfte des 13. Jahrhunderts), der hl. Francesca, des 11jährigen Knaben Blasius (1450), aber relativ viel seltener.

Es sei aber darauf hingewiesen, daß Jenseitswanderungen auch in ganz anderen Literaturgattungen vorkommen. Die immer beliebter werdenden Reiseberichte haben auch manches Fiktive entstehen lassen. So die schon hochmittelalterliche Tradition, Alexander der Große habe sich auf den Weg nach dem irdischen Paradies gemacht, das er zwar nicht betrat, wobei er aber doch Landschaften mit deutlich jenseitigem Charakter schaute (dunkles Tal, Kristallflüsse, Wundergarten usw.). Guerino il Meschino, der Held des gleichnamigen, 1391 verfaßten Romans von Andrea da Barberino, kommt in einem Berginneren in den Zauberpalast der Sibylle und einen Paradiesesgarten, dessen Einwohnerinnen sich allerdings zeitweise in Drachen und Skorpione verwandeln. All jene Fabeln von Berg- und Schloßentrückungen (Mönch Felix, Tannhäuser, Thom the Rhymer ...) gehören in diesen Umkreis, da diese Orte jedesmal Elemente der eschatologischen Welten aufweisen. Auch das bekannteste Reisebuch der Zeit, Mandevilles ›Voyages d'outre mer‹ (›Reisen übers Meer‹) (um 1357) enthält ein »gefährliches Tal«, das von Dämonen bewohnt wird. In der pseudohistorischen Romanliteratur genauso wie in der Artusdichtung finden sich bisweilen ähnliche Einschiebsel (z. B. Prosageschichte Karl Martells, Mitte des 15. Jahrhunderts, ›Huon d'Auvergne‹, Anfang des 14. Jahrhunderts, u. a.).

VIII. ZUR EPISCHEN STRUKTUR DER JENSEITSFAHRTEN

Trotz des fundamentalen Unterschieds nach Art und Motivation der Entstehung, nach Inhalt, Ziel und großteils auch Publikum lassen sich eine Reihe von Analogien zwischen den authentischen und fiktiven Jenseitsvisionen einerseits und den zeitgenössischen höfischen Epen bzw. Romanen andererseits feststellen. Am deutlichsten tritt dies bei den Quellen des 12. und 13. Jahrhunderts hervor, während im Spätmittelalter eine starke Tendenz zu den lyrischen Gattungen die Form bestimmt. Analog ist nicht nur die Konzentration eines äußeren Geschehens auf eine Person, die mit dem Autor meist nicht identisch ist, sondern auch das zugrundeliegende Muster: es ist das der Pilgerfahrt. Pilgerfahrt des Ekstatikers durch die Hölle zum Himmel (Tundal z. B. wird durch die Strafen, von denen er kosten muß, gebessert), Pilgerfahrt des Dichters durch die Gefahren und Verlokkungen der Welt (Guillaume de Digulleville; Raoul de Houdenc persifliert diesen Weg, indem er die Hölle zum Ziel macht). Dem entspricht im höfischen Epos die Suche (Queste), sei es, daß ihr Ziel ein vordergründig konkretes ist, wie die Gralsburg, die zu suchen sich so viele Ritter auf Läuterungsfahrt (= das Bestehen von *aventiuren*) begeben, sei es, daß sich das Ziel auf ähnlicher Fahrt im Ritter vollzieht, indem er sich den Idealvorstellungen seines Standes nähert (›Erec‹). Der irdischen Wallfahrt mit ihrer Überwindung ganz konkreter Hindernisse entspricht also die geistliche mit dem Durchleiden der Fegfeuerstrafen, entspricht weiters säkularisiert die ritterliche mit dem Bestehen von Abenteuern. Ziel ist jeweils ein höherer Seinszustand, sei es durch Verweilen am heiligen Ort (Wallfahrtsziel, Paradies, Gralsburg), sei es durch innerliche Veredelung (im Glauben, im Standesethos).

Eine weitere Analogie betrifft den Darstellungsmodus: ein punktuelles Vorrücken des Helden von Szene zu Szene, keine fortlaufende Reisebeschreibung ist Kennzeichen der Bewegung im höfischen Epos. Ebendies gilt auch für die Visionen: von einer Station zur nächsten bewegen sich Ekstatiker und führender Engel durch die Abteilungen der Unterwelt oder des Paradieses, es folgen einander einzelne Szenenbilder, kaum aber wird der Vollzug des Weges zwischen ihnen zum Gegenstand. Doch muß ergänzend betont werden, daß die Kohärenz der Landschaftsschilderungen in den Visionen größer ist, als in der gleichzeitigen profanen Literatur, und daß die Landschaft nicht nur die für den höfischen Roman typische Kulissenfunktion erfüllt, sondern durchaus ein »aktives«, d. h. bestrafendes oder belohnendes Element der Jenseitsschilderung bildet.

Schließlich enthalten auch die höfischen Epen bisweilen Passagen, die wie profanisierte Übernahmen aus der Visionsliteratur wirken: so erzählt z. B. Chrétien de Troyes (ca. 1135–90) in seinem ›Lancelot‹ (s. dazu unten S. 300ff.) von jenem unheimlichen Land Gorre, von dem es keine Wiederkehr gäbe, und das von einem reißenden Strom umgeben wird, über den nur zwei sehr gefährliche Brücken führen – die Analogie zum Teufelsstrom, zur Seelenbrücke und den christlichen Unterweltsberichten ist evident.

ANMERKUNGEN

1 Siehe unten S. 70 über die Visionen Gottschalks.
2 E. Le Roy Ladurie, Montaillou, Paris 1975 (deutsch Frankfurt/Berlin/Wien 1980), S. 592 ff.
3 Vgl. P. Dinzelbacher, Die Jenseitsbrücke im Mittelalter, Diss. Wien 1973.
4 ›De re publica‹ VI (54–51 v. Chr.).
5 ›Moralia‹ 563b – 568; 589 f. – 592e.
6 Teilweise übersetzt von P. Riessler, Altjüdisches Schrifttum außerhalb der Bibel, Nachdruck Heidelberg 1966.
7 Die Literatur (S. 79) zum Mittelalter geht teilweise auch auf diese Texte ein.
8 Die Editionen der ab jetzt genannten Texte finden sich bei P. Dinzelbacher, Vision und Visionsliteratur im Mittelalter, Stuttgart 1981, S. 11–28.
9 Gonzales de Berceo, El Poema de S. Oria, ed. I. Uria Maqua, Logrono 1976.
10 Vgl. Kindlers Literatur Lexikon: ›Voyage de S. Brendan‹.
11 Vgl. P. Dinzelbacher, Judastraditionen, Wien 1977, S. 16, 56 f., 65.
12 Brief XIII, 8.
13 Ebd. 15.
14 Vgl. Kindlers Literatur Lexikon: ›Hypnerotomachia Polyphili‹.

BIBLIOGRAPHIE

Textausgaben (in der Reihenfolge der Erwähnung im Text)

Eine Auswahl von Originaltexten vom 6. bis zum 15. Jahrhundert bietet P. Dinzelbacher, Mittelalterliche Visionsliteratur, Darmstadt 1984 (mit Übersetzungen und Kommentar).

Visio Pauli: hg. v. Th. Silverstein, Visio S. Pauli, London 1935.
Visio Baronti: hg. v. W. Levison, in: MGH Scriptores rerum Merovingiacarum 5, 1910, S. 368–394.
Visio Wettini: hg. v. E. Dümmler, in: MGH Poetae Latini Aevi Carolini 2, 1884, S. 267–333; sowie hg. v. D. A. Traill, Walahfrid Strabo's Visio Wettini (lat.-engl.), Bern 1974.
Visio pauperculae: hg. von H. Houben, Visio cuiusdam pauperculae mulieris, in: Zeitschrift für die Geschichte des Oberrheins 124 (1976), S. 31–42.
Visio Caroli III: in: J. P. Migne (Hg.), Patrologia latina, 174, Sp. 1287C–1290B.
Fís Adamnáin: übersetzt von C. S. Boswell, An Irish Precursor of Dante, London 1908.
Visionen der Mönche von St. Vaast: hg. von G. H. Pertz, in: MGH Scriptores 8, 1848, S. 381–391.
Visio Alberici: hg. von M. Inguanez, Cod. Casin. 257, in: Miscellanea Cassinese 11 (1932) 81–103.
Visio Tnugdali: hg. von A. Wagner, Erlangen 1882; übersetzt v. K. Falke, Vision des irischen Ritters Tundalus, Zürich 1921.
Tractatus de purgatorio S. Patricii (Visionen des Owen): hg. v. K. Warnke, Das Buch vom Espurgatoire S. Patrice der Marie de France und seine Quelle, Halle 1938.
Visio Godeschalci: hg. von E. Assmann, Godeschalcus und Visio Godeschalci, Neumünster 1979 (lat.-deutsch).

Visio cuiusdam monachi (Vision Edmunds), in: H. E. SALTER (Hg.), The Cartulary of the Abbey of Eynsham II, Oxford 1908, S. 257–371.
Visio Thurkilli: hg. von P. G. SCHMIDT, Leipzig 1978.
Navigatio S. Brendani abbatis: hg. von C. SELMER, Notre Dame 1959.
Dante, Divina Commedia: [zweisprachige Ausgaben] übersetzt und hg. von H. GMELIN, Stuttgart 1949–51; übersetzt und hg. von E. LAATHS, Darmstadt [2]1963; letzte Kritische Edition von G. PETROCCHI, Verona 1966/67.
Raoul de Houdenc, Songe d'Enfer: hg. v. M. L. MIHM, Zr Ph, BH 190, 1982.
Guillaume de Digulleville, Pèlerinages: hg. von J. J. STÜRZINGER, London 1893/7.
Spanische Traumdichtung: Vgl. H. FLASCHE, Geschichte der spanischen Literatur, Bern 1977 ff.
Boccaccio: Tutte le opere, hg. von V. BRANCA, Milano 1964 ff.; übersetzt von M. KRELL, Giovanni Boccaccio, Gesammelte Werke, München 1924.
Colonna, Hypnerotomachia Polifili: hg. von G. POZZI, L. A. CIAPPONI, Padova 1964.
Pearl: hg. von M. ANDREW, R. WALDRON, The Poems of the Pearl Manuscript, York 1978.
Englische Traumdichtung: SPEARING s. u. Forschungsliteratur.

Forschungsliteratur

Grundlegende und übergreifende Darstellungen

Jenseitsvisionen: Eine ausführliche Tabelle der echten und erdichteten visionären Texte mit Nachweis der Ausgaben sowie reichlich Sekundärliteratur enthält P. DINZELBACHER, Vision und Visionsliteratur im Mittelalter, Stuttgart 1981; von demselben Autor befindet sich eine mehrbändige Geschichte der Visionen in Antike und Mittelalter in Vorbereitung. Zu ergänzen sind M. AUBRUN, Caractères et portée religieuse et sociale des »Visions« en Occident du VIe au XIe siècle, in: Cahiers de civilisation médiévale 23 (1980) 109–130 und A. M. HAAS, Descensus ad Inferos, in: Communio 10 (1981) 40–56. Nacherzahlungen von einigen der größeren Visionen findet man bei A. RÜEGG, Die Jenseitsvorstellungen vor Dante ... I, Einsiedeln 1945; H. R. PATCH, The Other World, Nachdruck New York 1970; D. D. R. OWEN, The Vision of Hell, Edinburgh 1970; O. DELEPIERRE, Le Livre des Visions, London [ohne Jahresangabe]. Da man sich mit Dante und seiner ›Comedia‹ wissenschaftlich seit dem 14. Jahrhundert beschäftigt, ist die einschlägige Sekundärliteratur völlig unüberschaubar. Man benutzt am bequemsten eine zweisprachige Ausgabe (s. o. Textausgaben). Viele Fragen beantwortet die ›Enciclopedia Dantesca‹, Rom 1970–76. Laufende Bibliographien sind in den Zeitschriften: Deutsches Dantejahrbuch, Studi danteschi, L'Alighieri, zu finden.

Fiktive bzw. allegorische Jenseitsreisen: Eine zusammenfassende Darstellung fehlt; einiges bieten die oben zitierten Bücher von PATCH und OWEN. Vgl. auch A. C. SPEARING, Medieval Dream-Poetry, Cambridge 1976. Für die einzelnen Werke sind die entsprechenden nationalen Literaturgeschichten heranzuziehen, dazu W. ERZGRÄBER (Hg.), Europäisches Spätmittelalter (Neues Handbuch für Literaturwissenschaft 8), Wiesbaden 1978.

Spezielle Literatur

Die jüngsten Äußerungen zu Einzelfragen bilden: J. Le Goff, La naissance du Purgatoire, Paris 1981, bes. S. 148 ff., 246 ff. (Bedeutung der Jenseitsvisionen für den Fegefeuerglauben). – N. F. Palmer, ›Visio Tnugdali‹, München 1982 (handschriftl. Verbreitung). – J. M. Clifton-Everest, The Tragedy of Knighthood. Origins of the Tannhäuser legend, Oxford 1979. – L. Braswell, The Visionary Voyage in SF and Medieval Allegory, in: Mosaic 14, 1981, S. 125–142. – Chr. Marchello-Nizia, Entre l'histoire et la politique: le »songe politique«, in: Revue des sciences humaines 183, 1981, S. 39–53. – J. Palley, The love-dream lyric in the Spanish Renaissance, in: Kentucky Romance Quarterly 29, 1982, S. 75–82.

KARL, ROLAND, GUILLAUME

von

MARIANNE OTT-MEIMBERG

I. DAS HISTORISCHE EREIGNIS UND DIE FRÜHEN GEBRAUCHSUMKREISE DES STOFFS

Am Anfang der Geschichten um Karl den Großen (Charlemagne), um seinen Paladin Roland und um seinen Fürsten Willehalm/Wilhelm (Guillaume) steht die Geschichte: In zeitgenössischen und späteren Quellen vielfach als historische Fakten, aber auch als heilsgeschichtliche Wahrheiten beglaubigte Ereignisse aus der Regierungszeit Karls des Großen sind Gegenstand und Ausgangspunkt für all das, was in der Folgezeit in einer Vielzahl von lateinischen und volkssprachlichen Texten immer wieder erzählt, neu bearbeitet, weitergeführt und übersetzt wird. Historische Ereignisse von ihrem Ursprung her, bleiben die Karls-Geschichten zumeist auch im weiteren Verlauf ihrer Rezeption geschichtliche Fakten im Bewußtsein derer, die sie weiterverbreiten, und derer, die sie hören und lesen. Dies gilt auch für vieles, was scheinbar ganz eindeutig in den Bereich literarischer Fiktion zu verweisen ist, und unterscheidet so den Karlsstoff von fast allen anderen epischen Stoffen des Mittelalters. So zentriert sich auch der Gebrauch der Karlsgeschichte – nicht nur in der Literatur – immer wieder um markante historische Ereignisse; mehr noch: indem man sich dieses Stoffes bedient, wird Geschichte gemacht, wie etwa die ganz bewußte Karlsanknüpfung durch Otto III. und die Kanonisation des Karolingers durch Friedrich I. zeigt. Daß diese Art von Gebrauch in modifizierter Form auch für die meisten im engeren Sinne literarischen Zeugnisse des Karlsstoffes gilt, dokumentiert die Geschichte ihrer Überlieferung.

Überblickt man die Gesamtheit der sich im Verlauf des Mittelalters entwickelnden Karlstraditionen, so gibt es wohl kaum ein Ereignis aus der Geschichte des Frankenkaisers, das nicht – entweder herausgelöst aus dem Geschehniszusammenhang als Einzelepisode oder aber im Rahmen einer Erzählsumme (oft in »biographischer« Absicht) – zum Gegenstand der epischen Erinnerung geworden wäre. Über alles, was sich auch heute mit der Genealogie und mit der Regierungszeit des fränkisch-deutschen Königs und römischen Kaisers verbindet, wird – zumeist unter dem Aspekt der Vorbildlichkeit – berichtet.

Weit mehr jedoch als Karls vorbildliches Regiment im Innern des Frankenreiches, seine Kaiserkrönung, sein Verhältnis zur geistlichen Gewalt, sein Wirken etwa in seiner Pfalz zu Aachen, wo sich für uns das Gedächtnis an Karl den Großen vorrangig lokalisiert, fasziniert ganz offensichtlich jener Ereigniskomplex, der zugleich die Geschichte Karls mit der des Markgrafen Roland und der des Grafen Wilhelm von Toulouse verknüpft und damit Ausgangspunkt für die erfolgreichsten und umfassendsten volkssprachlichen Traditionen wird: die wechselhaften Kämpfe der Franken gegen die Mauren an der Südwestgrenze des Reiches.

Recht plastisch wird in diesem Zusammenhang in zeitgenössischen Quellenzeugnissen die Gestalt des Wilhelm von Toulouse bzw. Guillaume (später) d'Orange. Als Enkel Karl Martells mit dem Herrscherhaus verwandt, fiel ihm, dem Grafen im Grenzgebiet zu den aufständischen Basken und heidnischen Mauren, die Aufgabe des Ratgebers und Beschützers von Karls jüngstem Sohn Ludwig zu, der hier seit 781 als König von Aquitanien regierte: 793 etwa kann Wilhelm trotz schwerer eigener Verluste zwischen Narbonne und Carcassonne am Fluß Orbieu einen Maurenangriff abwehren; die Einnahme von Tortosa am Ebro 811 dagegen, bei der Wilhelm nicht mehr erwähnt wird, fällt vermutlich schon in die Zeit seines Klosterlebens im von ihm 804 gegründeten Gellone, wo er 812 oder 813 starb.

Ganz anders als die verhältnismäßig lückenlose »Biographie« dieses Fürsten stellt sich in den historiographischen Quellen das Leben Rolands, des zweiten mit Karls spanisch/südfranzösischen Kriegen verbundenen Helden dar. So gibt es zwar Zeugnisse für die Historizität eines Grafen Roland, der im Umkreis Karls des Großen eine gewichtige Rolle gespielt haben muß, es ist jedoch ungewiß, ob es sich bei dem für 772 als Zeugen einer Urkunde Karls für Lorsch genannten Grafen *Rotholandus* um jenen *Hruodlandus* handelt, von dem Einhards ›Vita Karoli Magni‹ erzählt. Auffallend kurz ist jedenfalls in dieser zeitgenössischen Quelle der Bericht von Karls spanischem Kriegszug im Jahre 778, in dessen Zusammenhang jener als Präfekt der bretonischen Mark genannt wird unter den Toten einer Schlacht, die sich die Franken auf dem Rückzug in den Pyrenäen mit aufständischen

Bergvölkern lieferten. Der Ort der Auseinandersetzung, die mit einer – von Einhard hastig entschuldigten – deutlichen Niederlage der Franken endete, wird nicht genannt, die spätere Lokalisierung bei Roncesvalles (Roncevaux) – ja die ganze uns bekannte Rolandfigur – finden keine Erwähnung in den historischen Quellen.

Das für den Erfolg gerade dieser Episode in der weiteren Entwicklung der Karlsepik verantwortliche Interesse scheinen besonders folgende »Leerstellen« der Geschichte geweckt zu haben: Zum einen gehen Karls Basken- und Maurenkriege – ganz im Gegensatz zu den anderen aus seiner Regierungszeit tradierten Ereignissen – als Geschehnisse in die Geschichtsschreibung ein, die für Kaiser und Reich nicht nur ruhmreich gewesen sind. Die historischen Quellen sprechen in diesem Zusammenhang von Niederlage, Verlust, Rückzug, ja bereits von Verrat im eigenen Lager – was vor allem späteren Generationen offensichtlich nicht als Rechtfertigung ausreichte. Zum anderen läßt die frühe Geschichtsschreibung fast alles offen, was Figur und Schicksal Rolands betrifft. Dieser erfüllt damit eine wichtige Voraussetzung für wachsende Sagen- und Legendenbildung, die aus ihm einen Helden machen wird, der Karl z. T. noch an epischer Bedeutung übertrifft.

Zu seinen Lebzeiten und in der unmittelbaren Folgezeit wird die Erinnerung an Karl den Großen selbst ausschließlich in lateinischen Traditionen und in von lateinischer Schriftlichkeit bestimmten Gebrauchsumkreisen wachgehalten. Sie ist vor allem selbstverständlicher Gegenstand der im engeren Sinne historiographischen Texte, von denen der Karlsvita Einhards besondere Bedeutung zukommt wegen ihrer für die Entwicklung epischer Karlstraditionen so folgenreichen Rezeptionsgeschichte. Zusammen mit den ›Einhardannalen‹ und den um 890 in St. Gallen entstandenen ›Gesta Karoli Magni‹ des Notker Balbulus (einer z. T. stark anekdotisch-märchenhaften Darstellung, die erstmals außerhalb des traditionellen Vitenschemas ein Herrscherbild zeichnet und vielfältige Sagenstoffe auf Karl den Großen überträgt) bildet die Einhard-Vita in der Überlieferung seit dem 12. Jahrhundert eine Art Kompendium des historisch beglaubigten Wissens über Karl den Großen. Dieses wird im gesamten Mittelalter – erstmals deutlich in der Chronik des Frutolf von Michelsberg (11./12. Jahrhundert) – vor allem von der Chronistik gerne benutzt und exzerpiert.

Schon seit dem 9. und 10. Jahrhundert deuten jedoch in beiden Teilen des Frankenreiches Zeugnisse darauf hin, daß sich ein (auch literarisches) Interesse an der Karlsfigur entwickelt, das nicht mehr direkt der Historiographie zuzuordnen ist. Einhards kanonisches Karlsbild scheint dabei sowohl lateinisch-klösterliche Karlstraditionen als auch die Beschäftigung mit dem Stoff außerhalb der lateinischen Schriftlichkeit angeregt zu haben. Charakteristisch ist hier die Auflösung dieses stark stilisierten Karlsportraits in für die breitere epische Beschäftigung viel attraktivere, weil offenere Rollen, die die weitere Erinnerung an den Frankenkaiser bestimmen werden.

In Notkers ›Gesta Karoli Magni‹, die als exemplarisch für den klösterlich-lokalen Gebrauchsumkreis gelten kann, wird eine für die an Karl anknüpfenden Heiligenviten und Translationsberichte des 10. Jahrhunderts charakteristische Tendenz deutlich: aus dem Idealherrscher wird ein frommer, gerechter, um alles besorgter »Hausvater seiner Untertanen«[1]. Vor allem um die Herkunft von Reliquien zu erklären, werden diese vielfach (verbunden mit zahllosen Urkundenfälschungen) auf den Heidenkämpfer, Kreuzfahrer und Pilger Karl zurückgeführt, der sie, etwa aus Jerusalem, mitgebracht haben soll. Möglicherweise unter dem Einfluß mündlicher Traditionen werden dabei die bekannten spärlichen Nachrichten über Karls Beziehungen zum Orient ausgeschmückt und mit Stoffen aus anderen Sagenkreisen oder durch Übertragung historischer Fakten auf Karl aufgefüllt: Sagen- und Legendenbildung haben sich der Karlsfigur bemächtigt und erweitern das (im Bewußtsein der Zeitgenossen historisch beglaubigte) Wissen um diese Figur beträchtlich: eine Karlsepik entsteht.

In Gebrauchsumkreis und Gebrauchsinteressen diesen Traditionen vergleichbar scheinen zwei lateinische Karlstexte aus Frankreich, die die deutschen Texte jedoch an Anspruch und Bedeutung weit übertreffen: die ›Descriptio‹ (2. Hälfte des 11. Jahrhunderts), ein Bericht über eine Reliquientranslation durch Karl zugunsten von St. Denis und Aachen, und der ›Pseudo-Turpin‹ (um 1140) mit dem Selbstverständnis einer Chronik (Verfasser soll der Reimser Erzbischof Turpin als einziger Überlebender der Roncesvalles-Schlacht sein) zum Ruhm des heiligen Jacobus und der Pilgerstätten von Santiago di Compostela. Die zunehmend erfolgreiche Verbindung der Karlsgeschichte mit der Kreuzzugsidee ist wohl diesen französischen Traditionen zu verdanken: Die Erinnerung an Karls Spanienzug wurde in

Frankreich ganz selbstverständlich wachgehalten, zumal von hier aus im 11. Jahrhundert verschiedentlich Kriegszüge gegen die spanischen Sarazenen unternommen wurden, denen man – auch durch Berufung auf das Vorbild Karls – Kreuzzugscharakter zuschrieb.

Ein ausschließlich französischer Held bleibt für lange Zeit Guillaume, dessen Andenken – zunächst wiederum in lateinisch-klösterlichen Traditionen – im engsten Umkreis seines Wirkens wachgehalten wird: Vor allem die Interessen des Klosters Gellone bestimmen zunächst die frühe Stilisierung des Helden und die Anfänge einer epischen Tradition. Guillaumes Weltleben gerät vorerst völlig in Vergessenheit; als Heiliger, Stifter und Heilsgarant lebt er in den Traditionen dieses Klosters fort, das sich im Kampf um seine Selbständigkeit gegenüber dem benachbarten Aniane immer wieder auf den Willen und die Bedeutung seines wundertätigen Stifters beruft. Die in diesem Zusammenhang entstandene ›Vita Sancti Wilhelmi‹ (Anfang des 12. Jahrhunderts) erwähnt erstmals Kämpfe Wilhelms mit einem sagenhaften überseeischen Barbaren Theobald, die als Ausgangspunkt für die Berichte von den durch die spätere Wilhelmsgeste so berühmt gewordenen Kämpfen um Orange gelten können. Umstritten bleibt, wie für die volkssprachliche *Chanson de geste* überhaupt, so auch für den Guillaume-Stoff, die Vorgeschichte der schriftlichen Fixierung und die Existenz mündlicher Spielmannslieder um den Helden.

Ganz anders verläuft in dieser frühen Zeit die Traditionsbildung im Hinblick auf Roland, die historisch am wenigsten beglaubigte Gestalt. Mündliche Traditionen einerseits und, in enger Wechselwirkung mit diesen, bildliche Darstellungen des Stoffs andererseits, sind die frühen Überlieferungsträger. Welches Gebrauchsinteresse (Roland als Identifikationsfigur im Zusammenhang mit Gottesstreiter- und später Kreuzzugsidee) und welches Publikum (adelige illiterate Laien) sich diesem Stoff zuwenden, belegt die frühe (Rolands-)Ikonographie, an deren Beispiel, etwa in Conques (um 1100), sich auch die Legendenbildung durch Übertragung von Sagenstoffen auf bisher namenlose Symbolfiguren illustrieren läßt: Abstrakte Darstellungen von streitenden Rittern, die Tugend- und Laster-Kämpfe symbolisieren sollen, werden hier am Weg nach Compostela von Pilgern mit Roland und Olivier identifiziert, deren Ruhm – auch als literarische Figuren – in der Mitte des 11. Jahrhunderts weite Verbreitung erlangt haben muß[2] (s. dazu unten S. 450ff.).

II. DIE ERSTEN SCHRIFTLICHEN ZEUGNISSE DES KARL-ROLAND-STOFFES IN DER VOLKSSPRACHE: ›CHANSON DE ROLAND‹, ›KAISERCHRONIK‹, ›ROLANDSLIED‹

Um 1100 entsteht in Frankreich mit der ›Chanson de Roland‹, der wohl ältesten überlieferten *Chanson de geste*, auch das erste Werk, das in Volkssprache die Geschichte Karls des Großen erzählt. Mit der Frage, wie der Zeitraum zwischen dem historischen Ereignis und seiner schriftlichen Fixierung überbrückt, d. h. in welcher Form die Erinnerung an Karls spanischen Feldzug des Jahres 778 wachgehalten wurde, ist ein zentrales Problem der Epenentstehungstheorien[3] angesprochen: volkstümliche Heldenlieder (anfangs noch von Augenzeugen) oder Werke von bewußt nach ästhetischen und zweckgebundenen Prinzipien komponierenden Autoren als Überlieferungsträger. Für die ›Chanson de Roland‹ wird so etwa die kompositorische Gegenüberstellung des draufgängerischen Roland und des weisen Olivier, der Konflikt zwischen *fortitudo* und *sapientia*, dem schöpferischen Einfall eines Dichters zugeschrieben, jenes Turold, den das Oxforder Manuskript nennt. Die beste methodische Grundlage für eine umfassende Deutung der Texte bietet wohl die neuere Synthese beider Ansätze[4]: als Autoren – und vielfach damit identisch – als Vortragende der *Chansons* hat man sich Spielleute vorzustellen, die mit jeweils verschiedenem Anteil an ihrem Text, immer aber auf der Grundlage von Überliefertem, ihre Dichtungen schufen. Aus der Gebrauchssituation der Texte – mündlicher Vortrag vor adeligem Laienpublikum – erklären sich nicht nur Form und wesentliche Stilmerkmale (flexible Zehn- und Zwölfsilbler als offener Rahmen für die freie Kombination und Wiederholung von formelhaften Versatzstücken inhaltlicher und formaler Art), sondern auch die Eigentümlichkeiten ihrer Überlieferung: ein enger Bezug zum Publikum erforderte immer neue Variationen der Lieder mit der Folge eines hohen »Verbrauchs« von Texten. Dieser ist ablesbar auch an der Überlieferungssituation der ›Chanson de Roland‹: die älteste erhaltene Handschrift, der ›Oxforder Roland‹[5], stammt erst vom Ende des 12. Jahrhunderts, und sie ist vielleicht eines jener Gebrauchsexemplare, die – weil der Mode unterworfen – schnell wertlos und vernichtet wurden.

Inhaltlich immer *matière de France* (nationalfranzösischer Stoff im Gegensatz zur *matière de Bretagne*, dem Artusstoff, und der *matière de Rome*, dem Antikenroman) basiert die *Chanson de geste* auf einer charakteristischen Verbindung zweier allgemeinverbindlicher Deutungs- und Identifikationsmuster: dem christlichen Heilskonzept, zumeist in der (dem Publikum naheliegenden) Gottesstreiter- und Kreuzzugsidee, und der Staatsheilsreflexion, der Diskussion um das richtige Zusammenspiel von Herrscher und Fürsten, z. T. sehr konkret bezogen auf die jeweils aktuelle Ausprägung des französischen Feudalstaats. In den verschiedensten, stets sehr zeitbezogenen Variationen werden diese beiden Themen an der Geschichte von Charlemagne und seinen Paladinen, aber auch an der Geschichte des Fürsten Guillaume durchgespielt: diesem Stoff eignet die für das Selbstverständnis der *Chanson de geste* fundamentale Historizität, er läßt sich, vor allem über die Karlsfigur und die schon früh an diese angebundene Kreuzzugsidee, heilsgeschichtlich ausdeuten und so auf die Gegenwart der Adelsgemeinschaft beziehen.

Auch Charlemagne in der ›Chanson de Roland‹ steht im Schnittpunkt dieser beiden Heilskonzepte, er ist Schirmer der Christenheit in einem Kreuzzug und oberster Lehnsherr in einem Feudalstaat. Der Text schöpft dabei aus einer Vielzahl auch literarischer Quellen. Endzeitsagen und sibyllinische Prophetien haben jene Züge des Herrscherbildes mitbedingt, die Charlemagne als greisen Kaiser im biblischen Alter von 200 Jahren erscheinen lassen; das Bild des *rex et sacerdos* wird plastisch durch typologische Bezüge zu alttestamentlichen Königen (David u. a.) und durch Herrschertugenden, wie sie die Fürstenspiegel postulieren, nicht zuletzt aber durch germanische Vorstellungen von der Geblütsheiligkeit des Herrschers. Dessen Einbindung in ein kompliziertes Beziehungsgeflecht personaler Bindungen ist sicher – unterschiedlich interpretierter[6] – Reflex auf die französische Feudalgesellschaft des 12. Jahrhunderts, und auch die selbstbewußte Feier der *dulce France* ist Ausdruck dieser ausgeprägt französischen Staatsheilsreflexion. Erstmals in der ›Chanson de Roland‹ greifbar ist jedoch die – später immer wieder aufgegriffene und variierte – Verbindung des Karlsstoffs mit der Geschichte eines Verrats (hier durch einen untreuen Fürsten, spätere Karls- und Wilhelmsepen lassen sogar den Herrscher zum Verräter werden): Die Geschichte von Roncesvalles wird ursächlich verknüpft mit Ganelons Verrat; Verrat und Zwietracht im christlichen Lager werden so zur Erklärung für die von den historischen Quellen kurz abgetane Geschichte vom Untergang der fränkischen Nachhut 778. Auslöser des Konflikts ist zunächst der heilsgeschichtlich-welthistorische Gegensatz zwischen Christen und Heiden. Zwar ist der Streit schon vorentschieden nach der für alle Chansons verbindlichen Sentenz: *Paien unt tort et crestiens unt dreit* (v. 1015: »die Heiden haben Unrecht und die Christen haben Recht«), doch werden die eigentlichen innerfeudalen Auseinandersetzungen durch den Gegensatz Heiden/Christen nur ausgelöst, nicht aber mit ihm gelöst. Am Friedensangebot des Heidenherrschers Marsilies, das den siegreichen spanischen Zug der Franken beenden könnte, scheiden sich im christlichen Lager die Geister. Ursache des Konflikts ist dabei die Stellung Charlemagnes: dieser ist nicht nur Oberhaupt der Christenheit, sondern auch idealer Lehnsherr und damit durch Feudalrecht gebunden – hier an die Verpflichtung, den Rat der Großen zu suchen. Diese beschließen gegen die Stimme des auf Krieg drängenden Roland, das Angebot der Heiden durch einen Boten prüfen zu lassen. Nachdem Karl seine zwölf Getreuen von der gefährlichen Gesandtschaft ausgenommen hat, wird Rolands Stiefvater Ganelon trotz seines erbitterten Widerstandes zum Boten ernannt. Er tritt die Mission an, nicht ohne vorher Roland und den Paladinen die Fehde angesagt zu haben. Diese trägt er dann jedoch gegen Feudalrecht über die Grenzen der Christenheit hinaus, indem er die Heiden zu seinen Fehdehelfern macht: mit Marsilies plant er die Vernichtung Rolands durch einen Überfall auf die fränkische Nachhut. Zu deren Führer wird Roland dann auch auf Ganelons Vorschlag ernannt von Karl, der auch hier an die Weisungen des Rats gebunden ist. Wie vom Herrscher in prophetischen Träumen vorausgesehen, sterben Roland und die Paladine in der Schlacht von Roncesvalles den Märtyrertod. Besonders im Tod Rolands, dessen Selbstverständnis als Gottesstreiter und Lehnsmann Gottes sich in der Übergabe des lehnssymbolischen Handschuhs durch den Sterbenden an einen Engel dokumentiert, wird ein Adelsideal gefeiert, das wohl ganz direkt auf das Publikum bezogen ist. Hatte Roland insofern – in seiner Sterbeszene vergebene – Schuld auf sich geladen, als er sich gegenüber Olivier trotzig weigerte, durch einen Hornruf den Kaiser zu Hilfe zu rufen, so wird diese Hilfe als Rache für die Gefallenen nachgeholt in der nun folgenden Schlacht am Ebro und in der abschließenden großen Baligant-Schlacht: sie gibt dem Herrscher Gelegenheit, im Kampf gegen einen Gegner, der die Züge des Antichristen trägt, seiner Funktion als Schirmer der Christenheit gerecht zu werden. Und doch bleibt ein Schatten auf der Herrscherfigur, solange der innerfeudale Konflikt nicht gelöst ist. Diese Aufgabe kommt der großen Schlußszene zu: im Ganelonprozeß wird noch einmal das Selbstverständnis von Herrscher und Fürsten in einer großen Rats- und Rechtsszene diskutiert und schließlich wiederhergestellt. Auch hier erscheint Charlemagne als vielfach bedingter Herrscher: sein Recht und Ganelons Unrecht erweisen sich erst im quasi liturgischen Vollzug des Gottesurteils, im Stellvertreterzweikampf zwischen Tierri und Pinabel. Ob der Autor damit schließlich doch gegen das Vasallenrecht und für das Herrenrecht, also für die Zentralgewalt votiert (die ›Chanson‹ also utopische Perspektive auf das damals schwache kapetingische Königtum ist), ist eine der zentralen Fragen ihrer Deutung als »Staatsroman«. Als durch Feudalrecht gebundener Lehnsherr und als vorbildlicher Gottesstreiter ist Charlemagne aber auch deutbar als Idealherrscher aus der Sicht der Barone. Auf jeden Fall thematisiert diese erste *Chanson* um Karl den Großen, den Gründerherrscher und hervorragenden Garanten nationalen Heils für Frankreich, Probleme von Loyalität und Verrat, von Herrscher- und Staatsheil in einer Situation zweifacher Bedrohung. Der doppelte Konflikt (Heidenkrieg und innerfeudale Krise) und seine doppelte Lösung durch Kreuzzug und durch Rat und Gericht stellen die für die ›Chanson de Roland‹ spezifische Variante der beiden großen Chanson-Themen dar.

Die Geschichte Karls des Großen wird in deutscher Volkssprache zum ersten Mal um 1150 in der im Umkreis des Welfenhofs in Regensburg entstandenen ›Kaiserchronik‹ ausführlich erzählt. Als *crônicâ* ist sie das erste Werk dieser Gattung, die den Karlsstoff in das umfassende heilsgeschichtlich-historische Konzept einordnet, in dem in Deutschland die Erinnerung an den Frankenkaiser vor allem weiterlebt. Dabei benutzt sie jedoch nicht wie spätere lateinische und volkssprachliche Chroniken vorwiegend historische Quellen, sondern schöpft zumeist aus der lateinischen Legenden- und Mirabilienliteratur, wobei ursprünglich von der Karlsgeschichte unabhängige Sagen und Legenden jetzt mit dieser verbunden, Einzelzüge aber auch frei erfunden werden. Karl – anders als Charlemagne noch nicht ausschließlich auf die Rolle des Herrschers im Staatsroman festgelegt – wird so mit den verschiedensten Wert- und Normvorstellungen verbunden und in den Dienst moralisierend-unterhaltender Didaxe gestellt: er wird in der ›Kaiserchronik‹ zu einem hervorragenden Repräsentanten jener, die im Sinne des

Prologs das Heil ihrer *sêle* mit den Erfordernissen der *werltlîch êre* in Einklang gebracht haben.

Die wenigen deutschsprachigen Texte, die ausschließlich der Geschichte Karls des Großen gewidmet sind, stehen in einem anderen Traditionszusammenhang als die ›Kaiserchronik‹. Sie schöpfen vorrangig aus französischen (Chanson-)Quellen bzw. sind, wie das deutsche ›Rolandslied‹,[7] unmittelbare Bearbeitung (Übersetzung) einer französischen Vorlage. So folgt das wahrscheinlich um 1170 im Auftrag Heinrichs des Löwen entstandene ›Rolandslied‹ des (Regensburger) Pfaffen Konrad im wesentlichen einer ›Chanson de Roland‹, die der Oxforder Fassung sehr nahe stand. Das deutsche »Lied« (von der Gebrauchsituation her anders als die französischen Chansons ein Buchepos) übernimmt mit dem strukturellen Grundgerüst des französischen auch dessen tragende Konflikte und ist wie jenes als »Staatsroman« konzipiert, der adeligen Laien Gelegenheit zur Selbstdeutung im Reflex auf Geschichte gibt. Hierzu gehört zunächst der missionarische Kampf gegen die Heiden, der im deutschen Text deutlich mehr Raum gewonnen hat. Noch stärker als in der ›Chanson de Roland‹ bestimmt hier die Kreuzzugsbegeisterung, von der alle national-französischen Motive des Kampfes zurückgedrängt werden, die Atmosphäre. Auch im ›Rolandslied‹ erfüllt sich jedoch der Sinn des epischen Geschehens nicht im Heidenkrieg: Geneluns Verrat motiviert als ein im wesentlichen feudalrechtlicher Konflikt den zweiten Handlungsstrang, die »Staatshandlung«, die in komplexer Weise mit der Kreuzzugshandlung verflochten ist. Erst im Gottesurteil zeigt sich auch hier, daß das, was rechte Fehde zu sein schien, Verrat war, der den Ausschluß aus der Rechtsgemeinschaft zur Folge hat. Das Gedicht, das im Prolog und in den programmatischen Einleitungsversen als Legende vom heiligen Karl angekündigt wurde, erweist sich in den großen Szenen des Staatshandelns – im Rat *(consilium)*, wo Herrscher und Fürsten miteinander verhandeln, beim Hoftag *(curia)*, auf der Heerfahrt *(expeditio)* und schließlich beim Gericht *(iudicium)*, wo die Fürsten als die eigentlichen Garanten des Rechts erscheinen – als Adelsroman, der dem Herrscher eine hervorragende, aber nur bedingte Funktion läßt. Dieses Adelsideal ist aktuell auf die deutsche Situation des 12. Jahrhunderts bezogen: Es läßt sich in Zusammenhang bringen mit der Heiligsprechung Karls des Großen 1165, die nach dem Willen Kaiser Friedrichs I. auch ein neues Bewußtsein von Laienheil und -heiligkeit dokumentieren sollte. Andererseits aber nutzt mit dem ›Rolandslied‹ selbst sein mutmaßlicher Auftraggeber Heinrich der Löwe die Karlsanknüpfung zum Ausdruck eines mächtigen fürstlichen Selbstbewußtseins, resultierend aus dem Anspruch, daß nur im richtigen Zusammenspiel von Herrscher und Fürsten sich das Heil des Staates wahren lasse.

III. DIE ENTWICKLUNG EINER KARLS- UND WILHELMSGESTE IN FRANKREICH

Dort, wo die Karls- und Wilhelmsgeste ihren historischen Anknüpfungspunkt hat, bleibt sie in ihrer weiteren Entwicklung auch am erfolgreichsten. In Frankreich entstehen im 12. und 13. Jahrhundert weit über hundert Epen aus dem Stoffkreis der merowingischen und karolingischen Geschichte:

– die Karlsepen der *geste du roi*, als (Familien-)Geschichten um das karolingische Königshaus und als Berichte von den kriegerischen Unternehmungen des Herrschers,

– in engem Zusammenhang mit diesem Stoffkreis und z. T. mit demselben Personal die sogenannten Empörergesten, die von Kämpfen einzelner Großer gegen den König erzählen,

– und die Wilhelmsgeste, der Zyklus um Guillaume d'Orange, auch (nach Guillaumes Urgroßvater) Zyklus um Garin de Monglane genannt.

Tradiert sind alle Texte erst im 13. und 14. Jahrhundert; über Zeitpunkt und Bedingungen ihrer Entstehung (oft wohl schon im 12. Jahrhundert) gibt es nur Spekulationen, zumal Überarbeitungen, Fortsetzungen und v. a. Zyklenbildungen die Texte in ständigem Fluß halten und es unmöglich machen, ihre Entstehungsbedingungen im einzelnen zu rekonstruieren. Das für die Gebrauchssituation der Gattung so typische Bedürfnis, Altes in neuer Form zu hören, wird ergänzt durch den Wunsch nach Vervollständigung, nach mehr Wissen von den erfolgreichen Epenhelden. Ein unendliches Ausspinnen der epischen Stoffe ist die Folge.

Die nach Texten und Überlieferung umfänglichste der Epenfamilien *(gestes)*, die auf diese Weise entstanden, ist die Wilhelmsgeste, deren 24 erhaltene *Chansons* verbunden werden durch die Abstammung der Protagonisten vom epischen Stammvater Garin de Monglane. Nahezu immer zyklisch überliefert, ordnen sich dabei ursprünglich vielleicht selbständige Chansons, aber auch neu als Lückenfüller geschriebene Texte in den großen

Sammelhandschriften zu einer Generationenfolge zusammen. Diese kann wie im »kleinen Zyklus« lediglich die (erweiterte) Biographie Wilhelms umfassen von seinen Jugendtaten (›Enfances Guillaume‹) über seine Sarazenenkämpfe für König Ludwig und seine Heirat mit Orable (›Couronnement Louis‹, ›Charroi de Nîmes‹ und ›Prise d'Orange‹), der Geschichte seines Neffen Vivien (›Enfances Vivien‹ und dessen Rittertaten und Tod in ›Chevalerie Vivien‹ und ›Aliscans‹) bis hin zu seinem Klosterleben und dem Ende des ›Aliscans‹-Helden Rainouart (›Moniage Rainouart‹) und zu seinem eigenen Tod (›Moniage Guillaume‹). Der erweiterte »große Zyklus« dagegen tradiert die Geschichte der ganzen Sippe von ›Garin de Monglane‹ über Wilhelms Vater Aymery (›Aymery de Narbonne‹) bis zu Wilhelm selbst und seinen Brüdern. Guillaume, aus dessen Leben vor allem erzählt wird, wie er Ludwig nach Karls des Großen Tod die Nachfolge sicherte (›Couronnement‹), wie er Nîmes eroberte (›Charroi‹), in Orange die Hand der Heidenkönigin Orable gewann, die dann auf den Namen Guiborc getauft wurde (›Prise‹), wie er in Aliscans den Heidenkönig Desramé besiegte (›Aliscans‹) und schließlich in ein Kloster eintrat (›Moniage‹), wird so zur plastischsten Gestalt des Zyklus, die nur noch wenig mit dem historischen Guillaume von Toulouse gemeinsam hat.

Die Frage nach dem Ausgangspunkt des Zyklus, und d. h. die Frage nach den Lebensformen des Wilhelmsstoffs zwischen den ersten (unsicheren) Zeugnissen im 11. Jahrhundert und der erst im 13. Jahrhundert einsetzenden Überlieferung, wird in der romanistischen Forschung ähnlich kontrovers diskutiert wie die Vorgeschichte der ›Chanson de Roland‹. Weitgehende Übereinstimmung herrscht lediglich in der Wertung der erst 1901 entdeckten ›Chanson de Guillaume‹ (um 1140) als Keimzelle des Zyklus. ›Chevalerie Vivien‹ und ›Aliscans‹, die sie in ihrem ersten Teil enthält, berichten von einem Überfall des heidnischen Königs Desramé an der katalanischen Küste, der erst nach dreimaligem christlichen Einsatz unter großen Verlusten überwunden werden konnte. Nicht nur die Verzögerung der Abwehr am Rande der Niederlage, die Rolle Viviens als neuem Roland und Aliscans' als anderem Roncesvalles, sondern auch die Einbindung der Helden in die Kollektivität, deren Schicksal das Thema ist, legen einen Vergleich mit der ›Chanson de Roland‹ nahe.

Auch die Lieder der Wilhelmsgeste variieren mit immer wechselndem Personal und in verschiedenen Konfliktkonstellationen die beiden großen Chansonthemen Staatsheilsdiskussion und Heidenkampf; sie akzentuieren das Problem aber anders als die ›Chanson de Roland‹ und der überwiegende Teil der Königsgeste, indem sie den Vasallen (Guillaume vor allem) gegenüber dem Lehnsherrn (König Louis) deutlich in den Vordergrund rücken. Parallel dazu ist eine fortschreitende »Entidealisierung der Herrscherfigur«[8] zu beobachten, die aus der ursprünglich vorbildlichen Ludwigsgestalt (›Gormont et Isembart‹, ›Prise d'Orange‹ und 1. Teil der ›Chanson de Guillaume‹) schließlich den »erbärmlichen König« des ›Couronnement‹, den versagenden Herrscher des ›Charroi‹ und den machtlosen und verachteten Ludwig der ›Moniage‹ werden läßt: Ludwig hört auf die falschen Ratgeber oder versäumt es gar gänzlich, den Rat seiner Großen einzuholen; er verweigert seinen (v. a. im Heidenkrieg und in der Verteidigung des Reiches) bedrängten Vasallen die ihnen nach Feudalrecht zustehende Hilfe; er ist nicht in der Lage, auf äußere Bedrohungen seines Staates machtvoll zu reagieren. Zentraler Kritikpunkt aber ist immer wieder die Mißachtung feudaler Rechte, die Undankbarkeit gegenüber jenen, denen der Herrscher seinen Thron vielfach verdankt, den Vasallen. Letztere füllen in fast allen Liedern die Lücke, die die »piètre figure du roi Louis« läßt: Großes Thema der Wilhelmsepik ist die Verherrlichung des Vasallen Guillaume, auf den sogar Attribute, Züge und Insignien Charlemagnes übertragen werden – in der ›Chanson de Guillaume‹ und im ›Prise‹ als Heidenkämpfer, im ›Couronnement‹ als Ratgeber und Beschützer des unmündigen Königs, im ›Charroi‹ und in der ›Moniage‹ als Schirmer der Christenheit an Stelle des pflichtvergessenen Herrschers. Darin, daß nun der Heidenkampf zum Signum des Vasallen wird, der sich dort durch Landgewinn eine relative Unabhängigkeit vom Herrscher sichert, kommt eine Verschiebung der Gewichte zugunsten des Adels zum Ausdruck. Die zeitgenössische Realität der Auseinandersetzungen zwischen der kapetingischen Krone und dem angevinischen Reich wird in den Epen in vielfältiger Brechung auf die karolingische Geschichte zurückbezogen. Historisches Vorbild des epischen Königs Louis waren sowohl Ludwig der Fromme (I.) als auch Ludwig V. (966/7–987), der letzte Karolinger und Normannensieger von Saucourt, weiterhin Ludwig der Dicke (VI.), der seinem Vasallen Raimond III. Berenger die Unterstützung gegen die Mauren verweigerte, und auch der schwache Ludwig VII. Diese beiden Herrscher des 12. Jahrhunderts stehen für eine Zeit des realen Niedergangs der

Königsmacht, in der die Wilhelmsgeste immer vor dem Hintergrund eines noch hohen Ansehens der Krone Kritik an ihren unfähigen Repräsentanten übt. Die Wilhelmssippe verhält sich dabei stets loyal und sichert, auch indem sie ursprünglich königliche Aufgaben übernimmt, die feudale Gesellschaftsordnung.

Die Wilhelmsgeste, »mi-royale, mi-féodale«,[9] steht zwischen den beiden anderen großen französischen Epenzyklen: sie ist profeudaler als die *geste du roi* und pro-königlicher als die sogenannten »Empörerepen«. Auch in der Entwicklung der Karlsepik im 12./13. Jahrhundert vollzieht sich jedoch eine Veränderung des Herrscherbildes, an deren Endpunkt etwa in der ›Chanson d'Aspremont‹ eine Karlsfigur steht, die nicht mehr viel gemeinsam hat mit dem Charlemagne der ›Chanson de Roland‹. Besonders jene Karlsepen, die die Kriegszüge des Herrschers in Italien, Spanien und im Orient thematisieren – sie entbehren wie auch die Familiengeschichten des Karolingerhauses (›Berte aux grans piés‹, ›Mainet‹ und ›Chanson de la reine Sebille‹, alle 13. Jahrhundert) fast jeder historischen Grundlage und nähern sich mit ihren Liebesgeschichten und Märchenmotiven dem Roman –, stellen das für den alten Karlsmythos konstitutive Einvernehmen zwischen Karl und seinen Vasallen gründlich in Frage: Pflichtvergessenheit des Herrschers beschwört hier zumeist die Krise des Feudalsystems herauf; Bruch der Schutz- und Gerichtspflicht, Bestechlichkeit, ja gemeinsame Sache mit der verräterischen Ganelonidensippe (im ›Aye d'Avignon‹) sind die Verfehlungen, die die Karlsfigur in ähnlicher Weise entmythologisieren, wie die Herrschergestalt in den Wilhelmsepen. Der ›Fierabras‹ (2. Hälfte des 13. Jahrhunderts), der den Stoff der ›Chanson‹ wieder aufgreift, räumt noch einmal dem großen Paladin Roland eine gewichtige Rolle ein – allerdings unter negativen Vorzeichen. Roland ist hier der Hauptgegner des zornigen und stolzen Karl – auch das ein Zeichen der Zerstörung des Karlsmythos. In der weiteren Entwicklung der französischen Karlsgeste verblaßt die Rolandsfigur, was in deutlichem Widerspruch zu ihrer andauernden Faszinationskraft für die bildende Kunst steht und sicher mit der wachsenden Bedeutung Guillaumes als Identifikationsfigur des Adels zusammenhängt. Hinzu kommt ein allmählicher Funktionsverlust der *Chanson de geste* überhaupt – sie wird als Adelsliteratur vom höfischen Roman überlagert –, von dem im Bereich der Karlsepik die ›Pèlerinage de Charlemagne à Jérusalem‹ (2. Hälfte des 12. Jahrhunderts) zeugt. Diese verkehrt die Heilsmuster der *Chanson* in ihr Gegenteil, wenn an die

Stelle des missionarischen Heidenkampfes die Pilgerfahrt Karls aus Eitelkeit tritt, und gibt die Helden der *Chanson*, die nur noch durch Prahlerei glänzen, der Lächerlichkeit preis.

Andere Protagonisten als die aus der ›Chanson de Roland‹ berühmten Paladine stehen in der jüngeren Karlsepik im Mittelpunkt, und das heißt zumeist auch im Konflikt mit Karl. In den sogenannten »Empörergesten« ist es jener Vasall, der die Gegnerschaft des meist übermächtigen und ungerechten Herrschers auf sich gezogen hat. Das Heilskonzept der *Chanson de geste* beginnt nun völlig zu zerfallen: Kreuzzug und Heidenmission funktionieren nicht mehr als Integrationsunternehmen für eine epische Gemeinschaft, deren feudale Bande sich auflösen. Dabei sind Ogier le Danois, Renaut de Montauban und Girart de Roussillon in den gleichnamigen Epen (Ende 12. Jahrhundert) nach dem Verständnis des Feudalrechts insofern keine Empörer, als ihnen angesichts eines vom Lehnsherrn verschuldeten Unrechts legitimer Widerstand gegen den so zum Tyrannen gewordenen Herrscher zusteht. In der genannten Reihenfolge dokumentieren die drei Texte nicht nur ein sich steigerndes Unrecht des Herrschers. Im Vergleich der drei Epen läßt sich auch ein zunehmendes Versagen der traditionellen Harmonisierungsmechanismen feststellen: Während Ogier sich noch selbst retten kann durch seine Unentbehrlichkeit im Heidenkrieg, kommt die Reintegration des Vasallen im ›Girart‹ nur noch durch Interventionen von außen (Fürsprache des Papstes) und durch ein im Rahmen dieser Gattung neues Moment, die höfische Liebe, zustande. Der Unfähigkeit der Feudalgesellschaft, das Problem aus sich heraus zu lösen, entspricht am Ende Girarts (Welt-) Flucht. Am radikalsten siedelt der ›Renaut‹ mit dem Martyrium und der Erhebung seines Helden die Lösung des Konflikts völlig außerhalb der Feudalrealität im Bereich des Religiösen an. Diese Enthistorisierung und Entmythologisierung der Karlsfigur hängt dabei einerseits mit dem sich wandelnden Kräfteverhältnis zwischen Zentralgewalt und Feudaladel zusammen, auch mag im Hinblick auf die deutsche politisch-imperiale Rezeption des Karlsmythos im 12. Jahrhundert Karl als Bezugsfigur für den französischen Adel nicht mehr recht tauglich gewesen sein. Andererseits scheint der bereits angesprochene Funktionsverlust der Gattung, verursacht auch durch die genannten machtpolitischen Umwälzungen, den »Verbrauch« oder zumindest die Umwertung ihrer alten Helden mitbedingt zu haben. »Mit dem Ende der alten Feudalgesellschaft entsteht eine neue poetische

Ausdrucksform: das nicht mehr auf zyklische Fortsetzung angelegte Epos, das in sich selbst geschlossen sein kann, weil es nicht mehr um eine epische Begebenheit geht, sondern um die Person des einzelnen Helden zentriert ist.«[10]

IV. DIE DEUTSCHE *CHANSON*-REZEPTION IM 13. JAHRHUNDERT: STRICKERS ›KARL‹ UND WOLFRAMS ›WILLEHALM‹

Die seit der zweiten Hälfte des 12. Jahrhunderts verstärkt einsetzende Rezeption französischer Literatur in Deutschland regt zunächst nur ein zweites deutschsprachiges Karlswerk an, eigentlich eine höfische Modernisierung des alten deutschen ›Rolandsliedes‹: Strickers ›Karl‹, der nach Aussage seines Prologs ein *altes maere* erneuert für diejenigen, die um 1215/20 noch der *hovelichen kunst* zugetan sind. Auch wenn sich weder ein eindeutiger Zusammenhang dieses Werks mit der Umbettung der Karlsgebeine in den Aachener Goldschrein am 25. 7. 1215 und der damit verbundenen Erinnerung an den Heiligen Karl, noch mit der Einführung des Karlskults in Zürich 1233 beweisen läßt, gehört der Text sicher in eine Zeit verstärkten Interesses an der Karlsfigur, das nicht nur volkstümlich war, sondern (etwa von dem bewußten Karlsnachfolger Friedrich II.) auch politisch genutzt wurde. So setzt der Stricker einerseits eine viel breitere Kenntnis von seinem Helden voraus als das ›Rolandslied‹ (vieles von Karl Erzählte hat sich in sprichwörtlichen Redensarten verfestigt), andererseits schöpft er auch aus vielfältigeren Quellen und breitet so ein erweitertes Wissen von Karl aus. Wohl dem für die französische (zyklenbildende) Karlsepik so erfolgreichen Muster folgend, bietet er beispielsweise Ansätze zu einer Kindheitsgeschichte des Helden; viele dem ›Rolandslied‹ gegenüber neue Motive sind sicher französischen Ursprungs. Aber auch dort, wo sich der Dichter scheinbar an seine Vorlage hält, sind es nicht nur formale Glättung, Ordnung und Vervollständigung »ungenauer« Angaben, die aus dem *alten maere* ein neues, eigenständiges Werk machen. Dem in ›Chanson‹ und ›Rolandslied‹ nach einer notwendigen inneren Gesetzlichkeit sich erst entwickelnden Geschehen wird so gleich zu Anfang die Spannung genommen: durch einen ausführlichen Engelsauftrag erfährt Karl bereits alle wichtigen Stationen der Handlung und wird zugleich auf die Möglichkeit zur Bewältigung der kommenden Konflikte hingewiesen. Was in den Vorlagen bis zum Schluß als noch nicht entschieden diskutiert wurde, ist hier nicht mehr das eigentliche Problem. Genelun etwa ist von Anfang an schlecht, die Paladine dagegen sind mit immer wiederkehrenden Beiworten als vorbildlich gezeichnet: Sentenzen und Anspielungen auf bereits Bekanntes und die Doppelung von Handlungskonstellationen lösen das Strukturgefüge des *alten maere* auf in eine Abfolge typischer Situationen. Diese wiederum dienen, da sie vom Handelnden durchschaut werden müssen, der Demonstration einer Situationsklugheit, die überkommene Werte und Normen mit immer neuen konkreten Anforderungen in Einklang zu bringen hat. Am Schluß verweist der Stricker – auch hier die Geschlossenheit der Vorlage durchbrechend – darauf, daß auch die Geschichte von Ludwig und Terramer Beispiele für ein solchermaßen vorbildliches Handeln gibt.

Mit Wolframs ›Willehalm‹ entsteht etwa zwischen 1209 und 1220 das zweite Werk, das im 13. Jahrhundert eine französische Chanson – diesmal aus dem Wilhelms-Zyklus – rezipiert. Überlieferung und Gebrauchssituation des Textes lassen darauf schließen, daß hier das Interesse an der Karl-Wilhelms-Geste durchaus ähnlich motiviert war wie der Auftrag Heinrichs des Löwen zur Abfassung des ›Rolandslieds‹, der ersten Bearbeitung einer Chanson in Deutschland. Eines der ältesten Manuskripte des sehr reich (in 12 vollständigen Handschriften und zahlreichen Fragmenten) überlieferten Textes, die St. Galler Sammelhandschrift (Stiftsbibl. Cod 857) aus der Mitte des 13. Jahrhunderts, enthält neben dem ›Willehalm‹ auch Wolframs ›Parzival‹, das ›Nibelungenlied‹ und Strickers ›Karl‹. Dabei wird der ›Willehalm‹ ganz deutlich nicht dem ersten Werk Wolframs, sondern der stofflich, aber auch gattungstypisch verwandten Neubearbeitung des ›Rolandsliedes‹ zugeordnet, auf das sich Wolfram in seinem Werk vielfach bezieht. Als Fürstenliteratur wie das ›Rolandslied‹ erfährt der ›Willehalm‹ besonders im 14. Jahrhundert eine reiche und z. T. prunkvolle Überlieferung: Auftraggeber des (Hoch-)Adels stehen hinter den ungewöhnlich prachtvoll illustrierten ›Willehalm‹-Handschriften, die eine Wertschätzung und einen Anspruch des Stoffs dokumentieren, der in der volkssprachlichen Literatur sonst nur den Weltchroniken, der Rechtsliteratur und Stoffen der Reichsgeschichte (dem ›Karl‹ z. B.) zukommt. Wie auch die weitere Rezeption des Textes dokumentiert (er geht zusammen mit seiner Vor- und Nachgeschichte v. a. in die volkssprachlichen Chroniken ein (s. unten S. 101), wird also auch im ›Willehalm‹ eine Chanson der Karl-

Wilhelms-Geste als Geschichtsliteratur rezipiert und genießt als solche hohe Wertschätzung eines adelig-fürstlichen Publikums, das sein Selbstverständnis durch Bezug auf die karolingische Reichsgeschichte gewinnt und darstellt.[11]

Die französische Vorlage, die Wolfram durch seinen Auftraggeber Hermann I. von Thüringen vermittelt wurde, muß eine Fassung der in 13 Handschriften mit z. T. erheblich abweichendem Text überlieferten ›Chanson d'Aliscans‹ gewesen sein. Diese, im Kontext der zyklischen Überlieferung immer eng mit der ›Chevalerie Vivien‹ und der ›Bataille Loquifer‹ verbunden, berichtet von jenen Ereignissen, die den Taten des historischen Wilhelm am nächsten sind: vom Kampf des Helden gegen die in Südfrankreich eingefallenen Mauren. Sicher ist, daß Wolfram in einschneidender Weise in Konzept und Struktur seiner Vorlage eingegriffen hat. Er löst ›Aliscans‹ aus dem Zyklus und formt seinen Stoff zu einer geschlossenen Handlung, auch dadurch, daß er Willehalm zum Protagonisten des neuen Werks macht, auf den die Vivianz- und Rennewarthandlung stringent bezogen werden. Offensichtlich gegen das ursprüngliche Konzept Wolframs setzt sich allerdings schon in der 2. Hälfte des 13. Jahrhunderts die Tendenz zur zyklischen Vervollständigung seines Werkes durch. Das Abbrechen des Texts an einer Stelle, an der noch nicht alle Handlungsstränge zu Ende geführt sind, hat wohl seine Fortsetzung durch Ulrich von Türheim (›Rennewart‹, Mitte 13. Jahrhundert) angeregt. Ulrich von dem Türlin verfaßte um 1260 eine Vorgeschichte (›Arabel‹). Wolfram selbst jedoch hatte sich gegen ein solches – der französischen Überlieferungsform der Gattung entsprechendes – Textverständnis entschieden. Ohne große inhaltliche Veränderungen vorzunehmen, gibt er der ›Aliscans‹-Geschichte selbst eine völlig neue Deutung, vor allem in seinen Zusätzen zur Vorlage: in den beiden Minneszenen zwischen Gyburg und Willehalm, den Religionsgesprächen zwischen Gyburg und Terramer und der großen Rede Gyburgs vor der zweiten Schlacht. Diese neue, äußerst anspruchsvolle Deutung des Stoffs ist Teil einer (auch formalen) Umgestaltung, die das Werk den Ansprüchen eines Publikums gerecht werden läßt, das seine Erwartungen immerhin auch aus der Kenntnis des ›Parzival‹ bezieht.

Die Grundlinien seiner neuen Sinngebung des Chanson-Stoffs legt Wolfram im Prolog des Werks fest: im Gestus des Gebets werden Wahrheitsanspruch und höchste Verbindlichkeit der Geschichte begründet. Reichsgeschichte um Karl den Großen als Teil der Weltgeschichte ist auch Teil der Heilsgeschichte. Das Gebet richtet sich an einen Gott, der als Schöpfergott auch Erlösergott ist – sogar für die Heiden, die im ›Rolandslied‹ noch zur Hölle verdammt waren. Bereits in den beiden ersten Büchern entfaltet Wolfram diese neue Problematisierung des Themas Glaubenskrieg: Ursache für die Auseinandersetzung ist die Minne zwischen der Heidenkönigin Arabel (der Gattin des Königs Tybalt, die nach ihrer Taufe Gyburg heißt) und dem christlichen Ritter Willehalm, die im Zusammenhang der Ereignisse um Karls des Großen Spanienkrieg beginnt. Das verweist auf die Zeit- und Handlungsebene des ›Rolandsliedes‹, auf dessen Konzept des Kreuzzugs als fragloser Heilsmöglichkeit für die christlichen Ritter sich Wolfram immer wieder bezieht, das er durch Einführung des Minnethemas aber radikal in Frage stellt. Der durch Gyburgs Taufe als Abbild der Gottesminne legitimierten Minne zwischen Willehalm und Gyburg steht die Minne der heidnischen Ritter gegenüber, deren Wert eindringlich betont wird. Der Tod dieser Heiden wird – ganz anders als im ›Rolandslied‹ – als Zerstörung der Minne um der (Willehalm-Gyburg-) Minne willen, als Verlust von *vreude* und als unmäßiges *leit* beklagt.

Auch das aus der *Chanson* bekannte Versagen des Herrschers angesichts des Hilfegesuchs eines Vasallen wird im ›Willehalm‹ in der Szene am Hof in Munleun (Lâon) neu gedeutet. War die Staatskrise noch im ›Rolandslied‹ nur durch den rechten Vollzug des auf dem Treueverhältnis zwischen Herrscher und Fürsten beruhenden Feudalrechts wiederherzustellen, so wird diese Lösung von Wolfram zwar zitiert, wenn Loys sich dem Hilfegesuch Willehalms mit dem Argument entzieht, sich erst beraten zu müssen. Wie sehr dies aber hier leere Phrase geworden ist, macht Willehalms Vater Heinrich deutlich, der sich vorbildlich mit Willehalms *leit* identifiziert und so auf eine viel grundsätzlichere Treueforderung verweist. Auf der Ebene der Verwandtschaft wird damit der erste Schritt zur Überwindung der Krise gemacht. König und Königin werden so zum Einlenken bewegt. Diese ungewöhnliche Lösung setzt zu ihrem Verständnis den von Wolfram bereits im ›Parzival‹ begründeten Begriff der *sippe* als einer solidarischen Menschheitsfamilie (die sogar die Heiden mit einbezieht) voraus. Loys verkündet also schließlich die Reichsheerfahrt, womit die Krise überwunden scheint, auch wenn Willehalm als eigentlicher Karlsnachfolger aus dem Konflikt hervorgeht. Anders als im ›Rolandslied‹ bleibt die Konfrontation zwischen Christen und Heiden weiterhin bestehen. Sie gewinnt welt- und heilsgeschichtliche Dimensionen in der zweiten großen Schlacht, zu deren Beginn der Heidenkönig Terramer den Weltherrschaftsanspruch stellt. Dem steht – im Kontrast zur machtpolitischen Motivation Karls im ›Rolandslied‹ – auf seiten der Christen eine eher defensive Haltung gegenüber, deren deutlichster Ausdruck Gyburgs Verzicht auf ihren rechtmäßigen Besitz im Heidenreich ist. Damit rückt das Glaubensproblem deutlich in den Vordergrund. Daß das Christenreich aus einer Position der Schwäche in die große Auseinandersetzung geht, wird deutlich am Verhalten des Reichsheers, das erst von Rennewart – dem Sohn Terramers, der unerkannt und entgegen seiner adeligen Herkunft am Hofe von Loys als Küchenjunge dienen muß und im christlichen Heer mitkämpft – in die Schlacht gezwungen werden muß. Retter des Reiches, auch durch seine Heldentaten in der Schlacht, wird so durch Gottes Fügung ein Ungetaufter, der kein Reichsbewußtsein und kein Interesse am Reich hat.

Der für die Christen sehr fragwürdige Sieg am Ende der Schlacht – er bedeutet im Sinne der immer wieder anklingenden *leit*-Motivik Gewinn und Verlust, *vreude* und *jâmer* zugleich – wird von Wolfram auf die Roncesvalles-Schlacht im ›Rolandslied‹ bezogen: Lauter als Rolands verspäteter Hornruf in höchster Not bläst einer der Brüder Willehalms auf dem Schlachtfeld das Horn, um mit dem Sieg auch die Not zu verkünden, die dieser Sieg bedeutet. Willehalm selbst vergleicht in seiner Klage um den verschwundenen Rennewart das Ausmaß des Verlusts mit dem Verlust, den Karl durch Rolands Tod erlitten hat. Den Weg für eine Lösung – auf politischer Ebene ist eine solche nicht denkbar, da sich auch nach dem Sieg der Christen nichts an den Bedingungen geändert hat, die zum Konflikt geführt hatten – weist Willehalm, wenn er dem Heidenkönig Matribleiz einen ehrenvollen Abzug für sich und die Gefallenen anbietet. Das Werk bricht mit dem Hinweis auf die Heimkehr des Heidenkönigs als Fragment ab. Konzeptionell aber ist es durchaus vollendet, da ein positives Ende, das nur in einer Einigung mit den Heiden bestehen könnte, unter den im Werk skizzierten Bedingungen kaum denkbar ist. Als »Staatsroman« wie das ›Rolandslied‹, der von den Konstituentien feudaler Herrschaft handelt, scheint der ›Willehalm‹ – anders als das ›Rolandslied‹ – das Staatsheil im richtigen Zusammenwirken von Herrscher und Fürsten und in der Bewährung aller im Heidenkampf in den

Bereich der Utopie zu verweisen. Nur der Weg wird gezeigt zu einem Bewußtsein, das die Voraussetzung für die Verwirklichung der Utopie ist: es ist das Wissen des christlichen Ritters, durch den Konflikt zwischen Christen und Heiden in *leit* und *sünde* verstrickt zu sein und trotzdem Gottes *erbarmen* auf sich ziehen zu können. Wie im ›Parzival‹ wird ritterliches Handeln als Handeln, das Erlösung bewirkt, bestimmt; der ›Willehalm‹ jedoch verweigert die Gestaltung der Utopie: in einem Stoff der Reichsgeschichte kann es keinen Gral geben. Daß dies kein resignatives Infragestellen der höfischen Werte, sondern eine ungeheure Ausweitung des laikalen Selbstbewußtseins durch eine umfassendere und komplexere Rechtfertigung seiner Grundlagen bedeutet, belegt sicher auch die Rezeption des ›Willehalm‹ als bevorzugtes Werk hochadeliger Herrscherlegitimation.

V. KOMPILATION, CHRONIK, PROSAROMAN – SPÄTE ÜBERLIEFERUNGSFORMEN DES STOFFS IN FRANKREICH UND DEUTSCHLAND

Der ›Willehalm‹ bleibt – zusammen mit Strickers ›Karl‹ – für lange Zeit das letzte Zeugnis einer Karlstradition in deutscher Volkssprache. Der Stoff jedoch fasziniert weiterhin. Dabei stellt sich neben das bekannte adelig-repräsentative Interesse an Geschichte als Möglichkeit zur Bestimmung des eigenen Standpunkts der weitverbreitete Wunsch nach Unterhaltung und Erbauung durch historische Stoffe. Erfolgreichste literarische Gattung im Dienste dieses neuen Geschichts- und Literaturverständnisses ist im 13.–15. Jahrhundert die volkssprachliche Chronistik, die in der Folgezeit zum fast ausschließlichen Medium des Karlsstoffs in Deutschland wird. Häufig in engem Überlieferungszusammenhang mit Texten dieser Gattung bestimmt dabei vor allem Strickers ›Karl‹ das Karlsbild eines breiteren Publikums. Ablesbar am repräsentativen Charakter seiner Handschriften wird dieser Text weiterhin als Staatsroman und als Geschichtserzählung rezipiert. Letzteres wird noch deutlicher, wenn Teile des ›Karl‹ sowie der ›Willehalm‹-Trilogie in eine monumentale Weltchronikkompilation eingehen, wie in der 1. Hälfte des 14. Jahrhunderts bei Heinrich von München, der einem Chronikkonzept des Rudolf von Ems-Typs neben zahlreichen anderen Einschüben aus volkssprachlichen Geschichtsepen auch Erzählblöcke aus dem ›Karl‹ und dem ›Willehalm‹ einfügt (s. dazu unten S. 182f.).

Neben den Chroniken fassen volksbuchartige Erzählsummen und lokale Kompilationen das Wissen um Karl den Großen zusammen und vermehren es durch Übertragung bekannter Erzählmotive, um dem Unterhaltungsinteresse eines breiteren Publikums entgegenzukommen (so etwa das ›Züricher Buch vom Heiligen Karl‹ und der Regensburger ›Karl der Große und die schottischen Heiligen‹).

Die weitere Entwicklung des Stoffs in Frankreich ist durch den bereits angesprochenen Funktionsverlust der Gattung *Chanson de geste* bestimmt, dem wie in Deutschland eine Ausweitung des Interesses am Stoff in breiteren Kreisen gegenübersteht, verbunden mit den für das Weiterleben des Stoffs charakteristischen Rezeptionsformen. Angelegt bereits in der zu Ende des 13. Jahrhunderts weitgehend abgeschlossenen Zyklenbildung werden in Überarbeitungen, Fortsetzungen und Kompilationen immer umfangreichere Erzählsummen erstellt, die neben allem bereits bekannten Wissen um Karl, Roland und Guillaume auch viel Märchen- und Abenteuerhaftes anhäufen und so dem Stoff zusätzliche Faszination verleihen.

Im 14. und 15. Jahrhundert entstehen Riesenkompilationen wie Girarts d'Amiens ›Charlemagne‹, ein Auftragswerk von 23320 Versen für Karl von Valois, den Bruder Philipps des Schönen, das, ähnlich wie die großen deutschen Kompilationen, auch Chronikteile und Erzählblöcke aus (pseudo-)historischer Literatur und Chanson de geste zusammenfügt. Die Geschichte des Karl-Roland-Stoffs in Frankreich ist dabei seit dem 13. Jahrhundert weitgehend auch eine Rezeptionsgeschichte des ›Pseudo-Turpin‹, der als »authentischer« Bericht über Karls Spanienzug in zahlreichen, z. T. prachtvoll illustrierten Handschriften überliefert und mit anderen historischen Texten verbunden wurde. So ist er auch eine der beliebtesten Quellen für die Karlsgeschichte der ›Grandes Chroniques de France‹ (2. Hälfte des 13. Jahrhunderts, Kompilationen bis ins Spätmittelalter), die ihre Entstehung wohl direkt der Anregung der französischen Könige (zuerst Ludwigs IX.) verdanken. Die Taten Karls des Großen nehmen in diesen offiziellen Annalen des Königtums, die gleichzeitig Fürstenspiegel für den lebenden Herrscher sein sollten, wegen ihres Vorbildcharakters einen besonderen Platz ein und werden entsprechend breit nicht nur aus der Historiographie, sondern aus allen nur greifbaren Quellen zusammenerzählt. Vergleichbares gilt auch für die (prunkvollste) ikonographische Ausstattung, die sich nicht nur an den bereits kostbar illustrierten Karlstexten (dem ›Pseudo-Turpin‹ v. a.), sondern auch an außerliterarischen Bildzeugnissen zum Stoff (so etwa an den Rolands-Episoden der Glasfenster von Chartres) orientiert[12]. Die ›Grandes Chroniques‹ sind also – hierin den großen Handschriften der deutschen Karl-Roland-Willehalm-Überlieferung vergleichbar – Zeugnis dafür, daß der Karls-Stoff auch weiterhin ein hochadeliges, ja königliches Publikum hat, das sich seiner immer noch als eines Geschichtsstoffs bedient, jetzt verbunden mit einem sehr stark auf äußere Repräsentanz gerichteten Anspruch.[13]

Vor allem für das 15. Jahrhundert charakteristisch sind die Prosabearbeitungen von *Chansons* des Karl-Roland-Guillaume-Stoffs. Vielfach zeigen dabei lokale Details und Familienepisoden der jeweiligen Auftraggeber das Verständnis der neuen Prosaversionen als »private« Geschichtswerke. Philipp der Gute etwa, der in der reichsten Bibliothek seiner Zeit die neuesten solcher Prosahandschriften besaß, ließ den ›Girart de Roussillon‹ in Prosa umsetzen. Bald schon gelangten diese erfolgreichen Texte als »Familienromane« in den Buchdruck: 1478 erscheint ein ›Fierabras‹ und 1498 ein ›Ogier le Danois‹. Gegenstand einer späten deutschen *Chanson*-Rezeption im Prosaroman werden die auch in Frankreich noch lange immer wieder bearbeiteten Epen von den Haimonskindern und der Prosaroman ›Renaut de Montauban‹ (s. unten S. 407 ff.).

In der Versepik bleibt von den alten Stoffen nur die Empörergeste von Interesse; der ›Ogier‹ etwa wird im 14. Jahrhundert (wie viele der alten Epen) in einen Alexandrinerroman umgearbeitet. Ansonsten wendet sich das Interesse der vor- und nachkarolingischen Zeit zu: nach 1312 entsteht ein ›Hugues Capet‹ in Alexandrinern, ebenfalls im 14. Jahrhundert behandelt ein ›Ciperis de Vignevaux‹ die Geschichte der ersten Dynastien Frankreichs.

Spezifisch französische Karlstraditionen waren, sowohl was die Inhalte als auch die Form betrifft, noch einmal sehr unmittelbar Vorbild oder Vorlage für eine Gruppe später deutscher Karlstexte: Ohne nachweisbare deutsche Vorgeschichte, aber auch ohne große Nachwirkung entsteht im beginnenden 14. Jahrhundert im Raum Köln/Aachen der mittelfränkische ›Karlmeinet‹ (*Caro-*

lus magnitus, der kleine Karl der Große), dessen Titel sich eigentlich nur auf das erste Buch, die Jugendgeschichte des Herrschers, beziehen läßt. Nach Form (mit ca. 35 000 Versen eine zyklische Großkompilation) und Inhalt ist dieser Text wohl »eher ein Zeugnis der romanisch-mittelniederländischen Literaturbeziehungen als ein Produkt des eigentlich deutschsprachigen Raumes«[14]. Die einfache Aneinanderreihung von Einzelteilen verschiedener Herkunft, die z. T. durch Zwischenstücke aus Chroniken ergänzt werden, ergibt ein vollständiges Karlsleben nach dem Muster französischer Chanson-Zyklen, das wohl keinerlei historische Verbindlichkeit mehr, dafür aber einen umso größeren Unterhaltungswert besaß.

Die weitere Rezeption später französischer *Chanson*-Literatur in Deutschland vollzieht sich – wiederum in engem formalen und inhaltlichen Zusammenhang mit den Vorlagen – im Prosaroman, der seit der Wende zum 15. Jahrhundert üblichen literarischen Form auch des Karlsstoffs für ein breiteres Publikum. In Fragmenten, die auf ein umfangreiches Werk schließen lassen, ist zunächst nur ein niederdeutscher Prosaroman um Karl überliefert: ein ›Gerart van Rossiliun‹, der sicher noch dem 14. Jahrhundert angehört und so als einziges Werk die Lücke von etwa 100 Jahren ausfüllt, die zwischen dem ›Karlmeinet‹ und den erfolgreichen Prosaromanen der Elisabeth von Nassau-Saarbrücken liegt. Um 1437 waren die vier Werke dieser Autorin/Übersetzerin abgeschlossen, die in engem biographischen Zusammenhang mit Frankreich noch einmal eine Reihe später *Chanson*-Versionen erschließt. Mit ihnen gelangen neue Erzählstoffe nach Deutschland, die nichts mehr von der alten feudal bestimmten Thematik der »klassischen« *Chanson de geste* haben. ›Loher und Maller‹, ›Herpin‹ und ›Sibille‹ folgen einem erfolgreichen Erzählschema: ungerechte Verleumdung – Verbannung durch Karl – glückliche Rehabilitierung. Loher etwa, der Frankenkönig Chlothar I., hier Sohn Karls des Großen, muß, begleitet von seinem treuen Vasallen Maller, ein rauhes Geschick mit Verleumdung und Verbannung erdulden; Sibille, die ungerecht verstoßene Ehefrau (hier Karls des Großen), erfährt ein ähnlich wechselvolles Schicksal. Abweichend ist die Erzählstruktur des vierten, wohl erfolgreichsten Prosaromans (nur eine Handschrift, aber von 1500–1794 zehn Drucke), des ›Huge Scheppel‹ (in der Druckausgabe von 1500 ›Hug Schapler‹), der die sagenhafte Geschichte von ›Hugues Capet‹ (so der Titel der Chanson-Vorlage) erzählt. Als Sohn einer Metzgerstochter wird dieser durch glückliche Umstände, vor allem aber durch seine eigenen (Un-)Taten, zum französischen König. ›Huge Scheppel‹ ist inhaltlich (Stofflichkeit, spielmännisch-abenteuerliche Motive, Burleske und Frivolität, die fast an Selbstironie grenzt) wie stilistisch bereits »Volksbuch«, erfolgreicher Lesestoff für breitere Schichten. Dagegen bleibt ein später Versuch, einen *Chanson*-Stoff im Versroman zu rezipieren, eng auf ein hochadeliges Publikum begrenzt: nach der Mitte des 15. Jahrhunderts werden für den Pfalzgrafen vom Rhein (oder einen anderen süddeutschen Adeligen) ›Ogier von Dänemark‹, ›Reinolt von Montelban‹ und ›Malagis‹ übertragen. Auch das Volksbuch von den ›Sieben Haimonskindern‹, das auf demselben Stoff basiert, erfreut sich vom 16. Jahrhundert an großer Beliebtheit.

VI. DER STOFF IN ANDEREN EUROPÄISCHEN LÄNDERN

Schon früh ist der Karl-Roland-Stoff auch in Italien erfolgreich, wovon zunächst – neben der frühen Überlieferung von Namen aus der Rolandsage – vor allem Denkmäler aus der bildenden Kunst zeugen: die Malereien in der römischen Kirche Santa Maria in Cosmedin, die Darstellung eines Reiterkampfes zwischen Roland und Ferragut am Portal von San Zeno in Verona und die Statuen Rolands und Oliviers am Domportal von Verona (alle zwischen 1120 und 1140). In frankoitalienischen Handschriften finden sich auch die ersten Illustrationen volkssprachlicher Karl-Roland-Literatur. Die frühesten Texte, alle in der 2. Hälfte des 13. Jahrhunderts in frankoitalienischer Literatursprache geschrieben, sind mehr oder weniger freie Bearbeitung französischer Chansons bis hin zu »Originalschöpfungen italienischer Autoren [. . .], die in französischer Sprache schreiben und sich von der Tradition der französischen Epik inspirieren lassen.«[15] Hierzu gehört auch die ›Entrée d'Espagne‹, die eine Art Vorgeschichte des Rolandsliedes erzählt und besonders durch ihre Umbildung der Rolandsgestalt zu einem Abenteurer und Rebellen für die weitere Entwicklung des Stoffs in Italien folgenreich wurde. Diese wird auch bestimmt durch die Tatsache, daß eine in Frankreich im wesentlichen durch ihre feudale Gebrauchssituation geprägte Literatur in Italien mit dem Bürgertum der oberitalienischen Kommunen ein neues Publikum erhält, dem tragende Strukturgedanken der *Chansons* nicht mehr nachvollziehbar waren. Vor allem die Figur Charlemagnes wird aus diesem Grunde mehr und mehr entmythologisiert bzw. auf ihre Funktion als Heidenkämpfer reduziert. Roland dagegen wird zunehmend zur überragenden Gestalt des Stoffkreises – sogar als Senator von Rom oder auch als Anführer der päpstlichen Truppen. Zum höfischen Ritter wird er umstilisiert in den immer selbständigeren Epen des 14. Jahrhunderts, die die Geschichte zunehmend mit Märchenmotiven auffüllen und die Schauplätze nach Italien verlegen. Der neuen Gattung des 14. Jahrhunderts, den *cantari*, gehören die *cantari ciclici* ›Fierabraccio‹ und ›Rinaldo di Montalbano‹ an. Umfangreichstes Karlswerk dieses Umkreises ist mit 40 Gesängen der ›Orlando‹, der auf der ›Entrée d'Espagne‹ und der ›Prise de Pamplune‹ fußt und u. a. Quelle für Ariosts großes Rolandsepos wurde. Nach 1400 wird der Stoff dann mehrfach in Prosa erzählt. Das 15. Jahrhundert besinnt sich im Zuge einer Rom-Renaissance auf die alte (ursprünglich allerdings nur in Deutschland wirksame) imperiale Komponente des Stoffs, indem es diesen wieder verstärkt mit der Sendung Roms und des Kaisertums verknüpft (so etwa bei Andrea Barberino).

Eine alte Tradition hat die Rolandssage in Spanien, wo sie immer wieder entlang der Pilgerstraße nach Santiago auch in Bildzeugnissen belegt und mit den Stätten des Heiligen Jakobus verbunden ist. Da dieser Stoff aber zunehmend (durch französische Pilger und die in Nordfrankreich ansässige französische Bevölkerung) zum Vehikel französischen Nationalstolzes gemacht wurde, provozierte er bald eine regelrechte Gegenliteratur, die bestrebt war, den Ruhm von Karl und Roland auf das historisch Wahrscheinliche zu reduzieren und sein weiteres Vordringen möglichst zu verhindern.

Eine altnordische Kompilation (überliefert in zwei isländischen Handschriften aus der Zeit um 1400, Fragmenten u. a. aus Norwegen, einer dänischen Übersetzung und einer schwedischen Teilübersetzung) anonymer Prosaübersetzungen von französischen *Chansons* und lateinischen Karlstexten zu einem Karlsleben, die ›Karlamagnús saga‹, zeugt vom Erfolg des Stoffes auch in den nordischen Ländern. Die Entstehung der Einzelübertragungen etwa des ›Pseudo-Turpin‹, der ›Pèlerinage Charlemagne‹, der ›Chanson de Roland‹ (möglicherweise in einer Fassung, die älter ist als der Oxforder Roland), der ›Chanson d'Aspremont‹ u. a. lokalisiert man zumeist am Hof des norwegischen Königs Hákon Hákonarson, wo ein reges Interesse für französische Kultur und Literatur herrschte. So läßt sich sicher der Anstoß zur Rezeption eines Stoffs erklären, der lediglich über die Figur des Ogier le Danois (Holger Danske) auch direkte Berührungspunkte zum nordischen Kulturkreis hat. Der breite Erfolg der Karlsgeschichte in Skandinavien aber muß mit jener Ambivalenz und Vielpoligkeit ihrer Erzählmuster und ihrer Helden zusammenhängen, die heute noch die Faszinationskraft des Stoffs zu garantieren scheinen, wenn Puppenspieler mit den aufregenden Geschichten um ›Orlando furioso‹ ein staunendes Publikum auf den Plätzen Siziliens begeistern können (s. unten S. 437).

Besonders die Erinnerung an Roland ging dabei sonderbare Wege, auf denen sich manches aus der frühen Geschichte des Stoffs noch einmal – unter neuen Vorzeichen – wiederholte, die aber in vielem nicht mehr zu dem Paladin und Märtyrer des 12./13. Jahrhunderts zurückführen. So erstarrt Roland im 14. und 15. Jahrhundert besonders in den Städten Norddeutschlands als Großstatue zur Symbolfigur für Recht und Gerechtigkeit; in Frankreich dagegen kann er zur gleichen Zeit Heiliger auf Kirchenfenstern und Miniaturen, aber auch Karobube auf Spielkarten sein.

ANMERKUNGEN

1 Lehmann, Das literarische Bild, S. 24. – Zu den frühen (v. a. lateinischen) Karlstraditionen vgl. auch Rauschen, Legende; Hoffmann, Karl; Beumann, Topos.

2 Vgl. hierzu Lejeune/Stiennon, Rolandssage, S. 19ff., und D. Alónso, La primitiva épica francesa a la luz de uña Nota Emilianense, in: Revista de Filologia Española 37 (1953), S. 1–94.

3 Folgende Positionen lassen sich hier in der romanistischen Forschung voneinander unterscheiden: die Traditionalisten (u. a. Paris, Histoire), die Individualisten (v. a. Bédier, Légendes; Becker, Das Werden) und die Neotraditionalisten, repräsentiert v. a. durch R. M. Pidal, La Chanson de Roland y el neotradicionalismo, Madrid 1959. Vgl. dazu unten S. 481ff.

4 Vgl. Krauss, Heldenepik, S. 156, zu P. Le Gentil, Quelques réflexions sur les rapports de l'épopée de l'histoire, in: Mélanges I. Franck, Saarbrücken 1957, S. 262–268.

5 Oxford, Bodleian Library Cod. Digby 23, anglonormannisch, um 1170, 3998 Verse in assonierenden Laissen.

6 Zu nennen sind hier v. a. Waltz, Rolandslied; Bender, König und Vasall; Köhler, Conseil; neuerdings Horrent, Chanson de Roland.

7 Zur Frage von Datierung und Auftraggeber s. KARTSCHOKE, Datierung; BERTAU, Rolandslied. Zur Stoffgeschichte s. OHLY, Zu den Ursprüngen; ders., Legende. Zur Deutung als »Staatsroman« s. OTT-MEIMBERG, Kreuzzugsepos oder Staatsroman?

8 BENDER, König und Vasall, untersucht die fortschreitende Entidealisierung sowohl der epischen Ludwigs- als auch der Karlsgestalt in der Chanson de geste bis zum Ende des 12. Jahrhunderts.

9 FRAPPIER, Chansons, S. 110.

10 BENDER, König und Vasall, S. 184.

11 Zusammenfassung der wichtigsten Forschungsprobleme mit ausführlicher Bibliographie bei BUMKE, Wolfram, S. 114–155 und K. RUH, Höfische Epik des deutschen Mittelalters II (Grundlagen der Germanistik 25), Berlin 1980, S. 154–195.

12 Zu den ›Grandes Chroniques‹ und ihrer Ikonographie vgl. ausführlich LEJEUNE/STIENNON, Rolandssage, S. 303–340.

13 Große Förderer einer reich ausgestatteten Karlsliteratur waren dabei besonders die Namensträger im Herrscheramt. Karl VIII. etwa ließ seinen – früh verstorbenen – Dauphin 1492 Karl-Orland nennen und gab für ihn eine ›Hystoire du très saint Charlemagne empereur et confesseur‹ in Form eines Stundenbuchs in Auftrag. Vgl. LEJEUNE/STIENNON, ebd.

14 GEITH, Carolus Magnus, S. 242.

15 A. VISCARDI, Letteratura franco-italiana. Modena 1941, S. 37. Zit. und übersetzt bei KRAUSS, Heldenepik, S. 171. VISCARDI unterscheidet »I. Texte, die mehr oder weniger mit Italianismen durchsetzte Kopien französischer Originale sind [. . .] (›Aliscans‹, ›Aspremont‹, ›Anseis‹, ›Roland‹ usw.). II. Gedichte, die oft ziemlich freie Bearbeitungen französischer Texte sind [. . .] (›Marciana XIII‹, ›Buovo laurenziano‹, ›Buovo udinese‹). III. Werke, die Originalschöpfungen italienischer Autoren sind, die in französischer Sprache schreiben [. . .] (Entrée d'Espagne, Prise de Pampelune, [. . .]).«

BIBLIOGRAPHIE

Textausgaben

La Chanson d'Aliscans: hg. von E. WIENBECK, W. HARTNACKE, P. RASCH, Halle 1903.

La Chanson de Guillaume: publ. par D. MCMILLAN, 2 vols., Paris 1949/50.

La Chanson de Roland: übersetzt von H. W. KLEIN (Klassische Texte des Romanischen Mittelalters 3), München 1963.

Einhardi Vita Karoli Magni: post G. H. PERTZ recensuit G. WAITZ, editio sexta curavit O. HOLDER-EGGER (MGH Scriptores rer. Germ. in usum schol. ex MGH separatim editi 25), Hannover/Leipzig 1911.

Kaiserchronik: hg. von E. SCHRÖDER (MGH Deutsche Chroniken I,1), Hannover 1892. Nachdruck Berlin/Zürich 1964.

Karlmeinet: hg. von A. v. KELLER (StLV 45), Stuttgart 1858, Nachdruck 1966.

Notker Balbulus, Gesta Karoli Magni: hg. von H. F. HAEFELE (MGH Scriptores rer. Germ. in usum schol. Nova series 12), Berlin 1962.

Pfaffe Konrad, Rolandslied: hg. von C. WESLE, 2. Aufl. bes. von P. WAPNEWSKI (ATB 69), Tübingen 1967; mittelhochdeutscher Text und Übertragung, hg., übersetzt und mit einem Nachwort versehen von D. KARTSCHOKE (Fischer Bücherei 6004), Frankfurt/Hamburg 1970.

Pseudo-Turpin: Historia Karoli Magni et Rotholandi ou Chronique du Pseudo-Turpin, ed. C. MEREDITH-JONES, Paris 1936.

Stricker, Karl der Große: hg. von K. BARTSCH, Quedlinburg/Leipzig 1857. Nachdruck Berlin 1965.

Ulrich von Türheim, Rennewart: hg. von A. HÜBNER (DTM 39), Berlin 1938.

Ulrich von dem Türlin, Willehalm: hg. von S. SINGER (Bibliothek der mhd. Litteratur in Böhmen 4), Prag 1893.

Wolfram von Eschenbach, Willehalm: Text der 6. Ausgabe von K. LACHMANN, Übersetzung und Anmerkungen von D. KARTSCHOKE, Berlin 1968; nach der gesamten Überlieferung kritisch hg. von W. SCHRÖDER, Berlin/New York 1978.

Forschungsliteratur

Grundlegende und übergreifende Darstellungen

K. H. BENDER, König und Vasall. Untersuchungen zur Chanson de Geste des XII. Jahrhunderts (Studia Romanica 13), Heidelberg 1967. – H. KRAUSS, Romanische Heldenepik, in: Europäisches Hochmittelalter, hg. von H. KRAUSS (Neues Handbuch der Literaturwissenschaft 7), Wiesbaden 1981, S. 145–180. – J. RYCHNER, La chanson de geste. Essai sur l'art épique des jongleurs, Genève/Lille 1955. – M. WALTZ, Rolandslied – Wilhelmslied – Alexiuslied. Zur Struktur und geschichtlichen Bedeutung (Studia Romanica 9), Heidelberg 1965.

Spezielle Literatur

Wilhelmsstoff: P. A. BECKER, Das Werden der Wilhelms- und Aimerigeste. Versuch einer neuen Lösung (Abhandlungen der Sächs. Akad. der Wissenschaften, Phil.-hist. Kl. 44, 1), Leipzig 1939. – J. BÉDIER, Les Légendes épiques. Vol. 1: Le cycle de Guillaume d'Orange, Paris [3]1926. – J. BUMKE, Wolfram von Eschenbach (Sammlung Metzler 36), Stuttgart [5]1981. – J. FRAPPIER, Les chansons de geste du cycle de Guillaume d'Orange, 2 Bde., Paris 1955–65. – M. TYSSENS, La geste de Guillaume d'Orange dans les manuscrits cycliques, Paris 1967.

Karl in lateinischen Texten: H. BEUMANN, Topos und Gedankengefüge bei Einhard. in: Archiv für Kulturgeschichte 33 (1951) 337–350. – H. HOFFMANN, Karl der Große im Bilde der Geschichtsschreibung des frühen Mittelalters (800–1250) (Historische Studien 137), Berlin 1919. – P. LEHMANN, Das literarische Bild Karls des Großen vornehmlich im lateinischen Schrifttum des Mittelalters (Sitzungsberichte der Bayer. Akad. der Wissenschaften, Phil.-hist. Kl., Jg. 1934, H. 9), München 1934. – B. RAUSCHEN, Die Legende Karls des Großen im 11. und 12. Jahrhundert (Publikationen der Gesellschaft für Rheinische Geschichtskunde 7), Leipzig 1890.

Karl-Roland-Stoff: K. BERTAU, Das deutsche Rolandslied und die Repräsentationskunst Heinrichs des Löwen, in: Deutschunterricht 20 (1968) 4–30. – R. FOLZ, Le souvenier et la légende de Charlemagne dans l'empire germanique médiévale (Publications de l'Université de Dijon 7), Paris 1950. – K.-E. GEITH, Carolus Magnus. Studien zur Darstellung Karls des Großen in der deutschen Literatur des 12. und 13. Jahrhunderts (Bibliotheca Germanica 19), Bern/München 1977. – J. HORRENT, Chanson de Roland et Geste de Charlemagne, in: Les épopées romans 1,2 (GRMLA III), Heidelberg 1981. – D. KARTSCHOKE, Die Datierung des deutschen Rolandsliedes. Mit einem Vorwort von P. WAPNEWSKI (Germanistische Abhandlungen 9), Stuttgart 1965. – E. KÖHLER, »Conseil des barons« und »jugement des barons«. Epische Fatalität und Feudalrecht im altfranzösischen Rolandslied (Sitzungsberichte der Heidelberger Akad. d. Wissenschaften, Phil.-hist. Kl., Jg. 1968, 4. Abh.), Heidelberg 1968. – R. LEJEUNE/J. STIENNON, Die Rolandssage in der mittelalterlichen Kunst, 2 Bde. Brüssel 1966. – A. DE MANDACH, Naissance et Développement de la Chanson de geste en Europe I: Le Geste de Charlemagne et Roland (Publications Romanes et Françaises 69), Paris/Genève 1961. – F. OHLY, Sage und Legende in der Kaiserchronik. Untersuchungen über Quellen und Aufbau der Dichtung, Münster 1940, Nachdruck Darmstadt 1968. – F. OHLY, Zu den Ursprüngen der Chanson de Roland, in: Mediaevalia litteraria. Festschrift Helmut de Boor, München 1971, S. 135–155. – F. OHLY, Die Legende von Karl und Roland, in: Studien zur frühmittelhochdeutschen Literatur. Cambridger Colloquium 1971, hg. von L. P. JOHNSON, H.-H. STEINHOFF und R. A. WISBEY, Berlin 1973, S. 292–343. – M. OTT-MEIMBERG, Kreuzzugsepos oder Staatsroman? Strukturen adeliger Heilsversicherung im deutschen ›Rolandslied‹ (MTU 70), München 1980. – G. PARIS, Histoire poétique de Charlemagne, Paris 1865, [2]1905.

NIBELUNGEN UND KUDRUN

von

URSULA SCHULZE

I

Uns ist in alten maeren wunders vil geseit
von helden lobebaeren, von grôzer arebeit,
von fröuden, hôchgezîten, von weinen und von klagen,
von küener recken strîten muget ir nu wunder hoeren sagen.

»In alten Geschichten ist uns ganz Außerordentliches überliefert
von ruhmreichen Helden, von großer Bedrängnis,
von Freude, Festen, von Leid und Klagen,
vom Kampf tapferer Helden – von all dem könnt ihr jetzt Erstaunliches hören.«

Diese programmatische Einleitungsstrophe eröffnet die um 1200 entstandene Darstellung der Geschichte von Kriemhild, Siegfried und Brünhild, von den Burgundenkönigen und ihrem Untergang im Hunnenland: das ›Nibelungenlied‹ (NL). Die Strophe enthält, was das Epos anschließend entfaltet; zugleich weckt sie bestimmte Erwartungen des Publikums und verweist auf *alte maeren*, den überlieferten Stoff, der erstmals literarisch faßbar ist in dem mittelhochdeutschen Epos, das nach dem Schlußvers in einer Reihe von Handschriften *daz ist der Nibelunge liet* betitelt wird.

Der Dichter des NL ist unbekannt, er tritt offenbar hinter der Dignität der *alten maeren* zurück, während sich die Verfasser der höfischen Epen z. T. selbstbewußt nennen. Um die Anonymität des NL zu erklären, erscheint die neuere Erwägung einer Mehrzahl von Dichtern, abgeleitet aus der Existenz differierender handschriftlicher Textfassungen (Helmut Brackert 1963), ebenso abwegig wie die Vorstellung des 19. Jahrhunderts vom Zusammenwachsen einer Reihe von Teilliedern zu der Gesamtgeschichte (Karl Lachmann 1816). Die Anonymität wird als Gattungsmerkmal einer Literatur begriffen, die Stoffe aufnimmt, die lange

Zeit ausschließlich in mündlicher Form reproduziert wurden. Doch Konzeption und Ausführung des Epos um 1200 tragen die Züge einer ausgeprägten Autorenpersönlichkeit.

Zu ihrer Fixierung gibt das Werk einige Anhaltspunkte: Im Vergleich zu sonst eher vagen geographischen Vorstellungen sind die Angaben im Donaugebiet zwischen Passau und Wien sehr genau, so daß Autor und Entstehung des Werkes wahrscheinlich dort zu lokalisieren sind. Unterstützt wird diese Annahme durch die Konzentration der wichtigsten Handschriften des NL im bairisch-österreichischen Raum. Insbesondere für Passau spricht die Möglichkeit, daß der literarisch interessierte, als Mäzen Walthers von der Vogelweide bekannte Bischof Wolfger von Erla (1191–1204) auch als Anreger und Auftraggeber des NL vorstellbar ist. Ihm huldigte der NL-Dichter möglicherweise in der Gestalt des Bischofs Pilgrim, an dessen Hof Kriemhild und die Burgunden auf dem Weg ins Hunnenland einen Tag Rast machen. Ein Pilgrim existierte in der Reihe der Passauer Bischöfe im 10. Jahrhundert, und nach einer Pilgerfahrt ins Heilige Land 1197 konnte man diesen Namen auch auf Wolfger selbst beziehen. Die in den meisten Handschriften als Anhang zum NL überlieferte ›Klage‹ siedelt das Epos ebenfalls in Passau an. Die Indizien zur Datierung des NL passen gut in die Amtszeit Bischof Wolfgers. Im Rahmen der gegenseitigen Bezugnahme mittelhochdeutscher Epen ist die Kenntnis des NL um 1204 vorauszusetzen. Die Entstehungszeit wird auf die Jahrhundertwende eingegrenzt durch die Einbeziehung des »Küchenmeisters« in die burgundischen Hofämter, da der seit 1198 regierende König Philipp von Schwaben dieses Amt neu geschaffen hat. Das NL selbst zeigt, daß sein Verfasser einen hohen Grad literarischer Bildung besaß und mit den höfischen Lebensformen des 12./13. Jahrhunderts wohl vertraut war. Das würde zu einem Kleriker im Verwaltungsdienst eines größeren Hofes gut passen, wahrscheinlich des Bischofs von Passau, vielleicht aber auch eines anderen österreichischen Adligen.

Bereits im literarischen Bewußtsein der Zeitgenossen nahm das NL eine Sonderstellung ein. Obwohl seine Bekanntheit bezeugt und durch handschriftliche Überlieferung bereits vom Anfang des 13. Jahrhunderts dokumentiert ist, bleibt es in der kritischen Revue der Epik und Lyrik der Zeit, die Gottfried von Straßburg im ›Tristan‹ gibt, unerwähnt. Diese Aussparung muß nicht auf Geringschätzung beruhen, sie ist eher Ausdruck der empfundenen Andersartigkeit, die sich aus dem Stoff ergibt,

d. h. aus seiner Herkunft, seiner Tradition sowie der formalen und tendenziellen Gestaltung. Die Literaturwissenschaft versucht das NL als »Heldenepik« von der »höfischen Epik« abzugrenzen. Durch die Aufnahme der germanischen Heldensage unterscheidet es sich deutlich vom Eneasroman, den Artusepen, dem Tristanroman und den Epen der Karlssage, die sich auf antike bzw. französische Tradition gründen. Die aus Frankreich importierten Stoffe besitzen einen ausgeprägten Literaturcharakter, der von den Zeitgenossen durchaus reflektiert wurde. Für die Nibelungengeschichte ist man auf die Voraussetzung mündlicher Tradition angewiesen. Vielleicht deutet die zu Beginn des NL formulierte Rezeptionshaltung staunender Bewunderung gegenüber den *alten maeren* an, daß diese gleichsam als Geschehen aus vergangener Zeit aufgefaßt wurden. Wir wissen heute in überschauender Distanz durch die Geschichtswissenschaft, daß Teile des Stoffes wirklich auf historische Ereignisse in der Völkerwanderungszeit zurückgehen.

Überblickt man die literarischen Texte, die die Nibelungengeschichte behandeln (das sind im deutschen Sprachbereich neben dem NL ›Die Klage‹, ›Das Lied vom Hürnen Seyfrid‹, im skandinavischen Bereich Lieder der ›Älteren Edda‹, Teile der ›Snorra Edda‹, der ›Thidrekssaga‹ und der ›Völsungasaga‹), so gliedert sich die Geschichte in verschiedene Stoffkreise: Burgundenuntergang und Attilas Tod, Siegfrieds Tod, Jungsiegfried-Abenteuer.

Für den Burgundenuntergang läßt sich der historische Kern der Sagenbildung mit Sicherheit ermitteln: Im 5. Jahrhundert existierte am Mittelrhein um Worms ein Reich der germanischen Burgunden. Sie versuchten ihre Herrschaft nach Westen in das römische Gallien auszudehnen, darauf reagierten die Römer mit einem Truppeneinsatz unter Aëtius. Er schlug 435/436 die Burgunden unter ihrem König Gundahari. Etwa ein Jahr später bekräftigten hunnische Hilfstruppen der Römer noch einmal den Sieg. Die burgundische Königsfamilie und große Teile des Volkes kamen in diesen Kämpfen um – das Reich ging unter. Eine Konfrontation zwischen Gundahari (dt. Gunther/nord. Gunnar) und Attila (dt. Etzel/nord. Atli) hat es historisch nicht gegeben. Attila starb eines natürlichen Todes in der Nacht nach seiner Hochzeit mit der Germanin Hildico. Bereits im Laufe des folgenden Jahrhunderts spitzten sich Spekulationen über den Tod dieses Mächtigen in der Geschichtsschreibung zur Mordtat der Frau an ihrem Mann zu, und später wurde Rache der Germanin für ihren Vater als Motiv erfunden.

Der historische Ansatz für die Geschichte von Siegfrieds Tod dürfte – wenn auch weniger sicherbar – etwa ein Jahrhundert später in der Merowinger Geschichte liegen. Dort tauchen Konstellationen von Frauenstreit, Frauenrache, Königsmord und Namen wie Brunihildis und Sigibert auf, allerdings mit anderer Rollenverteilung: Brunihildis betreibt nicht den Mord, sondern ist die Frau des ermordeten Sigibert. Ohne Bezug auf die Frauengestalten versuchte Helmut de Boor die politische Grundsituation der Siegfriedgeschichte zu rekonstruieren: Siegfried, ein vertriebener Sohn aus merowingischem Geschlecht, wurde von Gundahari aufgenommen und durch Heirat den Burgunden verbunden, seine wachsende Machtstellung führte zum Konflikt und schließlich zu seiner Beseitigung.

Die Entwicklung der Sage und ihre dichterische Gestaltung in den etwa 750 Jahren zwischen dem historischen Ausgangspunkt und der Entstehung des mittelhochdeutschen Epos lassen sich nicht konkret fassen. Alle Rekonstruktionsversuche bleiben rein spekulativ. Für eine Darstellung der Geschichte des Nibelungenstoffes ist es daher sinnvoll, hypothetische Vorstufen außer acht zu lassen und sich an die literarisch überlieferten Textfassungen zu halten.

Von den Liedern der ›Älteren Edda‹, die in einer Handschrift aus der Mitte des 13. Jahrhunderts (Codex Regius) überliefert, aber zu verschiedenen Zeiten entstanden sind, behandeln 14 den Nibelungenstoff, z. T. ausschnitthaft und in unterschiedlicher Perspektive. Die Stoffkreise vom Burgundenuntergang und Siegfrieds Tod stehen unverbunden nebeneinander. Selbst vor dem NL entstandene Lieder sind nicht als direkte Vermittlungsstadien zu der in dem mittelhochdeutschen Epos repräsentierten Geschichte zu betrachten.

Die älteste literarische Transformation der Untergangssage bietet das wohl aus dem 9. Jahrhundert stammende ›Alte Atlilied‹ (›Atlakviða‹): Atli lädt durch einen Boten Gunnar ins Hunnenland ein und verspricht ihm reiche Geschenke. Gunnar berät sich mit seinem Bruder Högni (Hagen im NL) und meint, daß er auf fremde Schätze nicht angewiesen sei. Högni erkennt in einem von Gudrun, der Frau Atlis und Schwester Högnis und Gunnars, gesandten, mit Wolfshaar umwickelten Ring eine Warnung. Die so angedeutete Gefahr führt Gunnars Entscheidung zur Fahrt ins Hunnenland herbei, er muß sich ihr stellen. Bei der Ankunft warnt Gudrun erneut und fordert zu kampfbereiter Haltung auf. Zuerst wird Gunnar gefangengenommen dann Högni. Gunnar soll mit Gold sein Leben freikaufen, doch er fordert zuvor das Herz Högnis. Als es ihm gebracht wird, verweigert er den Schatz der Nibelungen endgültig. Der Rhein soll ihn für immer bewahren, die Hunnen werden ihn niemals erhalten. Daraufhin wird Gunnar in einen Schlangenhof geworfen und kommt dort um. Gudrun rächt ihre Brüder an Atli, indem sie ihm bei einem Gelage die Herzen seiner beiden Söhne als Speise vorsetzt, die Hunnen mit Geld beschenkt, dann den betrunkenen Atli im Bett tötet und schließlich die königlichen Gebäude anzündet.

Die Story wird ohne verknüpfende Begründung wie ein Film mit harten Schnitten vorgeführt. Erst im Rückblick ergibt sich der Zusammenhang: Die burgundischen Könige besitzen einen Schatz, der im Rhein liegt, den ihr goldgieriger Schwager, der Hunnenkönig Atli, an sich bringen will. Unter einem Vorwand lädt er die Brüder seiner Frau ein, um ihnen durch Lebensbedrohung das Gold abzuzwingen. Die Burgunden, die sich erkannter Gefahr absichtlich stellen, widerstehen der Erpressung, werden getötet und von ihrer Schwester an ihrem Ehemann gerächt. Das jüngere ›Grönländische Atlilied‹ (›Atlamál en grœnlenzku‹) enthält die gleichen Stoffelemente in einem anderen, an Dialogen und Kampfschilderungen reichen Darstellungsgewand.

Von Siegfrieds Tod bietet das ›Alte Sigurdlied‹ (›Brot af Sigurðarkviðu‹) die früheste literarisch fixierte Version. Die Angaben über die Entstehungszeit schwanken zwischen dem 8. Jahrhundert und 1100. Da der Text im Codex Regius nur bruchstückhaft überliefert ist, ergeben sich eine Reihe von Unsicherheiten, die man auf Grund der ›Völsungasaga‹ auszugleichen versucht. Der Anfang des Liedes erzählt, wie Sigurd einen Flammenwall durchreitet und das Feuer erlischt. Später folgt die Beratung zwischen den Gjukisöhnen Gunnar und Högni über Sigurds Ermordung. Högni wendet sich dagegen mit der Begründung, das Ansinnen entspringe Brünhilds Eifersucht, denn sie begehre Sigurd statt Gunnar zum Mann. Dennoch wird der Mord ausgeführt, und zwar durch Guttorm, der mit Sigurd nicht wie Högni und Gunnar in Blutsbrüderschaft verbunden ist. Bei der Tat verkündet ein Rabe Vergeltung an den Mördern durch Atli. (Er ist in der nordischen Tradition Brünhilds Bruder.) Zwar begründet Brünhild zunächst die Notwendigkeit von Sigurds Tod mit der Machtergreifung der Gjukisöhne, doch nach einem schrecklichen Traum enthüllt sich die Mordtat als ihre Eifersuchtsintrige. Sie bestätigt nachträglich Sigurds Treue gegenüber Gunnar, denn bei der Werbungshilfe in der Brautnacht hat er sie nicht berührt, sondern ein Schwert zwischen beide gelegt. Gunnar aber sei meineidig geworden. Darum werde das Nibelungengeschlecht ausgelöscht. Das Märchenmotiv des unheilvollen Rabenrufs bei Sigurds Ermordung und Brünhilds Untergangsvision (Gunnar reitet in ein feindliches Heer) bieten einen Ansatz zur Verknüpfung der beiden Stoffkreise, denn es geht um Vergeltung an den Mördern, und der genannte Führer des feindlichen Heeres ist Atli, der im ›Atlilied‹ den Burgundenuntergang veranlaßt. Zur Ergänzung des Zusammenhangs werden vor allem Sigurds Ehe mit Gunnars und Högnis Schwester Gudrun, der zauberische Betrug bei Gunnars Werbung um Brünhild und der Frauenstreit als Auslösung des Mordplans erschlossen.

Die übrigen Lieder der ›Älteren Edda‹, die den Nibelungenstoff behandeln, nehmen die bisher umrissenen Motive episodenhaft und variierend auf. Im ›Jüngeren Sigurdlied‹ (›Sigurðarkviða en skamma‹) aus dem 13. Jahrhundert steht Brünhild mit ihrer letztlich mörderischen Liebe zu Sigurd im Mittelpunkt. Da Sigurd im Leben nicht ihr Mann werden kann, veranlaßt sie seinen Tod. Der Sterbende begreift alles als Brünhilds Werk. Bevor sie sich dann selbst tötet, weissagt sie den Untergang der Burgunden mit der entscheidenden Rollenerweiterung: Gudrun trauert anhaltend um ihren Gatten und heiratet später Atli. Brünhilds letzter Wunsch gilt ihrer Vereinigung mit Sigurd im Tod durch gemeinsame Verbrennung. Die große Leidenschaft, die über das Leben hinaus auf Verwirklichung drängt, ist das Thema des Liedes. Man kann es als erklärenden Kommentar der schrecklichen Vorgänge des ›Alten Sigurdlieds‹ verstehen. Dasselbe gilt für das Lied von ›Brünhildens Helfahrt‹ (›Helreið Brynhildar‹), in dem sie ihr Leben rechtfertigt. Den Vorwurf einer Riesin, die sie auf dem Weg zur Hel trifft, sie folge einem fremden Gatten und habe auf Erden großes Unheil verschuldet, weist sie von sich. Sie sieht sich im Recht, da Sigurd ihr bestimmt, sogar verlobt, aber entrissen worden sei. In Hel sind beide vereint.

Auch der Gudrun-Gestalt sind einige Edda-Lieder gewidmet: In ›Gudruns Lebenslauf‹ (›Guðrúnarkviða II‹) schaut sie auf das Geschehen zurück, in dem Sigurd alles überragt und Brünhild kaum eine Rolle spielt. Sigurds Tod wird auf das Machtmotiv gegründet, dessen Träger Gudruns Brüder sind. Sie beseitigen den zu mächtig werdenden Schwager. Ein Vergessenstrank, den

Grimhild (hier Gudruns Mutter) braut, schafft die Voraussetzung zur späteren Heirat mit Atli, dem die Brüder zum Opfer fallen werden. Ganz episodenhaft wirkt die ›Gattenklage‹ (›Guðrúnarkviða I‹), in der Gudrun durch die Enthüllung von Sigurds Leiche zur Lösung ihres Schmerzes in Tränen gebracht wird. Ein den nibelungischen Stoffkreisen nicht eigentümliches Motiv nimmt ›Gudruns Gottesurteil‹ (›Guðrúnarkviða III‹) auf. Als Atlis Frau geht sie aus dem Verdacht des Ehebruchs rein hervor. In einem ›Sterbelied‹ (›Guðrúnarhvǫt‹) erinnert sich Gudrun ihres leidvollen Lebens. Sie beschwört die Verbindung mit Sigurd im Tode durch den Wunsch nach gemeinsamer Verbrennung. Vielleicht wurde Gudrun hier analog zu Brünhild, die unerwähnt bleibt, zur großen Liebenden erhoben.

Um die Gestalt des jungen Sigurd vor seiner Ankunft an Gjukis Hof rankt sich der nicht historisch fundierte, vorwiegend aus Märchenmotiven konstruierte Stoffkreis der Jungsiegfried-Abenteuer: Drachentötung, Verstehen der Vogelsprache, Gewinnung der unverletzbar machenden Hornhaut, Erwerb eines Schatzes und eines Tarnmantels. In den eddischen ›Reginsmál‹ und ›Fáfnismál‹ (›Das Lied vom Drachenhort‹, ›Die Vogelweissagung‹ und ›Sigurds Vaterrache‹) sind verschiedene Motive verschränkt. Ein sagenhafter Goldschatz wird von dem Drachen Fafnir bewacht. Sigurd tötet ihn, aber den Besitzer des Goldes trifft ein Fluch. Ein Bissen von dem gebratenen Herzen des Drachen läßt Sigurd die Vögel verstehen. Sie raten ihm, Regin (er ist in der ›Völsungasaga‹ der Bruder des zum Drachen verwandelten Fafnir) zu töten, und sie weisen ihm den Weg zu einer von Feuer umgebenen, schlafenden, gerüsteten schönen Jungfrau. In einem anderen Lied sind diese Stoffelemente an die Erzählmotive der Kindheit in der Fremde und den Auszug zur Vaterrache gebunden: Sigurd wächst bei dem Schmied Regin auf, der für ihn das an Odins Ger zersprungene Schwert seines Vaters wieder zusammenfügt. Eine Art Verbindungsglied von der märchenhaften Jugend zu dem Konflikt, der in Sigurds Tod gipfelt, stellt die ›Erweckung der Walküre‹ (›Sigrdrífumál‹) dar: Sigurd überwindet das Blendwerk eines Feuerwalls und trifft auf ein gerüstetes Wesen, das aus dem Schlaf erweckt und vom Helm befreit sich als Frau erweist. Sie war von Odin zur Strafe für Ungehorsam mit Schlafdorn gestochen worden. Sigurd und die Walküre, die hier Sigrdrifa heißt, bekräftigen durch einen Schwur, daß sie für immer zusammen gehören. ›Gripirs Weissagung‹ (›Grípisspá‹) bringt in einem Wechselgespräch zwischen dem Fürsten Gripir und Sigurd einen Vorausblick auf Sigurds Leben von der Vaterrache, dem Drachenkampf, der Hortgewinnung über die eidliche Bindung an Brünhild bis zu seinem Tod. Hier kommt Sigurds Heirat mit Gudrun durch einen Vergessenstrank ihrer Mutter Grimhild zustande. Im übrigen entsprechen die Grundmotive dem ›Alten Sigurdlied‹.

Die meisten in der ›Edda‹ begegnenden Motive finden sich auch im NL: der Jungsiegfried-Kreis stark verkürzt (Rückblenden im 1. Teil), Siegfrieds Tod (1. Teil des NL) mit Motivierungsverschränkungen; der Burgundenuntergang (2. Teil des NL) ist ganz eng an den Siegfried-Stoffkreis angebunden durch den Kausalnexus von Kriemhilds Rache. Die Rollen Atlis und Gudruns sind bei Kriemhild und Etzel vertauscht. Kriemhild – als Etzels Frau immer noch um Siegfried trauernd – lädt die Brüder ins Hunnenland ein und betreibt ihre Tötung. Etzel ist alle Aktivität genommen. Er überlebt neben Dietrich von Bern den allgemeinen Untergang. Die gleichgewichtige Ausgestaltung von Siegfrieds Tod und des Burgundenuntergangs zu einer erzählenden Großform hat wahrscheinlich der NL-Dichter vollzogen. Auch wenn man seine Stoffvorgabe nicht kennt, erscheinen die ausgewogenen Relationen der Gesamthandlung, die Charakterisierung der Personen und die Prägnanz szenischer Gestaltung als bedeutende dramaturgische Leistung.

Bereits in den frühesten Aufzeichnungen (34 z.T. vollständige Handschriften aus dem 13. bis 16. Jahrhundert existieren) ist das NL in 39 Aventiuren gegliedert, ähnlich der Kapiteleinteilung neuerer Romane. Vielleicht sind diese mit Überschriften versehenen Erzählabschnitte für den Vortrag konzipiert. Baustein des Epos ist die aus vier Langzeilen bestehende, ursprünglich gesungene[1] Nibelungenstrophe mit einer rhythmisch betonten, oft für pointierte Aussagen genutzten Schlußzeile. Im Unterschied zu dem Reimpaarfluß der höfischen Romane wird der Erzählstrom durch die Strophenabsetzung immer wieder unterbrochen. Resumierende und reflektierende Akzente in den Zäsuren bewirken eine mehrschichtige Erzählhaltung.

In der Anfangsaventiure wird entsprechend ihrer zentralen Funktion zunächst Kriemhild exponiert. Sie wächst heran als überaus schöne und umworbene Tochter der burgundischen Königsfamilie. Dann werden ranggemäß ihre königlichen Brüder Gunther, Gernot, Giselher sowie die bedeutendsten Vasallen mit Hagen von Tronje an der Spitze vorgestellt. Der mächtige, glanzvolle Hof residiert in Worms. Doch dieses Bild wird von

Anfang an kontrapunktierend relativiert, indem seine Vergänglichkeit und künftiges Leid aufscheinen. In die Exposition der Geschichte ist das Finale bereits mit einbezogen durch die sogenannten Vorausdeutungen, die meist in Schlußzeilen der Strophen stehen und den ganzen Roman durchziehen. Ihre Funktion wird mit der üblichen Bezeichnung nur sehr äußerlich erfaßt. Kontrastierend zu dem Vordergrund weisen sie hin auf den Tod vieler Helden um Kriemhilds willen und auf den Frauenstreit als handlungsbestimmenden Konflikt, auch der spätere Schauplatz eindrucksvoller Taten, das Land Etzels, wird in den Anfang eingebracht. Die Antizipation der unheilvollen Entwicklung vollzieht sich in der ersten Aventiure sogar auf zwei Ebenen: Zu dem vorgreifenden Kommentar kommt die Erzählung von Kriemhilds Falkentraum: Sie zieht einen schönen Falken auf, den zwei Adler zerfleischen. Ihre Mutter weiß den Traum als schmerzlich endende Liebesbeziehung zu deuten, und der Kommentar konkretisiert, daß Kriemhild einen tapferen Helden heiraten wird, den ihre Brüder umbringen; sie nimmt dafür blutige Rache an ihnen und reißt viele mit in den Tod. Diesem angekündigten Leid will Kriemhild durch bewußten Verzicht auf die höchste, nur durch Liebe erfahrbare Lebenserfüllung entgehen. Doch der vorgreifende Erzählkommentar macht die Vergeblichkeit solchen Bemühens und die Unentrinnbarkeit künftigen Geschicks deutlich.

Die 2. Aventiure führt an den Hof von Xanten in den Niederlanden, wo der Königssohn Siegfried aufwächst. Die Parallelität zur Einführung Kriemhilds ordnet beide Gestalten aufeinander zu, bevor ihre Beziehung erzählerisch ausgefaltet ist. Höfische Lebensformen bestimmen Siegfrieds Erziehung, seine Schwertleite und das Wesen der Königsfamilie überhaupt. Er will die Herrschaft erst nach dem Tod seines Vaters übernehmen; zunächst zieht ihn die Kunde von Kriemhilds außerordentlicher Schönheit nach Worms. Der Kommentar deutet wieder auf den Erfolg der Werbungsabsicht und zugleich auf die schmerzlichen Konsequenzen hin.

Den Interpreten des NL hat es immer wieder Verständnisschwierigkeiten bereitet, daß Siegfried vor den burgundischen Königen nicht im Zeichen seiner königlichen Macht mit der Bitte um die Hand ihrer Schwester erscheint, sondern als kampfwütiger Herausforderer, der Gunther im Zweikampf sein Land abgewinnen will. Durch Gernots diplomatisches Geschick und Gunthers Zurückhaltung wird die kämpferische Auseinandersetzung vermieden und Siegfried quasi als Gast am Hof integriert. Er erwähnt Kriemhild als Ziel seiner Fahrt nicht, doch die Gedanken an sie besänftigen ihn. Auch sie denkt an Siegfried, den sie im Hof sieht; beide verzehren sich ein Jahr lang in Liebessehnsucht ohne zusammenzukommen. Das wirkt wie episch umgesetzte, vielleicht parodierte Minnesangsmotivik. Auch daß Siegfried seine Kampfkraft den burgundischen Königen zur Verfügung stellt, um Kriemhild zu erlangen, kann man als Materialisierung der Minnedienstvorstellung der Lyrik auffassen. (Vertrautheit des NL-Dichters mit der höfischen Lyrik hat vor allem Friedrich Panzer nachgewiesen.) Hagen zeigt bei der ersten Begegnung mit Siegfried charakteristische Züge seiner Rolle: Er weiß über »Fremde« Bescheid und schätzt Zusammenhänge richtig ein. Hier berichtet er über Siegfrieds Jugendabenteuer: von der Überwindung der Nibelungen, vom Erwerb des Hortes wie des Tarnmantels, von der Drachentötung und der Gewinnung der Hornhaut. Bei der Exposition der Siegfried-Gestalt in der 2. Aventiure waren diese Abenteuer ausgespart, wohl weil sie wenig zu dem höfischen Ambiente paßten. Doch für den weiteren Verlauf der Handlung müssen sie vermittelt werden. Sie veranschaulichen Siegfrieds außerordentliche Stärke, vor der Hagen indirekt warnt.

Jan Dirk Müller hat versucht, die Probleme der 3. Aventiure als Konfrontation zweier Herrschaftsmodelle zu erklären: Siegfried repräsentiert das auf persönlicher Stärke und Tapferkeit beruhende Idoneitätsprinzip, Gunther und sein Hof verkörpern eine durch Tradition legitimierte komplexere Herrschaftsstruktur mit Funktionsdelegation. Diese vermag sich gegenüber dem einzelnen, der als Usurpator auftritt, zu behaupten. Operiert man weiter mit diesen Modellen, so ergibt sich allerdings in der Handlung eine wechselnde Dominanz der beiden Prinzipien. Im Sachsenkrieg, in der Werbung um Brünhild und ihrer Bewältigung entscheidet die Stärke der Einzelpersönlichkeit, Gunther kann die notwendigen Leistungen nicht erbringen und spielt eigentlich eine königsunwürdige Rolle. Doch letztlich überwindet der Hof den einzelnen, es siegt – wenigstens im 1. Teil des NL – das komplexere System. Ob solche für heutige Betrachter der Szene denkbare Analogien intendiert bzw. von dem zeitgenössischen Publikum realisierbar gewesen sind, wird sich kaum ermitteln lassen.

Brünhild ist wohl die sperrigste, weil stoffgeschichtlich am meisten vorfixierte Gestalt des Epos. Zwar besitzt sie durch ihre außerordentliche Schönheit eine wesentliche Qualität höfischer Damen und wirkt als liebenswerte Frau *(minneclichez wîp)*, doch dieses Bild wird verfremdet durch die sonst männliche Qualität körperlicher Stärke. Wer sie zur Frau gewinnen will, muß sich in sportlichen Leistungen (Speerwerfen, Steinschleudern, Springen) mit ihr messen. Gunther beabsichtigt, um Brünhild zu werben. Siegfried, der ihre Kraft kennt, erklärt sich bereit, Gunther zu helfen, wenn er dafür Kriemhild zur Frau erhält. Bei der Ankunft von Gunther, Hagen, Dankwart und Siegfried in Island hält Brünhild Siegfried für den eigentlichen Bewerber, und er allein entspricht auch ihren Anforderungen. Doch ihr wird Gunthers Stärke vorgespielt, indem Siegfried im Tarnmantel die sportlichen Aufgaben bewältigt, während Gunther nur die Bewegungen ausführt. So entsteht die perverse Konstellation, daß Siegfried Kriemhild gewinnt, indem er sich für Brünhild qualifiziert. Diese Diskrepanz von Schein und Sein birgt schwelenden Konfliktstoff. Zu der aus der Stofftradition übernommenen Täuschung kommt im NL noch die Standeslüge: Siegfried gibt vor, Gunther sei sein Herr und er sein *man*. Dieses prätendierte Verhältnis definiert sich als Vasallität durch die Demonstration des Stratorendienstes, als Siegfried vor den Augen der isländischen Frauen Gunthers Steigbügel hält. Die Geste symbolisiert die lehensrechtliche Verbindung freier Adliger: (Der Vasall erhält von seinem Herrn ein Lehen und verpflichtet sich zur Leistung von Rat und Hilfe.) Eine Standesminderung zog das Lehensverhältnis nicht nach sich. Im Verlauf der weiteren Handlung wird allerdings ein fatales Spiel mit der Kurzbezeichnung *man* getrieben. Sie kann außer für den *lêhenman* auch für *dienestman* stehen, und das bedeutet: für den unfreien Ministerialen. Brünhild sucht später Siegfried entsprechend zu fixieren. Diese Betonung der ständischen Inferiorität erscheint im Kontext ihrer spontanen, aber unterdrückten Neigung zu Siegfried; denn ihr Unwille entzündet sich wiederholt an Kriemhilds Verbindung mit Siegfried und wird auch durch Gunthers Erklärung, Siegfried sei ein mächtiger König, nicht beschwichtigt. Daß sie sich wegen der Unklarheit von Siegfrieds Stellung Gunther in der Hochzeitsnacht verweigert und es erneut auf eine Kraftprobe ankommen läßt, gehört in diesen Zusammenhang. Brünhild will den Mächtigsten, und nur wenn Siegfried unter Gunther steht, schließt das für Brünhild die Verbindung mit Siegfried aus. Die Herabsetzung vom Freien zum Unfreien vergrößert noch den Abstand.

Das Zusatzmotiv der Standeslüge im NL mag sich dadurch erklären, daß für das höfische Publikum die Qualitätsdifferenz, um die es Brünhild geht, durch das ständische Argument besser vermittelbar war als durch die Kraftprobe. Nimmt man eine derartig rationale Tendenz und einen objektivierbaren Bezug zur Gesellschaftsstruktur an, so traf auch Brünhilds ministerialische Deutung des anfangs vasallitisch gebrauchten Wortes *man* auf einen Erfahrungshintergrund: Im Laufe des 12. Jahrhunderts schwanden im Deutschen Reich die lehensrechtlichen Bindungen immer mehr. Die Verweigerung der Heerfolge durch Heinrich den Löwen gegenüber Friedrich Barbarossa gilt als extremer Ausdruck dafür. Gegenläufig zu dieser Entwicklung rückten die Ministerialen in die Funktion der Vasallen ein. Brünhilds Insistieren auf Siegfrieds Dienststellung dient also immanent zur Bewältigung ihrer Neigung zu Siegfried bzw. ihrer Enttäuschung; auf die gesellschaftliche Realität bezogen, problematisiert es den Aufstieg der Ministerialen, signalisiert vielleicht eine adelige Abwehrhaltung. Daß allerdings solche Abwehr die Hauptaussagetendenz des Epos bestimme, wie Jan Dirk Müller und Gert Kaiser interpretieren und daraufhin eine adelige Kommunikationsgemeinschaft für das NL erschließen im Unterschied zu der ministerialischen des Artusromans, verbietet der Blick auf die Gesamthandlung, in der Siegfrieds Ministerialenstatus eine scheinhafte, an die Personenperspektive Brünhilds gebundene Vorspiegelung ist. Wichtiger für die zeitgenössische Rezeption des ersten Epenteils dürfte gewesen sein, daß gerade die Gestalt beseitigt wurde, die die stärkste Machtpotenz besaß. Rationale Übersicht und Intrige setzen sich gegenüber materiell fundierter, größerer Macht durch. Vielleicht entnahmen die Hörer der Geschichte, daß das Überwältigtwerden aus dem Verzicht auf die Position der Stärke und aus unangemessener Dienstbereitschaft resultiert.

Die Frauenstreitszene (14. Aventiure), die auf der immanenten Ebene den tödlichen Konflikt herbeiführt, gilt als gestalterische Glanzleistung des NL-Dichters. Durch die Aufgliederung des Streits und des Mordplans in sich steigernde Phasen und deren Ansiedlung auf mehreren Schauplätzen wird eine dramatische Wirkung und Verflechtung der verschiedenen Motive erreicht: Siegfried und Kriemhild sind Brünhilds Einladung nach Worms gefolgt. Beim Anschauen eines Turniers löst Kriemhild den Streit aus, indem sie Siegfried über alle anderen erhebt. Brünhild beharrt auf Gunthers Vorrang und argumentiert mit

Siegfrieds Dienstpflicht und Unfreiheit, wodurch sie auch die Königstochter Kriemhild degradiert. Nach anfänglicher Verteidigung geht Kriemhild zur Offensive über, sie will ihre Stellung durch den Vortritt ins Münster öffentlich demonstrieren. Als Brünhild sie mit der Schmähung *eigen diu* (»leibeigene Dienerin«, NL 838, 4) aufhält, bezeichnet Kriemhild Brünhild als *mannes kebse* (»Kebse des unfreien Mannes Siegfried«, NL 839, 4). Zum Beweis der ungeheuren Behauptung zeigt sie Brünhilds Ring und Gürtel, die sie von Siegfried erhalten, deren Erklärungswert sie sich freilich selbst zusammengereimt hat. (Für die überschauende Hörerperspektive war Siegfrieds zweite Hilfe für Gunther in der Hochzeitsnacht nicht als Beischlaf dargestellt worden.) So kann denn auch Siegfried Kriemhilds Behauptung eidlich zurückweisen. Doch Brünhilds Beleidigung ist nicht mehr auslöschbar. Hagen macht sich zum Rächer der Königin. Er rät, Siegfried zu ermorden. Gunthers Bedenken überwindet er mit der Aussicht auf großen Machtzuwachs nach Siegfrieds Tod. Durch vorgetäuschte Kriegsgefahr und das Angebot, Siegfried zu schützen, bringt er Kriemhild dazu, ihm die verwundbare, nicht durch Hornhaut geschützte Stelle zwischen Siegfrieds Schultern zu bezeichnen. So ermöglicht Kriemhild durch ihre Fürsorge und falsche Beurteilung Hagens den Mord. Hagen ersticht Siegfried von hinten auf der Jagd. Die Burgundenkönige decken die Tat. Kriemhild erkennt nachträglich die Zusammenhänge, dennoch zieht sie nicht mit ihrem Schwiegervater in die Niederlande. Sie trauert in Worms.

Nach dreieinhalb Jahren gibt sie dem Versöhnungsdrängen ihrer Brüder nach, das wiederum Hagen aus Machterwägungen gesteuert hat, um in den Besitz von Siegfrieds Hort zu gelangen. Kriemhild läßt denn auch den unermeßlichen Goldschatz nach Worms bringen. Durch Freigebigkeit gewinnt sie eine Machtposition, die Hagen bedrohlich erscheint. Ohne daß die Brüder eingreifen, raubt er das Gold und versenkt es im Rhein in der Hoffnung, es später nützen zu können. Als vornehmster der burgundischen Vasallen agiert er überall relativ selbständig gegenüber einem entschlußlosen, skrupulösen König. Er setzt in seinen machtpolitisch orientierten Aktionen ungehindert Intrige, Raub und Mord ein. Doch eine solche Herrschaft hat keine Dauer. In der verletzten Kriemhild erwächst Hagen eine Gegnerin, der die burgundischen Könige am Ende erliegen.

Die 30 Aventiuren des 2. Epenteils werden durch folgende Handlungsphasen strukturiert: Etzels Werbung um Kriemhild und ihre Vermählung im Hunnenland, die Einladung der Burgunden durch Kriemhild und Etzel, deren Reise vom Rhein nach Etzelnburg, feindliche Konfrontationen und allgemeiner Kampf zwischen Burgunden und Hunnen, der Tod der burgundischen Könige, Hagens und Kriemhilds.

Die spezielle szenisch-dramatische Ausfüllung dieses Handlungsgerüsts prägt die Eigenart und Aussagetendenz des NL: Kriemhild nimmt Etzels Werbung an, als sie in der Verbindung mit der Macht des heidnischen Königs eine Chance zur Rache erkennt, auf die sie langfristig zusteuert. Hagen durchschaut als einziger ihre Absicht. Darum rät er von der Heirat ab. Später warnt er, Kriemhilds Einladung zu folgen. Doch auf den Vorwurf der Feigheit reagiert er mit trotziger Verachtung der Gefahr, er betreibt selbst den Zug ins Hunnenland in der Gewißheit, daß es eine Fahrt ohne Wiederkehr sein wird. So ergibt sich das Paradox, daß derjenige, der am intensivsten für Bestand und Erweiterung der burgundischen Herrschaft eingetreten war, die Könige in den Untergang führt. Hagens fatale Situation und seine Konfrontation mit Kriemhild wird in Bildern von höchster Prägnanz und Sinngewalt gestaltet. Er organisiert gegen allerlei Widrigkeiten den Rheinübergang. Dabei erfährt er von zwei Meerfrauen die Zukunft. Nach der Überfahrt zerschlägt er das Schiff. In Etzelnburg verweigert Kriemhild dem Ankommenden den Gruß, Hagen reagiert, indem er vor der herantretenden Königin im Palasthof sitzenbleibt; Siegfrieds Schwert auf den Knien bekennt er sich zu dem Mord. Zusammen mit Volker hält er Schildwache vor dem Saal, in dem die Burgunden schlafen, und wehrt so einen nächtlichen Überfall der Hunnen ab. Nach dem ersten blutigen Zusammenprall gibt Hagen den Auftakt zum allgemeinen Kampf, indem er Etzels Sohn Ortlieb den Kopf abschlägt, so daß er in Kriemhilds Schoß fällt. Er fordert beim Saalbrand auf, das Blut der Getöteten zu trinken, um zu überleben. Er verweigert schließlich todesbereit die Rückgabe des Siegfriedschen Goldschatzes.

Kriemhilds Hortforderung in der Endphase der Kämpfe hat etwas unverständlich Befremdendes. Als Etzels Gattin bedarf sie der alten Schätze nicht, es sei denn, das Goldgiermotiv wäre als Handlungsantrieb von Etzel auf sie übertragen. Wenn man den Haß gegen Hagen und die Racheabsicht, die ihr Handeln bis zu diesem Punkt bestimmt haben, ernst nimmt, will sie Hagen wohl kaum eine wirkliche Überlebenschance anbieten. Vielmehr bezieht sich die Hortforderung symbolisch auf die Kriemhild zugefügten schmerzlichen Verluste. Sie will die Forderung zur Demütigung Hagens benutzen. Im Streben nach Triumph mißdeutet sie Hagens Antwort, er werde das Versteck des Schatzes nicht preisgeben, solange Gunther lebt, als Eingehen auf ihr Angebot und läßt sich zur Tötung des Bruders hinreißen. Sie hatte Hagen schon einmal falsch eingeschätzt, als sie ihm die verwundbare Stelle bei Siegfried verriet. Am Schluß unterliegt sie wiederum seinem kalkulierenden Trotz. Sie reagiert, indem sie ihn eigenhändig tötet, und erweist sich damit als *vâlandinne* (»Teufelin«, NL 2371, 4), wie Hagen sie in seinem letzten Trutzwort apostrophiert. Daß eine Frau den tapfersten Helden umbringt, fordert selbst ihre »Verbündeten« zum letzten Racheakt heraus: Hildebrand, der Waffenmeister Dietrichs von Bern, tötet Kriemhild.

Als bedeutende Gestalt wird im 2. Teil des NL der Markgraf Rüdiger von Bechelarn eingeführt, ein exemplarischer Ritter, ausgestattet mit allen höfischen Qualitäten (*vater aller tugende*, NL 2202,4). Lehnsrechtlich ist er an König Etzel gebunden, und er hat sich bei der Werbung für seinen Herrn gegenüber Kriemhild zur Rächung jeder Art von Unbill eidlich verpflichtet; zu den burgundischen Königen steht er in einem freundschaftlichen und verwandtschaftlichen Verhältnis; denn er hat sie auf dem Zug ins Hunnenland als Gäste aufgenommen, beschenkt und seine Tochter mit Giselher verlobt. In dieser Bindung an die beiden Seiten, die Kriemhild feindlich gegeneinandertreibt, gerät Rüdiger in einen unlösbaren Konflikt, der ihn selbst als ritterliche Person zerstört. Er kann seinem Lehnsherren in der Stunde der Gefahr die Hilfe, d. h. den kämpferischen Einsatz, nicht versagen, und er dürfte sich nicht gegen seine Freunde und Verwandten wenden. Er selbst reflektiert ausdrücklich das unaufhebbare Dilemma. Die dem Menschen angeborenen und ausgebildeten ritterlich-höfischen Qualitäten *(tugende)* befähigen ihn nicht, sich dem zerstörerischen Geschehen entgegenzustellen, den Untergang aufzuhalten. Diese resignative Erkenntnis kennzeichnet das Epos. Zugleich wird vorgeführt, daß die Weichen für die tödlichen Abläufe immer wieder durch Entscheidungen und Fehlverhalten der Beteiligten gestellt werden.

In Rüdigers Konflikt und schließlichem Kampf gegen die Burgunden ist eine Szene als Aussöhnung der im Leben begründeten Widersprüche interpretiert worden (Wapnewski): Hagen bittet den »Gegner« Rüdiger um seinen Schild, Rüdiger erfüllt die Bitte, und Hagen zieht sich aus dem Kampf zurück. D. h. er begreift Rüdigers Situation und billigt sein Verhalten, doch er löst die erzwungene Spannung, indem er – umgekehrt wie Rüdiger – unter Hintanstellung der lehnsrechtlichen Verpflichtung sich für den Freund entscheidet. Diese bedeutsame Geste läßt eine humane Überbrückungsmöglichkeit aufleuchten, doch die Welt kommt dadurch nicht in Ordnung, Kampf und Töten gehen weiter. Rüdiger fällt durch Gernot, den er vorher tödlich verwundet hatte. Für den zeitgenössischen Hörer mag Rüdigers Dilemma insofern besondere Verständnisanknüpfung geboten haben, als es realiter viele Vasallen gab, die mehreren, ja zahlreichen Herren verpflichtet waren, wobei Loyalitätskonflikte nicht ausbleiben konnten. Daß Rüdigers Untergang die Feudalgesellschaft grundsätzlich in Frage stellen sollte (Ihlenburg), setzt allerdings eine kaum denkbare Distanz von Autor und Publikum zu den eigenen historisch-sozialen Gebundenheiten voraus.

Die vorletzte Strophe des NL enthält ein Résumé der vorgetragenen Geschichte:

»Der große höfische Glanz war nun ausgelöscht.
Die Zurückgebliebenen waren alle von Jammer und Not ergriffen.
In Leid war des Königs Fest ausgegangen,
wie immer Freude zuletzt in Leid umschlägt.«

Das ist ein Bild totaler Zerstörung und schmerzlicher Betroffenheit ohne positiven Ausblick, und es wird nicht als etwas Exzeptionelles hingestellt, sondern als Ausdruck des allgemeinen Weltlaufs. Gegenüber dieser Betonung der Vergänglichkeit von Glück und Ansehen in der Welt, die die dargestellte Handlung genauso zum Ausdruck bringt wie das Netz desillusionierender Erzählerbemerkungen, wirken andere Momente, die zu Gesamtdeutungen verabsolutiert wurden, peripher oder werden durch Gegengewichte aufgehoben, wie etwa die unverbrüchliche Treue und der Todestrotz. Die Hinweise auf den leidvollen Ausgang, die das Epos als Ostinato durchziehen, tauchen besonders häufig an glückhaften Höhepunkten der Handlung kontrastierend auf. Indem sie die Zerbrechlichkeit des irdischen Glücks präsent halten, wirken sie wie eine Art *memento mori*. Zwar kann ein christlicher Tenor des NL nicht aus stofflich-inhaltlichen Details abgeleitet werden, wie es Bert Nagel versucht hat, aber die durchgehende Vergänglichkeitsperspektive entspricht genau der christlich-biblischen Weltsicht, die z. B. in der Gestalt der Frau Welt mit ihrer schönen Frontansicht und der von Verwesung gezeichneten Kehrseite zum Bild geworden ist. Im NL wird diese Perspektive nicht durch einen Ausblick auf das Jenseits aufgehellt, dennoch impliziert sie keine Geringschätzung der höfischen Werte. (Die Minne führt zwar ins Leid, wird aber zugleich als positive Lebenserfüllung begriffen.)

Gottfried Webers These (1963) von der Zerstörung der ritterlichen Welt durch überhebliche Selbstbehauptung des Menschen läßt sich als schuldhafter Begründungszusammenhang mit der dargestellten Geschichte nicht belegen, da immer wieder der unmotivierte, gesetzmäßig erscheinende Umschlag betont wird. Für das zeitgenössische Publikum muß das NL vor allem als Kontrastmodell zu dem von Leistungsoptimismus geprägten Artusroman gewirkt haben. Die Ritter der Tafelrunde bewegen sich in einem Kausalnexus von Leistung, Einsicht und Erfolg; die Helden des NL können ihr Schicksal nur partiell, im Endeffekt gar nicht beeinflussen. Es fehlt die Ausrichtung von Weg und Ziel aufeinander. Die Diskrepanz von höfisch glanzvoller Lebensgestaltung und Determination zu leidvollem Untergang ist wohl nicht Ausdruck für das Mißlingen des Versuchs, einen »im Kern unhöfischen Stoff« zu aktualisieren, wie Helmut Brackert annimmt. Sie bringt vielmehr eine Relativierung der Ideologie des Artusromans, die auch in anderen zeitgenössischen Werken erkennbar ist, wie etwa in Wolframs ›Willehalm‹ und vielleicht in Gottfrieds ›Tristan‹. Der Stoff von grausamer Geschichtshaltigkeit eignete sich besonders gut, dem humanisierenden Idealbild der Artuswelt ein verschärftes Negativbild entgegenzusetzen, in das Erfahrung menschlicher Ohnmacht und christliche Weltdeutung eingingen, und das der historischen Wirklichkeit näherstand als die optimistische Artus-Utopie. Die beiden komplementären Romanmodelle wandten sich potentiell an das gleiche höfische Publikum.

Offenbar wirkte der weitgehende Verzicht auf schuldhafte Begründung des Untergangs irritierend; denn die in fast allen Handschriften als Appendix zum NL tradierte ›Klage‹ enthält einen Erklärungsversuch für die schrecklichen Vorgänge gleichsam als erste Interpretation des Epos. In Reimpaarversen wird zunächst die Handlung des zweiten ›Nibelungenlied‹-Teils rekapituliert, dann werden die Toten beklagt, aufgebahrt und bestattet, die Nachricht von den Ereignissen nach Bechelarn, Wien und Worms übermittelt, dann reist Dietrich von Bern in sein eigenes Land. Es geschieht also kaum etwas Neues, es geht um Bewältigung der erzählten Ereignisse, wobei eine eindeutige, explizite

Bewertung der Hauptgestalten erfolgt: Kriemhild wird zuungunsten von Hagen total entlastet und der Burgundenuntergang als göttliche Strafe für Hagens Mord und Hortraub und die duldende Beteiligung der burgundischen Könige an den Untaten gedeutet. Während im NL im allgemeinen kein Begründungszusammenhang ausgeführt ist und Voraussetzung und Folge disproportional bleiben, leitet der ›Klage‹-Dichter Gottes Zorn aus der menschlichen Selbstbehauptung *(übermuot)* ab. Diese teuflische Ursünde konzentriert sich in Hagen, dessen Handeln nicht mehr politisch motiviert, sondern moralisch emotional mit Haß und Mißgunst erklärt wird. Kriemhild dagegen erscheint nicht als Teufelin, sondern sie handelt aus Treue, die ihr nach ihrem Tod Gottes Gnade sichert. Mit gleicher Tendenz ist das NL in der Handschrift C bearbeitet. Die Diskussion über Kriemhild wurde offensichtlich weiter kontrovers geführt, wie die Attribute »böse« und »untreu« in literarischen Zitaten ihrer Gestalt neben Kriemhilds Verteidigung z. B. in einer Bertold von Regensburg zugeschriebenen lateinischen Predigt[2] erkennen lassen. Diese Reaktionen zeigen, daß das Bedürfnis des Publikums nach eindeutiger Schwarz-Weiß-Zuordnung und nach einem Schuld-Strafe-Verhältnis vom NL selbst nicht erfüllt wurde.

Die umfangreicheren nordischen Bearbeitungen des Nibelungenstoffes aus dem 13. Jahrhundert bleiben wesentlich von den menschlichen Leidenschaften motiviert; eine dem NL vergleichbare höfisch-aktualisierte Darstellung existiert nicht. Die ›Snorra-Edda‹ erzählt die Gesamtgeschichte weitgehend in Entsprechung zu den Eddaliedern. Die ›Völsungasaga‹ bringt den Stoff im Rahmen einer Sippengeschichte. Sigurds Jugend wird unter Einbeziehung mythischer Elemente breit behandelt. Zentral wirkt der Roman von Brünhild und Sigurd, die durch Liebe und Eide miteinander verbunden sind, aber durch Zauberei getrennt werden, woraus sich tödliche Konsequenzen ergeben. Der Burgundenuntergang erscheint in der alten Liedversion mit Atlis Goldgier und Gudruns Gattenmord. Die ›Thidrekssaga‹ setzt den Einfluß deutscher Gestaltungen des Stoffes, wahrscheinlich des NL voraus. Abweichend von der nordischen Tradition heißt Sigurds Frau hier Grimhild, sie wird in teuflischer Grausamkeit gegenüber ihren Brüdern gezeigt. Andere Akzente als im NL und Doppelmotivierungen ergeben sich vor allem durch die Aktivität des Hunnenkönigs. Die in die Geschichte Dietrichs von Bern eingelassene Nibelungenhandlung wirkt einerseits wenig durchkonstruiert andererseits drastisch konkretisiert. (Sigurd ist schuldig, da er aus Machterwägungen bewußt die Verlobung mit Brünhild löst und bei der Unterstützung Gunnars in der Brautnacht als erster mit Brünhild schläft und dann dies Geheimnis verrät.)[3]

Das im Spätmittelalter ausgeprägte Interesse am Märchenhaft-Wunderbaren wurde durch das höfische NL mit den reduzierten Jugendabenteuern Siegfrieds kaum befriedigt. Aus der Zeit um 1400 bezeugt das bruchstückhafte ›Darmstädter Aventiurenverzeichnis‹ (NL-Handschrift m) eine modifizierte, vielleicht nicht alleinstehende Fassung, die mit Siegfrieds Jugendabenteuern begann und eine Geschichte von Kriemhilds Entführung durch einen Drachen und ihre Befreiung durch Siegfried enthielt. Diese Version des Drachenkampfes steht im Zentrum des spät, aber zahlreich (12 Drucke des 16.–17. Jahrhunderts) überlieferten ›Liedes vom Hürnen Seyfrid‹, das von Hans Sachs 1557 – kombiniert mit Elementen der Dietrichsepik – zu einem Drama verarbeitet, ca. 100 Jahre später in Prosa umgesetzt und als letztes »Volksbuch«, ›Historie von dem gehörnten Siegfried‹, im 17. und 18. Jahrhundert mehrmals gedruckt wurde. Drachenkampf und Jungfrauenbefreiung sind in dem 179strophigen ›Lied‹ nur knapp von anderen Jugendabenteuern und Siegfrieds Ermordung umrahmt. Heterogene, z. T. widersprüchliche Stoffelemente, die nicht aus dem NL stammen, wurden kompiliert und nicht logisch aufeinander abgestimmt. Offenbar ging es primär darum, den Blick in eine weitere, nicht alltäglich vertraute Welt mit Zwergen, Riesen, Zauberei zu eröffnen. Bis zur Wiederentdeckung des NL als Zeugnis der altdeutschen »Ritterzeit« in der Mitte des 18. Jahrhunderts hielt jene eher triviale Drachenkampfgeschichte das Gedächtnis an die Namen Siegfried und Kriemhild wach.

II

Kudrun – Inbegriff strenger Treue, demütigen Duldens, des niemals entwürdigten Adels einer deutschen Frauenseele; das ›Lied von Kudrun‹ – nächst den Nibelungen an erster Stelle in unseren epischen Dichtungen, ja in der deutschen Dichtung überhaupt: das ist die Wertschätzung des Epos im 19. Jahrhundert, ein spätes Bild neuzeitlicher Rezeption,[4] das dem mittelalterlichen ›Kudrun‹-Epos wenig entspricht.

Im Mittelalter hat das Werk wohl nur geringe Resonanz

gefunden, wenn man die Überlieferung als Indiz der Verbreitung nimmt. Im Gegensatz zu der großen Zahl der NL-Handschriften ist die ›Kudrun‹ ausschließlich in der 1504–1514 für Kaiser Maximilian hergestellten Ambraser Sammelhandschrift bewahrt. Allerdings signalisieren die Aufnahme in die kaiserliche Epensammlung und die Placierung nach dem NL besondere literarische Wertschätzung.

Mit der Nähe zum NL hat der Redaktor der Ambraser Handschrift das Hauptcharakteristikum der ›Kudrun‹ markiert. Die enge Beziehung ergibt sich aus der Strophenform (eine Abwandlung der Nibelungenstrophe), aus der Gliederung in Aventiuren, aus der ebenfalls nicht antiken und nicht französischen Herkunft des Stoffes (ob die ›Kudrun‹ daraufhin der Heldenepik zugerechnet werden darf, bleibt jedoch fraglich), aus der variierenden Aufnahme von Motiven, Gestalten, Begründungszusammenhängen, aus z. T. antithetischen Repliken. Die repetierende Variation erstreckt sich darüber hinaus auch auf die Brautwerbungsepik (insbesondere ›König Rother‹), den ›Tristan‹, den ›Parzival‹ und die Lyrik. Die ›Kudrun‹ scheint weitgehend durch Reagieren auf Literatur konstituiert. Ob allerdings der Autor quasi automatisch ihm verfügbares Material kompilierte oder ob er absichtsvoll Anspielungen für ein literarisch gebildetes Publikum inszenierte, läßt sich kaum beantworten.

Der Verfasser ist unbekannt, die Entstehungszeit unsicher. Es gibt nur relative Anhaltspunkte.[5] Über die weiträumige Ansetzung ›im 13. Jahrhundert‹ kommt man kaum hinaus, wirklich sicher ist auch diese nicht, zumal die einzig überlieferte frühneuhochdeutsche Sprachgestalt keine stützenden Argumente liefert.[6] Unsicher bleibt auch das Entstehungsgebiet: die Steiermark, Bayern, insbesondere Regensburg sind erwogen worden.

Der in der ›Kudrun‹ verarbeitete Stoff ist älter als die in der Ambraser Handschrift überlieferte literarische Prägung. Über seine Genese und Wandlung wie über die literarischen Vorstufen gibt es zahlreiche Spekulationen. Im Gegensatz zur Nibelungensage läßt sich der Stoff nicht auf einen historischen Kern zurückführen. Das wiederkehrende Brautraub- bzw. Brautwerbungsmotiv und der Kompilationscharakter des Textes weisen eher auf literarische Anregung als auf eine Heldensagentradition. Die ältere Version des Stoffes knüpft sich an die Gestalten Hilde und Hagen (nordisch Högni). Mitte des 12. Jahrhunderts begegnet das früheste Zeugnis in Lamprechts ›Alexander‹. Dort wird für den Kampf zwischen Alexander und Darius vergleichend der Sturm auf dem Wolfenwert herangezogen, wo Hildes Vater Hagen umkam. (Auf dem Wülpensand fällt in der ›Kudrun‹ Hetel, Kudruns Vater).

In Skandinavien wurde mehrfach eine Hilde-Geschichte gestaltet: Die ›Snorra-Edda‹ (1. Hälfte 13. Jahrhundert) zitiert vermutlich aus dem 9. Jahrhundert stammende Strophen von Bragi, die vom Raub Hilds, der Tochter des König Högni, durch Hedin handeln. Högni verfolgt Hedin, und es kommt zu einer nie endenden Schlacht, denn Hild erweckt jeden Morgen die Gefallenen, die nachts zu Stein geworden waren, zu neuem Leben. Dieser immer weitergehende Kampf bildet auch den Abschluß einer Hilde-Geschichte in den ›Gesta Danorum‹ des Saxo Grammaticus Anfang des 13. Jahrhunderts, in der Högni gegen den mit Hilda verlobten Hithinus wegen einer Verleumdung kämpft. Außerdem kehrt die endlose Schlacht in einer mythisierten Version der Geschichte von Sörli in der ›Saga von Olaf Tryggvason‹ Ende des 14. Jahrhunderts wieder. Dieses markante Motiv fehlt in der ›Kudrun‹, vielleicht ist ihr Schluß als gezielte Replik auf den endlosen Kampf zu verstehen.

Der Werbungsteil der Hildegeschichte erscheint in dem bruchstückhaft in einer jiddischen Handschrift von 1382 überlieferten ›Dukus Horant‹. Hilde, die Tochter des wilden Hagen, soll für König Etene von Deutschland durch den Sänger Horant, Herzog von Dänemark, geworben werden. Mit der Annahme der Werbung durch Hilde bricht der Text ab. Das Erzählte steht dem entsprechenden Hilde-Teil der ›Kudrun‹ sehr nahe. Ob dieser direkt dem Verfasser des ›Dukus Horant‹ vorgelegen hat oder ob er sich auf eine selbständige Hilde-Version stützte, muß offen bleiben.

Die ›Kudrun‹ enthält eine dreiteilige Geschichte, die drei Generationen umspannt, jeweils auf eine Gestalt zentriert: Hagen (Kudruns Großvater, 1.–4. Aventiure), Hilde (Kudruns Mutter, 5.–6. Aventiure), Kudrun (9.–32. Aventiure). Das Schwergewicht liegt auf dem letzten Teil. Die äußerliche Verknüpfung zu einer fortschreitenden Handlung ist gering, erst rückblickend ergibt sich aus der Variation der Motive ein übergreifender Zusammenhang. Er ist nicht wie im ›Nibelungenlied‹ durch programmatische Aussagen (das Band der leidankündigenden Voraussagen) konzipiert und bis ins Detail durchkonstruiert.

Mit dem Anfangsvers, *Ez wuochs in Irlande ein rîcher künec hêr*, schwingt der Erzähler in den Nibelungenton ein, indem er die

Einführungswendung für Kriemhild, Siegfried und Brünhild aufnimmt, doch stellt er nicht seine erste Hauptgestalt vor, sondern greift genealogisch weiter zurück. Jeder der drei Teile enthält eine Entführungsgeschichte mit je eigenen Akzenten. Fast überall sind es die Frauen, die direkt und indirekt den Gang der Ereignisse steuern. Der Handlungsraum liegt am Meer. Irland und Dänemark sind als Königreiche Hagens und Hetels fixierbar, vage bleiben Herwigs Reich Seeland und Hartmuts Ormanie.

1. Im ersten Teil durchdringen sich realitätsnahe Erzählmomente und Märchenmotive. Macht und höfische Repräsentation werden am Königshof in Irland um Hagens Großeltern und Eltern mit zahlreichen literarischen Reminiszenzen entfaltet. Die 1. Aventiure durchläuft im Zeitraffertempo viele Jahre von den Großeltern über die Geburt Sigebands, seine Jugend, Schwertleite, Vermählung mit Ute, bis deren Sohn Hagen das Alter von sieben Jahren erreicht hat. Auf Veranlassung der Königin wird ein festliches Turnier veranstaltet, währenddessen entführt ein riesiger Greif Hagen in die Lüfte und bringt ihn auf eine ferne unbewohnte Insel. Es gelingt dem Kind, der Gewalt der Vögel zu entkommen. Hagen trifft auf drei ebenfalls entführte Königstöchter aus Indien, Portugal und Island, die für ihn sorgen, bis er später ihr Retter wird. Abseits der höfischen Gesellschaft bildet er sich selbst zu einem vollkommenen Helden aus, tötet die Greifen und erlangt übermenschliche Kräfte durch das Blut eines Gabilun. Von einem Schiff aufgenommen, kehrt er mit den Mädchen nach Irland zurück. Die Eltern erkennen ihren Sohn an einem Zeichen auf der Brust. Große Tapferkeit macht Hagen zu einem angesehenen, furchterregenden Herrscher (*vâlant aller künige*, K. 196,4). Er heiratet eine der geretteten Königstöchter, Hilde von Indien. Ihrer beider Tochter Hilde wächst zu einer weit berühmten, umworbenen Schönheit heran. Hagen will sie nur einem Mann geben, der ihm an Macht und Kraft gleichkommt. Hier wird zum ersten Mal Ebenbürtigkeit als Voraussetzung zur Eheschließung betont.

2. Der gleichrangige Bewerber und Hildes künftiger Ehemann ist König Hetel von Hegelingen (Dänemark), der seine Kräfte im Kampf mit Hagen beweist. Aber der Kraft- bzw. Rangprobe geht eine Entführungsgeschichte mit breit ausgeführten, genrehaften Szenen voraus. Hetel sendet Werber aus, Horand, Frute und Wate, die jedoch ihren Auftrag nicht offen am irischen Hof vorbringen. Sie geben sich als Kaufleute und von Hetel Vertrie-

bene aus. Wate erregt durch seine Fechtkünste Verwunderung, Horand zieht wie ein neuer Orpheus alle Welt mit seinem Gesang in Bann, so auch die junge Hilde, vor der er insgeheim singt und den Antrag seines Herrn vorbringt. Unter der Voraussetzung seiner Ebenbürtigkeit wendet Hilde Hetel ihre Liebe zu und entflieht durch eine List zusammen mit den Werbern aus dem Land ihrer Eltern. Im Kampf zwischen dem Verfolger Hagen und Hetel vermittelt Hilde schließlich beider Versöhnung und erlangt die Zustimmung zu ihrer Heirat.

3. Werbung um Kudrun, die Tochter Hetels und Hildes, Abweisung der Freier, Kampf und Entführung, erneuter Kampf und schließlich ein versöhnendes Ende bilden den Inhalt des letzten, umfangreichsten Epenteils.

Hetel regiert als *rex iustus et pacificus*. Seine Kinder Ortwin und Kudrun werden sorgfältig erzogen. Kudrun übertrifft an Schönheit sogar ihre Mutter, doch Hetel verweigert sie allen Bewerbern: Siegfried von Morland, Hartmut von Ormanie, Herwig von Seeland. Lediglich bei Hartmut wird eine Begründung gegeben: Weil sein Vater Ludwig von Hagen lehnsabhängig ist, gilt er als nicht ebenbürtig, wenngleich seine ritterlichen Qualitäten ihn auszeichnen.

Hartmut tritt hinter der Aktivität seiner Mutter Gerlind zurück. Sie bestimmt die Handlung, indem sie ihrem Sohn zur Werbung um Kudrun rät und ihn zur Anwendung von Gewalt veranlaßt, als er von Kudrun persönlich abgewiesen wird. Als Initiatorin der kriegerischen Entwicklung wird Gerlind zum ersten Mal *vâlentinne* (Teufelin, K. 629,4) genannt, im weiteren Verlauf erscheint sie als *tiuvelinne* (K. 738,1) und *wülpinne* (Wölfin, K. 1015,1).

Auch Herwig geht zur kriegerischen Auseinandersetzung über. Als er mit Hetel kämpft, sieht Kudrun mit zwiespältigen Gefühlen zu und fordert das Ende des Streites. Sie erklärt öffentlich ihre Zuneigung zu Herwig, und die Verbindung wird beschlossen. Allerdings bleibt Kudrun zunächst noch bei ihren Eltern, und Herwig zieht fort. Diese für den weiteren Handlungsverlauf notwendige Trennung ist erzählerisch kaum motiviert.

Siegfried von Morland bekriegt Herwig, seinen erfolgreichen Rivalen; Hetel unterstützt seinen Schwiegersohn. Inzwischen ziehen Hartmut und sein Vater Ludwig mit Heeresmacht in Hetels Land und entführen Kudrun und 62 Mädchen. Sie unterbrechen die Rückfahrt auf dem Wülpensand, dort findet der große Kampf zwischen den Normannen und den zur Gegenwehr herbeigesegelten Hetel, Herwig, Siegfried und ihren Leuten statt. Ludwig tötet Hetel. Die Nacht erschwert die Rache und läßt die Normannen mit den geraubten Frauen entkommen. Die Schlacht auf dem Wülpensand – vielleicht das wichtigste Signum des Stoffes – endet zwar mit der Niederlage der Kudrun-Partei, aber sie wird zur Durchgangsstation für den endgültigen Sieg der »guten Sache«.

Ein weiterer Rachezug erscheint den Hegelingen und Herwig erst erfolgversprechend, wenn nach den großen Verlusten des Kampfes eine neue Generation herangewachsen ist. Die Jahre der Vorbereitung umfassen Kudruns Leidenszeit in der Gewalt der Teufelin Gerlind. Mit allen Mitteln – Güte und Gewalt – soll Kudrun zur Minne und Ehe mit Hartmut getrieben werden, doch sie hält ihre Weigerung standhaft aufrecht.

Bereits bei ihrer Ankunft in Ormanie sieht Kudrun nicht in Hartmut, sondern in Gerlind ihren eigentlichen Widerpart. Während sie Hartmuts Schwester Ortrun zur Begrüßung küßt, verweigert sie Gerlind – wie Kriemhild Hagen – den Gruß. Der Versuch, Kudruns Widerstand zu brechen, erfolgt genau auf der Ebene, wo der primäre, wiederholt betonte Einwand gegen Hartmut angesiedelt war, in der Beeinträchtigung der ständischen Integrität. Kudrun wird nicht einfach gezüchtigt oder Entbehrungen ausgesetzt, vielmehr zur Magd erniedrigt: sie muß die Öfen heizen und Wäsche am Strand waschen bei jedem Wetter, in dürftiger Kleidung. Ihre Gefährtinnen werden von ihr getrennt und gleichfalls zu Magddiensten gezwungen. Allein Hildeburg (eine der wie Hagen entführten Königstöchter, die in allen Teilen der Geschichte gleichsam alterslos fortlebt) hilft freiwillig Kudrun beim Waschen am Strand.

Erst nach 13 Jahren – es ist die gleiche Zeit, die Kriemhild zur Rachevorbereitung benutzte – schickt Hilde ein Heer gegen die Normannen, geführt von Herwig und Ortwin sowie den alten Kämpfern Horand, Frute und Wate. Ein Bote Gottes verkündet Kudrun und Hildeburg die bevorstehende Ankunft der Retter; dennoch erschrecken beide, als ihnen am nächsten Tag am Strand Herwig und Ortwin begegnen. Trotz der struppigen Haare und der schlechten Kleidung vermutet Ortwin in den vermeintlichen Mägden Frauen adliger Herkunft. Kudrun und Herwig erkennen sich schließlich wieder, vergewissert durch ihre Ringe. Doch eine heimliche Rückführung allein Kudruns und Hildeburgs käme für Ortwin nicht in Frage. Erst die siegreiche Überwindung der Normannen und die Rettung aller Frauen bietet angemessenen Ausgleich für die erlittene Schmach. Kudrun beginnt ihren Triumph mit einer großen Trotzgebärde: sie wirft die Wäsche ins Meer und kehrt mit leeren Händen zu Gerlind zurück. Indem sie vorgibt, Hartmut nun doch heiraten zu wollen, bereitet sie den Kampferfolg mit vor.

Am nächsten Tag kommt es zur Erstürmung der Burg, zum Tod vieler Normannen, Raub und Verwüstung des Umlands. Hetels Tod auf dem Wülpensand wird durch die Tötung König Ludwigs gesühnt; Herwig erschlägt ihn. Hartmut wird nicht umgebracht, sondern gefangen geführt, da Kudrun für ihn eintritt, wie auch er sie vor dem tödlichen Zugriff seiner Mutter bewahrt hatte. Die böse Gerlind, die sich sogar als Leibeigene anbietet, findet keine Schonung, auch vor Kudrun nicht, die Ortrun Schutz gewährt. Wate erschlägt Gerlind. So hat die Rache in dieser Geschichte durchaus ihren Raum; aber bezeichnenderweise führt vor allem Wate als Vertreter der älteren Generation die grausamen Schläge. Er ist in verschiedener Hinsicht – auch in der äußeren Erscheinung – eine Replik Hagens im ›Nibelungenlied‹. Doch der blutige Sieg bildet nicht den letzten Akt der Geschichte.

Sieger, Befreite und Gefangene segeln nach Hegelingen zu Hilde, und dort entwickelt Kudrun eine umfassende Friedenspolitik. Entsprechend der Funktion von Eheschließungen in der mittelalterlichen Realität sollen Familienbande die Feindschaft aufheben. Ortwin, Kudruns Bruder, und Ortrun, Hartmuts Schwester, will Kudrun verheiraten ebenso Hartmut und Hildeburg und schließlich noch Herwigs Schwester und dessen früheren Rivalen Siegfried von Morland. Die Eheschließungen erfolgen nicht mit der Automatik eines Märchenschlusses, sondern durch zweckbestimmte Rationalität. Kudrun muß gegen die Einwände der Betroffenen argumentieren, daß nur durch derartige Entscheidungen dauernde Feindschaft verhindert werden kann. *gedenket an daz, / daz niemen mit übele sol deheines hazzes lônen* (1525,2f., »Denkt daran, daß man nicht Böses mit Bösem vergelten soll«), sagt Kudrun zu ihrer Mutter, und Hilde besiegelt den Rechtsakt der Ehe zwischen Ortwin und Ortrun, Hartmut und Hildeburg: *nu wil ich ... daz ez immer fride belibe* (1648,4). Selbst das Problem der Ebenbürtigkeit scheint jetzt irrelevant. Nach der Friedenssicherung zieht jeder in sein Land. Herwig und Ortwin schließen aber zuvor noch einen Vertrag zur wechselseitigen Unterstützung gegen potentielle Feinde. Dadurch wird die allgemeine Befriedung aus der Utopie an die Wirklichkeit herangerückt, mit der Hypothese künftiger Kriegsfälle mündet das Epos vorsichtig in die Welt historischer Erfahrung ein.

Die Geschichte, die sich insgesamt in glattem Bogen darstellt, enthält im Detail zahlreiche Widersprüche, die wohl nicht einfach als Ungeschick, sondern als Zeichen eines Erzählverfahrens zu begreifen sind, das auf Einzelszenen, vielleicht Vortragseinheiten ausgerichtet ist, ohne genaue Abstimmung auf den großen Zusammenhang.

Zu den Bedeutungsmöglichkeiten der ›Kudrun‹ für das zeitgenössische Publikum (des 13. Jahrhunderts?) vorzudringen und die aktuellen Aussagen der Geschichte aufzudecken, ist besonders schwierig bei einem Werk, das so weitgehend durch literarische Bezüge konstituiert ist. Die Frage nach dem potentiell abrufbaren Sinn muß auf jeden Fall den literarischen Hintergrund mit einschließen, auf dem der Autor die Handlung und seine Gestalten entstehen läßt, und d. h. vor allem die Beziehung zum NL, die zahlreiche Interpreten seit dem 19. Jahrhundert betont haben. Sinneröffnend erscheint insbesondere die dominierende Antithetik der beiden Hauptgestalten und des Schlusses: Kudrun als Antityp zu Kriemhild. Der unerbittlichen Rächerin, die selbst ihre eigenen Brüder nicht schont, steht die Versöhnerin gegenüber (es ist nicht die große Dulderin, die das 19. Jahrhundert sah), die ihre engste Familie in ihre Friedensstiftung einbindet. Der pessimistischen Sicht des NL-Dichters, daß menschliches Glück keinen Bestand hat und die höfische Welt völlig zusammenbricht, setzt der Kudrun-Dichter Beendigung der Konflikte und Neubeginn entgegen, *ir sorgen het ein ende* (1700,4, ähnlich 1703,4). Wie beides durch menschliche Aktivität erreichbar ist, führt das Werk dem zeitgenössischen Publikum gerade im Widerspruch zu einer vom NL gesteuerten Erwartung vor. Das Friedenswerk ist Kudruns explizite Leistung. *Ich wæne als grôziu süene nie wart als tet daz kint* (1644,1 »Ich glaube, eine so weitreichende Versöhnung, wie sie die junge Frau zustande brachte, hat es noch nie gegeben«)[7].

Versteht man die Schlußantithetik der ›Kudrun‹ als entschiedene Reaktion auf das NL, so liefert sie zugleich einen Beweis dafür, daß die Vergänglichkeitsdetermination und die Ohnmacht der Handelnden gegenüber dem Gang der Ereignisse als zentrale Aussagen des NL begriffen wurden. Die ›Klage‹ versuchte den schrecklichen Untergang der Nibelungen zu erklären, die ›Kudrun‹ versucht ihm zu widersprechen, indem sie eine Welt entwirft, deren tödliche Mechanismen durch Verträge reguliert werden und regulierbar sind. Wenn die Gründe für Annahme und Ablehnung der Brautwerber mehrfach über die Ebenbürtigkeitsforderung vermittelt wurden, ist das sicher auf historisch relevante Verständnismöglichkeiten des zeitgenössischen Publikums ausgerichtet, dennoch umfaßt die Standesproblematik nicht die zentrale Aussage der ›Kudrun‹, da sie gerade in dem bedeutungsvollen Schlußakt gar keine Rolle spielt (mit Ortwin und Ortrun werden schließlich doch Kudruns und Hartmuts Familie verbunden).

Daß das optimistische Befriedungskonzept der ›Kudrun‹ kaum Resonanz fand, wie die vereinzelte Überlieferung zeigt, mag kein Zufall sein. Die Heiratsarrangements, die sich über die in der höfischen Literatur propagierte und kultivierte emotionale Motivierung personaler Beziehungen ausdrücklich hinwegsetzen, mußten zwanghaft wirken und ein Publikum befremden, das nicht nur das NL, sondern auch den ›Tristan‹, den ›Parzival‹ und andere Artusromane kannte. Die Utopie eines durch menschliche Aktivitäten herstellbaren weitreichenden Friedens hätte wohl höherer ästhetischer Qualitäten, vielleicht einer konsequenteren erzählerischen Durchgestaltung bedurft – wie sie etwa der Artusroman bot –, um sich neben dem NL zu behaupten.

ANMERKUNGEN

1 Einen Aufführungsversuch, auf die Melodie des ›Jüngeren Hildebrandsliedes‹ (Hildebrandston), hat 1983 der Wiener Sänger Eberhard Kummer auf Platten veröffentlicht: PAN-Ges. m. b. H. A–1090 Wien, Brünnlbadgasse 14, Nr. 150005/6 – dazu U. MÜLLER im Begleitheft sowie demn. in: Greifswalder Mittelalter-Studien 1.

2 Leipziger Hs. 496, bl. 57e, zit. nach Wilhelm Grimm, Die deutsche Heldensage, 3. Aufl. hg. von R. STEIG, Gütersloh 1889, S. 181.

3 Als große Sagenkompilation des skandinavischen Mittelalters bezieht die Thidrekssaga durch verwandtschaftliche und gefolgschaftliche Zuordnung sowie durch Konfrontation im Kampf zahlreiche andere Stoffe mit ein, neben dem Nibelungenkomplex auch die Geschichte von Wieland dem Schmied (Welent in der ThS), deren älteste Überlieferung das ›Wölundlied‹ (Vǫlundarkviða) der Edda bietet, wo die Ehe Wielands und seiner Brüder mit Schwanenjungfrauen als 1. Teil und Wielands Gefangenschaft bei König Nidung, Rache und Flucht als 2. Teil dargestellt sind.

4 A. F. C. VILMAR hat diese Vorstellungen in der populärsten Literaturgeschichte jener Zeit, die 1845 zuerst erschien und noch 1936 neu aufgelegt wurde, verbreitet, und ganz ähnlich begegnen sie auch in W. SCHERERS als Anti-Vilmar konzipierter ›Geschichte der deutschen Literatur‹ seit 1883.

5 Aufgrund der literarischen Bezüge kommt eine Datierung erst nach Gottfrieds von Straßburg ›Tristan‹, d. h. nach 1210/15 in Betracht. Ein möglicher Reflex des ›Statutum in favorem principum‹ weist in die Zeit nach 1232. Wenn man allerdings die Strophenform des überlieferten ›Kudrun‹-Epos als Vermittlungsstufe für die Strophenform von Wolframs ›Titurel‹ versteht, müßte das Werk bereits vor 1220 entstanden sein.

6 Der in den Ausgaben gebotene mittelhochdeutsche, dem ›Nibelungenlied‹ nahe erscheinende Text ist eine Rekonstruktion der Herausgeber.

7 In seiner genrehaften psychologisierenden Rezeption hat VILMAR diesen entscheidenden Punkt an der ›Kudrun‹ durchaus markiert: Er hätte es angemessener gefunden, wenn der unterlegene Bewerber im Kampf den Heldentod gestorben wäre, doch die Botschaft des Epos sei Überwindung von Haß und Schaffung von Frieden.

BIBLIOGRAPHIE

Textausgaben

Dukus Horant: hg. von P. F. GANZ, F. NORMAN, W. SCHWARZ (ATB, Ergänzungsreihe 2), Tübingen 1964.

Edda: hg. von G. NECKEL, 2 Bde., Heidelberg 1914; 3. Aufl. hg. von HANS KUHN, Heidelberg 1962; Übersetzung von F. GENZMER (Sammlung Thule 1), Neuausgabe Düsseldorf/Köln 1963 und 1981.

Diu Klage mit den Lesarten sämtl. Hss., hg. von K. BARTSCH, Leipzig 1875, Nachdruck Darmstadt 1964.

Kudrun: hg. von K. BARTSCH, 5. Aufl. überarb. u. neu eingel. von K. STACKMANN

(Deutsche Klassiker des Mittelalters), Wiesbaden 1965; Übersetzung von K. Simrock, eingeleitet und überarbeitet von F. Neumann (RUB 465–467), Stuttgart 1978.

Das Lied vom Hürnen Seyfrid. Mit einem Anhang: Das Volksbuch vom gehörnten Siegfried, hg. von W. Golther, Halle a. S. ²1911.

Das Nibelungenlied. Nach der Ausgabe von K. Bartsch, hg. von H. de Boor (Deutsche Klassiker des Mittelalters), Wiesbaden ²⁰1972 [Text nach der Hs. B]; Mittelhochdeutscher Text und Übertragung, hg., übersetzt und mit einem Anhang versehen von H. Brackert (Fischer Bücherei 6038, 6039), Frankfurt a. M. 1970 u. ö. [Berücksichtigung der Merkmale mehrerer Hss.]; Paralleldruck der Handschriften A, B und C nebst Lesarten der übrigen Handschriften, hg. von M. Batts, Tübingen 1971 [Für wissenschaftl. Forschung wichtig].

Ólafs saga Tryggvasonar, in: Flateyjarbok, hg. von G. Vigfusson und C. R. Unger, I, Christiana 1860, S. 275–283.

Hans Sachs, Der hürnen Seufrid: hg. von E. Goetze (Neudrucke dt. Literaturwerke, N. F. 19), Tübingen ²1967.

Saxonis Gesta Danorum: hg. von A. C. Knabe, P. Herrmann, J. Olrik, H. Roeder, 2 Bde., Kopenhagen 1931–1935.

Snorra-Edda: hg. von F. Jónsson, Kopenhagen 1900; Übersetzung von G. Neckel u. F. Niedner (Sammlung Thule 20), Neuausgabe Düsseldorf/Köln 1966.

Thidrekssaga: hg. von H. Bertelsen, 2 Bde., Kopenhagen 1905–11. Übersetzung von F. Erichsen (Sammlung Thule 22), Neuausgabe Düsseldorf/Köln 1967.

Völsunga saga: hg. von M. Olsen, Kopenhagen 1906–08. Übersetzung von P. Herrmann (Sammlung Thule 21), Neuausgabe Düsseldorf/Köln 1966.

Forschungsliteratur

Bibliographie, grundlegende und übergreifende Darstellungen

W. Krogmann / U. Pretzel, Bibliographie zum Nibelungenlied und zur Klage, 4. Aufl. von H. Haas u. W. Bachofer, Berlin 1966.

W. Grimm, Die deutsche Heldensage, 3. Aufl. hg. von R. Steig, Gütersloh 1889. – W. Hoffmann, Mittelhochdeutsche Heldendichtung, Berlin 1974. – H. Uecker, Germanische Heldensage (Sammlung Metzler 106), Stuttgart 1972. – G. Weber / W. Hoffmann, Nibelungenlied (Sammlung Metzler 7), Stuttgart ⁴1974.

Spezielle Literatur

H. de Boor, Einleitung zu der Ausgabe von K. Bartsch, Wiesbaden 1972. – H. de Boor, Hat Siegfried gelebt?, PBB 63 (1939) 250–271. – H. Brackert, Anhang zu der Ausgabe: Das Nibelungenlied, hg. von H. Brackert. – H. Brackert, Beiträge zur Handschriftenkritik des Nibelungenliedes (Quellen u. Forschungen, N. F. 135), Berlin 1963. – W. Hoffmann, Kudrun. Ein Beitrag zur Deutung der nachnibelungischen Heldendichtung, Stuttgart 1967. [Mit umfangreicher Bibliographie]. – K. H. Ihlenburg, Das Nibelungenlied. Problem und Gehalt, Berlin 1969. – G. Kaiser, Deutsche Heldenepik, in: Europäisches Hochmittelalter (Neues Handbuch der Literaturwissenschaft 7), hg. von H. Krauss, Wiesbaden 1981, S. 181–216. – K. Lachmann, Über die ursprüngliche Gestalt des Gedichts von der

Nibelungen Noth, Berlin 1816, aufgenommen in: Kleinere Schriften zur Deutschen Philologie, Berlin 1876, S. 1–80. – J. D. MÜLLER, »Sivrit: künec – man – eigenholt«. Zur sozialen Problematik des Nibelungenliedes, in: Amsterdamer Beiträge zur Älteren Germanistik 7 (1974) 85–124. – B. NAGEL, Das Nibelungenlied. Stoff – Form – Ethos, Frankfurt a. M. 1965. – F. PANZER, Studien zum Nibelungenliede, Frankfurt a. M. 1945. – W. SCHERER, Geschichte der deutschen Literatur, Berlin 1883 u. ö., 5. Kapitel: Das mittelhochdeutsche Volksepos. Hilde und Gudrun. – K. STACKMANN, Einleitung der Ausgabe: Kudrun, hg. von K. BARTSCH, Wiesbaden 1965. – A. F. C. VILMAR, Geschichte der deutschen Nationalliteratur, Marburg 1845 u. ö., Alte Zeit. 1. Periode: Volksepos. Gudrun. – P. WAPNEWSKI, Rüdigers Schild. Zur 37. Aventiure des Nibelungenliedes, in: Euph. 54 (1960) 380–410. – G. WEBER, Das Nibelungenlied. Problem und Idee, Stuttgart 1963.

DIETRICH VON BERN

von

JOACHIM HEINZLE

Gefragt nach dem bekanntesten Helden aus der germanisch-deutschen Sagenwelt, wird der durchschnittlich gebildete Zeitgenosse wahrscheinlich Siegfried nennen. Noch zu Luthers Zeiten hätte der Befragte mit Sicherheit einen anderen genannt: Dietrich von Bern. Ihn, der heute aus dem allgemeinen Bewußtsein verschwunden ist, haben die Deutschen im Mittelalter von allen Helden ihrer Vorzeit am meisten geliebt, und von ihm wußten sie auch das meiste zu berichten: von wandernden Berufsrezitatoren vorgetragen, auf Pergament und Papier niedergeschrieben, schließlich bis ins 17. Jahrhundert hinein als populärer Lesestoff gedruckt, rankte sich um ihn eine bunte Fülle von Erzählungen. Die Wurzeln der Tradition reichen, wie in der heroischen Überlieferung der Germania die Regel, letztlich in die Völkerwanderungszeit zurück: in Dietrich, dem Herrscher von Bern (womit das oberitalienische Verona gemeint ist), lebt die Erinnerung an den Ostgotenkönig Theoderich den Großen (um 455–526) fort. Was von Dietrich erzählt wird, ist freilich nicht einfach poetisch verbrämte Wiedergabe der Taten Theoderichs, sondern bildet einen heterogenen Stoffkomplex, der nur partiell und ganz entfernt auf historische Ereignisse zurückgeführt werden kann. Wenn man sich einen Überblick verschaffen will, unterscheidet man am besten drei Teilüberlieferungen, die relativ selbständig nebeneinander stehen (sie sind nur einmal zu einem biographischen Gesamtzusammenhang verbunden worden in der auf deutschen Quellen beruhenden norwegischen ›Thidrekssaga‹ aus der Mitte des 13. Jahrhunderts): die Überlieferung von Dietrich und Ermenrich, die Überlieferung von Dietrichs Abenteuern, die Überlieferung von Dietrichs Ende.

I. DIE ÜBERLIEFERUNG VON DIETRICH UND ERMENRICH

Zieht man zusammen, was die verschiedenen Dichtungen von Dietrich und Ermenrich erzählen, dann ergibt sich in etwa die folgende Grundfabel: Dietrich wird von seinem Onkel Ermenrich aus seinem oberitalienischen Erbreich vertrieben; die Flucht führt ihn ins Exil an den Hof des Hunnenkönigs Etzel, von wo aus er mit hunnischer Hilfe mehrere erfolglose Rückeroberungsversuche unternimmt; nach dreißig bzw. zweiunddreißig Jahren gelingt endlich die Heimkehr. Als historische Grundlage von Dietrichs Vertreibung gilt das zentrale Ereignis in der Laufbahn Theoderichs: die Begründung des italienischen Reichs der Ostgoten. Auf Veranlassung des oströmischen Kaisers Zeno in Italien eingefallen, wo der Skirenfürst Odoaker als Heerkönig herrschte, besiegte er diesen in drei Feldschlachten, schloß ihn in Ravenna ein, brachte ihn – nach zweieinhalbjähriger Belagerung, die zunächst mit einem Ausgleich endete – im Jahre 493 eigenhändig um und sicherte sich damit die Alleinherrschaft in Italien. Die Dietrich-Überlieferung hätte demnach das historische Verhältnis zwischen Theoderich und Odoaker ins Gegenteil verkehrt: aus dem Eroberer wäre ein Vertriebener geworden. Man nimmt an, daß zu Beginn des Umformungsprozesses die Rolle des Usurpators noch Odoaker zufiel: dies scheint das althochdeutsche ›Hildebrandslied‹ zu bezeugen, demzufolge Dietrich und seine Leute *Otachres nid*, den Zorn des Odoaker (v. 18), fliehen mußten. In der weiteren Entwicklung wäre dann Odoaker durch Ermenrich ersetzt worden, hinter dem sich der historische Ostgotenkönig Hermanarich verbirgt, ein Vorfahr Theoderichs, der um 375 beim Einfall der Hunnen in sein Reich den Tod gefunden hatte. In der Erzähltradition der Germanen ist ihm eine typische Rolle zugewachsen: die des Verwandtenfeinds (ausgeprägt in der Svanhild- und der Harlungen-Überlieferung), und aus dieser Rolle erklärt man sein Eintreten in die Dietrich-Überlieferung. Daß Dietrichs Flucht gerade zum Hunnenkönig Etzel, dem historischen Attila († 453), führte, hat man mit der Feindschaft zwischen Hermanarich und den Hunnen in Verbindung gebracht und damit, daß Theoderichs Vater Theodemer mit den Hunnen unter Attila verbündet war; ausschlaggebend dürfte indes das traditionelle Etzelbild der Völker im Südosten Europas gewesen sein, denen der Hunnenkönig als mächtiger Beschützer, als »Völkerhirte«, galt. Schließlich hat man in der Exilsituation einen Reflex der Tatsache gesehen, daß Theoderich seine Kindheit als Geisel am byzantinischen Kaiserhof verbrachte (wobei man die Zahl von dreißig bzw. zweiunddreißig Jahren auf die Zeit vom Beginn des Aufenthalts in Byzanz bis zum Beginn der italienischen Herrschaft oder auf deren Dauer bezieht). – Die geschichtswidrige Verbindung von Theoderich / Dietrich mit Hermanarich / Ermenrich und Attila / Etzel hat nichts Befremdliches: von dem Bestreben geleitet, ursprünglich eigenständige Stoffkreise zu einer geschlossenen Heldenwelt zu integrieren, ist sie charakteristisch für die Umformung von Historie in heroische Überlieferung. Rätselhaft ist hingegen, wie es zur Verwandlung der historischen Eroberung Italiens durch Theoderich in die Vertreibung Dietrichs aus Italien kommen konnte. Man hat sie u. a. erklärt als Versuch, die Gotenherrschaft in Italien als ursprünglich und daher rechtmäßig hinzustellen, oder als Folge des Eindrucks, den der tragische Untergang der Goten bei den anderen germanischen Stämmen hinterlassen habe. Nach allem, was wir heute über die Eigenart heroischer Überlieferung wissen, wird die Umformulierung des wirklichen Geschehens am ehesten als ein Akt der Bewältigung historischer Erfahrung zu verstehen sein, der sich möglicherweise an einem »Situationsschema« orientierte, das – mit einem mehr oder weniger festen Motivinventar ausgestattet – aus älterer Erzähltradition geläufig war.[1] Im einzelnen bleibt aber alles dunkel, und man begreift das Ungenügen, aus dem heraus jüngst ein radikal anderer Lösungsversuch entwickelt wurde:[2] danach wäre nicht Ermenrich als Verwandtenfeind in die sich formierende Dietrich-Überlieferung eingetreten, sondern diese umgekehrt als Teil der Ermenrich-Überlieferung ausgebildet worden (wobei man die Nennung Odoakers im ›Hildebrandslied‹ als Produkt sekundärer Historisierung aufzufassen hätte). Der Ansatz (der z. T. an ältere Forschung anknüpft) dürfte wenig Aussicht haben, sich gegen das »klassische« Erklärungsmodell durchzusetzen. Aber er ist von erheblichem methodologischem Wert, insofern er deutlich macht, wie hypothetisch alle Rekonstruktionsversuche sind.

Gestaltet ist die Auseinandersetzung zwischen Dietrich und Ermenrich vor allem in der sog. historischen Dietrichepik: den mittelhochdeutschen Epen ›Dietrichs Flucht‹ (auch ›Buch von Bern‹ genannt), ›Rabenschlacht‹ und ›Alpharts Tod‹. – ›Dietrichs Flucht‹ (über 10000 Reimpaarverse) und ›Rabenschlacht‹ (über 1100 sechszeilige Strophen) sind auf älterer, im einzelnen aber nicht sicher zu greifender Grundlage wohl in der zweiten Hälfte des 13. Jahrhunderts in Österreich entstanden (die Verfasser sind unbekannt; allenfalls als Bearbeiter gilt ein *Heinrich der Vogelaere*, von dem in ›Dietrichs Flucht‹, v. 7999ff., im Blick auf einen Exkurs über erzwungenen Fürstendienst gesagt wird, er habe *dise wernde swaere*, »diese bis heute andauernde Plage«, *gesprochen und getihtet*). In den vier vollständigen Handschriften stets gemeinsam überliefert, bilden die beiden Epen eine Art Zyklus, der das Motiv des glücklosen Sieges variiert. ›Dietrichs Flucht‹ gibt zunächst einen chronikartigen Überblick über die Geschichte von Dietrichs Vorfahren und berichtet dann, wie Ermenrich, von dem treulosen Ratgeber Sibeche angestachelt, Dietrich trotz dessen Sieg in der Schlacht ins hunnische Exil zwingen kann. Es gelingt ihm nämlich, die besten Dietrichhelden zu fangen, und er schont ihr Leben nur unter der Bedingung, daß Dietrich ihm sein Land überläßt. Zwei Rückeroberungsversuche scheitern, obwohl Dietrich wiederum Sieger in der Schlacht bleibt: der erste, weil ihm der Verräter Witege in den Rücken fällt; der zweite, weil er nach dem Verlust einiger seiner besten Helden den Sieg nicht ausnützt. Die ›Rabenschlacht‹ (Raben = Ravenna), deren Handlung sich z. T. mit der von ›Dietrichs Flucht‹ überschneidet, erzählt von einem weiteren Rückeroberungsversuch. Ermenrich wird erneut besiegt, und erneut ist Dietrich im Sieg ohne Glück: die zwei ihm anvertrauten Söhne Etzels und sein eigener Bruder Diether, alle drei unerfahrene Knaben, werden von Witege getötet, und wieder zieht er sich zu Etzel zurück. An Witeges Rolle als Töter junger Helden knüpft auch der ›Alphart‹ an, den ein unbekannter Dichter vielleicht in der zweiten Hälfte des 13. Jahrhunderts im alemannischen oder bairisch-österreichischen Raum verfaßt hat (überliefert nur in einer lückenhaften Handschrift des 15. Jahrhunderts, 469 zwischen Nibelungenstrophe und Hildebrandston[3] schwankende Strophen). Der unerfahrene Dietrichheld Alphart wird auf einem Erkundungsritt von Witege und dem wie dieser von Dietrich zu Ermenrich übergetretenen Heime in unritterlich heimtückischem Doppelangriff getötet, nachdem sie ihm in ehrlichem Einzelkampf nicht gewachsen sind. – Die literarhistorische Erforschung der drei Epen steckt noch in den Kinderschuhen. Nachdem die Forschung sich über Jahrzehnte ohne nennenswertes Ergebnis darin erschöpfte, ihre Vorgeschichte aufdecken zu wollen, hat man erst in den letzten Jahren damit begonnen, sie als Dokumente eigenen Rechts im Rahmen der Literatur des späteren 13. Jahrhunderts eingehender zu untersuchen.[4] Dabei ist man der Gefahr nicht entgangen, der herkömmlichen Geringschätzung ihres künstlerischen Wertes mit einer ebenso unangemessenen Überschätzung zu begegnen. Erforderlich wäre eine Analyse, die die stark hervortretenden Unebenheiten der Handlungsführung, statt sie zu bagatellisieren, aus der Spannung zwischen den Gattungstraditionen zu begreifen sucht, in der die Verfasser sich mit mehr oder weniger Geschick bewegen. Im ganzen scheint sich eine Verständnisperspektive abzuzeichnen, die die Werke als poetische Kommentare zum Verfall überkommener Normvorstellungen in einer als drückend empfundenen Gegenwart sieht (die man im Falle von ›Dietrichs Flucht‹ konkret als die Österreichs zur frühen Habsburgerzeit bestimmt hat).

Die Exilsituation Dietrichs bildet u. a. den Hintergrund für sein Auftreten im ›Nibelungenlied‹ (s. oben S. 125, 127) und in der ›Nibelungenklage‹ sowie in der nur in geringen Resten (499 Reimpaarverse) erhaltenen Dichtung ›Dietrich und Wenezlan‹, die vielleicht noch in der ersten Hälfte des 13. Jahrhunderts wohl im bairisch-österreichischen Raum entstanden ist. In ihr muß Dietrich, der von Etzel unterstützt wird, in einem turniermäßig aufgezogenen Kampf gegen den Polenfürsten (König) Wenezlan antreten, um seine treuen Kampfgefährten Hildebrand und Wolfhart auszulösen, die dieser gefangen hält. Das Fragment bricht mitten im Kampf mit einem Stoßseufzer Dietrichs ab; der Ausgang bleibt unklar.

Die ›Nibelungenklage‹ schildert, wie Dietrich nach der Katastrophe des Burgundenuntergangs den Etzelhof für immer verläßt, berichtet aber nichts von seiner Heimkehr. Diese ist in epischer Gestaltung nur aus der ›Thidrekssaga‹ bekannt: Ohne Heer, nur in Begleitung seines alten Waffenmeisters Hildibrand und seiner Gemahlin Herrad, zieht Thidrek (= Dietrich) in sein Reich. Unterwegs erfahren sie, daß Ermanrik (= Ermenrich) inzwischen gestorben ist und Sifka (= Sibeche) die Macht übernommen hat, Bern sich aber in der Hand von Hildibrands Sohn Alibrand befindet, der Thidrek treu ergeben ist. Hildibrand provoziert einen Kampf mit seinem Sohn, dem er sich erst zu erkennen gibt, nachdem er ihn besiegt hat. Glücklich vereint, begeben sie sich in die Stadt Bern, deren Bewohner auf die Nachricht von Thidreks Rückkehr sich für diesen und gegen Sifka als ihren Herrn entscheiden. Thidrek wird im Triumph eingeholt und in seine alten Rechte eingesetzt. Die Machthaber des Reiches liefern ihm ihre Städte und Burgen aus, und in einer gewaltigen Schlacht besiegt er Sifka, der von Alibrands Hand fällt. Ermanriks Leute gehen zu ihm über, er wird in Rom mit dessen Krone gekrönt und regiert fortan als der berühmteste und mächtigste aller Herrscher. – Der Kampf zwischen Hildebrand und seinem Sohn ist Gegenstand des bereits erwähnten althochdeutschen ›Hildebrandsliedes‹, das in einer fragmentarischen Niederschrift aus der ersten Hälfte des 9. Jahrhunderts vorliegt. Seine Darstellung weicht in wesentlichen Punkten von der der ›Thidrekssaga‹ ab: Vater und Sohn (er heißt hier Hadubrant) treten sich als Kämpfer zwischen zwei Heeren gegenüber. Nachdem Hildebrand den Namen seines Gegners erfragt hat, gibt er sich zu erkennen. Hadubrant glaubt ihm jedoch nicht und vermutet eine List des »alten Hunnen« (v. 39), für den er ihn hält. Der Kampf ist unausweichlich. Mit dem Beginn seiner Schilderung bricht die Aufzeichnung ab, so daß der Ausgang strenggenommen ungewiß ist. Es deutet aber alles darauf hin, daß der Kampf mit dem Tod Hadubrants endete (die Existenz einer solchen Version des Stoffes belegen einwandfrei jüngere nordische Zeugnisse, während die Beweiskraft einer immer wieder herangezogenen Strophe des Lied- und Spruchdichters Marner aus der Mitte des 13. Jahrhunderts durchaus zweifelhaft ist). Eine Variante der versöhnlichen Version bietet hingegen das ›Jüngere Hildebrandslied‹, das von der zweiten Hälfte des 15. bis in die zweite Hälfte des 17. Jahrhunderts (außerhalb des deutschen Sprachraums sogar darüber hinaus) breit überliefert ist und dank seiner Aufnahme in die großen Volksliedsammlungen des 19. Jahrhunderts (darunter ›Des Knaben Wunderhorn‹) zum festen Bestand der bis heute beliebten Balladenanthologien gehört. – In den weiteren Umkreis des Erzählkomplexes von Dietrichs Heimkehr stellt sich schließlich noch das seltsame Lied von ›Ermenrikes dot‹ (›Ermenrichs Tod‹), das in zwei niederdeutschen Drucken des 16. Jahrhunderts überliefert ist. Hier wird Ermenrich in seiner Burg *to dem Freisack* (= Friesach in Kärnten?) von Dietrich und dessen Gesellen überfallen und getötet. Im einzelnen ist der Text stark entstellt und bietet dem Verständnis große Schwierigkeiten. Die Versuche, ihn in die Entwicklungsgeschichte der Überlieferung von Dietrich und Ermenrich einzuordnen (etwa als Produkt einer Kontamination mit der Svanhild-Überlieferung), überzeugen nicht.

II. DIE ÜBERLIEFERUNG VON DIETRICHS ABENTEUERN

Die Überlieferung von Dietrichs Abenteuern zeigt den Helden im Kampf gegen die verschiedensten, meist übernatürlichen Gegner (Riesen, Zwerge, Drachen). Die Kämpfe sind – bisweilen widersprüchlich – teils als Jugendtaten Dietrichs vor der Auseinandersetzung mit Ermenrich gedacht, teils setzen sie diese voraus oder verhalten sich indifferent zu ihr. Auf historische Grundlagen kann man diese Überlieferung nicht zurückführen, und es ist auch sehr schwer auszumachen, wie alt sie ist. Sicher bezeugt ist sie im Grunde erst seit dem 13. Jahrhundert in der sog. aventiurehaften Dietrichepik. Von möglichen früheren Zeugnissen, die in der Forschung diskutiert worden sind, ist nur eines von hinreichender Gewähr: das des sog. ›Waldere‹, einer angelsächsischen Fassung der auch in Deutschland verbreiteten Geschichte von Walther und Hildegund, von der zwei Pergamentblätter erhalten sind, die man gewöhnlich ins 9. Jahrhundert datiert. Hier ist (II v. 8ff.) beiläufig davon die Rede, daß Dietrich von Widia (= Witege) aus Gefangenschaft befreit wurde und »durch der Ungeheuer (»Riesen«? *fifela*) Gefilde (*gefeald* = *gefeold*? oder *geweald* »Gewalt«?) davoneilte«. Dies könnte ein Indiz dafür sein, daß wenigstens zwei der aventiurehaften Dietrichepen, ›Sigenot‹ und ›Virginal‹ (s. u.), die von einer Gefangenschaft Dietrichs bei Riesen erzählen, an eine vielleicht sehr alte Tradition anknüpfen. Im übrigen lassen sich die Fabeln dieser wie der anderen aventiurehaften Dietrichepen nicht über das 13. Jahrhundert zurückverfolgen. Die Bezeichnung »aventiurehaft« ist abgeleitet von der grundlegenden Thematik der betreffenden Erzählungen: Dietrich hat, allein oder in Begleitung seiner Gesellen, ein gefährliches Abenteuer (mittelhochdeutsch *âventiure*) zu bestehen (zu verwerfen ist die konkurrierende Bezeichnung »märchenhafte Dietrichepik«, weil sie, an der Übernatürlichkeit von Dietrichs Gegnern orientiert, den ›Rosengarten‹, in dem es Dietrich überwiegend mit menschlichen Widersachern zu tun hat, ausschließt und damit einen wichtigen Zusammenhang verdeckt). Sieht man von bislang nicht identifizierten Fragmenten ab, die Reste sonst unbekannter aventiurehafter Dietrichepen sein könnten,[5] handelt es sich um insgesamt sieben Stücke, von denen meist mehrere, nach Textgestalt und Textbestand stark divergierende Fassungen bekannt sind:[6]

1. ›Goldemar‹ von einem gewissen Albrecht von Kemenaten, der

identisch sein dürfte mit einem Dichter gleichen Namens, den Rudolf von Ems um 1230/40 als Zeitgenossen nennt, daher in die erste Hälfte des 13. Jahrhunderts zu datieren, als Bruchstück (etwas über 9 Strophen im dreizehnteiligen Bernerton) erhalten in einer Handschrift des 14. Jahrhunderts, im Inhalt erschließbar aus sekundären Zeugnissen (Dietrich befreit mit Hilfe seiner Gesellen die Prinzessin Hertlin von Portugal aus der Hand des Zwergenkönigs Goldemar, der sie entführt hatte, und heiratet sie);

2. ›Eckenlied‹, entstanden vor der Mitte des 13. Jahrhunderts vielleicht in Tirol, erhalten in mehreren Fassungen in insgesamt 7 Handschriften (erste Hälfte 13. Jahrhundert – zweite Hälfte 15. Jahrhundert) und mindestens 11 Drucken (1491 – ca. 1590), um 300 Strophen im Bernerton (von der Königin Seburg beauftragt, fordert der junge Riese Ecke Dietrich zum Kampf heraus und wird von ihm erschlagen; anschließend hat Dietrich verschiedene Abenteuer zu bestehen, vor allem wilde Kämpfe mit Riesen und Riesenweibern aus Eckes Verwandtschaft);

3. ›Sigenot‹, entstanden vor dem Ende des 13. Jahrhunderts vielleicht im schwäbisch-alemannischen Raum, erhalten in einer Kurzfassung (»älterer ›Sigenot‹«) in einer Handschrift aus der Zeit um 1300, 44 Strophen im Bernerton, und einer Langfassung (»jüngerer ›Sigenot‹«) in 7 Handschriften des 15. Jahrhunderts und mindestens 20 Drucken (ca. 1487–1661), um 200 Strophen im Bernerton (Dietrich wird von dem Riesen Sigenot gefangengesetzt und von Hildebrand, der den Riesen erschlägt, befreit);

4. ›Virginal‹, wie der ›Sigenot‹ entstanden vor dem Ende des 13. Jahrhunderts vielleicht im schwäbisch-alemannischen Raum, erhalten in mehreren Fassungen in insgesamt 12 Handschriften (um 1300 – Ende 15. Jahrhundert), zwischen 130 und knapp 1100 (!) Strophen im Bernerton (Dietrich und Hildebrand befreien die Königin Virginal von der Bedrohung durch den Heiden Orkise und haben im Zusammenhang damit eine Fülle von Abenteuern zu bestehen: Kämpfe mit Drachen und Riesen, in deren Gewalt Dietrich vorübergehend gerät);

5. ›Laurin‹, entstanden vor dem Ende des 13. Jahrhunderts vielleicht in Tirol, erhalten in mehreren Fassungen in insgesamt mindestens 18 Handschriften (um 1300 – Anfang 16. Jahrhundert) und 11 Drucken (ca. 1483–1590), zwischen 838 und ca. 2830 Reimpaarverse (dazu eine strophische Fassung, 326 Strophen in der Heunenweise[7]) (Dietrich zerstört mit seinen Gesellen den Rosengarten des Zwergenkönigs Laurin und besiegt

diesen mit Mühe im Kampf; nach vorübergehender Versöhnung kommt es in Laurins unterirdischem Reich zu einer gewaltigen Schlacht zwischen den Bernern und den Zwergen, die besiegt werden; dabei wird auch die Schwester von Dietrichs Gesellen Dietleib befreit, die Laurin entführt hatte; eine Fassung berichtet in einem zweiten Teil von einem Rachezug, den Laurins *oheim* Walberan, der Herr der Zwerge im Orient, gegen die Berner unternimmt);
6. ›Rosengarten‹, entstanden vor dem Ende des 13. Jahrhunderts, erhalten in mehreren Fassungen in insgesamt 20 Handschriften (um 1300 – Anfang 16. Jahrhundert) und 6 Drucken (ca. 1483–1590), zwischen 364 und 630 Strophen im Hildebrandston bzw. in der Heunenweise (auf Herausforderung Kriemhilds bzw. ihres Vaters Gibich, des in Worms residierenden Königs der Burgunden, kämpfen Dietrich und elf seiner Gesellen jeweils gegen einen der zwölf Hüter des von Kriemhild bzw. Gibich gehegten Rosengartens zu Worms; Dietrichs Gegner ist Siegfried, der unterliegt);
7. ›Wunderer‹, entstanden vielleicht erst im 15. Jahrhundert, erhalten in einer strophischen Fassung in einer Handschrift von 1472 und 2 Drucken (1503 und 1518), 215 Strophen in der Heunenweise, dazu in zwei Bruchstücken mit Text in Reimpaaren (Druck um 1490, Handschrift Anfang 16. Jahrhundert) (am Hof König Etzels, wohin er von seinen Eltern zur Erziehung gegeben wurde, erschlägt der junge Dietrich den wilden Wunderer, den menschenfressenden Verfolger der Dame Saelde, die zu Etzel geflohen war).

Daß die meisten dieser Stücke in mehreren Fassungen und in so vielen Textzeugen erhalten sind, dokumentiert die außerordentliche Beliebtheit der Stoffe. Der Befund wird unterstrichen durch deren Verwendung auch für Schauspiele spätestens seit dem 15. Jahrhundert (›Wunderer‹ und ›Rosengarten‹) sowie durch die Existenz außerdeutscher Bearbeitungen: je einer tschechischen Fassung des ›Laurin‹ und des ›Rosengarten‹ und einer dänischen Fassung des ›Laurin‹ (aus der zusätzlich eine färöische Ballade geflossen ist). Ein Zeugnis für die poetische Ausstrahlung der Textgruppe ist auch der Heldenroman von ›Biterolf und Dietleib‹, der wohl um die Mitte oder in der zweiten Hälfte des 13. Jahrhunderts vielleicht in der Steiermark von einem unbekannten Dichter verfaßt wurde: er enthält eine wahrscheinlich nach dem Muster des ›Rosengarten‹ gearbeitete Episode, in der Dietrich wie in diesem zum Kampf gegen Siegfried antreten muß. Im übrigen darf es als sicher gelten, daß die Zahl der aventiurehaften Dietrichepen ursprünglich noch größer gewesen ist: dafür sprechen die oben erwähnten Fragmente und andere Indizien (so deuten z. B. eine Episode der ›Thidrekssaga‹, Anspielungen in ›Eckenlied‹ und ›Sigenot‹ und eine bildliche Darstellung auf der Südtiroler Burg Runkelstein aus der Zeit um 1400 auf eine Dichtung, die vom Kampf Dietrichs und Hildebrands mit einem Riesenpaar Grim und Hilde handelte[8]).

Dietrichs Abenteuer spielen sich weitgehend im Waldgebirge Südtirols ab, und es ist möglich, daß die Geschichten z. T. an Volkserzählgut anknüpfen, das dort beheimatet ist. Der Nachweis läßt sich freilich schwer führen, weil die einschlägigen Sagen nur in späten und nicht durchweg zuverlässigen Aufzeichnungen bezeugt sind: man kann niemals ganz ausschließen, daß die Parallelen von einem Einfluß der über Jahrhunderte populären Dietrichepik selbst herrühren bzw. aus deren Kenntnis heraus erst von den gelehrten Sammlern durch passende Stilisierung bewußt oder unbewußt hergestellt wurden. Am ehesten überzeugt noch die Herleitung der Rosengarten-Handlung des ›Laurin‹ aus einer ladinischen Erzähltradition, einer ätiologischen, das Alpenglühen erklärenden Sage, deren Kern die frevelhafte Zerstörung eines Rosengartens im Gebirge bildet. Durchaus möglich scheint auch, daß hinter dem Orkise der ›Virginal‹ das Ungeheuer Ork steht, das in der alpinen Sagenwelt eine wichtige Rolle spielt. Höchst problematisch ist hingegen die Verbindung des ›Eckenliedes‹ mit einer Sage von drei Wetterhexen auf dem Südtiroler Berg Jochgrimm, wo der Dichter Seburg zusammen mit zwei weiteren Königinnen residieren läßt. Und ganz unwahrscheinlich ist es, daß die Dame Saelde des ›Wunderer‹ etwas mit der aus Tiroler Sagen bekannten Frau Selga zu tun hat.

Wichtiger als solche Anknüpfungen, die allemal fragwürdig sind, ist für das Verständnis der Texte die Tatsache, daß sie sehr weitgehend mit Hilfe von typischen (international verbreiteten) Erzählschablonen zusammengefügt sind. Das gilt für einzelne Motive ebenso wie für die Fabeln, die sich im Grundriß auf zwei elementare Schemata zurückführen lassen: das »Herausforderungsschema« (Dietrich wird herausgefordert, sich mit einem gefährlichen Gegner zu messen, oder fordert seinerseits einen solchen heraus) und das »Befreiungsschema« (Dietrich befreit ein Mädchen aus der Gewalt eines Unholds). Das Herausforderungsschema liegt in der passiven Variante (Dietrich wird herausgefordert) dem ›Eckenlied‹ und dem ›Rosengarten‹, in der aktiven Variante (Dietrich ist der Herausforderer) dem ›Sigenot‹ zugrunde; dem Befreiungsschema folgen der ›Goldemar‹ und der ›Wunderer‹; kombiniert erscheinen die beiden Schemata schließlich in der ›Virginal‹ und im ›Laurin‹. In der Typik ihrer Erzählschablonen ist die aventiurehafte Dietrichepik nah verwandt mit der Artusepik, die in Deutschland seit der Rezeption der Romane Chrétiens de Troyes in der zweiten Hälfte des 12. Jahrhunderts zur führenden großepischen Gattung geworden war. Inwieweit sich die Übereinstimmungen aus direktem Einfluß der Artusepik auf den Dietrichstoff erklären, ist nicht mehr festzustellen (denkbar wäre etwa, daß im Bereich des Dietrichstoffs Erzählelemente vorhanden waren, die denen der Artusepik entsprachen, aber erst unter deren Einfluß literarisch geworden sind). In jedem Fall mußte die typologische Verwandtschaft zu einem Konkurrenzverhältnis im System der höfischen Literatur führen, das die Texte geprägt hat: romanhafte Züge überformten die heroische Überlieferung und ließen die aventiurehafte Dietrichepik sich als »späte«, d. h. gattungsmäßig hybride Heldendichtung konstituieren (wie sie aus der heroischen Poesie aller Völker und Zeiten bekannt ist). Die Verfasser hatten sich vor allem mit der Aventiure- (und Minne-)Motivik der Romantradition auseinanderzusetzen. Dies geschah auf der einen Seite, indem sie diese Motivik zwar aufgriffen, aber die im Roman mit ihr verbundene Ideologie in ein kritisches Licht rückten mittels der (von der Besonderheit ihres Stoffes bedingten) Art der Darstellung: durch Demonstration der mörderischen Sinnlosigkeit der »reinen« Aventiure (Herausforderungsschema!), die sichtbar wird, wenn man diese aus dem Sinnzusammenhang der von Chrétien geschaffenen Romanstruktur herauslöst, die im Medium des heroischen Stoffes nicht ohne weiteres zu reproduzieren war. Auf der anderen Seite hat man sich aber auch bemüht, die Texte der Romanideologie anzupassen: durch Legitimation der Aventiure als soziale Tat (Befreiungsschema!). Die Auseinandersetzung mit dem höfischen Roman, die sich derart in Kritik und Anpassung vollzogen hat, ist zum Motor in der Entwicklung der Gattung geworden und hat als bestimmendes Moment nicht nur die Hervorbringung der einzelnen Werke, sondern auch und vor allem deren Um- und Weiterbildung in den verschiedenen Fassungen geleitet. Wir sind heute in der Lage, diesen Prozeß in einem literarischen Bezugsfeld recht genau beschreiben zu können, stehen aber vorläufig noch vor immensen Schwierigkeiten, wenn es darum geht, die literarischen Daten auf außerliterarische zu beziehen, d. h. die Entwicklung der Gattung sozialhistorisch aus den Interessen derer zu verstehen, die die Texte hervorgebracht und rezipiert haben.[9]

III. DIE ÜBERLIEFERUNG VON DIETRICHS ENDE

Als biographischer Zyklus, der das gesamte Leben des Helden umspannt, gibt die ›Thidrekssaga‹ auch einen genauen Bericht von dessen Ende: als Thidrek eines Tages im Bade saß, kam ein Knappe und machte ihn auf einen vorbeieilenden Hirsch aufmerksam; begierig, diesen zu erlegen, sprang der König auf, warf seinen Mantel um und befahl, sein Roß und seine Hunde zu bringen; da sah er plötzlich ein fremdes schwarzes Roß gesattelt stehen, bestieg es in seiner Ungeduld und wurde in rasendem Ritt davongetragen, vergeblich sich von dem Tier zu lösen versuchend, das er zu spät als den Teufel erkannte und das ihn auf Nimmerwiedersehen entführte. Nicht weniger schauerlich ist, was Gregor der Große in den ›Dialogen‹ von Theoderichs Tod zu erzählen weiß: er sei von den Geistern des Senators Symmachus, den er hatte hinrichten lassen, und des Papstes Johannes I., dessen Tod man ihm anlastete, in den Schlund eines Vulkans gestürzt worden. Die beiden Berichte repräsentieren die geläufigen Versionen einer Überlieferung von Theoderich/Dietrichs Ende, die in verschiedenen Varianten breit bezeugt ist (u. a. in Chroniknotizen, Exempla, Anspielungen in Dichtungen).[10] Man hält sie im allgemeinen für kirchliche Erfindung, in Umlauf gebracht, um das Andenken des Gotenkönigs zu verunglimpfen, der Arianer war und daher der römischen Kirche als Ketzer galt.

Viel Erfolg ist dem Denunziationsversuch, wenn es sich tatsächlich um einen solchen handelt, nicht beschieden gewesen: die populäre Dietrichdichtung scheint die Verdammung ihres Helden nie akzeptiert zu haben. Die ›Thidrekssaga‹ schließt die Erzählung von Thidreks Teufelsritt mit der Bemerkung, deutsche Männer sagten, in Träumen sei kundgetan, Thidrek habe Gottes und der Jungfrau Maria Beistand gehabt, weil er ihrer bei seinem Tod gedachte. Der ›Wunderer‹ läßt das »unreine« Roß den Helden statt in die Hölle in eine Wüste bringen, wo er bis zum Jüngsten Tag mit Drachen kämpfen muß. In der mittelhochdeutschen Dichtung vom ›Wartburgkrieg‹ (zweite Hälfte des 13. Jahrhunderts) täuscht er den Sturz in den Vulkan nur vor, und zwar auf den Rat Laurins, mit dem er sich zu dessen Bruder Sinnels in das Land Palakers absetzt, wo ihm ein tausendjähriges Leben beschieden ist. Nach der ›Heldenbuch-Prosa‹ schließlich, einem kompilatorischen Überblick über die wichtigsten Gestalten und Ereignisse der deutschen Heldendichtung (zweite Hälfte des 15. Jahrhunderts), bleibt Dietrich am Ende der Heroenzeit als letzter Held übrig – und *da kam*, so heißt es da, *ein cleiner zwerg vnd sprach zů jm: »Berner, Berner, du solt mit mir gan«; da sprach der Berner: »wa sol ich hin gan?«; da sprach der czwerg: »du solt mit mir gan, dein reich ist nit me in diser welt«; also gieng der Berner hinweg, vnd weiszt nieman, wa er kumen ist, obe er noch in leben oder dot sey.*[11]

ANMERKUNGEN

1 Vgl. W. Haug, Die historische Dietrichsage. Zum Problem der Literarisierung geschichtlicher Fakten, in: ZfdA 100 (1971) 43–62.

2 N. Wagner, »Ich armer Dietrîch.« Die Wandlung von Theoderichs Eroberung zu Dietrichs Flucht, in: ZfdA 109 (1980) 209–228.

3 Variante der Nibelungenstrophe mit durchgehend dreihebigem Abvers, vgl. zu den »Tönen« H. Brunner, Strukturprobleme der Epenmelodien, in: Deutsche Heldenepik in Tirol, hg. von E. Kühebacher (Schriftenreihe des Südtiroler Kulturinstituts 7), Bozen 1979, S. 300–328.

4 U. Zimmer, Studien zu Alpharts Tod nebst einem verbesserten Abdruck der Handschrift (GAG 67), Göppingen 1972, S. 109–119 (dazu AfdA 85 [1974] S. 96f.); M. Curschmann, Zu Struktur und Thematik des Buchs von Bern, in: PBB 98 (Tübingen 1976) 357–383; W. Haug, Hyperbolik und Zeremonialität. Zu Struktur und Welt von Dietrichs Flucht und Rabenschlacht, in: Deutsche Heldenepik in Tirol [vgl. Anm. 3], S. 116–134; V. Schupp, Heldenepik als Problem der Literaturgeschichtsschreibung. Überlegungen am Beispiel des Buches von Bern, ebd. S. 68–96; J.-D. Müller, Heroische Vorwelt, feudaladeliges Krisenbewußtsein und das Ende der Heldenepik. Zur Funktion des Buchs von Bern, in: Adelsherrschaft und Literatur, hg. von H. Wenzel (Beiträge zur älteren deutschen Literaturgeschichte 6), Bern/Frankfurt a. M./Las Vegas 1980, S. 209–257.

5 Es handelt sich um Fragmente in der Niedersächsischen Landesbibliothek Hannover (›Dietrich und Fasold‹, vgl. VL II, Sp. 115f.), in der Universitätsbibliothek Salzburg (vgl. Litterae ignotae. Beiträge zur Textgeschichte des deutschen Mittelalters: Neufunde und Neuinterpretationen, hg. von U. Müller [Litterae 50], Göppingen 1977, S. IV) und in der Bayerischen Staatsbibliothek München (vgl. H. Rosenfeld, Ein neu aufgefundenes Fragment von Hartmanns Armem Heinrich aus Benediktbeuern, in: ZfdA 98 [1969] 40–64, hier

S. 41, Anm. 1 [freundlicher Hinweis von Rainer Meisch] – Signatur jetzt: Bayerische Staatsbibliothek München, Cgm 5249).

6 Ausführliche Informationen und Analysen bei J. HEINZLE, Mittelhochdeutsche Dietrichepik. Untersuchungen zur Tradierungsweise, Überlieferungskritik und Gattungsgeschichte später Heldendichtung (MTU 62), München 1978 (über seither hinzugekommene Textzeugen s. die entsprechenden Artikel im VL). – Ergänzend: M. ZIPS, Dietrichs Aventiure-Fahrten als Grenzbereich spätheroischer mittelhochdeutscher Heldendarstellung, in: Deutsche Heldenepik in Tirol [s. Anm. 3], S. 135–171.

7 Variante der Nibelungenstrophe bzw. des Hildebrandstones, bei der auch die Anverse gereimt sind, wodurch ein achtzeiliges Strophengebilde mit Kreuzreim entsteht.

8 Vgl. J. HEINZLE, Die Triaden auf Runkelstein und die mittelhochdeutsche Heldendichtung, in: W. HAUG/J. HEINZLE/D. HUSCHENBETT/N. H. OTT, Runkelstein. Die Wandmalereien des Sommerhauses, Wiesbaden 1982, S. 63–93, hier S. 81 und 90f.

9 Vgl. J. HEINZLE, Überlieferungsgeschichte als Literaturgeschichte. Zur Textentwicklung des Laurin, in: Deutsche Heldenepik in Tirol [s. Anm. 3], S. 172–191, hier S. 185ff.

10 Umfassende Zusammenstellung des Materials bei E. BENEDIKT, Die Überlieferung vom Ende Dietrichs von Bern, in: Festschrift für Dietrich Kralik, Horn 1954, S. 99–111. – Ergänzend: H. SZKLENAR, Die Jagdszene von Hocheppan – ein Zeugnis der Dietrichsage?, in: Deutsche Heldenepik in Tirol [s. Anm. 3], S. 407–465.

11 Text nach: Heldenbuch. Nach dem ältesten Druck in Abbildung hg. von J. HEINZLE, I (Litterae 75/I), Göppingen 1981, Fol. 6r (»da kam ein kleiner Zwerg und sagte zu ihm: ›Berner, Berner, du sollst mit mir gehen‹; da sagte der Berner: ›wohin soll ich gehen?‹; da sagte der Zwerg: ›du sollst mit mir gehen, dein Reich ist nicht mehr in dieser Welt‹; so ging der Berner hinweg, und niemand weiß, wo er hingekommen ist, ob er noch lebe oder tot sei«). – Vgl. VL III, Sp. 953f.

BIBLIOGRAPHIE

Textausgaben

Ausgaben, die heutigen Anforderungen genügen, fehlen fast durchweg. Man ist angewiesen auf eine verwirrende Fülle meist älterer Publikationen, die teils kritischen Anspruch erheben, teils bloße Abdrucke einzelner Textzeugen bieten. Sie hier vollständig aufzulisten, ist nicht möglich. Um dem Leser aber wenigstens einen allerersten Zugang zu den Texten zu eröffnen, nennen wir als Notbehelf jeweils nur eine Ausgabe. Im übrigen sei verwiesen auf die Angaben bei HEINZLE, Dietrichepik [s. Anm. 6], S. 290ff., in den übergreifenden Darstellungen (s. u.) und im VL. Zur ›Thidrekssaga‹, zum ›Nibelungenlied‹ und zur ›Nibelungenklage‹ s. S. 138f. in diesem Band.

Alpharts Tod: hg. von U. ZIMMER [s. Anm. 4].
Biterolf und Dietleib: hg. von A. SCHNYDER (Sprache und Dichtung 31), Bern/Stuttgart 1980.
Dietrichs Flucht: hg. von E. MARTIN, in: Deutsches Heldenbuch II, Berlin 1866, Nachdruck Dublin/Zürich 1967.
Dietrich und Wenezlan: hg. von J. ZUPITZA, in: Deutsches Heldenbuch V, Berlin 1870, Nachdruck Dublin/Zürich 1968.
Eckenlied: hg. von J. ZUPITZA [wie ›Dietrich und Wenezlan‹].
Ermenrikes dot: hg. von J. MEIER, in: Deutsche Volkslieder. Balladen I (Deutsche Volkslieder mit ihren Melodien 1), Berlin/Leipzig 1935.
Goldemar: hg. von J. ZUPITZA [wie ›Dietrich und Wenezlan‹];
(Älteres) Hildebrandslied: hg. von H. D. SCHLOSSER, in: Althochdeutsche Literatur (Fischer Bücherei. Bücher des Wissens 6036), Frankfurt 1970 [mit nhd. Übersetzung].
(Jüngeres) Hildebrandslied: hg. von J. MEIER [wie ›Ermenrikes dot‹].
Laurin: Laurin und der kleine Rosengarten, hg. von G. HOLZ, Halle 1897.
Rabenschlacht: hg. von E. MARTIN [wie ›Dietrichs Flucht‹].
Rosengarten: Die Gedichte vom Rosengarten zu Worms, hg. von G. HOLZ, Halle 1893, Neudruck Hildesheim/New York 1982.
(Älterer) Sigenot: hg. von J. ZUPITZA [wie ›Dietrich und Wenezlan‹].
(Jüngerer) Sigenot: hg. von A. C. SCHOENER (Germanische Bibliothek 3/6), Heidelberg 1928.
Virginal: hg. von J. ZUPITZA [wie ›Dietrich und Wenezlan‹].
Wunderer: Le Wunderer. Fac-similé de l'édition de 1503, hg. von G. ZINK (Bibliothèque de philologie germanique 14), Paris 1949.

Forschungsliteratur

Grundlegende und übergreifende Darstellungen

J. HEINZLE, Dietrich von Bern, in: Enzyklopädie des Märchens III, Berlin/New York 1981, Sp. 657–666. – W. HOFFMANN, Mittelhochdeutsche Heldendichtung (Grundlagen der Germanistik 14), Berlin 1974. – H. SCHNEIDER, Germanische Heldensage I/1: Deutsche Heldensage (Grundriß der germanischen Philologie 10/1), Berlin ^{2}1962. – K. VON SEE, Germanische Heldensage. Stoffe, Probleme, Methoden. Eine Einführung, Frankfurt 1971. – H. UECKER, Germanische Heldensage (Sammlung Metzler 106), Stuttgart 1972.

Spezielle Literatur

Neuere Spezialliteratur ist in den Anmerkungen verzeichnet. Zu den einzelnen Texten ist jeweils das VL zu konsultieren.

›BEOWULF‹ UND ANDERE ALTENGLISCHE HELDENDICHTUNG

von

HEINRICH MATTHIAS HEINRICHS (†)

Das, was die Angelsachsen des frühen Mittelalters von germanischen Heldensagen wußten, können wir ziemlich genau bestimmen. Die Belege für dieses Wissen sind von zweierlei Art. Einmal Texte der Heldensage wie ›Beowulf‹, das ›Finnsburgfragment‹ und die ›Waldere-Fragmente‹, sodann Texte, die Kenntnis der Heldensage aufzeigen. Hierbei müssen wir wieder unterscheiden zwischen Texten, die unmittelbar von Helden und ihren Sagen sprechen, wie ›Widsith‹ oder ›Deors Klage‹ und Texten, in denen auf Heldensage angespielt wird oder Sageninhalte wiedergegeben werden, wie etwa im ›Beowulf‹ oder in den ›Waldere-Fragmenten‹.

Auffallend ist, daß es offensichtlich bei den Angelsachsen keine Dichtung über einen angelsächsischen Helden gegeben hat, es sei denn man rechnet den in ›Widsith‹ und ›Beowulf‹ lobend erwähnten Offa, den König des alten Angeln, wohl des 4. Jahrhunderts, zu den angelsächsischen Helden. An unmittelbaren Zeugnissen besitzen wir nur das Epos ›Beowulf‹ und die genannten Fragmente. Der ›Beowulf‹, das bedeutendste und älteste Epos in einer germanischen Sprache überhaupt, ist uns nur in einer Abschrift der Zeit um 1000 n. Chr. erhalten (s. Nickel, Beowulf 2. Teil, S. VII). Über die Zeit der Entstehung hat man viel gestritten (s. Irving, Introduction, S. 5ff.), sie dürfte zwischen 700 und 750 liegen.

Der Dänenkönig Hrothgar hat eine große Halle mit Namen Heorot (»Hirsch«) errichten lassen. Der Unhold Grendel dringt nächtens in die Halle ein und schleppt Gefolgsleute Hrothgars in seine Moorbehausung, wo er sie verschlingt. So geht es 12 Jahre lang. Beowulf, Neffe und Gefolgsmann des Gautenkönigs Hygelac, beschließt, den Kampf mit Grendel aufzunehmen. Beowulf besiegt Grendel, der todwund ins Moor entflieht. In der folgenden Nacht will Grendels Mutter ihren Sohn rächen. Beowulf besiegt auch diese am folgenden Tag in ihrer unterseeischen

Behausung und kehrt reich belohnt mit seinen Gefährten zu Hygelac zurück, dem er die empfangenen Schätze überreicht. Er wird von diesem hochgeehrt (v. 1–2199).

Der zweite Teil spielt mehr als fünfzig Jahre später, nachdem Beowulf nach dem Tod Hygelacs und dessen Sohns Heardred lange Jahre das Gautenvolk in Frieden regiert hat. Ein Drache, dem ein kostbarer Becher aus seinem Schatz entwendet worden war, verheert das Gautenland mit Feuer. Beowulf will für das Wohl seines Volkes um Ruhm und Gold den Drachen besiegen oder sterben. Mit Hilfe seines jungen Verwandten Wiglaf gelingt es ihm, den Drachen zu töten, er selbst ist aber zu Tode verwundet. Beowulf wird verbrannt und ein weithin sichtbares Grab mit Ehrenmal für ihn auf einem Vorgebirge errichtet. Zwölf Krieger singen ein Klage- und Preislied für diesen König; »der der freigiebigste und edelste Mensch gewesen sei, seinen Leuten gegenüber äußerst gnädig und immer nach Ruhm strebend« (v. 2200–3182). Der Dichter war sicher Christ, wahrscheinlich Geistlicher, obwohl ein Laie nicht völlig auszuschließen ist (s. Sisam, Structure, S. 62ff.). Er kennt die christliche Schöpfungsgeschichte und anderes aus dem Alten Testament, und seine Gestalten glauben an einen Gott, der für die angelsächsischen Zuhörer natürlich der christliche Gott ist. Weder Woden noch Thunor werden genannt, aber ebensowenig Christus oder ein christlicher Heiliger. Was der Dichter an Christlichem weiß, braucht nicht Bücherweisheit zu sein. Predigt und Religionsunterweisung genügen auch. Man sollte ihn nicht mit patristischen Studien belasten, zumal davon in seinem Werk nur schwerlich etwas nachzuweisen ist. Heidentum und Christentum als Problem spielen für den Dichter keine große Rolle. Die Dänen und Gauten nimmt er als Heiden, die sie zu seiner Zeit ja auch noch waren. Aber Hrothgars Reden sind mehr von christlichen Gedanken geprägt als von heidnischen, während Beowulf, ohne daß der Dichter sich daran stößt, heidnische Vorstellungen von Ruhm, Rache, Besitzstreben äußert und danach handelt. Über ein Leben nach dem Tode sagt Beowulf nichts, er meint, daß jeder einmal sterben müsse. Daher solle jeder »vor seinem Tode nach Kräften Ruhm erwerben; das ist das beste für einen Gefolgsmann«: *Wyrce, se þe móte, dómes ær déaþe; þæt bið drihtȝuman unlifȝendum æfter sélest* (v. 1387b–1389). Das stimmt überein mit der Strophe 77 der altnordischen ›Hávamál‹, in der der Tatenruhm der Toten als unvergänglich gepriesen wird. Christlich ist das alles nicht, aber die christlichen Angelsachsen des

8. Jahrhunderts werden ebenso Verständnis dafür gehabt haben wie die Ritter späterer Zeiten. Der Dichter bezieht sich kenntnisreich und verständnisvoll auf Heidnisches, auf heroische Dichtung und heroische Lebensform. Er beschreibt keine Objekte und Praktiken, die später als auf das 7. Jahrhundert datiert werden müssen. In diesem Zusammenhang sind die Ausgrabungen von Sutton Hoo von Bedeutung. In dem Schiffsbegräbnis für einen ostanglischen König aus der ersten Hälfte des 7. Jahrhunderts, – offensichtlich ist es ein Kenotaph – hat man viele Gegenstände gefunden, die mit denen übereinstimmen, die im ›Beowulf‹ beschrieben werden, etwa den schwedischen Helm, der dem v. 1030–1034 beschriebenen entspricht. Das Grab von Sutton Hoo hat sowohl in seiner Anlage wie in den Gegenständen eine enge Verbindung des ostanglischen Hofes mit den schwedischen Königen in Uppsala erwiesen (s. Bruce-Mitford, Sutton Hoo, S. 80ff.). Die detaillierten Kenntnisse und das Interesse an skandinavischen Traditionen vorwiegend des 5. u. 6. Jahrhunderts, die wir im ›Beowulf‹ finden, können durch solche natürlichen Verbindungen erklärt werden.

Das Werk war sicher vor allem für ein Publikum bestimmt, wie man es an einem angelsächsischen Fürstenhof des 8. Jahrhunderts findet, also für den Fürsten und für seine Gefolgschaft, möglicherweise auch für Geistliche, die sich ja, wie Alcuins Brief an den Bischof Hygbald von Lindisfarne vom Jahre 797 erweist, offensichtlich oft lieber die Ingeldgeschichte von einem Scop vortragen ließen als dem Vorlesen theologischer Texte zu lauschen. Gebildet in christlich-antikem Sinne waren die Zuhörer wohl nicht, aber sie liebten die heroischen Taten der Vergangenheit und kannten sicher, wenigstens in Umrissen, viele der Heldensagen der germanischen Stämme, wie ›Widsith‹ noch zeigt. Das Publikum der fürstlichen Halle und das Leben in der Halle selbst war wohl nicht unähnlich dem, was der Dichter in der Halle Heorot erleben läßt, allerdings etwas idealisiert und vielleicht von Nostalgie geprägt. Was der Dichter nicht erwähnt, ist wohl auch charakteristisch für das Idealbild dieser Gesellschaft. Über Speisen und Kleidung fällt kein Wort, wohl aber über Wein und Bier, und die Schutz- und Trutzwaffen der Helden werden ausführlich beschrieben und gepriesen. Über tägliche Arbeit – nichts. Arbeitende Bauern, Fischer, Hirten – gibt es nicht.

›Beowulf‹ hat zwei Teile. B I umfaßt gut zwei Drittel (v. 1–2199), B II knapp ein Drittel der Verse (v. 2200–3182). B I spielt knapp fünf Tage vorwiegend in Dänemark, als Beowulf noch sehr jung war. B II in strenggenommen drei Tagen in Gautland, weit über fünfzig Jahre später, als Beowulf schon sehr alt war. ›Beowulf‹ ist also keine Biographie, trotzdem muß man ihn als ein einheitliches Kunstwerk fassen. B I ist vor allem bestimmt durch Beowulfs Heldentaten und seinen Triumph über die dämonischen, Heorot bedrohenden Mächte. Beowulf zeigt, was ein junger Held auf dem Höhepunkt seiner körperlichen, aber auch geistig-seelischen Kraft auszurichten vermag. Ein Hauptthema von B II ist die Darlegung dessen, was ein Mensch nicht tun kann. Dies zeigen besonders die elegischen Partien, die in B II einen Großteil der Verse, ca. ein Drittel einnehmen. Sie beleuchten vor allem Situationen, in denen der Mensch nicht handeln kann (Alter Vater, v. 2448ff., Hrethels Dilemma bei der versehentlichen Tötung seines Sohnes durch den Bruder, v. 2469ff.). Der Tod endet alles. B I spielt vor allem in der Halle, viele Charaktere werden vorgeführt; B II vor allem außerhalb der Halle. Beowulfs Halle ist ja durch den Drachen verbrannt. Nur drei Gauten, Beowulf, Wiglaf und der Bote halten z. T. elegische Reden, Monologe (nach Irving, Introduction, S. 80ff.). Beowulf, alt geworden, kennt diese Stimmungen auch, aber er bleibt deshalb nicht tatenlos.

In ›Beowulf‹ gibt es viele Abschweifungen, die sich zu einem großen Teil mit Heldensagen befassen. Mehr andeutend als präzise erzählend, werden Inhalte von Heldensagen oder Heldenliedern wiedergegeben. Das setzt natürlich voraus, daß die Zuhörer des Dichters mehr oder weniger mit den Stoffen vertraut waren. Anspielungen auf die Sigmundsage bringt ein sagenkundiger Krieger Hrothgars auf dem Rückritt von Grendels Wohnstätte. Wir erfahren, daß Sigmund mit Fitela, d. i. der Sinfiǫtli der eddischen Dichtung, der hier aber sein Neffe, nicht sein Sohn ist, viele Kämpfe mit Riesen bestanden hatte. Hier ist der Wälsing Sigmund und nicht sein Sohn Sigfrid der Töter des Drachens und Gewinner des Horts, den er auf einem Schiff wegschafft; dadurch wurde er, »der Schirmherr der Krieger, durch seine Heldentaten der weithin berühmteste Recke unter den Völkern« (Beow. w. 898–900), ein Lob, das später im Norden seinem Sohn Sigurd gilt. ›Beowulf‹ repräsentiert wohl eine frühere Sagenstufe, als wir sie aus deutschen und nordischen Quellen kennen.

Hrothgars Scop trägt bei der Feier nach dem Grendelkampf in Heorot ein Lied über den Kampf in Finnsburg vor, dessen Inhalt in verkürzter, anspielungsreicher und für uns nicht immer klarer

Weise der Dichter wiedergibt. Ihn interessieren mehr die schmerzlichen Gefühle, die handelnde und leidende Menschen haben. Es gibt glücklicherweise ein Fragment eines Heldenlieds, das George Hickes 1705 in Oxford nach einem losen Pergamentblatt, das jetzt verloren ist, herausgegeben hat: das ›Finnsburgfragment‹. Die achtundvierzig Langverse gehören zum Anfangsteil, den der Beowulfdichter nicht berichtet. Das Bruchstück weist viele Züge auf, die wir aus den alten Heldenliedern des Nordens und aus dem deutschen ›Hildebrandslied‹ kennen. Was geschieht, wird anschaulich geschildert, und die Gefühle der Handelnden müssen wir aus ihren Taten und Worten erschließen. Aber es ereignet sich nur wenig in den erhaltenen Versen, und das vollständige Gedicht müßte viel länger sein als alle anderen uns bekannten Heldenlieder, eher vielleicht schon ein Kurzepos. Aus dem Fragment und der Beowulfepisode können wir folgenden Inhalt erschließen:

Der Dänenkönig Hnaef ist mit seinen Gefolgsleuten bei dem Friesenkönig Finn, der Hnaefs Schwester Hildeburh geheiratet hat, auf Besuch. Die dänischen Gäste werden in der Nacht überfallen. Der Anlaß dieses Überfalls wird nicht ersichtlich, aber Finn hat etwas damit zu tun. Nach fünftägigem Kampf mit schweren Verlusten auf beiden Seiten fallen Hnaef und auch der junge Sohn Finns. Hengest wird Führer der Dänen. Da eine Entscheidung durch Kampf nicht möglich erscheint, wird auf Vorschlag Finns ein Frieden geschlossen. Dänen und Friesen sollen gleichberechtigt in der Halle leben. Der Frieden hält den Winter über, aber im Frühjahr bricht Hengest, der über Rache für den Tod seines Herrn gebrütet hat, den Frieden. Finn wird überfallen und getötet, seine Halle geplündert und seine Frau Hildeburh, die Bruder und Sohn verloren hat und die eigentliche Leidtragende ist, bringen die Dänen in ihre Heimat, zu »ihren Leuten« zurück.

Angespielt wird im ›Beowulf‹ noch auf die Offasage, auf die wir später noch kurz zu sprechen kommen, und auf die Sage von Ingeld. Von den Kämpfen zwischen Gauten und Schweden erfahren wir in B II durch Rückblicke, ausführlicher nur über den Kampf am Hrefnawudu, am »Rabenholz« (v. 2922–2983). Ob hier eher Geschichte berichtet wird oder eine Sage zugrundeliegt, ist schwer zu entscheiden. Die Fabel eines Heldenliedes wird eigentlich nicht sichtbar (s. George Jones, History, S. 34ff., Irving, Reading, S. 179ff.).

Während die Forschung seit der Erstveröffentlichung im Jahre

1815 sich vor allem mit philologischen Problemen der schwierigen Textherstellung und mit zum Teil phantastischen mythologischen Deutungen des Werks beschäftigte, wurde in den letzten fünfzig Jahren stärkeres Gewicht auf eine literaturwissenschaftliche Deutung des Gedichts in ästhetischer und die Struktur berücksichtigender Hinsicht gelegt. Die Forschungen von Milman Parry und Albert B. Lord über die mündliche Tradierung epischer Stoffe (»oral poetry«) beeinflußten auch die Beowulfforschung, vor allem auch durch den Einsatz von Francis P. Magoun. Aber auch linguistische Methoden können mit Erfolg auf den Beowulftext angewandt werden: man vergleiche den Kommentar der Beowulfausgabe Nickels, S. XIVff. Auch die kulturhistorischen Hintergründe wurden herausgearbeitet, wobei die Entdeckung des Schiffsgrabes von Sutton Hoo im Jahre 1939 die Kenntnisse und die Diskussion außerordentlich bereicherte.

Daß die Walthersage bei den Angelsachsen bekannt war, beweisen zwei Fragmente, die 1860 in Kopenhagen entdeckt und noch im gleichen Jahr veröffentlicht wurden. Sie wurden um das Jahr 1000 niedergeschrieben. Das Verhältnis der zwei ca. 30 Langzeilen umfassenden Fragmente zueinander und zum ›Waltharius‹ und den anderen Quellen der Walthersage ist noch nicht zur Zufriedenheit gelöst (s. F. Norman, The Old English Waldere, S. 261ff.). Im ersten Fragment ermutigt jemand, vermutlich Hiltgunt, die im Gedicht aber nicht genannt wird, auf das Schwert Mimming und auf Gott zu vertrauen und den Kampf gegen Guðhere (im ›Waltharius‹ Guntharius genannt) zu beginnen. Dieser hat ein gütliches Angebot Walderes abgelehnt und unrechtmäßigerweise diese Kämpfe begonnen. Im zweiten Fragment rühmt jemand (nach Norman, The Old English Waldere, S. 269f.: Waldere) ein Schwert, das Theodric (Dietrich) dem Widia (mittelhochdeutsch Witege), dem Sohn Wélands und Enkel Niðháds (nordisch Níðuðr) schenken wollte, weil dieser ihm geholfen hatte, aus der Gewalt des Riesen zu entkommen. Walther erwähnt dann im folgenden, daß Hagena nicht mit ihm gekämpft hat. Er vertraue auf Gott, der ihm den Sieg verleihen werde. – Offensichtlich waren dem angelsächsischen Zuhörer die Geschichten um Wéland und Widia vertraut. Auffällig ist, wieviel in diesen Bruchstücken von Waffen die Rede ist. Warum dies so ist, können wir nicht erkennen.

›Widsith‹ wie ›Deors Klage‹ gehören nicht zur eigentlichen Heldendichtung, sie geben uns aber eine Vorstellung von den Kenntnissen an Stoffen der Heldensage, die ein Scop von einem

Angelsachsen in der Halle eines Fürsten glaubte voraussetzen zu können. Der Dichter des ›Widsith‹, des ›Weitfahreres‹, läßt seinen idealisierten Scop Widsith drei sehr alte Merkreihen über Könige, Völker und Helden aus germanischer Geschichte und Sage als einen fiktiven Reisebericht vortragen. Helden und Fürstenhöfe des 3. bis 6. Jahrhunderts hat der Scop besucht, überall geehrt und reich beschenkt. Diese Merkreihen stellen für uns ein wichtiges und sehr frühes Zeugnis für die Existenz von Heldensagen sowie für die historischen und ethnographisch-geographischen Kenntnisse in dieser frühen Zeit dar. Merkverse solcher Art dienen in Zeiten mündlicher Überlieferung nicht nur der Wissensvermittlung, sondern bereiten den Zuhörern auch ein ästhetisches Vergnügen, ähnlich dem, was die oft langen Geschlechterreihen isländischer Sagas hervorriefen.

Die drei Reihen unterscheiden sich deutlich in formaler Hinsicht. Die erste Merkreihe wird gekennzeichnet durch eine nüchterne Nennung verschiedener Könige und der Völker, über die sie herrschen. Der Scop tritt nur in den zwei Ausweitungen persönlich hervor. Als zeitlich letzter Herrscher dieser Reihe wird Theuderich, der Sohn Chlodowechs, genannt. Wenn wir auch nicht alle genannten Könige und Völker bestimmen können, so scheint es sich doch um ein historisches Dokument zu handeln, das man dem 6., vielleicht sogar dem 5. Jahrhundert in Angeln zuordnen kann. Immerhin wird Gifica (mittelhochdeutsch Gibeche) als Herrscher über die Burgunden genannt und nicht Guðhere (Gundicarius, mittelhochdeutsch Gunther). Die erwähnten Stämme leben vor allem in einem norddeutschen/südskandinavischen Umkreis. An zwei Stellen deutet der Scop knapp den Inhalt von Sagen an, und zwar einmal die Sage über Offas Kampf an der Eider, durch den die Grenze zwischen Angeln und (Nord-)Schwaben festgelegt wurde, dann die Sage vom Kampf Ingelds mit Hrodgar (nordisch Hróarr) und Hrodwulf (nordisch Hrólfr). Die zweite und dritte Reihe sind durch den Gebrauch des Ich-Pronomens (*ic waes mid* ... und *sohte ic* ...) gekennzeichnet. Die zweite Reihe zählt die Stämme auf, die der Scop besucht haben will. Bei der Nennung der Burgunden wird Guðhere (Gunther) für seine Freigiebigkeit ebenso gepriesen wie auch Ælfwine (Alboin). Vor allem gilt sein Preis dem Eormanric (Ermanarich), bei dem er lange weilte und für seine Kunst höchstes Lob erntete. Die dritte Reihe berichtet von den Helden, mit denen der Scop in Berührung kam. Uralte Heldennamen tauchen auf, die wir zum Teil viel später in isländischen und deutschen Quellen wiederfinden. Ausführlicher werden die Kämpfe gotischer Helden gegen hunnische Scharen im Weichselgebiet, in den alten Gotensitzen erwähnt. Wudga (mittelhochdeutsch Witege) und Hama (Heime) werden gepriesen.

Die zweite Reihe entstand (nach Malone, S. 93), ca. 550, wahrscheinlich in Angeln; die dritte wohl etwas später, aber noch im 6. Jahrhundert (ebd. S. 102). Die Ausweitungen des Dichters entstanden wohl mit dem Werk in der zweiten Hälfte des 7. Jahrhunderts (ebd. S. 116).

›Deor‹ oder ›Deors Klage‹ entstand nicht später als 850, aber ein früheres Datum, etwa Anfang des 8. Jahrhunderts ist durchaus möglich (s. Norman 3, S. 208). Das Gedicht ist durch einen Kehrreim in Strophen ungleicher Länge gegliedert. Deor, einst Scop der Heodeninge (nordisch Hjaðningar), benannt nach Heoden (nordisch Heðinn, mittelhochdeutsch Hetele), wurde durch Heorrenda (mhd. Horant) vom Hofe verdrängt: das sind Namen aus der Hildesaga, wie sie in der mittelhochdeutschen ›Kudrun‹ vorliegt (s. oben S. 131–135).

Sich zum Trost führt er fünf Beispiele aus heroischer Dichtung an, in denen Menschen nach schwerem Leid wieder Gutes erlebten. Die erste Strophe spielt auf Wélands (Wielands) Leid durch Niðhád und seine Rache an; die zweite, noch die Wielandssage benutzend, spricht vom Leid der Beadohild (nordisch Bǫðvildr), die Wéland geschwängert hatte. Die dritte beschwört den großen Liebeskummer eines Geat und einer Maeðhilde, die sonst unbekannt sind. Wer der Theodric der vierten Strophe ist, der 30 Jahre lang die Burg der Maeringe (in Besitz?) hatte, kann man vermuten. Vielleicht ist es Dietrich von Bern. Die fünfte Strophe klagt über die grausame Herrschaft Eormanrics, die aber auch ihr Ende fand. ›Deor‹ läßt wiederum erkennen, wieviel Kenntnis der Heldensage ein Dichter den angelsächsischen Zuhörern zutrauen durfte.

BIBLIOGRAPHIE

Textausgaben

Beowulf und die kleineren Denkmäler der altenglischen Heldensage *Waldere* und *Finnsburg*. Mit Text und Übersetzung, Einleitung und Kommentar sowie einem Konkordanz-Glossar. In drei Teilen hg. von G. Nickel. 1. Teil und 2. Teil Heidelberg 1976; deutsche Übersetzung, F. Genzmer (RUB 430), Stuttgart.

Deor: ed. by K. MALONE, London [4]1966; auch in: Altenglische Lyrik. Englisch und Deutsch. Ausgewählt und hg. von R. BREUER und R. SCHÖWERLING, (RUB 7995–97), Stuttgart.
Waldere: ed. by F. NORMAN, London 1933, [2]1949.
Widsith: ed. by K. MALONE, Kopenhagen, Revised edition 1962.

Forschungsliteratur

A. HAARDER, Beowulf. The Appeal of a Poem, Århus 1974. – R. BRUCE-MITFORD, The Sutton Hov Ship-Burial, London 1968. – E. B. IRVING JR., Introduction to Beowulf. Englewood Cliffs. N. J. 1969. – E. B. IRVING JR., A Reading of Beowulf, New Haven and London 1968, [2]1969. – G. JONES, A History of the Vikings, Oxford 1968, [2]1973. – F. NORMAN, The Old English Waldere and some Problems in the Story of Walther and Hildegunde. In: Mélanges pour J. Fourquet, Paris/München 1969, S. 261 ff. – F. NORMAN, Problems in the Dating of Deor and its Allusions. In: FRANCIPLEGIUS. Medieval and Linguistic Studies in Honor of F. P. MAGOUN JR., New York 1965, S. 205 ff. – K. SISAM, The Structure of Beowulf, Oxford 1965, [3]1971.

DIE ISLÄNDERSAGA

von

ANNE HEINRICHS

I. LITERARHISTORISCHE EINORDNUNG DER ISLÄNDERSAGA

Im Rahmen der Mittelalterepik nimmt die altisländische Familiensaga, im folgenden Isländersaga (Isl.s.) genannt, einen besonderen Platz ein. Sie ist nämlich im Unterschied zu den anderen mittelalterlichen Großformen in Prosa verfaßt, so daß man ihr etwas Chronikartiges zugeschrieben hat, während man ihr doch eher wegen ihres auch fiktiven Charakters die Bezeichnung »Roman« beilegen könnte.

Diese Gattung steht in der altnordischen Literatur nicht allein, sondern ist nur eine in einem sehr umfangreichen, vorwiegend volkssprachlichen Corpus, das den meisten mittelalterlichen Erzählinhalten und -formen entsprechende Werkreihen aufzuweisen hat, z. T. in direkter Übersetzung (z. B. aus der Artusepik), z. T. in Adaptionen (z. B. aus der Marien- und Heiligenlegende). Desgleichen wurden die antiken Stoffe, die französische Karlsepik und späte Formen der Nibelungen- und Dietrichsepik verarbeitet. Die Beziehungen zum Kontinent sind also deutlich. Aus eigener Tradition entwickelten sich noch weitere Sagagattungen, in denen die ferne sagenhafte Vergangenheit (Vorzeitsagas), die geschichtlich erinnerbare Vergangenheit (Königs- und Bischofssagas) und schließlich die damalige Gegenwart (Sturlungensaga) in Literatur übertragen wurde.

Dies alles geschah in Prosa, einer Prosa, die sich durch die Übung einiger Generationen zu einem geschmeidigen, treffsicheren Medium entwickelt hatte. In ihr entstanden im 13. Jahrhundert Meisterleistungen, von denen auf dem Gebiet der Geschichtsgestaltung Snorri Sturlusons Geschichte der norwegischen Könige, ›Heimskringla‹ genannt (ca. 1230), und eben die größten und besten Isländersagas zu nennen sind.

Da der Begriff *saga*, der Geschehenes und Erzähltes gleichermaßen umfaßt, auf alle schriftlichen und mündlichen Ausdrucksformen verwandt wird, reicht er in unserem Bereich zur

Gattungsbestimmung nicht aus. Nur in der Abgrenzung zu den verschiedenen erwähnten, auf isländisch-skandinavische Verhältnisse bezogenen Werkreihen kann etwa die Isl.s. gattungsmäßig umrissen werden. Ihr zählt man rund drei Dutzend erhaltene Werke zu, und man gewinnt dieses Corpus zunächst durch eine inhaltliche Bestimmung: sie alle handeln von Isländern, die in einer bestimmten Zeit auf ihrer Heimatinsel gelebt haben und Teilnehmer an dramatischen Vorgängen geworden sind. Die Zeit erstreckt sich von etwa 870, nämlich der Besiedlung durch norwegische Auswanderer, bis ungefähr 1030; sie wird »Sagazeit« genannt und deckt sich in etwa mit der Wikingerzeit (ca. 800–1066). Wikingerleben erproben auch viele Sagapersonen auf ihren Schiffsreisen, die sie zumindest nach Norwegen, aber auch in alle anderen Länder an der Nord- und Ostsee führen und auch noch weiter, so daß der geographische Raum als Hintergrundperspektive nicht auf die Insel beschränkt bleibt, sondern bis Rom und Konstantinopel, bis Grönland und Amerika reicht. Doch spielt die verdichtete literarische Handlung sich zumeist zu Hause ab.

Hier wird das Geschehen mit jener Unmittelbarkeit zur Erfahrungswelt dargestellt, die uns erlaubt, die Isl.s. in das realistische Genre einzureihen. Nur die Enge und Nähe der Erfahrung ruft die produktive Kraft zu diesem Realismus hervor; wo der Schauplatz in die Ferne verlagert wird, drängen sich fabelhafte Elemente ein, die z. B. in den Vorzeitsagas die Oberhand gewinnen. Der heimische Raum ist in den Isl.s. meist so präzis verzeichnet, daß man noch heute die Ortschaften aufsuchen und, wenn man will, zu Pferde die erwähnten Tagereisen nachvollziehen kann. Die »erzählte« Zeit wird oft durch Angabe der Regierungszeit eines Königs in den oben erwähnten historischen Rahmen eingefügt. Die handelnden Personen sind zum großen Teil historischwirklich in dem Sinne, daß sie in nachprüfbare Geschlechterreihen eingefügt sind. Sie erscheinen realistisch in ihrem Tun und Sprechen, in ihrer Reaktion auf gesellschaftliche Gegebenheiten und auf spezielle Situationen; ihr Handeln ist psychologisch erklärbar. Die erzählten Geschichten vermitteln so den Eindruck historischer Wahrheit, scheinen eine detailreiche Dokumentation der in ihnen geschilderten Kulturstufe zu sein, – eine Wirkung, die vermutlich mit bewußter künstlerischer Absicht erstrebt wurde. Sie erreichte ihr Ziel in einem Maße, daß lange Zeit die Königssaga und die Isl.s. zusammen als »historische« Gattungen galten, bis man erkannte, daß beide ein gut Teil

Fiktion enthalten. Während die Königssagas in den Werkteilen, die in der »Sagazeit« spielen, gegen Ende des 12. Jahrhunderts schriftlich verfaßt wurden und ihren abschließenden Höhepunkt bei Snorri Sturluson (1178 [1179]–1241) erreichten, entstanden die Buchformen der Isländersaga im Laufe des 13. Jahrhunderts und erreichten ihren Höhepunkt etwa mit der ›Njáls saga‹ rund fünfzig Jahre nach Snorri. In beiden Fällen liegen zwei bis drei Jahrhunderte zwischen dem erzählten Geschehen und der Abfassung der Buchwerke, also Zeit genug, um das Eindringen fiktiver Elemente, das nicht zuletzt den hohen Erzählwert beider Gattungen ausmacht, zu begünstigen.

Während aber die Königssagas immerhin an die großen Linien der Geschichte gebunden waren, entwickelten sich die Isl.s. – jede für sich – zu mehr oder weniger geschlossenen Kunstwerken, die gewissen Strukturgesetzen der Gattung folgten. Gattung und Einzelwerk stehen dabei in einem fruchtbaren Spannungsverhältnis zueinander. Doch wird der Gattungscharakter dadurch betont, daß alle Werke anonym sind. Verfasserpersönlichkeiten, die man postulieren muß, wenn individuelle Gestaltungsweisen als vorrangig angesehen werden, lassen sich bis auf den Fall der ›Egils saga‹, die mit hoher Wahrscheinlichkeit Snorri Sturluson zugeschrieben werden kann, sonst nicht eindeutig festlegen.

II. STOFFLICHE INHALTE DER ISLÄNDERSAGA

Wie in jeder hochrangigen Kunstform sind in der Isl.s. der Stoff und seine Gestaltung eng verbunden. Es ist aber so gut wie unmöglich, die Stoffkategorien isoliert herauszuheben oder gar das gesamte Corpus nach ihnen zu gliedern. Eines ist sicher: der Mensch steht im Vordergrund. Betrachten wir die Titel der Isl.s., so ergibt sich, daß sie entweder eine Personengruppe oder eine Einzelperson angeben – mit einem leichten Überwiegen einzelner Helden. Die Gruppen stellen zumeist ein Geschlecht mit einigen Generationen dar, das, in einer bestimmten Landschaft Islands angesiedelt, nach ihr benannt ist; die berühmteste Saga dieser Art ist die ›Laxdœla saga‹, d. i. die ›Saga von den Leuten aus dem Lachswassertal‹. In einem Fall sind mehrere Geschlechter in einem Bezirk betroffen, der ›Eyrbyggja saga‹, d. i. ›Saga der Leute von Eyrr‹; da aber eine Person die verschiedenen Episoden zusammenhält, könnte sie auch ›Die Saga vom

Goden Snorri‹ heißen (so Thule, Bd. 7). Andererseits haben Sagas, die nur einen Helden im Titel nennen, stets seine Gebundenheit an das Geschlecht im Auge, werden doch häufig die Vätergenerationen schon von ihrer Auswanderung aus Norwegen an in der Vorgeschichte behandelt, was z. B. in der ›Egils saga Skallagrímssonar‹ fast ein Drittel der Erzählung ausmacht. So gesehen, hat die früher gern gebrauchte Bezeichnung Familiensaga durchaus ihre Berechtigung.

Zwei Gruppen mit einer anderen Art stofflicher Gemeinschaft ließen sich herausheben, einmal die Skaldensagas und zum anderen die Ächtersagas. Bei den ersten steht jeweils ein berühmter Skalde (Dichter) im Vordergrund, und den Konfliktstoff liefert in mindestens vier Fällen ein Liebesproblem, eine Dreiecksgeschichte, in der das geliebte Mädchen des Skalden mit einem anderen verheiratet wird. Es ist kennzeichnend und zeugt für die Individualität gerade des Dichters, daß sie stets *seinen* Namen im Titel haben; die berühmteste und gleichzeitig die sentimentalste ist die ›Gunnlaugs saga Ormstungu‹, d. i. die ›Saga von Gunnlaug Schlangenzunge‹. Aber die ›Egils saga‹, die von dem vorzüglichsten Dichter ihrer Zeit handelt, paßt gerade nicht in das Schema. Auch Gisli ist ein Dichter von hohen Graden, und ein erotischer Konflikt spielt eine wichtige Rolle; trotzdem zählt seine Saga eher zu den Ächtersagas, von denen drei zu nennen wären. Neben Gisli ist Grettir der bekannteste Geächtete, und seine Saga, die ›Grettis saga Ásmundarsonar‹, gehört zu den fünf »großen« Sagas, groß an Umfang und an Rang (›Njáls saga‹, ›Egils saga‹, ›Grettis saga‹, ›Laxdœla saga‹, ›Eyrbyggja saga‹). Doch gibt es sowohl Liebeskonflikte als auch Ächterschicksale in weiteren Sagas, nur nicht so zentral. Und von Sentimentalität kann im allgemeinen bei beiden Stoffen keine Rede sein.

Neben den »Helden« der Sagas, ihren Vorvätern, Verwandten, Blutsbrüdern, Freunden, Pflegeeltern, Geliebten, Ehefrauen und den Verschwägerten treten noch andere Menschen auf: Abhängige, aber Freie, die auf fremden Höfen leben, Landstreicher, Knechte und Mägde, Sklaven und Freigelassene, Emporkömmlinge – einem solchen wurde sogar die Ehre eines Titelhelden zuteil in der ›Hœnsa-Þóris saga‹, d. i. die ›Saga vom Hühnerthorir‹. Nie ist eine Frau zur Titelfigur geworden, wohl aber in einem Fall zum Mittelpunkt; es ist die Gudrun der ›Laxdœla saga‹, die aktiv das Geschehen bestimmt und in ihrer Ahnin, der Landnehmerin *Unnr djúpúðga* (der »Grundgescheiten«, wie

Meißner übersetzt) gleichsam schon vorentworfen ist. Sonst haben Frauen zumeist die passiven Rollen der Geliebten, Ehefrau und Mutter. Doch spielen viele von ihnen dadurch eine aktive Rolle, daß sie ihre Männer oder Söhne dazu anreizen, den bewaffneten Konflikt endlich auszutragen.

Noch eine andere Art der Menschenschilderung macht die Isl.s. reizvoll, erweitert das Corpus zur Schau auf das ganze menschliche Leben: Kinder und Alte kommen – meist in episodischen Einschüben – fast in jeder Saga vor. Eine kleine Szene in der ›Laxdœla saga‹, gleichzeitig ein Beispiel für beide Altersstufen, möge zur Veranschaulichung dienen: Der alte Bersi liegt krank auf seinem Lager. Im Zimmer steht die Wiege mit dem einjährigen Halldor. Alle Erwachsenen arbeiten bei der Heuernte. Da fällt die Wiege um, der Junge fällt heraus, und der Alte kann ihn nicht aufheben; er spricht dann eine Strophe, die die Komik der Situation sinnbildhaft vertieft (»Da liegen wir beide/ mit lahmen Gliedern,/Halldor und ich,/hilflos beide./Mich zwingen die Jahre,/zu jung bist du./Bei dir wird's besser,/bei Bersi nimmer.« Thule, Bd. 6, Kap. 28).

Die eigentlichen Handlungsstoffe sind so gut wie immer gesellschaftlich-menschliche Konflikte, die auf ihrem Höhepunkt meist zu bewaffneter, auch tödlicher Auseinandersetzung führen. Dabei ist trotz Erwähnung mancher Details, der Art der Hiebe, der Waffen, der Wunden (heraushängende Eingeweide, Kampf auf den Kniestümpfen, gespaltene Kiefer, die einen grimmigen Scherz über späteres Küssen hervorrufen), die Darstellung der Kämpfe nie Selbstzweck, selten übertrieben – wie etwa in den Vorzeitsagas – und sogar oft kurz abgetan. Konflikte werden aber auch, am Ende in der Regel, durch private Schlichtung, durch Bezahlen von Wergeld und durch prozessuale Regelung vor Bezirksgerichten und vor dem Allthing gelöst. Damit tritt der ganze Bereich altisländischer Rechtsordnung, auch Rechtsbruch und Mißbrauch, formale Spalterei, Hereinlegen durch Tricks, Nichtbefolgung des Urteils u. v. a., ins Blickfeld; besonders die ›Njáls saga‹, aber nicht nur sie, hat eine große Vorliebe für diesen Bereich. Selten oder nie werden Zustandsschilderungen gegeben, sondern alles Stoffliche ist an Handlung geknüpft. Ruhepunkte werden formelhaft gesetzt und nicht etwa mit Schilderungen des Alltagslebens gefüllt. Trotzdem kommt eine Fülle aus alltäglichem Bereich mit ins Spiel. Denn der Konflikt muß sich erst aus einer Ruhelage des Anfangs entwickeln, der Exposition durch Angabe der handelnden Personen, ihrer Wohn- und Verwandtschaftsverhältnisse und gewisser charakterlicher Anlagen. Durch oft geringfügige Irritationen wird die Handlung auf den Konflikt hingeführt. Solche Störungen ergeben sich aus Diebstahl von Vieh oder Gegenständen, durch Streit um Landeigentum und Benutzungsrechte, um Anteile bei Strandgut und gestrandeten Walen; zurückgewiesene Heiratsanträge, nicht gern gesehene Liebesanbahnungen, gegen Widerstand der Frau geschlossene Ehen, Ehescheidungen stellen solche Faktoren dar und steigern sich schließlich zu Schaden an Leib und Leben, durch Stockschläge etwa, durch Grobheiten beim Spiel, durch Unbeherrschtheiten in Tat und Wort. Man lästert, man tratscht, man macht ehrenrührige Sprüche, Liebeslieder, die vom Gesetz verboten sind, ja, man setzt Zauberer ein, meist weibliche, die durch Wetter-, Waffen- oder Personenzauber Schaden stiften.

Alles, was an sachlicher Beschreibung in die Sagas eingeht, ist an die Erfordernisse der Handlung gebunden; malende Stimmungsbilder gibt es selten, vielleicht dann nur von uns so empfunden. Und doch sieht man die Landschaft, die Buschwälder, die Geröllhalden, die Felsklippen, die brandende See, Flüsse, Wiesen, die Heuernte – meist dann, wenn das Verhängnis hereinbricht. So auch das Wetter, Schneegestöber, Nebeldüster, schmelzende Flüsse, Mondschein, Nachteinfall, Tagesanbruch. Man tritt in die Gehöfte, Pferde stehen angepflockt auf der Hauswiese, eine Frau wäscht einem Mann das Haar; man kommt an den Stallungen mit den Kühen und den Vorratshäusern vorbei. Man sieht die Inneneinteilung der Wohn- und Schlafräume: Hochsitz und Bankreihen, die Schlafkojen, die Feuerstellen. Oder auf See: man sieht die Handelsschiffe mit ihren Frachten, Kriegsschiffe, die Segel, die Rahen, den Mast, den Anker, das Leckschlagen, das Ausschöpfen. Alle Dinge, die zum Leben gehören, werden sichtbar, aber stets funktional in die Handlung bezogen. Aus dem ungeheuren Reichtum konnte hier nur einzelnes impressionistisch herausgestellt werden. Es fehlen noch die Tischsitten, Eßgewohnheiten, Begräbnissitten, Sportarten, religiöse Bräuche sowohl heidnischer als christlicher Art.

III. POLITISCHER UND KULTURELLER HINTERGRUND IN DER WIKINGERZEIT UND IN DER STURLUNGENZEIT

Ein Überblick über die stofflichen Inhalte der Isl.s., so vielsagend er schon ist, erfaßt aber noch nicht ihr eigentliches Wesen, den heroischen Geist, der die Gattung belebt. Um dies richtig zu verstehen, ist es nötig, die gesellschaftlich-politischen und die kulturellen Hintergründe kennenzulernen. Dabei müssen beide Perioden beleuchtet werden, die dargestellte Wikingerzeit (etwa 930–1030) und das isländische Mittelalter des 12. u. 13. Jahrhunderts als Blütezeit der verfaßten Literatur.

Die Kolonisierung der praktisch leeren Insel Island durch vorwiegend norwegische Landnehmer war etwa 930 abgeschlossen. Entgegen der politischen Entwicklung in Norwegen, wo das Kleinkönigtum allmählich durch ein Zentralkönigtum abgelöst wurde, entstand hier ein quasi-demokratisches Gemeinwesen, das jedoch die alten Stammesstrukturen auch nicht unmittelbar fortsetzen konnte. Die großen Geschlechter, die Wert auf ihre aristokratische Abkunft legten, übten die Macht aus, wenn auch begleitet und in etwa kontrolliert von selbstbewußten freien Bauern. Ein keltischer Anteil besonders unter den Frauen und den Unfreien darf nicht unterschätzt werden, da viele Landnehmer den Umweg über die britischen Inseln und Inselgruppen nahmen. Man rechnet – ziemlich unsicher – mit einer Anzahl von 20000 Freien. Sie bildeten mit ihren Großfamilien die Kernzellen des Gemeinwesens, für die der Hof neben Fischerei, Handel und Wikingertum die wichtigste ökonomische Grundlage war.

Die dezentralen Herrschaftsformen, die sich neu entwickelten, stellen die einer Oligarchie dar. Man teilte das Land in 36 (später 39) Godentümer, an deren Spitze je ein Gode stand. Das Godenamt erbte sich meist in der Familie fort, konnte aber auch verkauft oder geteilt werden. Die freien Bauern schlossen sich nach eigener Entscheidung einem Goden an und brauchten nicht einmal in seinem Bezirk zu wohnen. So wirkte ein Prinzip gegenseitiger Interessenverstärkung; da die Macht der Goden von der Anzahl ihrer Thingmänner abhing, konnten diese unter Umständen Machtmißbrauch verhindern. Die stets gefährdete Balance der Interessen aller verlangte nach einer zentralen Bezugsmitte – eine Funktion, die von dem bereits im 10. Jahrhundert gestifteten Allthing übernommen wurde. Die Versammlung fand einmal im Jahr für vierzehn Tage unter freiem Himmel statt. An ihr nahmen alle freien Bauern teil, deren Vermögen es ermöglichte, den sog. *þingfararkaup* (Thingfahrtpreis) zu bezahlen, der dann fällig war, wenn sie am Thing nicht teilnahmen. (Für die Zeit um 1100 wird eine Zahl von 4560 Bauern angegeben.) Der Platz, *þingvellir* (Thinggefilde) genannt, abgeschlossen von einem hohen Felsrand, durchzogen von einem Flüßchen, übt noch heute, obwohl seit 1798 als Ort des Allthings aufgegeben, eine großartige atmosphärische Wirkung aus. Er war einigermaßen günstig für alle Landesteile ausgewählt; immerhin betrug die weiteste Entfernung 17 Tagereisen. Verbunden mit der Einrichtung des Allthings war die Annahme eines Gesetzeswerkes, das, von einem norwegischen Landgesetz ausgehend, den isländischen Verhältnissen angepaßt wurde. »Mit dem Gesetz soll man das Land besiedeln«, heißt ein alter Grundsatz, der zumindest das Prinzip, die Gemeinschaftsbelange rational zu regeln, klar ausspricht. Das Allthing übernahm beide Funktionen, die gesetzgeberische und die urteilsfindende. Das höchste staatliche Amt übte der für drei Jahre gewählte und öfter wiedergewählte »Gesetzessprecher« aus, zu dessen Pflichten es gehörte, die mündlich tradierten Gesetze abschnittweise im Laufe von drei Jahren auf dem Allthing vorzutragen. Grundsätze eines Demokratieverständnisses sind durchaus erkennbar, aber faktisch wurde die Macht von den Goden ausgeübt. Eine zentrale ausübende Gewalt gab es nicht; die Vollstreckung der Urteile oblag dem Kläger, wenn er den Prozeß gewonnen hatte. Abgesehen von Geldstrafen gab es als Strafe die dreijährige Landesverweisung, eine praktische Art, störende Elemente erstmal loszuwerden, und als schlimmste Strafe die strenge, lebenslange Acht, die einem Todesurteil nahezu gleichkam.

Bis zum Jahre 1000 herrschte in Glaubensdingen ein ziemlich tolerantes Heidentum; das Amt des Goden deutet durch seine Bezeichnung, die sich von dem Wort *goð* – heidnischer Gott – herleitet, an, daß ihm ursprünglich auch priesterliche Funktionen zugeteilt waren. Wir wissen, daß auf den großen Höfen heidnische Tempel waren, die später durch christliche sog. Eigenkirchen abgelöst wurden. Einige Einwanderer waren bereits Christen, und ständig hatte man im Ausland Berührung mit Christen und ihren Einrichtungen. Die Einführung der christlichen Religion für ganz Island geschah durch einen Allthingbeschluß im Jahre 1000 (evtl. 999), nachdem der Boden durch eine Missionierung von Norwegen aus vorbereitet war.

Ein viel reicheres Bild in jedem der oben skizzierten Bereiche könnten wir entwerfen, wenn wir die Isl.s. selbst als Quelle verwendeten, wie es Generationen vor uns getan haben. Aber da man das Vertrauen in ihre historische Zuverlässigkeit weitgehend verloren hat, stützt man sich hier im wesentlichen auf altisländische Kontrolltexte, die den Ereignissen näher lagen und nüchterner im Charakter sind.

Mit dem Jahre 1118, in dem mit der schriftlichen Fixierung der Gesetzestexte begonnen wurde, setzt man den Beginn der sog. Schreibezeit. In der Zeit zwischen 1122 und 1133 verfaßte Ari fróði (der »Weise, Gelehrte, Geschichtskundige« – wie man seinen Beinamen übersetzt hat) seine ›Íslendingabók‹ (›Aris Isländerbuch‹, Thule, Bd. 23), welche in knappen Zügen einen historischen Aufriß gibt, und das in isländischer Sprache. Ihm war Sæmundr fróði vorausgegangen, dessen historische Werke lateinisch waren und verlorengegangen sind. Nach einem Jahrhundert, in dem man sich die christlich-abendländische Schreibkultur angeeignet hatte, begann nun im 12. Jahrhundert die große Buchproduktion zu wachsen, aus der als der wichtigste Zweig etwa ab 1200 die Isl.s. hervorging. Zentren für die Aneignung der fremden Kultur und dann für die Produktion der autochthonen Literatur waren die Klöster, die zwei Bischofssitze und der Hof Oddi, auf dem Snorri Sturluson seine wichtigsten Impulse empfing.

Man nennt diese hochmittelalterliche Periode auf Island die Sturlungenzeit nach dem Geschlecht, dem eben dieser Snorri angehörte. Die politischen und gesellschaftlichen Zustände hatten sich gegenüber der früheren Periode stark verändert. Die Godentümer waren durch Gewalttätigkeit in den Händen weniger machtlüsterner Geschlechter vereinigt. Die Abhängigkeit von Norwegen wurde immer größer. Snorri selbst, der neben Kunst und Wissenschaft auch die Politik betrieb, verwickelte sich in die Umtriebe und Intrigen, die mit der Doppelzüngigkeit einer nur halbherzigen isländischen Politik verbunden waren, und wurde als eines ihrer vielen Opfer im Jahre 1241 ermordet. Auch die Kirche trug das Ihre dazu bei, isländische Eigenständigkeit zugunsten übernationaler Bindung aufzugeben. Jeder bekämpfte jeden, ohne Moral, ohne Gewissen, ohne Bindungs- und Treueprinzipien, nachzulesen in der ›Sturlunga saga‹, die die Ereignisse der damaligen Gegenwart verzeichnete. So wurde der isländische Freistaat nach fast vierhundert Jahren Dauer im Jahre 1264 eine Beute der norwegischen Krone – bis man am 14. Juni 1944 auf Þingvellir die isländische Republik aufs Neue ausrief.

Ausgerechnet in jenen wilden Zeitläufen sammelte man die alten Götter- und Heldenlieder für die poetische Edda, bewunderte und belebte man die Kunst der Skaldik, für die Snorri in seiner ›Prosa-Edda‹ ein Lehrbuch schuf, indem er gleichzeitig die heidnischen Mythen, auf denen ein Teil dieser Dichtkunst beruht, vor dem Vergessen bewahrte. Er baute u. a. mit Hilfe der Zeugnisse dieser mündlich bewahrten Kunst sein gewaltiges Geschichtswerk auf und rettete so auch diese Dichtung. Jetzt schrieb man in der ›Grágás‹ (d. i. ›Graugans‹) die isländischen Gesetze nieder, wo doch die norwegischen Gesetze für das tägliche Leben viel wichtiger waren. Jetzt wurden die uns erhaltenen Redaktionen der ›Landnámabók‹ (d. i. ›Buch der Landnahmen‹) verfaßt. Und jetzt blühte die Gattung der Isl.s. Natürlich kann man oft in Zeiten der Verwilderung und Auflösung eine Hinwendung zur Vergangenheit feststellen. Aber die Art, wie sie hier beschworen wird, Reichtum und Rang ihrer Denkmäler – das ist fast einmalig und läßt sich am besten als Suche nach der verlorenen Identität erklären.

IV. DAS HEROISCHE ERBE (EDDA UND SAGA)

Das heroische Erbe der Vergangenheit, das in den Heldenliedern der ›Edda‹ weiterlebt, bestimmt nach Geist und Form auch die Isl.s. Gisli wirft in einer Strophe seiner Schwester Thordis vor, sie gleiche nicht der Gudrun Gjúkadóttir; denn sie hatte sich in ihrem unlösbaren Treuekonflikt zwischen Bruder und Gatten auf die Seite des Gatten gestellt. Die Gudrun der ›Laxdœla saga‹ erfährt ihrerseits das Schicksal der Brynhild aus der Sigurdsage; da sie den besten Mann nicht bekommt, reizt sie ihren Gatten auf, ihn – seinen Freund und Ziehbruder – zu töten. Als sie in hohem Alter von ihrem Sohn gefragt wird, wen sie am meisten geliebt habe, bekennt sie nach längerem Zögern: »Am schlimmsten war ich zu dem, den ich am meisten liebte.« (Thule, Bd. 6, Kap. 78)[1]. Solche pointierten Sätze, meist noch durch understatement geschärft, liebt die Isl.s. Letzte Worte des sterbenden Helden gehören hierher. Als Vestein in der ›Gísla saga‹ von der Mordwaffe getroffen ist, sagt er: »Der saß«, um gleich darauf tot umzusinken (Thule, Bd. 8, Kap. 13). Als Atli, Grettirs Bruder, seine Todeswunde empfängt, sagt er: »Die breiten Spieße sind jetzt Mode.« (Thule, Bd. 5, Kap. 45). Und als Thormod, der Skalde, sich selbst den tödlichen Pfeil aus dem Herzen zieht, sagt er, der Gefolgsmann des heiligen Olaf: »Gut hat der König uns ernährt, denn diesem Kerl hängt Weißes (d. meint »Fett«) an den Herzwurzeln.« (Variante aus ›Flateyjarbók‹ zu Thule, Bd. 15, Kap. 234). Wie er sterben manche mit einer Strophe auf den Lippen. Oft gehen der Sterbestunde heroische Kämpfe meist gegen eine hoffnungslose Überzahl von Feinden voraus. So wird der Verlierer durch sittliche Überlegenheit zum Sieger.

Eine weitere Gemeinsamkeit der Isl.s. mit den germanischen Heldenliedern besteht darin, daß keine göttliche Hand die Geschicke lenkt. Entstehen die Konflikte durch Zusammenstoß entgegengesetzter Willensenergien starker Menschen, so ist die Entwicklung und Steigerung eines Konflikts durch innere Notwendigkeit gekennzeichnet, die als das Walten eines unpersönlichen Schicksals empfunden wird. In vielen Isl.s. ist gerade der Ablauf bis zur gewaltsamen Lösung des Konflikts literarisch zwingend gestaltet und auch der Schicksalsglaube direkt zum Ausdruck gebracht, so z. B. in der ›Gísla saga‹ entweder in wörtlicher Rede (Gisli: »Ich vermute auch, daß das Schicksal seine Hand im Spiel hat« [Kap. 6]; »denn jeder spricht die Worte, die ihm das Schicksal eingibt, und alles wird geschehen, wie es vorherbestimmt ist« [Kap. 9]) oder auch indirekt: »Gisli ging nun heim, und es schien ihm, daß sich alles in einer Richtung bewege« (Kap. 12). Wie im Heldenlied, wo mehrfach von dem Spruch der Nornen die Rede ist, treibt der Glaube an die Unabwendbarkeit des Schicksals den Helden nicht zur Aufgabe jeglichen Handelns, sondern zum Durchhalten. Wie Konflikte meist aus verletztem Ehrgefühl entstehen, so ist die Wiederherstellung der Ehre im idealen Fall durch die stoische Haltung des Helden gewährleistet. Sein Ruhm überlebt ihn; das ist zuweilen wie im Heldenlied mit einem gewissen Pathos direkt ausgesprochen, zuweilen unterkühlt durch die Bemerkung, daß viele sein Verhalten richtig fanden, zuweilen in Gegensatz gestellt zu dem jämmerlichen Sterben oder Handeln eines Feiglings oder Schurken.

Nach dem Austragen des Konflikts setzt wiederum in beiden Gattungen ein neues wichtiges Handlungsmoment ein, der Vollzug der Rache. Die Ehre der Sippe erfordert die Rache, und es ist ehrenvoller, blutige Rache zu nehmen, als einer Genugtuung durch Wergeld zuzustimmen; denn man will seinen Vater oder Bruder »nicht im Beutel tragen«[2]. Selbst der Geächtete, der nach dem Recht bußlos erschlagen werden darf, wird durch die Rache gewissermaßen wieder in die Gemeinschaft zurückgeholt, aus der er ausgestoßen war. Solche Art der Selbstjustiz, die durch das Fehlen einer polizeilichen Gewalt auf Island gefördert wurde, ist kennzeichnend für die spannungsreiche, unruhige Zeit vor und während der ersten Konsolidierung des Gemeinwesens. Doch darf man natürlich auch nicht vergessen, daß nur das »sagamäßig« war, was sich zu einer spannenden dramatischen Geschichte formen ließ.

Ein Mittel, die Schicksalsgebundenheit alles Handelns darzustellen, sind die Träume (im Durchschnitt kommen drei bis vier auf eine Saga!), und auch hier gibt es auffällige Parallelen zum eddischen Heldenlied. Und doch besteht die Gefahr, daß die berechtigte Betonung der Gemeinsamkeiten der beiden Gattungen den Blick auf die eigentliche Kunst der Isl. s. verstellt. Sie ist ja Prosakunst, in der alles, was in ihren Bereich gerät – Heroisches, Phantastisches, Magisches, Gefühltes, Gedachtes, Geglaubtes –, durch den realistischen Duktus in ihren Kosmos eingeschmolzen wird. Das gilt für die »letzten Worte« (s. o.); das gilt auch für die Träume, deren Funktion nicht zuletzt in der strukturalen Gliederung eines solchen Saga-Kosmos gesehen werden muß.

V. ZUR ERZÄHLHALTUNG UND ERZÄHLTECHNIK

Die Eigentümlichkeit der Sagakunst besteht in ihrer objektiven Stilhaltung. In den Worten und Sätzen wird versucht, den Inhalt, das faktische Geschehen unmittelbar und sozusagen ohne Überschuß wiederzugeben. Der Erzähler tritt durchweg nicht in Erscheinung. Urteile über Personen und ihre Handlungen werden meist einer erzählten communis opinio zuerteilt. Die Personen stellen sich selbst dar und offenbaren ihren Willen, ihre Absichten und Ansichten im Dialog. Dieser treibt meistens die Handlung voran oder begleitet sie unmittelbar. Ein Beispiel aus der ›Njáls saga‹ möge dafür stehen: Gunnar ist bei seinem letzten Kampf, den er vom Schlafraum seines Hauses aus führt, die Bogensehne zerschnitten worden. Er wendet sich an Hallgerd, seine Frau: »Gib mir zwei Strähnen aus deinem Haar, und ihr, du und Mutter, flechtet sie zusammen zu einer Bogensehne für mich.« »Liegt dir etwas daran?« sagt sie. »Mein Leben liegt daran«, sagt er, »denn sie werden mich niemals unterkriegen, solange ich den Bogen brauchen kann.« »Da werde ich dich jetzt«, sagt sie, »an die Ohrfeige erinnern, und es ist mir egal, ob du dich länger wehrst oder kürzer.« »Jeder sorgt irgendwie für seinen Ruhm«, sagt Gunnar, »und man wird dich nicht länger darum bitten.« Rannveig (Gunnars Mutter) sagt: »Du benimmst dich schlecht, und deine Schande wird lange leben.« (Thule, Bd. 4, Kap. 77).

In diesem Dialog, der nicht nur handlungsfördernd ist, sondern auch Personencharakteristik liefert – ein Strindbergisches Ehedrama en miniature –, werden die intensiven Gefühle nur in der direkten Rede merkbar, dazu noch gebremst durch Kälte und Ironie; erst Rannveigs Beurteilung gibt einen Ton von Pathos. Solche Dialog-Höhepunkte kann man vielfach finden. Während hier noch – wohlgemerkt durch die dargestellten Personen – eine Parteinahme stattfindet, präsentiert der Dialog an sich Stellungnahme von beiden Seiten; (»immer ist eine Aussage nur halb gesagt, wenn einer sie sagt,« wie es sprichwortartig in der ›Grettis saga‹ heißt [Thule, Bd. 5, Kap. 46]). Dem Zuhörer oder Leser steht es frei, auf wessen Seite er sich stellen will. So werden auch Lügen nicht als solche gekennzeichnet.

In der ›Laxdœla saga‹ kauft Höskuld eine schöne Sklavin, obwohl er erfährt, daß sie stumm und somit auch namenlos ist. Sie wird seine Geliebte und gebiert ihm auf Island einen Sohn. »Es geschah eines Morgens, daß Höskuld aus dem Haus gegangen war, um nach seiner Wirtschaft zu sehen; das Wetter war gut; die Sonne schien und war schon etwas gestiegen; er hörte menschliche Stimmen. Er ging dorthin, wo ein Bach an dem Abhang der Hofwiese entlanglief; dort sah er zwei Menschen und erkannte sie; es waren Olaf, sein Sohn (zwei Jahre alt), und dessen Mutter; da merkt er, daß sie nicht stumm war, denn sie sprach da vielerlei mit dem Jungen. Dann ging Höskuld zu ihnen und fragt sie nach dem Namen und sagte, jetzt nütze es ihr nichts mehr, sich länger zu verstellen.« (Thule, Bd. 6, Kap. 13).

Diese reizende Genre-Szene zeigt einen anderen Aspekt der »Objektivität«. Mit Höskuld und dem Händler verbleibt der Zuhörer bei der Annahme, daß die Fremde stumm ist. Erst mit Höskuld zusammen erlebt er die Erkennungsszene, und zwar in der raffinierten Stufung vom Hören der Stimmen zum unbestimmten Sehen der Gestalten und dann zum Erkennen – ein Fall von perspektivischer Darstellung, wie er in vielen Sagas ähnlich kunstvoll vorkommt. Bis zur Auflösung der spannenden Situation gibt der Erzähler manche symptomatische Hinweise, die der erfahrene Leser, somit zu dauernder Aktivität angeregt, Stück um Stück sammelt. Denn im Idealfall ist jede scheinbar beiläufige Bemerkung – sei sie nun sinnlich, sachlich oder sprachlich – von Bedeutung für den Gang der Handlung, auch wenn ein Hinweis erst viele Kapitel später seinen Sinn enthüllt. Mit dieser Art »Intertextur« gleichen die Sagas Detektivgeschichten ohne Leerlauf und falsche Spuren. Anschauliche Auftritte in geschlossenen Szenen, wie die beiden vorgeführten, fügen der Objektivität noch ein dramatisches Element hinzu, so daß die Kleinstrukturen mit der Großstruktur korrespondieren.

VI. FORSCHUNGSSTAND UND FORSCHUNGSAUFGABEN

Die Aufgaben der literaturwissenschaftlichen Forschung ergaben sich ganz natürlich aus den geschilderten Phänomenen. Am längsten und intensivsten haben sich Forscher mit der Frage nach der Entstehung der Isl.s. beschäftigt. Der Abstand zwischen der Sagazeit und der Zeit der Abfassung, der Unterschied der beiden Kulturen, nämlich der vorwiegend als heidnisch gekennzeichneten mündlichen Gedächtniskultur und der christlich beeinflußten Buchkultur, der Gegensatz zwischen der idealistisch gesehenen Gesellschaftsordnung der Vergangenheit und der verfahrenen politischen Situation des 13. Jahrhunderts – sodann die relativ kurze literarische Blütezeit der Isl.s., die Einmaligkeit und gewisse Einheitlichkeit der Gattung, die Schwierigkeit, eine relative Chronologie der Werke herzustellen, (geschweige denn eine absolute) – und schließlich der eigentümliche Stil, diese scheinbare Alltagsprosa mit ihrem Realitätsgepräge, das historische Glaubwürdigkeit postulierte, – das alles waren Fakten, die wissenschaftlich nur schwer in Einklang zu bringen waren. Es bildeten sich zwei Forschungsrichtungen, die sich auch heute noch gegenüberstehen, wenn auch die lange Zeit gebräuchliche Etikettierung von Freiprosalehre und Buchprosalehre aufgegeben wurde. Die eine verficht den Grundsatz, daß sich die Isl.s. in der Mündlichkeit gebildet, einen reichen Traditionsschatz getreu bewahrt, ihn allmählich künstlerisch überformt und so gewissermaßen fertig in die Buchkultur eingebracht habe. Nach dieser Auffassung kann man von einem eigentlichen Verfasser kaum reden, daher die Anonymität, daher der Prosaduktus, daher die Gleichförmigkeit der Gattung mit ihren vielen formelhaften Elementen. Die andere Richtung betont die Tatsache, daß, was wir wirklich haben, die beschriebenen Pergamente sind und daß viele Werke einen individuellen Stil aufweisen. Sie verficht die

These, daß das mündlich überlieferte Material unbedeutend und keineswegs vorgeformt war und daß Verfasserpersönlichkeiten den von ihnen gewählten und gesammelten Stoff frei und schöpferisch gestalteten.

Für die Begründung der Mündlichkeitsthese spielen die häufig angeführten Skaldenstrophen in der Isl.s., mehr noch in den Königssagas, eine große Rolle. Zweifellos wurden sie überwiegend mündlich tradiert, noch dazu stets mit Verfassernamen. Da sie in der Form der »losen Strophen« meist an eine bestimmte Situation gebunden waren, lag die Vermutung nahe, daß sie, von Anfang an mit einem erklärenden Prosatext versehen, eine Keimzelle der Sagaentstehung darstellten. Die zweite Richtung suchte diesen Ansatz durch den Nachweis »unechter Strophen«, d. h. Strophen, die spät und eigens für den Prosakontext gedichtet wurden, zu erschüttern. Sie nahm für sich in Anspruch, den hohen künstlerischen Wert der Isl.s. besser erkannt und gewürdigt zu haben, und betonte ihren Unterhaltungswert gegenüber der historischen Glaubwürdigkeit. Die Forderung nach einer Analyse der ästhetischen Merkmale, die lange Zeit vor den eigentlich philologischen Aufgaben zurückstand, eröffnete neue Aufgaben, die noch nicht zu Ende geführt sind. Moderne literaturwissenschaftliche Methoden erwiesen sich als fruchtbar, wobei der folkloristische Ansatz die Isl.s. mehr als Gattung, der literaturästhetische Ansatz mehr das Einzelwerk ins Auge faßt.

Schwieriger verhält es sich mit den Versuchen, die Isl.s. im gesellschaftlich-politischen Kontext zu sehen. Natürlich ist ihre Buchform ein Produkt des 13. Jahrhunderts, und tatsächlich lassen sich manche Parallelen zur zeitgenössischen ›Sturlunga saga‹ aufzeigen. Aber soll man das reiche Material, das ein so lebendiges Bild der Wikingerzeit entwirft, durch Hyperkritik völlig entwerten? Vielleicht kann die Blickrichtung helfen; während sie bisher im Sinne einer Evolution von der frühen Periode zur späteren entweder bewertet oder heftig zurückgewiesen wurde, könnte der Blick vom hohen Mittelalter zurück zum frühen über die Wert- und Wahrheitsvorstellungen beider Perioden, über Kontinuität und Diskontinuität, neue Einsichten bringen.

ANMERKUNGEN

1 In den Fällen, wo die Übersetzung vom Text der Thule-Ausgabe abweicht, handelt es sich um meine eigene Übersetzung, die wörtlicher und dadurch m. E. prägnanter ist.

2 Formelhafte Wendung, vgl. A. HEUSLER, Das Strafrecht der Isländersagas, Leipzig 1911, S. 195. Beispiele in der ›Grettis saga‹, Thule, 5, Kap. 22 und 24; Die Erzählung von Thorstein dem Weißen, Thule, 12, Kap. 6.

BIBLIOGRAPHIE

Textausgaben

Deutsche Übersetzungen:

Sammlung Thule, 24 Bände, Leipzig 1911–1930; Neuausgabe 1963–67. Die Sammlung Thule enthält außer den Isl.s. folgende in meinem Beitrag erwähnte Werke:
Bd. 1 und 2: Heldendichtung, Götterdichtung und Spruchdichtung der Edda;
Bd. 14–16: Snorris Königsbuch (›Heimskringla‹);
Bd. 20: Die jüngere Edda (von Snorri Sturluson);
Bd. 23: Islands Besiedlung und älteste Geschichte;
Bd. 24: Geschichten vom Sturlungengeschlecht.

11 Bände enthalten im ganzen 36 Isländersagas und decken sich fast mit dem bei SCHIER, Sagaliteratur aufgeführten Corpus.
Bd. 3: Die Geschichte vom Skalden Egil;
Bd. 4: Die Geschichte vom weisen Njal;
Bd. 5: Die Geschichte von dem starken Grettir, dem Geächteten;
Bd. 6: Die Geschichte von den Leuten aus dem Lachswassertal;
Bd. 7: Die Geschichte vom Goden Snorri;
Bd. 8–13 enthalten kleinere Sagas, darunter die Geschichte von Gisli dem Geächteten in Bd. 8.
Für weitere Einzelheiten vgl. »Aufriß der Sammlung Thule« in: H. KUHN, Das alte Island, S. 287–292.
Einzelne Sagas der Sammlung Thule neu gedruckt:
Die schönsten Geschichten aus Thule (Sagas von Gisli und den Leuten aus dem Lachswassertal, nebst drei kürzeren Sagas), hg. von H. M. HEINRICHS, Düsseldorf/Köln 1961 (auch dtv).
Thule: Isländische Sagas, 4 Bände, Düsseldorf/Köln 1978.

Neuere Übersetzungen:

Die Leute aus den Ostfjorden (RUB 525), hg. von INGRID PAK, Leipzig 1973;
Die Saga von Grettir (Saga 2), hg. von H. SEELOW, Düsseldorf/Köln 1974;
Die Saga von Gisli Sursson (RUB 9836), hg. von F. SEEWALD, Stuttgart 1976;
Die Saga von Egil (Saga 1), hg. von K. SCHIER, Düsseldorf/Köln 1978;
Skaldensagas (insel taschenbuch 576), hg. von F. SEEWALD, Frankfurt a. M. 1981;
Isländersagas (›Egils saga‹, ›Eyrbyggja saga‹, ›Grettis saga‹, ›Laxdœla saga‹ und ›Njáls saga‹), hg. von R. HELLER, Leipzig 1982.

Forschungsliteratur

Bibliographie:

Bibliography of Old Norse-Icelandic Studies (abgekürzt BONIS), Kopenhagen 1964 ff.

TH. M. ANDERSSON, The Icelandic Family Saga. An Analytic Reading (Havard Studies in Comparative Literature 28), Cambridge, Massachusetts 1967. – W. BAETKE, Die Isländersaga (Wege der Forschung 151), Darmstadt 1974. – P. HALLBERG, Die isländische Saga (Übersetzung aus dem Schwedischen), Bad Homburg v. d. H./Berlin/Zürich 1965. – R. HEINZEL, Beschreibung der isländischen Saga, Wien 1880. – A. HEUSLER, Die isländische Saga: Ihr Werdegang, in: A. H., Die altgermanische Dichtung (Handbuch der Literaturwissenschaft, hg. v. O. WALZEL), Potsdam ²1941, S. 200–231. – H. KUHN, Das Alte Island (Islandische Sagas 4), erweiterte Neuausgabe Düsseldorf/Köln 1978. – K. LIESTØL, The Origin of the Icelandic Family Sagas (englische Übersetzung aus dem Norwegischen), Oslo 1930. – L. LÖNNROTH, Njáls Saga. A Critical Introduction, Berkeley/Los Angeles/London 1976. – K. SCHIER, Sagaliteratur (Sammlung Metzler 78), Stuttgart 1970. – M. I. STEBLIN-KAMENSKIJ, The Saga Mind (Übersetzung aus dem Russischen von K. H. OBER), Odense 1973. – E. Ó. SVEINSSON, Njáls saga: A Literary Masterpiece (Übersetzung aus dem Isländischen von P. SCHACH), Lincoln 1971. – G. TURVILLE-PETRE, Origins of Icelandic Literature, Oxford 1953.

CHRONISTIK, GESCHICHTSEPIK, HISTORISCHE DICHTUNG

von

NORBERT H. OTT

I. HISTORIOGRAPHIE UND (PSEUDO-)HISTORISCHE STOFFE: DAS BEISPIEL HEINRICH VON MÜNCHEN

In der ersten Hälfte des 14. Jahrhunderts wurde in Süddeutschland eine volkssprachliche Weltchronik-Kompilation zusammengestellt, die die Gebrauchssituation dieser Gattung, die Variabilität der Texte und ihrer Überlieferung und den Anspruch historischer Erzählstoffe wie kaum ein anderes Werk repräsentiert. Der Anteil des Autors oder Kompilators Heinrich von München an dieser monumentalen Chronik-Konzeption ist schwer auszumachen; die Textgestalt variiert in allen bekannten Handschriften oft so stark, daß mit einiger Berechtigung jeder der handschriftlichen Fassungen autonomer Werkcharakter zugebilligt werden kann; der Umfang schwankt zwischen 56 000 und 100 000 Versen, das Gemeinsame aller Handschriften ist lediglich die – graduell verschiedene – Art der Zusammenfügung von Chroniktexten mit umfangreichen Abschnitten aus anderen epischen Texten und Gattungen: In einen historiographischen Basistext – eine wohl schon im 13. Jahrhundert entstandene Kompilation aus den Weltchroniken Rudolfs von Ems und Jans Enikels sowie der ›Christherre-Chronik‹, der für die Neue Ee (Zeit des ›Neuen Bundes‹) das ›Marienleben‹ des Karthäusermönchs Philipp angefügt wurde – baute der Kompilator viele, oft sehr umfangreiche Exzerpte aus Texten historischer Erzählgattungen nahezu unverändert ein.

Bemerkenswert an dieser Vorgehensweise ist die kompilatorische Verbindung eines Chroniktextes mit volkssprachlichen Werken nicht-chronistischer Gattungen, vorwiegend pseudohistorischen Romanen und neutestamentlichen Geschichtsdichtungen. Kaum umgeformt, werden dem historiographischen »Handlungs«-Gerüst umfangreiche, oft aber auch nur ein Verspaar umfassende Passagen aus Genres wie Antikenroman und

Chanson de geste eingefügt: fast ein Drittel des Textbestandes von Ulrichs von Etzenbach ›Alexandreis‹, (je nach den Handschriften) verschieden lange Erzählblöcke aus Konrads von Würzburg ›Trojanerkrieg‹, bis auf die Einleitung der gesamte ›Eraclius‹ des Otte im umfangreichsten Überlieferungszeugen dieser Weltchronik-Kompilation, der Gothaer Handschrift Chart. A 3. In den Chronikabschnitt über Karl den Großen sind Teile aus Strickers ›Karl‹ eingebaut sowie Abschnitte aus dem ›Willehalm‹-Zyklus, vor allem aus Ulrichs von dem Türlin ›Willehalm‹ (›Arabel‹), aber auch aus Wolframs Werk[1] und aus dem ›Rennewart‹ Ulrichs von Türheim; Heinrichs von Beringen ›Schachzabelbuch‹ lieferte gelehrte Anekdoten aus der römischen Geschichte. Ähnlich wird bei der Darstellung des 5. und 6. Weltalters verfahren: Dem historiographischen Basistext ist das ›Marienleben‹ des Karthäusers Philipp angefügt, in das wiederum u. a. Passagen aus dem ›Passional‹, aus Gundackers von Judenburg ›Christi Hort‹, Heinrichs von Hesler ›Evangelium Nicodemi‹, Konrads von Heimesfurt ›Urstende‹ und Heinrichs von Neustadt ›Gottes Zukunft‹ eingefügt wurden. Diese innige Verschmelzung genuin historiographischer Werke mit (pseudo-)historischen Erzähltexten – Antikenroman, französische Reichsgeschichte, Bibelerzählung – ist bereits strukturell angelegt in der Überlieferung der betreffenden Stoffkreise.[2]

Heinrichs von München Weltchronik-Kompilation vereinigt alle jene Stoffe und Gattungen, die im weitesten Sinn »Geschichte« vermitteln. Die gattungsmäßige Vielfalt ihrer Bestandteile macht die Problematik einer Definition der Gattung »Chronik« deutlich, die eher durch das Verschwimmen der Grenzen zwischen strenger Historiographie und – im neuzeitlichen Sinne – »fiktionaler« Geschichtsdichtung bestimmt ist. Dennoch markiert sie auch ein Bewußtsein des Publikums von »Wahrheit« und »Fiktion« literarischer Stoffe: Was nämlich sowohl in dieser Kompilation als auch im Rahmen der Überlieferung chronistischer Texte fehlt, ist die Gattung des höfischen Romans, insbesondere der Artusstoff. Offensichtlich mangelt diesem Stoffbereich, zumindest in Deutschland, der Wahrheitsanspruch, den Antikenroman, *Chanson de geste* und – mit Einschränkungen – germanisch-deutsches Heldenepos vertreten; sein Publikum rezipiert ihn, wie es scheint, als fiktionale Literatur.[3]

Heinrichs historiographischer Entwurf ist damit ein Paradigma für den Wahrheitsanspruch (pseudo-)historischer literarischer Stoffe und für das Bewußtsein von Geschichte als Kompilation historischen Wissens mit (selbst-)identifikatorisch genutzten Vorbildern und Rollenschemata überhaupt. Er ist nicht kuriose Ausnahme, nicht der zu vernachlässigende Einzelfall, sondern signalisiert präzise Gattungsspezifika wie Gebrauchssituation von Historiographie und Geschichtsdichtung. Gattungstypisch ist auch die Offenheit der Überlieferung: kaum eine Heinrich von München-Handschrift gleicht im Textbestand der anderen; alle eingefügten Passagen können beibehalten, erweitert, ersetzt, gekürzt oder weggelassen werden. Die Aufforderung zum unmittelbaren Gebrauch durch das Publikum, zur Weiterführung und zur je neuen Umformung und Aneignung ist bereits der Struktur der Chroniken immanent.

II. GLIEDERUNGSMODELLE DER WELTGESCHICHTE: DIE LATEINISCHE CHRONISTIK

Heinrich von München knüpft an historiographische Traditionen an, die sich bereits in der christlichen Spätantike herausgebildet haben. Er nennt selbst antike und mittelalterliche Autoren, auf die er sich quellenmäßig beziehe und die auch seine Vorlagen z. T. schon erwähnen. Dies ist wohl kaum Beleg für direkte Quellenbenutzung, sondern eher die – v. a. für einen volkssprachlichen Text notwendige – Legitimation durch Autoritätsversicherung, zumal da auch die vier Evangelisten in die Reihe der Gewährsleute eingeordnet werden: auch und gerade die Bibel wird als Chroniktext – von allerhöchstem Wahrheitsanspruch – rezipiert.

Das Modell der Heilsgeschichte ist von Anfang an Diskussionsrahmen christlicher Geschichtsschreibung: Die frühen historiographischen Entwürfe der Spätantike – Sextus Julius Africanus (um 220) etwa, oder Hippolytos (um 235) – verstehen sich ganz als propagandistische Texte gegen falsche Terminierungen der Wiederkehr Christi (Parusie). Erst mit der bei Abraham beginnenden Chronik des Eusebius von Caesarea (um 326) befreite sich die Historiographie von der Endzeiterwartung. Dem Mittelalter wurde diese dreiteilige Chronik – gegliedert in eine *chronographia*, die sich mit der antiken Überlieferung der Heiden auseinandersetzt, in die *canones* als synchronistische, nach Jahresdaten ordnende Patriarchen- und Herrschertabelle, verbindliches Modell für die mittelalterliche Annalistik, und in das *spatium historicum* als Aufzeichnung der wichtigsten Ereignisse – durch die bearbeitende Übersetzung des Hieronymus von

Stridon (381) vermittelt: noch Sigebert von Gembloux setzte 1111 Hieronymus' Werk einfach fort, und auch Heinrich von München nennt die antike Autorität als Gewährsmann für seine Kompilation.

Bereits die Dreiteiligkeit der Chronik des Eusebius-Hieronymus verweist auf die die gesamte mittelalterliche Historiographie bestimmende Frage, nach welchen formalen Modellen die enorme Stoffülle zu gliedern ist, aus der schließlich die Unschärfe der einzelnen Chronik-Gattungen resultiert. Chronologische Aspekte *(series temporum)*, räumliche Gliederungsprinzipien *(mare historiarum)* oder enzyklopädische Typen *(imago mundi)* überlagern sich und durchdringen einander; schon Hippolytos (um 235) verband in seiner Chronik *imago mundi* mit *series temporum*. Die vielleicht in der Spätantike noch gültige Unterscheidung von *chronica* als kurzem, annalistischem Abriß und *historia* als umfassender Darstellung greift im Mittelalter nicht mehr. Viele als *historiae* konzipierte Universalchroniken sind mit annalistischen Abschnitten durchsetzt und durch die Offenheit ihrer Form auf Annalen-Nachträge hin angelegt; manche *gestae* – an Personen geknüpfte Taten- und Ereignisgeschichten – folgen dem in der Annalistik entwickelten Gliederungsprinzip in Propheten-, Papst- und Herrscherreihen; Lebensgeschichten *(vitae)* werden häufig in heilsgeschichtliche Modelle eingebunden; Kloster-, Landes- oder Stadtchroniken kommen oftmals ohne welthistorischen Vorspann nicht aus. Die Grenze zwischen den einzelnen Gattungen der Historiographie ist von Beginn an nicht deutlich gezogen und wird zunehmend unschärfer, wohl auch wegen der sich über große Zeiträume erstreckenden Tradierung, Bearbeitung und gegenseitigen Benutzung.

Am ehesten außerhalb dieser Bezüge – und deshalb wohl auch ohne Nachfolge seit dem hohen Mittelalter – bleibt die lateinische Volksgeschichtsschreibung: Cassiodors von Jordanes fortgesetzte ›Geschichte der Goten‹ (551); Gregors von Tours († 593/4) ›Franken-Geschichte‹, mit der Schöpfung beginnend und in Fredegars Fortsetzung des 7. Jahrhunderts die trojanische Abstammung der Franken propagierend; Isidors von Sevilla ›Geschichte der Westgoten‹ (624); Bedas († 735) ›Historia ecclesiastica gentis Anglorum‹, die außer mündlichen Quellen auch Jordanes, Gregor und Isidor benutzt; die gegen Ende des 8. Jahrhunderts verfaßte ›Langobardenchronik‹ des Paulus Diaconus, die sich auf Beda stützt; Widukinds von Corvey ›Sachsengeschichte‹ (963) mit der Abstammungslegende der Sachsen vom

Alexanderheer; des Saxo Grammaticus ›Historia Danica‹ (um 1200), die nordische Sagenüberlieferung aufnimmt.

Weit stärker als andere Gattungen von mündlichen Traditionen geprägt, bleibt die Gattung der *origines gentis* (Stammesgeschichten) eigenbestimmt, aber ohne weiterführende Rezeption. Verbindlich für das Geschichtsbewußtsein des Mittelalters wird vielmehr die Anknüpfung an das römische Weltreich, und das heißt zugleich: an die Heilsgeschichte.

Ohne Anbindung an Heilsgeschichte ist im Mittelalter auch die Darstellung profaner Geschichte undenkbar. Das eschatologische Konzept durchdringt als Denkmuster nahezu alle historiographischen Entwürfe und bestimmt die formale Gliederung des Stoffs, meist im Modell der an Augustinus anknüpfenden, antik-heidnische Lebensalter-Vorstellungen aufnehmenden Weltzeitalter(*aetates*)-Lehre,[4] seltener nach dem Schema der Vier Weltreiche.[5] Die Mehrzahl der spätantiken und mittelalterlichen Chroniken setzt mit der Schöpfung ein und wird bis in die eigene Gegenwart weitergeführt; nur wenige Autoren – Eusebius und mit ihm Hieronymus und der diesen fortsetzende Sigebert – beginnen bei Abraham; Hugo von Fleury (1110) stellt Ninus an den Anfang; Regino von Prüm (908), Benedikt von St. Andreas (ca. 972), das ›Chronicon Wirziburgense‹ (1057), Hugo von Flavigny (1102), die ›Annales Mellicenses‹ (1123) und Ordericus (1141) setzen mit Christus ein. Die überwiegende Zahl der Texte ist nach den Weltaltern gegliedert; nach den Vier Weltreichen ordnen Sulpicius Severus (um 400), Orosius (417), Jordanes (Mitte 6. Jh.) und Sigebert von Gembloux (1111). *Aetates*- und Weltreiche-Lehre verbinden sich bei Bernold (1099), Frutolf von Michelsberg (1101), Hugo von Fleury (1110), Honorius Augustodunensis (um 1135) und Otto von Freising (1157). Diese den Heilsplan der Geschichte ordnenden Schemata strukturieren im Grunde alle historiographischen Texte des Mittelalters, selbst *gestae* und *vitae* lassen die Verbindlichkeit heilsgeschichtlicher Ordnungsprinzipien erkennen.

Von grundlegender Bedeutung für die mittelalterliche Geschichtsschreibung sollten vor allem zwei spätantike Werke werden: die mit Abraham beginnende, von Hieronymus ins Lateinische übertragene und bis 378 weitergeführte griechische Chronik des Konstantin-Biographen Eusebius von Caesarea und die ›Historia adversos paganos‹ (Geschichte gegen die Heiden) des spanischen Priesters Paulus Orosius, die bei Adam einsetzt und der heidnischen »Unheils«-Geschichte den Gang der Heilsgeschichte bis 417 programmatisch gegenüberstellt. Am Anfang des 7. Jahrhunderts systematisierte Isidor von Sevilla (ca. 565–636), auf Hieronymus gestützt, aber merkwürdigerweise ohne Kenntnis des Orosius, in seiner ›Etymologia‹ und in dem später der Etymologie integrierten ›Chronicon‹ das christlich-spätantike Weltbild. Durch sein die nachfolgende Chronistik bestimmendes *aetas*-Schema kommt ihm eine Schlüsselstellung zwischen Antike und Mittelalter zu. Wesentlichen Einfluß auf die mittelalterliche Historiographie hatten die aus Isidors Etymologie schöpfenden chronistischen »Lehrbücher« des Angelsachsen Beda (ca. 672–735) ›De sex aetatibus‹ (›Von den sechs Zeitaltern‹) und ›De ratione temporum‹ (›Über die Zeitrechnung‹). Die karolingische Universalgeschichtsschreibung dagegen – Frechulf von Lisieux, Ado von Vienne und Regino von Prüm – blieb ohne weiterwirkende Rezeption. Größte Wirkung für die mittelalterliche Chronistik – auch die volkssprachliche – hatte die auf Hieronymus fußende ›Chronica‹ des Frutolf von Michelsberg († 1103), die Ekkehard von Aura zu Beginn des 12. Jahrhunderts in mehreren Rezensionen überarbeitete und fortsetzte. Ekkehard benutzte bereits Sigeberts von Gembloux 1111 beendete Chronik, die v. a. im Westen rezipiert wurde, und stützt sich auch auf die volkssprachliche ›Kaiserchronik‹. Die Frutolf-Ekkehard-Chronik war die wohl am weitesten verbreitete Geschichtsdarstellung im mittelalterlichen Deutschland, maßgebend für die meisten folgenden Chroniken. Auch dem wohl bedeutendsten Entwurf lateinischer Weltchronistik, der ›Chronica sive Historia de duabus civitatibus‹ (›Chronik oder die Geschichte der zwei Staaten‹) des Otto von Freising (ca. 1113–58), lieferte sie den Stoff, den dieser jedoch zu einem großartigen philosophischen Gebäude ordnete. Ableitbar aus den politischen Konstellationen seiner Zeit ist Ottos welthistorisches Modell, das ohne Nachfolge blieb: das Zerbrechen der Einheit der beiden *civitates* (*civitas dei* und *civitas terrena* – Gottes- und Weltstaat) seit Heinrich IV. – Ottos Großvater – signalisiert ihm das Ende der Geschichte. So schließt seine Chronik nicht, wie üblich, mit der Darstellung der Gegenwart, sondern mit den Endzeitvisionen: Antichrist, Auferstehung und Gericht. »Vom Weltbeginn bis zum Weltende umfaßt ssional‹, aus Gundackee des menschlichen Daseins, das in sich geschlossenste, tiefsinnigste Bild der Weltgeschichte im Mittelalter.«[6]

Ein solch umfassender welthistorischer Entwurf wie der Ottos von Freising wurde in der gesamten nachfolgenden Geschichtsschreibung nie wieder erreicht. Dennoch wäre es falsch, alle Folgewerke wegen ihrer kompilatorischen Unausgewogenheit abzuwerten. Sicher trifft für die chronistischen Werke Gottfrieds von Viterbo, Erzieher Heinrichs VI., v. a. für sein ›Pantheon‹ (Ende 12. Jahrhundert) zu, daß »der Tatsachensinn früherer Chronisten einer Vorliebe für Fabeln und Geschichten (wich)«[7]. Doch die Bedeutung dieser und anderer Chroniken für das mittelalterliche Geschichtsbewußtsein ist mit solchen Feststellungen kaum hinreichend umrissen. Ihr Stellenwert ist zutreffend nur aus ihrer Entstehungs- und Gebrauchssituation zu erschließen; daraus resultiert auch die Tendenz, den historiographischen Rahmen mit Erzählungen und Anekdoten, mit Mirabilia und Exempla zu füllen: Didaktische Funktionen hatte das ›Speculum historiale‹ des französischen Dominikaners Vinzenz von Beauvais (†1264), Prinzenerzieher am Hof König Ludwigs IX., des Heiligen, das der Autor einem ›Speculum naturale‹ und einem ›Speculum doctrinale‹ an die Seite stellte und in dem er das historische Wissen seiner Zeit enzyklopädisch zusammentrug. Als Handbuch für Theologen und Juristen fungierte die Papst- und Kaiserchronik des Dominikaners Martin von Troppau (Martinus Polonius, †1278); eine Blütenlese für Prediger ist auch ihr franziskanisches Gegenstück, die in mehreren Fassungen überlieferten ›Flores temporum‹ (13./14. Jahrhundert). Alle diese Kompendien hatten – vor allem für die volkssprachliche Chronistik – bis hinein ins späte Mittelalter eine enorme Wirkung; sie wurden breit rezipiert, übersetzt, fortgeführt, bearbeitet und dienten als Quellen zahlreicher späterer Chroniken.

So trifft die Wertung dieser Texte durch den Historiker auch kaum ihren zeitgenössischen Stellenwert: »Populär lehrhaft, aber weder wissenschaftlich noch politisch oder wahrhaft historisch interessiert, haben diese schematischen Bettelmönchs-Kompendien in fast epidemischer Verbreitung, bald auch in die Volkssprachen übersetzt, jahrhundertelang den geschichtlichen Sinn eher erstickt als gefördert.«[8] Für die Mentalitätsgeschichte des Mittelalters jedoch ist diese Art historischer Kompendien aufschlußreicher als die exakten, bloße Tatsachen tradierenden Annalen. Und auch deren Wert als Quelle für Primärinformationen ist kritisch zu beurteilen: die ›Fränkischen Reichsannalen‹ etwa, die mit Karl Martells Tod 741 einsetzen und bis ins 9. Jahrhundert reichen, verstehen sich viel eher als propagandistische Überhöhung des offiziösen Karlsbildes, als Darstellung der karolingischen Politik, wie sie gesehen werden sollte, denn als objektive Reihung von geschichtlichen Fakten. Die Trennung in streng historiographische, quasi »wissenschaftliche« Sachtexte und in »Geschichtsdichtung« mit fiktionalen Tendenzen wird durch die Gebrauchssituation selbst überspielt: beide Aspekte fließen in allen Gattungen der Historiographie ineinander. Der Wahrheitsanspruch der mit Wundergeschichten und Anekdoten durchsetzten Chroniken jedenfalls ist kein geringerer als der von Annalen oder *gestae*. Erst recht gilt dies für Geschichtsdichtungen, die sich an ein Laienpublikum wenden: die volkssprachliche Chronistik benutzt in der Folgezeit gerade auch solche lateinischen Texte als Quellen, die ursprünglich aus dem engeren historiographischen Gebrauchszusammenhang noch ausgegrenzt waren, vor allem Legendarisches, wie etwa des Jacobus de Voragine (1228/29–1298) ›Legenda aurea‹ die zu einem der wichtigsten Stofflieferanten für die deutsche Geschichtsliteratur wird.

III. IDENTIFIKATIONSMODELL, KOMPILATION, OFFENHEIT DER ÜBERLIEFERUNG: DIE DEUTSCHE VOLKSSPRACHLICHE CHRONISTIK

1. Weltgeschichte und Heilsgeschichte: die Universalchroniken

Will man Texte christlich-heroischer Poesie wie das gegen Ende des 9. Jahrhunderts schriftlich fixierte ›Ludwigslied‹ vom Sieg des westfränkischen Königs Ludwig III. über die Normannen bei Saucourt 881 nicht den volkssprachlichen historiographischen Texten im engeren Sinne zuordnen, so setzt die deutsche chronistische Literatur mit dem um 1080 oder nach 1105 entstandenen ›Annolied‹ ein. Schon dieser frühe Text zeigt die Problematik einer eindeutigen Gattungszuweisung chronistischer Werke: Weltgeschichte und Vita verschränken sich, die Vita selbst verschmelzt Geschichtsschreibung mit Legendendichtung. In zweifachem Durchgang wird der Verlauf der (Heils-)Geschichte auf Erzbischof Anno von Köln zugeführt: ein erster, mit der Schöpfung beginnender Teil läßt, nach dem *aetates*-Schema gegliedert, die Reihe der Apostel, Märtyrer, der fränkischen und kölnischen Heiligen bei Anno enden; ein zweiter, bei Ninus einsetzender Kursus, der Weltreiche-Gliederung folgend, führt die römischen Städtegründungen, die Bekehrung der Franken und die 33 Kölner Bischöfe vor und mündet wieder bei Anno. Mit der daran anschließenden Vita Annos wird die

Figur des Bischofs direkt mit der Welt- und Heilsgeschichte verknüpft.

Ein zunehmendes Interesse an historischen Stoffen, markiert durch den ›Alexander‹ des Pfaffen Lamprecht (etwa 1150) und das ›Rolandslied‹ des Pfaffen Konrad (vgl. S. 86ff.), kennzeichnet die Literatursituation der Zeit. Um die Mitte des 12. Jahrhunderts entsteht nach dem streng zeichenhaften ›Annolied‹ im Umkreis des Regensburger Welfenhofs mit der ›Kaiserchronik‹ der zweite chronikalische Text in deutscher Volkssprache. Obwohl das Werk sich selbst als *cronica* (v. 17) bezeichnet, schöpft es weniger aus chronistischen Quellen (etwa Frutolf-Ekkehard) als vielmehr aus der Legendenliteratur (Heiligenvita, -predigt, -translation, auch dem ›Annolied‹). Dennoch versteht sich die ›Kaiserchronik‹ nach Ausweis ihres Prologs als historisch-politischer Entwurf. Als fast einzige Chronik des deutschen Mittelalters beschränkt sie sich dabei jedoch auf die Geschichte des römischen Reichs: Den 36 römischen und 19 deutschen Kaisern werden exemplarische Erzählungen zugeordnet, die wohl den »heilsgeschichtlichen Kampf der guten und der bösen Mächte«[9] zum Ausdruck bringen sollen. Bezeichnend für die politische Dimension des Texts ist die Tendenz, Krisensituationen oder Auseinandersetzungen zwischen Kaiser und Papst zu harmonisieren: Konstantin wird vom Papst gekrönt, Karl und Leo sind leibliche Brüder, der Investiturstreit bleibt unerwähnt. Die ›Kaiserchronik‹, mehrfach bearbeitet, auch von der späteren Chronistik – so Heinrich von München – rezipiert, im 14. Jahrhundert prosaisiert, bestimmte wesentlich die volkstümliche Geschichtsvorstellung.

Nach den Vorläufern ›Annolied‹ und ›Kaiserchronik‹ setzt etwa ein Jahrhundert später mit der ersten deutschen Weltgeschichtsdichtung, der Weltchronik Rudolfs von Ems[10], die Blütezeit volkssprachlicher Chronistik ein. Dieser großangelegte, wenn auch Fragment gebliebene universalhistorische Entwurf eines in vielen – auch legendarischen und historischen – epischen Gattungen bewanderten Literaten sollte Vorbild und Quellengut für zahlreiche spätere Chroniken und Kompilationen werden. Rudolf, der sich damit nach dem (pseudo-)historischen Alexanderstoff der »authentischen« Geschichte zuwendet, schöpft aus lateinischen historiographischen Quellen des 12. Jahrhunderts, v. a. der ›Historia scholastica‹ des Petrus Comestor und Gottfrieds von Viterbo ›Pantheon‹. Sein der augustinischen Weltalterlehre verpflichtetes Geschichtsbild, das systematisch Heilsgeschichte und Weltreichsgeschichte aufeinander bezieht, hat Appellfunktion für den Adressaten, den Staufer Konrad IV.: ihm, dem kommenden Kaiser, soll das Werk als ein *eweclih memorial* (v. 21697), als Lehrbuch, »Wissen über seinen Ort in der Welt vermitteln«.[11] Rudolfs Chronik dient damit – in einer krisenhaften Zeit, in der die Durchsetzung der Herrschaft immer fragwürdiger wurde – der Legitimation des staufischen Anspruchs auf Weltherrschaft. Es ist bezeichnend genug, daß die großartigsten welthistorischen Entwürfe gerade in Krisensituationen entstanden, in denen der Legitimationsdruck am stärksten war.

Rudolf hat sein gewaltiges Unternehmen nur bis ins 5. Weltalter – bis Salomon – heraufführen können. In der Überlieferung wird das Fragment jedoch meist fortgesetzt oder mit anderen historiographischen Texten verschränkt. Auch die etwas jüngere, im Thüringischen entstandene ›Christherre-Chronik‹, einem *lantgrâve Heinrîch von Düringen* (v. 280f.), wohl Markgraf Heinrich III. (dem Erlauchten) von Meißen, 1247–88 Landgraf von Thüringen, gewidmet, ist wie Rudolfs Text unvollendet – sie bricht im Buch der Richter ab –, doch wird auch sie meist mit Fortsetzungen tradiert. Im Vergleich zu Rudolfs viel weltliche Bildung ausbreitender Konzeption ist die ›Christherre-Chronik‹ mit ihrer Beschränkung auf geistliches Wissen sicher der in seiner Zeit konservativere Entwurf; der Bezug zu den lateinischen Quellen ist enger als bei Rudolf, der meist die gleichen benutzte.

Die um 1280 entstandene Weltchronik des Wiener Stadtbürgers Jans Enikel verbindet traditionell-aristokratische mit merkantil-städtischen Komponenten, sie ist »nicht an der hierarchischen Spitze territorialer Herrschaftsorganisation aus(ge)richtet, sondern eher an den Geschlechtern der Stadt Wien als potentiellem Publikum«[12] – dies zumindest intentional. In der Überlieferung jedoch wird sie überwiegend mit Rudolfs dezidiert staufischer Geschichtskonzeption und mit der ›Christherre-Chronik‹ verbunden – gerade die Tradierung dieser drei Chroniken in vielfältigen Mischredaktionen ist charakteristisch für die Gebrauchssituation. Dies nivellierte natürlich die Autorintentionen, doch scheint für das Publikum, speziell das des 14. und 15. Jahrhunderts, die Faszination wohl eher in der Summe historischer »Wahrheiten«, so widersprüchlich diese auch sein mochten, gelegen zu haben – was ein Unternehmen wie Heinrichs von München Großkompilation, die sich auf eine Mischredaktion der drei genannten Chroniken stützt, erklären würde.

Alle bislang erwähnten Geschichtsdichtungen sind in Reimpaaren abgefaßt: bis ins Spätmittelalter hinein widersprechen sich Anspruch auf historische Wahrheit und Versform nicht. Nur ein vor Rudolfs Reimchronik verfaßter Text macht davon eine Ausnahme: die ohne zwingenden Grund Eike von Repgow zugeschriebene ›Sächsische Weltchronik‹ (um 1260–75)[13] stellt dezidiert die Prosaform in den Dienst nüchterner Wahrheit; zugleich deutet der Verzicht auf den epischen Reimpaarvers Ferne von höfischen Deutungsmustern an. Schon formal bleibt damit dieser in mehreren Rezensionen und mit Fortsetzungen tradierte Text, der nach kurzem Resümee des Alten Testaments die Reichsgeschichte z. T. annalistisch bis zur Gegenwart reiht und schließlich in sächsisch-norddeutsche Landesgeschichte mündet, abhängiger von den lateinischen Quellen, v. a. Frutolf-Ekkehard, den ›Pöhlder Annalen‹ (Ende 12. Jahrhundert) und – mit Einschränkungen – der ›Kaiserchronik‹. Heinrich von München nimmt später Passagen aus diesem Prosatext gereimt in seine Kompilation auf.

2. Geschichtsmodell und Publikumsdisposition: Ordens-, Landes- und Stadtchronistik, Ereignischroniken

Ein wesentliches Merkmal des 13. Jahrhunderts ist – nach der geschichtslosen Gesellschaftsutopie des höfischen Romans – eine neue Tendenz zur Historisierung der Literatur: das Laienpublikum sucht sein Interesse an substantiell Geschichtlichem zu befriedigen; die Stoffe aus Antike und Reichsgeschichte – um Troja und Alexander, um Karl und Roland – werden wieder neu bearbeitet. Vor allem aber ist es die Historiographie selbst, die in allen Formen und Gattungen tradiert wird und in Vers und Prosa bis hinein ins 15. Jahrhundert, als Weltchronik, Landes-, Stadt-, Fürsten- und Klosterchronik, Biographie und Selbstbiographie, Identifikationsmodelle bereitstellt.

Wie Rudolfs von Ems ›Weltchronik‹ gezielt staufische Interessen vertritt, die Jans Enikels einem merkantil-städtischen Kommunikationssystem zugeordnet ist, so kommt allen mittelalterlichen Chronik-Gattungen eine je spezifische Repräsentanz für bestimmte Rezeptionsgemeinschaften zu: Territorien, Städte, Klöster. Die Geschichtsschreibung einer sehr homogenen gesellschaftlichen Gruppe, des Deutschen Ordens, macht deutlich, wie historische Dichtung für die Bildung eines Gruppenbewußtseins programmatisch genutzt wird. Kataloge von Ordensbibliotheken lassen erkennen,[14] aus welchen literarischen Stoffen und Gattungen die adelige Ordensgemeinschaft ihre Identifikationsmuster bezog: neben geistlichen und historiographischen Texten fast ausschließlich Legendarisches, etwa ›Barlaam und Josaphat‹, und französische Reichshistorie – ›Rolandslied‹ und Strikkers ›Karl‹. In solchen Modellen von Heilsgewinnung, Kreuzzug und adeliger Selbstversicherung wird die Wahrheit einer »fiktionalen« Literaturgattung mit der Wahrheit der (eigenen) Geschichte verknüpft: in lateinischer Sprache etwa mit dem ›Chronicon Livoniae‹ des Hermann von Wartberg (nach 1378), in der Volkssprache mit der ›Livländischen Reimchronik‹ (vor 1300) oder der ›Deutschordenschronik‹ des Nikolaus von Jeroschin (nach 1330). Die Ordenschronistik führt beispielhaft vor, wie einerseits die Geschichtsschreibung einer überschaubaren sozialen Gruppe als Modell stabilisierender Normen fungiert und andererseits die verinnerlichten Leitbilder der Gesellschaft deren Historiographie bestimmen.

Schon die lateinisch schreibenden Historiographen vereinigten in ihrem Œuvre Texte verschiedener Gattungen und für unterschiedliche Zielgruppen, wie etwa Otto von Freising mit seiner Weltchronik und den bis 1156 reichenden, von Ottos Schüler Rahewin bis 1160 fortgesetzten ›Gesta Friderici‹. Auch der Weltchronik-Dichter Jans Enikel verfaßte eine (unvollendet gebliebene) österreichische Landeschronik, das ›Fürstenbuch‹ (Ende 13. Jahrhundert); von Ottokar aus der Geul (von Steiermark), dem Autor einer anderen Territorialgeschichte, der ›Österreichischen (Steirischen) Reimchronik‹ (Anfang 14. Jahrhundert), stammt eine (verlorene) Weltchronik bis zum Tod Friedrichs II. Ottokars Landeschronik, die zahlreiche aktuelle Informationen – etwa über den Untergang Akkons – enthält, versteht sich als zeitgeschichtliches österreichisches Pendant zu seiner Weltchronik.

Selbst einen nur ungefähren Überblick über die in territorialen und lokalen Gebrauch eingebundenen Chroniken zu gewinnen, erscheint angesichts der Fülle und Disparatheit der Texte fast unmöglich. Obgleich das Aufkommen der Landeschroniken zusammenfällt mit dem der Territorialgewalten, verzichtet die Landeschronistik kaum auf welt- und heilsgeschichtliche Aspekte; zugleich reißt die Überlieferung und Neuproduktion universaler und imperialer Chronistik weit bis ins 15. Jahrhundert nicht ab. Zahlreiche Landes-, auch Städtechroniken, kommen ohne eine umfangreiche welthistorische Einleitung nicht aus;

die Geschichte der unmittelbaren Gegenwart oder des lokalen Kommunikationsrahmens wird angebunden an das heilsgeschichtliche Modell. Daneben entstehen Chroniken, die auf das Weltalter- oder Weltreiche-Schema zugunsten einer Stammbaum-Gliederung verzichten, etwa die gegen 1300 entstandene ›Braunschweigische Reimchronik‹: Landes- und Dynastengeschichte löst sich aus der Heilsgeschichte nicht nur in der »Oberflächendimension von Raum und Zeit«[15], sondern strukturell schon im Verzicht auf die heilsgeschichtliche Gliederung.

Nimmt auch bereits in der Reimchronistik, stärker noch in den spätmittelalterlichen Prosachroniken, die zeitgeschichtliche Tendenz zu, so wird historische »Wahrheit« dennoch nicht in der Tradierung bloßer Fakten und Realien vermittelt. Anekdotisches, Legenden- und Novellenhaftes hat den nämlichen Wahrheitsanspruch. Dies gilt auch für die zahlreichen spätmittelalterlichen Landes- und Städtechroniken in Prosa. Wenn auch bis weit ins 15. Jahrhundert noch immer gereimte (Welt-)Chroniken tradiert und bearbeitet werden, so wird doch nun die Historiographie von der Prosa bestimmt. Auf den ihr immanenten Wahrheitsanspruch – schmuckloser, allein dem Ernst des Gegenstandes angemessener Darstellungsstil *(sermo humilis)*, Verdacht gegen die Lügenhaftigkeit des Reims – rekurrieren bereits die ›Sächsische Weltchronik‹ und die Prosaauflösungen der ›Kaiserchronik‹. Wahrheit der prosaischen Sprache meint aber nicht unbedingt kritische Haltung gegenüber den tradierten Fakten – hier ist vielmehr Legendarisches und Anekdotenhaftes äußerst mächtig –, sondern eher Treue gegenüber den übersetzten, abgeschriebenen und kompilierten Quellen. Schon die Reimchronistik kannte die topische Wahrheitsversicherung durch Quellenberufung; für die späten Prosatexte aber ist der ständige Rückgriff auf Tradiertes, das Ineinanderschieben, Umarbeiten und Kompilieren verschiedener Quellenbereiche geradezu gattungstypisch. Die späten Prosachroniken sind fast ausschließlich nicht in reiner Gestalt, sondern in verschiedenen Fassungen, mit unterschiedlichen Fortsetzungen und in kompilatorischen Verschränkungen mit anderen Texten überliefert: der unmittelbare Gebrauch einer Handschrift durch ihre Benutzer macht so den Werkcharakter dieser Chroniken aus. Epochentypisch ist auch das Neben- und Miteinander von Tradition und Neuproduktion: ältere Reimchroniken werden prosaisiert – die breit und in vielen Rezensionen überlieferten Historienbibeln sind nichts anderes als Prosabearbeitungen kompilierter Weltchroniken wie der Rudolfs von Ems, Jans Enikels, oder der ›Christherre-Chronik‹ –, neue Prosachroniken für neue Gebrauchszusammenhänge entstehen. Unterschiedliche Publikumserwartungen werden mitunter durch den gleichen Autor mit dem gleichen Werk befriedigt: der gelehrte Augustiner Andreas von Regensburg verfaßte 1425 für Herzog Ludwig II. von Bayern-Ingolstadt eine lateinische ›Chronik der Fürsten zu Bayern‹ und besorgte wenig später selbst eine deutsche Fassung, die dann im 15. Jahrhundert wieder ins Lateinische rückübersetzt wurde. Wie die der Anfänge bleibt auch die späte Chronistik Repräsentations- und Identifikationsmodell für ihr Publikum, doch wird der Kommunikationsrahmen zunehmend partikulärer: nicht mehr umfassende Welt- und Reichschronistik im augustinischen Modell, sondern Deutungsangebot für die konkreten Geschichtsträger innerhalb ihres Wirkungskreises. Im Zentrum steht die Landes- und Stadtchronistik, Ereignischroniken, Geschichtsschreibung von Bünden und Familien gliedern sich an; die Entwicklung reicht bis hin zur Selbstbiographie (Ludwig von Eyb, Wilwolt von Schaumburg, Georg von Ehingen u. a.), die nicht Darstellung bürgerlicher Ich-Geschichte ist, sondern öffentliche Selbstrepräsentation, Familiengeschichte und Repräsentation des gesellschaftlichen Status – und insofern einbezogen in übergreifende historische Konzeptionen.

Eine nicht geringe Zahl von Stadtchroniken stellt der Schilderung städtischen Alltagslebens und lokaler Ereignisse eine oft sehr umfangreiche welt- und heilsgeschichtliche Einleitung voran: die Geschichte der Stadt ist eng verbunden mit dem Heil des Reichs und der Welt. Diese Identifikationsabsicht der Bürger mit der Zentralgewalt steht im Zusammenhang mit dem sie bedrohenden Territorialisierungsprozeß. Als Paradigma einer solchen Geschichtskonzeption kann die Straßburger Chronistik gelten: Jakob Twingers von Königshofen ›Deutsche Chronik‹, die sich auf die des Priesters und städtischen Beamten Fritsche Closener (um 1350–65) stützt, wendet sich mit ihrer bürgerlich-kaiserlichen Gesinnung ausdrücklich an den klugen Laien; der Geschichte von Bistum und Stadt geht eine annalistische Papst-Kaiser-Geschichte voran, die wiederum von einem universalhistorischen Überblick seit der Erschaffung der Welt eingeleitet wird. Twingers in mehreren Rezensionen vorliegendes Werk wurde zum Vorbild für viele südwestdeutsche Chroniken: in der Überlieferung ist es häufig mit oberrheinischen, süddeutschen und schweizerischen historiographischen Texten verbunden.

Frühes Beispiel dezidiert städtisch-»bürgerlicher« Interessenbindung ist die gereimte ›Kölner Chronik‹ Gottfried Hagens (um 1270), die den Rahmen der Universalhistorie verläßt und das Moment der städtischen Lebens- und Rechtsgemeinschaft entschieden betont. Wie später Twinger, ist ihr Autor Geistlicher, tätig in städtischen Diensten: seine Chronik liefert der neuen, aufstrebenden Gesellschaftsschicht von Patriziern und Kaufleuten das ihr gemäße Identifikationsmodell. Die gut einhundert Jahre jüngere ›Limburger Chronik‹ des Notars und Stadtschreibers Tileman Elhen von Wolfhagen (1347/48–ca. 1411) repräsentiert endgültig einen neuen Typ städtischer Geschichtsschreibung: unabhängig von überlieferten Modellen notiert sie in annalistischer Reihung fast ausschließlich Selbsterlebtes und -gehörtes aus einem halben Jahrhundert in streng städtischem Kontext. Bezeichnend für diese neue Gattung lokaler Historiographie im 15. Jahrhundert ist der Stand ihrer Autoren: Ratsschreiber hauptsächlich – wie Konrad Justinger und Diebold Schilling in Bern, Johannes Rothe in Eisenach, Dietrich Brandes in Lübeck, Heinrich von Lintorf in Köln oder Peter Emmerich in Soest – oder einflußreiche Stadtbürger. Der Nürnberger Patrizier und Papierfabrikant Ulman Stromer († 1407) etwa fügt seiner Chronik der Zeitereignisse von 1349–1401 viel Persönliches und zahlreiche Familiennachrichten bei; der aus Memmingen stammende Burkhard Zink (ca. 1396–1474/75), Inhaber wichtiger städtischer Ämter in Augsburg und einflußreicher Teilhaber einer Handelsfirma, verbindet die Darstellung der Augsburger Ereignisse des Jahrhunderts von 1368 bis 1468 mit der seines eigenen Lebens.

Zunehmend wird das Verwaltungsschrifttum der Stadt, das sich im Rathaus sammelte – Rats- und Stadtbücher, Steuerlisten, Gerichtsprotokolle – zum Quellenmaterial der Chronistik. Manche dieser spätmittelalterlichen Stadtchroniken verstehen sich als »amtliche« Unternehmungen, vom Rat der Stadt in Auftrag gegeben oder zumindest sanktioniert, so etwa Diebold Schillings d. Ä. (um 1430–86), Schreiber und Ratsherr, Fortsetzung der ›Berner Chronik‹ Justingers[16], die zwar ältere Textvorlagen – so u. a. auch Twingers Chronik – benutzt, sich aber vor allem auf urkundliche Aufzeichnungen der Stadt stützt. Nicht von ungefähr vertritt gerade die Schweizer Chronistik[17] – Bern hauptsächlich, aber auch die ›Luzerner Chronik‹ Diebold Schillings d. J. (ca. 1460–1515) und Gerold Edlibachs (1454–1520) ›Zürcher Chronik‹ – das neue Bewußtsein »bürgerlich«-städtischer Identität. Doch trotz der »objektiven«, auf Urkunden gestützten Historiographie ist auch in diesem Bereich die Kompilation verschiedener Quellentypen und literarischer Gattungen noch immer mächtig: das sog. ›Weiße Buch von Sarnen‹ (um 1470), eine eidgenössische Bundeschronik, fügt politisch-staatsrechtlichen Urkunden mündliche Überlieferungen, alte Lieder und sagenhafte Ursprungsgeschichten an: Identifikationsmuster für die Eidgenossen.

Charakteristisch gerade für die spätmittelalterliche Geschichtsschreibung ist das Nebeneinander verschiedenster historiographischer Konzeptionen: Außer bürgerlich-familiären Aufzeichnungen (Ulman Stromer, Burkhard Zink), aktuellen, Selbsterlebtes referierenden Bestandsaufnahmen der Zeitgeschichte (Tileman Elhen von Wolfhagen), auf Urkunden gestützten »offiziellen« Berichten (Justinger, Schilling), Ereignischroniken wie der ›Chronik der Burgunderkriege‹[18] als Zusatz zur amtlichen Berner Stadtchronik oder der ›Konstanzer Konzilschronik‹ Ulrich Richentals (1420/30) finden sich noch immer universalhistorische Entwürfe. Einen Endpunkt markiert das 1493 lateinisch, im gleichen Jahr auch deutsch gedruckte ›Liber Chronicarum‹ des Nürnberger Arztes Hartmann Schedel (1440–1514). Die aufwendig mit über 1800 Holzschnitten ausgestattete Inkunabel des Nürnberger Druckers Anton Koberger unterstreicht den Hausbuchcharakter des Werks, das dem tradierten Typ der heilsgeschichtlich orientierten Weltchronik nach dem Prinzip der *aetates*-Gliederung folgt, in den synchronen Päpste- und Kaiser-Holzschnitten auf annalistische Vorbilder verweist und auch auf Wundergeschichten oder »literarische« Figuren – Merlin und Etzel etwa – nicht verzichtet.

IV. ARTUS UND KARL ALS IDENTIFIKATIONSFIGUREN: DIE GESCHICHTSSCHREIBUNG IN ENGLAND UND FRANKREICH

Die volkssprachliche Geschichtsschreibung des übrigen mittelalterlichen Europa knüpft größtenteils an den gleichen lateinischen Quellen an wie die deutsche Chronistik, auch ihre Überlieferungssituation ist vergleichbar. Mit dem Namen Alfons des Weisen (1252–82) sind die beiden bedeutendsten historiographischen Werke Spaniens verbunden: die ›General Estoria‹, als Weltchronik von der Schöpfung bis zur Gegenwart konzipiert, doch noch vor Christi Geburt unvollendet abgebrochen, die sich außer auf die Bibel, Eusebius, die ›Historia scholastica‹ und antike Autoren auch auf arabische Texte stützt, und die ›Estoria de Espanna‹, eine in vielen Bearbeitungen und Fortsetzungen überlieferte Geschichte Spaniens von den mythischen Vorzeiten bis zur Regierung Ferdinands III., deren (literarhistorische) Bedeutung in der Benutzung (verlorengegangener) Heldenepen besteht. Fernão Lopez' ›Chronik des Königreichs Portugal‹ schreibt wiederum die spanische ›General Estoria‹ aus, benutzt aber für die spätere Zeit – ähnlich der Schweizer Chronistik – dokumentarische Quellen, wie Briefe und Urkunden.

Einen bedeutenden Raum nimmt die Historiographie in den Literaturen des Nordens ein. Von der lateinischen Chronistik Dänemarks (Saxo Grammaticus; ›Roskilde-Chronik‹, um 1140; ›Lejre-Chronik‹, um 1180) beeinflußt ist die schwedische ›Gutasaga‹; seit dem 14. Jahrhundert setzt eine vorwiegend dynastisch ausgerichtete Geschichtsschreibung ein (›Erikskronika‹, um 1330). Breit und noch enger als in anderen Ländern mit fiktionalen Texten verbunden ist die Tradition der Geschichtsdichtung in Island: Die um 1190 entstandene ›Veraldar saga‹, offensichtlich auf der Grundlage zahlreicher lateinischer Vorbilder kompiliert, ist wohl auch von Beda beeinflußt; auf die ›Historia regum Britanniae‹ des Geoffrey of Monmouth (ca. 1130–38) stützen sich die ›Breta sogur‹ (um 1220).

Geoffreys ›Geschichte der Briten‹, die den sagenhaften König Artus zur zentralen Identifikationsfigur macht, markiert einen entscheidenden Unterschied zwischen dem Geschichtsbewußtsein in England und in Deutschland; sie verweist auch auf die unterschiedliche Verwendbarkeit epischer Stoffe und Figuren für die Herausbildung eines »nationalen« Geschichtsbildes (s. dazu unten S. 291ff.). Während die deutsche Chronistik lediglich Figuren und Ereignisse aus Antike (Troja, Alexander) und französischer Reichshistorie (Karl, Willehalm), mitunter auch aus germanisch-deutscher Heldensage in den historiographischen Handlungsverlauf einbringt und – am ausgeprägtesten in Heinrichs von München Kompilation – Passagen aus Werken dieser Stoffkreise dem chronikalischen Basistext integriert, den Artusstoff hingegen als offensichtlich zu »fiktional« beiseite läßt, wird Artus in der historiographischen Literatur der Briten und Anglo-Normannen zur zentralen Identifikationsfigur für ihr Geschichtsbewußtsein. Artus spielt für das Publikum von Geoffreys ›Historia‹ oder von Layamons ›Brut‹ (frühes 13. Jahrhundert) eine ähnliche Rolle wie Karl und Roland auf dem französischen Festland und in Deutschland: er hat eine gleichermaßen historisch gesicherte Funktion für das Geschichtsbewußtsein wie Karl der Große in Deutschland und Frankreich – und er findet damit auch Eingang in die Historiographie.

Wenn auch Artus in Frankreich – anders als in Deutschland – eher als historische Figur begriffen wird,[19] hat dennoch für die französische Geschichtsschreibung Karl der Große den höheren Stellenwert. Kommt schon der von Karls und Rolands Spanienkämpfen berichtende ›Pseudo-Turpin‹ (zwischen 1140 und 1168) im (fiktiven) Gewand einer wahrheitsversichernden Chronik einher, so wird ein halbes Jahrhundert später Karl der Große in der Chronistik selbst zum Angelpunkt der Geschichte Frankreichs. Gerade seine Taten heben die um 1200 in Saint-Denis, dem Zentrum der königlichen Politik, kompilierten lateinischen ›Chroniques de Saint-Denis‹ – Geschichtscorpora von gleichsam offiziellem Charakter – und mehr noch die darauf fußenden volkssprachlichen ›Grandes Chroniques de France‹ besonders hervor. Und Karl bleibt in der französischen Chronistik – so in der von Troja bis 1216 reichenden ›Chronique de l'Anonyme de Béthune‹ aus der Zeit Philipp Augusts oder in Jean Wauquelins ›Chronique du Hainaut‹, die als Universalchronik bei der Schöpfung einsetzt und bis 1390 fortgeführt ist – die Figur, in der sich ein französisches Geschichtsbewußtsein kristallisiert.

Die reich illustrierten Codices der ›Grandes Chroniques‹ entstanden in höchstem königlichen und fürstlichen Auftrag; und auch die Miniaturen der deutschen volkssprachlichen Weltchroniken erreichen ein Niveau, das außergewöhnlich ist für die Situation deutscher Handschriftenillustration: in Deckfarbenmalerei, Rahmung und Goldgrund materialisiert sich ein Anspruch, der offensichtlich dem Stoff immanent ist und in Deutschland sonst nur noch den Rechtsspiegeln und – bezeichnenderweise – den Handschriften der (pseudo-)historischen Chanson de geste (›Karl‹ und ›Willehalm‹) zukommt. So verweist schon die Ausstattung der Chronikhandschriften, die zu »Hausbüchern« mittelalterlicher Bibliotheken werden, auf die Repräsentations- und Identifikationsabsichten, die Auftraggeber und Publikum mit der »Gattung« Historiographie verbanden.

ANMERKUNGEN

1 Edition: Die Exzerpte aus Wolframs ›Willehalm‹ in der ›Weltchronik‹ Heinrichs von München, hg. von W. Schröder (Texte und Untersuchungen zur ›Willehalm‹-Rezeption 2), Berlin/New York 1981.

2 So tradieren mehrere Sammelhandschriften Philipps ›Marienleben‹ gemeinsam mit Chroniken (z. B. München Cgm 250, Cgm 279, Stuttgart HB XIII 6); im Wiener Cod. 3060 folgt auf eine ›Christherre-Chronik‹ Konrads ›Trojanerkrieg‹; St. Gallen Cod. Vad. 302 und Berlin mgf 623 stellen zu Rudolfs Weltchronik den ›Karl‹ des Stricker. Beispielhaft sowohl für die Offenheit des kompilatorischen Verfahrens als auch für die rezeptive Verfügbarkeit der Kompilationselemente ist die Überlieferung von Ottes ›Eraclius‹. Während in die Chronik des Gothaer Codex Chart. A 3 der gesamte Text Ottes aufgenommen wurde, enthalten die übrigen Handschriften nur etwa 20 Verse daraus. Andererseits wurde Ottes Werk nie unikal, sondern stets gemeinsam mit historiographischen und historischen Texten tradiert: das Gothaer Weltchronik-Manuskript ist neben der Wiener ›Kaiserchronik‹-Handschrift Cod. 2693, in die der ›Eraclius‹ an betreffender Stelle eingefügt wurde, und dem Münchener Cgm 57, wo sich die antike »Heiligenlegende« nahtlos an den Antikenroman ›Eneide‹ anschließt, der dritte vollständige Zeuge dieses Texts.

3 Vergleichbares geschieht in der Kathedral-Ikonographie; s. unten S. 464f.

4 Den sechs Schöpfungstagen entsprechen die sechs Weltzeitalter *(aetates)*: 1. Adam bis Noah (*infantia* = Kindheit), 2. bis Abraham (*pueritia* = Knabenalter), 3. bis David (*adolescentia* = Jugendalter), 4. bis zur Babylonischen Gefangenschaft (*iuventus* = junges Mannesalter), 5. bis zur Ankunft Christi (*virilitas* = reifes Mannesalter), 6. bis zum Gericht (*senectus* = Greisenalter). Die Einteilung kann modifiziert werden, so etwa, indem die 4. Welt mit Moses beginnt.

5 Die Weltreiche-Lehre knüpft – angeregt von antiken Vorstellungen (goldenes, silbernes, erzenes, eisernes Zeitalter) – an den Danielvisionen des Alten Testaments an: auf das babylonische (1) folgen das medisch-persische (2), das makedonische (3) und endlich das römische Zeitalter (4), das bis zum Weltende reicht – die Kontinuität des römischen Reiches, die Übertragung der antiken auf die mittelalterliche Monarchie, garantiert somit auch ein Hinausschieben des Weltendes.

6 Grundmann, S. 22.

7 Ebd.

8 Ebd., S. 23.

9 Ohly, S. 238.

10 Zu dieser Weltchronik und der sonstigen volkssprachlichen Chronistik vgl. Wenzel.

11 M. Wehrli, Geschichte der deutschen Literatur vom frühen Mittelalter bis zum Ende des 16. Jahrhunderts (RUB 10298), Stuttgart 1980, S. 489.

12 Wenzel, S. 101.

13 Vgl. dazu H. Herkommer, Überlieferungsgeschichte der ›Sächsischen Weltchronik‹. Ein Beitrag zur deutschen Geschichtsschreibung des Mittelalters (MTU 38), München 1972; ders., Eike von Repgows ›Sachsenspiegel‹ und die ›Sächsische Weltchronik‹, in: Niederdeutsches Jahrbuch 100 (1977), S. 7–42.

14 WENZEL, S. 30 und S. 56f. Anm. 9.
15 Ebd., S. 121.
16 Siehe H. STRAHM, Der Chronist Conrad Justinger und seine Berner Chronik von 1420, Bern 1978.
17 Vgl. R. FELLER/E. BONJOUR, Geschichtsschreibung der Schweiz vom Spätmittelalter zur Neuzeit, I, Basel/Stuttgart [2]1979.
18 Vgl. C. G. BAUMANN, Über die Entstehung der ältesten Schweizer Bilderchroniken (1468–1485), Bern 1971.
19 Während der Artusroman in deutscher Literatur nie zusammen mit Chroniktexten überliefert wird, wohl aber diese mit den (pseudo-)historischen Gattungen Chanson de geste und Antikenroman Überlieferungsgemeinschaften bilden, scheint der Artusstoff in Frankreich eher zwischen Fiktionalität und historischer »Wahrheit« zu oszillieren. Dies jedenfalls legt die Überlieferungssituation nahe: der ›Brut‹ des Wace wird gemeinsam mit Chroniken tradiert (Paris, Bibliothèque Nationale ms. fr. 794); andererseits werden sogar Chrétiens höfische Romane mitunter in Waces Text eingefügt (Paris, Bibliothèque Nationale ms. fr. 1450) – offenbar mit dem gleichen Zwang zur »Summe« historischer Wahrheiten, der Heinrich von München Passagen aus Strickers ›Karl‹ und dem ›Willehalm‹ in den historischen Basistext einfügen läßt.

BIBLIOGRAPHIE

Textausgaben

Lateinische Texte

Beda, Chronica maiora et minora: hg. von TH. MOMMSEN, in: MHG Auctores antiquissimi 13 (1898), S. 223ff. – *De temporum ratione:* hg. von C. W. JONES (Corpus Christianorum 123 B), Turnhout/Paris 1977, S. 263–544.
Ekkehard von Aura, Chronik: hg. von F.-J. SCHMALE / I. SCHMALE-OTT, in: Freiherr-vom-Stein-Gedächtnisausgabe 15, Darmstadt 1972, S. 124–209, 268–377 (mit deutscher Übersetzung).
Flores temporum: hg. von O. HOLDER-EGGER, in: MGH Scriptores 24 (1879), S. 226–250 (Teiledition der Fassung I).
Frutolf von Michelsberg, Chronica: hg. von F.-J. SCHMALE / I. SCHMALE-OTT, in: Freiherr-vom-Stein-Gedächtnisausgabe 15, Darmstadt 1972, S. 48–121 (nur Jahresberichte 1001–1099, mit deutscher Übersetzung).
Frutolf-Ekkehard, Chronicon: hg. von G. WAITZ, in: MGH Scriptores 6 (1844), S. 1–267.
Geoffrey of Monmouth, Historia regum Britanniae: hg. von A. GRISCOM, London/New York 1929.
Gottfried von Viterbo, Pantheon: hg. von G. WAITZ, in: MGH Scriptores 22 (1872), S. 107–307 (Teiledition)
Hieronymus von Stridon, Chronicon Eusebii Caesariensis: hg. von R. HELM (GCS 24, 34), Leipzig 1913, 1926.
Isidori Hispalensis Episcopi Etymologiarum sive Originum libri XX: hg. von W. M. LINDSAY, Oxford 1911, Nachdruck 1957.

Martin von Troppau, Chronicon: hg. von E. WEILAND, in: MGH Scriptores 22 (1872), S. 377–475.
Paulus Orosius, Historia adversos paganos: hg. von C. ZANGEMEISTER (Corpus Scriptorum Ecclesiasticorum 5), Wien 1882.
Otto von Freising, Chronicon: hg. von A. HOFMEISTER, in: MGH Scriptores Rer. germ. 45 (1912).
Sigebert von Gembloux, Chronographia: hg. von L. C. BETHMANN, in: MGH Scriptores 6 (1844), S. 268ff.

Volkssprachliche Texte

Annolied: hg., übersetzt und kommentiert von E. NELLMANN (RUB 1416), Stuttgart 1975.
Jansen Enikels Werke. 1. Abt.: Weltchronik, 2. Abt.: Fürstenbuch, hg. von P. STRAUCH, MGH Deutsche Chroniken 3 (1891/1900, ²1972).
Grandes Chroniques de France: hg. von VIART, 9 Bde., Paris 1920–1937.
Gotfrid Hagen, Dit is dat boich van der stede Colne: hg. von H. CARDAUNS (Chroniken deutscher Städte 12), Leipzig 1875, Nachdruck Göttingen 1968, S. 3–236.
Die deutschen *Historienbibeln* des Mittelalters: hg. von J. F. L. T. MERZDORF, 2 Bde. (StLV 100/101), Stuttgart 1870, Nachdruck Hildesheim 1963.
Die Berner Chronik des *Conrad Justinger*: hg. von G. STUDER, Bern 1871.
Kaiserchronik: hg. von E. SCHRÖDER, MGH Deutsche Chroniken I,1 (1895, ³1969).
Livländische Reimchronik: hg. von F. PFEIFFER (StLV 7), Stuttgart 1844, Nachdruck Amsterdam 1965.
Nicolaus von Jeroschin, Die Deutschordenschronik: hg. von F. PFEIFFER, Stuttgart 1854, Nachdruck Hildesheim 1966.
Ottokar, Österreichische Reimchronik: hg. von J. SEEMÜLLER, MGH Deutsche Chroniken 5 (1890/93, ²1974).
Rudolf von Ems, Weltchronik: Aus der Wernigeroder Handschrift hg. von G. EHRISMANN (DTM 20), Dublin/Zürich ²1967.
Sächsische Weltchronik: hg. von L. WEILAND, in: MGH Deutsche Chroniken 2 (1877, ²1971), S. 1–384.
Schedelsche Weltchronik: (Die bibliophilen Taschenbücher 64), Dortmund 1978 [Faksimile der Inkunabel von 1493].
Die Berner Chronik des *Diebold Schilling* 1468–1484; hg. von G. TOBLER, 2 Bde., Bern 1879/1901.
Die *Limburger Chronik* des *Tileman Elhen von Wolfhagen:* hg. von A. WYSS, MGH Deutsche Chroniken 4,1 (1883, ²1973).
Chronik des *Jakob Twinger von Königshofen*: hg. von C. HEGEL (Chroniken deutscher Städte 8), Leipzig 1870/71, Nachdruck Göttingen 1962.

Forschungsliteratur

Grundlegende und übergreifende Darstellungen

A.-D. von den Brincken, Studien zur lateinischen Weltchronistik bis in das Zeitalter Ottos von Freising, Düsseldorf 1957. – J. Ehlers, Historiographische Literatur, in: Europäisches Hochmittelalter, hg. von H. Krauss (Neues Handbuch der Literaturwissenschaft 7), Wiesbaden 1981, S. 425–460. – F. Graus, Lebendige Vergangenheit. Überlieferung im Mittelalter und in den Vorstellungen vom Mittelalter, Köln/Wien 1975. – H. Grundmann, Geschichtsschreibung im Mittelalter. Gattungen – Epochen – Eigenart (Kleine Vandenhoeck-Reihe 209/210), Göttingen 1965. – B. Guenée, Histoires, annales, chroniques. Essais sur les genres historiques au moyen âge, in: Annales 28 (1978) 997–1016. – W. Lammers (Hg.), Geschichtsdenken und Geschichtsbild im Mittelalter (Wege der Forschung 21), Darmstadt 1961. – O. Lorenz, Deutschlands Geschichtsquellen seit der Mitte des 13. Jahrhunderts, 2 Bde., [3]1886ff., Neudruck Graz 1966. – G. Melville, System und Diachronie. Untersuchungen zur theoretischen Grundlegung geschichtsschreiberischer Praxis im Mittelalter, in: Historisches Jahrbuch 95 (1975) 33–67, 308–341. – G. Melville, Spätmittelalterliche Geschichtskompendien – eine Aufgabenstellung, in: Römische Historische Mitteilungen 22 (1980) 51–104. – E. E. Metzner, Die deutschsprachige chronikalische Geschichtsdichtung im Rahmen der europäischen Entwicklung, in: Europäisches Spätmittelalter, hg. von W. Erzgräber (Neues Handbuch der Literaturwissenschaft 8), Wiesbaden 1978, S. 623–643. – A. Potthast, Bibliotheca Historica Medii Aevi. Wegweiser durch die Geschichtswerke des europäischen Mittelalters bis 1500, 2 Bde., Berlin [2]1896, Nachdruck Graz 1957. – A. Randa (Hg.), Mensch und Weltgeschichte. Zur Geschichte der Universalgeschichtsschreibung (Forschungsgespräche des Internationalen Forschungszentrums für Grundfragen der Wissenschaften Salzburg 7), Salzburg/München 1969. – F.-J. Schmale, Mentalität und Berichtshorizont, Absicht und Situation hochmittelalterlicher Geschichtsschreiber, in: Historische Zeitschrift 226 (1978), 1–16. – R. Schmidt, Aetates mundi. Die Weltalter als Gliederungsprinzip der Geschichte, in: Zeitschrift für Kirchengeschichte 67 (1955/56) 288–317. – J. Spörl, Grundformen hochmittelalterlicher Geschichtsanschauung. Studien zum Weltbild der Geschichtsschreiber des 12. Jahrhunderts, München 1935. – H. Wenzel, Höfische Geschichte. Literarische Tradition und Gegenwartsdeutung in den volkssprachigen Chroniken des hohen und späten Mittelalters (Beiträge zur Älteren Deutschen Literaturgeschichte 5), Bern/Frankfurt/Las Vegas 1980.

Spezielle Literatur

A.-D. von den Brincken, Zu Herkunft und Gestalt der Martinschroniken, in: Deutsches Archiv 37 (1981) 694–735. – M. Mc Cormick, Les annales du haut Moyen Age, Turnhout 1975. – O. Engels, Zur Historiographie des deutschen Ordens im Mittelalter, in: Archiv für Kulturgeschichte 48 (1966) 336–363. – P. Gichtel, Die Weltchronik Heinrichs von München in der Runkelsteiner Handschrift des Heinz Sentlinger (Schriften zur Bayerischen Landesgeschichte 28), München 1937. – A. Gransden, Historical Writing in England c. 530 to c. 1307, London 1974. – D. Knab, Das Annolied. Probleme seiner literarischen Einordnung (Hermaea NF 11), Tübingen 1962. – K. H. Krüger, Die Universalchroniken,

Turnhout 1976. – J. B. MENKE, Geschichtsschreibung und Politik in deutschen Städten des Spätmittelalters. Die Entstehung deutscher Geschichtsprosa in Köln, Braunschweig, Lübeck, Mainz und Magdeburg, in: Jahrbuch des Kölner Geschichtsvereins 33 (1958) 1–84; 34/35 (1960), S. 85–194. – E. F. OHLY, Sage und Legende in der Kaiserchronik. Untersuchungen über Quellen und Aufbau der Dichtung, Münster 1940; Nachdruck Darmstadt 1968. – H. PATZE, Adel und Stifterchronik. Frühformen territorialer Geschichtsschreibung im hochmittelalterlichen Reich, in: Blätter für deutsche Landesgeschichte 100 (1964), S. 8–81; 101 (1965), S. 67–128. – H. SCHMIDT, Die deutschen Städtechroniken als Spiegel des bürgerlichen Selbstverständnisses im Spätmittelalter (Schriftenreihe der Historischen Kommission der Bayer. Akad. der Wissenschaften 3), Göttingen 1958.

ALLEGORIEN

von

INGEBORG GLIER

I

Die Erforschung und Diskussion mittelalterlicher Allegorien stand lange unter einem Unstern. Sich der Allegorie bedient zu haben, galt im 19. und bis weit ins 20. Jahrhundert hinein als ein Makel, der zum Dichter minderen Ranges stempelte. Dabei berief man sich meist auf Goethe, der in den ›Maximen und Reflexionen‹ – durchaus im Einklang mit seinen Zeitgenossen – Allegorie und Symbol voneinander abgehoben und zugleich gegeneinander ausgespielt hatte. Die Allegorie legt Goethe auf Begrifflichkeit, Begrenztheit und Aussprechlichkeit fest, während er dem Symbol die Idee, unendliche Wirksamkeit und Unaussprechlichkeit zuordnet. Wie zeitbedingt diese Definitionen auch waren, sie bewirkten – zu Lasten der Allegorie – eine Voreingenommenheit, die erst in den letzten anderthalb bis zwei Jahrzehnten als solche bewußt und allmählich abgebaut wurde. Inzwischen haben die Diskussionen um die Allegorie so an Breite und Intensität gewonnen, daß darüber die Symbolforschung eher in den Hintergrund gerückt ist.

Die Meinungen darüber, wie Allegorien zu definieren seien, gehen heute weit auseinander. Im einen Extrem wollen viele nur solche Erzählungen, Beschreibungen usw. als Allegorien bezeichnen, die ausdrücklich auf einen allegorischen Sinn hin konzipiert worden sind und/oder explizit daraufhin ausgelegt werden. Andere betrachten im anderen Extrem bereits manche höfischen Romane als Allegorien, selbst wenn deren Autoren solch Verständnis nicht eigens nahelegen. Daß es zu diesen Divergenzen kommen konnte, hat viele Gründe. Je eingehender sich die Forschung mit allegorischen Texten beschäftigte, desto illusionärer wurde die Erwartung, Modellallegorien zu finden, an denen sich allseits annehmbare Definitionen orientieren könnten. Das Mittelalter selbst bleibt in dieser Hinsicht stumm; auch theoretische Anleitungen aus diesen Jahrhunderten, wie

Allegorien zu verfassen seien, sind bislang nicht bekannt, wohl aber allegorische Wörterbücher, die reiche Materialsammlungen bieten.

In der literarischen Praxis nimmt Allegorisches einen breiten Raum ein und höchst unterschiedliche Formen an. Neben dieser oft verwirrenden Vielfalt von Texten laufen zwei Traditionen her, die einen – allerdings schwer erkennbaren – Einfluß ausgeübt haben müssen. Eine davon ist die antike und mittelalterliche Rhetorik, die in der Nachfolge Quintilians die Allegorie neben Metapher, Rätsel, Ironie usw. den Tropen, d. h. den Figuren uneigentlichen Sprechens, zuordnet. Die knappe Formel *aliud verbis, aliud sensu* definiert Allegorie so, daß sie außer im wörtlichen auch in einem übertragenen Sinne zu verstehen ist. – Die andere Tradition ist die Auslegung der Heiligen Schrift. Seit der Spätantike ging man davon aus, daß das Wort Gottes in mehr als einem Sinne auszudeuten sei. Obwohl Zahl und Bezeichnungen der verschiedenen Sinnebenen schwanken, legt man zumeist einen vierfachen Schriftsinn zugrunde, den ein verbreiteter Merkvers bündig zusammenfaßt:

Littera gesta docet, quid credas allegoria,
Moralis quid agas, quo tendas anagogia.

»Der Buchstabe berichtet von Taten, die Allegorie, was du glauben sollst, der moralische (Sinn), wie du handeln sollst, der anagogische (Sinn), wohin du streben sollst.«

So kann – um das an einem häufig verwendeten Beispiel zu verdeutlichen – Jerusalem im wörtlichen oder historischen Sinn die Stadt der Juden im Heiligen Land bezeichnen, im allegorischen die Kirche Christi, im moralischen oder tropologischen die Seele des Menschen und im anagogischen (jenseitsgerichteten) oder mystischen die himmlische Stadt Gottes. Solche Mehrdeutigkeit billigte man neben der Bibel, dem Worte Gottes, zunehmend auch der Natur, der Schöpfung Gottes, zu. Ob von Menschen geschaffene Texte dergestalt mehrdeutig sein können, blieb im Mittelalter umstritten. Dies hat jedoch – vor allem vom 13. Jahrhundert an – nicht verhindert, daß »erdichtete« Allegorien zeitweise höchst populär waren.

II

Nach dem Einsetzen der volkssprachigen Literatur, das in fast jedem europäischen Land zu einem anderen Zeitpunkt erfolgte, vergingen Jahrhunderte, bevor Allegorien als selbständige Texte auftauchten. In der lateinischen Literatur des Mittelalters hingegen entstanden selbständige Allegorien schon sehr früh: so um 400 die ›Psychomachie‹ des Prudentius, im 5. Jahrhundert die ›Hochzeit Merkurs mit der Philologie‹ (›De nuptiis Mercurii et Philologiae‹) des Martianus Capella und 523/24 die ›Consolatio Philosophiae‹ (›Trost der Philosophie‹) des Boethius.

Die ›Psychomachie‹ schildert den Kampf von personifizierten Tugenden und Lastern um die Seele des Menschen. Jede Personifikation ist mit charakteristischen Attributen ausgestattet (Reittier, Waffen, Kleidung, Embleme); jede Tugend kämpft gegen und obsiegt über das entsprechende Laster. Damit schuf Prudentius ein allegorisches Modell, das mit vielen Variationen nicht nur in der Literatur, sondern auch in der bildenden Kunst späterer Jahrhunderte immer wieder neu ausgestaltet wurde. Martianus Capella entwirft hingegen ein allegorisches Panorama der sieben freien Künste – Grammatik, Rhetorik, Dialektik, Arithmetik, Geometrie, Musik und Astronomie –, die den Lehrplan mittelalterlicher Schulen bildeten. Um 1000 übertrug der Mönch Notker III., der Deutsche, die ersten beiden Bücher dieses Werkes für seine St. Gallener Klosterschüler in deutsch-lateinische Mischprosa. Wie Martianus' ›Hochzeit‹ war auch Boethius' ›Trost der Philosophie‹ ein mittelalterliches Schulbuch (und wurde gleichfalls von Notker übersetzt). Boethius schrieb dieses Gespräch des eingekerkerten Dichters (Ich-Erzählers) mit der personifizierten Philosophie kurz vor seiner eigenen Hinrichtung und schuf damit ein Trostbuch für viele Generationen. Die Grundkonstellation des Werkes, das Gespräch eines Ich-Erzählers mit einer Personifikation, erwies sich als so dauerhaft und ausbau- oder wandlungsfähig, daß sie sich noch und gerade im späten Mittelalter großer Beliebtheit erfreute.

III

Die frühesten deutschen Vorstöße in den Bereich der Allegorie bewegen sich auf dem bereits abgesicherten Terrain der Bibelexegese. Der Mönch Otfrid von Weißenburg (Elsaß) schloß zwischen 864 und 867 sein ›Evangelienbuch‹ ab, das erste überlieferte deutsche Endreimgedicht. Aufbauend auf den vier Evangelien, erzählt es das Leben Jesu in fünf Büchern. In diese Erzählung fügt Otfrid immer wieder Abschnitte ein, die *mystice, moraliter* und *spiritaliter* überschrieben sind. Hier legt er, gestützt auf anerkannte lateinische Bibelkommentare, die biblischen Ereignisse theologisch aus, doch ohne sich inhaltlich strikt am Schema des oben angeführten Merkverses zu orientieren.

Unter den Büchern der Bibel sind vor allem zwei wieder und wieder kommentiert worden: die Psalmen und das Hohelied Salomos. Die hymnisch-erotische Sprache des Hohenliedes forderte die Exegeten förmlich dazu heraus, den Text allegorisch zu zähmen wie zu steigern. Dabei bediente man sich in der Hauptsache zweier Deutungsmuster: Bräutigam und Braut können zum einen Christus und die Gemeinschaft der Gläubigen, die Kirche, darstellen, zum anderen Christus (oder den Heiligen Geist) und Maria oder die Seele des einzelnen repräsentieren. Abt Williram von Ebersberg (Bayern) folgte in seinem (wohl um 1065) entstandenen Werk ersterem Prinzip und betonte nachdrücklich die objektiven Heilstatsachen. Seine Übersetzung und allegorische Auslegung in deutsch-lateinischer Mischprosa ist jedoch ganz konkret nur die eine Seite seiner Arbeit am Text. In den meisten Handschriften nimmt die Mischprosa die rechte Spalte neben der zentralen mit dem lateinischen Bibeltext ein, die linke füllt Willirams lateinische Paraphrase desselben Textes in gereimten Hexametern, eine Anordnung, die ihrerseits mittelalterlichen Umgang mit der Bibel versinnbildlicht. – Etwa hundert Jahre später übernahm ein Anonymus Willirams Hohelied-Übersetzung, gab ihr jedoch eine andere Auslegung: Das ›St. Trudperter Hohelied‹, das vermutlich für benediktinische Nonnen verfaßt wurde, bezieht die Gottesbrautschaft intensiver auf Maria und die »reine Seele«. Eindringlich und doch verhalten beschwört diese Allegorese Höhen und Tiefen eines Strebens zu Gott, das später im mystischen Schrifttum noch mächtiger und visionärer zum Ausdruck drängt.

Mehrfach übersetzt und bearbeitet wurde im späten 11. und im 12. Jahrhundert ein anderes wichtiges allegorisches Werk, der ›Physiologus‹ (›der Naturkundige‹). Spätantiker griechischer Herkunft, war dieser Prosatext auf Lateinisch weit verbreitet und wurde in viele Volkssprachen übertragen. Er beschreibt Aussehen und Verhalten einer veränderlichen Reihe von wirklichen Tieren, wie Löwe, Elefant, Eidechse, und von Fabeltieren, wie Einhorn, Sirene, Phönix, und schöpft dafür schon zum Teil aus der Bibel. Diese naturkundlichen »Fakten« werden ferner durchweg allegorisch und christlich gedeutet. So repräsentiert z. B. der Löwe Christus nicht nur wegen seiner Stärke und weil er so oft in der Bibel genannt wird. Da die Löwin, laut ›Physiologus‹, ihr Junges tot zur Welt bringt und dieses erst am dritten Tage zum Leben erwacht, nachdem es der Löwe angeblasen hat, verweist dies allegorisch auf Tod und Auferstehung Christi. Dieses christliche Bestiarium war tief im allegorischen Denken des Mittelalters verwurzelt, und seine Elemente tauchen in vielen Bereichen auf: in Predigt, geistlicher Unterweisung, weltlicher Literatur und nicht zuletzt auch in der bildenden Kunst. Obgleich die ›Physiologus‹-Tradition sehr verbreitet war, verweist nicht jeder Löwe ausschließlich auf Christus. Solche Sinnbilder sind im Mittelalter meistens mehrdeutig und können in ihrer jeweiligen Bedeutung stark vom spezifischen Kontext abhängen, was sich gleichfalls aus der Bibel herleiten läßt. So wird Samsons Kampf mit dem Löwen allegorisch meist auf Christi Überwindung der Hölle gedeutet, und in diesem Zusammenhang verkörpert der Löwe den Teufel oder das Böse. Dies ist nur eines von vielen Beispielen dafür, daß ein spezifisches allegorisches Element durchaus einander ausschließende allegorische Bedeutungen tragen kann. Der ›Physiologus‹ wurde zum Vorbild für weitere Tierbücher (z. B. Minnebestiarien), und nach ähnlichem Muster entstanden allegorische Steinbücher (Lapidarien).

Neben geistlichen allegorischen Gedichten über das Jenseits findet sich im 12. Jahrhundert eine Allegorie, die aus den verschiedensten Gründen manche Rätsel aufgibt. ›Die Hochzeit‹, wohl um 1160 anzusetzen, erzählt knapp einen einfachen weltlichen Vorgang: Ein mächtiger Herr auf einem hohen Gebirge wirbt um ein schönes adeliges Mädchen aus einem tiefen Tal, führt das Mädchen heim und feiert prächtig Hochzeit. Dieser Vorgang wird allegorisch breit ausgedeutet. Bräutigam und Braut verkörpern dabei – ähnlich wie in der Hohelied-Exegese – sowohl Gott und den Menschen wie auch Gott und die Jungfrau Maria. Statt aber nur diese beiden Gleichungen streng Punkt für Punkt durchzuführen, läßt der anonyme geistliche Verfasser den erzählten Vorgang für eine Vielfalt von Heilsereignissen transparent werden: Himmelreich, Inkarnation, Passion und Höllenfahrt Christi, aber auch für Sakramente wie Taufe und Beichte. Als eigenständige Allegorie in deutschen Versen blieb die ›Hochzeit‹ lange Zeit vereinzelt in der deutschen Literatur.

IV

Allegorien wurden im 12. und 13. Jahrhundert weit häufiger in größere Textzusammenhänge eingegliedert. Im geistlichen Bereich folgen insbesondere manche Visionsdarstellungen der Mystiker allegorischen Prinzipien. Nicht jede mystische Vision bedarf einer Auslegung. Viele Handlungen und Verkündigungen der geschauten göttlichen, heiligen oder personifizierten Gestalten sind begreiflich, ohne daß sie im einzelnen erläutert werden müssen. Es gibt jedoch Visionen, in denen die geschauten Bilder so rätselhaft und hermetisch sind, daß sie ohne Deutung unzugänglich bleiben. Hier verbindet sich dann der Vision oft die Audition, d. h. die sprachliche Offenbarung des im Bilde verschlüsselten Sinnes. Da Bild und Sinn aus göttlicher Inspiration hergeleitet werden, die sich des Menschen nur als Werkzeug bedient, haben solche Visionstexte im mittelalterlichen theologischen Verständnis einen fragwürdigeren Status als etwa Auslegungen der Bibel, die unzweifelhaft Gottes Wort ist. Da sich diese Visionstexte jedoch auf göttliche Offenbarung berufen, beanspruchen sie eine andere und höhere Verbindlichkeit als etwa erfundene Allegorien. Dennoch folgen sie vergleichbaren Auslegungsprinzipien, nach denen Bild/Vorgang und Sinn korreliert werden. In lateinischer Prosa verfaßte zwischen 1141 und 1153 die Äbtissin Hildegard von Bingen ihr gewaltiges Visionswerk ›Liber Scivias‹ (›Wisse die Wege‹). Es umfaßt 26 Visionsbilder der hermetischen Art, die einzeln gedeutet werden und deren »surrealistische« Macht und Fremdheit schon die Illustrationen einiger frühen Handschriften einzufangen suchen. – Wenig mehr als ein Jahrhundert später zeichnet die Begine und nachmalige Zisterzienserin Mechthild von Magdeburg ihre Gotteserfahrungen in einem sieben Bücher umfassenden Werk auf, dem sie selbst den Titel ›Das fließende Licht der Gottheit‹ gab. Mechthild fügt sich spontan den Traditionen der Hohelied-Mystik und -Auslegung ein. Ihr Werk markiert den Durchbruch der Mystik in die Volkssprache in einer hymnischen Sprachmächtigkeit, die so nie wieder erreicht wurde. Mechthilds Visionen und Auditionen, Gebete und Lobpreisungen sind weniger hermetisch und systematisch als Hildegards Visionen, aber auch sie deutet ihre geschauten Bilder oft im Detail. Ähnliche Visionen durchsetzen ferner die zahlreichen Nonnenviten und Offenbarungen des 14. Jahrhunderts, während sich die gleichzeitige spekulative Mystik – eines Meister

Eckhart etwa – eher ungewöhnlicher und suggestiver Metaphern als ausgesponnener Allegorien bediente.

Ein weltlicher Verwandter der Visionsallegorie ist der allegorische Traum. Solche Träume erscheinen in den Jahrzehnten um 1200 vor allem in Heldenepen und höfischen Romanen. Einer der berühmtesten ist wohl der Falken-Traum der Kriemhild in der ersten Aventiure des ›Nibelungenliedes‹ (um 1200), der auf ihre Heirat mit Siegfried und dessen Ermordung vorausweist; prophetische Funktion haben auch ihre beiden Träume kurz vor Ausführung der Tat (16. Aventiure). Außer auf zukünftige, meist katastrophale Ereignisse vorauszudeuten, können Träume ferner einzelnen Figuren verborgene Zusammenhange aufdekken, wie z. B. der Ebertraum Marjodos in Gottfrieds von Straßburg ›Tristan‹. In der Regel werden solche Träume durch eine Figur oder den Erzähler explizit gedeutet. Manchmal aber bleibt es auch dem Publikum überlassen, die Beziehungen zwischen dem Traum und den entsprechenden Ereignissen oder Zuständen selbst herzustellen. Darin spiegelt sich getreulich die flexible Praxis späterer Allegorien im engeren Sinne. Allegorische Träume begegnen ferner auch im ›Rolandslied‹ des Pfaffen Konrad (um 1170), in Wolframs von Eschenbach ›Parzival‹ (um 1203–10) und vor allem im französischen (und deutschen) ›Lancelot-Gral-Zyklus‹ (›Prosa-Lancelot‹). Ein anderer verbreiteter Traumtyp, der erotische Traum, taucht erst später in den Minnereden auf, verlangt aber nur selten eine allegorische Deutung.

In der sogenannten klassischen Dichtung der Zeit um 1200 finden sich nur zwei Allegorien, von denen die eine äußerst umstritten ist und die andere ein nahezu reines Modell darstellt. Die letzte Aventiure in Chrétiens von Troyes ›Erec et Enide‹ (um 1165–70? 1186?) und seiner deutschen Nachdichtung, dem ›Erec‹ Hartmanns von Aue (um/nach 1180), trägt als einzige einen Namen: *Joie de la Cort, des hoves vreude*. Sie wird weder von Personifikationen ausgetragen, noch spielt sie sich an einem allegorisch zu verstehenden Orte ab. Doch indem Erec (und Enide) Mabonagrain und seine Freundin aus gesellschaftlicher Isolierung befreien und die Freude des Hofes uneingeschränkt wieder aufleben lassen, bestätigen sie in spiegelbildlicher Wiederholung und zeichenhaft, daß sie nicht nur ihre eigene »Krise« überwunden haben, sondern auch fähig sind, andere aus einer vergleichbaren Situation zu befreien. Da Erzähl- und Deutungsebene hier nicht klarer voneinander abgehoben sind, kann man zweifeln, ob *Joie de la Cort* als Allegorie zu betrachten ist. Daß gerade diese Aventiure einen abstrakten Titel erhält, ist jedoch kein Zufall und durchaus als allegorisches Signal zu verstehen. – Im Unterschied zu *Joie de la Cort* galt die Minnegrotte in Gottfrieds von Straßburg ›Tristan‹ (um 1210) stets als das Musterbeispiel einer Allegorie. Zwar sind es auch hier Figuren des Romans, nicht Personifikationen, welche die Grotte vorübergehend bewohnen, doch ist diese klar ein allegorisch konzipierter Raum. Denn den Aufbauelementen der Grotte und ihren Eigenschaften entsprechen Punkt für Punkt Aspekte und Tugenden, die ein ideales Minneverhältnis auszeichnen sollen, so z. B. dem grünen Marmorboden Beständigkeit, den weißen, glatten und geraden Wänden Aufrichtigkeit und dem kristallenen Bett die Reinheit und Offenheit in der Liebe. Indem Gottfried – im Unterschied zu anderen ›Tristan‹-Bearbeitern des Mittelalters – Tristan und Isolde für kurze Zeit in dieser paradiesisch gelegenen, allegorisierten Grotte Zuflucht finden läßt, betont er den exemplarischen Rang der Liebenden und die Verbindlichkeit seiner hohen Auffassung der Minne. Er entwarf damit aber auch eine allegorische Konstruktion von einer Durchsichtigkeit und Konsequenz, die für spätere deutsche Allegorien, selbst Minneallegorien, keineswegs typisch ist.

Die Tendenz, Allegorien in größere Werkzusammenhänge einzugliedern, setzt sich im 13. Jahrhundert fort, ist jedoch nicht mehr auf die erzählende Dichtung beschränkt. Johann von Würzburg läßt in seinem späten Minneabenteuerroman ›Wilhelm von Österreich‹ (beendet 1314) die ritterliche Laufbahn seines Helden Wilhelm/Ryal damit beginnen, daß dieser der personifizierten Aventiure begegnet und einen Bracken namens Fürst erhält. In der anschließenden allegorischen Aventiure gewinnt er eine kostbare, zeichenhafte Rüstung. Solch erzählende allegorische Einschübe sind jedoch eher eine Ausnahme. Häufiger dienen Allegorien in Romanen und Minnereden zur bildhaften Systematisierung abstrakter Aussagen. So beschreibt und deutet der Stricker in seiner ›Frauenehre‹ (1. Hälfte 13. Jahrhundert) die vollkommene Frau als Tugend- und Minnebaum, und Albrecht flicht im ›Jüngeren Titurel‹ (entstanden zwischen 1260 und 1275) in die lehrhafte Inschrift auf dem Brackenseil einen Ehrenkranz von zwölf Tugendblumen ein. Besonders beliebt war die Figur des nackten, blinden Cupido samt seiner wechselnden Attribute, um Wesen und Wirken der Minne zu beschreiben. Dazu verwendet ihn schon Heinrich von Veldeke in seiner ›Eneit‹ (vollendet zwischen 1184 und 1186).

Später taucht Cupido dann in Johanns von Würzburg ›Wilhelm von Österreich‹ auf, gegen Ende des 13. Jahrhunderts ferner in der ›Minnelehre‹ Johanns von Konstanz und im ›Minneleich‹ des Wilden Alexanders. Die metrisch-musikalische Prunkform des Leichs, einer Unterart des Minnesangs, zeigt in dieser Zeit überhaupt eine starke Neigung zum Allegorischen, nicht nur in den Minneleichs Konrads von Würzburg und Heinrich Frauenlobs, sondern etwa auch im religiösen Leich Konrads und in Frauenlobs Marienleich. Ähnliches ist in Konrads kunstvollem Marienpreis ›Die goldene Schmiede‹ zu beobachten. Konrad und Frauenlob ziehen in einigen dieser Werke bereits alle Register des sogenannten geblümten Stiles, eines verrätselnden, oft manierierten Stiles, der reich ist an allegorischen Elementen. Die Blümer verbinden nicht nur Mariensymbole, Physiologus- und Naturbilder zu immer neuen kühnen Kombinationen, auch eines ihrer beliebten Stilmittel, die Genitivumschreibung (z. B. in der Schmiede seines Herzens ein Gedicht aus Gold schmelzen), ist eine Art Kleinstallegorie, die beliebig zu mehr oder minder geschlossenen allegorischen Sequenzen ausgebaut werden konnte und wurde.

Sind fast alle Allegorien der deutschen Literatur bis in die Anfänge des 13. Jahrhunderts in größere Textzusammenhänge eingegliedert, so entstehen in dieser Zeit nunmehr auch eigenständige allegorische Formen. Die vermutlich früheste ist identisch mit einer neuen literarischen Gattung, dem *Bispel*. Charakteristisch für das *Bispel* ist, daß es aus zwei Teilen besteht, von denen der erste eine kurze Beschreibung oder Erzählung enthält, während der zweite diese meist Punkt für Punkt auslegt und die entsprechende Lehre abschließend sentenzenhaft zusammenfaßt. So wird z. B. eine Katze, die sich nicht an einem Freßnapf genügen läßt, sondern alle in Reichweite verunreinigt, mit einem lüsteren Manne gleichgesetzt, der keine Frau unbehelligt lassen kann. Der frühe Meister des *Bispels* ist der Stricker, in dessen Werk neben anderen Typen kleiner Reimpaargedichte *Bispel* erstmals literarisch greifbar werden. Seine Auslegungen bestechen sowohl durch ihren Scharfsinn wie ihre Reichweite: Neben *Bispeln* mit rein geistlicher verfaßte er solche mit rein weltlicher Auslegung, verstand aber auch, beides zu kombinieren. Im folgenden wurde das *Bispel* vorwiegend von anonymen Autoren gepflegt. Eine Untersuchung darüber steht noch aus.

Andere Kleinformen selbständiger Allegorien gestaltete in der zweiten Hälfte des 13. Jahrhunderts Konrad von Würzburg. In

›Der Welt Lohn‹ erscheint dem Dichter Wirnt von Gravenberg (der Anfang des 13. Jahrhunderts lebte) die personifizierte Welt als strahlend schöne Frau und zeigt ihm als Lohn für seinen Dienst ihre Rückseite, die von Ungeziefer und Geschwüren tief zerfressen ist. Von diesem Anblick entsetzt, beschließt Wirnt, an einem Kreuzzug teilzunehmen und zu büßen. Dieses Doppelbild der Welt wird in der Literatur auch anderweitig beschworen und ist in der bildenden Kunst der Gotik gleichfalls ein beliebtes Motiv. – Konrads ›Klage der Kunst‹ ist hingegen fast reine Personifikationsdichtung. Wie bei diesem Typ so oft, führt den Dichter/Ich-Erzähler ein Spaziergang durch zauberhafte Landschaft zu einer Gruppe von personifizierten Tugenden. Hier wird er zum Zeugen einer Gerichtsverhandlung unter dem Vorsitz der Frau Gerechtigkeit. Klägerin ist die verarmte, zerlumpte Kunst, welche bitterlich darüber klagt, daß Mildtätigkeit nicht mehr ihr, sondern nur Unwürdigen zugute komme. Der Urteilsspruch gibt ihr recht, und der Dichter wird beauftragt, ihn aller Welt zu verkünden. Ähnliche Gerichtsverhandlungen finden sich später vor allem in den Minneallegorien.

Obwohl sich die deutsche Literatur im 13. Jahrhundert quer durch die Gattungen zunehmend der Allegorie öffnet, hat sie nichts dem französischen ›Rosenroman‹ (›Roman de la Rose‹) Vergleichbares aufzuweisen. Guillaume de Lorris begann dieses bahnbrechende Werk (um 1230–35) und war sich deutlich bewußt, damit etwas Neues zu schaffen. Der »Held« der allegorischen Erzählung ist ein Ich-Erzähler, der *Amant*, der sich im Traum auf einen Spaziergang durch idyllische Landschaft begibt. Er gelangt in einen zauberhaften Garten, in dem sich höfische Personifikationen vergnügen, und erblickt hier in einer Quelle das Bild einer schönen Rose, zu der er, von fünf goldenen Pfeilen des Liebesgottes getroffen, alsbald in heftiger Liebe entbrennt. Fortan gilt sein ganzes Sinnen und Trachten dem Ziel, diese Rose für sich zu gewinnen. Verschiedene Personifikationen suchen ihm dabei zu helfen (wie *Bel Acueil*, Schöner Empfang) oder ihn daran zu hindern (wie *Jalousie*, Eifersucht). Mitten in einem Klagemonolog bricht Guillaumes Teil des ›Rosenroman‹ ab (nach ca. 4000 Versen). Als Jean de Meun etwa 40 Jahre später seine Fortsetzung (von ca. 18 000 Versen) dichtete, behielt er zwar den allegorischen Rahmen der *Queste* nach der Rose bei, erweitert ihn aber erheblich: durch neue Personifikationen (wie z. B. Natur und Genius), Liebeslehren verschiedener Herkunft, Satire und enzyklopädisches Wissen. Doch am Schluß gewinnt der *Amant* seine Rose. Unter Jeans de Meun Händen wird die Konzeption des Werkes infolgedessen anspruchsvoller, facettenreicher und widersprüchlicher; die stärker höfisch orientierte Minneauffassung Guillaumes erscheint als eine von mehreren möglichen. Keiner der beiden Verfasser gibt eine explizite und zusammenhängende Auslegung der allegorischen Erzählung. Doch enthält diese durch die Namen der Personifikationen, deren Lehren usw. so viele implizite Hinweise, daß sie sich weitgehend selber deutet. So manche Situation und so manches Detail bleiben dabei durchaus mehrdeutig. Solche Deutungsspielräume finden sich auch in anderen Allegorien. Das mittelalterliche Publikum muß sie toleriert oder gar erwartet haben. Dem ›Rosenroman‹ war jedenfalls ein in der weltlichen Literatur spektakulärer Erfolg beschieden. Er ist nicht nur ungewöhnlich breit überliefert (in über 300 Handschriften), sondern hat auch in der französischen Literatur der folgenden Jahrhunderte vielfältig nachgewirkt und wurde, zum Teil mehrfach, ins Italienische, Niederländische und Englische übersetzt. Es ist erstaunlich, daß er in der deutschen Literatur allenfalls am Rande rezipiert wurde.

V

Selbst wenn sich die deutsche Literatur der Wirkung des ›Rosenroman‹ weitgehend verschloß, am Siegeszug der Allegorie hat sie durchaus teilgenommen, besonders im 14. Jahrhundert. Allegorisches taucht nunmehr in fast allen literarischen Kontexten auf, und Allegorien erscheinen vor allem viel häufiger als selbständige Texte. Diese variieren nicht nur im Umfang: neben Kleinformen von mehreren hundert finden sich Großformen von mehreren tausend Versen, sie folgen auch zum Teil ganz unterschiedlichen Bauprinzipien. Thematisch lassen sie sich in großen Zügen drei Bereichen zuordnen: geistliche Allegorien, Schach- und Minneallegorien. Aus jedem von ihnen sollen hier einige Texte herausgegriffen werden. Während die Schach- und Minneallegorien relativ gut erforscht sind, fehlen zusammenhängende Untersuchungen über die geistlichen Allegorien noch gänzlich.

1. Schach- und Minneallegorien entstanden in größerer Zahl vor allem im 14. Jahrhundert, geistliche Allegorien hingegen schon ab der Mitte des 13. Jahrhunderts. Dennoch scheinen letztere die beiden anderen Traditionen nicht nachhaltig beeinflußt zu ha-

ben. Ausdeutungen biblischer Texte bilden auch hier den Anfang. Nach eigener Angabe schrieb der sächsische Geistliche Heinrich von Kröllwitz seine umfängliche Vaterunser-Auslegung (in Reimpaaren) in den Jahren 1252–55. Er verfaßte sie ausdrücklich auf Deutsch, um zu einem vertiefteren Verstehen des Vaterunsers anzuregen, und bezieht unter anderem reichlich Beispiele aus dem ›Physiologus‹ und allegorischen Steinbüchern ein. – Zwei Jahrzehnte später – 1275/76 – entstand die Hohelied-Auslegung des Magdeburger Patriziers Brun von Schönebeck. Sie ist (mit 12719 Versen) die längste im deutschen Mittelalter und sorgfältig gegliedert. In den beiden ersten Teilen erzählt Brun, gestützt auf den biblischen Text, von der Werbung König Salomos um die Tochter Pharaos und von beider Hochzeit. Der dritte Teil, der in sich wiederum dreigeteilt (und elfmal so lang wie die beiden ersten zusammen) ist, legt zunächst den ersten Teil der Erzählung auf Gott und Maria hin aus, dann den zweiten auf Gott und die menschliche Seele und handelt schließlich, drittens, von der Heilsgeschichte, vom Antichrist und Jüngsten Gericht. Brun hielt sich eng an die lateinische Hohelied-Auslegung des Honorius Augustodunensis und widmet sein Gedicht der Jungfrau Maria. Ein weiteres Zeugnis von Bruns intensiver Marienverehrung, die er mit vielen seiner Zeitgenossen (u. a. Konrad von Würzburg, Frauenlob) teilte, ist eine allegorische Auslegung des Ave-Maria.

Ein etwas anderer Typ von Allegorie findet sich in einem vermutlich gegen 1280 in Thüringen entstandenen kleinen Werk, ›Der Streit der vier Töchter Gottes‹ (›Von Gottes Barmherzigkeit‹). Hier geht einem Leben Jesu und seiner Prophezeiung im Alten Testament eine allegorische Szenenfolge voraus: Nach dem Sündenfall bestehen zwei der Töchter Gottes, Wahrheit und Gerechtigkeit, darauf, daß der Mensch verurteilt werde, während die zwei anderen, Barmherzigkeit und Friede, dafür plädieren, daß ihm vergeben werde. Die Weisheit, der Sohn Christus, schlichtet den Streit, indem er sich zur Menschwerdung und Erlösung anschickt. Dieser Streit, der u. a. auf Psalm 84,11 gründet, ist ein verbreitetes allegorisches Motiv und findet sich breiter ausgeführt gleichfalls in dem nur wenig später – Anfang des 14. Jahrhunderts – entstandenen rheinfränkischen Gedicht, ›Die Erlösung‹, das sich zum Teil eng mit hessischen geistlichen Dramen berührt.

Ebenfalls aus Thüringen stammt wohl eine umfangreichere geistliche Allegorie, ›Der Sünden Widerstreit‹ (entstanden gegen Ende des 13. Jahrhunderts). Wie schon der Titel andeutet, handelt sie vom alten Thema des Kampfes der Laster gegen die Tugenden. Anders als bei Prudentius oder im siebenten Gedicht des ›Seifried Helbling‹ steht hier nicht so sehr die Schilderung der einzelnen Personifikationen und ihrer Kämpfe im Vordergrund, es wird über diese Konfrontation vielmehr reflektiert und debattiert, wie z. B. in einem längeren Gespräch zwischen der Sünde, der Anführerin der Laster, und Satan. Als Einleitung wählt der Verfasser sogar eine andere Allegorie, indem er mahnt, das alte Gewand der Sünde abzulegen und dafür das neue Kleid der Christusliebe anzulegen. Den Scharen der personifizierten Laster liegt verhältnismäßig klar erkennbar das alte Schema der sieben Todsünden zugrunde (Hoffart, Neid, Zorn, Trägheit, Habsucht, Freß- und Trunksucht, Unkeuschheit), doch ist es breiter gefächert und differenziert. Ihnen stehen weniger klar gegliederte Heere von Tugenden gegenüber, denen aber auch Personifikationen wie Beichte und Reue zugesellt sind. Mehrfach wird betont, daß selbst im Kampf getötete Laster oder Tugenden wiederbelebt werden können. Nahezu leitmotivisch durchziehen das Werk daher Mahnungen, in Christi Namen in einer geistlichen Rittergemeinschaft gegen die Sünden zu kämpfen. Zwischen wahrer – christlicher – und falscher – weltlicher – Liebe wird streng unterschieden, ein Gegensatz, den spätere Minneallegorien eher auszugleichen versuchen.

Zu Anfang des 14. Jahrhunderts verfaßte der Bozener Franziskaner Heinrich von Burgeis ›Der Seele Rat‹, eine Großform geistlicher Allegorie, die ebenfalls seelsorgerliche Tendenzen erkennen läßt. Ihr Anfang ist verlorengegangen; sie beginnt in einem Gespräch zwischen der Seele und Frau Beichte, in dem diese einen unter anderem nach Hauptsünden, den fünf Sinnen und sozialen Ständen gegliederten Beichtspiegel entwirft. Nach weiterer Unterweisung durch Frau Buße legt die Seele ein umfassendes Sündenbekenntnis ab, betet zu den drei Personen der Trinität und zu Maria und meditiert über die Qualen und Anklagen, die ihr beim Jüngsten Gericht bevorstehen. In einem Streitgespräch überwindet die Seele schließlich den Leib und verläßt ihn. Vor dem Richterstuhl Gottes kämpfen anschließend Engel und Teufel um die Seele, sogar eine Seelenwaage wird herbeigeholt. Doch Frau Gewissen und Christus zeugen für die Seele, so daß sie, das Kind Gottes und die Braut Christi, in die Seligkeit eingehen darf. ›Der Seele Rat‹ wird zwar von Gesprächen und langen Lehrreden der Personifikationen dominiert, doch zeichnen sich darin deutlich die Stationen eines allegorischen Weges ab, auf dem die Seele aus ihrer Verfallenheit an die Sünden endlich ins Reich Gottes gelangt.

Wiederum nur als Teil in einem umfangreicheren Text begegnet eine geistliche Allegorie in dem Gedicht ›Von Gottes Zukunft‹, das der Wiener Arzt Heinrich von Neustadt wohl um 1310 verfaßte. Im ersten Buch seines Werkes gibt Heinrich eine Kurzfassung einer einflußreichen Allegorie des 12. Jahrhunderts, Alanus' ab Insulis ›Anticlaudianus‹ (in lateinischen Hexametern), geht aber nicht auf diesen selbst zurück, sondern verwendet eine vor 1300 anzusetzende lateinische Prosafassung (›Compendium Anticlaudiani‹). Während das zweite Buch des Werkes die Heilsgeschichte von Christi Geburt bis zum Pfingstwunder schildert und das dritte vom Jüngsten Gericht handelt, erzählt das erste allegorisch die Schaffung des vollkommenen neuen Menschen. Diese wird eingeleitet durch eine Beratung der Natura mit den Tugenden. Als ihre Sendbotin reist *Wisheit (Prudentia)* in einem allegorischen Wagen durch die verschiedenen Himmel zu Gott. Unterstützt von der *Barmhertzikeit (Misericordia)*, erreicht sie ihr Ziel: Gott verleiht dem von der Natur und den Tugenden vollkommen gestalteten neuen Menschen eine Seele. Dieser neue Mensch aber ist Maria/Jesus selbst, und *zůkunft* bedeutet sowohl Christi Inkarnation wie seine künftige Wiederkehr. Heinrich von Neustadt, der sich namentlich auf Alanus bezieht, verweist auf seine Mittlerrolle zwischen Latein und Volkssprache ähnlich bewußt wie die Verfasser der deutschen Schachallegorien.

Die bedeutendste geistliche Allegorie des 15. Jahrhunderts, ›Die Pilgerfahrt des träumenden Mönches‹ stammt hingegen aus dem Französischen. Sie beruht auf Guillaumes de Deguileville ›Pèlerinage de la vie humaine‹ (entstanden um 1330/32), die sich in Frankreich lange großer Beliebtheit erfreute und auch ins Englische, Spanische und Niederländische übertragen wurde. Deguileville nahm sich ausdrücklich den ›Rosenroman‹ zum Vorbild, vor allem dessen Einkleidung als allegorische Traumvision. Die ›Pèlerinage‹ wurde zweimal – Anfang und Mitte des 15. Jahrhunderts – in deutsche Verse umgesetzt. Die ältere Bearbeitung diente ferner als Grundlage einer Prosafassung. Die ›Pilgerfahrt‹ ist klarer noch als ›Der Seele Rat‹ eine geistliche Wegallegorie, deren Ziel das himmlische Jerusalem ist. Auf diesem Weg begegnet der Pilger (Ich-Erzähler) zahlreichen Personifikationen, die ihm helfen oder ihn angreifen. Von Frau

Gottes Gnade wird er z. B. mit Tasche (= Glaube) und Pilgerstab (= Hoffnung) ausgestattet, doch eine Rüstung, deren Teile mit verschiedenen Tugenden gleichgesetzt werden, legt er – weil ihm zu beschwerlich – nicht selbst an, sondern läßt Frau Gedächtnis sie bewahren. Daher ist der Pilger im folgenden den Attacken der sieben Todsünden und ihrer Abkömmlinge fast hilflos ausgeliefert, gelangt aber mit Hilfe von Frau Gottes Gnade schließlich in deren Herberge, wo ihn personifizierte geistliche Tugenden auf das Sterben vorbereiten. Als der Tod ihn bedroht, erwacht er aus seinem Traum. Alle Personifikationen sind mit typischen, oft zunächst rätselhaften oder grotesken Attributen ausgestattet, die dann eingehend erläutert werden. Doch obwohl sich allegorische Handlung und Kommentierung eng durchdringen, bleibt dem Leser oder Hörer genügend Spielraum, sich den Sinn einzelner Phasen und des Werkes als Ganzem selbst zu erschließen und zu verdeutlichen.

2. Andere Bauprinzipien liegen den Schachallegorien zugrunde, die in Deutschland hauptsächlich im 14. Jahrhundert entstanden. Ihr aller Vorlage ist ein lateinischer Prosatraktat, das Schachbuch des oberitalienischen Dominikaners Jacobus de Cessolis (verfaßt um 1300). Ansatzpunkt für die Allegorie ist nicht der antagonistische oder strategische Charakter des Schachspieles, sondern es ist der Satz von Figuren, der als Abbild der spätmittelalterlichen Gesellschafts-, d. h. Ständehierarchie betrachtet werden kann. Demnach repräsentieren König und Königin (= Dame) sich selbst als die Spitzen der sozialen Ordnung, während den Läuferfiguren die Richter, den Springern die Ritter und den Türmen die Landpfleger oder -vögte entsprechen. Nur einer der *venden* (= Bauern) stellt den Bauernstand dar; den sieben anderen sind zahlreiche handwerkliche und sonstige Berufe zugewiesen. Dabei erhält jede Figur mehrere Werkzeuge oder Attribute, um jeweils ein Bündel von mehr oder minder verwandten Berufen repräsentieren zu können, so z. B. der dritte Bauer Berufe, die Wolle verarbeiten, sowie Schreiber. Allegorisch bedeutsam sind aber auch die Ausgangsstellungen der Figuren zueinander sowie die unterschiedlichen Bewegungsmöglichkeiten, welche ihnen die Spielregeln gestatten.

Jacobus de Cessolis läßt es jedoch nicht dabei bewenden, den einzelnen Figuren bestimmte Tugenden zuzuordnen, die entsprechenden Laster zu verurteilen und abstrakt Idealverhalten zu fordern. Er fügt immer wieder auch Beispielerzählungen und Spruchweisheiten – vornehmlich antiker und spätantiker Autoren – ein, um seinen Forderungen Nachdruck und Farbe zu verleihen. Somit besitzt sein Traktat durch das Schachspiel einerseits ein festes allegorisches Gerüst, läßt sich im Bereich der Lehren, Erzählungen und Spruchweisheiten aber auch vielfältig erweitern oder verkürzen.

Der Schachtraktat des Jacobus ist nicht nur in ungewöhnlich vielen Handschriften überliefert, er trat auch rasch einen Siegeszug durch die europäischen Literaturen an. In der deutschen wurde er im 14. Jahrhundert viermal in Reimpaare und mehrfach in Prosa übertragen. Alle vier Versbearbeiter gingen unabhängig voneinander vor und nutzten die Flexibilität ihrer Vorlage recht unterschiedlich. Heinrich von Beringen, vermutlich ein Augsburger Kanoniker, neigt in seinem ›Schachgedicht‹ (entstanden wohl um 1330) eher dazu, seine Vorlage im Bereich der Beispielerzählungen und Weisheitssprüche zu raffen; einige dieser Erzählungen weitet er jedoch auf Hunderte von Versen aus. Die zwei längsten sind dramatische Liebesgeschichten (Lukrezia, Von zwei Freunden), die deutlich Vertrautheit mit höfischer Literatur zeigen. Doch geht es Beringen nicht darum, die Minne zu verherrlichen. Wie Jacobus fordert er von den acht »edlen« Schachfiguren hauptsächlich Gerechtigkeit, Weisheit, Keuschheit, Barmherzigkeit und Freigebigkeit, von den acht »gemeinen« eher Fleiß, Mäßigkeit und vor allem Ehrlichkeit.

Konrad von Ammenhausen, ein Benediktiner und Leutpriester in Stein am Rhein, schloß nach eigener Angabe sein ›Schachzabelbuch‹ im Februar 1337 ab. Wie sein Vorgänger Heinrich von Beringen behält er getreulich das allegorische Gerüst der Vorlage bei, weitet diese aber durch eigene Exkurse, zusätzliche Beispielerzählungen und Weisheitssprüche beträchtlich aus. Ferner fügt er den Standes- und Berufstypen, die unter den verschiedenen Bauernfiguren in Gruppen geordnet sind, eine ganze Reihe neuer hinzu. Konrad besitzt ein besonders scharfes Auge für die Praktiken, die in den verschiedenen Handwerken dazu dienen, die Kunden zu betrügen. Daher wettert er unermüdlich vor allem gegen das Laster der Habsucht und fordert *trůwe*, d. h. hier Ehrlichkeit. Keine andere deutsche Schachallegorie bezieht so schwungvoll und vielfältig Details des Alltags ein wie Konrads ›Schachzabelbuch‹. Zu Beginn des 16. Jahrhunderts wurde es von Jakob Mennel stark gekürzt und nunmehr im Druck verbreitet.

Im 14. Jahrhundert entstanden im Nordosten des deutschen Sprachgebietes zwei weitere Reimpaarfassungen vom Schachtraktat des Jacobus de Cessolis: 1355 die des Pfarrers vom Hecht und 1375 die Meister Stephans. Während sich der erstere von allen Versbearbeitern am strengsten an seine Vorlage hält, kürzt letzterer stärker als alle anderen. Außerdem wurde der lateinische Traktat in diesem und dem folgenden Jahrhundert noch drei- oder viermal in deutsche Prosa übersetzt. Keine andere weltliche Allegorie hat so großen Anklang gefunden und so vielseitig zu Bearbeitungen angeregt.

3. Der dritte Bereich, in dem sich die Allegorie im späten Mittelalter besonders produktiv entfaltet, ist die Minnelehre. Ansätze dazu sind schon im höfischen Roman und den Leichs des 13. Jahrhunderts zu beobachten. Doch die bedeutendsten umfangreichen und eigenständigen Minneallegorien gehören dem 14. Jahrhundert an. Da sie in der allegorischen Konzeption zum Teil beträchtlich voneinander abweichen, zeigen sie gleichzeitig, wie schöpferisch man die vielseitigen Möglichkeiten der Allegorie zu nutzen verstand.

Im zweiten Viertel des 14. Jahrhunderts entstanden sowohl die ›Minneburg‹, deren ostfränkischer Verfasser anonym bleibt, wie auch Hadamars von Laber ›Jagd‹. In der Wahl allegorischer Darstellungsformen ist der Autor der ›Minneburg‹ zwar der konventionellere von beiden, aber er verbindet sie höchst eigenwillig. Er unterscheidet zum einen zwischen *materg* und *underbint*, d. h. Teilen, die allgemeinverbindliche allegorische Minnelehre bieten, und solchen, in denen der Dichter/Ich-Erzähler höchst variantenreich – und stilistisch oft sehr anspruchsvoll, d. h. geblümt – beklagt, daß seine Dame ihn nicht erhört. Zum anderen beginnt die *materg* zunächst mit einem rätselhaften Bericht, in dem der Dichter beobachtend die Zeugung und Geburt eines Kindes in einer kostbaren Säule der Burg schildert. Diese Ereignisse deutet anschließend ein weiser Meister auf die Entstehung und das Wesen der Liebe hin aus. Wie man Liebe gewinnt und bewahrt, wird durch zwei Kämpfe gezeigt, in denen jeweils verschiedene Personifikationenheere die Burg verteidigen und berennen. Diese Vorgänge werden nicht eigens ausgelegt, die Namen der Personifikationen und die sie charakterisierenden Attribute erlauben dem Hörer oder Leser, sich den allegorischen Sinn weitgehend selbst zu entschlüsseln. Den Abschluß des Werkes bildet ein Minnegericht, in dem Frau Minne und andere Minne-Tugend-Personifikationen verschiedene Klagefälle – unter anderen den des Dichters – anhören und entscheiden. Auch hier wurde – ähnlich wie in anderen Minnegerichten oder in Konrads von Würzburg ›Klage der Kunst‹ – eine eigene Auslegung nicht für nötig erachtet.

Der oberpfälzische Adelige Hadamar von Laber legt seinem Werk (›Die Jagd‹, vor 1350) das allegorische Modell der Jagd zugrunde. Dabei weist er dem Jäger (Ich-Erzähler) die Rolle des werbenden Mannes, dem Wild die der umworbenen Dame zu. Den Jäger begleiten Hunde namens *Herze, Triuwe, Wille, Wunne* und *Harre*, denen nach Bedarf weitere hinzugesellt werden. Dergestalt schafft Hadamar ein flexibles allegorisches System, in dem er die verschiedenen Phasen einer Werbung darstellen kann. Statt jedoch den Verlauf einer Jagd direkt zu schildern, erzählt er nur bestimmte, meist dramatische Ereignisse, wie z. B. die beiden Höhepunkte, an denen die Hunde das Wild umstellen, es ihnen jedoch entkommt, das zweite Mal nicht ohne Zutun des Jägers und für immer. Häufiger stellt Hadamar den Vorgang indirekt dar, d. h. er bricht ihn in Reflexionen des Jägers und Befehlen an seine Hunde oder unterbricht ihn gar durch längere Gespräche, in denen der Jäger mit anderen über die rechte Art des Jagens debattiert. Bis auf einige wenige Ausnahmen bleibt der Vorgang der Jagd durchweg das Thema und der allegorische Fluchtpunkt des Werkes, selbst im letzten Teil, in dem der Jäger fast nur noch über seine Erfolglosigkeit und sein Leid klagend meditiert. Eine solche Art der Darstellung stellt hohe Ansprüche an die Deutungsfähigkeit und -willigkeit des Lesers oder Hörers. Dennoch hat gerade Hadamars ›Jagd‹ von allen deutschen Minneallegorien am stärksten und längsten nachgewirkt.

Anspruchsloser wirkt dagegen das ›Kloster der Minne‹ (wohl um 1340–50 im Alemannisch-Bayrischen anzusetzen). Sein anonymer Verfasser wählt als allegorischen Rahmen eine Klosteranlage, die vom Orden der vorbildlich Liebenden bewohnt wird und die ans himmlische Jerusalem wie ans irdische Paradies erinnert. Als Ganzes wird sie nur eingangs einmal summarisch suggestiv beschrieben, in der Hauptsache aber vom Dichter/Ich-Erzähler »erwandert«. Da ihn dabei eine kundige Ordensangehörige begleitet, sind manche notwendigen Erläuterungen geschickt in beider Gespräch eingeflochten. In diesem spinnt sich zugleich eine kleine, nicht-allegorische Liebesromanze an, die im Dichter den Entschluß reifen läßt, selbst um Aufnahme in das Kloster zu bitten. Ein paar typisierte Figuren wie Prahler und Schwätzer ausgenommen, bevölkern das Kloster nur Liebende, keine Personifikationen. Eine der Pointen des Gedichtes besteht darin, daß an der Stelle, an welcher der Dichter – und mit ihm der Hörer oder Leser – das Erscheinen der personifizierten Minne erwartet, auf das liebevolle Treiben des ganzen Konventes verwiesen wird. So ist das ›Kloster der Minne‹ die einzige deutsche Großform unter den Minneallegorien, die Personifikationen bewußt ausschließt.

Einzeln oder in kleinen Gruppen begegnen Personifikationen jedoch in zahlreichen Kleinformen der Minneallegorie vom Ende des 13. bis zum Beginn des 16. Jahrhunderts. Solche Gedichte, die oft anonym überliefert sind, beginnen meist mit einer Spaziergangseinleitung, die den Dichter/Ich-Erzähler ins Unbekannte führt. Im Wald, in der Wildnis stößt er dann auf einzelne oder eine Schar von Personifikationen, wie z. B. Frau Minne, Treue, Ehre, Maße. Diese klagen dem Dichter, daß sie von der Welt mißachtet werden, oder halten Gericht oder fertigen ein kostbares, allegorisch bedeutsames Geschenk für ihn oder seine Dame. Mit diesem und/oder einer Botschaft schicken sie ihn dann in die Welt zurück. Bei solchen Personifikationsgedichten hat sich immer wieder die Frage erhoben, wie weit man hier noch berechtigt von Allegorien sprechen kann. Denn nur in wenigen Fällen verweist die Wortebene durchweg auf eine andere Sinnebene. Doch enthalten sie oft so viele allegorische Details, daß sie zumindest den Grenzformen der Allegorie zuzurechnen sind.

4. Die Stichworte geistliche Allegorie, Schach- und Minneallegorie umschreiben zentrale Typen spätmittelalterlicher Allegorie, vor allem ihrer Großformen, doch sie beschreiben den Gesamtbereich keineswegs erschöpfend. Grundmuster und Bauelemente, die in den drei Haupttypen auftauchen, sind zum Teil so universal und so vielseitig einsetzbar, daß sie sich auch für allerhand Sproß- und Zwischenformen anboten. Dafür noch einige Beispiele.

›Das Gnaistli‹ (›Fünklein‹; im 14. Jahrhundert im Alemannischen entstanden) ist als Vor- oder Sproßform einer geistlichen Allegorie zu betrachten. Das Gedicht mahnt zur Tugend, die in Maß und Ordnung gründet. Es läßt die sieben Hauptsünden und ihnen entsprechende Tugenden sowie die sieben Werke der Seele, d. h. ihr Gefolge (Furcht, Leid, Zuversicht, Freude, Minne, Abkehr vom Bösen, Keinen Grund zur Scham haben) nacheinander für sich selbst sprechen, doch ohne sie als Personifikationen zu beschreiben oder auch nur eingehender vorzustellen. Deutlichere allegorische Zusammenhänge werden erst hergestellt, als von den vier Hauptleuten dieses Gefolges (den Kardinaltugenden *prudentia, fortitudo, temperantia* und *iustitia*) die Rede ist: Weisheit soll Torhüter, Stärke Vogt, Mäßigkeit Koch und Gerechtigkeit *ritter* (d. h. eher Richter) sein und einer den anderen unterstützen. Anders als in einigen der geistlichen Allegorien geht es im ›Gnaistli‹ nicht primär um Weltabkehr und Vorbereitung auf Tod und Gericht, sondern um ein maßvolles, gottwohlgefälliges Leben in dieser Welt. Religiöse und ethische Forderungen sind – wie so oft – untrennbar ineinander verwoben.

Heinrich von Mügeln, ein gelehrter Literat, der in Böhmen und Österreich Gönner fand, verbindet in ›Der Meide Kranz‹ (entstanden kurz nach 1360) Geistliches und Weltliches auf gänzlich andere Weise. Mügeln läßt Scharen von Personifikationen auftreten und um den Vorrang streiten, eine Variante des verbreiteten allegorischen Typs, in dem zwei Personifikationen verbale oder andere Duelle ausfechten (u. a. Streitgespräche). In ›Der Meide Kranz‹ erscheinen zunächst zwölf personifizierte Künste und Wissenschaften (Philosophie, Grammatik, Logik, Rhetorik, Arithmetik, Geometrie, Musik, Astronomie, Physik, Alchimie, Metaphysik und Theologie) vor Kaiser Karl IV. und wetteifern um einen Platz im Ehrenkranz der Jungfrau Maria. Der Kaiser spricht allen einen zu, den vornehmsten aber der Theologie. Diese wird anschließend in Gegenwart von zwölf Tugenden (Weisheit, Gerechtigkeit, Stärke, Mäßigkeit; Freigebigkeit, Demut, Barmherzigkeit, Friede; Liebe, Hoffnung und Glaube) von Frau Natur feierlich gekrönt. Den folgenden Streit, in dem es darum geht, ob sich die zwölf Tugenden aus Gott oder aus der Natur herleiten, entscheidet die Theologie zugunsten Gottes und der Tugenden. Obwohl Frau Natur ihre große Macht demonstrieren darf, bleibt kein Zweifel, daß sie Gott und den Tugenden nachgeordnet ist. Mügelns Gedicht, das in seiner Art einzig ist, zeigt also, daß die Allegorie auch zum Medium anspruchsvoller wissenschaftlicher und begrifflicher Diskussion werden kann.

Eine wiederum andere, ungewöhnliche Form von Allegorie begegnet in ›Des Teufels Netz‹ (wohl zu Anfang des 15. Jahrhunderts am Bodensee entstanden). In seiner Grundstruktur ist dieses umfangreiche Gedicht das Gespräch eines Einsiedlers mit dem Teufel. Diese beiden lassen erstens die sieben Todsünden, die Knechte des Teufels, Revue passieren, handeln zweitens von Verstößen gegen die zehn Gebote und drittens schließlich – weitaus am ausführlichsten – über das negative, gelegentlich auch positive Verhalten der verschiedenen sozialen Stände und Berufe, wobei die Ständereihe sehr viel länger und detaillierter ausfällt als selbst in Konrads von Ammenhausen ›Schachzabelbuch‹. Regelmäßig wiederkehrendes Leitmotiv ist, daß alle Sünder vom Netz des Teufels gefangen werden, die Guten ihm aber entkommen. Die Sünden sind aber nicht nur die Seile des Teufelsnetzes, sie sind thematisch auch die »Seile« des Gedichtes. Da z. B. Habsucht nicht nur eine der Todsünden ist, sondern auch gegen das zehnte Gebot verstößt und eine Konstante im Fehlverhalten vieler Stände und Berufe ist, werden weitgespannte Querverbindungen innerhalb des Werkes hergestellt. Ähnliches gilt für Unkeuschheit, Hoffart usw. Ein so angelegtes Werk ist seiner Struktur nach grundsätzlich offen, d. h. in Grenzen zu erweitern oder zu kürzen (›Des Teufels Netz‹ ist in vier unterschiedlich langen Fassungen überliefert) – wie ein Netz! Das aber bedeutet ferner: dieses Werk ist auf den verschiedensten Ebenen eine Allegorie seines Titels, und darin ist es – obschon anderweit stark den literarischen Konventionen verpflichtet – einzigartig im deutschen Mittelalter.

Die Welt der mittelalterlichen Allegorien ist reich an Wiederholungen und Überraschungen. Verschiedene Grundmuster, wie Weg-Ziel, Kampf, und bestimmte Gruppierungen, wie die sieben Todsünden, Haupttugenden oder die Reihe sozialer Stände, kehren immer wieder. Die allegorischen Bedeutungen bestimmter Tiere, Steine, Farben und Objekte bilden ein reiches Arsenal, aus dem die Verfasser von Allegorien auswählen konnten. Diese Fülle des Materials – so stereotyp sie von manchen gehandhabt wird – ist jedoch weit davon entfernt die Autoren zu hemmen, sie fordert im Gegenteil ihre Kreativität immer neu heraus. Sie bietet mehr Spielräume als die meisten überkommenen Erzählstoffe, und gerade die spätmittelalterlichen Allegorien zeigen, wie unbekümmert diese Freiheit genützt wurde. Für eine Zeit, die nach neuen Ausdrucksmöglichkeiten suchte, ohne erprobte Verhaltensnormen aufzugeben, erwies sich die Allegorie als eine besonders geeignete Denk- und Darstellungsform.

BIBLIOGRAPHIE

Textausgaben

Boethius, Trost der Philosophie. Lateinisch und Deutsch, übertragen von E. Gothein, Zürich 1949.

Brun von Schönebeck: hg. von A. Fischer (StLV 198), Tübingen 1893.

Die Erlösung: hg. von F. Maurer (Deutsche Literatur in Entwicklungsreihen, Reihe Geistliche Dichtung des Mittelalters 6), Leipzig 1934, Nachdruck 1964.

Frauenlob (Heinrich von Meissen), Leichs, Sangsprüche, Lieder. Auf Grund der Vorarbeiten von H. Thomas hg. von K. Stackmann u. K. Bertau, Teil 1,2, Göttingen 1981.

Das Gnaistli, in: Lieder Saal. Das ist: Sammelung altteutscher Gedichte aus ungedrukten Quellen [hg. v. J. Freiherr v. Lassberg], Bd. 1–3 [Eppishausen] 1820–25, Nachdruck 1968, Bd. III, 23–49.

Gottfried von Straßburg: vgl. S. 391.

Hadamar's von Laber Jagd und drei andere Minnegedichte seiner Zeit und Weise . . .: hg. von J. A. Schmeller (StLV 20), Stuttgart 1850; Nachdruck 1968.

Hartmann von Aue: vgl. S. 337.

Heinrich von Beringen, Das Schachgedicht: hg. von P. Zimmermann (StLV 166), Stuttgart 1883.

Heinrich von Burgeis, Der Seele Rat: hg. von H.-F. Rosenfeld (DTM 37), Berlin 1932.

Heinrichs von Krolewiz ûz Mîssen Vater Unser: hg. von G. Ch. Lisch (Bibliothek der gesammten deutschen National-Literatur 19), Quedlinburg/Leipzig 1839.

Heinrich von Mügeln, Der Meide Kranz: hg. von W. Jahr, Diss. Leipzig 1908.

Heinrich von Neustadt, Apollonius von Tyrland: hg. von S. Singer (DTM 7), Berlin 1906 (Nachdruck 1967).

Hildegard von Bingen, Wisse die Wege (Scivias): nach dem Originaltext des illuminierten Rupertsberger Kodex ins Deutsche übertragen und bearbeitet von M. Böckeler, Salzburg 1954.

Die Hochzeit, in: Kleinere deutsche Gedichte des 11. und 12. Jahrhunderts. Nach der Auswahl von A. Waag neu hg. von W. Schröder. Bd. 1,2 (ATB 71,72) Tübingen 1972. Bd. 2, 132–170.

Johann von Konstanz, Die Minnelehre: ed. by F. E. Sweet, Paris 1934.

Johann von Würzburg, Wilhelm von Österreich: hg. von E. Regel (DTM 3), Berlin 1906 (Nachdruck 1970).

Das Kloster der Minne: Edition und Untersuchung von Maria Schierling (GAG 208), Göppingen 1980.

Konrad von Ammenhausen, Das Schachzabelbuch . . . nebst den Schachbüchern des Jakob von Cessole und des Jakob Mennel, hg. von F. Vetter (Bibliothek älterer Schriftwerke der deutschen Schweiz I,7), Frauenfeld 1892. – Die Ill. der Stuttgarter Handschrift. In Abb. hg. und erl. von Carmen Bosch-Schairer, Göppingen 1981.

Konrad von Würzburg, Kleinere Dichtungen: hg. von E. Schröder. Mit einem Nachwort von L. Wolff, I, Berlin ^{5}1963, Übersetzung von H. Rölleke (RUB 2855/55a), Stuttgart 1968; III, Berlin ^{2}1959. – Die *Goldene Schmiede:* hg. von E. Schröder, Göttingen 1926.

Martianus Capella, Opera: ed. A. DICK. Addenda adiecit J. PRÉAUX, Stuttgart 1969.
Mechthild von Magdeburg, Offenbarungen ... oder Das fließende Licht der Gottheit. Aus der einzigen Hs. des Stiftes Einsiedeln hg. von P. G. MOREL, Regensburg 1869; Nachdruck ²1980; Übersetzung von M. SCHMIDT, Einsiedeln 1956.
Die Minneburg ...: hg. von H. PYRITZ (DTM 43), Berlin 1950.
Das Nibelungenlied vgl. S. 139.
Notker der Deutsche, Die Werke. Bd. 4: Martianus Capella »De nuptiis Philologiae et Mercurii«, hg. von J. KING (ATB 87), Tübingen 1979.
Otfrids Evangelienbuch, hg. von O. ERDMANN, 6. Auflage besorgt von L. WOLFF (ATB 49), Tübingen 1973.
Physiologus, in: Denkmäler deutscher Prosa des 11. und 12. Jahrhunderts, hg. von F. WILHELM (Münchener Texte 8), München 1916; Nachdruck 1960, S. 4–28.
Die Pilgerfahrt des träumenden Mönchs. Aus der Berleburger Hs. hg. von A. BÖMER (DTM 25), Berlin 1915; nach der Kölner Handschrift hg. von A. MEIJBOOM (Rheinische Beiträge 10), Bonn/Leipzig 1926.
Prudentius, Die Psychomachie. Lateinisch – deutsch. Eingeführt und übersetzt von U. ENGELMANN, Basel 1959.
Der *Rosenroman* von Guillaume de Lorris und Jean de Meun: übersetzt und eingeleitet von K. A. OTT (Klassische Texte des Romanischen Mittelalters 15, I–III), München 1976ff.
Das St. Trudperter Hohe Lied: kritische Ausgabe von H. MENHARDT (Rheinische Beiträge 21, 22) Halle a. S. 1934.
Der Streit der vier Töchter Gottes, in: Die Erlösung. Mit einer Auswahl geistlicher Dichtungen hg. von K. BARTSCH (Bibliothek der gesamten deutschen National-Literatur 37), Quedlinburg/Leipzig 1858; Nachdruck 1966, S. IX–XX.
Stricker.
Frauenehre. Überlieferung, Textkritik, Edition, literargeschichtliche Einordnung von K. HOFMANN, Marburg 1976. – *Tierbispel*, hg. von U. SCHWAB (ATB 54), Tübingen ³1983.
Der Sunden Widerstreit. Eine geistliche Dichtung des 13. Jahrhunderts hg. von V. ZEIDLER, Graz 1892.
Des Teufels Netz. Satirisch-didaktisches Gedicht ...: hg. von K. BARACK (StLV 70), Stuttgart 1863, Nachdruck 1968.
Williram von Ebersberg, Expositio ... in Canticis Canticorum, hg. von W. SANDERS, 1971.

Forschungsliteratur

W. BLANK, Die deutsche Minneallegorie, Stuttgart 1970. – M. W. BLOOMFIELD, The Seven Deadly Sins. An Introduction to the History of a Religious Concept, Ann Arbor 1952, Nachdruck 1967. – E. R. CURTIUS, Europäische Literatur und lateinisches Mittelalter, Bern 1948 u. ö. – A. FLETCHER, Allegory. The Theory of a Symbolic Mode, Ithaca N. Y. 1964, Nachdruck 1970. – Formen und Funktionen der Allegorie. Symposion Wolfenbüttel 1978, hg. von W. HAUG, Stuttgart 1979. [Bibliographie: S. 739–775]. – I. GLIER, Artes amandi. Untersuchung zu Geschichte, Überlieferung und Typologie der deutschen Minnereden (MTU 34), München 1971. – C. S. LEWIS, The Allegory of Love. A Study in Medieval Tradition, Oxford

1936 u. ö. – CH. MEIER Überlegungen zum gegenwärtigen Stand der Allegorie-Forschung. Mit besonderer Berücksichtigung der Mischformen, in: Frühmittelalterliche Studien 10 (1976) 1–69. – F. OHLY, Schriften zur mittelalterlichen Bedeutungsforschung, Darmstadt 1977. – B. A. SØRENSEN, Symbol und Allegorie. Ein literaturwissenschaftliches Begriffspaar? In: Orbis litterarum 37, 1982, S. 289–301. – R. TUVE, Allegorical Imagery. Some Mediaeval Books and Their Posterity, Princeton 1966.

TIEREPIK

von

FRITZ PETER KNAPP

I

Das Tierepos als Gattung ist eine Erfindung des Mittelalters – nichts damit zu tun hat der berühmte ›Froschmäusekrieg‹ (›Batrachomyomachia‹, griechisch, um 500 v. Chr. oder später), eine reine Parodie des alten, namentlich des homerischen Epos –, doch bedeutet dies nicht, daß mit der neuen Gattung zugleich die stoffliche Grundlage neu geschaffen worden wäre. Vielmehr entstammt diese in ziemlich hohem Maße der Tradition, über deren Art die einschlägige Forschung freilich keine generelle Einigung erzielen konnte. Aufs Ganze gesehen wird der strikte Gegensatz zwischen den Hypothesen der ›Äsopisten‹ und ›Folkloristen‹ heute wohl als überholt gelten dürfen: Gelehrtes Schrifttum und volksläufiges Erzählgut existierten niemals – auch im Mittelalter nicht – völlig getrennt voneinander ohne gegenseitige Beeinflussung. Im einzelnen kommt man aber doch kaum um die Frage herum, ob denn nun dieses oder jenes Motiv aus einer antiken Fabelsammlung entnommen wurde oder nicht.

Die antike Fabel, die zweifelsohne entscheidend zum Stoff des mittelalterlichen Tierepos beigetragen hat, ist sowohl hinsichtlich ihrer definitorischen Abgrenzung wie ihrer historischen Entwicklung nicht leicht zu fassen. Einerseits kann die Fabel – grob gesprochen – als eine grundsätzlich auf rationale Erklärung und Bewältigung sozialer menschlicher Beziehungen ausgerichtete erzählerische Gattung gelten, die sich in parabolischer Weise nichtmenschlicher, aber anthropomorph vorgestellter Akteure zur Demonstration ihres – oft auch zusätzlich explizit formulierten – »Lehrsatzes« bedient, andererseits muß aber der fließende Übergang zur Parabel mit menschlichem Personal, ja sogar zu anderen kleinepischen Genres zugegeben werden, die zusammen in antiken, zumeist unter dem Namen Äsops gehenden Sammlungen aufscheinen. Ein genetischer Zusammenhang der Fabel mit der alten vorderasiatischen wie auch indischen und griechischen Spruchweisheit darf als gegeben angenommen werden, wobei in einzelnen Fällen durchaus mit gegenseitiger Entlehnung in verschiedenen Richtungen (besonders häufig aus letztlich mesopotamischer Quelle), im allgemeinen aber mit Polygenese zu rechnen ist, da »in jeder Gesellschaftsform, von der primitiven bis zur hochorganisierten, ungefähr dieselben Weisheits-, Lebensklugheits- und Anstandslehren das Zusammenleben regeln«.[1]

In der griechisch-römischen Antike diente die Fabel durchgehend als Rohmaterial für den angehenden und ausübenden Rhetor. Der erste Schritt zu einer eigenen literarischen Gattung wurde mit der Sammlung der sogenannten äsopischen Fabeln getan. Glaubwürdige historische Zeugnisse über die legendäre Gestalt des angeblichen Sklaven Aisopos (6. Jahrhundert?) fehlen. Bezeugt ist eine solche Sammlung erst für den Ausgang des 4. Jahrhunderts v. Chr. Unsere Textkenntnis basiert auf drei späten Rezensionen des 2./3., 6. und 9. Jahrhunderts n. Chr., die möglicherweise auf griechische Äsop-Korpora des 1. Jahrhunderts v. Chr. zurückgehen. Versbearbeitungen äsopischer Fabeln stammen von Phaedrus (lateinisch, 1. Jahrhundert n. Chr.), Babrius (griechisch, 1. Jahrhundert n. Chr.) und Avianus (lateinisch, um 400 n. Chr.).

Die 42 Fabeln Avians in Distichen waren eines der beliebtesten mittelalterlichen Schulbücher für den Anfangsunterricht (ca. 160 Handschriften des Originals erhalten!). Daneben wurde dem abendländischen Mittelalter antikes Fabelgut u. a. durch den sog. lateinischen Äsop des Romulus vermittelt, der Prosaauflösungen von Phaedrus-Fabeln und Übersetzungen griechischer Prosafabeln enthält. Diese Sammlung aus der Zeit zwischen 350 und 500 ist uns in zwei alten Rezensionen (zusammen 11 Handschriften) und einigen mittelalterlichen Bearbeitungen erhalten. Wirklich verbreitet wurde der Romulustext erst durch die Aufnahme in die ›Specula‹ des Vinzenz von Beauvais (29 Fabeln, 13. Jahrhundert). Die Vermittlung an die Volkssprachen leitet der in 4 Handschriften überlieferte ›Romulus Nilantinus‹ (11. Jahrhundert) ein, dem Marie de France (über eine verlorene englische Zwischenstufe) 40 Fabeln als Grundstock ihres ›Esope‹ (Ende 12. Jahrhundert) entnimmt. Auf Maries anglonormannische Sammlung geht gewiß der ›Romulus Roberti‹ zurück, vielleicht auch der ›Romulus LBG‹, der von Gerhard von Minden 1370 (?) ins Niederdeutsche übertragen wurde. Keinen nennenswerten Erfolg hatten die Versfabeln des Alexander Neckam

(† 1217), sieht man von zwei französischen Übersetzungen ab. Die zweite, vermutlich ebenfalls von einem Engländer (Waltherus Angelicus?) im 12. Jahrhundert verfaßte Fabelsammlung in Distichen, der sog. ›Anonymus Neveleti‹, wurde u. a. dank ihres rhetorischen Aufwandes zum mittelalterlichen ›Aesopus‹ schlechthin. Davon zeugen weit über 100 Handschriften, Übertragungen ins Französische, Italienische, Spanische, Deutsche, Holländische, Englische, Tschechische und schließlich die Aufnahme in den Kanon der Schulbücher.

Bemerkenswerterweise fehlen in diesem zweifellos reichen Schatz uns erhaltener lateinischer antiker oder »pseudo-antiker« Fabeln nun gerade jene beiden Motive, die den eigentlichen Kern des Tierepos bilden: der Hoftag des (kranken) Löwen und der Wolf als Mönch. Allerdings findet sich in einer Rezension des griechischen Äsop-Korpus eine Fabel etwa folgenden Inhalts:

Alle Tiere besuchen ihren kranken König. Nur der Fuchs fehlt. Der Wolf benutzt dies, um den Löwen gegen ihn aufzuhetzen. Der zu spät kommende Fuchs verteidigt sich mit dem Hinweis, er habe sich um ein Heilmittel umgesehen, und empfiehlt dem König, sich das warme Fell des Wolfes umzulegen, worauf dieser enthäutet wird.

Aber diese Rezension stammt erst aus dem 9. Jahrhundert, so daß sie selbst auf den lateinischen Westen wohl schwerlich gewirkt haben kann. Jedoch erscheint eine Bearbeitung des gleichen Stoffes in 34 lateinischen Distichen in einer St. Galler Handschrift vom Ende des 9. oder Anfang des 10. Jahrhunderts (die u. a. noch zwei weitere Versfabeln enthält). Einige Forscher haben aus diesem Umstand auf germanischen Ursprung geschlossen (so zuletzt D. Schaller), während andere an dem höheren Alter der griechischen Fabel trotz mangelnder Textzeugnisse festhalten. Als Mittlerinstanz hat man neuerdings das – gerade auch in St. Gallen gepflegte – Studium griechisch-lateinischer Schulbücher der Spätantike geltend gemacht.[2] Als alleinige Quelle für spätere abendländische Versionen des Themas kommt der spätkarolingische ›Aeger leo‹ aus St. Gallen auch nicht in Frage, da hier – und nur hier – der Bär die Rolle des Fuchses übernimmt. Andere vom griechischen Text abweichende Züge begegnen aber später wieder. Das »äsopische« Fabelgerüst hat im Mittelalter offenkundig immer mehr Versatzstücke der natürlichen und sozialen Umwelt des damals lebenden Menschen in sich aufgenommen. So füllt sich einmal der uralte Topos von der königlichen Stellung des Löwen mit Realgehalt: Das Volk – das bereits differenziert wird – eilt an den Königshof (Höhle bei ›Äsop‹!), wo der Löwe regiert und sein Richteramt ausübt (im ›Aeger leo‹, indem er den verklagten Fuchs zum Tode verurteilt). Der nächste Schritt wird dann mit dem ausdrücklichen Befehl an alle Waldtiere, vor dem König zu erscheinen, getan.

Dieser Mischtypus ›Kranker und hofhaltender Löwe‹ ist in der ›Ecbasis cuiusdam captivi per tropologiam‹ (›Hinausgehen eines Gefangenen in bildhafter Darstellung‹) erreicht, jenem seltsamen, vielumrätselten Werk in 1229 zumeist gereimten Hexametern wohl aus der Mitte des 11. Jahrhunderts (vor 1039?). Die ›Ecbasis‹ erzählt von einem Kalb, das aus dem heimatlichen Stall flieht, vom Wolf in eine Höhle gelockt wird und diesem am folgenden Tag als Paschamahl dienen soll. Am Ostersonntag führt jedoch der Fuchs die Rinderherde zur Befreiung des Kalbes heran. Der Wolf begründet seine Angst vor dem listenreichen Fuchs mit einer eingeschobenen Binnenerzählung (v. 392–1097), eben jener Fabel von der Heilung des Löwen, worin Vorfahren des Wolfes und des Fuchses der Außenfabel die Hauptrollen spielen. Dort wie hier wird der Wolf überlistet und kommt ums Leben. Das befreite Kalb kehrt heim. Diese beiden Geschichten geben nur das eher magere Skelett für ein weit inhaltsreicheres, keineswegs episch kohärentes Werk ab, das in formaler Anlehnung an die Satiren des Horaz und unter Verwendung zahlloser, hauptsächlich ebenfalls horazischer Zitate darauf abzielt, monastische Lebensformen in der Gestalt der Tierfabel erscheinen zu lassen. Nach L. Gompfs[3] überzeugender Deutung wurde die ›Ecbasis‹ für den Kreis der Mitbrüder des Autors im Konvent des St. Aper-Klosters in Toul zur gemeinsamen rezitativischen Unterhaltung an einem der Ostertage geschrieben. Das schließt eine belehrende Nebenabsicht etwa in Richtung auf Warnung vor Ungehorsam, Aufruf zu Gottvertrauen in der Not oder auch Ermahnung zur Weltabkehr nicht aus. Die weitverbreitete Bezeichnung des Gedichtes als »ältestes Tierepos des Mittelalters« ist aber jedenfalls irreführend.

II

Ein echtes, wenngleich nach wie vor einigermaßen episodisch strukturiertes Großepos hat erst ein flämischer Kleriker (möglicherweise mit Namen Nivardus) ein Jahrhundert später mit seinem ›Ysengrimus‹ (Ys., beendet etwa 1148/49) geschaffen.

Ob er die ›Ecbasis‹ kannte, wissen wir nicht. Vereinzelte neue Züge der ›Ecbasis‹ wie die Benachrichtigung des abwesenden Fuchses durch einen Freund oder das verwandtschaftliche Verhältnis von Wolf und Fuchs finden sich ja nicht nur im Ys., sondern auch in volkssprachlichen Versionen wieder, so daß wir uns auf eine gemeinsame dahinterstehende, wohl vor allem mündlich lebendige Stofftradition verwiesen sehen, die wir dann auch für vereinzelte Motivübereinstimmungen mit dem insgesamt nicht befriedigend gedeuteten, dem Bischof Leo von Vercelli (ca. 965–1026) zugeschriebenen, sogenannten ›Metrum Leonis‹[4], das Avians fünfte Fabel vom Esel in der Löwenhaut mit dem Hoftag der Tiere kombiniert, verantwortlich machen dürfen.

Möglicherweise enthält dieses Gedicht auch den ältesten erhaltenen Hinweis auf den *monachatus lupi*, die Mönchwerdung des Wolfes. Dieses Motiv stammt ohne Zweifel aus dem Klostermilieu des Frühmittelalters. Egbert von Lüttich stellt uns in seiner ›Fecunda ratis‹ (›Das vollbeladene Schiff‹)[5], der ältesten mittelalterlichen Sprichwörter- und Erzählsammlung von ca. 1023, zum ersten Mal den Wolf als Vielfraß vor, der einer Fisch- oder Fleischmahlzeit zuliebe jeweils den Stand wechselt (I, v. 1554–67). In der ›Ecbasis‹ bezeichnet sich der Wolf als ehemaligen Mönch (v. 182ff.), während mit den übrigen tierischen Protagonisten offenbar anwesende Konventualen gemeint sind. In einem um 1100 in der Loiregegend, möglicherweise von Marbod von Rennes verfaßten Gedicht ›De lupo‹[6] gibt der Wolf, nachdem er in die Falle geraten ist, vor, sich zum geistlichen Leben bekehrt zu haben, und empfängt Tonsur und Kutte. Als ihn jedoch der Hirte angesichts seiner kurzzeitigen Askese begnadigt und freiläßt, nimmt er seine frühere Lebensweise wieder auf. Auf den Vorwurf, daß einem gesunden Mönch nach der Regel kein Fleisch gestattet sei, antwortet der Wolf, er sei eben einmal ein Mönch, einmal ein Kanoniker. Im Ys. tritt der Wolf natürlich ebenfalls aus Freßgier ins Kloster ein, wozu ihn der Fuchs Reinhard, der sich als Mönch ausgibt, verlockt. Als man ihm das priesterliche Amt des guten Hirten übergibt, hütet er die ihm anvertrauten Schafe erwartungsgemäß nicht *typice* (»im übertragenen Sinn«: v. 545), sondern will sich mit den Schutzbefohlenen den stets leeren Magen füllen. Da er auch sonst seine Wolfsnatur ganz und gar nicht verleugnen kann, wird er schließlich aus dem Kloster hinausgeprügelt. Daß hier zwei Bibelstellen, einmal das Gleichnis vom guten Hirten (Joh. 10, 1–5), zum andern Jesu Warnung vor den falschen Propheten, »die in

Schafskleidern zu euch kommen, inwendig aber reißende Wölfe sind« (Matth. 7,15), dahinter stehen, unterliegt wohl keinem Zweifel.

Neben die Fabel vom Wolfsmönch tritt im Ys. die Hoftagsfabel als zweiter Kristallisationspunkt der epischen Gestaltung. Hier sind die Unterschiede zur ›Ecbasis‹ nicht gravierend: Der schwer erkrankte Löwe Rufanus läßt als König der Tiere die Reichsbarone zu Hofe laden, die ihm Arzneien verschaffen und, falls diese nicht wirken, Zeugen der Nachfolgeregelung im Reich sein sollen. Der Fuchs Reinhard, obschon ebenfalls geladen, läßt sich ausdrücklich nochmals auffordern zu erscheinen, da er sich nicht zu den Vornehmen des Reiches zählt. Inzwischen hat Isengrim, der Wolf, den Fuchs dem König gegenüber der überheblichen Befehlsverweigerung beschuldigt, dann jedoch als Arzt dem Löwen Bock und Widder als heilende Kost verschrieben. Die übrigen Barone ergreifen die Partei der gefährdeten Tiere, Isengrim zieht den Kürzeren, Reinhard wird vom Hasen neuerlich geladen. Mit zerrissenen Schuhen (wie im ›Aeger leo‹) und Heilkräutern, die er behauptet, aus Salerno geholt zu haben, langt er an. Das Rezept und seine Ausführung entsprechen in etwa der ›Ecbasis‹. Die Szene der Enthäutung wird breit eingeleitet und mit ausgiebigen Spottreden abgerundet. Schon im ›Aeger leo‹ vergleicht der Fuchs voll Hohn die verbliebenen Fellreste am Körper des Enthäuteten mit der Tiara und den Handschuhen des Bischofs (v. 65f.). Ähnliches findet sich auch andeutungsweise in der Fassung der Fabel bei Marie de France (Nr. LXVIII, 53). Im Ys. wird das Thema seitenweise ausgebreitet. Gegen alle Wahrscheinlichkeit bleibt der Wolf hier als blutende Fleischmasse – im »Purpurkleid«, wie der Fuchs ätzt – am Leben (wie bei Marie de France, im Gegensatz zur ›Ecbasis‹).

Trotz der reichen, rhetorischen Ausgestaltung hat ›Magister Nivardus‹ für sein 6574 Verse umfassenden Großepos selbstverständlich nicht nur diese beiden Fabeln als stoffliche Grundlage benutzt. Abgesehen von dem frei erfundenen ›tragischen‹ Schluß lassen sich mindestens noch 12 weitere Fabelthemen darin registrieren. Manche davon sind uns schriftlich vor dem Ys. bezeugt. Fabel 1 von der Schinkenteilung (Reinhard erjagt, um den Klauen des Wolfes zu entrinnen, für diesen einen Schinken und kann selbst nichts mehr davon ergattern) erinnert deutlich an ›Fecunda ratis‹ I, v. 1311–27, wo der Wolf seinen Kameraden Fuchs und Lerche ihre Anteile eines gefundenen Schinken streitig macht. Doch haben wir hier wohl nur eine

Variante der alten Fabel von der ungerechten Beuteteilung des Löwen vor uns, die ihrerseits schon in mehreren Fassungen im griechischen Äsop-Korpus begegnet. Eine davon hat ›Nivardus‹ selbst ebenfalls bearbeitet (als Fabel 10 seines Epos) und zwar seltsamerweise nicht die allseits aus dem Romulus (Nr. 8) bekannte von Löwe, Rind, Ziege und Schaf auf der Jagd (Perry Nr. 339), sondern eine, die der lateinischen Überlieferung fehlt (Perry Nr. 149): Reinhard teilt, als er sieht, wie der Löwe den Wolf, der die Jagdbeute gerecht zu teilen wagte, übel zurichtet, seinerseits klug und schmeichlerisch dem Mächtigsten fast alles zu. – Zumindest im Kern äsopisch könnte Fabel 8b des Epos sein: Isengrim beschuldigt den Hengst Corvigar, Kirchentürringe als Hufeisen entwendet zu haben. Corvigar lädt ihn ein, sie ihm abzunehmen und schlägt dabei kräftig aus und dem Wolf aufs Haupt. In der Romulus-Fabel Nr. 52 bittet das Pferd in derselben Absicht den listig sich nähernden Löwen, ihm einen Dorn aus dem Huf zu ziehen. – Auf eine reiche Tradition kann Fabel 6a des Ys. zurückblicken: Reinhard überredet schmeichelnd den Hahn Sprotin, mit geschlossenen Augen zu singen, faßt ihn mit den Zähnen, läßt ihn aber wieder entkommen, als er, vom Hahn bei seiner Ehre gepackt, zu einer Verteidigungsrede gegen die ihn verfolgenden Bauern ansetzt. Nur mittelbar vergleichbar ist die bekannte Geschichte vom Raben, der bei dem Versuch, dem schmeichlerischen Fuchs seine schöne Stimme vorzuführen, einen erbeuteten Käse fallen läßt (Perry Nr. 124; Romulus Nr. 19). Hingegen weist die – nur in einem Kodex des 11. Jahrhunderts erhaltene, aber doch wohl antike – Fabel des lateinischen Äsop (Romulus Nr. 34) bereits das Grundgerüst der Version im Ys. auf: Der Fuchs schmeichelt dem Rebhuhn und überredet es, sich schlafend zu stellen, um noch schöner auszusehen. Er schnappt es sofort, läßt sich aber seinerseits bewegen, den Namen des gefangenen Tieres auszusprechen, um seine Bildung zu beweisen. Das Rebhuhn entkommt aus dem geöffneten Maul. In einem vermutlich von Alcuin stammenden Gedicht (Carmen 49: ›De gallo et lupo‹)[7] ist bereits der Hahn das Opfer. Er versteht, den Tag zu verkünden, und wird dabei vom Wolf gefaßt. Vor dem Tod will er aber noch des Wolfes angeblich so schöne Stimme hören. In einem anonymen lateinischen Gedicht des 11. Jahrhunderts von ›Gallus et vulpes‹[8] treten bereits dieselben Protagonisten auf wie im Ys. und handeln auch nahezu genauso. Die Fortsetzung allerdings, die ›Nivardus‹ der Geschichte gibt (Fabel Nr. 6b), findet sich dort nicht. Es könnte sich um eine freie Umbildung der äsopischen Fabel vom Hund, Hahn und Fuchs (Perry Nr. 252) handeln. Die übrigen Teilfabeln des Epos haben keine einigermaßen gesicherten Entsprechungen in der alten äsopischen Tradition. Wir dürfen in ihnen zum allergrößten Teil weltweit verbreitetes, volksläufiges Erzählgut sehen, wie ein Blick in den Motif-Index of Folk-Literature von S. Thompson (6 Bände, Kopenhagen ²1955–58) und in A. Aarnes Verzeichnis der Märchentypen (2. Aufl. von S. Thompson: The Types of the Folktale, Helsinki 1964) lehrt. Besonderer Beliebtheit erfreuten sich die Fabeln vom Fischfang (Ys. Nr. 2 – Aarne Nr. 2) und von der Wanderschaft (Wallfahrt) der Tiere (Ys. Nr. 5 – Aarne Nr. 130). Der Wolf, dessen Schwanz auf Anraten des Fuchses zum Fischfang dienen soll, in dem winterlichen See festfriert und von einem herbeigeeilten Dorfbewohner abgehauen wird, ist gewiß sekundär an die Stelle des Bären getreten, dessen Kurzschwänzigkeit mit dieser ätiologischen Erzählung erklärt werden soll. Desgleichen dürfte die Vergewaltigung, die im Ys. die in einem Fuchsloch eingeklemmte Wölfin vom Fuchs erdulden muß (Fabel Nr. 7b), in der wohl zugrundeliegenden primitiven sexuellen Tiergeschichte der Bärin widerfahren sein (Typ Aarne Nr. 36; vgl. Marie de France, ›Esope‹, Nr. 69).

Der eindeutig schwankhafte Charakter dieser Erzählung verweist uns zugleich auf den wesentlichen Umstand, daß nahezu allen Episoden des Ys. ein gewisses komisches Potential schon vom Stoff her innewohnt. Aus den hoch- und spätmittelalterlichen volkssprachlichen Bearbeitungen des Reinhard-Fuchs-Stoffes läßt sich auf die Existenz eines dem lateinischen Epos bereits vorausliegenden lockeren Zyklus mündlich tradierter Fuchs-Wolf-Schwänke schließen, die entweder das komische Potential alter äsopischer Fabeln aktiviert oder mit dem Motivgut anderer einfacher Erzählgattungen gewuchert haben. Der Dichter des Ys. hat den Weg von der Tierfabel zum Tierschwank nicht konsequent beschritten. Ihm lag vielmehr an der Überführung der rein episodischen Struktur in ein konsistenteres episches Gebilde nach dem Muster des antiken Epos, an der Entfaltung seiner sophistischen Rhetorik und vor allem eines abstrakten geistigen Konzeptes. Dieses Konzept ist auf dem universalen Gegensatz von Weisheit und Torheit (und zwar vermutlich im Sinne der epikureischen Philosophie) aufgebaut. Die Torheit treibt den Wolf von Unglück zu Unglück, bis ihn schließlich der tragische Untergang, hier in Form einer Herde blutgieriger Säue ereilt und verschlingt.

III

Wenn wir aus der Welt der lateinisch gebildeten Kleriker, die wir uns ausschließlich als das angesprochene Publikum des Ys. (wie der ›Ecbasis‹) vorstellen müssen, heraus- und die Bühne betreten, auf der die Protagonisten der Branchen (»Äste«) des französischen ›Roman de Renart‹ agieren, so finden wir in (häufig) veränderter Gestalt und Atmosphäre viele aus dem Ys. bekannte Stoffelemente wieder, hier und da aber auch solche aus weiteren Fabeln. Das mag bisweilen auf einen direkten Quellenbezug deuten, zumeist aber auf einen langwierigen halb gelehrten, halb subliterarischen Überlieferungsprozeß, dessen gemeinsames Merkmal eben jene Wandlung zum Tierschwank mit dessen typischer Neigung zur illustrativen Ausschmückung, Belebung des Raumes, Realistik und Kontingenz der Handlung ist. Was wir haben, sind natürlich auch hier die schriftlich fixierten Endprodukte, die bereits mit einem gewissen literarischen Anspruch auftreten. Am Anfang dieser Verschriftlichung steht – gemäß dem Nachweis von L. Foulet – das Kurzepos (Branche II + Va) des Pierre de Saint-Cloud von ca. 1174/77 (2410 Verse). Dieser versteht sich offenkundig als Schöpfer eines neuen Genres in Konkurrenz zum Fabliau, zum höfischen Roman und zur Chanson de geste, wobei er aus den beiden letztgenannten Gattungen Gestalten, Themen, Handlungselemente oder sogar Redeteile in sein Tiermilieu transponiert. Daraus entsteht ein komischer Kontrast von Schein (heroischer oder höfischer Idealität, höfischer oder – weit seltener als im Ys. – sakraler Form) und »tierischem«, d. h. typisch naturhaftem Sein (Gier, List, Eitelkeit etc.). Ob man nun diese Art der Darstellung mit H. R. Jauss als Parodie bezeichnen will oder nicht, sie steht in jedem Fall im Dienst einer scherzhaften Satire, die sich gegen die zeitgenössische feudale Gesellschaft oder besser ihre Protagonisten richtet, ohne diese jedoch im Namen höherer Sittlichkeit moralisch zu verurteilen.

Pierres Kurzepos erzählt zu Beginn auf neue Weise die Episode von Fuchs und Hahn (Ys. 6a), deren ebenfalls aus dem Ys. bekannte Fortsetzung (6b), aber mit einer Meise statt des Hahns, dann die Fabel vom Fuchs und Raben (Perry Nr. 124 – s. o.). Während der schlaue Renart gegen diese kleinen Tiere letztlich nichts ausrichtet, setzt er sich hierauf gegen den Wolf und seine Familie auf der ganzen Linie durch. Er kommt zur Höhle Ysengrins, des Wolfes, in der nur Dame Hersent mit ihrem Wurf liegt. Mit List verführt er die Wölfin, mißhandelt und beleidigt die Welpen, wird von Ysengrin und Hersent verfolgt, lockt diese in den Eingang seines Baus, verhöhnt und vergewaltigt die darin steckengebliebene Wölfin, bis ihr Gatte sie befreit. Diese Untaten des Fuchses (vgl. Fabel 7b des Ys.) begründen episch die Fehde mit dem Wolf und bilden den wesentlichen Gegenstand des Prozesses beim Hoftag des Löwen (hier König Noble).

Der oben beschriebene Mischtypus ›Kranker und hofhaltender Löwe‹ (in der ›Ecbasis‹ und im Ys.) ist aufgegeben. »Mit der einführung des gerichtstages, mit der ersetzung der politischen anklage durch die privatklage der tiere über den fuchs fällt die krankheit des löwen als anlass zu der versammlung des tierreiches weg«.[9] Dementsprechend tritt dieses Motiv erst in Branche X, die nicht zum ältesten Bestand des ›Roman de Renart‹ (RdR) gehört, auf. Es fehlt bemerkenswerterweise auch bereits im ›Metrum Leonis‹, das einen Gerichtstag des Löwen kennt (s. o. S. 233). Pierre de Saint-Cloud benützt den offenbar traditionellen Stoff für eine Persiflage auf die Hofgerichtsbarkeit seiner Zeit. Renarts Vergehen wird mit der höfischen Minnedoktrin entschuldigt, ein klerikaler Jurist ergeht sich in gelehrten Leerformeln, der Fuchs soll schließlich auf den als Reliquie geltenden Zahn einer heiliggesprochenen Bulldogge einen Reinigungseid ablegen. Als sich diese als lebendig herausstellt, flieht Renart und entkommt dem Heer der Verfolger. An diesen offenen Schluß fügen andere Autoren in mehr oder minder geschickter Anknüpfung weitere Abenteuer. Bis ca. 1180 entstehen weitere sechs Branchen. Branche V entspricht der Fabel 1 des Ys. von der Schinkenteilung. In XV nimmt (in Abwandlung des Themas) der Kater Tibert dem Fuchs eine gestohlene Wurst weg. In III raubt Renart mit einer ähnlichen List wie in V Fische; Ysengrin will dieser Speise wegen Mönch werden und läßt sich von Renart mit kochendem Wasser ›tonsurieren‹ – ein schwacher Anklang an Fabel 7a des Ys.; es folgt Ysengrins Fischfang gemäß Ys. Nr. 2. In IV fällt Renart in einen Brunnen, veranlaßt den vorbeikommenden Wolf in den oberen Schöpfeimer zu steigen und ihn so unfreiwillig im anderen Eimer hochzuziehen – eine Fabel, die bereits Petrus Alfonsi (1062 – ca. 1140) in seiner ›Disciplina clericalis‹ als Exempel Nr. 23 überliefert.[10] Branche XIV führt das Motiv vom Wolfsmönch weiter aus (aber mit Ysengrins Bruder in der Hauptrolle). In der sowohl qualitätsvollsten wie wirkungsmächtigsten dieser Fortsetzungsbranchen, in I, genannt *Le plaid* (›Der Prozeß‹), wird die Konstellation von Va durch neue Anklagen – v. a. durch die Hühner, die eine der Ihren als Renarts Opfer beklagen – wiederhergestellt. Der Fuchs wird dreimal zum Gerichtstag geladen, bringt die beiden ersten Abgesandten, den Bären und den Kater, mit List zu Schaden, folgt jedoch dem dritten, seinem Vetter, dem Dachs. Zum Tode verurteilt, doch durch ein Versprechen, an einem Kreuzzug teilzunehmen, unversehens rehabilitiert, bricht der Fuchs auch dieses Versprechen, beschimpft den König, kann sich aber neuerlich durch die Flucht der Strafe entziehen. Diese Branche eröffnet die beiden älteren der drei großen Sammlungen, die erst so etwas wie einen Tierschwankzyklus, einen ›Roman‹ herzustellen versuchen. Sie stammen erst aus dem 13. Jahrhundert und enthalten eine unterschiedliche Anzahl von Branchen. Zwischen 1180 und 1205 sollen deren weitere neun entstanden sein: X (Renart als Arzt – s. o. S. 234), VI (Gerichtszweikampf Renart-Ysengrin), VIII (Renarts Pilgerfahrt – vgl. Ys. Nr. 5), XII (Renart und Tibert als Kantoren), VII (Renarts Beichte), XI (Kaiser Renart), IX (Renart und der Bauer Lietard), XVI (Die Beuteteilung – vgl. Ys. Nr. 10), XVII (Renarts fingierter Tod), zwischen 1205 und 1250 nochmals zehn: XIII und XVIII bis XXVI, von denen zwei, nämlich XIX und XX, thematisch den Fabeln 8b und 3 des Ys. entsprechen.

Erscheint Renart in den früheren Branchen als von animalischen Trieben beherrschter, listenreicher Schelm, so wird er im Verlauf der Erweiterung des Zyklus immer mehr zum machtgierigen Bösewicht, bis er schließlich in den weitgehend allegorischen Zeitsatiren des französischen Spätmittelalters das Böse schlechthin verkörpert, so in Rutebeufs ›Renart le Bestourné‹ (›Der verkehrte Reinhard‹) von 1261, im ›Couronnement de Renart‹ (›Krönung Reinhards‹) von 1263/70 (?), im ›Renart le Nouvel‹ (›Der neue Reinhard‹) von 1289, verfaßt von Jacquemart Gielée aus Lille, nicht hingegen in dem aus bürgerlicher Sicht von 1319 bis 1342 geschriebenen enzyklopädischen Riesenwerk ›Renart le Contrefait‹ (›Der gemimte Reinhard‹), wo der Fuchs als Büßer und Weiser erscheint.

An sich ist der Tierschwank in seiner originalen Substanz so wenig allegorisch wie die äsopische Fabel. Das gelehrte, an der Bibelexegese geschulte Mittelalter kennt jedoch offenbar keine strikte Antithese dieser Art, ja man unterwirft gelegentlich sogar fiktive Erzählungen jenes Genres einer heilsgeschichtlichen Allegorese, wie sie nach den strengen Regeln der Theologie nur auf (tatsächliche und vermeintliche) Realien der Natur und Geschichte angewendet werden durfte. Das Musterbuch solch »regulärer« Gleichnisauslegung ist der ›Physiologus‹, das allegorische Naturbuch der Spätantike (alte griechische Fassung ca. 200 n. Chr.), wo etwa das Löwenjunge, das (angeblich) tot geboren und am dritten Tag von seinem Vater durch dessen Atem erweckt wird, den auferstandenen Herrn Jesus Christus bedeutet (Kap. 1).[11] In vergleichbarer Weise legt Odo von Cheriton in seinem Parabelbuch (›Liber parabolarum‹, 1219/21)[12] für Prediger die Fabel von der Beuteteilung (Nr. XX) aus: Der von der Pranke des Löwen getroffene Wolf bedeutet Satan, Adam und Christus, die alle von Gott gegeißelt wurden. Odo macht auch keinen Unterschied zwischen äsopischen Fabeln und jüngeren Tierschwänken, deren er etliche in sein Buch aufnimmt, ein früher Beleg für die Rückkehr der volkstümlichen Sprossen in den gemeinsamen Nährboden der lateinischen Fabelsammlungen.

IV

Die größere Wirkung hat der ›Roman de Renart‹ aber weiterhin im volkssprachlichen Bereich erzielt. Hier ist als ältester nicht französischer Ableger der Ende des 12. Jahrhunderts entstandene deutsche (elsässische) ›Reinhart Fuchs‹ Heinrichs (des Gleisners?) zu nennen, der sich auf die Branchen II–Va, III, IV, V, I und X stützt, die ihm jedoch schwerlich in der uns überlieferten Gestalt vorlagen. Die Darstellung ist äußerst zusammengedrängt. 24 Fabelepisoden (gemäß der Zählung von C. Voretzsch) werden in knapp 2300 Versen heruntererzählt: die ersten fünf gemäß Branche II 1–1024, dann Nr. 6–7 (Bund Fuchs-Wolf und die Abweisung des Fuchses durch die Wölfin), frei aus Branche II entwickelt, Nr. 8 (Schinkenteilung) nach Branche V, Nr. 9 (singender Wolf im Klosterkeller), Nr. 12 (Wolfstonsur) und Nr. 13 (Fischfang) nach Branche III, eingeschoben Nr. 10 (Schwur aufs Wolfeisen – vgl. Ys. Nr. 11) und Nr. 11 (Hersents Ehebruch), wiederum frei nach Branche II, dann Nr. 14 (Brunnenabenteuer = Branche IV), Nr. 15 (Schwur auf den Hundezahn = Branche Va, 2. Teil), Nr. 16 (Vergewaltigung der Wölfin = Branche II, Schluß), schließlich die Episoden 17–24 nach Branche I und X oder vielleicht im direkten Rückgriff auf den älteren Mischtypus ›Kranker und hofhaltender Löwe‹, aber unter Benutzung wichtiger Elemente von Branche I (Nr. 19 und 20: Ladung durch den Bären und den Kater), in jedem Fall jedoch mit völlig eigenständiger Neugestaltung der Erkrankung des Löwen (eine Ameise, der Herr einer vom Löwen zerstörten Ameisenburg, kriecht diesem ins Ohr: Nr. 17) und des Schlusses (Nr. 22–24: Helfer des Fuchses erhalten einen Lohn, der ihnen zum Nachteil ausschlägt, der Fuchs vergiftet den Löwen). Heinrich setzt mit seiner Erzählweise offenbar die Kenntnis der meisten Schwankinhalte in etwa voraus und zielt auf die Komposition eines kompakten und konzisen Kurzepos. Die unabhängigen, unabgeschlossenen Episoden des RdR werden einer finalen Struktur unterworfen, die in unerbittlicher Konsequenz die verheerende, alles vernichtende Macht ungetreuer, illoyaler Gesinnung demonstriert, deren Repräsentant Reinhard ist, der unter Ausnützung der Torheit anderer in alle Bereiche der Gemeinschaft eindringt und deren Ordnung pervertiert. Möglicherweise verbirgt sich in dem wohl in zeitlicher Nähe zu den ersten französischen Branchen entstandenen Text eine konkrete politische (antistaufische?) Satire. In jedem Falle verengt sich die allgemeine spielerische Desillusionierung adelig-höfischer Verhaltensmuster im RdR hier nun zur direkten moralischen Verurteilung bestimmter Machtstrukturen (vermutlich des mit Hilfe der Ministerialität den höheren Adel bedrängenden Königtums).[13]

Während Heinrich in seiner deutlich lehrhaften Absicht die Tierschwänke wiederum dem etwas ernsteren Ton und der abstrakteren Darstellungsweise der Fabel annähert, läßt Willem, der Verfasser des niederländischen Epos ›Van den Vos Reynaerde‹ (VdVR), seiner Fabulierfreude, seiner Lust an komischen Genrebildern und köstlicher Persiflage freien Lauf. Schon im ersten Teil von rund 2000 Versen, der eine Bearbeitung der Branche I des RdR unter gelegentlicher Einbeziehung weiterer Branchen (III, V u. a.) darstellt, erweist sich der Autor des wohl in der ersten Hälfte des 13. Jahrhunderts (oder früher?) verfaßten Tierepos, das nun diese Bezeichnung nach Umfang (rund 3500 Verse) und Konsistenz fast uneingeschränkt verdient, als überaus eigenständig und erfindungsreich, namentlich in der Zeichnung des neuen, flämischen Milieus. Im frei gestalteten zweiten Teil (der gleichwohl weitere Anleihen beim RdR, vielleicht auch beim Ys. macht) ersetzt Willem dann die ganz unbefriedigende Motivation für die dem verurteilten Fuchs gewährte Verzeihung in Branche I durch einen psychischen Prozeß, den Reinhard mit seiner großen Buß- und Verteidigungsrede unterm Galgen im Gemüt des Königs auszulösen versteht. Rhetorisch meisterhaft mischt der Fuchs in seine scheinbar reuigen Selbstanklagen Anspielungen auf einen Schatz und weckt damit die Habgier des Löwen. Dann tischt er diesem und der ängstlichen Königin ein abenteuerliches Lügengespinst von einer mit Hilfe dieses Schatzes von Reinhards Vater, der ihn gefunden hatte, dem Dachs, dem Wolf, dem Bären und dem Kater geplanten Verschwörung auf, die er, Reinhard, letztlich durch Raub dieses Schatzes vereitelt habe. Die heuchlerische Attitüde des Büßers im Angesicht des Todes, die rücksichtslos perfide Anklage nicht nur gegen seine Feinde, sondern auch gegen seine nahen und nächsten Verwandten, schließlich der Wunsch des Königs, das Versteck des Schatzes zu erfahren, retten den Fuchs vor dem Galgen. Reinhard entzieht sich nun der Überprüfung seiner erfundenen Angaben über jenes Versteck durch eine ihm angeblich durch päpstlichen Bann auferlegte Pilgerreise (vgl. Branche I), erhält feierliches Pardon und vom Fell der nun ihrerseits eingekerkerten Ankläger, des Bären und des Wolfes, einige Stücke für seine Pilgerausrüstung (vgl. Enthäutung des Wolfes in der alten Fabel, im Ys., in Branche X etc.). Die beiden werden erst rehabilitiert, als der Betrug Reinhards, der statt in Rom inzwischen in seiner heimatlichen Festung angekommen ist, offenbar wird. Damit ist, ganz ähnlich wie in Branche I, der Ausgangspunkt der Handlung faktisch wieder erreicht. Auch auf der Ebene des ideellen Gehalts scheint der niederländische Autor kaum anderes beabsichtigt zu haben, als die Intentionen der verwendeten französischen Branchen der neuen Rezeptionssituation, d. h. seinem Publikum, anzupassen.

Der offene Schluß hat auch hier eine Fortsetzung provoziert. Im letzten Viertel des 14. Jahrhunderts wird der ›Reynaert I‹ (= VdVR) auf rund 7800 Verse erweitert zum ›Reynaert II‹ (oder ›Reynaerts Historie‹). Neue Anklagen gegen den Fuchs werden vorgebracht. Unter dem Eindruck einer drohenden Belagerung seiner Burg entschließt sich Reinhard neuerdings, dem Dachs an den Hof zu folgen und beichtet seinem Neffen aufs neue unterwegs verschiedene Vergehen – teils bloße Varianten bereits verwendeter Episoden, teils Neues aus den verschiedensten Quellen (z. B. RdR XIX; ›Physiologus‹) – und entschuldigt sie durch ausführliche Hinweise auf das Schlechte in der Welt, namentlich im Klerus. Im Verlaufe der Gerichtsverhandlung bei Hofe werden sowohl weitere Tierschwänke aus dem RdR (Branche X, XVI, III, IV) als auch diverse Fabeln wie die vom schmeichelnden Esel (Romulus Nr. 21; Perry Nr. 91), vom Fuchs und der Katze (Perry Nr. 605; Marie de France, ›Esope‹, Nr. 98) oder vom Wolf und vom Kranich (Perry Nr. 156, Romulus Nr. 11) zur Füllung herangezogen. Schließlich bemüht der anonyme Autor noch den gerichtlichen Zweikampf der Branche VI. Reinhard besiegt mit List den überlegenen Wolf, wird nun Kanzler des Königs und kehrt schließlich, überhäuft mit Ehren, zu Frau und Kindern zurück. Dieser Schluß demonstriert die Universalität und Allmacht der Kunst Reinhards, die nun – ähnlich wie schon bei Heinrich, aber auch in den spätmittelalterlichen französischen Fuchs-Allegorien – mit Habgier, Verrat, Neid und Hochmut gleichgesetzt wird. Das entspricht jedoch nicht der durchgängigen Wertung des Fuchses im gesamten Epos, die durchaus ambivalent bleibt.

Die neuen ca. 4300 Verse des ›Reynaert II‹ tragen die typischen Züge einer Fortsetzung, einer ziemlich mühseligen überdies, der der epische Duktus streckenweise völlig verloren geht zugunsten endloser Diskussionen über den Sittenverfall in der Welt. Während die ebenfalls vorhandenen konkreten satirischen Angriffe gegen die Grafen von Flandern und die Herzöge von Burgund, vor allem aber gegen die Prälaten, den Papst und die Kurie die Verbreitung des Werkes vielleicht sogar behinderten, löste gewiß jener allgemein moralisierende Charakter seinen letztlich enormen Erfolg aus. Dieser manifestiert sich freilich nicht unmittelbar – der ›Reynaert II‹ ist nur in einer einzigen Handschrift vollständig überliefert, während es bei ›Reynaert I‹ immerhin deren zwei (übrigens ziemlich divergierende) gibt –, sondern erst in bearbeiteter Form im Zeitalter des Buchdrucks. Der ›Reynaert II‹ gelangt ca. 1487 in Antwerpen zum Druck, und zwar in einer von Henric (Hinrec) van Alkmaar besorgten Fassung, die die Erzählung in Kapitel gliedert und diesen jeweils kurze Prosakommentare (Glossen) beigibt. Eine Prosaauflösung wurde 1479 in Gouda und 1485 in Delft gedruckt. Caxton übersetzte diese Fassung ins Englische (Druck Winchester 1481). Im 16. Jahrhundert wurde die holländische Prosafassung dann zu einem »Volksbuch« umgearbeitet (Erstdruck Antwerpen 1564). Während so in der niederländischen Heimat des ›Reynaert‹ das Tierepos nur in Prosa weiterlebte, erfreute es sich dagegen in den folgenden Jahrhunderten in Deutschland großer Beliebtheit in seiner angestammten Versgestalt. Henrics Reimdruck war die unmittelbare Vorlage für die mittelniederdeutsche Übersetzung, die 1498 in Lübeck unter dem Titel ›Reynke de Vos‹ im Druck erschien.

Der anonyme Übersetzer hat sich eng an seine niederländische

Vorlage angeschlossen, nur hier und da eine Retusche oder eine Ergänzung (v. a. zur Abrundung der Ständesatire) angebracht, hauptsächlich aber die Tiernamen eingedeutscht oder fehlende nachgetragen. Die anbrechende Neuzeit hat das Werk mit Begeisterung aufgenommen. Es sind drei dänische, zwei schwedische, eine isländische, eine lateinische und vierzehn verschiedene hochdeutsche Bearbeitungen bis zur Mitte des 18. Jahrhunderts zu registrieren, unter diesen letztgenannten auch die niederdeutsch-hochdeutsche Ausgabe von Johann Christoph Gottsched von 1752, die Goethe seiner berühmten Hexameterversion von 1794 zugrundelegte. Goethe wollte, wie er bezeugt, durch seine »zwischen Übersetzung und Umarbeitung schwebende Behandlung« (Annalen zum Jahr 1793) bewußt kein Originalwerk schaffen, sondern gerade dieses alte Werk, diese »unheilige Weltbibel« (ebd.), seinen Zeitgenossen als einen »Hof- und Regentenspiegel« vorhalten, in dem »das Menschengeschlecht sich in seiner ungeheuchelten Tierheit ganz natürlich vorträgt« (›Campagne in Frankreich‹, 1822), und gerade mit dieser Arbeit sich »von der Betrachtung der Welthändel abziehen« (Brief an F. H. Jacobi vom 2. 4. 1793), d. h. bewußten Abstand von der zeitgenössischen Realität gewinnen. Gänzlich neu sind nur die Verse VIII, 152–160 und 171–177 (gegen revolutionäre Weltverbesserer und gegen Sünden des Klerus). Mehr schien ihm offenbar nicht nötig. »Der Stoff ist ja von gestern und heut!«, formuliert er in den Xenien von 1797 (Nr. 270).

So kommt es denn, daß der Gebildete von heute, der sich an den klassischen Versen von Goethes ›Reineke Fuchs‹ ergötzt – der köstliche Effekt besteht ja nicht zuletzt in der Diskrepanz dieser Versform zu dem ganz unklassischen Stoff, was in gleichem Maße schon für den ›Ysengrimus‹ gilt –, dem Inhalt nach letztlich kaum etwas anderes liest als den niederländischen ›Reynaert‹ aus dem frühen 13. bzw. späten 14. Jahrhundert, der seinerseits zum Teil auf weit älteren Grundlagen ruht.

ANMERKUNGEN

1 SCHNUR, Fabeln der Antike, Vorwort, S. 13.

2 BERNICE M. KACZYNSKI / H. J. WESTRA, Aesop in the Middle Ages: The Transmission of the Sick Lion Fable and the Authorship of the St. Gall Version. Erscheint im Mittellateinischen Jahrbuch. [Die Autoren treten nachdrücklich für die Verfasserschaft Notkers von St. Gallen ein.]

3 L. GOMPF, Die ›Ecbasis captivi‹ und ihr Publikum, in: Mittellateinisches Jahrbuch 8 (1973) 30–42.

4 Ausg. von H. BLOCH, Beiträge zur Geschichte des Bischofs Leo von Vercelli, in: Neues Archiv der Gesellschaft für ältere deutsche Geschichtskunde 22 (1897) 13–136, hier S. 127–133.

5 Ausg. von E. VOIGT, Halle a. S. 1889.

6 Ausg. von E. VOIGT, Kleinere lateinische Denkmäler der Thiersage aus dem XII. bis XIV. Jh., Straßburg 1878.

7 Ausg. von E. DÜMMLER, in: MGH Poetae I (1881), S. 262.

8 Ausg. (mit französischer Übersetzung) von L. HERRMANN, in: Scriptorium 1 (1945) 260–266.

9 A. GRAF, Die Grundlagen des Reineke Fuchs. Eine vergleichende Studie, Helsinki 1920, S. 17.

10 Ausg. von A. HILKA / W. SÖDERHJELM, Helsinki 1911. Übersetzung von E. HERMES, Zürich/Stuttgart 1970.

11 Ausg. des griech. Textes von F. SBORDONE, Mailand 1936; deutsche Übersetzung von O. SEEL, Zürich/Stuttgart 1960; Ausgaben in anderen Sprachen und reiche Lit. bei N. HENKEL, Studien zum Physiologus im Mittelalter, Tübingen 1976.

12 Ausg. bei HERVIEUX, Bd. IV, S. 173–248; Auswahl mit deutscher Übersetzung bei SCHNUR, Lateinische Fabeln des Mittelalters, S. 214–303.

13 Vgl. dazu zuletzt J. KÜHNEL, Zum ›Reinhart Fuchs‹ als antistaufischer Gesellschaftssatire, in: Stauferzeit. Geschichte – Literatur – Kunst, hg. von R. KROHN u. a., Stuttgart 1979, S. 71–86.

BIBLIOGRAPHIE

Textausgaben

Äsop: Der lateinische Äsop des Romulus und die Prosafassungen des Phädrus, hg. von G. THIELE, Heidelberg 1910.

Aesopica, Bd. I: Greek and Latin Texts, hg. von B. E. PERRY, Urbana/ Illinois 1952.

Ecbasis cuiusdam captivi per tropologiam: hg. und übersetzt von W. TRILLITZSCH, Leipzig o. J. (1964).

Fabeln der Antike: hg. und übersetzt von H. C. SCHNUR, München 1978.

Lateinische Fabeln des Mittelalters: hg. und übersetzt von H. C. SCHNUR, München 1978.

Les fabulistes latins: hg. v. L. HERVIEUX, 5 Bde., Paris [2]1893–99, Nachdruck 1970.

Heinrich der Glichezare, Reinhart Fuchs: hg. und übersetzt von K.-H. GÖTTERT, (RUB 9819), Stuttgart 1976.

Marie de France, Äsop: hg. und übersetzt von H. U. Gumbrecht (Klassische Texte des Romanischen Mittelalters 12), München 1973.
Reynke de Vos: hg. von A. Leitzmann (ATB 8), Halle a. S. 1925, Nachdruck 1960; Übersetzung von K. Langosch (RUB 8768/71), Stuttgart 1967 u. ö.
Le Roman de Renart: hg. und übersetzt von H. Jauss-Meyer (Klassische Texte des Romanischen Mittelalters 5), München 1965 [Branchen II, Va, III, IV, I]; hg. von E. Martin, 3 Bde., Straßburg 1882–1887.
Van den Vos Reynaerde [Reynaert I, II etc.]: hg. von W. G. Hellinga, Zwolle 1952.
Ysengrimus: hg. von E. Voigt, Halle a. S. 1884, Nachdruck 1974; Übersetzung von A. Schönfelder, Münster/Köln 1955.

Forschungsliteratur

Aspects of the Medieval Animal Epic, hg. von E. Rombauts / A. Welkenhuysen, Leuven/den Haag 1975. – J. Flinn, Le Roman de Renart dans la littérature française et dans les littératures étrangères au moyen âge, Paris 1963. – L. Foulet, Le Roman de Renard, Paris 1914; Nachdruck 1968. – K. Grubmüller, Meister Esopus, Zürich/München 1977. – H. R. Jauss, Untersuchungen zur mittelalterlichen Tierdichtung, Tübingen 1959. – F. P. Knapp, Das lateinische Tierepos, Darmstadt 1979 [daraus einige Partien in den vorliegenden Artikel übernommen]. – La littérature didactique, allégorique et satirique, hg. von H. R. Jauss (GRLMA VI), 1, 2, Heidelberg 1968–70. – D. Schaller, Lateinische Tierdichtung in frühkarolingischer Zeit, in: Das Tier in der Dichtung, hg. v. U. Schwab, Heidelberg 1970, S. 91–113.

ANTIKE STOFFE

von

ALFRED EBENBAUER

I. VORBEMERKUNG

Nur einen Teil des gewaltigen Materials antiker Kultur machen die Erzählstoffe aus, die der abendländischen Literatur aus der Antike zugekommen sind. Sie zusammenzutragen und ihre spezifische Formung zu untersuchen, ist ein ebenso lohnendes wie schwieriges Unterfangen: Da stellt sich die Frage nach den jeweils zugänglichen Quellen antiker Erzählstoffe, das Problem der jeweiligen Annäherung an die vielschichtige Welt des antiken Mythos; schwierige Gattungsprobleme überschneiden sich mit der Frage der jeweiligen Autorenintention; da wäre – um ein vollständiges Bild zu gewinnen – jede Anspielung auf einen antiken Stoff kontextkonform ebenso zu erörtern wie jede literarische Ausgestaltung; Geschichte und Poesie, individuelles Schicksal und weltgeschichtlicher Verlauf, Bildungsstreben und Anverwandlung, Distanz oder Identifikation mit der Vergangenheit, das sind nur einige Themen, die sich bei der Erörterung der Rezeption antiker Stoffe immer wieder hervordrängen.

Das Mittelalter ruht auf der Antike auf (und setzt sie fort), sei es auch nur wie ein Zwerg auf den Schultern eines Riesen (um ein geläufiges Bild des Bernhard von Chartres zu gebrauchen). Sicher, Humanismus und Renaissance brachten Neues (z. B. Hinwendung zu römischen Stoffen wie Coriolan oder Cleopatra), konnten unbekannte Quellen erschließen (Griechischkenntnisse!), akzentuierten anders, aber zumindest der stoffgeschichtliche Traditionsstrom brach nie ab. Im Mittelalter waren die Trojasage und die Fahrten des Aeneas bekannt, die ›Thebais‹ des Statius war jahrhundertelang Schulbuch. Ovids Texte erfreuten sich zumindest seit dem 12. Jahrhundert ungeheurer Beliebtheit. Hinzu kommen die Handbücher von Art der ›Etymologiae‹ des Isidor von Sevilla oder der Mythographen. – So kann ein Notker III. (952–1022) im Rahmen seiner althochdeutschen Übersetzung von Boethius' ›De consolatione philosophiae‹ seine Kenntnis der

Iphigenie-Geschichte oder der Polyphem-Episode des Odysseus ebenso unter Beweis stellen wie er eine Fülle von Hercules-Abenteuern nach der Vorlage wiedergibt. Der lateinische Satiriker Sextus Amarcius (aus Speyer? Mitte des 11. Jahrhunderts) erwähnt in seinen ›Sermones‹ u. a. die Geschichten von Dedalus, Prometheus, Deucalion, Orpheus, Tantalus, Tereus, er zählt sechs Liebesgeschichten des Jupiter auf und nennt eine Reihe von Hercules-Taten. Und die Liste der Stoffe und Geschichten, auf die Heinrich von dem Türlin sich in seiner ›Crône‹ (um 1220/30) bezieht, ist beachtlich. Sicher, vieles mag den mittelalterlichen Literaten unbekannt gewesen sein, aber unterschätzt sollte die mittelalterliche Kenntnis der Antike keinesfalls werden.

II. DIE ANFÄNGE PRODUKTIVER ANTIKENREZEPTION IM MITTELALTER

Trotz des Aufschwungs der literarischen Bildung zur Zeit der Karolinger bedurfte es einiger Zeit, ehe in der abendländischen Literatur antike Stoffe neu erzählt wurden. Was auch die hemmenden Faktoren gewesen sein mögen (antikes Heidentum, Formulierungsschwierigkeiten der erwachenden Volksliteraturen, Respekt vor den antiken Vorbildern), sie konnten eine äußerst produktive Rezeption antiker Erzählstoffe im Mittelalter nicht verhindern. Vereinzelt am Anfang steht noch ein fragmentarisch überlieferter Abecedarius (9 Strophen) über Alexander den Großen (9. Jahrhundert) aus einer Veroneser Handschrift. Ein Jahrhundert später erst ist ein lateinisches Hexametergedicht (aus Tegernsee?) überliefert, das den antiken Roman ›Apollonius von Tyrus‹ mit gelehrtem Aufputz in Form eines Wechselgesanges paraphrasiert (797 Verse, Fragment). Der Apolloniusroman ist es auch, der die Grundlage für den ersten volkssprachlichen Antikentext liefert, den angelsächsischen Apollonius aus dem 11. Jahrhundert (Fragment).

Das waren Vorspiele. Im 12. Jahrhundert kam es dann im Rahmen eines großen kulturellen Umwälzungsprozesses zum Aufschwung der volkssprachlichen und der lateinischen Literatur und damit auch zu einer breiten Verarbeitung antiker Erzählstoffe. Wieder machen Apollonius und Alexander den Anfang, diesmal im kulturell fortgeschrittenen Frankreich. Ein gewisser Albéric de Pisançon (Besançon?) verfaßte um 1130 in frankoprovenzalischer Mundart ein Alexandergedicht, von dem 105

Verse erhalten sind. Der Autor bleibt noch ganz in der alten christlichen Erzähltradition Frankreichs (Heiligenleben, Chanson de geste), eröffnet aber neue literarische Wege, indem er einen heidnisch-antiken Herrscher zum Gegenstand seines Gedichtes macht, nicht anders als der Verfasser des altfranzösischen ›Roman d'Apoloine‹ (1150/60).

Der große Durchbruch der antiken Stoffe erfolgte um die Mitte des 12. Jahrhunderts mit den drei »klassischen« Antikenromanen, dem ›Roman de Thèbes‹, dem ›Roman d'Énéas‹ und dem ›Roman de Troie‹ des Benoît de Saint-Maure. Die Bedeutung dieses »antikisierenden Dreigestirns« für die epische Literaturgeschichte ist unumstritten. Als erste Vertreter der Gattung »Roman« stehen sie am Übergang von der geschlossenen, episch totalisierenden Welt der Chanson de geste zum großen Roman der Artus- und Gralsthematik, »›Geburtshelfer‹ der Gattung, aber noch nicht diese selbst«.[1] In der ausführlichen Darstellung von Waffen und Schlachten, von Boten- und Beratungsszenen, kollektivistisch dargestellten Kriegsereignissen noch der Welt des französischen Epos verhaftet, artikulieren die Texte doch erhebliche Neuerungen: Zunächst die Form des paarweise gereimten Achtsilbers und die Orientierung an den mittelalterlichen Poetiken. Dann das neue Thema »Liebe«, im Thebenroman noch mehr beiläufig, im Eneasroman breit ausgeführt, im Troiaroman auf mehrere amouröse Beziehungen aufgeteilt. Diese neue Liebesthematik provoziert (besonders im ›Énéas‹) eine psychologisierende Liebes-Kasuistik, eine liebevolle Darstellung des Innenlebens der Helden, thematisiert aber zugleich eine unheilvolle Spannung zwischen Liebe (*amor*) und »politischer Sendung« (*militia*), die die Liebe als eine tragische Macht erscheinen läßt: die »Diskrepanz zwischen tragischer *fabula* und humanistischem Zierat« wird nie ganz überbrückt.[2] Neu ist das Hervortreten des Wunderbaren, das dann die Werke der *matière de Bretagne* (s. unten S. 290ff. und 365ff.) so stark bestimmen sollte. Neu ist vor allem der kulturelle Hintergrund dieser Texte: ein wissenschaftlich-emanzipatorischer Elan[3] als Ausdruck dessen, was man die »Renaissance des 12. Jahrhunderts« genannt hat, Vordringen des Fiktionalen und Schriftlichkeit sind dabei besondere Merkmale; dazu kommt als neue Funktion Wissensvermittlung für eine Elite (»Bildungsadel«). Der *matière de Rome* wird ein neuer Sinn unterlegt. Demnach »wird die höfisch und ritterlich verstandene und interpretierte Antike zur wichtigen Hilfsmacht bei der Bildung des neuen, autonomen ständischen Bewußtseins«.[4] Die Prologe der drei Antikenromane thematisieren die Exklusivität des Anspruchs, dem Publikum eine höhere Wahrheit und ideale Lebenslehre zu vermitteln. Diese umfaßt die Einheit von »Ritterlichem« (chevalerie) und »Geistlich-Wissenschaftlichem« (clergie), wie sie später Chrétien de Troyes im ›Cligès‹-Prolog programmatisch darlegte und aus der Antike herleitete (*translatio studii et militiae*).

Die drei französischen Antikenromane entstanden im Machtbereich der Plantagenets auf dem Kontinent. Dem Mäzenatentum König Heinrichs II. von England und seiner Frau Eleonore von Aquitanien ist wohl der Anstoß für den kulturell-literarischen Aufschwung zuzuschreiben. Die Frage, ob daraus auch ein politisch-propagandistischer Anspruch der Texte folgt, mit dem Ziel, eine Vorgeschichte des englisch-normannischen Hauses vorzulegen, verneint Frappier[5], E. Köhler[6] bejaht sie: die Antikenromane stünden »im Zeichen geschichtlicher Legitimation dynastischer Machtansprüche«. Mit der Theorie von der *translatio studii et militiae* konstituierten die drei Romane ein neues höfisch-ritterliches Kulturbewußtsein. Dieses stehe »im Dienste eines gesellschaftlich-politischen Primats«, sei es des anglonormannischen Königtums, sei es der territorialfürstlichen Selbstherrlichkeit der französischen Kronvasallen.

Um die Mitte des 12. Jahrhunderts waren die populären Stoffgebiete der Antike in Frankreich produktiv rezipiert: Apollonius, Alexander, Theben, Eneas, Troia. Das Dreigestirn der großen Antikenromane hat zudem seinen literarhistorischen Beitrag geleistet. Die literar- und gattungshistorische Entwicklung schlug mit Chrétien de Troyes und den Romanen der *matière de Bretagne* neue Wege ein. Aber die produktive Rezeption der genannten Stoffe im Frankreich des 12. Jahrhunderts eröffnete vorbildhaft die umfangreiche Reihe antiker Stoffbearbeitungen im übrigen Europa.

III. HEROISCHE STOFFE DER ANTIKE IN MITTELALTERLICHEN BEARBEITUNGEN

1. Der Thebanische Sagenkreis

Als Kadmos nach seiner von Zeus entführten Schwester Europa suchte, erhielt er in Delphi den Auftrag, die Stadt Theben zu gründen. Seine Tochter Semele gebar Zeus den Dionysos, seine Tochter Agaue zerfleischte mit den Bacchantinnen ihren Sohn

(Pentheus), seine Tochter Autonoë gebar den Aktaion, der – Strafe der Artemis, die er im Bade gesehen – von seinen eigenen Hunden zerfleischt wurde. Aus dem 3. Buch der ›Metamorphosen‹ des Ovid waren diese Geschichten dem Mittelalter bekannt: Den Kadmos kennt man in der provenzalischen Dichtung, Aktaion kommt bei Aldhelm und bei Rudolf von Ems vor. (Für Pentheus weiß ich keinen Beleg.)

Episch verdichtet hat sich der thebanische Sagenkreis erst um den Urenkel des Kadmos, Ödipus, und vor allem um das Schicksal von dessen Söhnen Eteokles und Polyneikes (»Sieben gegen Theben«), deren tragischen Bruderkampf der Römer P. Papinius Statius (ca. 45 – ca. 96 n. Chr.) in seinem Hexameterepos ›Thebais‹ erzählt: Der aus Theben vertriebene Polinices kehrt mit Unterstützung seines Schwiegervaters, Adrastus von Argos, zurück, um seine Herrschaftsansprüche durchzusetzen. Fünf weitere Helden unterstützen ihn. Nach schrecklichen Kämpfen töten die beiden Brüder einander im Zweikampf. Der neue thebanische König Creon fällt im Kampf gegen den herbeigeeilten Athenerkönig Theseus, der Creons Verbot, die Brüder zu bestatten, durchbrechen will. – Statius, dessen Epos ›Thebais‹ das ganze Mittelalter hindurch bekannt war, galt als Schulautor und wurde von Dante hoch gepriesen. Auf seinem Werk beruht wohl die Stoffkenntnis jenes Autors, der im 11. Jahrhundert (oder auch später) eine lateinische Klage des Oedipus über den Leichen seiner Söhne (21 Strophen) verfaßte. Die ›Thebais‹ ist aber (mit dazwischenliegender lateinischer Prosafassung?) vor allem die Vorlage des altfranzösischen ›Roman de Thèbes‹ (je nach Fassung 10–15000 Verse), den man als ersten höfischen Roman bezeichnen kann. In den ausladenden Kampfschilderungen zwischen Theben und Argos noch der Chanson de geste nahestehend, tritt im Thebenroman doch schon eine differenziertere Zeichnung der Charaktere hervor, Episoden werden ausgemalt, das Liebesthema (Ismene-Athon, Partenopeus – Antigone) ist akzentuiert. Die ›Thebais‹ ist als Quelle, nicht als Vorbild betrachtet.

Dem ›Thebais‹-Stoff sind 500 Verse mit der Geschichte des Oedipus vorangestellt. Die Antike erscheint in ritterlichem Gewand, weggelassen ist die antike Mythologie und reduziert ist das Thema des furchtbaren Fluchs, der die Oedipus-Söhne vernichtet. Der Thebenroman wurde in Frankreich ab dem 13. Jahrhundert mehrfach in Prosa umgesetzt, wobei diese Texte bezeichnenderweise häufig in Weltchroniken nach dem Vorbild des Paulus Orosius eingefügt sind. In Italien erzählte Boccaccio die Geschichte der »Sieben gegen Theben« in seiner ›Genealogia deorum gentilium‹ (1359), in England nahm Chaucer sie im Zusammenhang mit der Theseussage in ›The Knight's Tale‹ auf und beeinflußte damit John Lydgate, dessen ›Siege of Thebes‹ (1421) auf dem französischen Thebenroman beruht. Lydgate beginnt seine Erzählung allerdings bei der Gründung Thebens durch Kadmos. Er steigert das Heroische, rückt Königtum und Krieg in den Vordergrund und fügt Elemente der Fürstenlehre in seinen Text ein. Eine Prosaauflösung entstand noch vor 1450.

Angesichts der Vorbildhaftigkeit französischer Literatur und der Verbreitung des thebanischen Stoffkreises ist es erstaunlich, daß er im deutschen Sprachraum fehlt. Erklären läßt sich das wohl kaum anders als durch Zufall. – Hier nicht weiter zu erörtern sind mögliche Einflüsse des Oedipus-Stoffes (Inzest-Thema) auf die Judaslegende (etwa bei Jacobus de Voragine) und den Gregorius-Stoff (etwa bei Hartmann von Aue).

2. Der Aeneasstoff

Im ›Roman d'Énéas‹, dem zweiten der drei klassischen französischen Antikenromane, erhielt die ›Aeneis‹ Vergils ihre mittelalterliche Adaptierung. Der Gang der Handlung (Ausfahrt aus Troja, Landung in Karthago und Liebesverhältnis mit Dido, Weiterfahrt und Didos Selbstmord, Landung in Italien, Kämpfe in Latium gegen Turnus, Tod des Turnus) stimmt in großen Zügen überein, dennoch bekommt die antike Äneasgeschichte ein ganz anderes Gesicht. Der Trojaner Aeneas kommt schon in Homers ›Ilias‹ (20,75ff.) vor, im etruskischen Italien des 5. Jahrhunderts v. Chr. war er bekannt (Terrakotten), Hellanikos (gest. ca. 400 v. Chr.) und Aristoteles wissen von einer trojanischen Herkunft der Römer. Naevius erzählt im ›Bellum Punicum‹ (2. Jahrhundert v. Chr.) die Dido-Aeneas-Geschichte, und Vergil verschmolz dann in seinem Epos die konkurrierenden Gründungsgeschichten Roms (Aeneas, Romulus) zum römischen Nationalepos. Als religiös-politisches Epos stellt die ›Aeneis‹ die mythischen Ursprünge Roms, seines Volkes, seines Reiches, seiner Geschlechter dar. Der *pius Aeneas* zieht als demütiges Werkzeug der Götter aus dem brennenden Troja aus, um nach langer Irrfahrt Latium zu erobern, und wird dabei zum Vorbild, zum idealen Paradigma des Römers. Der Gründermythos erscheint als »Vorwand« für eine Sinndeutung der politischen Gegenwart im Rom des Augustus.

Rom und ›Aeneis‹, das Thema und das Werk waren das ganze Mittelalter hindurch lebendig. Vergil blieb als hervorragendster Dichter des alten Roms ungeachtet einzelner Angriffe antiheidnischer Rigoristen und mancher Dämonisierungstendenzen (Vergil als Zauberer) Vorbild und Muster. Das römische Weltreich stellte durch die Jahrhunderte (nicht nur des Mittelalters), eine Größe, ein Erbe und eine Herausforderung dar, sei es als letztes der vier Weltreiche Daniels (s. dazu S. 186) sei es als Symbol vergänglicher Weltmacht, als friedensbringender Rahmen für die Menschwerdung Christi (*pax Augusta*) oder als heidnische Erneuerung der »Hure Babylon«. Im Translations- und Renovatiogedanken aber wurde die römische Weltreichsidee stets in aktuelle politisch-historische Denk- und Erfahrungsprozesse hereingenommen.

Von all dem findet sich im französischen ›Roman d'Enéas‹ (ca. 10000 V.) freilich kaum eine Spur. Es drängt sich eine feudalmittelalterliche Ritterwelt vor, für die die mythisch-legitimierende Götterwelt Vergils an Bedeutung verliert und in der der Realismus der Darstellung (z. B. in den Kampfszenen) mit der Vorliebe für »humanistische Kostbarkeiten« und »deskriptiven Zierat« kontrastiert. Entscheidend verändert wird der Charakter des Stoffes aber durch die Akzentuierung des Themas Liebe. Bei Vergil wird Lavinia nur kurz erwähnt (Aen. XII 937), und das Verhältnis Didos zu Aeneas ist trotz seines leidenschaftlichen Pathos nicht zuletzt als Begründung und Spiegelung der karthagisch-römischen Feindschaft konzipiert. Im mittelalterlichen Roman werden daraus zwei großangelegte, in ihrem Ausgang gegenbildliche Liebesaffären. Liebeskasuistik und Liebespsychologie nach Ovidschem Vorbild treten hervor. Die Laviniageschichte wird dabei erzählerisch breit ausgeformt. Und Vergils unvollendetes Epos findet seinen prunkvollen Abschluß in einer großen Hochzeitsszene.

Das Liebesthema beherrscht die Stoffgestaltung auch in einer Reihe von mittellateinischen Gedichten des 12. Jahrhunderts, deren hervorstechendes Merkmal ihre Kürze (*brevitas*) und ihre lyrische Farbgebung sind. ›Troie post excidium‹ stellt ganz auf die leidenschaftliche Darstellung der Dido-Liebe ab und verdrängt im überschwenglichen Schluß sogar Didos tragisches Schicksal. Didos Trauer und Tod ist das Thema von ›Superbi Paridis‹ (mit einer sekundären Zudichtung: Klage des Aeneas um Dido) und einer Didoklage (›O decus, o Libye regnum‹). Selbst das Distichon ›Prebuit Eneas et causam‹ erwähnt in seiner äußersten Verknappung nur den Dido-Teil des Aeneasstoffes.

Vor 1174 begann Heinrich von Veldeke (vom Niederrhein), den altfranzösischen Énéasroman in deutscher Sprache nachzubilden (13528 Verse). Ein Diebstahl des Manuskripts unterbrach die Arbeit, so berichtet der Epilog; vor 1186 konnte der Dichter aber sein Werk am Thüringer Hof fertigstellen. In Frankreich begründete das antikisierende Dreigestirn die Romantradition, in Deutschland war es Veldeke mit seiner ›Eneide‹, der »das erste Impfreis auf den Baum deutscher Dichtung pfropfte«, wie Gottfried von Straßburg (»Tristan« 4736f.) scharfsinnig erkannte. War es im Französischen der anglonormannische Hof, der die neuen literarischen Bestrebungen förderte und damit vielleicht genealogische Herrschaftslegitimation betrieb, so hier bei Heinrich zunächst wohl der niederrheinische Adel, dann vor allem das thüringische Herrscherhaus, allen voran der spätere Landgraf Hermann.

Heinrich von Veldeke hat seine französische Vorlage in manchem geordnet, hat manches gekürzt, auch vieles hinzugefügt. Die breite Darstellung läßt sein Werk länger und auch reflektierender, idealisierender und gemächlicher erscheinen. Die zentrale Position des Minnethemas hat Veldeke mit seiner Vorlage gemein, ebenso die zeitgenössische Adaptierung des Stoffes. Die ›Eneide‹ ist ein »verritterter Antikenroman« um Liebe und Kampf. Aber ist sie »nur« das? – Heinrich kannte auch Vergils Rom-Epos. Er schrieb zu einer Zeit, als Friedrich Barbarossa die Erneuerung (*renovatio*) des römischen Reichs(gedankens) zu seinem politischen Programm machte. Sollte die ›Eneide‹ keinerlei Verbindung zur politischen Ideenwelt der Staufer haben und am Geschichtspathos des Stoffes völlig vorbeisehen? Die Frage ist legitim gestellt, viel diskutiert worden – und kaum zu beantworten. Die heidnische Götterwelt ist wie im ›Roman d'Énéas‹ reduziert, »die nicht mehr geglaubten Götter« werden »zu blasser, halb belächelter Staffage«.[7] Aber sind deswegen der (auch bei Veldeke) von göttlichen Mächten bestimmte Geschichtsverlauf, die Verheißung Roms und seiner Größe in die Unverbindlichkeit einer Minne-Rittergeschichte zerflossen? Auch wenn die Heidengötter nicht ohne weiteres mit dem Christengott vereinbar sind, so tragen sie doch etwas vom Providenzbegriff in sich, und können zeichenhaft für eine gottgewollte geschichtliche Sendung des Helden stehen. Der abschließende Hinweis auf

Augustus und die Geburt Christi kann als fromme »Pflichtübung« des Dichters angesehen werden, aber auch als Zielpunkt, auf den die Aeneasgeschichte und damit eine in zwei Prophezeiungen gebotene Romgeschichte hinweisen. Die lange Zeit als Interpolationen aufgefaßten sog. Stauferpartien (Barbarossas Auffindung des Pallasgrabes und der Vergleich der Aeneashochzeit mit dem Mainzer Hoffest von 1184) können als Huldigung an Barbarossa verstanden werden; aber auch ein Herrscherpreis könnte eine politische Relevanz haben, die über den im Text formulierten Vergleichsbezug hinausgeht.

Mit Vergils Vorbildhaftigkeit und mit der politischen und ideologischen Befrachtung mag es zusammenhängen, daß die Aeneasgeschichte in der mittelalterlichen Literatur kaum mehr behandelt wurde. Das hebt sie vom verwandten Troja-Stoff deutlich ab. Nur der Aufenthalt des Aeneas in Karthago reizte zu weiterer Gestaltung. Didos leidvolles Schicksal interessierte Geschichtenerzähler wie Chaucer, der es in »The House of Fame‹ (ca. 1380) (in der Beschreibung fingierter Wandgemälde) mitteilt. Es kommt u. a. auch bei Boccaccio (›Amorosa Visione‹ von 1342/3) und bei Christine de Pisan (1365–nach 1429) vor.

3. Der Trojastoff

Um 1200 vor Chr. fiel die kleinasiatische Stadt Troja einem griechischen Angriff zum Opfer. Von ihrem Untergang erzählte Homers ›Ilias‹ (8. Jahrhundert v. Chr.), und um Homers Epos lagerte sich ein Kreis altgriechischer Epen (der *Epikós kýklos*, 8.–6. Jahrhundert v. Chr.), in denen Vor- und Nachgeschichte sowie Episoden des Krieges um Troja dargestellt wurden. Dieser Zyklus stieß schon in der Antike auf die Ablehnung der Literaturkritik, die Texte sind uns deswegen auch nicht erhalten. Homers Epos überdauerte die Jahrhunderte, doch auch er mußte wiederentdeckt werden. Im Mittelalter war er nur ein Name, der freilich gleichermaßen für den *poeta* schlechthin gelten konnte, wie für den argen Erfinder einer verbrecherischen heidnischen Götterwelt und für den Verfälscher der historischen Wahrheit. Homers Werk war – nicht zuletzt wegen mangelnder Griechischkenntnisse – unbekannt. Nur eine dürftige Zusammenfassung (1070 Hexameter), die ›Ilias latina‹ eines Baebius Italicus (oft auch Pindarus Thebanus) aus dem 1. Jahrhundert n. Chr. hielt die Erinnerung an die ›Ilias‹ mehr schlecht als recht wach.

Das neuzeitliche Interesse am trojanischen Stoff beruht wohl in erster Linie auf dem dichterischen Rang der homerischen ›Ilias‹. Antike und Mittelalter nahmen eine andere Position ein: Trojas Untergang war ein historisches Ereignis ersten Ranges. Und so geriet der altepische Stoff in die Fänge der antiken Pseudohistoriographie: Griechischen Ursprungs ist das angebliche Tagebuch (›Ephemeri belli Troiani‹) des »Kriegsteilnehmers« Dictys Cretensis (aus der Zeit Neros?), der auf griechischer Seite vor Troja gekämpft haben will; aus trojanischer Sicht schreibt der Phrygier Dares, dessen Tagebuch (›De excidio Troiae historia‹ 1. Jahrhundert n. Chr.?) angeblich Cornelius Nepos in Athen aufgefunden hat. Die vorgespiegelte Augenzeugenschaft dieser beiden Texte verhalf ihnen zu einem langanhaltenden Erfolg.

Ob neben dem historischen Interesse an Trojas Untergang auch politische Aktualisierung maßgebend war? Vergils ›Aeneis‹ hatte in Aeneas, im Ahnherrn Roms, einen Trojaner zum vorbildhaften Römer stilisiert. Den beiden »Augenzeugen« scheinen derartige Gedanken fernzuliegen. Freilich konnten sie – als Teilnehmer am trojanischen Krieg – die Aeneasfahrten und -taten nicht erzählen. Aber auch sonst zeigen sie keine Tendenz, Aeneas hervorzuheben oder vom traditionellen Stigma eines Verräters an seiner Heimatstadt zu entlasten. Das ist wiederum anders in einem Prosatext des 4.–6. Jahrhunderts, dem ›Excidium Troiae‹ (Handschrift 9. Jahrhundert), in dem trojanischer Krieg und Aeneasstoff zu einer kontinuierlichen Erzählung verbunden sind. Aeneas' Schicksal wird nach Vergil erzählt, Göttinenstreit und Parisurteil stehen am Anfang, der Hinweis auf Geburt und Tod Christi schließt das Werk ab.

Durch Vergils ›Aeneis‹ (Lib. II: ›Iliupersis‹), ferner durch die unvollendete ›Achilleis‹ des Statius (ca. 45–96) – sie erzählt die Jugendgeschichte Achills (Erziehung beim Kentauren Chiron, Verbergung Achills in Mädchenkleidern auf Skyros, Liebesverhältnis mit Deidamia) und parallel dazu die griechischen Rüstungen zum trojanischen Krieg bis zur Einholung Achills –, durch die ›Ilias latina‹, das ›Excidium Troiae‹ und die beiden Kriegstagebücher des Dictys und Dares gelangte der Trojastoff ins Mittelalter. Er war nicht – wie der Aeneasstoff – getragen von der Bewunderung für einen großen Dichter, lebte nicht vom Prestige eines vorbildlichen Textes. Die Wege des Trojastoffes sind daher verschlungener, komplizierter. Die historiographische Blickrichtung dominierte. Die Geschichte Trojas bekam dabei freilich eine ganz unmittelbare Aktualität: Troja war die

Wiege Roms, und Rom war für das Mittelalter eine ständige Herausforderung, die geschichtsideologisch u. a. durch Weltreichskonzeption und Translationstheorie bewältigt werden sollte. Die Trojageschichte eröffnete einen zusätzlichen Weg für eine derartige Bewältigung: durch die Abstammungsmythen. Eine fränkische-merowingische Quelle des 7. Jhs. (›Fredegar‹) gibt den Franken eine trojanische Vorgeschichte, und diesem Beispiel folgten andere: Die Briten wurden zu Trojanernachkommen, ebenso die Normannen und die Skandinavier. Man wollte dem römischen Staatsvolk ebenbürtig sein. Die genealogische Fiktion hatte Lebenskraft und diente noch im 15. Jahrhundert zur Legitimation der deutschen Imperiumsidee oder zur Aufwertung territorialer Interessen (Thüringen). Troja wurde so zu einem integrierenden Bestandteil mittelalterlicher Geschichtsschreibung und Geschichtsdeutung.

Die dichterische Behandlung des Trojastoffes begann (vielleicht gleichzeitig mit der altnordischen Dares-Bearbeitung der ›Troiumanna saga‹) in Frankreich mit dem ›Roman de Troie‹ des Benoît de Saint-Maure (ca. 30000 Verse). Der Roman fängt nach Dares mit Jasons Ausfahrt um das Goldene Vließ an, erzählt dann die erste Zerstörung Trojas durch Hercules und den Wiederaufbau der Stadt; dann folgen der Raub Helenas und der eigentliche Krieg um Troja bis zur Zerstörung der Stadt. Für die Schicksale der heimkehrenden Griechen bis zum Tod des Ulixes muß Benoît die Quelle wechseln, und hält sich dabei an den Bericht des Dictys (ab V. 24425). Die Masse des Erzählstoffes bilden die (insgesamt 22) Schlachten vor Troja, sterotyp in ihrer Darstellung, mit zahlreichen, z. T. grausamen Details. Doch die Fülle der Kriegshandlungen wird durch Liebesszenen gegliedert, die so zu Orientierungspunkten im Geschehen werden: Troilus und Briseida (eine »Erfindung« Benoîts!), Achill und Polixene sowie (dem Krieg vorangehend) Jason und Medea, vor allem aber Paris und Helena. Im Liebesthema manifestiert sich deutlich die höfisch-mittelalterliche Stilisierung. Ähnlich wie im Aeneasroman wird eine psychologisierende Liebeskasuistik angestrebt. *Amor* und *militia* sind die zentralen Themen des riesigen Geschehenskomplexes, zwei Themen, die einander behindern und gefährden. Die Konstellation wird in verschiedener Form durchgespielt. Dazu kommt das Motiv der *amicitia*, in das auch die Versöhnung der Ulixes-Söhne am Schluß mündet. – Etwa gleichzeitig mit Benoîts Trojaroman dürfte eine Versifizierung des Trojaberichts des

Dares Phrygius entstanden sein: ›Anonymi Historia Troyana Daretis Frigii‹ in 918 Hexametern.

Ähnlich wie beim Aeneasstoff laufen parallel zu den ersten volkssprachlichen Bearbeitungen einige lateinische Gedichte, deren stilistisches Merkmal auch hier die Kürze ist, und die wie die Aeneasgedichte (und von diesen nicht immer zu trennen) einen lyrisch-didaktischen Duktus aufweisen. Wie dort Dido und ihre Liebe im Mittelpunkt stehen, so wird hier Helena zur Zentralfigur, freilich mit deutlich misogynen Tendenzen. Das bekannte ›Pergama flere volo‹ (um 1100?, 45 Distichen) beginnt beim Helenaraub und endet mit Klagen Hekubas und des Dichters über den Fall des einst mächtigen Troja. Wegen seiner sündigen Leidenschaft muß Troja bei Hugo Primas von Orléans (ca. 1095–1150; ›Urbs erat illustris‹, 29 Distichen) untergehen. Paris ist der Mittelpunkt der Vorwürfe des Trojagedichtes von Simon Capra aurea (um 1152) in 221 Distichen (eine längere Fassung hat 497 Distichen). Wie bei Simon ist auch bei Pierre de Saintes (ab 1145 Lehrer Heinrichs II. von Anjou, dem späteren König von England) der Klage um Trojas Untergang die Aeneasgeschichte angeschlossen (›Viribus arte minis‹ oftmals mit ›Pergama flere volo‹ gemeinsam überliefert). Troja- und Aeneas-Stoff sind schließlich auch in den 27 Distichen von ›Fervet amore Paris‹ verbunden. Ein Kuriosum ist die zweiversige Zusammenfassung des Trojastoffes in ›Armat amor Paridem‹. Erwähnt seien schließlich noch zwei lateinische Streitgedichte (*Causae*) über den Streit zwischen Ajax und Ulixes um die Waffen des toten Achill und ein lateinisches Streitgedicht des 12. Jahrhunderts, in dem Helena und Ganymed über Knabenliebe diskutieren.

Das misogyne Räsonnement gegen Helena und die Demonstration der Unbeständigkeit des Glücks bestimmen auch das manieristische lateinische Epos des Joseph von Exeter (gest. ca. 1210), die ›Ylias‹. Auch Joseph arbeitet nach Dares und Dictys und bleibt hinsichtlich des Geschehensablaufs in deren Bahnen, behandelt aber den Stoff recht frei. Bei ihm findet sich auch ein leiser Aktualisierungsversuch: nicht die Trojagenealogie als Instrument politischer Selbstvergewisserung, aber der literarische Vergleich des frühverstorbenen (Jung-)Heinrich (III.) von England mit dem frühverstorbenen Hektor. Die ›Ylias‹ entstand 1189 und ist dem Erzbischof von Canterbury gewidmet.

Die lateinische epische Behandlung, die dem Aeneasstoff im

Mittelalter versagt blieb, fand der Trojastoff nach Joseph noch ein weiteres Mal: Der ›Troilus‹ des Albert von Stade (5320 Verse), eines niedersächsischen Franziskaners († um 1265), erzählt auf der Basis beachtlicher Quellenkenntnis und Belesenheit nach Dares und Dictys die Geschichte des trojanischen Krieges (der Titel ist irreführend, die Troilus-Briseis-Geschichte fehlt sogar). Die moralisierende Tendenz, die Anklage gegen Helena und Paris verbinden den Text mit den mittellateinischen Vorgängern. Die Zeit für derartige Antikendarstellung dürfte im 13. Jahrhundert freilich schon vorbei gewesen sein.

Benoîts ›Roman de Troie‹ scheint an den ›Roman d'Énéas‹ anzuschließen, eine Verbindung beider Romane und Stoffe ist aber nicht vorhanden. Der deutsche Bearbeiter von Benoîts Trojaroman, Herbort von Fritzlar, versteht hingegen sein ›Liet von Troie‹ ausdrücklich (v. 17381) als Ergänzung von Heinrichs ›Eneide‹. Der Trojanerkrieg ist auch in der einzigen vollständig erhaltenen Handschrift (UB Heidelberg, cpg 368) mit dem Aeneasroman gemeinsam überliefert. Ferner verdankt sich Herborts Werk demselben Mäzen wie die ›Eneide‹, dem nunmehrigen (1190–1217) Landgrafen Hermann von Thüringen. Verwandt ist schließlich auch die Problemlage: Genealogisches Trojadenken und dessen Zusammenhang mit der Romideologie lassen einen historisch-politischen Roman mit aktualisierenden Tendenzen und deutlicher Parteinahme für die Voreltern, die Trojaner, erwarten. Aber im ›Liet von Troie‹ findet sich nichts dergleichen. Ja mehr noch: Herbort verlagert seine Sympathien im Gegensatz zu seiner Quelle, dem französischen Troiaroman, verstärkt auf die Griechen. Hektor bleibt zwar der große, bewundernswerte Held der Troianer, aber Achill ist nicht mehr wie bei Benoît ein heimtückischer Mörder, sondern sein ebenbürtiger, ja überlegener Gegner.

Die kämpferische und ethische Gleichwertigkeit beider Helden zeitigt dabei einen erstaunlichen Effekt: Herbort nähert sich in Ansätzen der homerischen Tradition mit ihrem Antagonismus der beiden Helden(typen). Hektors Endkampf wird wieder zu einem thematischen Zentrum des Stoffes und gewinnt etwas von seiner ursprünglichen tragischen Substanz wieder. Insgesamt tendiert Herbort zu einer logischen Straffung der Handlung. Schlachten werden realistisch, ja naturalistisch geschildert; Frauen werden mit ironischem Vorbehalt, mitunter sarkastischem Humor gezeichnet. Herbort ist sicher weniger »höfisch« als der Dichter der ›Eneide‹. Der Verzicht auf die Preziosität des französischen Antikenromans läßt die historische Dimension des Stoffes deutlicher aufleuchten, aber nicht als feudal aktualisierte Historizität, sondern im Bewußtsein des historischen Abstands. Diesen Tendenzen der Stoffbearbeitung entsprechen auch Herborts Selbstaussagen im Prolog: Freie Disponierbarkeit des Stoffes ist dem Dichter zugestanden, wenn er im Rahmen der Wahrheit bleibt. Herbort versteht sich im Prolog als notwendiges Glied einer Reihe von Vermittlern literarischen Bildungsgutes (*translatio*!).

Ein Trojanerkrieg von Rudolf von Ems wird von diesem selbst zwar erwähnt, ist aber nicht erhalten. So setzt sich für uns die literarische Tradition des Trojastoffs mit Konrad von Würzburg († 1287) fort, der in seinen letzten Lebensjahren auf Anregung des Basler Domkantors Dietrich sein Riesenwerk in Angriff nahm. Der Tod scheint ihn an der Durchführung seines gewaltigen Konzepts (mit 40425 Versen steht Konrad noch im ersten Teil der Trojageschichte!) gehindert zu haben.

Konrads Quelle ist der Roman des Benoît, aber dem gelehrten Dichter stehen auch Dares und das ›Excidium Troiae‹, die ›Achilleis‹ des Statius und Ovid (›Metamorphosen‹, ›Heroiden‹) zu Gebote. Diese verschiedenen Quellen werden freilich nicht integriert, sondern in subtiler Kompositionstechnik mit klugen Übergängen addiert. Konrad beginnt mit dem Traum Hekubas und der Aussetzung des Paris. Dann folgen die Hochzeit der Thetis, das Urteil des herbeigeholten Knaben Paris und die Rückkehr des Paris nach Troja. Es schließt sich die Jugendgeschichte Achills an, unterbrochen durch die Argonautenfahrt und die erste Zerstörung Trojas durch Hercules. Neuaufbau Trojas und Helenaraub leiten zur Hauptgeschichte über, dann folgen die ersten Kriegshandlungen vor Troja und die Herbeischaffung Achills, der in Mädchenkleidern in Skyros lebt. Mitten in den weiteren Kämpfen vor Troja bricht der Text ab. In 10000 Versen hat ein Unbekannter nach Dictys die Geschichte (mit deutlicher Abwertung Achills) zu Ende geführt.

Konrad zielt in erster Linie auf Vollständigkeit des Stoffes ab. Hat er Herborts Text gekannt? Wie Herbort liefert Konrad keinen Anhaltspunkt dafür, daß er sein Werk in den ideologischen Kontext der mittelalterlichen Trojagenealogien eingebettet wissen wollte. Wie Herbort scheint er von einer Bildungsidee her motiviert. Aber Konrad will nicht einfach als Wissensvermittler die »Geschichte der Geschichten« (vgl. v. 235) wahrheitsgetreu darbieten. Er zeigt auch Distanz zu seinem Stoff, verfügt über ihn. Konrad beruft sich auf sein Dichteramt und auf die Inspiration. Damit ist ein Auftrag gemeint, der auf die Vermittlung einer »höheren Wahrheit« abzielt, wie sie nur dem Dichter verfügbar ist. Und natürlich auf die ästhetische Qualität. Darin ist Konrad unbestritten ein Meister. Hinsichtlich der Sinngebung des Stoffes liegen die Dinge problematischer, da geht die bei Herbort angepeilte Größe des Hektor-Achill-Konfliktes sichtlich wieder verloren, ebenso Herborts recht lebendiger Realismus und Humor. Aber Konrad scheint Sinngebung und Integration auch nicht anzustreben. Er hält Abstand zu seinen Gestalten und unterlegt ihnen zugleich seine, des Dichters Reflexionen. Konrad hat eine Vorliebe für Schmuck und Prunk; er psychologisiert ausgiebig Charaktere und Liebessituationen, aber diese Psychologisierung zielt nicht auf epische Individualität. Idealisierung und das Pathos einer perfektionierten Erzählkunst geben keinen Raum für eine universale, tragische Geschichtsrealität, sondern wirken aus sich selbst. Ulrich Fuetrer hat Konrads ›Trojanerkrieg‹ bearbeitet und in sein ›Buch der Abenteuer‹ (1473) hineingenommen. Auf Konrad greifen auch die spätmittelalterlichen Prosaromane von Troja zurück, ebenso ein oberdeutscher Prosaauszug des 15. Jahrhunderts.

Besondere Rätsel gibt der sog. ›Göttweiger Trojanerkrieg‹ auf. Der Text könnte zwischen 1270 und 1300 in der Nordschweiz entstanden sein. Das läßt an Bezüge zu Konrad denken. Aber solche lassen sich (derzeit) nicht mit Sicherheit behaupten, denn Gemeinsamkeiten können auch aus gemeinsamen Quellen (bes. ›Excidium Troiae‹) resultieren. Die literarischen Beziehungen werden auch dadurch nicht vereinfacht, daß ein kurzes, anonymes Trojagedicht aus einer Basler Hs. der Weltchronik des Eike von Repgow (1. Hälfte des 15. Jahrhunderts) in diesen literarhistorischen Zusammenhang (Ähnlichkeiten mit dem Göttweiger Text!) gehören dürfte.

Die Frage, was zu einer Konzentration des Stoffes in der Nordschweiz des späten 13. Jahrhunderts geführt haben mag, tritt freilich zurück, solange der Göttweiger Trojanerkrieg als solcher ein interpretatorisches Problem ersten Ranges bleibt. Der Dichter macht Paris zum langjährigen Minnediener Helenas am Hof Agamemnons, der hier als schwächlicher Vater einer unverheirateten Helena figuriert; Medea wird zur Schwester des Hercules und heilt vor Troja den Ajax, Jason besiegt als Ritter der Griechen den Minotaurus und ist somit eigentlich Theseus, Trojas Fall wird (möglicherweise) zweimal erzählt, Helena heiratet nach dem Fall Trojas einen König von Persien usw. Vor allem aber erleben Paris, Hektor und andere Helden Abenteuer in Serie, sei es nach dem Muster des Artusromans, sei es nach Art der Herzog-Ernst-Tradition. Die »Arthurisierung« eines Stoffes der Antikenmaterie verdient einiges Interesse, und einige Neugier sollte die Frage wecken, ob die Abweichungen von der Stofftradition Ergebnis einer (m. E. erstaunlichen) Unbildung sind, oder einem (geglückten oder mißlungenen) Plan entspringen.

Ein besonders eigenwilliges Werk ist auch ein mittelniederländischer Text aus dem 13. Jahrhundert: ›Het Prieel van Troyen‹ des Segher Dieregotgaf. Im ersten Teil wird der Trojaroman hier vollends zum Minneroman. In idealisierter Umgebung werden im belagerten Troja drei Minnepaare vorgeführt. Erst im zweiten Teil (Hektor und Achill treiben die Helden zum Kampf an) und in der abschließenden Auseinandersetzung zwischen Hektor und Achill ist der Krieg das Thema. Benoît steht hier Pate.

Nicht nur Herborts und Konrads Trojanerkriege beruhen auf dem Roman des Benoît. Der ›Roman de Troie‹ (39 Handschriften) machte in ganz Europa Schule. In Frankreich wurde er zu Beginn des 13. Jahrhunderts von Jean Malkraume und dann in verschiedenen Prosafassungen bearbeitet. In England bildete er (neben Dares) die Hauptquelle des romanzenhaften Gedichts ›The Seege or Batayle of Troye‹ aus dem beginnenden 14. Jahrhundert (2000 Verse), das in der Handschrift als Vorspann zu Geoffreys von Monmouth ›Historia regum Britanniae‹ dient. Der Flame Jacob von Maerlant (ca. 1235–1288) bleibt in den ca. 40000 Versen der ›Historie van Trojen‹ (um 1260) nach Benoîts Vorbild bei einem höfischen Abenteuerroman, will aber doch auch ein getreues Bild der vergangenen Geschehnisse zeichnen. Italien steuert in der Prosaversion der fragmentarisch überlieferten (florentinische Handschrift, 13. /14. Jahrhundert) ›Istorietta Troiana‹ und in einer Prosaversion von Binduccio dello Scelto – einer Vorlage von Boccaccios ›Filostrato‹ (ca. 1322) – seinen Beitrag zur Benoît-Rezeption bei. Spanien bietet eine ›Historia troyana polimetra‹ (13. Jahrhundert), in Prosa im 14. Jahrhundert nachgebildet.

Die folgenreichste Bearbeitung Benoîts stellt die ›Historia destructionis Troiae‹ des Sizilianers Guido de Columnis (delle Colonne) von 1287 dar. Guido nennt Benoît überhaupt nicht und bezeichnet Dares und Dictys (den er nicht benutzte) als seine Vorlagen. Ihm geht es mit allem Nachdruck um das, was für ihn die historische Wahrheit darstellt. Er leistet Gelehrtenarbeit, bietet den Stoff in komprimierter, geschlossener Form und bereichert ihn durch moralische Betrachtungen. Heftige Polemiken gegen Homer unterstreichen Guidos Anliegen. Dieses ist gleichwohl nicht wissenschaftlich, sondern politisch. Bei Guido tritt jener politische Aspekt des Trojastoffes deutlich hervor, den die ritterlichen Romane so stark vermissen lassen: Troja als Wiege vieler europäischer Völker, als Ursprung und Vorbild Roms. Dem entsprechen die gezielte Aufwertung der Trojaner und die negative Zeichnung Achills. Der historische Anstrich und die politische Intention von Guidos Text bescherten ihm einen durchschlagenden Erfolg – der freilich eine Zeitlang auf sich warten ließ. Nur ins Italienische wurde der lateinische Text im 14. Jahrhundert übersetzt: 1324 von Filippo Ceffi in Florenz, 1333 von Mazzeo Bellebuoni in Pistoia, ferner mehrere anonyme Übersetzungen. In Deutschland übertrug als erster Hans Mair aus Nördlingen (1392) Guidos ›Historia‹ in Prosa und entkleidete sie des rhetorischen und gelehrten Beiwerks, 1436 folgte Heinrich Gutevrunt von dem Brunswick; sechs verschiedene anonyme deutsche Guido-Fassungen scheinen ins 15. Jahrhundert zu gehören. Die beiden Versionen des ›Buchs von Troie‹ (um 1400?) verwenden Guidos Text nur für den Abschlußteil, im ersten Abschnitt folgen sie Konrads Trojanerkrieg. Auf Guidos Vorlage gehen auch ein niederdeutsches (›Historie von der verstorynge der stat Troye‹ 1478) und ein niederländisches »Volksbuch« (1451 Antwerpen) zurück. (Direkt auf Dares fußt hingegen die Prosa des Hektor Mülich aus Nördlingen von 1458.)

In Frankreich wurde Guido zur Grundlage für ein Drama des gelehrten Jacques Millet (ca. 1425–1466, im Dienste Charles' VII.), ›L'istoire de la destruction de Troy la Grant‹ (1450–52), das große Verbreitung erlangte. Und am Hof Philipps des Guten von Burgund schrieb der burgundische Beamte und Chronist Raoul Lefèvre (1395/6–1468) für den Fürsten seinen ›Recueil des histoires Troyennes‹ (1464) nach Guidos Vorbild. Lefèvres Werk ist die Grundlage für die niederländische ›Vergaderinge der historien van Troyen‹ (1485) und die ›Historie van den vromen ridder Jason‹. In England wurde Lefèvres Text um 1471 von William Caxton (1422–91) übersetzt (als erstes englisches Buch 1475 in Brügge gedruckt), aber schon früher verfaßte der Mönch und Hofdichter John Lydgate (ca. 1370 – ca. 1450) sein monumentales ›Troy Book‹ (ca. 30000 Verse) im Auftrag des Prinzen Heinrich (V.). Lydgate betonte Guidos Wahrheitsanspruch und weitet seine moralisierenden und belehrenden Exkurse aus. Das ›Troy Book‹ wird zu einem Kompendium des Wissens. Seine Funktion entspricht ebenfalls Guidos Absichten: Das Werk ist als Vorgeschichte der trojanischen Besiedlung Englands zu den Werken Geoffreys of Monmouth und Waces gedacht. Noch ins 14. Jahrhundert gehören die ›Seege of Troy‹ und das ›Laud Troy Book‹, ferner die großangelegte ›Gest Historiale of the Destruction of Troy‹. Daß Guido auch in Skandinavien (schwedische Übersetzung 1529) und in den slawischen Sprachen seine Bearbeiter fand, sei nur erwähnt.

Eine stoffgeschichtliche, und das muß heißen geistes- und kulturgeschichtliche, Bewertung dieses gigantischen Materials der mittelalterlichen Trojageschichten steht noch aus. Die großen Linien sind zwar deutlich: Rückgriff auf die »Augenzeugenberichte« des Dares und des Dictys, Nichtbeachtung von Homers Text, mittelalterliche Kostümierung, (beschränkte) Parteinahme für die Trojaner, verstärkte Betonung der Liebeskonflikte, negative und misogyne Züge im Helenabild. Aber die Formbarkeit und Vielschichtigkeit des Stoffes erfordern noch in vielem eine eingehendere Untersuchung.

Ein spezifisch mittelalterlicher Beitrag zur Trojasage, die Troilus-Briseis-Geschichte, sei noch erwähnt. Sie weist eine besondere Tendenz zur Verselbständigung auf. Benoît hat sie im wesentlichen erfunden, Guido de Columnis besonders verbreitet. Seither fehlt sie in keiner Trojaerzählung. Boccaccio wandelt in seinem Versepos ›Filostrato‹ (1338) die Geschichte (nach Benoît und Guido in der Übersetzung Binduccios) mit eigenen Erlebnisbezügen ins Sentimentale, Chaucer verfaßte nach Boccaccios Vorbild seinen Minneroman ›The Book of Troilus and Cryseide‹ (ca. 1385), zugleich ein Exemplum für die Brüchigkeit der Welt. Über den französischen Guido-Bearbeiter Raoul Lefèvre und dessen englische Übersetzer gelangte die Geschichte schließlich an Shakespeare. Doch das ist nur ein (kleiner) Teil des trojanischen Stoffkomplexes.

4. Die Stoffe des griechischen Epenzyklus: Argonauten, Hercules, Atriden, Odysseus, Theseus

Konrad von Würzburg verglich zu Recht die Geschichte von Troja mit einem unendlichen Strom, in dem ein Berg versinken kann (v. 222ff.). Schon zu Homers Zeiten gerieten die meisten der heroischen Sagenkreise der Griechen in den Sog des Kampfes um Troja. Die kyklischen Epen geben davon Zeugnis. Hierzu gehört der Thebenstoff (›Thebais‹, ›Oidipodeia‹, ›Epigonoi‹, ›Alkmaionis‹) ebenso wie die Geschichte der Heimkehrer Agamemnon (›Nostoi‹) und Odysseus (›Odyssee‹, ›Telegonia‹), die Heraklesgeschichte (in der schwer greifbaren ›Herakleis‹) und die des Theseus (›Theseis‹), wahrscheinlich auch die der Argonauten. Dem Mittelalter waren diese kyklischen Epen nicht bekannt. Aber es kannte die Stoffe durch die kompilatorischen Darstellungen des Dictys und des Dares.

Der Bericht des Dares beginnt mit dem (sehr vereinfachten) Argonautenzug, berichtet dann von einer ersten Zerstörung Trojas durch Hercules und kommt dann erst zum eigentlichen trojanischen Krieg. Auf diese Weise – und nicht durch die kaum verbreitete ›Argonautica‹ des Valerius Flaccus (Fragment, 1. Jahrhundert n. Chr.) – gelangte der Stoff ins Mittelalter und wurde zu einem festen Bestandteil der Trojaromane. Das tragische Schicksal der Medea fiel dabei weg, die Dramen eines Euripides oder Seneca waren nicht bekannt. Ovid konnte aber die Geschichte liefern (besonders zwei Briefe in den ›Heroiden‹). Konrad von Würzburg machte davon Gebrauch und erzählte nach Ovids ›Metamorphosen‹ auch noch die Rache Medeas an Jason. Das Thema taucht auch bei Potter, Gower und Lydgate und in einer venezianischen Version auf. Im späten Mittelalter erlebte der Argonautenstoff eine seltsame Aktualisierung: Philipp der Gute von Burgund stiftete 1430 den Orden vom Goldenen Vließ, der zum Hausorden der Habsburger und (über Spanien) der Bourbonen werden sollte. In seinem Auftrag verfaßte Raoul Lefèvre einen Jason-Medea-Roman. Caxton brachte die ›History of Jason‹ 1477 in England heraus.

Durch den Argonautenzug und die erste Zerstörung Trojas kommt bei Dares auch der Hercules-Gestalt einige Bedeutung im Rahmen der Trojageschichte zu. Von dessen großen Taten (vor allem den 12 Arbeiten, dem Dodekathlos) wird freilich nichts verlautet, auch nichts von Hercules' Wahnsinnsanfall oder seinem Tod durch das vergiftete Hemd des Nessus. Doch Ovid konnte auch hier als Übermittler dienen, und schon Notker kannte einzelne Herculestaten aus Boethius' ›De consolatione philosophiae‹. Eine Sequenz (›Olim sudor Herculis‹) und ein Gedicht des Ausonius über die 12 Taten des Hercules finden sich in den ›Carmina Burana‹ (Nr. 63 und 64). Auch hier war es Konrad von Würzburg, der über die Quelle hinaus von Hercules berichtete: v. 37875 ff. läßt er Philoktet vom Nessuskampf und vom anschließenden Ende seines Vaters erzählen. Keinen poetischen Niederschlag fand zunächst die auf Prodikos zurückgehende Moralisierung des Hercules (»Hercules am Scheideweg«), die aber die Basis für die Verchristlichung des Helden (als Bild des Samson oder in Annäherung an Christus) bei den Kirchenvätern bildete. In Spanien führte diese Thematik 1417 zu literarischer Ausgestaltung: Enriques de Villena Roman ›Los doze trabajos de Hércules‹. Der italienische Humanist Lino Coluccio dei Salutati († 1406) schrieb ein Werk ›De laboribus Herculis‹.

Als »Ableger« der Hercules-Sage kann die Geschichte seiner Zeugung gelten: der Amphitryon-Stoff. Eine lateinische Commedia des 12. Jahrhunderts, die ›Geta‹ (532 Verse) des Vitalis von Blois, verarbeitet diese Geschichte nach dem Vorbild des Plautus. Haupttendenz ist dabei ein satirischer Angriff auf die Scholastik. Im 14. Jahrhundert verfaßte Eustache Deschamps (1346–1407) einen ›Traité de Geta et d'Amphytrion‹, und John Gower (ca. 1330–1408) schrieb ›Of Geta and Amphitrione‹.

Das Schicksal des Atridenhauses (Iphigenie, Agamemnons Tod, Orests Rache, Elektra, Orest und Hermione) konnte das Mittelalter dem Dictys entnehmen, zudem gehört Agamemnon wie Menelaos und Helena zum zentralen Bestand der Trojasage. Entsprechend werden diese Stoffbereiche in den mittelalterlichen Trojatexten auch immer behandelt. Die Frühgeschichte des Atridenhauses (Tantalus, Atreus und Thyestes) scheint hingegen kaum rezipiert worden zu sein. Das mag mit der Unkenntnis der griechischen Tragiker zusammenhängen. Die Atreus-Thyestes-Geschichte wird allerdings in Heinrichs von dem Türlin ›Crône‹ (Anfang des 13. Jahrhunderts; v. 11596f.) erwähnt.

Zum festen Bestand der Trojageschichte gehört auch Ulixes. Homers ›Odyssee‹ war dem Mittelalter weder im Original noch in der lateinischen Übersetzung des Livius Andronicus (285–204 v. Chr.) zugänglich. Aber sein Schicksal war im wesentlichen bekannt: durch den Bericht des Dictys und durch Ovid. Entsprechend zahlreich sind die Erwähnungen einzelner seiner Abenteuer und seiner Heimfahrt. Sein Tod und die Versöhnung seiner beiden Söhne bilden (nach Dictys) häufig den Abschluß von Trojaromanen. Eine eigenständige Dichtung im Sinne der ›Odyssee« scheint es nicht gegeben zu haben. Standen dem die Allegorisierungstendenzen im Wege? Besonders in der Sirenenepisode galt Odysseus als Christus (am Kreuz-Mastbaum des Schiffes) oder als Bild des Menschen, der den Verlockungen der Welt (Sirenen) widersteht. Auf der anderen Seite konnte Ulixes (wie schon in der Antike) als verschlagener Ränkeschmied gesehen werden.

Lockerer ist die Verbindung der Trojasage mit der Theseussage. Meiner Kenntnis nach wird Theseus nur im ›Göttweiger Trojanerkrieg‹ in trojanischem Zusammenhang erwähnt. Der Held, er trägt hier den Namen Jason, steht auf griechischer Seite; erzählt wird die Besiegung des Minotaurus, und kurz erwähnt sind die Geschichten von Ariadne (sie heißt hier Meirra) und Phaedra. Stärker ist die Verbindung des Theseus zum thebanischen Sagenkreis, in dem der athenische Held zuletzt als Besieger des Creon auftritt. Verbindungen gibt es auch zum Hercules- und zum Argonautenstoff. So kann auch die ›Thebais‹ des Statius als Stoffquelle für die Theseussage gelten. Die Theseus-Geschichte erlangte auch einige Verbreitung. Boccaccio schrieb 1339/40 seine ›Teseide‹, die das Muster für Chaucers ›Palamon and Arcite‹ bildete, die Chaucer später als ›Knight's Tale‹ den Canterbury-Geschichten einfügte. Die Theseus-Ariadne-Geschichte wird mehrfach als Liebesexempel behandelt (Chaucer, Gower, Guillaume de Machault), und umfassend ist die Theseussage in Lydgates ›Fall of Princes‹ und Caxtons Trojabuch behandelt.

Die um den Trojastoff herumgelagerten heroischen Stoffe der alten Griechen haben mit wenigen Ausnahmen keine selbständige literarische Form erhalten. Sie dienen der Abrundung des trojanischen Stoffkomplexes und unterstreichen damit den kompilatorisch-historiographischen Charakter der mittelalterlichen Trojanerkriege. Zugleich aber werden viele dieser Stoffe, wie auch der Trojastoff selbst, in einzelne Elemente zerlegt und finden dann Eingang in Erzählsammlungen, Exempelreihen u. ä. Der moralisch-didaktische Duktus überwiegt dabei, allegorische Ausdeutung kommt dazu. Thematisch stehen die Liebesgeschichten in der ersten Reihe. Was hingegen verloren geht, ist jener Bereich, der die neuzeitliche Antikenrezeption so nachhaltig beeinflußt hat: die dramatisch-tragische Komponente dieser Stoffe.

IV. ANTIKE ROMANSTOFFE: ALEXANDER DER GROSSE

1. Die Quellen des Alexanderstoffes und die mittelalterliche Alexanderliteratur

Als Alexander der Große im Jahre 323 v. Chr. 33jährig starb, hatte er das mächtige Perserreich des Dareios erobert, sein Heer bis nach Indien geführt, hatte versucht, die Gleichberechtigung der Völker seines Reiches durchzusetzen, hatte zahlreiche Städte gegründet und war im Begriff, auch den Westen der bekannten Welt zu erobern. Mit diesem großen Werk eines kurzen Lebens errang Alexander auch einen Platz in einer jahrhundertelangen umfangreichen und vielgestaltigen Literaturtradition.

a) Historische Quellen und ihre Tradition

Schon Alexanders General Ptolemaios († 285 v. Chr.) versuchte, ein literarisches Bild des Welteroberers zu zeichnen, Kleitarchos (um 300 v. Chr.) schrieb Alexanders Geschichte, und die Römer Cornelius Nepos (100–24 v. Chr.), Plutarch (45–125) und Justin (in der Epitome des Pompeius Trogus) folgten. Unter Augustus verfaßte Curtius Rufus um 50 n. Chr. seine romanhaften ›Gesta Alexandri magni‹, die eine maßgebliche Quelle mittelalterlicher Alexanderdarstellungen werden sollten. Vor allem das große lateinische Hexameterepos des Walther von Châtillon (um 1180) fußt auf dieser Quelle, und auf Walthers Epos beruhen Ulrichs von Etzenbach ›Alexander‹, der spanische ›Libro de Alexandre‹, die altnordische ›Alexanders saga‹, die tschechische ›Alexandreis‹ und Jacobs von Maerlant ›Alexanders geesten‹ (alle 13. Jahrhundert). Curtius ist ferner eine Hauptquelle für den ›Alexander‹ des Rudolf von Ems. 1468 übersetzte Vasco da Lucena in Burgund den Text des Curtius ins Französische. – Auch die christliche Geschichtsschreibung steht nicht abseits: u. a. geht der Augustinus-Schüler Paulus Orosius (Anfang 5. Jahrhundert) in seiner Universalgeschichte (›Historiae adversum paganos‹ III 12 ff.) ausführlich und polemisch-kritisch auf den Makedonenkönig ein. Orosius' Werk hatte eine ungeheure Nachwirkung (u. a. Ekkehard von Aura, Otto von Freising, ›Sächsische Weltchronik‹, Jakob Twinger von Königshofen).

b) Der griechische Alexanderroman und sein Nachleben

Die historiographische Beschäftigung mit Alexander geriet von Anfang an ins Hintertreffen gegenüber einer romanhaften Ausgestaltung eines abenteuerlichen Alexanderlebens. Sammelpunkt verschiedener mündlicher und schriftlicher Traditionen wurde der spätantike Alexanderroman (Pseudo-Kallisthenes) aus dem 3. Jahrhundert n. Chr. Das Werk reicht in seinen Grundlagen in ältere Zeit zurück, hat aber in den ältesten uns zugänglichen Überlieferungen häufig eine Gruppe von unabhängigen Schriften aufgenommen, die man als ›Indische Traktate‹ bezeichnet: einen Reisebericht über Indien (›Commonitorium Palladii‹), einen Traktat des Brahmanenkönigs Dindimus über die Brahmanen, einen Briefwechsel Alexanders mit Dindimus und einen Brief Alexanders an Aristoteles über die Wunder Indiens. – Der Erfolg dieses Alexanderromans war gewaltig. (Angeblich existieren über 160 von ihm abhängige Alexanderdichtungen.) Der Roman lebte im griechischen Osten weiter, fand seinen Weg nach Armenien, Persien, Syrien, Arabien, Aethiopien, zu Türken und Mongolen und er ist in jeder europäischen Literatur vorhanden.

Basis für die abendländische Verbreitung des Textes sind zwei lateinische Übersetzungen: die des Römers Julius Valerius (um 320 n. Chr.), von der eine Epitome zum verbreitetsten Alexandertext des Mittelalters wurde (›Zacher-Epitome‹), und die des neapolitanischen Archipresbyters Leo von Neapel (951–968). Leos Übersetzung (›Nativitas et victoria Alexandri Magni regis‹) wurde erweitert, und diese erweiterte Fassung (›Historia de preliis‹) liegt in drei Redaktionen vor: I^1 (11. Jahrhundert) in 18 Handschriften; I^2 (12. Jahrhundert) in 42 Handschriften, I^3 (um 1200) in 45 Handschriften. Die Redaktion I^3 wurde 1236 von Quilichinus von Spoleto in lateinische Distichen übertragen.

Die volkssprachliche Rezeption des Alexanderstoffes beginnt im Mittelalter mit dem ›Roman d'Alexandre‹ eines Alberic von Pisançon (Besançon?) im ersten Drittel des 12. Jahrhunderts. Er beruht auf der Vorlage des Julius Valerius und der ›Historia de preliis‹ (I^1), daneben ist Curtius herangezogen. Zwischen 1160–65 entstand der altfranzösische ›Alexandre décasyllabique‹, der neben anderen Alexandertexten der Zeit die Grundlage für den großen ›Roman d'Alexandre‹ (über 20000 Verse) bildet, den Alexandre de Bernay (de Paris) nach 1177 zusammenstellte. Die große Beliebtheit dieses Werkes führte zu zwei Fortsetzungen (Jean de Nevelon und Gui de Cambrai) sowie Einschüben, und noch im 15. Jahrhundert entstanden zwei Prosaauflösungen, eine von Jean Wauquelin (vor 1448) am Hofe Philipps von Burgund. – Im 13. Jahrhundert wurde zudem die Redaktion I^2 der ›Historia de preliis‹ in französische Prosa übertragen, und eine Prosavita Alexanders findet sich in der ›Histoire ancienne jusqu'a Cesar‹ (1206–1230).

In England verfaßte in der 2. Hälfte des 12. Jahrhunderts Thomas von Kent den anglonormannischen ›Roman de Toute Chevalerie‹ nach der Zacher-Epitome und wurde zur Quelle des mittelenglischen ›Kyng Alisaunder‹ (Versromanze, vor 1330). Aus der Zeit 1340–1370 stammen zwei Fragmente von englischen alliterierenden Alexandergedichten nach der ›Historia de preliis‹ (I^2), aus dem 15. Jahrhundert zwei Redaktionen von I^3 (›Thornton-Alexander‹ und die ›Wars of Alexander‹). Zwei umfängliche schottische Alexanderbücher beruhen auf dem französischen Alexanderroman (›Buik of Alexander‹ und Gilbert Hays ›Buik of Alexander‹, 15. Jahrhundert). – Skandinavien kennt neben einer isländischen Übersetzung der ›Alexandreis‹ Walthers von Chatillon, der ›Alexanders saga‹ (13. Jahrhundert) eine schwedische Knittelversfassung von I^2 (›Konung Alexander‹, um 1380). – In den Niederlanden schrieb 1256–1260 Jacob von Maerlant seine ›Alexanders geesten‹ nach Walther von Chatillon, ein ›Roman van Cassanus‹ beruht auf französischer Vorlage; Verbreitung erlangte Alexanders Geschichte vor allem in der erbaulichen Literatur (›Seelentrost‹, Historienbibeln), und eine ›Historie van Alexander‹ wurde 1477 das erste gedruckte weltliche Buch der Niederlande. – Italien kennt eine Prosaversion von I^2 aus dem 14. Jahrhundert (›I nobili fatti d'Alessandro Magno‹, Fragment) und eine Reihe von Bearbeitungen der ›Historia‹-Fassung I^3: die erfolgreiche Reimübersetzung der ›Alessandreida in rima‹ (ca. 1430), die oft gedruckte Prosafassung des ›Libro del Nascimento‹ (15. Jahrhundert), vier anonyme Prosaübersetzungen. Das Werk des Quilichinus (nach I^3) wurde von Domenico Scolari als ›Istoria Alexandri regis‹ im 14. Jahrhundert in italienische Verse übertragen. – Der spanische ›Libro de Alexandre‹ nach Walthers Epos, nach dem französischen Alexanderroman und nach der ›Historia de preliis‹ (I^2) markiert einen wichtigen Punkt in der spanischen Literaturgeschichte. – In Spanien und in Süditalien sind auch mehrere hebräische Fassungen der Alexandergeschichte beheimatet, die auf der ›Historia de preliis‹ beruhen. – Unter den slawischen Fassungen ragt besonders eine tschechische ›Alexandreis‹ (um 1300) hervor. Daneben stehen verschiedene Übertragungen der ›Historia de preliis‹ (tschechisch, polnisch, russisch). Die slawische Alexanderdichtung steht z. T. unter dem Einfluß byzantinischer Vorlagen, die in diesem Zusammenhang nicht zu erörtern sind.

Der ungeheure Erfolg des Alexanderromans verdankt sich sicherlich zu einem guten Teil seinem kolportagehaften Charakter. Sensationelles wechselt mit Intimem, trockener Bericht mit phantastischer Wundererzählung. Alexander wird gleichermaßen ins Phantastische entrückt, wie er aus der Nähe gesehen wird. Direkter Zugang zu einem Großen der Weltgeschichte – damit verbindet sich auch die Frage nach Wesen und Grenzen menschlicher Macht: Das Thema des »besiegten Siegers« (*victor victus*) ließ sich in Alexanders frühem Tod fassen. Die Grenzen von Alexanders Machtstreben zeigten Greifenflug und Tauchfahrt auf. Doch sie sind zugleich Ausdruck des Wissensdurstes jenes Herrschers, der Aristoteles zum Lehrer hatte, der mit den Philosophen Athens ebenso disputierte wie mit den weisen Brahmanen. Letztlich zielt der Alexanderroman in all seinen Filiationen doch auf eine Verherrlichung Alexanders ab. Die Liste seiner Tugenden ist eindrucksvoll: Mutterliebe, Großmut, Selbstbeherrschung, Gerechtigkeit, List usw. Alexander steht als idealer Herrscher da, und seine Schwächen demonstrieren nur seine Menschlichkeit. Gerade das machte wohl einen der Reize des Romans aus.

Schließlich ließ sich der Alexanderroman auch als Reiseroman und als Enzyklopädie lesen. Der Eroberer und Entdecker wird zum naturwissenschaftlichen Gewährsmann, und seine Erfahrungen finden in einschlägiges Schrifttum Eingang, von Plinius über Solinus bis zu Isidor von Sevilla und dann zu Vinzenz von Beauvais.

c) Alexander in theologischer und moralischer Sicht

Die spezifische Qualität des griechischen Alexanderromans und auch der stärker historisierenden Tradition im Gefolge des Curtius Rufus reicht nicht aus, um das anhaltende Interesse des Mittelalters an Alexanders Biographie zu erklären.

Ein maßgeblicher Faktor mittelalterlicher Alexanderrezeption ist sicherlich die Tatsache, daß Alexander Eingang in die jüdisch-christliche Tradition der Bibel gefunden hat. Dem Propheten Daniel ist Alexander der Begründer und Beherrscher des dritten der vier Weltreiche und damit Werkzeug Gottes für die heilsgeschichtliche Gestaltung des weltgeschichtlichen Ablaufs. Zugleich ist er Träger eines jener Weltreiche, die späteren Auslegern als Symbole diesseitiger Macht gelten konnten. Nach I Makkabäer I 1–10 ist Alexander der Vernichter der zweiten, der persischen Monarchie, er ist der Welteroberer, dessen Herz übermütig wurde, vor allem aber ist er der Vorläufer des Judenunterdrückers Antiochus IV. (Epiphanes). Besonders Orosius zielt in diese Richtung. Damit kann Alexander für die mittelalterliche Auslegung zum Vorläufer des Antichrist, ja sogar zum Abbild des Teufels werden. Neben solch allegorischer Geschichtssicht (im Mittelalter etwa bei Hugo von St. Victor, Gottfried von Admont, Rupert von Deutz) existiert aber auch eine stärker historische Betrachtung, so etwa bei Hrabanus Maurus, Hildebert von Lavardin oder bei Petrus von Riga. Trotz mancher Rechtfertigungsversuche, trotz des Eindringens positiver Alexanderzüge übte aber das negative Alexanderbild des Paulus Orosius nachhaltigen Einfluß aus.

Neben der kritischen biblischen Überlieferung kannte die jüdische Tradition aber auch eine positive Einschätzung des Vorläufers des Antiochus. Der hellenisierte Jude Flavius Josephus (geb. 37/38 n. Chr.) berichtet, daß Gott das Pamphylische Meer für Alexanders Heer teilte. Alexander erscheint als das Werkzeug Gottes. Josephus läßt Alexander auch nach Jerusalem kommen und dem Judengott seine Reverenz erweisen. Diese Episode findet Eingang in einzelne Fassungen des antiken Alexanderromans und der ›Historia de preliis‹ und wird durch die ›Historia scholastica‹ des Petrus Comestor († ca. 1179) zusätzlich verbreitet. Bei Josephus findet sich auch die Grundlage für die Sage, Alexander habe die apokalyptischen Völker Gog und Magog hinter dem Kaukasus eingeschlossen, eine Geschichte, die durch die ›Revelationes‹ des Pseudo-Methodius (7. Jahrhundert n. Chr.) eine große Popularität erlangte. Mit der Gog-Magog-Sage vermischte sich des öfteren die Nachricht, Alexander habe die zehn vertriebenen Stämme der Juden ebenda eingeschlossen. Durch diese Berichte wird Alexanders heilsgeschichtliche Rolle besonders unterstrichen.

Zu erwähnen ist ferner, daß Alexander im Mittelalter zum Gegenstand genealogischer Spekulationen wurde. Viele Völker leiteten ihre Herkunft von den Trojanern ab, die Sachsen sahen sich als Nachfahren des Alexanderheeres, und noch im 16. Jahrhundert tauchen derartige Spekulationen im slawischen Raum auf.

Schließlich ist da noch eine Fülle von moralisierendem, z. T. anekdotischem Material zu nennen, wie es sich etwa in den verbreiteten ›Gesta Romanorum‹ (um 1300) oder im ›Schachbuch‹ des Jacobus de Cessolis (13. Jahrhundert, 4 deutsche Fassungen) findet. Zu erwähnen sind auch die vielbehandelte Geschichte von ›Alexander und Anteloye‹ und die Wanderfabel von ›Aristotelis und Phyllis‹. Didaxe mischt sich in diesen Erzählungen mit unterhaltender Pointe im Dienste moralischer Anliegen.

Aus der Tradition des ›Babylonischen Talmud‹, aus der jüdischen Tradition somit, kam schließlich eine Erzählung ins Mittelalter, nach der Alexander auf seinen Eroberungszügen bis an die Mauern des Paradieses vorstieß und daran ging, das Paradies zu erobern. Der Versuch mußte scheitern, Alexander seine Überheblichkeit einsehen. Nach 1100 gelangte das Thema in einer lateinischen Fassung als ›Iter ad Paradisum‹ zu größerer Verbreitung. Die Geschichte fand Eingang in den ›Straßburger Alexander‹ (s. u.), wurde als ›Voyage au Paradis Terrestre‹ ins Französische übertragen und in den ›Roman d'Alexandre‹ aufgenommen. Aus dem Arabischen gelangten schließlich zwei Versionen der pseudo-aristotelischen ›Secreta Secretorum‹ in Spanien (Johann von Spanien, um 1125) und England (von Philipp von Tripoli, nach 1227) in die abendländische lateinische Literatur und erlangten große (auch volkssprachliche) Verbreitung (deutsche Prosaübersetzung durch Hiltgart von Hürnheim 1282). Eine deutsche Verarbeitung erfuhren diese brieflichen Belehrungen Alexanders durch Aristoteles im 14. Jahrhundert: ›Aristoteles Heimlichkeit‹. Ebenfalls der arabischen Tradition entstammen die ›Dicta philosophorum‹, kurze Viten alter Philosophen, die über eine spanische Übersetzung (13. Jh.) ins Latein kamen, aber erst im 15. Jahrhundert weitere Verbreitung erreichten. Dieser Text bot Alexander als Philosophenkönig.

2. Deutsche Alexanderdichtung

Um 1150 übersetzte der Moselfranke Lamprecht (Geistlicher aus Trier) den Alexanderroman von Albéric de Pisançon (um 1120 entstanden) ins Deutsche und wurde so zum Schöpfer des ersten deutschen Antikentextes. Lamprechts Werk ist in drei Fassungen überliefert: der Vorauer (1533 Verse), der Straßburger (7302 Verse) und der Basler (in der oben S. 261 erwähnten Handschrift von Eikes ›Weltchronik‹ mit 4743 Versen). Über das Verhältnis dieser Textfassungen ist ebenso viel diskutiert worden wie über die Frage des Umfangs von Lamprechts ursprünglichem Text. Der deutsche Autor übernimmt das *vanitas*-Motiv aus dem Prolog Albérics, verwendet es aber anders. Albéric hatte die Hoffnung zum Ausdruck gebracht, die Beschäftigung mit der *antiquitas* spende ihm den Trost, daß nicht alles in der Welt Eitelkeit (*vanitas*) sei (v. 5ff.). Bei Lamprecht dagegen ist der *vanitas*-Gedanke nur entweder als Prologtopos (Dichten als Heilmittel gegen die Eitelkeit der Welt) oder als Thema des Alexandergedichts (Alexanders Streben ist eitel) zu verstehen. Im Vorauer Text jedenfalls findet sich kein weiterer Hinweis auf das *vanitas*-Thema. Alexander ist wie in der französischen Vorlage vorbildlich, ideal. Wie dort wird die Nectanebusgeschichte als Lüge denunziert. Hier ist allenfalls eine Betonung der geistlichen Akzente zu beobachten: Alexander als Werkzeug, als Geißel Gottes, wie sie das Makkabäerbuch (v. 11f.), Daniel (v. 473ff.) und Historiker und Exegeten (Orosius, Hrabanus Maurus) vorgebildet haben. Die Annahme einer Verwandtschaft mit den Alexanderpassagen des ›Annoliedes‹ und der ›Kaiserchronik‹ liegt nahe. Vor allem aber endet der ›Vorauer Alexander‹ mit Alexanders Sieg über die Perser und dem Tod des Darius (von der Hand Alexanders!). Die Indienfahrt und Alexanders Tod fehlen. Dieser frühe Schluß könnte durchaus beabsichtigt gewesen sein, um den zentralen heilsgeschichtlichen Punkt des Alexanderlebens – die Ablösung des zweiten (persischen) Weltreiches durch das dritte der Makedonen – herauszustellen. Das einleitende *vanitas*-Motiv wäre dann freilich nicht das Thema für Lamprechts Alexanderleben. – Andererseits thematisiert der höfisch überarbeitete ›Straßburger Alexander‹ (ca. 1187) das *vanitas*-Motiv sehr deutlich, indem er als Abschluß der Indienfahrt den ›Iter ad Paradisum‹ hereinnimmt und auch an anderen Stellen (z. B. Tod des Darius, Gymnosophisten, Kandake, Höhlenorakel) darauf hinweist. Das könnte einen Bogen zum Prolog schlagen und den ›Vorauer Alexander‹ als Fragment erweisen. – Der ›Straßburger Alexander‹ zeigt aber in seiner Überformung auch »Verritterung« französischen Musters, Entfaltung der orientalischen Wunderwelt, Ansätze zu einer Minnehandlung (Kandake). Wie verträgt sich die positive Sicht des antiken Eroberers, Königs und Welterforschers mit den Zügen von asketischer Weltflucht, die im *vanitas*-Motiv enthalten sind? P. Stein[8] hat darauf wohl eine Antwort gefunden: Im ›Straßburger Alexander‹ gehe es nicht um Weltabkehr als solche, nicht um ein allgemein-menschliches *Memento mori*, sondern um falsches und richtiges Herrscherverhalten, um rechtes Erkennen der Grenzen eines Herrschers. Alexanders Vergehen sei in diesem Text nicht ein hochmütiges Aufbegehren gegen Gott (*superbia*), sondern sein Überschreiten herrscherlicher Macht: Unersättlichkeit (*giricheit*). Die Moral der Geschichte sei nicht Abkehr von der Welt, sondern Hinwendung zu maßvollem Herrschertum. – Die Relevanz dieses Themas zur Zeit Barbarossas liegt auf der Hand.

Die Basler Fassung der Geschichte bringt einige wesentliche Veränderungen. Im Rahmen einer Weltchronik mit besonderem Interesse an Exotischem und Wunderbarem macht sie die Ablehnung der Nektanebusgeschichte rückgängig, führt Meeres- und Greifenfahrt ein – betont somit Alexanders *superbia* – und akzentuiert mit der Hereinnahme der Gog-Magog-Geschichte Alexanders heilsgeschichtliche Funktion.

Rudolf von Ems[9] ist der nächste in der Reihe der deutschen Alexanderdichter. Er nennt freilich zwei Vorgänger, deren Werke nicht überliefert sind: Berthold von Herbolzheim und (*für den edlen Zäringære*) Biterolf (v. 15 767ff.). Rudolf ging an sein Thema anders heran als Lamprecht. Mit einer Art wissenschaftlichem Interesse an Vollständigkeit zog er verschiedene ihm zugängliche Quellen heran. Zunächst arbeitete Rudolf nach der ›Historia de preliis‹ (I^2): Alexander I (mit Akrostichontechnik). Dann lernte er Curtius Rufus kennen und folgte dieser Quelle: Alexander II (Aufgabe der Akrosticha; Bucheinteilung). Ferner kannte er die ›Historia scholoastica‹ des Petrus Comestor, Pseudo-Methodius, Walther von Chatillon (für die Fürstenlehre des Aristoteles, v. 1401ff.), Julius Valerius, die älteste Fassung Leos von Neapel, wahrscheinlich auch Paulus Orosius und die ›Secreta secretorum‹. Rudolf verändert Darstellung und Zielrichtung des Curtius Rufus gründlich (Reduktion, Motivübertragung, typische Szenen). Zentrum der Veränderung ist die Idealisierung Alexanders. Großer Herrscher, Welteroberer, das war Alexander immer. Aber Rudolf tilgt alle Züge, die Alexanders Bild trüben könnten. Die Idealisierung zielt freilich nicht auf die Einzigartigkeit des Welteroberers und auf seine Originalität ab, sondern auf eine exemplarische Idealität, wie sie einem vorbildlichen mittelalterlichen Fürsten ansteht. Ja mehr noch: Der Alexanderroman wird zur Darstellung herrscherlicher Qualitäten, für die Alexander als Exemplum dienen kann.

Schon bei Curtius stand Alexander unter dem Wirken der Fortuna, bei Rudolf wird sie als *saelde* zum allein bestimmenden Faktor seines Lebensweges. Die antike Fortuna ist freilich wankelmütig, unberechenbar. Rudolfs *saelde* hingegen ist auf Tugend und Weisheit bezogen: Da Alexander alle Tugenden und Weisheit besitzt, ist ihm auch die *saelde* hold. Und allgemeiner: Ein weiser, tugendhafter Herrscher wird das Glück auf seiner Seite haben – der *rex iustus* hat auch *felicitas*. Rudolfs Streben nach größtmöglicher Ausführlichkeit des historischen Berichts, wie es sich in der Hinwendung zu mehreren Quellen zeigt, ist nicht Selbstzweck, sondern Rudolf will Sinn des historischen Ablaufs erfassen. Sein Ziel ist die spirituelle Wahrheit der göttlichen Weltführung in der Geschichte. Der *sensus historicus* ist nur Voraussetzung für die Entfaltung eines tieferen Sinns der Geschichte. In diesem Sinn der Geschichte ist auch die Idealität Alexanders verwurzelt. Alexanders Vita steht bei Rudolf im Rahmen einer Weltgeschichte, die heils- und profangeschichtlich ausgedeutet wird. Dabei zeigt Rudolf eine beeindruckende Bildung und ein beachtliches Interesse und Verständnis für frühere Zeiten. Rudolf teilt die Weltgeschichte nach den vier Weltreichen, wobei Heilsgeschichte und Profangeschichte nebeneinander herlaufen. Drei große Exkurse thematisieren Alexanders Stellung im heilsgeschichtlichen Verlauf: der eine (beim ägyptischen Exil beginnend) erzählt die Einschließung der zehn jüdischen Stämme (v. 16071 ff.), der zweite die Verschließung von Gog und Magog (v. 16 997ff.). Hier beginnt Rudolfs Darstellung bei der Schöpfung und reicht bis zum Weltende. Vorauf geht die apokalyptische Weltreichsvision des Daniel (v. 15377ff.). – Das zweimalige Eingehen auf die Endzeit kommt nun in der spätstaufischen, endzeitlich bewegten Zeit Friedrichs II. und Konrads IV. kaum von ungefähr. Die Nektanebusgeschichte konnte auf die Geburt Friedrichs II. bezogen werden, die Nennung Konrads IV. in der Weltchronik (v. 21663) legt einen Zusammenhang mit diesem nahe. Rudolf beklagt die Zustände der eigenen Zeit. Sündhaftigkeit hat sie von Gottes Gebot getrennt (v. 1560ff. und 17352ff.), das Weltende, aufgehalten nur durch das römische Reich, steht nahe. Für den (staufischen) Endkaiser bedarf es der Rückkehr zu alter Tugend, um die Zerstörung aufzuhalten. Diese Tugend – so meint Rudolf – hat Alexander verkörpert, als er die apokalyptischen Völker einschloß und Gottes Vollzugsorgan gegen die Sünde wurde. So ist der ›Alexander‹ Lehre und Fürstenunterweisung. Alexander wird dabei gleichermaßen zum Exempel wie zur Praefiguration des staufischen Herrschers. Eines freilich wissen wir nicht, nämlich wie Rudolf den frühen Tod seines Idealherrschers begründen wollte. Der ›Alexander‹ bricht nach Beginn des 6. Buches (v. 21643) ab. Hätte der Dichter die Züge von Unersättlichkeit und Hochmut im zweiten Teil des Alexanderlebens ganz verdrängen können? Brach er sein Werk wohl gar absichtlich ab?

Ein ähnliches Problem stellte sich auch Ulrich von Etzenbach mit seiner ›Alexandreis‹ (28000 Verse). Der Verfasser lebte am böhmischen Hof unter Ottokar II. (1253–78) und Wenzel II. (1283–1305) in Prag und war so etwas wie Hofdichter und Propagandist. Das kommt auch in seinem Alexanderwerk (nach Walther von Chatillon) zum Ausdruck: Alexander gehörte zum propagandistischen Inventar des böhmischen Hofes (vgl. Sigehers Lied Nr. 18), und Alexander konnte als Vorbild Ottokars, wohl auch als Legitimation seines Großmachtstrebens gelten. Er bekommt bei Ulrich das Wappen des Böhmenkönigs. Ulrich treibt die Alexander-Idealisierung bis zum Äußersten. Wie hätte er, auch wenn das *superbia*-Thema schon früh (in der Prognose von v. 8961 ff., in der Verehrung als Jupitersohn) aufblitzt, zu Alexanders Ende finden sollen? Das Schicksal kam ihm wohl zu Hilfe. Der Tod Ottokars auf dem Marchfeld enthob den Dichter der Frage, wie er das Ende Alexanders hätte sinnvoll gestalten können. Ulrich konnte, als er (nach einer Arbeitspause) um 1285/7 das Werk für Wenzel II. fertigstellte, in gewohnte Bahnen zurücklenken: *superbia*-Thematik in Greifen- und Meerfahrt, Paradiesfahrt, abschließende *vanitas*-Klage der weisen Meister am Grab Alexanders. Diese Klage konnte sogar Ottokars Schlachttod kommentieren. Insgesamt verfaßte Ulrich – anders als Rudolf von Ems – einen höfischen Roman (mit einem Abriß der Weltgeschichte v. 863 ff.) und steht damit der französischen Alexandertradition nahe. Freude am Stofflichen und farbenreiche Ausgestaltung dominieren. Ulrich ist gefühlsweich, phantastisch und sentimental. Dementsprechend tritt das Minnethema – ein Stiefkind des Alexanderstoffes – manchmal pikant gewürzt (v. 1455 ff., 14563 ff., 23457 ff., 23909 ff.) – hervor: Alexander minnt die Amazonenkönigin Talestris und er liebt Candacis, ehe er sie gesehen hat. In ihrem Dienst vollbringt er seine Taten. Minnelohn wird zum Antrieb des Helden. Daneben ist aber ein »bürgerlicher«, realistischer Geist erkennbar, der Ulrich die gelehrten und moralischen Kommentare seiner (glossierten?) Vorlage mitdichten läßt. Und im 10. Buch mit den Indienabenteuern (nach I^2 der ›Historia de preliis‹; Verlust der alten Vorlage?) tritt verstärkt ein chronikalischer Duktus hervor. Alexander wird zum reisenden Kuriositätensammler wie Herzog Ernst. – Das allegorisierende 11. Buch (Alexanders Zug gegen die Stadt Tritonia) stammt wohl nicht von Ulrich. Ulrichs ›Alexandreis‹ fand in gekürzter Form Aufnahme in die Chroniken des Jans Enikel und des Heinrich von München.

Die späthöfischen Alexanderromane des 13. Jahrhunderts, Rudolfs von Ems und Ulrichs von Etzenbach, hatten die Tradition des Alexanderromans verlassen und sich der stärker historisierenden Überlieferung angeschlossen, die ihren Ursprung bei Curtius Rufus nahm. Im 14. Jahrhundert kam die ›Historia de preliis‹ wieder voll zu ihrem Recht und damit jene Mischung von Alexanderpreis und Alexanderkritik, von Historischem und Wunderbarem, von Unterhaltung und Belehrung, die zwar je verschiedene Akzentuierungen vertrug, die aber doch kaum zu einer einheitlichen oder eindeutig dominierenden Werktendenz führte.

Auf der Fassung I^2 der ›Historia de preliis‹ beruht der Alexanderroman (9081 Verse) eines Österreichers, der sich Seifried nennt (1352). 12 Handschriften deuten auf den relativ großen Erfolg des dichterisch kaum bedeutenden Textes. Seifried dürfte Erfolg gehabt haben, weil er die prunkvollen Schilderungen der Quelle ausbaut, die indischen Gefahren vergrößert, und weil er das *superbia*-Motiv in den Hintergrund (allerdings erzählt er den ›Iter‹) treten läßt und stärker die (heils)geschichtliche Sehweise hervorkehrt: Herrschaftsaspekte und Translatiogedanken, Kaiser- und Reichsideologie sind akzentuiert, und der Gedanke an eine politische Funktion der Alexandergestalt und an Beziehungen zu Kaiser Karl IV. liegt nahe.[10]

Anders macht es der unbekannte alemannische Verfasser des sog. ›Großen Alexander‹ (›Wernigeroder Alexander‹ nach Quilichinus von Spoleto) um 1390 (6450 Verse). Er beginnt zwar mit den vier Weltreichen und wiederholt sie bei Alexanders Jerusalem-Besuch. Aber Alexanders heilsgeschichtliche Funktion (Gog-Magog) wird skeptisch betrachtet. Das zentrale Thema des Werkes ist die *superbia*, wenn auch zunächst in der *hoffart* des Darius. Die Einsicht des sterbenden Darius in das eigene Fehlverhalten – Darius wollte Genosse der Götter sein – ist für Alexander eine Warnung: Alexander weist göttliche Verehrung zurück. Doch in Tauch- und Greifenfahrt wird die *superbia* auch Alexanders zum Thema und die Warnung des Aristoteles, Alexander habe alles nur mit Gottes Hilfe vollbracht, verhindert nicht mehr den Bau eines prächtigen Throns und die überhebliche Gleichstellung Alexanders mit Jupiter. Da kann auch Alexanders Bitte an den allmächtigen Gott um ein längeres Leben keine Wende herbeiführen. Alexander stirbt, und sein Hochmut läßt die Erde bei seinem Tod erbeben. Der Verfasser weiß nicht, warum Gott alles so gerichtet hat, sicher ist für ihn nur, daß auch ein Kaiser letztendlich »zu Mist wird«. Das Pathos des Weltherrschaftsgedankens, das Seifried kennt, ist diesem Dichter fremd.

In Alexanders Gespräch mit Kandake nach der gemeinsamen Liebesnacht wird das Leiden der Menschen im Gefolge großer Taten thematisiert.

Bearbeitungen der ›Historia de preliis‹ sind auch die deutschen Alexandertexte des 14. und 15. Jahrhunderts. Sie sind in Prosa abgefaßt und signalisieren damit – trotz Identität der Quellenlage – eine veränderte Tendenz. Eine gekürzte Fassung der Sage findet Eingang in eine verbreitete (schwedisch, dänisch, niederländisch) katechetische Glaubenslehre, genannt der ›Große Seelentrost‹, aus der Mitte des 14. Jahrhunderts. Alexander gehört darin zum 10. Gebot. Dem Kontext entsprechend dienen drei Geschichten aus Alexanders Leben (Jugend, Darius-Kampf, Kandake-Episode) als Warnung vor Unersättlichkeit (*Gyricheit*) und als *Memento mori*. (Quellenbezug zur mittellateinischen ›Liegnitz-Historia‹ aus dem 15. Jahrhundert nach Julius Valerius und Leos ›Nativitas et historia‹ s. oben S. 269).

In der ersten Hälfte des 15. Jahrhunderts übersetzte ein unbekannter Meister Babiloth die ›Historia de preliis‹ zunächst nach I^2, dann nach I^3 wortgetreu, aber fehlerhaft. Interpoliert ist die Unterweisung des Aristoteles nach Walther von Chatillon und den ›Secreta secretorum‹. Zusätze moralisierenden Inhalts dürften vom Verfasser stammen. In einem niederdeutschen »Volksbuch« lebte das Werk weiter.

Um 1444 entstand schließlich die verhältnismäßig freie Übersetzung von Leos Alexandervita (in einer bairischen Fassung) des Münchner Arztes und Hofschreibers Johannes Hartlieb († 1468), die durch (14) Handschriften und Drucke (erstmals 1473) zum populärsten mittelalterlichen deutschen Alexandertext wurde. Hartlieb zielt auf Fürstenlehre und Unterhaltung ab. In breiter, behaglicher Darstellung mit viel Freude am Prächtigen artikuliert sich dabei ein gesichertes Bewußtsein vom Weiterleben der antiken Welt im gegenwärtigen Deutschland, das seinen deutlichsten Ausdruck in der abschließenden sächsischen Makedonengenealogie findet.

3. Tendenzen der mittelalterlichen Alexanderliteratur

Die ersten Werke der mittelalterlichen Alexanderdichtung, vor allem das Epos des Walther von Chatillon und der französische Alexanderroman, zentrieren ihr Interesse auf den Herrscher und Ritter Alexander und auf seine Vorbildhaftigkeit als Kämpfer. Alexander ist ein Held, der nach Ruhm und Ehre strebt, er ist ein

Inbegriff herrscherlicher und ritterlicher Tugend. Die *magnanimitas* (Großmut) des Helden steht im Zentrum (Behandlung der Familie des Darius, ferner seiner Mörder, die Episode mit dem Arzt Philippus, Dionides- und Diogenes-Episode). Freigebigkeit und Tapferkeit dominieren im Bild des idealen Ritter-Herrschers, Alexanders Taten sind das Ergebnis seiner Tugenden. Das verklärende Licht des Ritterromans fällt auf den antiken Helden. Da darf auch die Minne nicht fehlen. Alexanders Geschichte gibt dafür freilich wenig her. So muß die Begegnung mit Königin Kandake die obligate Funktion übernehmen, und die alten Vorwürfe gegen Alexanders Unkeuschheit und Päderastie werden verdrängt. Der französische Zehnsilbler-Roman und der ›Roman d'Alexandre‹ gestalten das Minneverhältnis Alexanders zu Kandake zuerst. Der ›Straßburger Alexander‹, Ulrich von Etzenbach und Seifrit kennen es, hingegen fehlt es bei Rudolf von Ems und im spanischen ›Libro‹. (Die Reaktion darauf formuliert eine misogyne Tradition, die bei Thomas von Kent beginnt und über den schottischen ›Kyng Alisaunder‹ reicht und zu Gower führt.) Ausstattung und Staffage, wie sie der gesamte höfische Roman so liebt, sind im Alexander besonders durch die Wunder Indiens vertreten. Kein Wunder, daß das Zeitalter der Kreuzzüge an diesen Themen Geschmack fand.

Doch bei aller Idealisierung, bei aller Konzentration auf einen »weltlichen« Alexander, blieb auch das Bild der höfischen Romane des 12.–14. Jahrhunderts nicht unbeeinflußt von moralischen und theologischen Aspekten. Alexanders Unersättlichkeit drängt sich immer wieder vor (französischer Prosaroman). Der historische Erfolg des großen Eroberers und sein früher Tod provozieren Fragen, auf die auch die literarischen Texte immer eine Antwort suchen müssen, eine Antwort, die immer auch eine Antwort auf das Verhältnis Alexanders zu Gott sein muß. Der Pseudo-Kallisthenes nimmt Alexander als das, was er ist, als Heiden, aber schon die jüdische Tradition macht ihn zum Verehrer des jüdischen Gottes.

Bei Lamprecht bleibt Alexander der Heide, Walther von Chatillon läßt den Christengott weg und etabliert eine klassizistisch-heidnische Mythologie, in der Alexander den bösen Mächten der Hölle zum tödlichen Opfer wird. Die höfische Tradition im Umkreis des ›Roman d'Alexandre‹ und des ›Straßburger Alexander‹ hat für ihn den Typus des »edlen Heiden« bereit. Bei Rudolf von Ems wird er zum Instrument Gottes im weltheilsgeschichtlichen Drama. Der frühe Tod Alexanders: Er blieb immer ein

Exemplum der Vergänglichkeit des Irdischen. Verschieden sind nur die Instanzen, die den Untergang bewirken: Gott, der die heilsgeschichtliche Wende erst einem Kaiser Augustus zubilligt oder die Superbia des Helden bestraft; Fortuna, die auch den Mächtigen immer und beliebig stürzen kann; oder ein schlechter Freund (Antipater), der undankbar den Helden mordet.

In der höfischen Zeit dominiert die Gestaltung des Alexanderstoffes als Ritterroman. Nur der Klassizismus des Walther von Chatillon setzt die Akzente anders. Und die deutsche Tradition gewinnt eine gewisse Eigenständigkeit dadurch, daß sie stärker die biblisch-jüdische Tradition betont. In Deutschland ist die höfische Tradition schwächer, bleibt Alexander immer ein Teil der biblischen Geschichte. Dadurch tritt die kritischere Alexanderbeurteilung der Theologen stärker hervor. Im 14. Jahrhundert ändert sich das Bild. Nicht zuletzt die sozialen Veränderungen werden Ursache dafür sein, daß das höfische, idealisierende Alexanderbild zunehmend verschwindet. Die Geschichte des großen und tapferen Eroberers und Königs gerät in den Bannkreis der Didaxe. Zwar lebt die höfische Tradition immer wieder auf, so besonders im Umkreis des burgundischen Herzogshofes. Aber Johann Hartliebs Text, am bayerischen Hof entstanden, hat nur mehr eine dünne höfische Tünche. Die Tendenzen der Alexander-Bücher des 14. /15. Jahrhunderts lassen sich so zusammenfassen: Orientierung an einer einzigen Quelle, verstärkte Suche nach der Wahrheit unter Ausgleich von Widersprüchen und Absage an unwahrscheinliche Wunder, Hinwendung zu (pseudo-)historischen Konzeptionen der lateinischen Quellen. Alexander wird vom Ritter zum Krieger. Daneben lebte die Exempla-Tradition besonders in Frankreich weiter (›Secreta secretorum‹, ›Dicta philosophorum‹), und der Charakter Alexanders erfährt bei moralisierenden Autoren eine deutliche Abwertung, besonders in England (Gower und Lydgate) und in Deutschland (in der Historienbibel I und im ›Seelentrost‹). Im humanistischen Italien freilich sollte neben diesen Tendenzen auch eine neue Bewertung auftreten.

V. ANTIKE ROMANSTOFFE: APOLLONIUS VON TYRUS

In den Werken eines Dictys und eines Dares waren episch-heroische Stoffe in den Kreis des antiken Romans getreten, der Alexanderroman erwuchs auf dem Boden der Historiographie.

Die breite mittelalterliche Rezeption dieser Texte wird in erster Linie von einem historiographischen Interesse getragen. Anders erging es den Verfassern der antiken Liebes- und Abenteuerromane, den sog. Erotikern. Sie haben zwar den Roman der beginnenden Neuzeit nachhaltig beeinflußt (Longus ›Daphnis und Chloe‹, Heliodor ›Aithiopika‹, Xenophon von Ephesus ›Antheia und Habrokomes‹, Chariton ›Chaireas und Kalirrhoe‹, Lukian ›Wahre Geschichten‹), dem Mittelalter waren sie aber unbekannt. Daran mag ihre griechische Sprache schuld sein. Aber auch Petrons lateinischem ›Satyrikon‹ und den ›Metamorphoses‹ (›Goldener Esel‹) des Apuleius ging es nicht anders (auch wenn Apuleius Boccaccio beeinflußte, und das eingeschobene Märchen von ›Amor und Psyche‹ Zusammenhänge mit dem mittelalterlichen ›Partonopeus-Roman‹ zeigen könnte). Eine Ausnahme bildet der anonyme Roman von ›Apollonius von Tyrus‹. Handschriftliche Verbreitung und volkssprachliche Bearbeitungen belegen dessen große Popularität im europäischen Mittelalter.

Die Geschichte vom schiffbrüchigen Apollonius (Heirat einer Königstochter, zeitweiliger Verlust der Gattin, Raub der Tochter, glückliches Zusammenfinden der Familie) stammt aus dem 2. /3. Jahrhundert (griechischer Ursprung?). Zwei christliche lateinische Bearbeitungen machten sie dem Mittelalter zugänglich. Die produktive Rezeption beginnt mit den lateinischen ›Gesta Apollonii‹ (10. Jh.) und einer angelsächsischen Prosafassung (10. /11. Jahrhundert). Vom französischen ›Roman d'Apoloine‹ (1150–60) ist nur ein kleines Fragment (52 Verse) erhalten. Die moralisch-erbauliche Seite des Stoffes betont der spanische ›Libro de Apolonio‹ (1. Hälfte 13. Jahrhundert). Um 1300 entstand eine pikardische Prosaversion. Außer in diesen frühen selbständigen Bearbeitungen taucht der Stoff bei Lambert von St. Omer (im ›Liber floridus‹ 1120), bei Gotfried von Viterbo (im ›Pantheon‹ um 1190), in den ›Carmina Burana‹ (Nr. 97, ›O Antioche‹) und schließlich in den ›Gesta Romanorum‹ auf. Die besondere Beliebtheit des Stoffes im späteren Mittelalter unterstreichen eine mittelenglische Versromanze (14. Jahrhundert), Gowers Bearbeitung in seiner ›Confessio amantis‹ (1390), italienische Prosafassungen des 14. Jahrhunderts sowie die gereimte ›Istoria d'Apollonio di Tiro‹ des Antonio Pucci (gest. 1388); französische Prosabearbeitungen und eine niederländische Übersetzung sind seit dem 15. Jahrhundert populär, eine dänische Ballade und spätere Volksbücher gibt es in Skandinavien, ferner existieren tschechische (15. Jahrhundert), polnische (16. Jahrhundert) und russische (17. Jahrhundert) Fassungen. Einen Markstein in der Stofftradition bildet Shakespeares(?) ›Pericles, Prince of Tyre‹. Als Handlungsvorlage dient der ›Apollonius‹ für die französische Chanson de geste von ›Jourdain de Blaivies‹, mit der wiederum der mittelhochdeutsche ›Orendel‹ zusammenhängt; ohne Handlungszusammenhang taucht ein Jarl Apollonius von Tira in der ›Thidrekssaga‹ auf.

Die erste deutsche Übertragung darf ein besonderes Interesse beanspruchen (s. unten S. 398, 415). Der Wiener Arzt Heinrich von (Wiener) Neustadt baute nämlich seinen ›Apollonius von Tyrlant‹ (um 1300) zu einem umfänglichen Roman aus. Nur gut 5000 der insgesamt 20640 Verse entsprechen dem alten Apolloniusroman. Der Rest enthält eine gewaltige Fülle von Abenteuern des Helden, die Heinrich nach einer unbekannten (byzantinischen?) Quelle erzählt oder selbst zusammengestellt hat. Der Anlaß für die Ausweitung war leicht zu finden: Nach dem Verlust von Frau und Tochter fuhr Apollonius vierzehn Jahre lang zur See. So vermerkt es die Quelle. Heinrich berichtet nun, was der Held in diesen Jahren erlebte. Da wird eine lose strukturierte, bunte Abenteuerwelt geboten, in der sich antike Stoffe und Themen mit solchen des Orientromans (›Herzog Ernst‹, ›Alexander‹), und des Artusromans (z. B. ›Parzival‹) mischen. Naturkundliches und geographisches Wissen fließt breit ein, Wunderbares und Realistisches stehen nebeneinander. Die Stoffmasse scheint jede Aussage zu überwuchern, höfisches Ethos wirkt angelesen, für Minne- und Eheprobleme des höfischen Romans scheint Heinrich kein rechtes Gefühl zu haben. – Ein »Spätling«? Sicher. Aber doch ein interessanter. Es tauchen in der Fülle des Geschehens Themen auf, die Interesse wecken; apokalyptisches Gedankengut (Gog und Magog, Elias und Enoch) oder biblische Namen und Orte (Jeroboam, Silvian von Nasareth) weisen ebenso auf (heils)geschichtliche Gedankengänge, wie der merkwürdige Zug, daß Apollonius Christ und römischer Kaiser wird. Ferner erscheint Apollonius als Begründer der Tafelrunde und somit als Vorläufer des Königs Artus.

Bei der lateinischen Vorlage bleibt die ›Apollonius‹-Übersetzung des Humanisten Heinrich Steinhöwel nach der Fassung der ›Gesta Romanorum‹. Der flüssig formulierte Text erreichte große Verbreitung und wurde ab 1471 vielfach als »Volksbuch« gedruckt. Schließlich unterstreicht noch eine mitteldeutsche

Prosaübersetzung aus dem 15. Jahrhundert die Beliebtheit des Stoffes auch im deutschen Sprachraum.

VI. OVIDS »METAMORPHOSEN« UND »HEROIDEN«

Seit dem 12. Jahrhundert ist Ovid »eine literarische Großmacht« (P. Lehmann) in der europäischen Literatur: *aetas Ovidiana* wird die Epoche genannt (Traube). Die ›Metamorphosen‹ werden zu einem Schul- und Lesebuch wie zu einem Repertorium der antiken Mythologie (Curtius). Gemeinsam mit den ›Heroiden‹ eröffnen sie dem Mittelalter den Zugang zu einer ungeheuren Fülle von Erzählstoffen, die teilweise in den Kontext der (bereits erörterten) heroischen Sagenwelt der Griechen (Troja, Theben) und Römer (Aeneas) gehören, vielfach aber auch Unabhängiges bieten. Mythologische Erzählungen und Liebesgeschichten dominieren, von Orpheus bis Daphne, von Prokne bis Piramus und Thisbe.

Die beiden genannten Ovid-Texte (u. a.) wurden seit dem 12. Jahrhundert kommentiert (z. B. von Arnulf von Orléans, von Johannes von Garlandia oder Giovanni del Virgilio), ergänzt (z. B. die ›Heroiden‹ des Balderich von Bourgueil) und zitiert (z. B. ›Reinfrid von Braunschweig‹ v. 24534 ff. oder Rudolfs von Ems ›Barlaam und Josaphat‹ v. 9701 ff.). Übertragungen in Volkssprachen tauchen erst später auf, mit einer, daher einzigartigen Ausnahme, den ›Metamorphosen‹ des Albrecht von Halberstadt. Diese Übersetzungsarbeit eines Geistlichen (?) aus Stift Jechaburg (?) dürfte 1190 oder um 1210 im Umkreis des Hermann von Thüringen entstanden sein, gehört also in das literarische Umfeld eines Heinrich von Veldeke oder Herbort von Fritzlar. Albrecht arbeitet freilich nicht nach einer französischen Vorlage, sondern sucht einen direkten Zugang zum lateinischen Original. Trotzdem verändert er Ovids Vorlage erheblich. Nicht dem Inhalt nach, sondern in der geistigen Substanz. Mittelalterliche Bildung und Weltsicht fließen ein, das Raffinement und die Glut Ovidscher Erzählkunst weichen einer zwar gefälligen, aber doch gedämpften Darstellungsweise. Der schillernde Reiz der Mythenbehandlung Ovids geht verloren. Albrecht deklariert die Götter zu Abgöttern, die »Verwandlungen« sind ihm Wunder eines überlebten Glaubens. Sie widersprechen auch der ritterlichen Erzählkunst zur Zeit Albrechts, wie die mythischen Kleinepen Ovids überhaupt im literarhistorischen Kontext fremdartig wirken. Albrechts Werk erreichte denn auch keine rechte Nachwirkung, wohl aber eine späte Auferstehung: Jörg Wickram überarbeitete den Text, und in dieser Fassung wurde das Buch ab 1545 mehrfach gedruckt.

Ganz anderer Art ist eine französische Bearbeitung der ›Metamorphosen‹ vom Anfang des 14. Jahrhunderts, der ›Ovide moralisé‹, aus Burgund. In ca. 72000 gereimten Versen wird Ovid nacherzählt, aber ein guter Teil des Textes ist moralischen, theologischen und historischen Auslegungen gewidmet, wie sie seit der Antike (Fulgentius u. a.) geläufig waren. In der Allegorie wird das mythische Erzählgut einem mittelalterlichen Denken anverwandelt und weitgehend theologisiert. So repräsentiert etwa Danaë den Schoß Mariens, die Geburt des Perseus steht für die Geburt Christi, Andromeda ist die Seele. Daphne vertritt Maria, Apoll Christus, der Pythondrache ist der Teufel. Aus der Geschichte des leidenschaftlichen Jägers Acteon kann man lernen, daß es notwendig sei, den Aufwand den Einkünften anzupassen. – Die Wirkung des Textes war enorm, noch 1466/7 entstand eine kürzende Prosafassung. Wie sehr die moralisierende Ovidrezeption dem Gefühl der Zeit entsprach, erhellt aus einem gleichzeitigen lateinischen ›Ovidius moralisatus‹ des Benediktiners Pierre Berçuire (Berchorius) um 1337–1340. Es handelt sich um das 15. Buch (›Liber de reductione fabularum poetarum‹) eines moralisch-allegorischen Sammelwerkes (›Reductorium morale‹). Das Ovidsche Material, wie es diese moralisierenden Bearbeitungen boten, übte einen großen Einfluß auf den Dichterkomponisten Guillaume de Machault (ca. 1300–77), ferner auf Eustache Deschamps (ca. 1346–1406) und Christine de Pisan (1346–1430) aus. In der deutschen Literatur findet sich bis zu Wickram nichts Vergleichbares.

Ovids Stoffrepertoire[11] bildet (neben anderen Quellen etwa für den ›Damon und Pytheas«-Stoff oder für die Virginiageschichte) die Grundlage für eine umfangreiche Literatur, die an der Grenze zwischen Mittelalter und Renaissance beheimatet ist: Geschichtensammlungen mit moralisierender Zielsetzung und exemplarischem Charakter, Dichtung als Kampfmittel gegen geistige Roheit im Dienste einer humanistischen Ethik. Giovanni Boccaccio (1313–75) steht hier an erster Stelle. In seinem mythologischen Sammelwerk von 1359 ›De genealogia deorum gentilium‹ (französische Übersetzung im 14. Jahrhundert) bietet er einen lateinischen mythologischen Traktat und mythologische Erzählungen mit allegorischen und physikalischen Erklärungen. Die Abhandlung ›De claris mulieribus‹ (1360–2) mit 104 Biographien von Eva bis zur Gegenwart erzählt u. a. von Medea, Dido und Thisbe. Steinhöwel übersetzte den Text 1473 ins Deutsche. Boccaccio hat auch Chaucers ›Legende of Good Women‹ (um 1385) mit ihren 9 Novellen (u. a. Thisbe, Dido, Ariadne) beeinflußt, ferner wurde Boccaccios Werk 1405 von Christine de Pisan (›La Cité des Dames‹) verwendet und um 1440 ins Englische übertragen. Besondere Verbreitung erreichte Boccaccios ›De casibus illustrium virorum‹ (1355–60): Hier werden Gestalten der Thebensage, die Geschichte von Atreus und Thyestes, von Theseus und von Agamemnon als Beispiele für Vergänglichkeit vorgeführt. Um 1440 übertrug Pierre Faivre den Text in französische Prosa, Laurent de Premierfait weitete ihn zu einem Kompendium der Weltgeschichte aus (1405–09). Dieses wurde zur Grundlage von John Lydgates umfänglichen ›Fall of Princes‹ (1430–38). Weiters zu erwähnen ist Chaucers ›The House of Fame‹ (1374–1380) mit einigen antiken Liebesgeschichten. John Gower verfaßte um 1390–93 seine ›Confessio amantis‹ mit über 100 (Liebes)Geschichten aus Ovid. In den Niederlanden verarbeitet Dirk Potter Ovidsches Material nach Boccaccio und Chaucer in ›Der minnen loep‹ (1412–15) mit 57 Erzählungen.

Einzelne dieser Geschichten erfuhren auch eine selbständige Bearbeitung. So hat wahrscheinlich Chrétien de Troyes die Geschichte von Philomele, Tereus und Procne gestaltet (nur im ›Ovide moralisé‹ überliefert). Schon im 12. Jahrhundert scheint es eine Orpheus-Erzählung gegeben zu haben, und auf einer französischen Vorlage wird der englische Versroman ›Sir Orfeo‹ (Anfang 14. Jahrhundert) beruhen, in dem die Orpheus-Eurydike-Geschichte märchen- und feenhaft adaptiert ist. Die daneben herlaufende traditionelle Allegorisierung der Geschichte (u. a. Orpheus als Seele, als *eloquentia*, als Vernunft im ›Ovide moralisé‹) findet dann ihren Niederschlag in einem Roman des Robert Henryson (1425–1506). – Aus altfranzösischer Zeit stammt schließlich auch ein Gedicht über Narcissus.

Besondere Verbreitung erreichten zwei Liebesgeschichten Ovids. Das traurige Schicksal von Hero und Leander fand sogar ein Weiterleben als Volkslied (›Zwei Königskinder‹) oder wurde auf einen Mönch und eine Nonne übertragen (lateinisches Gedicht einer Admonter Handschrift des 12. Jahrhunderts). Zwischen 1099–1102 bearbeitete Balderich von Bourgueil den Stoff in lateinischen Versen unter dem Aspekt: Warnung vor unvernünftiger Liebe und gerät damit in die Nähe allegorischer Auslegung, wie sie Fulgentius (ca. 480–550) bietet. Eine mittelhochdeutsche Versnovelle des 14. Jahrhunderts wendet den Stoff ins religiös-sentimentale und ersetzt Heros Selbstmord durch den Tod an gebrochenem Herzen (›Hero und Leander‹). Bei Dirk Potter ist die Geschichte ein Exemplum reiner Liebe (›Der minnen loep‹).

Die weiteste Verbreitung erreichte die Geschichte von Piramus und Thisbe (zahlreiche Erwähnungen). Auch sie stand von Anfang an unter dem Aspekt allegorischer Ausdeutung nach dem Muster Christus-Teufel-Seele. So findet sich die Geschichte im ›Ovide moralisé‹ und in den ›Gesta Romanorum‹. Vier lateinische Bearbeitungen (von Matthäus von Vendôme, einem Tidericus, ›Ouerat nemo decus‹, ›Ocia si veniunt‹) gestalten den Stoff, 1160–70 entstand eine freie französische Bearbeitung (922 Verse), worauf eine mittelhochdeutsche Erzählung (mit naiver christlicher Übertünchung) beruht. Potter erzählt den Stoff ebenso wie Chaucer.

Neben dem Ovidianischen Erzählmaterial (und teilweise mit diesem zusammenhängend) sind noch verschiedene Sammlungen zu erwähnen, in denen sich zahlreiche Novellenstoffe finden, so die ›Gesta Romanorum‹ oder die ›Historia septem sapientium‹ (nach orientalischer Vorlage: ›Das Sindbadbuch‹). Ähnlich wie schon die ›Kaiserchronik‹ geben diese Sammlungen ihren Geschichten einen römischen Kontext, einen römischen Rahmen oder römisches Kostüm. Mitunter werden auch eigene römische Romane herausgesponnen (z. B. der ›Marques de Rom‹ um 1260 aus ›Les sept sages de Rome‹). Doch eine Romliteratur, die römische Stoffe als solche verarbeitet (wie in den späteren Römertragödien) liegt hier kaum vor. Das Thema kann (wie auch die stärker historiographische Romliteratur, z. B. der ›Roman de Jules César‹ des Jacques de Forez, 13. Jahrhundert) beiseite bleiben.

ANMERKUNGEN

1 E. KÖHLER, GRLMA IV, S. 84.
2 A. ADLER, S. 110.
3 Vgl. J. FRAPPIER, S. 146.
4 E. KÖHLER, S. 86.
5 J. FRAPPIER, S. 148.
6 E. KÖHLER, S. 84.
7 W. SCHRÖDER, VL III, Sp. 914.
8 P. K. STEIN, Ein Weltherrscher als *vanitas*-Exempel in imperial-ideologisch orientierter Zeit?, in: Stauferzeit. Geschichte–Literatur–Kunst, hg. von R. KROHN u. a., Stuttgart 1978, S. 144ff.
9 Vgl. H. BRACKERT, Rudolf von Ems, Heidelberg 1968.
10 Vgl. R. SCHNELL, Seifrits *Alexander* und die Reichspublizistik des späten Mittelalters, in: DVjs 48 (1974) 448ff.
11 Zu erwähnen sind auch die ›Fasti‹ Ovids, die etwa den populären Lucretiastoff boten.

BIBLIOGRAPHIE

Textausgaben

Albert von Stade; Troilus: hg. v. TH. MERZDORF, Leipzig 1875.
Benoit de Sainte-More, Le Roman de Troie: hg. v. L. CONSTANS (Société des anciens textes français 96), 6 Bde., Paris 1904–11, Repr. 1968.
Boccaccio, Giovanni, Tutte le opere: hg. v. V. BRANCA, Milano 1964ff.
Chaucer, Geoffrey, The Complete Works: hg. v. F. N. ROBINSON, London, Oxford 1933, Repr. 1957.
Göttweiger Trojanerkrieg: hg. v. A. KOPPITZ (Deutsche Texte des Mittelalters 29), Berlin 1926.
Guido de Columnis, Historia destructionis Troiae: hg. v. N. E. GRIFFIN, Cambridge/Mass. 1936.
Heinrich von Neustadt, Apollonius von Tyrlant: hg. von S. SINGER (Deutsche Texte des Mittelalters 7), Berlin 1906.
Henric van Veldeken, Eneide: hg. v. G. SCHIEB und TH. FRINGS (Deutsche Texte des Mittelalters 58.59.62), 3 Bde., Berlin 1964–70.
Herbort von Fritslâr, Liet von Troie: hg. v. G. K. FROMMANN (Bibliothek der gesamten deutschen Nationalliteratur 5), Quedlinburg/Leipzig 1837.
Historie van der vorstorynge der stat Troye: hg. v. G. KROGERUS, Helsingfors 1951.
Jacob van Maerlant, De Historie van Troyen: hg. v. N. DE PAUW und E. GAILLIARD, 4 Bde., Gent 1889–92.
Josephus Iscanus (Joseph von Exeter), Daretis Frigii Ylias: hg. v. L. GOMPF (Mittellateinische Studien und Texte 4), Köln, Leiden 1970.
Konrad von Würzburg, Der Trojanische Krieg: hg. v. A. KELLER (Bibliothek des Stuttgarter Literarischen Vereins 44), Stuttgart 1858.
Lydgate, John, The Siege of Thebes: hg. v. A. ERDMANN und E. EKWALL, 2 Bde., London 1911–30. – Troy Book: hg. v. H. BERGEN, 4 Bde., London 1906–35.

Mair, Hans, Das »Buch von Troja«: hg. v. H.-J. DRECKMANN, München 1970.
Ovide moralisé: hg. v. C. DE BOER (Verh. d. K. Akad. v. Wetenschappen Amsterdam, Afd. Letterkunde N. R. 15. 21. 30. 38. 43. 61,2), Amsterdam 1915–1954.
Pyramus und Thisbe: hg. v. M. HAUPT, in: ZfdA 6 (1848) 504–517.
Le Roman d'Eneas: übers. und eingel. v. M. SCHÖLER-BEINHAUER (Klassische Texte des romanischen Mittelalters 9), München 1972.
Le Roman de Thèbes: hg. v. G. R. DE LAGE (Les Classiques français du moyen âge 94. 96), 2 Bde., Paris 1968/69.
Segher Dieregotgaf, Het Prieel van Troyen, in: PH. BLOMMAERT, Oudvlaemsche gedichten der XIIe, XIIIe en XIVe eeuwen, Tl. 1, Gent 1838.
The Seege or Batayle of Troye: hg. v. M. E. BARNICLE, London 1927.
Simon Aurea Capra (Chêvre d'Or), Ylias: hg. v. A. BOUTEMY, u. a., in: Scriptorium 1 (1946/47) 267 288.
Vitalis von Blois: Amphitryon & Geta: hg. v. E. GUILHOU, in: G. COHEN, La ›comédie‹ latine en France au XIIe siècle, Paris 1931, S. 24–57.

Die Texteditionen der verschiedenen Alexanderromane sind leicht zugänglich bei HERWIG BUNTZ, Die deutsche Alexanderdichtung des Mittelalters (Sammlung Metzler 123), Stuttgart 1973 und bei GEORGE CARY, The Medieval Alexander, Cambridge 1956. – (Eine Textsammlung zur Alexander-Sage, hg. von C. LECOUTEUX, ersch. Göppingen 1984, GAG 388.)

Forschungsliteratur

Über einen erheblichen Teil des hier behandelten Stoffkomplexes (etwa 60 Einträge) handelt ELISABETH FRENZEL, Stoffe der Weltliteratur, Stuttgart [6]1983. – Zu den einzelnen Texten vgl. bes. die einschlägigen Artikel in ›Kindlers Literaturlexikon‹, 12 Bde., Zürich 1964 [u. ö.] und in ›Die deutsche Literatur des Mittelalters. Verfasserlexikon‹, hg. von W. STAMMLER und K. LANGOSCH, 5 Bde., Berlin 1933–1955, 2. Aufl. hg. von K. RUH, Berlin 1978 ff. Wichtig sind ferner die einschlägigen Beiträge in den Bänden 7 (Europäisches Hochmittelalter, hg. von H. KRAUSS, Wiesbaden 1981) und 8 (Europäisches Spätmittelalter, hg. von W. ERZGRÄBER, Wiesbaden 1978) des ›Neuen Handbuchs der Literaturwissenschaft‹, hg. von K. v. SEE. – Über die französischen Texte informiert in erster Linie: Le Roman jusqu'a la Fin du XIIIe siècle, hg. von J. FRAPPIER und R. R. GRIMM (GRLMA IV), Heidelberg 1978 mit den Beiträgen von P. ZUMTHOR (Genèse et évolution du genre, S. 60 ff.), E. KÖHLER (Literatursoziologische Perspektiven, S. 82 ff.), A. ADLER (Höfische Romane neben und nach Chrétien: Bilder und sinngebende Gegenbilder, S. 104 ff.), J. FRAPPIER und G. RAYNAUD DE LAGE (Les romans antiques, S. 145 ff.). – Zu den deutschen Texten vgl. K. RUH, Höfische Epik des deutschen Mittelalters, I (Grundlagen der Germanistik 7), Berlin [2]1977. – Zum Alexanderstoff: G. CARY, The Medieval Alexander, Cambridge 1956; H. BUNTZ, Die deutsche Alexanderdichtung des Mittelalters (Sammlung Metzler 123), Stuttgart 1973. – Zum Trojastoff G. P. KNAPP, Hector und Achill, Bern/Frankfurt 1974; H. HOMEYER, Die spartanische Helena und der trojanische Krieg (Paligenesia 12), Wiesbaden 1977.

ARTUS

von

VOLKER MERTENS

I

»Es war einmal ein König, der hieß Artus ...« – mit diesen Worten soll Abt Gevrard während seiner Predigt eingeschlafene Mönche aufgeweckt haben: so berichtet Cäsarius von Heisterbach um 1220 in seinem ›Dialogus Miraculorum‹.[1] Hundert Jahre vorher hätte der Abt damit niemand wecken können: außerhalb der Bretagne und vielleicht von Wales war König Artus so gut wie unbekannt. Zuerst erwähnt wird er als Heerführer, als *dux bellorum* in der anonymen ›Historia Britonum‹, die vor 802 entstanden ist und in einigen Handschriften Nennius zugeschrieben wird: im 5. Jahrhundert hätte Arthur 12 Schlachten gegen die Sachsen geschlagen.[2] Die letzte sei die am Berg Badon gewesen und allein diese kennen wir auch aus anderen Berichten: dem des Gildas (um 545), der davon abhängigen ›Kirchengeschichte‹ Bedas (731) und den ›Annales Cambriae‹ (10. Jh.), aber nur in letzteren ist der Heerführer Arthur, sonst ein Ambrosius Aurelianus. Die ältesten historischen Zeugnisse also wissen nichts von einem König Arthur, er erscheint zuerst um 800 als ein national britischer Heerführer im Kampf gegen die sächsischen Invasoren, hervorgehoben wird sein Christentum im Vergleich zum Heidentum der Eindringlinge. Der Name Arthur ist mit Sicherheit römischen Ursprungs, vielleicht sind er und Ambrosius Aurelianus identisch, vielleicht verdichtet sich in beiden die historische Möglichkeit, daß die Briten unter Heerführern römischer Herkunft gegen die Sachsen kämpften.

Die stark christlich-religiöse Ausrichtung der Berichte ist von der Intention ihrer mönchischen Autoren bestimmt, die die alte christliche Tradition der einheimischen Kelten betonen wollten. Seit wann es volksläufige Erzählungen von einem König Arthur gab, ist nicht auszumachen, vielleicht geht schon die ›Historia Britonum‹ darauf zurück, die ihm die Tötung von 960 Feinden zuschreibt. Die dritte Fassung der ›Historia‹ aus dem 11. Jahrhundert berichtet dann in einem Kapitel (73) ›Wunder Britanniens‹ darunter zwei, die auf Arthur bezogen sind, und um 1145 spricht Hermann von Tournai in einer Schrift über die Wunder Marias von »jenem König Arthur, der laut den Fabeln der Briten berühmt war«, anläßlich eines Ereignisses aus dem Jahre 1113.[3] Hinzu kommen Erwähnungen in walisischen Heiligenlegenden des späten 11. und frühen 12. Jahrhunderts und eine Stelle in der 1125 vollendeten ›Gesta Regum Anglorum‹ des Wilhelm von Malmesbury: über Arthur faselten die Briten dummes Zeug.[4] Zu Beginn des 12. Jahrhunderts also gab es in England volkstümliche Legenden, die sich an Arthurs Namen knüpften. Seit 1066 regierten dort die Normannen, mit ihnen sind auch Bretonen, also Festlandkelten auf die Insel gekommen: dadurch können die britisch-nationalen Geschichtsvorstellungen belebt worden sein. Es hat nicht an Versuchen gefehlt, eine historische Identifikation zu geben für den Arthur dieser spärlichen Zeugnisse, ihn gleichzusetzen mit dem in anderen Quellen benannten britischen König Riothamus (Appellativ: »höchster König«), der um 460 im Zusammenhang mit der Besiedlung der Bretagne durch Inselkelten Feldzüge in Gallien unternommen haben soll.[5] Vielleicht wurde dieser Heros der Bretonen mit dem Helden der wenig späteren Sachsenkriege in Britannien identifiziert aus gemeinsamen bretonisch-britischem Interesse an einem keltischen Nationalheros.

Voll erblüht ist dies bei Geoffrey von Monmouth in seiner 1136 vollendeten ›Historia Regum Britanniae‹: Wie der römische Staat von Aeneas, so soll der britische ebenfalls von einem Überlebenden des Trojanischen Krieges gegründet worden sein: Brutus, daher der Namen *Britones*. Geoffrey beginnt mit diesem ersten König, zählt die Nachkommen und Nachfolger auf, beschreibt die Kämpfe gegen die Römer, die Bekehrung zum Christentum. Zur Zeit der sächsischen Invasion wird Utherpendragon König. Er verliebt sich in Ygerna, die Frau des Herzogs von Cornwall. Der mit prophetischen und zauberischen Künsten begabte Merlinus verschafft Uther in Gestalt des Herzogs Zugang zu Ygerna, mit ihr zeugt er Arthur und heiratet sie nach dem Tode ihres Mannes. In Buch IX, X und XI berichtet Geoffrey von der Regierungszeit Arthurs: mit 15 Jahren zum König gesalbt, besiegt er mit Hilfe von Bretonen die Sachsen endgültig, dann die Pikten und Schotten. Schließlich unterwirft er Irland und Island, Gotland und die Orkneys. Sein Hof wird so berühmt, daß Ritter aus aller Welt zu ihm strömen. Auf Hilferufe des rechtmäßigen Königs von Norwegen erobert er auch dieses Land und Dänemark gleich dazu. Nun greift er Gallien an, besiegt den römischen Tribun Flollo in einem Einzelkampf, und unterwirft es in neunjährigen Feldzügen – er verteilt es unter seine Gefolgsleute, so die Normandie an seinen Mundschenken Beduer und Anjou an seinen Seneschall Cajus: die beiden wichtigen Länder an Personen, die später in den Artusromanen bedeutende Rollen spielen werden. Er kehrt zurück nach Britannien und versammelt seine Vasallen zu Pfingsten bei *Urbs Legionum* (Carlion in Wales), dort wird er zum zweiten Male zum König gekrönt. Nun kommen Gesandte des römischen Kaisers Lucius, der Arthur auffordert, sich zu unterwerfen. Die 12 Gesandten sind die Pairs von Gallien – eine deutliche Reminiszenz an die 12 Pairs Karls des Großen aus der Rolandgeschichte. Arthur antwortet auf den Rat seiner Ritter hin, er werde selber kommen und Rom unterwerfen. Arthur segelt nach der Bretagne, Lucius, der römische Kaiser, erwartet ihn mit einem riesigen Heer, Arthur behält die Oberhand, Lucius fällt, aber nicht von seiner Hand. Doch er kann den Sieg nicht nutzen: als er auf Rom marschieren will, erfährt er, daß sein Neffe Modred, dem er die Regierung während seiner Abwesenheit anvertraut hat, sich des Thrones und seiner Frau Ganhumara bemächtigt hat. Arthur kehrt mit seinen Briten zurück, Modred stellt sich ihm mit einer Armee von Sachsen, Schotten, Pikten und Iren entgegen, muß jedoch fliehen; in Cornwall kommt es zur Entscheidungsschlacht, bei der Modred getötet und Arthur tödlich verwundet, aber zur Insel Avalon gebracht wird. Die ›Historia‹ ist mit verschiedenen Widmungen überliefert: an den englischen König Stephan I. und an führende normannische Adlige. Ihr Ziel ist die Schaffung einer englischen Geschichtsmythologie im Dienst und im Interesse der normannischen Eroberer, die nicht in heimischen Traditionen verwurzelt waren – es galt, eine Geschichtskonzeption zu entwickeln, die auf die Normannenherrscher als Erfüller der britischen Geschichte zulief und gleichzeitig in Konkurrenz mit den französischen Königen und ihrer Literatur der Chansons de geste (Karls- und Wilhelmsmythos) ein nationales Identifikationsmuster bot. Arthur ist Vertreter eines modernen Herrscherideals: er liebt die prachtvolle Repräsentation, das großartige Hoffest, veranstaltet Ritterspiele, fördert Sänger und Wissenschaftler. Das ist Reflex des aufwendigen Hoflebens der Normannenherrscher und zugleich Idealbild einer neuen säkularen Kultur. Geoffreys Werk war sehr erfolgreich, es gibt über 200 Handschriften, dazu Übersetzungen in das Mittelenglische

(Vers- und Prosafassung), ins Walisische, ins Altnordische (›Breta sögur‹) und ins Altfranzösische.

Die bedeutendste der Geoffrey-Adaptionen ist der ›Roman de Brut‹ (»Französische Erzählungen von Brutus«) des Maistre Wace in knapp 15000 altfranzösischen Achtsilblern: Er begnügt sich nicht damit, Geoffreys ›Historia‹ zu übersetzen, er erweitert sie aufgrund mündlicher Berichte, kürzt auch Textstellen, vor allem aber arbeitet er weiter an der Gestalt des Königs Artus als eines Repräsentanten ritterlicher Kultur. Die wichtigste und folgenreichste Ergänzung ist die Einführung der runden Tafel (v. 9747ff.) zur Vermeidung von Rangstreitigkeiten und als Herrschaftszeichen. Letzteres war sie wohl schon in den mündlichen Erzählungen, auf die Wace anspielt (*dont Breton dient mainte fable* – »von denen die Bretonen viel erzählen«, v. 9751). Die politische Intention entspricht der Geoffreys: Geschichtsmythologie für die normannischen Eroberer. In der Übersetzung des englischen Geistlichen Layamon in das Mittelenglische (›Brut‹) wird berichtet, Wace habe sein Werk Eleonore, der Gemahlin König Heinrichs II. übergeben. Das muß bald nach der Krönung am 19. 12. 1154 gewesen sein: nach eigenem Zeugnis vollendete Wace sein Werk 1155. Die in ihm weiter geführte Höfisierung des Herrscherbildes ist von großem Einfluß auf die frühen Artusromane geworden: adlig-aristokratisches Selbstverständnis äußert sich nicht mehr nur in kämpferischer Tüchtigkeit (wie in den Chansons de geste), sondern besonders in höfischen Repräsentationsformen.

Während über die politische Motivation für die Entfaltung des Artus-Stoffes bei Geoffrey und Wace Einmütigkeit besteht, ist die Frage nach seiner Herkunft umstritten: die Meinungen reichen von der Annahme weitgehender Selbständigkeit Geoffreys (Faral) bis zur völligen Abhängigkeit von inselkeltischem (britischem) Erzählgut (Marx, Loomis) oder festlandkeltischen (bretonischen) Traditionen (Zimmer).

Für inselkeltischen Ursprung sprechen nach Meinung der Thesenverfechter die kymrischen (walisischen) Prosaerzählungen aus dem ›Llyfr Gwyn Rhydderch‹ (›Weißes Buch von Rhydderch‹) und dem ›Llyfr Coch Hergest‹ (›Rotes Buch von Hergest‹), die sog. ›Mabinogion‹. Während für die »höfischen« Mabinogion ›Owein‹ (›Iarlles y Ffynnawn‹, ›Die Gräfin von der Quelle‹), ›Peredur‹ und ›Gereint‹ ein starker (ältere Erzählungen nachträglich überformender?) Einfluß von Chrétiens ›Yvain‹, ›Perceval‹ und ›Erec‹ als wahrscheinlich gilt, zeigt ›Kulhwch und

Olwen‹ keine unmittelbaren Wirkungen einer französischen Erzählung. Kern ist die Werbung um die Tochter des Riesen – ein verbreitetes Schema. Dem Helden Kulhwch ist bestimmt, daß er keine Frau heiraten kann außer Olwen, der Tochter des Riesenhäuptlings Ysbaddaden. Er gewinnt sie mit Hilfe von Arthur und seiner Getreuen Cai und Bedwyr, indem er 39 Aufgaben löst. Arthur ist ein mächtiger König mit großem Hof, der aktiv teilnimmt an den Abenteuern, aber er ist keine unverwechselbare Figur: vorstellbar, daß der Name des Britenkönigs erst nachträglich auf diese Rolle übertragen wurde, zusammen mit dem seines Schwertes Caldevwlch (Caliburnus) und seiner Frau Gwenhwyfar. Er hat weder das nationale Profil, das ihm Geoffrey gegeben hat, noch das höfische des Wace. Die Überlieferung der ›Mabinogion‹ stammt erst vom Anfang des 14. Jahrhunderts, die konstatierten altertümlichen Züge machen eine Entstehung im späten 11. Jahrhundert möglich, aber keinesfalls sicher, es kann sich auch um eine bewußte Archaisierung handeln.

Für eine wichtige Rolle der Bretonen in der mündlichen Artustradition spricht neben der Rolle bretonischer Erzähler (für die es Indizien gibt) die frühe arthurische Kurzerzählung ›Lanval‹ (um 1165/70) aus den ›Lais‹ der Marie de France, die (in ihrer Mehrzahl) auf mündliche Geschichten, *contes*, zurückgehen, wie sie in ähnlicher Form wohl den Romanen Chrétiens de Troyes (s. u.) vorausgingen.

Der Artusritter Lanval hat eine Begegnung mit einer Fee, die ihm ihre Liebe schenkt unter der Bedingung, daß er nie darüber spricht. Als die Königin sich in ihn verliebt und seine Liebe begehrt, weist er sie zurück und spricht dabei von seiner so viel schöneren Geliebten. Doppeltes Unglück trifft ihn: die Fee erscheint nicht mehr wie sonst, als er sie herbeiwünschen konnte, und er wird angeklagt wegen Treulosigkeit gegenüber Artus und Beleidigung der Königin. Er leugnet den ihm unterstellten Verführungsversuch, gibt aber zu, seine Geliebte als schöner denn die Königin gepriesen zu haben. Der Ritterrat verurteilt ihn zur Verbannung, wenn er nicht den Beweis antreten kann. Schon verzweifelt er, da erscheint die Fee in all ihrer Schönheit, rechtfertigt Lanval und reitet wieder davon – er jedoch konnte hinter sie auf das Pferd springen und ist jetzt mit ihr in Avalon. Personen der Romane erscheinen in charakteristischen Rollen: Walwain als Freund des Helden, die Königin als erotisch Unbeständige. Artus dagegen ist ambivalent gezeichnet: er versorgt

Lanval nicht mit einem Lehen, verhält sich aber vorbildlich in dem mit juristischer Genauigkeit geschilderten Prozeß, der gewiß am englischen Königshof, für den Maries ›Lais‹ laut ihrer Widmung geschrieben sind, besonderes Interesse fand, da Heinrich II. sich sehr um die Rechtspflege kümmerte. Die These, daß glückliche Liebe geheim zu halten sei und ihre Erfüllung letztlich nur in der Imagination – oder auf Avalon – möglich ist, mag vom Tristanroman angeregt sein. Marie erwähnt, daß ihre ›Lais‹ auf bretonische Erzählungen zurückgehen: sie werden die Erzählmotive geliefert haben und ähnliche Voraussetzungen dürften für Chrétiens Romane gelten. Bei ihm ist, wie bei Marie, Protagonist nicht der König selbst, sondern einer seiner Ritter, der Artushof ist der ideale Ort für beispielhafte Handlungen, im ›Lanval‹ für den Muster-Prozeß und die Minnethese.

II

Zum eigentlich weltliterarischen Ereignis[6] wird der Artus-Stoff in den Romanen des Chrétien des Troyes: ›Erec et Enide‹, ›Cligès‹, ›Lancelot‹ (Charrette), ›Yvain‹ und ›Perceval‹. Die Datierung, lange »zwischen etwa 1165 und 1190« festgeschrieben, ist in jüngster Zeit fragwürdig geworden: vielleicht sind die Romane erst ab 1184/86 bis 1190 entstanden.[7] Unbestritten gilt ›Erec et Enide‹ als erster Artusroman. Chrétien entfaltet im Prolog sein poetisches Programm: im Unterschied zu den gestaltlosen Erzählungen der Spielleute habe er eine *conjointure* geschaffen, eine so geordnete Erzählung, daß sich ihr Sinn in der Handlungsabfolge entfalten kann. Er scheint sich nicht damit begnügt zu haben, eine vorgegebene Geschichte nachzuerzählen, sondern hat verschiedene Erzählmotive, wohl auch mehrere Erzählungen in einen festen Strukturrahmen eingespannt, um eine Problematik der höfischen Gesellschaft darzustellen und dem Hörer erfahrbar zu machen. Seine Romane erheben nicht mehr den Anspruch wie die Chansons de geste (*matière de France*), auch noch die Antikenromane (*matière de Rome*), *res gestae*, »geschichtliche Taten« zu berichten, sondern sie gestalten vorgegebene Motivik teilweise radikal um zur Sinnvermittlung durch Fiktion. Dafür eignete sich gerade die *matière de Bretagne*, weil sie nicht in dem Maße vorgeprägt war wie die anderen Stoffe: die Artushelden waren frei verfügbar, der König, der durch Geoffrey/Wace als »historische« Gestalt fixiert war, gab nur eine Rahmen-Instanz ab, zu Sinnträgern werden die einzelnen Ritter der Tafelrunde. Tragendes Element ist das ritterliche Abenteuer, die Aventiure als bewußt gesuchte Bewährungsprobe durch Waffentat.

Die Erzählung beginnt am Artushof, der König will einen alten Brauch (*costume*) pflegen: die Jagd auf den weißen Hirsch, mit dem Ergebnis, daß der erfolgreiche Jäger mit einem Kuß die schönste Dame am Hof auszeichnen darf. Das könnte hier zu Streitigkeiten führen, denn jeder der fünfhundert Ritter wird seine Freundin für die Schönste halten. Während der Hirschjagd besteht der Artusritter Erec eine Aventiure, die dieses Problem der Artusgemeinschaft lösen wird: von einem Zwerg, der einen Ritter und ein Fräulein begleitet, im Angesicht der Königin geschlagen, ist er entehrt und will die Schande durch einen Sieg über den Ritter auslöschen. Diese Gelegenheit bietet sich im Rahmen der Sperbercostume: der tüchtigste Ritter darf einen als Turnierpreis ausgesetzten Sperber seiner Dame überreichen. Erec fehlen Dame und Waffen, beides findet er bei einem alten Ritter; dessen schöne Tochter Enide soll seine Dame sein und seine Frau werden. Erec besiegt den Zwergenritter, gewinnt den Sperber für Enide, reitet mit ihr zum Artushof. Der Streit um den Kuß, den der erfolgreiche Jäger Artus der Schönsten geben soll, wird geschlichtet, Enide ausgezeichnet nach der Meinung aller. Die Hochzeit ist ein großes Fest, dem folgt ein Turnier, bei dem Erec höchsten Ruhm erwirbt: schönste Dame und bester Ritter haben sich gefunden, Höhepunkt ihres Lebensweges und eine gesellschaftlich ideale Situation. Doch in Carnant, im Reich von Erecs Vater kommt es zur Krise. Erec verkennt im Genuß von Enides Liebe seine gesellschaftlichen Pflichten: er turniert nicht mehr, beweist seinen herausgehobenen Status nicht mehr öffentlich und fällt daher erneut in Schande. Als er die Situation durch eine unbedachte Äußerung seiner Frau erkennt, bricht er sofort auf zu einer Aventiurefahrt, um sich vor Enide zu bewähren und um zu prüfen, ob sie ihn noch liebt. Daher muß sie mit, darf aber nicht mit ihm sprechen. Er bewährt seine ritterlichen Fähigkeiten im Kampf gegen Räuber, sie warnt ihn trotz des Redeverbots. Ein Graf will Enide verführen und Erec töten – durch eine List Enides gelingt das Entkommen. Er kann den Grafen im Zweikampf besiegen und auch seinen nächsten Gegner, König Guivret, mit dem er Freundschaft schließt. Mit diesem Sieg ist Erec wieder artuswürdig geworden, doch bleibt er, als Gauvain ihn an den Hof lockt, nur eine Nacht: die

Beziehung zu Enide ist noch nicht wieder hergestellt. Das gelingt auf dem zweiten Teil des Abenteuerweges, auf dem die Kämpfe nicht mehr nur Tapferkeitsbeweise, sondern Einsatz für andere sind. Zuerst muß sich Erec wieder mit unhöfischer Gewalt auseinandersetzen im Kampf für einen bedrohten Ritter gegen zwei Riesen, dann wird er wieder mit einem Liebesräuber konfrontiert: vom Kampf geschwächt, fällt er in Ohnmacht, gilt als tot, Enide beklagt ihn und sich. Graf Oringle, der beide findet, bemächtigt sich Enides: ihr Schrei bei der erzwungenen Hochzeit weckt Erec, er erschlägt den Grafen, beide fliehen: jetzt sind sie versöhnt und Erec spricht seine Frau frei von dem Vergehen des Zweifels an seiner Tüchtigkeit (v. 4921 ff.). Wieder begegnen sie König Guivret, diesmal muß sich der geschwächte Erec als besiegt erklären: es ist ein sinnloser Kampf, einmal weil er nur um die Ehre geführt wird (und die besitzt Erec längst), dann weil der Held seine Kräfte falsch einschätzt. Der durch die Artuseinkehr zweigeteilte Abenteuerweg (in beiden Teilen parallel gebaut), wird durch die *Joie-de-la-cort*-Aventiure abgeschlossen: in ihr wird der Lernprozeß des Ritters symbolhaft gespiegelt. Mabonagrain hat sich mit seiner Freundin von der Gesellschaft zurückgezogen und bekämpft auf ihr Geheiß alle Ritter, die ihn zurückführen wollen – bisher hat er alle Gegner getötet. Erec gelingt es, im schwersten aller Kämpfe Mabonagrain zu besiegen und ihn an den Hof zu holen: die Hofesfreude, *Joie de la cort*, ist wiederhergestellt – auch am Artushof. Erec hat nicht nur selbst gelernt, daß privates Glück außerhalb der Gesellschaft nicht möglich ist, er hat auch einen Standesgenossen zurückgebracht. Der Roman endet mit Erecs Krönung im Beisein des Königs Artus: als musterhafter Herrscher wird er Nachfolger seines Vaters. Der Weg zur idealen Herrschaft kombinierte persönliche Erfahrung mit Integration in die Gemeinschaft: die Gemeinschafts-Entfremdung der Helden wurde als Selbst-Entfremdung erfahren und überwunden, persönliche Vollkommenheit ist endlich identisch geworden mit gesellschaftlicher Harmonie. In der Diskussion der Individuums-Gemeinschafts-Problematik hat die Erotik eine zentrale Position: das Individuum artikuliert sein Recht in der erotisch erfüllten Ehe. In dieser Form ist sie (anders als die Tristan-Liebe) integrierbar in die Gesellschaft, wenn die Forderung nach öffentlicher Wirksamkeit erfüllt wird.

Hartmann von Aue verhält sich in seinem ›Erec‹ (1170/80) erstaunlich frei zu seiner Vorlage, Chrétiens Werk, so daß man daran gezweifelt hat, ob nicht eine Nebenquelle anzusetzen sei. Neu gefundene Fragmente, die näher bei Chrétien stehen, erlauben die Annahme, die erhaltene ›Erec‹-Überlieferung aus dem frühen 16. Jahrhundert sei eine Fassung zweiter Hand (es kann sich aber auch um Teile einer späteren Überarbeitung durch einen anderen Autor handeln). Die Veränderungen Hartmanns sind einmal mit Rücksicht auf das literarisch weniger vorgebildete Publikum in Deutschland zu erklären (Erklärungen, Steigerung höfischer Vorbildlichkeit), dann aber zielen sie auf eine existentielle Überhöhung, wie an der Reaktion der Helden auf die Krise im Kontrast deutlich wird: Hartmann läßt seine Hörer über die Motivation Erecs und die Gedanken Enites im unklaren, denn beide sind sich selbst nicht klar, sie haben den Sinn ihres Lebens verloren und müssen ihn auf der Abenteuerfahrt suchen. Erec scheint zu glauben, er liege ausschließlich in ritterlicher Bewährung, und lernt, daß seine Beziehung zu Enite gleichermaßen zur Diskussion steht. Enite dagegen weiß, daß die Mitte ihrer Existenz in der Minne-Ehe mit Erec liegt: sie bewährt sie selbst gegen seine Bedrohungen. Der deutsche Autor hat weniger Interesse an differenzierter Liebesproblematik als Chrétien: dort wollte Erec wissen, ob Enide ihn vollkommen (*parfitement*, v. 4925) liebte. Bei Hartmann geht es gleich um die ganze Person: Erec will prüfen, ob sie ihm *ein rehtez wîp* (v. 6782) sei. Der existentielle Anspruch wird in der großen Totenklage der Enite programmatisch, die Hartmann von 52 Versen bei Chrétien auf 336 ausgedehnt hat. Während sie dort in der Selbstanklage gipfelt, das verhängnisvolle Wort gesprochen zu haben (v. 4645f.), geht es hier um eine Auseinandersetzung mit der gesamten Lebensgeschichte. In der *Joie-de-la-cort*-Aventiure macht Erec dem besiegten Mabonagrin klar, was dieser falsch gemacht hat; sie gipfelt in der Feststellung, es sei das einzig richtige, unter Menschen zu sein (*wan bî den liuten ist sô guot*, v. 9438): er hat seine Lektion gut gelernt. Hartmann genügt jedoch die symbolische Aussagekraft der Aventiure noch nicht, er akzentuiert die darin beschlossene soziale Leistung Erecs noch zusätzlich: achtzig Witwen der erschlagenen Ritter nimmt er mit zum König Artus und führt sie damit zurück in die Gesellschaft. Hartmanns Finale ist weniger glanzvoll als das Chrétiens: Erec zieht in sein eigenes Land und feiert dort ein Krönungsfest, das aber nicht mehr beschrieben wird. Zusammen mit Enite lebt er in Freuden – doch anders als vorher; Gott gibt ihnen die ewige Krone.

Hartmanns ›Erec‹ handelt die gleiche These ab wie der Chrétiens: ist die Integration der personalen Liebe, wie sie die neue höfische Konzeption forderte, in die feudale Ehe möglich? Die Bejahung wird beispielhaft in Handlung ausgefaltet und damit für den Hörer als symbolische Erfahrung nachvollziehbar. Hinzu kommt als zweite These die Darstellung rechter Ritterschaft. Diese qualifiziert zur Königsherrschaft – beim deutschen Autor so gut wie beim französischen ist der Aventiureweg ein Weg zur richtigen Herrschaft eines Rex christianus.

Chrétiens zweiter Roman, der ›Cligès‹, ist wohl dem Personal, nicht aber der Struktur nach ein Artusroman: in Problemstellung, Konstellation der Personen, Handlungsablauf und Struktur orientiert er sich am Tristanroman. Der Artushof ist nicht Ausgangs- und Zielpunkt wie im ›Erec‹, er bleibt allerdings Bestätigungsinstanz für höfische und ritterliche Vorbildlichkeit. Der erste Teil erzählt die Geschichte der Eltern des Helden: der griechische Königssohn Alixandre will am Artushof die Ritterwürde erwerben und verliebt sich dort in Soredamors, ohne daß es zu einer Liebeserklärung käme. Erst nach ruhmvollen Waffentaten vermittelt die Königin das wechselseitige Geständnis und die Eheschließung. Frucht dieser vorbildlichen Eheliebe ist Cligès, der am Hof von Konstantinopel aufwächst, wo sein Onkel Alis regiert, der geschworen hat, ehelos zu bleiben, um Cligès die Nachfolge zu sichern. Unter Bruch seines Versprechens wirbt er um Fenice, die Tochter des deutschen Kaisers. Auf der Werbungsfahrt verlieben sich Cligès und Fenice, sie lehnt es ab, wie Isolde zwei Männern zu gehören. Um die Tristan-Problematik der Frau zwischen Ehemann und Geliebten vorbildhaft lösen zu können, gibt sie ihrem Gatten einen Trank, der ihn träumen läßt, sie zu besitzen, während sie selbst unberührt bleibt. Das Liebesgeständnis erfolgt erst, nachdem Cligès bei König Artus ritterliche Ehren erworben hat und zurückgekehrt ist. Wieder nimmt Fenice Zuflucht zu einem Trank: der macht sie scheintot. Vergebens versucht man sie durch Martern zu einem Lebenszeichen zu bringen, sie wird beigesetzt und von Cligès befreit. In heimlicher Verbindung sind sie glücklich: die Ehe mit Alis war ja wegen des fehlenden Vollzugs ungültig. Sie werden jedoch in ihrem Idyll entdeckt und fliehen nach England zu König Artus. Bevor er aber einen Heereszug gegen Alis beginnt, stirbt dieser und Cligès und Fenice besteigen den Thron. Gegen die Tristan-These, daß wahre Liebe nur außerhalb der Ehe möglich sei, steht die Gegenthese: sie ist dann möglich, wenn der Partner aus Liebe gewählt wird, bei Alixandre und Soredamors wie bei Cligès und Fenice. Die sexuell erfüllte Liebe ist nur in der Ehe erlaubt – Ehebruch bedeutet den Verlust der Ehre. Die Liebe ist – im Unterschied zur realen Praxis – im Roman Motivation für die Ehe. Das wird in klarer Frontstellung gegen den ›Tristan‹ entfaltet, man hat den ›Cligès‹ daher Chrétiens Antitristan genannt. Er hat in seiner Zusammenfügung verschiedener Elemente – Tristanstruktur und Artusidealität, Griechenmode und Legendentopik – deutlich literarischen Spielcharakter. Im Unterschied zur Konstruiertheit der Fabel sind Schauplätze (London und Winchester, Konstantinopel, Köln und Regensburg) und politische Konstellationen realer: damit wird die Irrealität der Erzählung überspielt. Ins Deutsche ist der ›Cligès‹ erst später übersetzt worden: einmal durch Konrad Fleck (nach 1210?), ein Werk, von dem nichts erhalten ist, dann durch Ulrich von Türheim (nach 1220?), davon sind knapp 400 Verse z. T. fragmentarisch überliefert. Thomasin von Zerclaere empfiehlt in seinem 1215/16 entstandenem ›Wälschen Gast‹ den adligen Mädchen die Geschichte von *Soredamor*, die jungen Herren sollen *Clîes* hören: die Erzählung galt als höfisch vorbildlich.

Nur auf dem Umweg des ›Prosa-Lancelot‹ in mittelalterliches Deutsch übersetzt wurde hingegen Chrétiens »Karrenroman« (›Charrette‹),[9] die Erzählung von Lancelot – der Versuch, die Tristan-Problematik mit Hilfe der Artus-Struktur zu bewältigen. Diese mehr literarische als ideologische Aufgabe stellte ihm – so sagt er im Prolog – seine Herrin, die Gräfin Marie von Champagne. Chrétien selbst hat das Werk aus unbekannten Gründen nicht fertiggestellt, sondern die Vollendung Godefroi von Leigni anvertraut. Die Erzählung beginnt typgerecht am Artushof: Meleagant fordert die Königin Guenièvre und will seinen Anspruch im Zweikampf beweisen, Keu erlangt durch eine List, daß man ihm den Kampf anvertraut und unterliegt. Meleagant reitet mit der Königin und dem verwundeten Keu davon und wird von Gauvain verfolgt; die Königin trifft auf Lancelot, der ihr ebenfalls nachjagt (Chrétien benutzt eine Verrätselungstechnik: er läßt sein Publikum über Name und Motivation Lancelots lange im Unklaren). Bei der Verfolgung besteigt Lancelot einen Karren, auf dem man sonst Verbrecher fährt: von nun hängt ihm diese Schande an. Das zeigt sich auf der nächsten Burg, wo er als ehrlos betrachtet wird, sich aber durch Bestehen der Wunderbett-Aventiure als erwählt beweist. Beim Anblick der im Tal vorbeireitenden Königin verfällt er in

Trance: dieses Phänomen wird sich immer wieder zeigen. Gauvain und Lancelot werden die gefährlichen Wege nach Gorre, dem Lande Meleagants gewiesen: Lancelot wählt die Schwertbrücke und besteht auf dem Weg dorthin, in »das Land aus welchem niemand wiederkehrt« (v. 1918), eine Reihe von Aventiuren: er widersteht einem Fräulein, das ihn verführen will, befreit gefangene Artusritter, enthauptet auf Bitte eines Fräuleins (Meleagants Schwester) einen Besiegten. Er überwindet unter Qualen die Schwertbrücke, besiegt Meleagant, wird aber von Guenièvre nicht begrüßt, ohne daß er den Grund für die Abwendung erfährt. Nachdem er fortgeritten ist, meldet man ihr, er sei tot – das Gleiche sagt man ihm von der Königin. Das führt bei beiden zur Existenzkrise, die es ihnen ermöglicht, nach Aufklärung der falschen Nachrichten aufeinander zuzugehen: die Entfremdung war eine Folge von Lancelots Zögern beim Besteigen des Karrens, einer momentanen Überordnung weltlicher Ehre über die Gebote der Liebe. Jetzt haben beide den Formalismus der Minnedoktrin überwunden, sind durch den Tod gegangen: beide erfahren, daß sie durch eine Liebe jenseits höfischer Regeln aneinander gebunden sind. So kommt es zur einmaligen Liebesvereinigung: Lancelot biegt mit übermenschlicher Kraft das Eisengitter an ihrem Fenster auf und gelangt zu ihr. Da er sich verletzt hat und man Blut an Guenièvres Bett findet, verdächtigt man Keu, der, noch verwundet, im gleichen Raum schläft. Im Gottesurteils-Kampf tritt Lancelot gegen Meleagant an und siegt. Auf dem Ritt zum Artushof wird er gefangen und eingekerkert, zwar kann er heimlich für ein Turnier Urlaub bekommen, wo er sich nach der Königin Gebot abwechselnd tüchtig und verzagt verhält, dann aber wird er eingemauert. Doch Meleagants Schwester befreit ihn zum Dank für seinen Dienst, und beim abschließenden Kampf am Artushof kann er Meleagant endgültig besiegen und töten. Strukturell ist der Typus des Artusromans erfüllt: Bedrohung des Hofs, Beseitigung der Bedrohung durch den Helden, der nach einer Krise und einer Zwischeneinkehr (Turnier) an den Artushof zurückkehrt. Aber Lancelot ist nicht mehr integrierbar mit seiner Erfahrung der existentiellen Liebe: Chrétien hat immer wieder die Erzählung transparent gemacht auf den Erlösermythos und den des Totenreichs, um die besondere Qualität der Liebe darzustellen. Die scheinbare Brüchigkeit des Romans erweist sich als innere Notwendigkeit: vom Schema her, das die gesellschaftliche Anerkennung am Artushof festmacht, muß Lancelot zurück, da Chrétien die Liebe auch als höchsten gesellschaftlichen Wert darstellen wollte: von der Konzeption her ist die Liebe jedoch nicht einbringbar. Indem der ›Lancelot‹ die Tristansituation mit den Mitteln des Artusromans in eine geschlossene Erzählstruktur einbindet, ist die Dialektik von Liebe und Gesellschaft nicht aufgehoben, aufhebbar erscheint sie nur im Vortrag des Romans in der höfischen Gesellschaft, die damit auch das eigentlich Gesellschaftsfeindliche aufnimmt und darin die Möglichkeiten und Grenzen erfährt.

Der Lancelotstoff ist allerdings in einer anderen reduzierten und trivialisierten Gestalt ins Deutsche gelangt: im ›Lanzelet‹ des Ulrich von Zatzikhofen,[10] der 1214 als Leutpriester im Thurgau bezeugt ist. Der ›Lanzelet‹ entstand jedoch schon zwanzig Jahre früher: Hugo von Morville, Geisel für Richard Löwenherz am Hofe Kaiser Heinrichs VI., wahrscheinlich identisch mit einem der Mörder des Thomas Becket, stellte die französische Vorlage, (*das welsche buoch*) zur Verfügung. Diese dürfte in zeitlicher Nähe zu Chrétiens Roman entstanden sein – mit den gemeinsamen Motiven der Entführung der Königin und ihrer Befreiung durch Lancelot, vor allem aber Lancelots Jugend bei einer Meerfee (bei Chrétien nur angedeutet: v. 2357 ff.) ist sie Zeugnis möglicher früher *contes* mündlicher Erzählungen, von Lancelot. ›Karrenritter‹ und *welschez buoch* scheinen unbeeinflußt voneinander – es sei denn, man sähe in Chrétiens Fassung einen Gegenentwurf im Geist der höfischen Minneideologie: der existentiell treue Karrenritter gegen den viermal verheirateten Lanzelet.

Lanzelet, der Sohn des bei einem Vasallenaufstand getöteten Königs Pant, wächst bei einer Meerfrau auf, mit fünfzehn Jahren zieht er in die Welt. Er gewinnt eine Frau, die er bald wieder verläßt, dann eine zweite, Ade, die nicht bei ihm bleiben will, als er im Zauberschloß *Schâtel-le-mort* zum Feigling wird. Die dritte, Iblis, wird seine endgültige Partnerin, sie erwirbt er im Kampf gegen Iweret, ihren Vater, der der Feind seiner Ziehmutter war. Durch deren Botin erfährt er seinen Namen und erhält ein Zelt, das ihn ausweist als bestimmt zur Herrschaft. Jetzt kommt er an den Artushof, wo man schon vorher von seinen Taten gehört und ihn herbeigewünscht hatte: er besiegt Valerîn, der die Königin beansprucht, und wird Mitglied der Tafelrunde. Am Beginn seines Weges in die Welt hatte ihn vor der Burg Plûrìs ein Zwerg mit einer Geißel geschlagen: das ist noch ungerächt, und so macht er sich dorthin auf und besteht die Aventiure, 100

Ritter zu besiegen. Damit aber verfällt er der Burgherrin und heiratet zum viertenmal. Doch diesmal vergißt er seine frühere Partnerin nicht, er will zurück zu Iblis und wird durch eine listige Hilfsaktion der anderen Artusritter unter Walweins (Gaweins) Führung befreit: die Gesellschaft der Tafelrunde bewährt sich. So auch bei der Entführung der Königin: in einer gemeinschaftlichen Aktion wird der Entführer Valerîn besiegt. Doch um die Hilfe des Zauberers Malduc dafür zu sichern, hatte man ihm Walwein und Erec übergeben müssen: die werden nun unter der Führung von Lanzelet befreit. Während Lanzelet in Plûrîs in Minnehaft war, mußte auch Iblis ihre Liebe bewähren: bei der Mantelprobe am Artushof paßt ihr als einziger der Mantel, wie es nur der vollkommen treuen Frau zukommt. Hier könnten Lanzelets Aventiuren zu Ende sein, aber es folgt noch das *fierbaiser*-Abenteuer: die Umwandlung eines Untiers in einen Menschen durch einen Kuß. Lanzelet küßt eine greuliche Schlange, die dadurch wieder zur schönen Elidia (Clidra) wird, und erweist sich noch einmal als bester Ritter. Elidia wird Minneexpertin am Artushof, sie ist damit zurückgekehrt in die Gesellschaft. Darauf folgt der formelle Schluß: Boten aus dem Reich von Lanzelets Vater kommen, er soll König werden, wenn er seine Vasallen gut behandelt. Lanzelet wird gekrönt, er erhält auch das Land seines Schwiegervaters Iweret; ein großes Fest in Gegenwart von König Artus bildet das Ende.

Lanzelet ist der Held ohne Krise. Ein fortschreitender Aufstieg über verschiedene Vollkommenheitsstufen der Liebe und gesteigerte Aventiuren im Kreis der Artusritter ist sein Weg zur Herrschaft. Dafür ist er schließlich durch Leistung und Abstammung qualifiziert, der Artushof sanktioniert es. Er lernt, anders als Chrétiens Helden, nicht aus dem Versagen, sondern nimmt ohne Probleme seinen legitimen Platz in der Gesellschaft ein. Die Reduktion des Strukturschemas um die Krise eröffnet zwar stofflich-erzählerisch Möglichkeiten, bedeutet aber auch eine Verarmung, weil dem Helden die existentielle Dimension fehlt, die ihm seine Schuld in der Krise verleiht.

Das wird im Vergleich mit Chrétiens ›Yvain‹ besonders deutlich, weil hier bei aller Ernsthaftigkeit der Problematik die erzählerischen Mittel im Spiel von Distanz und Nähe, das sich in Ironie äußert, mit großer Souveränität gehandhabt werden.

Chrétien überträgt den anfänglichen »Tiefpunkt« des Helden auf eine Nebenfigur. Am Artushof berichtet Calogrenant von einer mißglückten Aventiure: er hat am Zauberbrunnen das

Unwetter ausgelöst und ist vom Brunnenherrn vom Pferd gestochen worden. Yvain sieht in dieser Situation die Aufgabe, seinen Vetter zu rächen, und die Chance, selbst Ehre zu erwerben: er bricht heimlich auf, und erlebt das, was Calogrenant erzählt hat: er kommt zum Brunnen und ruft das Gewitter hervor, der Ritter erscheint, Yvain verwundet ihn tödlich und verfolgt den Fliehenden zu seiner Burg. Dort gerät er in eine Falle: er wird im Torturm zwischen zwei Gittern eingeschlossen. Aber Lunete, die Vertraute der Burgherrin, hilft ihm: aus Dankbarkeit für einen ihr früher erwiesenen Dienst gibt sie ihm einen Zauberring, der ihn unsichtbar macht. Leute des Burgherrn, der inzwischen seiner Verletzung erlegen ist, suchen Yvain vergebens, obwohl die blutenden Wunden des Erschlagenen seine Gegenwart bezeugen. Yvain verliebt sich in die Witwe des Toten, Laudine: in dieser anscheinend hoffnungslosen Situation hilft wieder Lunete – sie kann die schutzlos Hinterbliebene überzeugen, daß sie einen tüchtigen Ritter als Landesherrn braucht, und wer wäre tapferer als der, der ihren Mann überwunden hat? Laudine stimmt der Heirat zu und Yvain wird scheinbar »geholt«; mit der Hochzeit sind seine Wünsche erfüllt, auch Laudine ist zufrieden, als Yvain bei der Ankunft der Artusrunde den Brunnen erfolgreich gegen Keu verteidigt und sich dann zu erkennen gibt. Nach einem großen Fest, unmittelbar vor dem Aufbruch des Königs, überredet Gauvain den neuen Landesherrn, von Laudine Urlaub für Turnierfahrten zu erbitten, um nicht unritterlich und ehrlos zu werden. Laudine läßt Yvain unter der Bedingung ziehen, daß er innerhalb eines Jahres zurückkommt, und gibt ihm einen Zauberring. Yvain reitet auf Turniere, vergißt allmählich Laudine und überschreitet den Termin für seine Rückkehr. Laudine schickt eine Botin, die ihn des Verrats anklagt und ihm den Ring abnimmt zum Zeichen, daß sie ihn verstößt. Yvain wird aus Schmerz wahnsinnig und lebt wie ein wildes Tier im Walde. Eine Burgherrin findet ihn und heilt ihn mit einer Wundersalbe, so daß er seine alte Kraft wiedergewinnt. Er besiegt den sie bedrängenden Grafen Allier und schlägt ihr Liebesangebot aus. Dann hilft er einem Löwen im Kampf gegen einen Drachen und wird damit zum »Löwenritter«, denn das Tier begleitet ihn fortan auf seiner Abenteuerfahrt, auf der er nun zu einer Kapelle kommt, wo die zum Scheiterhaufen verurteilte Lunete auf ihren Tod wartet: er verspricht, ihre Unschuld im Kampf zu beweisen. Die Nacht verbringt er auf einer Burg: der Burgherr bittet ihn um Hilfe gegen den Riesen Harpins, der vier seiner Söhne gefangen hat und dem er seine Tochter ausliefern muß. Yvain besiegt den Riesen mit Hilfe des Löwen, kommt aber in zeitliche Bedrängnis durch die Hilfezusage für Lunete. Er erreicht die Gerichtsstätte im letzten Augenblick und kann ihre drei Ankläger besiegen. Laudine, die dem Kampf beiwohnt, erkennt ihn nicht, er nennt sich nur »der Löwenritter« und reitet fort: solange er nicht die Verzeihung seiner Herrin erlangt habe, könne er nicht bleiben. Als nächstes sagt er im Erbschaftsstreit der Töchter des Grafen vom Schwarzen Dorn der jüngeren zu, für ihr Recht im Gerichtskampf zu kämpfen – gegen Gauvain, der die ältere Schwester vertritt. Bevor er sein Versprechen einlöst, besteht er das Abenteuer auf dem *Chastel de Pesme Avanture* (Burg zum Schlimmen Abenteuer): er besiegt zwei Riesen (wieder mit Hilfe des Löwen) und befreit die gefangenen Frauen. Das Angebot, das Burgfräulein zu ehelichen, schlägt er aus und tritt am nächsten Tag gegen Gauvain an. Der lange Kampf bleibt unentschieden, Artus als oberster Richter fällt den Rechtsspruch. Yvain wird nun, da sich der Löwe einfindet, mit dem Löwenritter identifiziert. Ihm fehlt jedoch die Versöhnung mit Laudine: er entfesselt wieder das Unwetter, wieder rät Lunete der schutzlosen Brunnenherrin zu einem tüchtigen Ritter: der Löwenritter soll ihr beistehen, dafür soll sie ihn mit seiner Herrin versöhnen. Notgedrungen muß sie Yvain wieder aufnehmen – so endet der Roman mit der Versöhnung. Er ist nach dem gleichen Doppelweg-Schema gebaut wie ›Erec et Enide‹: eine glücklich gewonnene Position erweist sich als unvollkommen, sie muß auf mühevollem Weg neu erkämpft werden. Yvain verfehlt in seiner Ehe mit Laudine ihre legitimen Ansprüche auf Zuwendung und Schutz, daher verstößt sie ihn. Sein Aventiureweg ist entsprechend auf Kämpfe für schutzbedürftige Frauen angelegt, so daß er am Schluß die richtige Haltung gelernt hat und an Laudines Seite zurückkehren kann. Im Zweikampf mit dem Musterritter Gauvain wird seine Vorbildhaftigkeit am Artushof bestätigt. Jedoch ist das Brunnenreich gleich-, ja höhergewichtiges Zentrum: die Zwischeneinkehr auf dem zweiten Weg findet nicht am Artushof, sondern bei Laudine statt, und auch die Schlußversöhnung wird nicht mehr von Artus sanktioniert: neben den Hof, an dem Yvain seine Pflichten vergessen hat, tritt Laudine als eigentliches Ziel des Helden.

Hartmann von Aue hat diese Problematik noch entschiedener herausgearbeitet, obwohl sein ›Iwein‹ (um 1200) viel näher bei Chrétiens Roman, seiner Vorlage, steht, als sein ›Erec‹. Iwein versäumt mit der Jahresfrist eine Rechtsfrist, innerhalb derer usurpierter Besitz noch angefochten werden könnte. Er vernachlässigt in seiner Ehe genau das, was Laudine zur Heirat bewogen hatte: die Verteidigung des Landes und die Garantie der Rechtsordnung. Sein zweiter Weg ist der Weg zur verantwortungsvollen Landesherrschaft, daher kann Laudine ihren Mann zu recht wieder annehmen. Hartmann hat sich bemüht, die Gestalt Laudines menschlich sympathischer zu machen: er nimmt sie bei der raschen Heirat in Schutz und läßt sie am Schluß Iwein um Verzeihung bitten für das, was sie ihm angetan hat, antun mußte, weil er in seinen politischen Pflichten versagt hatte. Die formale Wiederholung der Brunnenanventiure am Schluß war Hartmann wohl als zu formalistisch erschienen, er wollte mit Laudines Bitte den inneren Grund für die Versöhnung sichtbarer machen: sie erkennt, daß Iwein seine Verfehlung gebüßt hat und als Ehegatte und Landesherr vertrauenswürdig ist.[11] Umstritten in der Forschung[12] ist die Bewertung des ersten Brunnenabenteuers. Bedeutet Hartmanns Kommentar *her Iwein jagete in âne zuht* (v. 1056) eine moralische Verurteilung oder ist es nur eine Wendung, die seinen Eifer charakterisieren soll? Obwohl die Brunnen-Aventiure denen des zweiten Zyklus von der Motivation her unterlegen ist, kann sie auf der strukturellen Ebene nicht als die zu korrigierende Verfehlung Iweins gelten: das ist eindeutig das Terminversäumnis.

Im Prolog zum ›Iwein‹ formuliert Hartmann sein poetologisches Programm: im Nachvollzug der Erzählung dem Publikum die Erfahrung der Problematik und den Weg zu ihrer Lösung zu vermitteln.

Chrétiens Roman wurde außer ins Deutsche auch ins Altisländische (›Ivents saga artuskappa‹. 13. Jahrhundert, Prosa) und ins Altschwedische (›Ivan Lejonriddaren‹, Anfang des 14. Jahrhunderts, Verse) übersetzt, auch das Mabinogi ›Owein‹ dürfte im wesentlichen auf den ›Yvain‹ zurückgehen. Die mittelenglische Fassung ›Yvain and Gawein‹ reduziert die Aspekte höfischer Liebe und konzentriert sich noch mehr als Hartmanns Werk auf den »politischen« Aspekt von Yvains Treueversprechen.

Auch Chrétiens letzter Roman, der im vorletzten Jahrzehnt des 12. Jahrhunderts begonnene, Fragment gebliebene ›Perceval‹ (›Conte du Graal‹, 9898 vv.) gehört zur *matière de Bretagne*[13]: der Titelheld wird bereits in ›Erec et Enide‹ (v. 1525) und im ›Cligès‹ (v. 4826ff.) genannt und der Artushof hat eine strukturelle Position, die aus der in ›Erec et Enide‹ und ›Yvain‹ abgeleitet ist.

Obendrein wird Gauvain, der bisher nicht mit einer eigenen Handlungskette bedachte arthurische Musterritter, zum zweiten Helden: die Erzählung ist zum Doppelroman ausgeweitet, der Weg im zweiten Zyklus des Doppelwegs auf ihn übertragen, da Perceval nicht durch Rittertaten den Gral erreichen kann.

Der »Sohn der Witwe« (*li fix a la veve fame* = Perceval) wird von seiner Mutter fern der Welt und ohne Kenntnis des Ritterstandes in der Einöde aufgezogen, denn seine beiden älteren Brüder waren im Kampf gefallen und sein Vater, ein verwundeter und daher verarmter Ritter, aus Gram darüber gestorben. Als Perceval im Wald fünf Ritter trifft und durch sie von König Artus erfährt, läßt er sich von seiner Mutter nicht zurückhalten, dorthin aufzubrechen. Sie kleidet ihn ärmlich und gibt ihm Lehren über das richtige Verhalten gegenüber Frauen und simple religiöse Unterweisung. Als er losreitet, sieht er seine Mutter ohnmächtig zu Boden fallen. Auf seinem Ritt trifft er auf ein schlafendes Fräulein in einem Zelt, küßt sie, wie es die Mutter geraten hatte, und nimmt ihr gewaltsam einen Ring, bevor er weiterzieht. Ihr zurückkehrender Freund (Orguelleus de la Lande) beschuldigt sie der Untreue – sie muß ihm auf Abenteuerfahrt folgen. Vor König Artus' Burg sieht Perceval den Roten Ritter; seine Rüstung möchte er haben und verlangt sie vom König. Ein Fräulein am Hof, das schon seit sechs Jahren nicht mehr gelacht hatte, lacht bei Percevals Anblick, verkündet, er werde der beste Ritter der Welt sein, und wird deshalb von Keu geschlagen. Perceval kehrt zum Roten Ritter zurück und tötet ihn mit seinem Wurfspieß, nimmt sich die Rüstung und reitet fort, nachdem er den Becher, den der Rote Ritter von des Königs Tafel genommen, an Artus zurückgeschickt hat. Gornemant de Goort nimmt ihn freundlich auf und unterweist ihn im Gebrauch der Waffen und richtigem Verhalten – dazu gehört auch, nicht zu viel zu sprechen. Perceval will seine Mutter wiederfinden, er gelangt jedoch zur belagerten Stadt Beaurepaire und wird von der Herrin (Blancheflor) willkommen geheißen. Nachts klagt sie ihm ihr Leid: Anguingerons, der Seneschall Clamadeus, will die Stadt erobern. Perceval sagt seine Hilfe zu und erbittet dafür ihre Liebe (*drüerie*, v. 2104). Es gelingt ihm, beide Gegner zu besiegen: sie werden an den Artushof zum mißhandelten Fräulein geschickt. Perceval bleibt nicht lange bei Blancheflor: er bricht gegen ihren Willen auf, seine Mutter zu suchen. Auf seinem Ritt kommt er an einen reißenden Fluß, zwei Männer rudern ein Boot, einer scheint zu fischen, und dieser schickt ihn zu seiner

Burg. Dort trifft Perceval den Reichen Fischer als kranken Burgherrn wieder, von ihm erhält er ein Schwert. Er sieht im Rittersaal einen prächtigen Aufzug: ein Knappe trägt eine blutende Lanze, ein Fräulein eine kostbar geschmückte Schüssel (*un Graal*, v. 3220), sie bedient anscheinend jemand im Nebenraum damit. Perceval fragt nicht, er denkt an die Lehre Gornemants. Am nächsten Morgen ist die Burg menschenleer. Auf seinem Weiterritt trifft er ein Mädchen, das seinen toten Freund hält. Ihr erzählt er sein Abenteuer, sie wirft ihm vor, die Frage nach Lanze und Gral, und wen man damit bediene, versäumt zu haben – das hätte den kranken Burgherrn geheilt. Als sie ihn nach seinem Namen fragt, errät er ihn: *Percevaus li Galois* (v. 3575): ein Zeichen dafür, daß er nicht mehr »unwissend« (*nice*), sondern zum Bewußtsein seiner selbst gekommen ist. Das Mädchen ist seine Cousine (*germaine cousine*, v. 3600), sie erzählt ihm, daß seine Mutter aus Schmerz über sein Wegreiten gestorben ist. Dann trifft Perceval auf das Zelt-Fräulein, das er geküßt hatte. Er befreit sie durch den Sieg über ihren Freund vom Verdacht der Untreue und schickt ihn zu Artus. Auf seinem Weg erblickt Perceval drei Blutstropfen im Schnee – sie erinnern ihn an Blancheflor und er verfällt in Minnetrance. So finden ihn die Ritter des Königs Artus: Sagremors und Keu werden vom Pferd gestoßen, Gauvain gelingt es, den geistesabwesenden Perceval an den Hof zu führen. Drei Tage feiert man dort die Ankunft des Ritters, er wird in die Tafelrunde aufgenommen und scheint den Höhepunkt seiner Ritterlaufbahn erreicht zu haben. Die Parallelen zu ›Erec et Enide‹ und ›Yvain‹ sind deutlich: der Held hat Minne und Herrschaft erworben, dieser Erfolg bringt ihm die Anerkennung des Königs und der Tafelrunde, die Partnerin ist symbolisch anwesend durch die drei Blutstropfen. Doch im Unterschied zu den beiden anderen Helden ist die Verfehlung in den ersten Handlungszyklus integriert: Perceval kommt als bereits Schuldiger zu arthurischen Ehren. Auch die nächste Szene hat ihre Parallele im ›Yvain‹: wie dort Lunete erscheint hier die Gralsbotin, das »Häßliche Fräulein« (*laide damoisele*), sie klagt Perceval an: er hat die Frage versäumt, durch die er den König hätte heilen können. Perceval bricht sogleich auf, um den Gral zu suchen, mit ihm Gauvain, Gifflés und Keendins (Kahedin), um die weiteren Abenteuer zu bestehen, die die Gralsbotin genannt hatte. (In den Fortsetzungen werden diese z. T. ausgeführt – vielleicht war Chrétien schon auf dem Weg zu einem zyklischen, »nachklassischen« Aventiure-Roman.) Gauvain wird nun von Guinganbresil beschuldigt, seinen Herrn, den König von Escavalon, ohne Herausforderung getötet zu haben. Mit Gauvains Losreiten beginnt die Reihe seiner Abenteuer, von denen der Autor »jetzt lange erzählen« will (v. 4815–6216). Zuerst besiegt er Melians de Lis im Zweikampf: dieser hatte die Tochter seines Vasallen Tibaut umworben und ein Turnier gegen ihren Vater als Bedingung gestellt. Gauvain wird von der jüngeren Schwester, dem Fräulein mit den kleinen Ärmeln (*Pucele as Mances Petites*), zum Kampfe gegen Melians gewonnen: die Ältere hatte sie geschlagen. Gauvain übernimmt hier eine Rolle in einem humoristisch-parodistischen Spiel um Ritterdienst und Minnelohn, denn die *pucele* ist noch ein Kind. Ganz anders die Schwester des Königs von Escavalon, wohin Gauvain unerkannt gelangt: sie nimmt ihn auf Empfehlung ihres Bruders, dem Gauvain unterwegs begegnet war, mit großer Freundlichkeit auf. Als sie seine Bitte um Liebe erfüllen will, kommt ein Vasall in das Gemach, der Gauvain als den mutmaßlichen Mörder ihres Vaters erkennt und die Bevölkerung der Stadt gegen ihn mobilisiert. Gauvain und das Fräulein verteidigen sich, bis der König zurückkehrt und Guinganbresil, der ihm freies Geleit zugesagt hatte, weitere Angriffe verbietet. Auf Anraten eines weisen Vasallen wird der Zweikampf zwischen Gauvain und Guinganbresil um ein Jahr verschoben und Gauvain verpflichtet, die blutende Lanze zu suchen. Gauvain hat sich in beiden Abenteuern vorbildlich verhalten – in den Minnebeziehungen konnte er jedoch keinen Erfolg haben, denn die *pucele* war zu jung, und die Liebe zur Schwester des Königs konnte infolge der politischen Situation keine Erfüllung finden.

Fünf Jahre lang ist Perceval durch die Welt gezogen, sechzig Ritter hat er besiegt – der Erzähler erwähnt das nur, denn für sein eigentliches Ziel, die Gralsgewinnung, sind Waffentaten nicht entscheidend. Am Karfreitag trifft er, der Gott vergessen und keine Kirche mehr betreten hat, auf büßende Ritter und Damen: sie kommen von einem Einsiedler, bei dem sie gebeichtet haben. Perceval reitet zu dem guten Mann (*bons hom*) und bekennt seine Sünde: das Versäumnis der Gralsfragen. Er erfährt nun, daß seine Mutter, der Einsiedler und der Vater des Reichen Fischers (*riche Pescheor*) Geschwister sind – der alte König ist es, der mit dem Gral bedient wird: eine Hostie erhält ihn am Leben. Daß Perceval nicht nach Lanze und Gral gefragt hat, ist Folge einer unbewußten Sünde: der Schuld am Tod seiner Mutter. Nach dieser Belehrung durch den Einsiedler, seiner Versöhnung mit Gott durch Buße und Kommunion, verschwindet Perceval wieder aus der Erzählung und Gauvain tritt erneut in den Vordergrund (ab v. 6519) mit einer Aventiurefolge, die wohl am Artushof enden sollte. Auf der Suche nach der Lanze trifft er einen verwundeten Ritter (Greoreas), der ihn vor dem Weiterreiten warnt – Gauvain läßt sich jedoch nicht abhalten. Er sieht in einem Schloßhof eine *pucele* (Orguelleuse) und holt für sie, ungeachtet der Warnungen der Leute, ihren Zelter aus dem Burggarten; sie erwidert mit losen Reden: sie will ihn begleiten, bis ihm durch sie Leid und Schande zugestoßen sind. Er kehrt mit ihr zu dem Verwundeten zurück und heilt ihn mit einem Kraut, dieser jedoch reitet mit Gauvains Pferd Gringalet davon: die Orguelleuse verspottet ihn, er muß mit einem Klepper vorlieb nehmen. Sie kommen zu einem Schloß, aus deren Fenstern wohl fünfhundert schöne Damen blicken. Durch einen siegreichen Zweikampf mit dem Neffen des Greoreas gewinnt er sein Pferd zurück und findet Quartier bei einem Fährmann; von ihm erfährt er, was es mit dem Schloß auf sich hat: es wird von zwei Königinnen regiert, viele Knappen und Damen leben dort, nur der kühnste und treueste, weiseste und edelste Ritter kann hineingelangen, die Knappen zu Rittern schlagen und die Damen in die Gesellschaft zurückführen. Gauvain will das Abenteuer bestehen: er geht in den Palast und setzt sich auf das Wunderbett (*Lit de la Merveille*), dort muß er sich zuerst von Zauberhand abgeschossener Pfeile und Armbrustbolzen erwehren, dann gegen einen ausgehungerten Löwen kämpfen. Damit ist der Zauber gebrochen: die Burginsassen und die ältere Königin begrüßen Gauvain, er muß von Artus und der Tafelrunde berichten – nennt jedoch seinen Namen nicht – so wird er erst später erfahren, daß er bei seinen Verwandten ist: Die ältere Königin ist die Mutter des Königs Artus (Ygerne), ihre Tochter Gauvains eigene Mutter, auch seine Schwester Clarissans ist bei ihr. Das erzählt ihm Guiromelanz – zu ihm hat ihn die Orguelleuse geführt: er mußte die gefährliche Fahrt (*Guez Perillous*) überspringen, nachdem er ihren Begleiter besiegt hatte. Guiromelanz berichtet ferner, daß er den Freund der Orguelleuse getötet hat und Gauvain haßt, weil dessen Vater Lot seinen Vater erschlagen habe. Dennoch liebt er Gauvains Schwester Clarissans und will ihr einen Ring übergeben lassen. Da nennt Gauvain seinen Namen und beide verabreden einen Zweikampf in einer Woche im Angesicht des Artushofs. Als er zur Orguelleuse zurückkommt, erklärt sie ihm, warum sie so hochmütig und bösartig war, der Tod ihres Freundes hatte sie so getroffen, daß sie durch ihre Reiz- und Schmähreden einen Ritter so in Zorn bringen wollte, daß er sie erschlüge. Beide kehren zum Schloß (*Roche de Canguin*) zurück, werden mit Ehren empfangen, Gauvain überbringt seiner Schwester die Botschaft des Guiromelant. Dann sendet er Botschaft zum Artushof – während in Roche de Canguin gefeiert wird und Gauvain die Knappen zu Rittern schlägt, herrscht am Artushof Trauer wegen Gauvains Abwesenheit. Hier bricht der »alte Perceval« ab und die erste Fortsetzung beginnt (zu den Fortsetzungen vgl. unten S. 346–348). Artus kommt, der Zweikampf zwischen Guiromelant und Gauvain findet statt und wird durch Clarissans schließlich getrennt: Guiromelant huldigt Artus und bekommt Gauvains Schwester zur Frau.

Weiter berichtet die Fortsetzung wie Gauvain das Fräulein von Montesclair erlöst (eines der Abenteuer der Gralsbotin), dann von einer Heerfahrt des Königs Artus gegen Brun von Branlant, bei der Gauvain schwer verwundet wird. Aus einer Liebesbeziehung zur Schwester des Fürsten Brandelis geht ein Sohn hervor: die Folge der Minneaventiuren Gauvains erreicht damit einen Höhepunkt. Er bringt auch den Zug gegen Schloß Orgueilleus, zu dem die Gralsbotin aufgerufen hatte, durch Tapferkeit und höfische Klugheit zum guten Ende. Dann kommt er zur Gralsburg – er sieht Lanze und Gral und eine Bahre mit einem Toten, auf dem ein zerbrochenes Schwert liegt: der berufene Gralsheld könnte es zusammenfügen, aber Gauvain versagt, fällt in Schlaf und wacht in einer Einöde wieder auf. Er hat jedoch nach der Lanze gefragt und damit die Verwüstung des Landes aufgehoben. Die Gauvain-Abenteuer werden in verschiedenen Handschriftenredaktionen unterschiedlich ausgestaltet (in einigen kommt er zweimal zum Gral) – gemeinsam ist jedoch sein Mißerfolg vor dem Gral (die Fortsetzer vermögen nicht, die Fülle des Stoffes zu strukturieren). Erst Perceval gelingt es, nach einer Reihe von Aventiuren das Schwert zusammenzufügen und Gralskönig zu werden.

Obwohl von einigen Forschern (vgl. POLLMANN) bezweifelt wird, daß Chrétien einen Doppelroman geplant habe (sie rechnen mit dem Werk eines Späteren, der zwei Fragmente Chrétiens – einen ›Perceval‹ und einen ›Gauvain‹ – zusammenfügte, auch damit, daß der ›Gauvain‹ von anderer Hand stammt), sprechen die Parallelen in der Doppelwegstruktur für eine Einheit. Während Perceval der erste Zyklus zugewiesen ist, übernimmt Gauvain die Abenteuersequenz des zweiten Zyklus, da der arthurische Qualifikationsweg für die Gralserlangung irrelevant ist. Kennzeichnende Momente des zweiten Weges sind die Namenlosigkeit des Helden (vgl. ›Yvain‹) und die »Zwischeneinkehr«: Gauvains Erzählung vom Artushof auf *Roche de Canguin*. Sicher sollte ein glänzender Abschluß vor der versammelten Ritterschaft erfolgen – ähnlich, wie ihn der erste Fortsetzer noch im Geiste Chrétiens gestaltet hat: Zweikampf mit Guiromelant, Wiederherstellung der Freude des Hofes und Wiederintegration der weiblichen Artusverwandtschaft in die Gesellschaft (vgl. ›Erec und Enide‹). Gauvain hat keinen ersten, keinen Aufstiegsweg, da er ja in der Tradition schon der vollkommene Ritter ist, Perceval hat keinen zweiten Weg, da nicht ritterliche Bewährung gralswürdig macht. Seine »Zwischeneinkehr« ist der Besuch beim Einsiedler: hier leistet er religiöse Einkehr und erfährt, wie es sich mit dem Gral verhält und daß er zur Gralssippe gehört: damit bereitet Chrétien sein endgültiges Gralskönigtum vor. Gut vorstellbar, daß er den Abschluß ähnlich wie Wolfram von Eschenbach gestaltet hätte: bewußte Wiederholung der Gralsfrage, ähnlich dem ›Yvain‹/›Iwein‹-Modell mit dem nochmaligen Brunnenguß des Helden. Gauvains Abenteuerkette ist keine *Queste*, kein Suche-Weg und nicht nach dem Prinzip der fortschreitenden Qualifikation gestaltet – er ist ja von Beginn qualifiziert und die Anschuldigung Guinganbresils ein Irrtum – sondern nach dem Prinzip der Steigerung der Probleme – leicht ist es für ihn bei Tibaut, schwieriger in Escavalon und am schwierigsten ist es, das richtige Verhalten zur Orguelleuse zu finden, die Aventiure des Wunderbetts und schließlich den Zweikampf mit Guiromelant zu bestehen; Gauvain besteht alle Proben souverän. Zwar hat der Artushof auch in Percevals Weg strukturell eine Rahmenposition, aber die »Lebensform« des arthurischen Ritters ist erst durch Gauvain präsent, und Chrétien erreicht dadurch die Integration der spirituellen Thematik in die *matière de Bretagne*, stellt sie der zuhörenden Ritterschaft, deren Selbstverständnis sich anscheinend im arthurischen Roman literarisierte, als ein Problem dar, das sie selbst angeht – man geht wohl nicht fehl, wenn man die Kreuzzugsbewegung nach dem Fall von Jerusalem 1187 als Hintergrund ansieht.

Wolfram von Eschenbach[14] hat bei seiner Adaptation des ›Conte du Graal‹ im ›Parzival‹ (um 1205–12) die arthurische Komponente eher noch verstärkt. Das beginnt bereits mit der Geschichte der Vatergeneration: vielleicht angeregt vom (nach-

Chrétienschen) ›Bliocadran‹-Prolog (s. unten S. 347) stellt Wolfram die Abenteuer von Gahmuret, Parzivals Vater voran[15]. Als jüngerer Sohn Gandins (der zur Artussippe gehört) erhält er kein Erbe und wird Soldritter im Dienste des Baruch von Baldac (Bagdad). Er kommt nach Patelamunt in Zazamanc, dort herrscht die Mohrenkönigin Belakane – ihre Stadt wird von den Verwandten ihres Freundes Isenhart belagert, dessen Tod sie durch übertriebene Forderungen im ritterlichen Kampf verschuldet hat. Gahmuret befreit sie und erhält Dame und Herrschaft. Doch schon bald verläßt er sie aus unbezähmbarem Drang nach Abenteuern – der angegebene Grund der Religionsverschiedenheit ist nur eine Ausflucht. Er kommt nach Kanvoleiz, dort hat Herzeloyde von Waleis ein Turnier ausgeschrieben, dessen Preis ihre Hand und ihr Land sein sollen. (Daß Herzeloyde als Tochter Frimutels und Schwester des Anfortas zur Gralsfamilie gehört, bleibt hier noch unerwähnt.) Anwesend ist Utrepandragun, Artus' Vater, der seine geraubte Gemahlin sucht, und König Lot mit seinem Sohn Gawan, der noch nicht zum Ritter geschlagen ist. Schon beim Vorabendturnier zeichnet sich Gahmuret so aus, daß Herzeloyde ihn erwählt – sie muß ihre Ansprüche allerdings erst gegen seine frühere Minneherrin, Ampflise von Frankreich, und gegen Belakane durchsetzen. Nicht lange nach der Hochzeit geht Gahmuret wieder auf Ritterfahrt und findet den Tod – für Herzeloyde der Anlaß, sich in die Einöde von Soltâne zurückzuziehen und Parzival fern allen Rittertums zu erziehen. In Gahmuret vereinen sich höchste ritterliche Bewährung und Minneerfolg – beides vererbt er seinem Sohn. Die kämpferische Idealität Gahmurets ist aber auch Grund seines Todes: das Dilemma der ritterlichen Existenz, daß höchste Vollkommenheit im Kampf zur Tötung und zum Tode führt, hat Wolfram hier und an anderen Stellen (Isenhart, Sigune und Schionatulander, die Söhne des Gurnemanz) thematisiert und vor allem durch eine Uminterpretation der Schuld des Helden akzentuiert. Für den Lebensweg Parzivals folgt Wolfram zu Beginn im Wesentlichen Chrétien. Ein bedeutsamer Unterschied; Parzival sieht nicht, wie seine Mutter ohnmächtig zu Boden stürzt, macht sich also keiner Hilfeunterlassung schuldig. Nach der Episode mit der Freundin des Orguelleus (bei Wolfram Jeschute und Orilus) trifft er auf Sigune, (die *germaine cousine* Chrétiens) – hier schon erfährt er seinen Namen und damit seine Abkunft aus Artus- und Gralsgeschlecht: Wolfram weist ihm damit frühzeitig seinen Platz in der Adelsgesellschaft an und hat

Chrétiens Motiv der Bewußtseinsfindung aufgegeben. Parzival kommt zu Artus, tötet den Roten Ritter, Ither – einen Verwandten. Bei Gurnemanz erfährt er ritterliche und höfische Ausbildung, wozu auch ein erstes Bewußtwerden des Phänomens der Minne in der Begegnung mit Liaze, der Tochter des Burgherrn gehört. Dennoch bleibt Parzival der *tumbe*, der Unerfahrene, wie sich gleich in Pelrapeire zeigt. Dort regiert Condwiramurs (Chrétien: Blancheflor), sie wird von Clamide bedrängt – Parzival befreit sie und wird ihr Mann. Seine Einfalt zeigt sich bei der ersten Begegnung, wo er schweigt, und in der ersten Nacht, wenn der Liebesunkundige die Königin nicht berührt (was der Erzähler, trotz dezenter Komik, positiv darstellt). Die *tumpheit* ist auch die Ursache, daß Parzival angesichts des prachtvollen Gralsaufzugs und des leidenden Anfortas nicht die erlösende Frage stellt: er kann die bei Gurnemanz gelernten höfischen Regeln nicht richtig anwenden. Anders als bei Chrétien ist nicht der Tod der Mutter die Ursache für das Versagen des Helden, auch nicht der Totschlag an seinem Verwandten Ither, den Trevrezent, der Einsiedler, Parzival als große Sünde vorhalten wird, sondern die eigentlich schuldlose *tumpheit*: er muß, ganz wie Hartmanns Gregorius, unbewußte Schuld als die seine erkennen und annehmen. Bei der erneuten Begegnung mit Sigune, nach dem Verlassen der Gralsburg, wird ihm seine Unterlassung klar. Auch bei Wolfram sühnt er sein Verhalten gegenüber Jeschute, wird er von Gawan an den Artushof geholt, nachdem er angesichts der drei Blutstropfen in Minnelähmung verfallen war. Wolfram hat diese Episode stark ausgeweitet und ihr vermehrtes Gewicht gegeben. Zwar ist – anders als im ›Erec‹ und ›Iwein‹ – die richtige Beziehung zur Partnerin kein Problem für den Helden, aber der Autor bezieht alle traditionellen Motive des höfischen Romans ein: Condwiramurs ist vor der Erwählung zur Tafelrunde präsent, und sie wird mit Parzival zum Gral berufen (daß er sie fünf Jahre allein gelassen hat, ist für sie – anders als für Laudine – kein Grund zum Zorn). Der Gral wird über die arthurische Welt, zu der die Minne gehört, erreicht. Das wird wieder in der Verfluchung Parzivals durch die Gralsbotin Cundrîe vor versammelter Ritterschaft deutlich: er ist seines ritterlichen Vaters unwürdig (317, 11ff.). Mit Parzival wird auch Gawan (durch Kingrimursel) der Treulosigkeit beschuldigt: er soll sich in Schanpfanzun zum Zweikampf einfinden. Wie bei Chrétien beginnt damit die Gawan-Handlung[16], in der dieser zum Stellvertreter des Helden im zweiten Handlungszyklus wird: zuerst kämpft er für die kleine Obilot vor Bearosche gegen Meljanz (Wolfram hat in der Liebesbeziehung von Obie und Meljanz die unheilvolle Koppelung von Minne und Qualifikationsforderung durch Rittertat thematisiert und die Obilot-»Minne« liebevoll-parodistisch pointiert), dann kommt er, ohne es zu wissen, nach Schanpfanzun (Chrétien: Escavalon) zu König Vergulaht und seiner schönen, liebevollen Schwester Antikonie. Die durch Kingrimursel geschlichtete Auseinandersetzung zwischen den Stadtbewohnern und Gawan führt zur Vertagung des Zweikampfs und zur Aussendung Gawans auf Gralsuche – ein bei Wolfram blindes Motiv. Die »Zwischeneinkehr« Parzivals bei Trevrizent unterbricht die Gawan-Abenteuer, die bei Wolfram deutlich in der Wunderschloß-Aventiure und der Gewinnung Orgeluses kulminieren: Diese wird von Wolfram nicht nur differenzierter dargestellt (obwohl er mit der Psychologisierung dieser Figur seine Schwierigkeiten hat[17] und sozial aufgewertet (sie ist Herzogin von Logroys, bei Chrétien vielleicht nicht einmal adlige Dame), sondern Wolfram führt Gawan (gegen die statische Anlage der Figur und ohne den sonst im Doppelweg entfalteten Lernprozeß) zur Ehe und damit zum Ende aller Aventiuren: die Liebesbeziehung (die beiden bei Chrétien versagt bleibt) wird zur offiziellen Ehebindung. Um doch so etwas wie »Qualifikation« hereinzubringen, macht Wolfram *Schastel marveile* (parallel zu Munsalvaesche) zum erlösungsbedürftigen Ort und Gawan zum Erlöser: das Schloß, vom entmannten Zauberer Clinschor erbaut, dient als Gefängnis für vierhundert adlige Frauen, darunter Arnive (Artus' Mutter), Sangive (Gawans Mutter) und Cundrîe und Itonje (Gawans Schwestern, letztere bei Chrétien Clarissans): Gawan erlöst seine Verwandten, wie Parzival es auf der Gralsburg tun wird. Seine ganz spezifische Aventiure aber bleibt Orgeluse: sie ist die Verbitterte und verletzende Verletzte; indem Gawan ihr mit Geduld und Gleichmut dient und ihr obendrein Rache an Gramoflanz, der ihren Geliebten erschlagen hat, zusagt, gelingt es ihm, ihre Verkrampfung zu lösen und sie schließlich in die arthurische Gesellschaft zurückzuführen. Wolfram hat für den Abschluß der Gramoflanz-Aventiure wohl den Beginn der ersten Fortsetzung gekannt, aber nicht verwendet: er bringt Gawan und Parzival im Zweikampf zusammen und führt damit ein strukturell wichtiges Motiv aus dem ›Iwein‹ ein: der Kampf des Helden mit dem Musterritter als Zeichen seiner wiedergewonnenen Ehre und als »Mechanismus« seiner Zurückführung in die Tafelrunde. Unerkannt treffen beide aufeinander, Parzival ist kurz vor dem Sieg, als er Gawans Namen rufen hört und entsetzt das Schwert fortwirft. Auch der folgende Kampf hat eine vergleichbare Funktion. Parzival trifft auf Gramoflanz und übernimmt so Gawans Rolle (wie Iwein im Streit der Schwarzdorngräfinnen, von denen auch die jüngere Gawein gewollt hatte). Zur bewaffneten Auseinandersetzung zwischen Gawan und Gramoflanz kommt es nicht mehr, die Minne zu Itonje stiftet die Versöhnung, die in einer Massenhochzeit gipfelt. Unbemerkt verläßt Parzival (wie Iwein) die Feier. Er trifft auf Feirefiz, den Sohn der Belakane, seinen Halbbruder. Ohne daß sie einander erkennen, beginnen sie einen heftigen Kampf – Parzival läuft wie am Beginn seiner ritterlichen Laufbahn Gefahr, unwissend einen Verwandten zu töten, als ihm das Ither-Schwert zerbricht. Feirefiz will keinen Waffenlosen bekämpfen, sie schließen Frieden, geben sich zu erkennen und versöhnen sich unter dem Namen und dem Ritterideal ihres Vaters Gahmuret. Parzival führt Feirefiz zu Artus, dort gibt es ein großartiges Fest. Wie bei der ersten Feier erscheint Cundrîe, sie eröffnet, daß die Schrift am Gral Parzival zum Gralsherren berufen hat. Er darf einen Begleiter mitnehmen und wählt Feirefiz. Auf Munsalvaesche stellt er die entscheidende Frage nach dem Leiden des Anfortas (*œheim, waz wirret dier*, »Onkel, was fehlt dir«, 795, 29) – anders als bei Chrétien ist es nicht die Frage nach Lanze und Gral, sondern eine »Mitleidsfrage« – in die Formulierung (*œheim*) geht Parzivals Wissen um seine Zugehörigkeit zur Gralsippe ein. Das Nachfolgeproblem des Gralsreiches ist gelöst, Voraussetzung der Herrschaft ist die demütige Ergebung in den Willen Gottes, die Einsicht in die Begrenztheit ritterlicher Fähigkeiten (die gleichwohl Voraussetzung bleiben), die Zuwendung zum Mitmenschen – und die dynastische Legitimation: auf diese hat Wolfram nicht verzichtet, sie nur durch andere Qualifikationen ergänzt. Die Erlösungsfrage kann nur der von Gott Berufene stellen – aber Gott beruft nur den rechtmäßigen Erben. Feirefiz läßt sich taufen, um Repanse, die Gralsträgerin zu heiraten – ihr Sohn wird der Priester Johannes sein. Und Parzivals Sohn Loherangrin wird als Schwanenritter die Fürstin von Brabant befreien und wegen ihrer Fragen nach seiner Herkunft wieder verlassen: Gralsherrschaft in Orient und Okzident.

Wolfram hat in seiner Fortsetzung von Chrétiens unvollendetem ›Conte du Graal‹ auf das arthurische Doppelwegschema, wie es im ›Iwein‹ vorlag, zurückgegriffen. Auch dort gab es nicht nur ein einziges Zentrum den Artushof, sondern Iweins eigentliches Ziel war das Quellenreich der Laudine. Dieses zweite Zentrum wird im ›Parzival‹ von der Gralsburg besetzt. Der Artushof ist dadurch nicht abgewertet: er bleibt notwendige Instanz für den Helden, wenngleich im Durchgang: die eigentliche Gesellschaftsutopie ist das Gralsreich. In Gawan aber ist der innerweltliche Vorbildlichkeitsanspruch der arthurischen Verhaltensmuster nahezu gleichgewichtig Gestalt geworden. Die weitere Entwicklung führt entweder zur völligen Spiritualisierung der Gralsgeschichte wie in der ›Queste del Saint Graal‹ aus dem ›Lancelot-Gral-Zyklus‹ oder zur Säkularisierung: das Gralabenteuer als eines unter anderen wie in Heinrichs von dem Türlin ›Crône‹ – nur Wolfram ist die Balance gelungen.

III

War es für Wolfram aufgrund der Unvollständigkeit seiner Vorlage schon eine Notwendigkeit, nicht bei einer Übersetzung zu bleiben, so ist mit Beginn des 13. Jahrhunderts die Zeit der mehr oder weniger texttreuen Übernahme französischer Muster vorbei – mit Ausnahme des »Prosa-Lancelot« sind die Romane freie Kombination aus dem Motivvorrat der französischen und deutschen Artusliteratur.

Im zweiten Jahrzehnt des 13. Jahrhunderts (oder später) entsteht der ›Wigalois‹ des Wirnt von Grafenberc[18], vielleicht für die Nürnberger Burggrafen. Wirnt hat keine einheitliche französische Quelle, er lehnt sich an den ›Bel Inconnu‹ des Renaut de Beaujeu, weniger an den ›Chevalier du Papegeau‹ an, ohne den Romanen zu folgen. Er beruft sich v. 11689 auf mündliche Vermittlung, vielleicht hat er das überlieferte Erzählmaterial aufgrund seiner Kenntnis Hartmanns und Ulrichs von Zatzikhofen selbst strukturiert. Wie Ulrich berichtet Wirnt die Jugendgeschichte seines Helden, zusätzlich stellt er die Elterngeschichte voran: Wigalois ist der Sohn Gaweins und Flories, wird von seiner Mutter erzogen und reitet mit 20 Jahren auf Vatersuche aus. Am Artushof besteht er ahnungslos eine Tugendprobe indem er sich auf den Stein der *triuwe*, der Aufrichtigkeit setzt; er wird gut aufgenommen, obwohl man von seiner Verwandtschaft nichts weiß, Gawein selbst übernimmt seine ritterliche Ausbildung. Nach seiner Schwertleite erbittet sich Wigalois eine große Aventiure: Nereja fordert den Hof auf, ihre Herrin Amena von

Korntin zu befreien, die von dem Teufelsbündner Roaz bedroht wird. Auf dem Ritt nach Roimunt, wohin Amena geflüchtet ist, besteht er fünf Aventiuren: Kampf mit einem Burgherrn, der ihn nicht beherbergen will, Befreiung eines Mädchens aus der Gewalt zweier Riesen, Eroberung eines Hundes für Nereja, Rückgewinnung eines verweigerten Schönheitspreises für die Königin Elamie und den Entscheidungskampf mit König Schaffilun darum, wer von beiden gegen Roaz kämpfen darf. Wigalois erfährt dann durch Nereja, daß der Ritter, der das von Roaz unterdrückte Korntin befreit, die Herrschaft und die Hand der Königstochter Larie erhalten soll. In Roimunt sieht Wigalois Larie, verliebt sich in sie und will die Befreiung des Landes übernehmen. Ein wunderbares Tier führt ihn nach Korntin, dort verwandelt es sich in König Lar, Vater der Larie, der seine Sünden im Fegefeuer büßt. Er schenkt Wigalois eine Zauberblüte und eine scharfe Lanze, mit der er zwar den Drachen Pfetan besiegen kann, selbst jedoch dabei in Ohnmacht fällt. Der Scheintote wird seiner Waffen beraubt und zweifelt beim Erwachen an seiner ritterlichen Existenz. Beleare, deren Mann er vor dem Drachen gerettet hatte, findet und pflegt ihn. Auf seinem weiteren Weg wird er von der Riesin Rual gefangen und nur durch ein Wunder Gottes befreit. Er besiegt den Zwerg Karrioz und findet sich dann hilflos zwischen einem Schwertrad und einer Nebelwand. Wieder rettet ihn ein Wunder und Wigalois kann das vom Schwertrad geschützte Tor durchreiten. Er muß dann noch mit dem feuerwerfenden Kentauren Marrien und zwei Torwächtern kämpfen, ehe er gegen Roaz antritt; der wird von seinem Teufel im Stich gelassen und besiegt, Wigalois wird König von Korntin und Jeraphin, er läßt Larie holen und feiert Hochzeit, sein Vater Gawein und drei Tafelrunder sind Gäste. Es kommt Nachricht, daß Herzog Lion von Namur einen Verwandten Laries getötet hat, Wigalois entschließt sich zu einem Rachefeldzug und kündigt Lion Fehde an; Namur wird belagert und erobert, Gawein tötet Lion. Wigalois und Larie begleiten die Tafelrunder zum Artushof und bleiben dort sieben Tage, dann kehren sie nach Korntin zurück, nachdem Gawein seinem Sohn Lehren für seine Herrschaft gegeben hat. Dort leben sie viele Jahre glücklich. – Wie Lanzelet ist auch Wigalois ein Held ohne Krise: sein Vater ist der Musterritter Gawein, die Probe des Tugendsteins erweist ihn schon am Beginn des Romans als artuswürdig. Sein Aventiureweg führt ihn zur eigenen Herrschaft, und der Qualifikation dafür dienen die Kämpfe: die erste

Reihe zeigt ihn erst als geeignet, die große Herausforderung, die Befreiung des Landes Korntin, zu bestehen, die zweite ist bereits direkt auf diese Zielsetzung bezogen. Wigalois bewältigt die Abfolge mit Gottes Hilfe, da er der von Anfang Erwählte ist. Ebensowenig wie der Weg zur Herrschaft ist die Ehe ein Problem: das erotisch-gesellschaftliche Thema ist ausdiskutiert. Wigalois bewährt seine Herrscherfähigkeiten abschließend im Lion-Feldzug, er befriedet die Stadt und bindet sie durch Lehensvergabe in sein Reich ein. So verwirklicht der ›Wigalois‹ eine Struktur, die der von Ulrichs ›Lanzelet‹ entspricht im Unterschied zum Chrétienschen Modell: problemloser Aufstieg des Helden. Die Rolle des Artushofes tritt deutlich zurück: er ist Ausgangspunkt und bestätigt am Schluß das vom Helden Erreichte; der Held braucht sich aber nicht mehr vor dem Hof selbst zu bewähren, denn die Artuswürdigkeit ist ihm gleich zu Beginn gegeben und er wird sie – anders als Erec oder Yvain/Iwein – nicht verlieren.

Wirnts Roman wurde um 1480 von Ulrich Füetrer in sein ›Buch der Abenteuer‹ integriert (›Wigoleis‹) und in einer Prosafassung des späten 15. Jahrhunderts bis zum Ende des 18. gedruckt. Anfang des 16. Jahrhunderts (oder früher?) entstand eine jiddische Versbearbeitung vom ›Ritter Widuwilt‹.

Wirnts ganz auf Wigalois Herrschaftsweg ausgerichteter Struktur kontrastiert die lockerere Fügung von Renaut de Beaujeus ›Bel Inconnu‹ (Ende des 12. Jahrhunderts), der zwei konkurrierende Liebeshandlungen ausfaltet: Am Artushof erscheint ein namenloser Held, der *Biaus Desconneus* (der Schöne Unbekannte) genannt wird. Eine Botin sucht Hilfe für ihre Herrin Esmerée, Bel Inconnu erbittet sich die Aventiure und muß – ganz wie Wigalois – erst seine Eignung dafür beweisen: er besiegt einen Ritter an einer Furt, befreit ein Fräulein aus der Gewalt zweier Riesen, gewinnt einen Hund, einen Sperber für eine Dame und gelangt durch einen Sieg über den Brückenwächter zur Isle d'or und der Fee mit den weißen Händen, die ihn heiraten möchte. Weil er sich Esmerée verpflichtet hat, reitet er heimlich aus und erreicht sein Ziel, die zerfallene Cité gaste, nachdem er einen ungastlichen Burgherrn besiegt hat. In der Cité gaste überwältigt er die Zauberer Evrain und Mabon und küßt die Schlange, die sich in Esmerée verwandelt. Eine Stimme nennt seinen Namen: er ist Guinglain, der Sohn Gauvains und der Fee Blanchemal. Er verspricht, Esmerée zu heiraten, wenn Artus zustimmt. Doch Guinglain kann die Fee von Isle d'or nicht vergessen, kehrt dorthin zurück und bleibt bei ihr. Esmerée bittet Artus um Hilfe: er läßt ein Turnier veranstalten zu dem Guinglain herbeikommt; nach dem Turniersieg vermählt er sich mit Esmerée. Während im ersten Teil Parallelen zu Wirnts Roman bestehen, entspricht die Konkurrenz der Feen-Geliebten mit Esmerée und die »Befreiung« Guinglains der Plûrîs-Aventiure im ›Lanzelet‹. Der ›Bel Inconnu‹ stellt die auf einem zielgerichteten Abenteuerweg erreichte Liebe zu Esmerée der »magischen« Liebe zur Fee gegenüber; Artus erweist sich als Garant der höfischen Ordnung, indem er die »ritterliche« Liebe zu einem guten Abschluß bringt. – Der englische ›Lybeaus Desconus‹ mit gleicher Thematik geht mit dem ›Bel Inconnu‹ vermutlich auf eine gemeinsame Quelle zurück.

In den dreißiger Jahren des 13. Jahrhunderts entstand der Gawein-Roman Heinrichs von dem Türlin, der nach einer Wendung Rudolfs von Ems (*aller aventiure krône*) die ›Crône‹[19] genannt wird: mit seinen 30000 Versen der – allerdings nur stoffliche – Höhepunkt der Aventiure-Romane. Er umfaßt mehrere Abenteuer-Sequenzen, die Motive aus nahezu der gesamten vorausliegenden Artusliteratur verwenden, variieren und neu kombinieren, aber keine geschlossene Gesamtstruktur bilden: zwar ist das Muster des »biographischen« Romans gewählt, aber Gawein als beispielhafter Held ist durch die Tradition so vorgeprägt, daß ein Stufenweg der fortschreitenden Qualifikation nicht möglich ist, sondern nur eine fortwährende Bestätigung und Bewährung seiner musterhaften Eigenschaften. Die Aventiure begründet also nicht mehr den Status des Helden, sondern bestätigt ihn nur, daher ist keine Reihung mehr herstellbar; die Abenteuerwelt wird verwirrend und undurchsichtig, aber der Held dafür mit unverlierbarem Glückserfolg gesegnet. In der ersten Sequenz steht Artus selbst im Mittelpunkt: Heinrich berichtet von seiner Jugend und der Hochzeit mit Ginover, bei der ein fremder Ritter einen Becher schenkt, der alle Treuelosigkeit kundtut. Von den Damen besteht keine die Becherprobe, unter den Rittern trinkt nur Artus ohne Verschütten. Die Tafelrunder reiten bis auf drei und den König zu einem Turnier. Dem von der Jagd heimkehrenden Artus rühmt Ginover einen fremden Ritter: Gasozein. Dieser kommt, besiegt die drei Artusritter und erhebt Anspruch auf die Königin: er werde in sechs Wochen vor dem Hof erscheinen. Artus stellt sich dann zum Kampf, aber Gasozein fordert eine freie Entscheidung der Königin: sie bleibt bei Artus, Gasozein eilt fort. Doch Gotegrin entführt Ginover und will sie töten, ihm nimmt sie Gasozein ab und versucht sie zu vergewaltigen, wird aber durch Gawein daran gehindert. Beide kämpfen bis zur völligen Erschöpfung und verabreden einen neuen Kampf. Doch am Hof widerruft Gasozein seinen Anspruch und es kommt zur Versöhnung. In diese Folge ist eingelegt die erste Gawein-Sequenz: er wird um Hilfe für König Floris gegen den Riesen Assiles gebeten und hat auf dem Weg dorthin eine Anzahl von Abenteuern zu bestehen. Vor allem soll er Amurfina im Erbstreit gegen ihre Schwester Sgoidamur beistehen. Auf ihrem Schloß kommt es zur einzigen Liebesbeziehung Gaweins: nachdem er ewige Treue geschworen hat, hindert das Zauberschwert über dem Bett der Amurfina beide nicht mehr an der Vereinigung. Ein Zaubertrank raubt ihm vorübergehend das Gedächtnis, aber als er seine Erinnerung zurückbekommt, bricht er sogleich auf, gelangt nach einigen Kämpfen zum Sieg über Assiles und zur Befreiung des Königs. Nach der Gasozein-Episode, in der er sich im Kampf gegen den Entführer bewährt hat, bittet jetzt Sgoidamur, die Schwester der Amurfina, Gawein im Erbstreit um Hilfe: Keie versagt bei dem Versuch, die Aventiure zu bestehen, aber Gawein überwindet die Schwertbrücke und kommt in die sich drehende Burg Gansguoters, des Onkels von Amurfina und Sgoidamur und holt dort den Maultier-Zaum für Sgoidamur. Dazu muß er die Mutprobe des wechselseitigen Kopfabschlagens bestehen und mit zwei Löwen, einem Ritter und dann zwei Drachen kämpfen. Jetzt erst erfährt er, daß er gegen Amurfina kämpfte: er wird von ihr empfangen und reitet mit beiden Schwestern zum Artushof, wo Sgoidamur mit Gasozein verheiratet wird. Auch die nächste Abenteuerfolge endet mit einer Hochzeit am Artushof, der Ablauf ist jedoch weniger zielgerichtet als reihend: Gawein kommt auf dem Weg zum Turnier von Orcenie vom Weg ab und verfolgt fliehende Ritter, bis sie verschwinden, in der Zwischenzeit begegnet er seltsamen Erscheinungen wie einem Einhorn mit einer alten Frau, einem schwarzen Ritter mit einem Frauenkopf in der Hand, verfolgt von einem roten Ritter, einem mit Ketten gefesselten Jüngling mit einem Pfeil durch die Augen und einem schwarzen Ritter mit einer Wunde im Herzen. Nachdem Gawein fast in einem Fluß ertrunken wäre und nur durch eine Frau mit einem Sperber gerettet wird, kommt er zu einer Burg, in deren Kapelle er ein Schwert und eine blutige Lanze sieht, beim Mahl bringen Mädchen ein Gefäß voll Blut, aus dem der Burgherr trinkt. Gawein schweigt und erwacht auf freiem Feld: es ist die

Variante einer Gralseinkehr, die jedoch ohne Folgen bleibt und in der anschließenden Abenteuerkette durch das Bestehen der Gralsaventiure auf der eigentlichen Gralsburg Illes überboten wird. Nacheinander kehrt Gawein nun bei zwei Schwestern ein: bei Giramphiel, die ihn in böser Absicht zu einer Drachenhöhle weist, und bei der Saelde (Fortuna), die ihm einen Ring für Artus gibt. Auf seinem Weiterritt erlebt er wieder eine Reihe von seltsamen Begegnungen, darf sich jedoch auf keine einlassen. Sein Doppelgänger Aamanz wird ermordet, am Artushof klagt man um den vermeintlich toten Gawein. Dann führt ihn sein Weg zur Fraueninsel, wo er ewige Jugend statt Minne wählt. Über eine Reihe von Abenteuern gelangt er zum Zauberschloß Salie, dort besteht er die Wunderbett-Aventiure, die in Wolframs ›Parzival‹ seine höchste Leistung ist und ihn als den besten Ritter bestätigt. Mancipicelle fordert ihn hinterhältig auf, einen Kranz von den verjüngenden Blumen zu holen: er kann sie pflücken und muß gegen Girelemanz kämpfen. Die Entscheidung wird vertagt, Girelemanz gibt Gawein eine Botschaft an Clarisanz, Gaweins Schwester mit, die man ihm in Unkenntnis seiner Identität nach der Befreiung von Salie zur Frau geben wollte. Gawein lädt den Artushof ein, gibt sich zu erkennen, und als die Artusfamilie zusammentrifft, werden Girelemanz und Clarisanz vermählt. In Karidol findet ein großes Hoffest statt, Gawein übergibt den Ring der Saelde und bricht zur Gralssuche auf. Das ist das Ziel der vierten Aventiurereihe. Sie beginnt – analog zur Becherprobe – mit der Handschuhprobe, bei der sich nur Artus und Gawein auszeichnen. Diese Probe ist eine Intrige von Giramphiel, die den magischen Stein des Fimbeus zurückhaben will, den Gawein früher gewonnen hat: der Ritter auf dem Bock entführt Handschuh, Stein und den Ring der Saelde. Allein Gansguoter könnte helfen – Gawein bricht mit drei Artusrittern (Calocreant, Lanzelet und Keie) zu ihm auf. Mehrere Hindernisse müssen sie überwinden: sich an einer engen Passage durchkämpfen, einen Drachen töten und einen Riesen überwinden. Gansguoter gibt ihnen einen Harnisch, der vor Zauber schützt, und eine Zauberlade. Nach dem Kampf gegen feurige Reiter und der Überwindung einer Zauberbrücke gelangen sie zu Fimbeus und Giramphiel, es gelingt ihnen, die geraubten Stücke zurückzuerhalten. Die Artusritter trennen sich, Gawein erfährt von der Schwester Gansguoters, wie er den Gral erlangen kann. Auf dem Weg zur Gralsburg Illes begegnet er wieder allerlei Wunderbarem, so trifft er in einem paradiesischen Land ein brennendes

Schwert und ein gläsernes Schloß. Ein Knappe lädt ihn mit Calocreant und Lanzelet, die er wiedergetroffen hat (Keie ist gefangen) auf die Gralsburg; dort verhält er sich gemäß den Ratschlägen von Gansguoters Schwester: er trinkt nicht, schläft nicht ein (im Unterschied zu den beiden anderen) und fragt nach den Wundern. Damit sind die Gralsritter, die nicht sterben konnten, zum Tode erlöst. Keie erhält den Zauberharnisch zu seiner Befreiung und Gawein zieht nach Karidol. Dort gibt es ein großes Fest, zu dem schließlich auch Keie erscheint. Mit dem erfolgreichen Abschluß der schwersten Aventiure, der Gralssuche, endet der Roman, Gawein erweist sich als der Held, der alle, auch die größten Abenteuer besteht: daher kann der Roman des Musterritters auch alle möglichen Aventiuren einbeziehen. Eine Gliederung ist nur in jeweils abgeschlossenen Sequenzen möglich, die die Aventiuren nach Prinzipien wie Bereitstellung von Mitteln für das folgende Abenteuer, Beseitigung von Hindernissen z. B. anordnen, ohne eine formale Strukturierung wie in den Romanen Chrétiens und Hartmanns. Die Abenteuerwege führen alle an den Artushof zurück, dadurch wird eine Großgliederung erreicht. Artus selbst ist zwar nicht mehr der unangefochten ideale Ritter, sein Bild zeigt deutlich schwankende und negative Züge, aber Maßstab bleibt die Tafelrunde, sie wird nicht problematisiert: nicht nur der Held hat keinen Konflikt auszutragen, auch die Artusgesellschaft bleibt in der Idealität immer wiederholter Bewältigung von Aventiuren durch ihren Protagonisten. Das ändert sich erst mit dem Schlußteil des ›Prosa-Lancelot‹.

Der ›Daniel vom blühenden Tal‹ des Strickers[20] (wohl aus dem zweiten Viertel des 13. Jahrhunderts) stellt ebenfalls einen krisenlosen Helden in den Mittelpunkt. Daniel zeigt sich in unerbittlichen Kämpfen gegen Gawein, Iwein und Parzival den besten Artusrittern ebenbürtig, und als König Matur Artus herausfordert, ihm als Lehnsherrn zu huldigen, will er das Abenteuer vorzeitig bestehen: seine Aventiuren auf dem Weg in Maturs Land Kluse dienen der Vorbereitung des Kampfes gegen Matur und der Beseitigung von Hindernissen. Der Riese, der Kluse bewacht, hat eine so harte Haut, daß kein Schwert sie schneidet, Daniel bemächtigt sich daher des Zauberschwertes des Zwergs Juran. Im Land zu dem *Liehten Brunnen* wird er um Hilfe gebeten: er bekämpft ein bauchloses Ungeheuer mit einer Art Medusenhaupt unter dem Arm, dessen Anblick tötet, mit Hilfe eines Spiegels. Dann besiegt er den Riesen mit Jurans Schwert.

Artus erscheint mit seinem Heer und überwindet Matur, Daniel tötet den zweiten Riesen. Er reitet heimlich fort in das Land *zer Grüenen Ouwe* und fällt dort in ein unsichtbares Zaubernetz – er wird durch ein Fräulein gerettet (später wird er das Netz in der abschließenden Aventiure einsetzen). Das Land wird von einem kranken Mann beherrscht, der täglich in Menschenblut badet und seine Opfer behext, so daß sie wehrlos sind. Daniel stellt sich willenlos, kann sich daher dem Mann nähern, ihn töten und damit das Land befreien. In Kluse heiratet Daniel die verwitwete Königin, aber der Vater der Riesen entführt König Artus. Mit Hilfe des Zaubernetzes gelingt es, den Riesenvater zu besiegen und Artus zu befreien. Wie Wigalois legt der Held einen Weg zur Herrschaft zurück, die Fähigkeiten, die er dabei bewährt, sind nicht nur kämpferischer Natur, sondern er muß Überlegung und List einsetzen, um seine Ziele zu erreichen. Diese sind Wiederherstellung von Recht und Ordnung in der Abwehr von realen und zauberhaften Bedrohungen. Zwar ist er Vorkämpfer der Tafelrunder, aber auch Artus selbst stellt sich zum Streit – die Schlußaventiure soll Daniels Fähigkeiten noch einmal bewähren und zeigen, daß Artus auf seine Vasallen angewiesen ist. Diese Tendenz, die politische Einheit von Königtum und Lehensleuten ideologisch herauszustellen, teilt der ›Daniel‹ mit den anderen Artusromanen, neu ist allerdings die Bedrohung des Königs selbst und die Abwehr durch einen seiner Großvasallen. In der Auseinandersetzung mit der zauberisch-dämonischen Welt hilft nicht mehr allein die Kampfkraft und Zielstrebigkeit des Helden, sondern planende und berechnende List. Mit der Akzentuierung dieser Eigenschaften hat der Stricker das erstarrende Schema aufgelockert und das Motivreservoir des Artusromans durch literarische Elemente der »Spielmannsepik« und des Tristanromans erweitert.

Anstoß an den Neuerungen des Strickers hat anscheinend der Pleier genommen, der in seinem ›Garel vom Blühenden Tal‹[21], (um 1270) eine Korrektur des ›Daniel‹ nach dem Muster des ›Iwein‹ im Sinn des klassischen Motivrepertoires schafft – angefangen vom nunmehr arthurischen, nicht biblischen Namen des Titelhelden bis zur Eliminierung der List und der Fernhaltung des Königs vom eigentlichen Kampf. Rahmenhandlung für Garels Abenteuer ist die Entführung der Königin durch Maliakanz und ihre Befreiung durch Lanzilet. Der Herausforderer heißt beim Pleier Ekunaver, und Garel hat viele Kämpfe zu bestehen, bevor er in einer großen Schlacht gegen ihn antritt. In einer der

Aventiuren hatte er mit Laudamie Frau und Herrschaft über Anferre gewonnen, dann ein Heer gesammelt, und so kann er Ekunaver besiegen, ehe Artus erscheint. Der Roman schließt mit einem Fest: die Entführung des Artus, die der Pleier als Minderung seiner Idealität empfunden haben dürfte, hatte er durch das konventionelle Rahmenmotiv der Ginoverentführung ersetzt. Auch in den beiden weiteren Artusromanen des Pleier, dem ›Meleranz‹ und ›Tandareis und Flordibel‹ bleibt der Artushof Ort des vorbildlich höfischen und ritterlichen Verhaltens, der den Weg zu Ehe und Herrschaft der Helden sanktioniert – der ›Tandareis‹ folgt dem Typus des griechischen Liebesromans (ähnlich wie der ›Willehalm von Orlens‹ Rudolfs von Ems) und der ›Meleranz‹ hat eine märchenhafte Liebesgeschichte (›Lai de Graelent‹) als Grundgerüst. Im Unterschied zum ›Garel‹ ist daher die Gewinnung der Partnerin Flordibel bzw. Tydomie nicht selbstverständliches Beiwerk, sondern wird am Ende mit der Königsherrschaft erreicht, sie ist gleichberechtigtes Ziel der Abenteuerfolge. Der Pleier integriert seine Romane in die arthurische Erzähltradition nicht nur durch die Verwendung von traditionellem Personal und Motivik, sondern auch durch die planmäßige Füllung genealogischer und erzählerischer Lücken der früheren Romane: er rechnet offenkundig mit einem literarisch gebildeten Publikum. Nur in der späten Fassung Ulrich Füetrers (die keine eindeutige Rekonstruktion der Vorlage erlaubt), ist der ›Seifried de Ardemont‹ des Albrecht von Scharfenberg erhalten, auch die dort aufgenommenen anonymen Artusromane ›Flordimar‹, ›Poytislier‹ und ›Persibein‹ stammen in ihren ursprünglichen Versionen wahrscheinlich aus dem 13. Jahrhundert. Der ›Poytislier‹ teilt mit dem ›Gauriel von Muntabel‹ des Konrad von Stoffeln, dem ›Seifried‹ und Pleiers ›Meleranz‹ das Verfahren der Umgestaltung des Märchenstoffes von der Ehe eines Menschen mit einer Elbin (vgl. Marie de France, ›Lanval‹) durch arthurische Motive.

Der anonyme ›Wigamur‹ (Mitte 13. Jahrhundert) bezieht sich ähnlich wie die Romane des Pleier auf das Vorverständnis des Publikums in seiner Verbindung der Handlung mit bekannten Figuren und Schauplätzen: das Kind Wigamur wird von einer Meerfrau geraubt, dort erzogen, und wieder in die menschliche Gesellschaft entlassen (vgl. ›Lanzelet‹). Er wird von Artus' Oheim Ittra zum Ritter geschlagen, gewinnt dann die Hilfe eines Adlers, dem er gegen einen Geier beisteht (vgl. Iweins Löwe). Vor Artus verteidigt er die Rechtsansprüche eines Mädchens im

Zweikampf und zusammen mit anderen Artusrittern kämpft er für die Königin Isope gegen den Heiden Marroch. Seine Abstammung erfährt er, als er seinen Vater, König Paltriot, im Zweikampf für König Artoclas gegenübersteht: mit dessen Tochter Dulciflor verlobt er sich. Er bewährt seine Liebe zu ihr, als er Hand und Land der Königin Dymsogar ausschlägt, und seine Rittertüchtigkeit, wenn er sie von dem Entführer Zipandrigan zurückholt. Strukturell steht der ›Wigamur‹ in der Reihe ›Lanzelet‹-›Wigalois‹-›Daniel‹, er übernimmt Motive aus den Vorgänger-Romanen und scheint sich als moralische Korrektur des ›Lanzelet‹ zu verstehen: Wigamur verzichtet immer wieder auf die ihm angetragenen Liebesverbindungen.

Eine ähnliche Haltung zur Tradition des Artusromans nimmt Konrad von Stoffeln im ›Gauriel‹, dem Ritter mit dem Bock ein: außer Artus treten Gawan, Keie, Kalokreant, Segremors und Tristrant, sowie die Titelhelden der vorhergehenden Romane von Erec bis Garel auf. Das Vorgehen der nachklassischen Autoren, ihre Werke in einer übergreifenden arthurischen Erzählwelt zu verankern, ist die konsequente Weiterentwicklung und Systematisierung einer schon von den »Klassikern« geübten Technik: der Bericht der Ginoverentführung, den Hartmann im ›Iwein‹ aus einer kurzen Chrétienstelle (v. 3937–39) entwickelt hat (v. 4528–4726) oder die Zitierung von Erecs Fehlverhalten ebenfalls im ›Iwein‹ (v. 2791–98), vor allem aber Wolfram mit seinem in die Vorgeschichte und die Erzählung des ›Parzival‹ integrierten ›Titurel‹.

Am Ausgang des Mittelalters steht mit Ulrich Füetrers 1478 bis 1481 entstandenem ›Buch der Abenteuer‹ der umfangreichste deutschsprachige Zyklus, der Gral- und Artusstoff verbindet: nach dem ›Jüngeren Titurel‹ (mit ›Trojanerkrieg‹ und ›Merlin‹), und dem da eingegliederten ›Parzival‹ (mit den Gawan-Abenteuern aus der ›Crone‹) folgen ›Wigalois‹, ›Seifried‹, ›Meleranz‹, ›Iban‹ (nach Hartmann), ›Persibein‹, ›Poytislier‹ und ›Flordimar‹: der Autor versucht, den gesamten verfügbaren Erzählstoff in sein (in einer aus Albrechts ›Jüngerem Titurel‹ übernommenen Strophenform) Werk einzubeziehen: die Gestalten der Epen, die nicht im Handlungsgerüst des ›Jüngeren Titurel‹ unterzubringen waren, werden in lockerer Reihung angehängt. Die Tendenz zur Zyklusbildung ist typisch für die spätmittelalterliche Erzählliteratur. Während Füetrers Resonanz auf das Publikum der ›Ritterrenaissance‹ am Münchner Hof beschränkt blieb,[22] wurde der französische Prosazyklus zur literarisch folgenreichsten Gestaltung des Artusstoffes – er findet dort obendrein seine breiteste Entfaltung.

Der ›Lancelot-Gral-Zyklus‹ (›Vulgata-Zyklus‹[23], zwischen 1210 und 1220) besteht aus einer Folge von fünf Prosa-Romanen, unter dem Gesetz der einheitlichen Konzeption eines »Architekten« aus verschiedenen Quellen von verschiedenen Autoren im zweiten Jahrzehnt des 13. Jahrhunderts zusammengestellt. Kern ist wahrscheinlich der ›Lancelot propre‹, der u. a. Chrétiens »Karrenritter« integriert und auch das *welsche buoch* des Hugo von Morville (Vorlage des ›Lanzelet‹) benutzt hat. Die Geschichte des Helden wird in der ›Queste del Saint Graal‹ und der ›Mort Artu‹ bis zu seinem Tode und dem Untergang des Artusreiches weitergeführt, die Vorgeschichte ergänzt in der ›Estoire del Saint Graal‹ (nach Robert von Boron) und der ›Estoire de Merlin‹, ebenfalls nach Robert, der seinerseits auf Geoffreys von Monmouth ›Vita Merlini‹ und Material aus Geoffreys ›Historia‹ zurückgeht. Die Prosa benutzt außerdem ein ›Livre d'Artus‹. Sie berichtet, daß Merlin der Verbindung des Teufels mit einer reinen Jungfrau entstammt. Das mit prophetischen Fähigkeiten begabte Kind rettet seine Mutter vor der Verurteilung und hilft, herangewachsen, dem König Utherpendragon: als er sich in Ygerne, die Frau des Herzogs von Cornwall, verliebt, verhilft ihm Merlin zu einer Liebesnacht mit ihr, deren Frucht Artus ist. Das Kind wird von Antor erzogen; als Utherpendragon stirbt, ist das Reich ohne legitimen Nachfolger. Der junge Artus kann das Schwert Escalibort aus einem Stein ziehen und sich als König ausweisen, einige Vasallen lehnen sich jedoch gegen ihn auf, vor allem König Loth, der Vater Gauvains, Gaheries', Guerrehetes und Agravains. Den fünften Bruder, Mordret, hat Artus selbst unerkannt mit Loths Frau gezeugt. Artus hat durch Merlins Vermittlung Guenièvre geheiratet und dadurch die runde Tafel erworben, die der Abendmahls- und Gralstafel nachgebildet ist. Artus muß gegen die Rebellen und die Sachsen kämpfen, außer Gauvain sind Bans und Bohort (Bors) seine wichtigsten Stützen, Merlin hilft ihm mit seinen magischen Fähigkeiten. Die lehrt er auch Morgane, Artus' Halbschwester, und Viviane (Niniane), die ihn schließlich festbannt. Artus besiegt die Sachsen, schlägt die Römer in Gallien, Gauvain tötet den Kaiser. Außerdem besteht Artus Einzelabenteuer: überwindet den Riesen vom Mont St. Michel und die gefährliche Katze vom Genfer See (wie es auf dem Mosaik von Otranto dargestellt ist)[24]. Darüber hinaus werden Ereignisse in den folgenden Romanen begründet und mit Vorausdeutungen angekündigt: die Geschichte des Artusreiches soll als Entwicklung zum Untergang der höfischen Welt dargestellt werden.

Im ›Lancelot propre‹ wird zuerst die Geschichte der Eltern des Helden berichtet: Bans, sein Vater, wird von König Claudas vertrieben und stirbt, Helene, die Mutter, zieht sich in ein Kloster zurück, Lancelot wächst bei der Dame vom See, Viviane auf, daher heißt er auch Lancelot vom See – *Lancelot do lac*. Er wächst heran und schließt Freundschaft mit seinen Vettern Lyonel und Bohort. Viviane führt ihn zum Artushof, dort erhält er den Ritterschlag und sieht die Königin Gueniévre zum erstenmal. Die Dame von Nohaut bittet um Hilfe, Lancelot will die Aventiure bestehen. Beim Abschied von der Königin erbittet er sich, ihr Ritter sein zu dürfen: sie gewährt es und schickt ihm nach seinen ersten Kämpfen ein Schwert zum Zeichen, daß sie ihn annimmt. Zunächst muß er seine Qualifikationen für die Nohaut-Aventiure beweisen, dann besteht er sie gemeinsam mit Keu, dem Seneschall. Er befreit die Burg *Doloreuse Garde* (»Schmerzenswacht«), die dadurch zur *Joieuse Garde* (»Freudenwacht«) wird, von einem Zauber; eingeschachtelt in der für diesen Roman typischen Technik ist u. a. die Befreiung des Artus durch Lancelot, ein unentschiedener Zweikampf mit ihm bei einem Turnier und eine Reihe von Aventiuren Gauvains, der Lancelot sucht. Am Schluß der ersten Abenteuerfahrt Lancelots steht die öffentliche Anerkennung des Helden am Artushof. Die nächste Handlungsfolge führt zur Freundschaft mit Galehaut, der Artus herausgefordert hatte, aber von Lancelot besiegt worden war: Galehaut vermittelt eine Begegnung mit Gueniѐvre, bei der es zum Liebesgeständnis und zum ersten Kuß kommt (Dante spielt auf diese Szene in der ›Divina commedia, Inferno, V. 127ff. an). Da Lancelot am Hof noch immer als verschollen gilt, läßt Artus ihn durch Gauvain und Lancelots Halbbruder Hector suchen: beiden bestehen eine Reihe von Abenteuern, retten Damen, befreien Gefangene, Hector wird schließlich selbst eingekerkert. Die Queste, die Suche nach einer Person oder später nach dem Gral ist die typische Handlungsform, die Abenteuer auf der Suche bestehen vielfach aus Befreiungstaten, immer wieder aber werden die Sucher selbst gefangen und müssen ihrerseits befreit werden. Lancelot wird gefunden – mit ihm und Galehaut reiten die beiden Tafelrunder Gauvain und Hector nach Schottland, wo König Artus Krieg führt. Gueniѐvre hatte Lancelot zur Teilnahme aufgefordert: als Artus selbst bei einem Stelldichein ist, können die Liebenden ungestört zusammenkommen. Beim Versuch, den von seiner Geliebten verratenen König zu befreien, werden die vier Ritter gefangen, Lancelot fällt jedoch in Raserei, so daß man ihn freilassen muß. Heilen kann ihn nur die Dame vom See: danach befreit er Artus und die anderen Gefangenen. Guenièvre küßt ihn öffentlich wegen seiner Verdienste. In der nächsten Aventiure erwirbt Lancelot ein moralisches Recht auf die Königin: in einem Komplott von Vasallen aus ihrer Heimat wird sie beschuldigt, sie sei nicht die echte Guenièvre, sondern in der Brautnacht durch eine falsche (ihre Halbschwester) ersetzt worden. Der König glaubt den Anklägern und will sie verstoßen, Lancelot tritt für sie ein und besiegt die Verleumder. Die Königin geht mit Lancelot und Galehaut in dessen Reich, bekennt sich aber nicht öffentlich zu ihrem Ritter aus Gründen der Ehre. Durch ein Wunder wird die falsche Guenièvre entlarvt und Artus holt die echte zurück. Lancelot, der auf Bitten der Königin seinen Platz in der Tafelrunde erneut eingenommen hat, besteht immer wieder Abenteuer, die ihn als den besten Ritter ausweisen, so die Aventiure von *Escalon li tenebreus*, an der die anderen Artusritter scheitern: er muß sich durch eine finstere Kathedrale voller Gestank und Kälte, mit Schlägen und Stichen von Unsichtbaren durchkämpfen, um die Leute dort zu erlösen. In anderen Situationen bewährt er seine Treue zu Guenièvre: er widersteht Verführungsversuchen, so dem von Morgane, der Schwester des König Artus: als sie ihn unversehens küßt, läuft er hinaus, um sich den Mund zu waschen. Auch ihre Intrigen, die Liebe zwischen Lancelot und Guenièvre zu zerstören, schlagen fehl: weder kann sie der Königin den Tod Lancelots glaubhaft machen, noch bringt ihn ein Traum, in dem er sie untreu sieht, von ihr ab. Lancelots Ausnahmestellung zeigt sich auch in der Freundschaft Galehauts: als dieser ihn nach langem Suchen nicht findet, stirbt er vor Schmerz. An dieser Stelle baut der Autor den ›Karrenritter‹ Chrétiens ein: die Geschichte von der Entführung und Befreiung der Königin. Die Liebesnacht im »Land, von welchem niemand wiederkehrt« verliert jedoch ihren mythischen Charakter: es ist nicht mehr die einmalige Begegnung jenseits der Todeserfahrung, sondern ein Treffen unter anderen. Es mehren sich auch die Indizien, daß Lancelot trotz seiner höchsten kämpferischen Fähigkeiten nicht die höchste Idealität besitzt: es gibt Aventiuren, die nicht er, sondern ein anderer bestehen wird, der nicht durch böse Begierden gefehlt hat. Die Liebe zur Königin, einerseits Antrieb für die größten Heldentaten, ist als ehebrecherische Liebe sündhaft, Ursache dafür, daß Lancelot die höchste Vollkommenheit nicht erreicht: das Gralsabenteuer kann weder er noch einer der anderen lebenden Ritter bestehen – wie Gauvain auf Corbenic, der Gralsburg, scheitert, wird ausführlich geschildert. Lancelot ist erfolgreicher, er empfindet die Gnade des Grals, kann sich ihm aber nicht nähern, denn er ist nicht der erwählte Ritter: das wird sein Sohn Galaad sein, den er eben auf Corbenic mit der Tochter des Königs Pellés zeugt: man spiegelt ihm vor, sie sei die Königin Guenièvre. Immer wieder kommt es zur Suche nach Lancelot, nach Gauvain, zu Einkerkerungen und Befreiungen, zu Zweikämpfen der einander nicht erkennenden Tafelrunder: die ritterliche Welt wird immer unüberschaubarer. Vorausdeutungen auf das Ende mehren sich: Mordret werde die Tafelrunde zerstören und seinen Vater töten. Auch das Liebesverhältnis zwischen Guenièvre und Lancelot wird getrübt: als es der Pellès-Tochter noch einmal gelingt, Lancelot für eine Liebesnacht zu täuschen, verjagt ihn die Königin und er verliert den Verstand, denn er hat mit der Liebe Guenièvres den Sinn seiner Existenz verloren. Nach langer Zeit wird er auf Corbenic durch den Gral geheilt, und zieht sich auf eine einsame Insel zurück – voller Sehnsucht nach der Königin. Als er wieder zum Hof zurückkehrt, nimmt er Galaad mit, dessen Abenteuer in der ›Queste del Saint Graal‹ geschildert werden: die Zeichen seiner Erwähltheit von Anbeginn seiner Laufbahn, seine Begegnung mit Perceval und Bohort, die mit ihm zum Gral erwählt sind, und die Rückführung der Abendmahlsschale in das Heilige Land, schließlich sein Tod. Im letzten Teil des Zyklus ›Mort Artu‹, treibt die ritterlich-höfische Welt auf die Katastrophe zu: Die Aventiuren sind alle durch die drei Gralsritter Galaad, Perceval und Bohort beendet, Lancelot hatte sich bekehrt und seiner Liebe zu Guenièvre abgeschworen. Aber er wird rückfällig und leitet damit den Untergang der Tafelrunde ein. Schon vorher hatte Artus durch eine Bilderfolge, in der Lancelot im Gefängnis der Morgane seine und Guenièvres Geschichte dargestellt hatte, von dem immer wieder verleugneten Liebesverhältnis erfahren; als man am Hofe mehr und mehr darüber redet, will er sich Gewißheit verschaffen: bei einem Jagdausflug des Königs werden sie von Gauvains Bruder Agravain ertappt. Lancelot kann entkommen, aber die Königin wird vom Ritterrat auf Betreiben Gauvains zum Tode auf dem Scheiterhaufen verurteilt. Lancelot befreit Guenièvre und tötet dabei 77 Ritter, darunter die Gauvain-Brüder bis auf Mordret: der Krieg zwischen Artus und Lancelot ist nun unvermeidlich, alle Versöhnungsversuche schlagen schließlich fehl. Im entscheidenden Zweikampf zwischen Artus und Hector aber rettet Lancelot dem König das Leben. Der Krieg wird beendet, als der Papst Artus auffordert, Guenièvre wegen unbewiesener Schuld zurückzuholen, und Lancelot ihr aus Rücksicht auf ihre Ehre rät, ihren Platz als Königin wieder einzunehmen. Lancelot muß England für immer verlassen, Bohort und Lyonel gehen mit ihm. Auf Gauvains Drängen, der den Tod seiner Brüder noch nicht gerächt hat, eröffnet Artus den Kampf wieder: er sammelt ein Heer, setzt über nach Frankreich und vertraut Mordret die Regierung und die Königin an. Mit Hilfe eines gefälschten Briefes, der als Artus' letzter Wille gelten soll, versucht Mordret sich der Krone und der Königin zu bemächtigen: die Vassalen huldigen ihm, Guenièvre allerdings wiedersetzt sich seiner Werbung. Bevor Artus davon erfährt, fordert Gauvain Lancelot zum gerichtlichen Zweikampf, weil er seine Brüder ohne Rechtsgrund getötet habe: in seinem längsten und schwersten Kampf siegt Lancelot, tötet jedoch seinen Gegner nicht; Artus eilt zurück nach England, Gauvain stirbt an seinen Wunden, und der König stellt sich Mordret ohne seine besten Ritter. Er wird mehrfach gewarnt, er träumt, er stürze vom Rad der Fortuna, wagt aber doch die Entscheidungsschlacht von Salisbury. Nachdem beide Heere fast aufgerieben sind, begegnen sich Vater und Sohn: Artus tötet Mordret und wird selbst tödlich verletzt. Girflet, der letzte Tafelrunder, muß Artus' Schwert Escalibort in einen See werfen – eine Hand nimmt die Waffe an sich. Artus wird von Morgane auf ein Schiff geholt, aber die Entrückung nach Avalon, wie Wace sie berichtet, hätte das Konzept des Untergangs allen weltlichen Rittertums gestört: später findet Girflet seinen Sarg in der Schwarzen Kapelle, wird Eremit und stirbt bald. Die Königin hat sich als Nonne einkleiden lassen und auch Lancelot und Hector gehen in den geistlichen Stand, nachdem sie mit Bohort in einem Rachefeldzug die Mordretsöhne besiegt haben. Als Lancelot nach vier Jahren stirbt, holen Engel seine Seele in den Himmel, er wird in *Joieuse Garde* im Grabe seines Freundes Galehaut beigesetzt, die Inschrift nennt ihn den besten Ritter mit Ausnahme seines Sohnes Galaad. Schließlich verzichtet auch Bohort auf sein Königreich und lebt als Eremit – so kommt alle Ritterschaft zu einem Ende in Buße und geistlichem Leben. Die Artuswelt ist an ihren eigenen Widersprüchen zugrunde gegangen: die höfische Liebe ist höchster Wert vor der Welt und Sünde vor Gott, das kämpferische Rittertum führt zu Hochmut und Totschlag. Mit der Wegnahme des Grals ist die Erlösungsmöglichkeit geschwunden: die Artusgesellschaft bleibt auf sich selbst angewiesen und geht unter. Nur die Wendung zu Gott als persönliche Umkehr rettet das Seelenheil. Während im ›Lancelot propre‹, auch noch in der ›Queste‹, das im Helden verkörperte Rittertum als, wenn auch geringere, Stufe der Vollkommenheit erscheint, ist es in der ›Mort Artu‹ Ursache des Untergangs; Rettung verbürgt nur die Buße: so enden alle im Tod auf dem Kampfplatz oder im Kloster. Der Artusroman ist an seinem Ende, in dieser »Ritterdämmerung« sind die Erfahrungen, die Chrétiens Helden machen und nachvollziehen lassen, nichtig vor den vorgegebenen Wahrheiten des christlichen Glaubens. So ist der ›Lancelot-Gral-Zyklus‹ eine Zurücknahme der Sinnfindungs-Aufgabe, der der klassische Held sich stellte.

Ins Deutsche werden die drei letzten Teile des Zyklus übersetzt;[25] der größte Teil des ›Lancelot propre‹ schon in der ersten Hälfte des 13. Jahrhunderts, die anderen Teile vielleicht gleichzeitig, vielleicht erst später: die Übersetzung bleibt nahe am Original, hatte aber nicht den gleichen Erfolg; erzählerische Prosa war im 13. Jahrhundert keine etablierte Kunstform. Auch eine mittelniederländische Fassung des Zyklus in Versen existiert, dort sind noch weitere Artusritter-Geschichten eingelegt.[26]

Das schönste Werk der mittelenglischen Artus-Literatur ist der in der zweiten Hälfte des 14. Jahrhunderts an einem der Höfe des Mittellandes entstandene Versroman ›Sir Gawain and the Green Knight‹. Mit der alliterierenden Langzeile und der Vorliebe für altheimische und skandinavische Wörter gehört er zum ›Alliterative Revival‹, einer literarischen Bewegung, die Ausdruck eines neu belebten nationalen Traditionsbewußtseins ist. Das gilt jedoch nur für die sprachliche Gestalt – die Motive kommen aus der französischen Artus-Literatur. ›Sir Gawain‹ beginnt mit dem Erscheinen eines grünen Ritters am Arthushof, der zu einem Köpfungs-Spiel herausfordert, das Gawain annimmt: er darf dem Ritter den Kopf abschlagen, muß sich aber anschließend der gleichen Prozedur stellen. Da der Ritter sogleich seinen Kopf ergreift, sich auf das Pferd schwingt und Gawain auffordert innerhalb eines Jahres sich an der grünen Kapelle zur Revanche einzufinden, ist klar, daß es sich um einen mit übernatürlichen Kräften begabten Ritter handelt und Gawain in höchster Gefahr ist. Das Motiv ist in verschiedenen Varianten verbreitet – die ähnlichste ist die im ›Caradec‹ (in einigen Handschriften Teil der 1. Fortsetzung von Chrétiens ›Perceval‹). Gawain kommt kurz vor Ablauf der Jahresfrist zu einer Burg, wo er freundlich aufgenommen wird; die grüne Kapelle, bedeutet man ihm, sei ganz nahe. Mit dem Gastgeber schließt er einen seltsamen Tauschvertrag: während dieser auf die Jagd geht und ihm alles geben will, was er erjagt, solle ihm Gawain geben, was ihm der Zufall auf der Burg beschert. Das ist beim ersten Mal ein Kuß der Herrin: sie kommt morgens an Gawains Bett, macht ihm viele Komplimente und erbittet einen Kuß. Der Burgherr bringt ihm die erjagten Hirsche. Am zweiten Tag erhält Gawain einen Eber und muß selbst zwei Küsse abliefern. Am dritten Morgen erscheint die Dame wieder, sie schenkt ihm einen grünen Gürtel, der ihn vor dem Tode schützen wird, und drei Küsse. Als Gebengabe für den vom Gastgeber erlegten Fuchs liefert Gawein jedoch nur letztere ab, den Gürtel verschweigt er, weil er sich von ihm Schutz bei dem Köpfungsspiel verspricht. Er wird zur grünen Kapelle geführt, der grüne Ritter erscheint, es kommt zum tödlichen Schlag, den der Ritter jedoch anhält, als er Gawain zucken sieht. Auch beim zweiten Mal hält er ein, obwohl Gawain ruhig bleibt. Beim dritten Mal ritzt er ihm die Haut. Dann gibt er sich zu erkennen: es ist der Burgherr, seine Frau hat Gawain mit seinem Einverständnis auf die Probe gestellt – für die beiden bestandenen Proben stehen die ersten beiden Schein-Schläge, die Verletzung ist die Strafe für das Verschweigen der Gürtel-Gabe. Gawain schämt sich sehr wegen seines Versagens, er trägt in Zukunft den Gürtel als Zeichen seiner Unvollkommenheit. Am Artushof lacht man jedoch darüber – alle werden jetzt einen solchen Gürtel tragen. Auch das Versuchungsmotiv ist traditionell – es begegnet z. B. im Versroman ›Yder‹. Die Deutung des 2530 vv. langen Werks ist umstritten – ist die Unvollkommenheit Gawains Kritik an der höfischen Gesellschaft oder an einem perfektionierten Ehrenkodex? Man wird gut daran tun, den unterhaltsamen, komödienhaften Aspekt nicht zu übersehen, unter dem das Versagen des Helden versöhnliche Züge erhält und eine allzu rigoristische Moral relativiert wird. Die Wirkung der Erzählung scheint gering gewesen zu sein, da nur eine Handschrift sie überliefert. Ganz anders dagegen das wohl wirkmächtigste Werk der Artus-Literatur bis heute (mit einer »Überlieferungslücke« im 17. und 18. Jahrhundert): Sir Thomas Malory's ›Le Morte Darthur‹,

1485 von Caxton gedruckt als einheitliche Geschichte der arthurischen Herrschaft vom Beginn bis zum düsteren Ende, obwohl der Autor selbst eher einzelne Episodenerzählungen (*Tales*) geplant hat, die allerdings miteinander verwoben sind. Ein einheitliches Konzept, wie es der »Architekt« des französischen Zyklus‹ hatte, wird man ebenso vergeblich suchen, wie die konsequente Abwertung höfischen Lebens in ›Queste‹ und ›Mort Artu‹. Am Ende des Mittelalters werden die arthurischen Erzählungen noch einmal gesammelt erzählt – der Erfahrungsweg Chrétienscher Prägung ist ihnen ebenso verloren gegangen wie die heilsgeschichtliche Dimension. Malory bietet dafür Muster ritterlichen Verhaltens, die in der Gestalt Launcelots problematisiert werden: er steht im Konflikt zwischen Lehnstreue gegenüber Arthur und Liebe zur Guenevers und geht an der Unmöglichkeit, sich zu entscheiden, zugrunde: so wird er zu einer tragischen Figur. Malory kompilierte aus verschiedenen Quellen, die wichtigste ist der ›Lancelot-Gral-Zyklus‹, dazu kommen der Prosa-Tristan und die Merlin-Suite (eine erweiterte Form der ›Estoire de Merlin‹). Caxtons Buch I–V handeln nach dieser Vorlage von der Zeugung und Geburt Arthurs, seinem Aufstieg zur Herrschaft, Feldzügen, den Abenteuern des Ritters Balin, der Hochzeit von Arthur und Guenever und der Einrichtung der Tafelrunde, den Abenteuern Gauvains, Tors und Pellinors, Iwains und Pelleas und Arthurs erfolgreichem Krieg gegen die Römer. Ohne Überleitung beginnt mit Buch VI Launcelots Geschichte: er ist bereits fertiger Ritter und besteht eine Reihe von Abenteuern; Buch VII erzählt die Aventiuren Gareths, genannt Beaumains. Recht unvermittelt beginnt auch die Geschichte von Tristan und La Beale Isond in Buch VIII: sie ist nach dem Vorbild des Prosa-Tristan durch Beteiligung des Helden an Turnieren und Aventiuren der Tafelrunder in Berührung gebracht mit der arthurischen Welt. Die Hauptperson von Buch XI ist wieder Launcelot: er zeugt mit Elaine, der Tochter des Königs Pelles, seinen Sohn Galahad: ihm wird prophezeit, daß er den Gral erlangen wird. Und dann folgt Launcelots Verstoßung durch Guenevere, sein Wahnsinn und seine Heilung durch den Gral. Leid und Untergang der arthurischen Welt steht auch hier am Ende: mit Buch XIII beginnt die Grals-Queste, XVIII enthält die ›Mort Artu‹. Anders als dort werden jedoch die tradierten Zweifel laut am Tode des Königs: es ist nicht sicher, daß Morgan und die anderen Damen ihn begraben. So endet die zwar erzählerisch simplifizierte, aber für die Neuzeit literarisch folgenreichste spätmittelalterliche Gestalt des Artusstoffs passend mit der Vorstellung vom Weiterleben des Königs: »Manche sagen in vielen Gegenden Englands, König Arthur sei nicht tot, sondern durch Willen unseres Herren Jesu Christi an einem anderen Ort, und man sagt, er werde wiederkommen und das Heilige Kreuz gewinnen ... Viele sagen, auf seinem Grab stünde dieser Vers: ›Hier liegt Arthur – König einst und in Zukunft – *Hic iacet Arthurus, rex quondam rexque futurus*‹.«

ANMERKUNGEN

1 Hg. von J. Strange, Köln 1850, S. 205.

2 Für den »historischen« König verwende ich die englische Form Arthur, für die Romanfigur (außer bei Malory) die französische Artus, obwohl auch dort die ältere Form Artur (Marie de France) ist.

3 *Famosi secundum fabulas Britannorum regis Arthuri.*

4 *de quo Britonum nugae hodieque delirant*, hier I, S. 11.

5 Vgl. Ashe, A Certain Very Ancient Book.

6 Mit Wace und Chrétien beginnt die Produktion einer Artusliteratur in nahezu allen Sprachen des mittelalterlichen Europas bis weit in die Neuzeit, ja bis zur Gegenwart. Es ist unmöglich auf alle Artusromane des Mittelalters einzugehen: es gibt sie in französischer und provenzalischer, deutscher und niederländischer, englischer, isländischer und schwedischer, walisischer und irischer, italienischer, spanischer und portugiesischer, griechischer, lateinischer und hebräischer Sprache in Vers und Prosa, als Kurzerzählung, Roman und Zyklus. Hier können nur die wichtigsten dargestellt werden – die Perspektive wird vornehmlich auf die deutschen mittelalterlichen Texte und die für sie wichtigen anderssprachlichen begrenzt.

7 Vgl. Frappier, Chrétien de Troyes und Luttrell, The Creation of the First Arthurian Romance [Spätdatierung].

8 Kuhn, Erec; Wapnewski, Hartmann; Ruh, Höfische Epik I; Schulze, amis unde man.

9 Haug, »Das Land von welchem niemand wiederkehrt«.

10 Ruh, Höfische Epik I, Schüppert, Minneszenen; Pérennec.

11 Cramer, Kommentar zur Übersetzung; Kaiser, Textauslegung; Ruh, Höfische Epik I; Mertens, Laudine.

12 Wapnewski, Hartmann, S. 74f.

13 Zur Interpretation s. u. S. 342–346. Vgl. Kellermann, Aufbaustil; Frappier, Chrétien und die Literaturangaben bei Ruh, Höfische Epik II, S. 57f.

14 Zur Interpretation s. u. S. 349–351. Vgl. Bumke, Forschung; Kratz, Parzival; Ruh, Höfische Epik II; Kuhn, Parzival; Haug, Symbolstruktur; Hirschberg, Erzählstruktur.

15 Ortmann, Ritterschaft.

16 Vgl. u. a. MOHR, Wolfram [Aufsätze].
17 Vgl. WYNN, Orgeluse. Ursprünglicher Hintergrund der Gestalt ist wohl die irische Personifikation der Landeshoheit (Sovereignty), daraus erklärt sich ihre Promiskuität: die Landeshoheit geht mit dem jeweiligen Herrschern Verbindungen ein.
18 CORMEAU Wigalois; MERTENS, Iwein und Gwigalois.
19 HAUG, Paradigmatische Poesie, S. 204–231; vgl. die Beiträge in Birkhan (Hg.), Die mittelalterliche Literatur in Kärnten.
20 RAGOTZKY, Gattungserneuerung und Laienunterweisung. MÜLLER, Daniel und Garel.
21 KERN, Die Artusromane des Pleier.
22 RISCHER, Literarische Rezeption.
23 RUH, Lancelot.
24 HAUG, Mosaik.
25 SPECKENBACH, Handlungs- und Traumallegorese und VOSS, Prosa-Lancelot; FROMM, Karrenritter-Episode.
26 GERRITSEN/VAN OOSTROM, Les adapteurs.

BIBLIOGRAPHIE

Textausgaben

Albrecht von Scharfenberg, Seifried von Ardemont: s. unter Füetrer.
Annales Cambriae: hg. von E. PHILLIMORE, in: Y Cymmrodor 9 (1938) 152–169.
Chrétien de Troyes
Erec: altfrz. Text und deutsche Übersetzung von I. KASTEN (Klassische Texte des romanischen Mittelalters 17), München 1979; deutsche Übersetzung bei LANGOSCH (s. unter Bibliographien, grundlegende und übergreifende Darstellungen); engl. Übers. von W. W. COMFORT (Everyman 698), London 1914ff. [mit Cligès, Charrette, Yvain]. – *Cligès:* hg. von E. FOERSTER, 4. Aufl. von A. HILKA, Halle 1921; englische Übersetzung s. o. – *Charrette*: altfrz. Text und deutsche Übersetzung von H. JAUSS-MEYER (Klassische Texte des romanischen Mittelalters 13), München 1973. – *Yvain*: altfrz. Text und deutsche Übersetzung von I. NOLTING-HAUFF (Klassische Texte des romanischen Mittelalters 2), München 1972. – *Perceval*: hg. von W. ROACH, Genève/Lille 1956, [2]1959; deutsche Übersetzung: Perceval oder die Geschichte vom Gral, übersetzt von K. SANDKÜHLER, Stuttgart 1957, [6]1980. – *Fortsetzungen*: s. unten, S. 362.
Ulrich Füetrer
Flordimar: unediert. – *Meleranz*: F. HOFMANN, Der Meleranz von dem Pleier in der Bearbeitung Ulrich Füetrers, Diss. (masch.) Wien 1933. – *Persibein*: hg. von R. MUNZ (ATB 62), Tübingen 1964. – *Poytislier*: hg. von F. WEBER (ATB 52), Tübingen 1960. – *Prosa-Lanzelot*: hg. von A. PETER, Ulrich Fuetrers ›Prosaroman von Lanzelot‹ (StLV 175), Tübingen. – *Seifried de Ardemont*: Merlin und S. d. A. von Albrecht von Scharfenberg. In der Bearbeitung Ulrich Füetrers, hg. von F. PANZER (StLV 227), Tübingen 1902. – *Wigalois*: hg. von H. H. HILGERS (ATB 79), Tübingen 1975.

Sir Gawain and the Green Knight: Englisch und Deutsch, übers. und hg. von M. MARKUS (RUB 9667–70), Stuttgart 1974.
Geoffrey von Monmouth: hg. von A. GRISCOM, London/New York 1929. Übersetzung bei LANGOSCH (s. unter Bibliogaphien, grundlegende und übergreifende Darstellungen).
Hartmann von Aue
Erec: mhd. Text und deutsche Übersetzung von TH. CRAMER, (Fischer Bücherei 6017), Frankfurt a. M. 1973; – K. GÄRTNER, Der Text der Wolfenbütteler Erec-Fragmente und seine Bedeutung für die Erec-Forschung, in: PBB 104 (1982) 207–230, 350–430. – *Iwein*: mhd. und übersetzt von TH. CRAMER, Berlin/New York 1981.
Heinrich von dem Türlin, Diu Crône: hg. von G. H. F. SCHOLL, Stuttgart 1852, Nachdruck 1961.
Hermann von Tournai: De Miraculis S. Mariae Laudunensis II in: J. P. MIGNE, Patrologia latina 156, 983.
Historia Britonum: hg. von TH. MOMMSEN, in: MGH Auctores antiquissimi XIII, Chronica minora III, Berlin 1898, S. 113–219.
Ivan Levonriddaren: hg. von J. W. LIFTMANN/G. STEPHENS, Stockholm 1849.
Ivents saga artuskappa: hg. von E. KÖLBING, Halle 1898.
Konrad von Stoffeln, Gauriel von Muntabel: hg. von F. KHULL, Graz 1885.
Lancelot-Gral-Zyklus: hg. von H. O. SOMMER, The Vulgate Version of the Arthurian Romances, I–VI, Washington 1909–1913. – *Lancelot*: hg. von A. MICHA, I–VIII, Paris/Genève 1978ff. – *Roman van Lancelot* [niederländisch]: hg. von W. A. J. JONCKBLOET, s'Gravenhage, 2. Bd., 1846–49 (Versübertragung: Neuausgabe durch W. P. GERRITSEN in Vorbereitung).
Lybeaus Desconus: hg. von M. MILLS, London/New York/Toronto 1969.
Mabinogion: Englische Übersetzung von I. GANTZ, The Mabinogion (Penguin Classics), Harmondsworth 1976.
Thomas Malory, Le Morte Darthur: hg. von E. VINAVER, London 1964; neuenglisch hg. von J. COWEN (Penguin Books), Harmondsworth 1969, deutsche Übersetzung von H. FINDEISEN (Die Geschichten von König Artus und seiner Tafelrunde, 3 Bde.) (Insel-Tb. 239), Frankfurt a. M. 1977.
Marie de France, Lais: Altfranz. Text und dt. Übers. von D. RIEGER (Klassische Texte des romanischen Mittelalters 19), München 1980.
Mort Artu: Hg. von J. FRAPPIER; englische Übersetzung (The Death of King Arthur) von J. CABLE (Penguin Classics), Harmondsworth 1971.
Pleier
Garel: hg. von M. WALZ, Freiburg i. Br. 1892; hg. von W. HERLES, (Wiener Arbeiten zur germanischen Altertumskunde und Philologie 17), Wien 1981. – *Meleranz*: hg. von K. BARTSCH (StLV 60), Stuttgart 1861, Nachdruck Hildesheim/New York 1974. – *Tandareis*: hg. von F. KHULL, Graz 1885.
Prosa-Lancelot: hg. von R. KLUGE I–III (DTM 42, 47, 63), Berlin 1948–72; Der Karrenritter, Episode des mhd. Prosa-Lancelot, hg. von R. KLUGE (Kleine deutsche Prosadenkmäler des Mittelalters 10), München 1972; Inhaltsangabe und Teilübersetzung bei Langosch (s. unter Bibliographien . . .).
Queste del Saint Graal: hg. von A. PAUPHILET, Paris [3]1963; englische Übersetzung: The Quest of the Holy Grail, translated by P. MATURASSO (Penguin Classics),

Harmondsworth 1969; französische Übersetzung von E. BAUMGARTNER (La Quête du Saint Graal), Paris 1979.
Renaut de Beaujeu, Bel Inconnu: hg. von G. P. WILLIAMS, Paris 1929.
Ritter Widuwilt: hg. von S. A. WOLFF, Bochum 1974.
Stricker, Daniel vom blühenden Tal: hg. von G. ROSENHAGEN, Breslau 1894; hg. von M. RESLER (ATB 92), Tübingen 1983.
Ulrich von Türheim, Clîes: A. VIZKELETY, Neue Fragmente des mhd. Cligès-Epos aus Kálocsa (Ungarn), in: ZfdPh 88 (1962) 409–432.
Ulrich von Zazikhoven, Lanzelet: hg. von K. A. HAHN, Frankfurt a. M. 1845, Nachdruck mit Nachwort von F. NORMAN, Berlin 1965.
Wace, Roman de Brut: hg. von I. ARNOLD, 2. Bde., Paris 1938/40. Englische Übersetzung des arthurischen Teils bei E. MASON, Wace und Layamon, Arthurian Chronicles (Everyman 578), London 1962; deutsche Übersetzung bei LANGOSCH (s. unter Bibliographien . . .).
Wigamur: hg. von J. G. BÜSCHING. In: F. H. VON DER HAGEN/J. G. BÜSCHING, Deutsche Gedichte des Mittelalters I, Berlin 1808.
Wigoleis (Prosa): hg. von H. MELZER (Deutsche Volksbücher in Faksimiledrucken A 101), Hildesheim/New York 1973.
Wirnt von Gravenberc, Wigalois: hg. von J. M. N. KAPTEYN, Bonn 1926; Inhaltsangabe und Teilübersetzung bei LANGOSCH (s. unter Bibliographien . . .).
Wolfram von Eschenbach, Parzival: s. unten S. 363.
Yvain and Gawein: hg. von A. B. FRIEDMANN/N. T. HARRINGTON (Early English Text Society 254), London 1964.

Forschungsliteratur

Bibliographien, grundlegende und übergreifende Darstellungen

Bulletin Bibliographique de la Societé Internationale Arthurienne, Paris (seit 1949 jährlich). – C. E. PICKFORD/R. LAST, The Arthurian Bibliography. I: Author Listing (Arthurian Studies III), Cambridge 1981.

K. BERTAU, Deutsche Literatur im europäischen Mittelalter, 2 Bde., München 1971/72. – K. BROGSITTER, Artusepik (Sammlung Metzler 38), Stuttgart 1965. – K. GÜRTTLER, ›Künec Artûs der guote‹. Das Artusbild der höfischen Epik des 12. und 13. Jahrhunderts. Bonn 1976. – W. HAUG, Paradigmatische Poesie. Der spätere deutsche Artusroman auf dem Weg zu einer nachklassischen Ästhetik, in: DVjs 54 (1980) 204–231. – K. LANGOSCH/W. D. LANGE, König Artus und seine Tafelrunde. Europäische Dichtung des Mittelalters (RUB 9945), Stuttgart 1980. – R. S. LOOMIS (Hg.) Arthurian Literature in the Middle Ages, Oxford 1959. – K. RUH, Höfische Epik des deutschen Mittelalters I, Berlin [2]1977, II, Berlin 1980.

Spezielle Literatur

G. ASHE, A Certain Very Ancient Book, in: Speculum 56 (1981) 301–323. – H. BIRKHAN (Hg.), Die Mittelalterliche Literatur in Kärnten (Wiener Arbeiten zur germanischen Altertumskunde und Philologie 16), Wien 1981. – H. BRALL, Strikkers ›Daniel von dem Blühenden Tal‹. Zur politischen Funktion spähöfischer

Artusepik im Territorialisierungsprozeß, in: Euphorion 70 (1976) 222–257. – H. De Briel/M. Herrmann, King Arthur's Knight and the Myths of the Round Table. A New Approach to the French Lancelot in Prose, Paris 1972. – J. Bumke, Wolfram von Eschenbach (Sammlung Metzler 36), Stuttgart [4]1981. – J. Bumke, Die Wolfram von Eschenbach-Forschung seit 1945, München 1970. – E. Faral, La Légende Arthurienne, 3 Bde., Paris 1929. – J. Frappier, Chrétien de Troyes. L'homme et L'oeuvre, Paris 1957. – W. P. Gerritsen/F. van Oostrom, Les adapteurs néerlandais du Lancelot – Graal aux prises avec le procédé narratif des romans arthuriens en prose, in: Mélanges C. Foulon, II, Liège 1980, S. 105–114. – W. Haug, Die Symbolstruktur des höfischen Epos und ihre Auflösung bei Wolfram von Eschenbach, in: DVjs 45 (1971) 668–705. – W. Haug, Das Mosaik von Otranto. Darstellung, Deutung und Bilddokumentation, Wiesbaden 1977. – W. Haug, »Das Land von welchem niemand wiederkehrt«. Mythos, Fiktion und Wahrheit in Chrétiens ›Chevalier de la Charrette‹, im ›Lanzelet‹ Ulrichs von Zatzikhofen und im ›Lancelot‹ – Prosaroman, Tübingen 1978. – Dagmar Hirschberg, Untersuchungen zur Erzählstruktur von Wolframs ›Parzival‹ (Göppinger Arbeiten zur Germanistik 139), Göppingen 1977. – G. Kaiser, Textauslegung und gesellschaftliche Selbstdeutung. Die Artusromane Hartmanns von Aue, Wiesbaden [2]1978. – W. Kellermann, Aufbaustil und Weltbild Chrestiens von Troyes im Percevalroman, Halle a. S. 1936 (Nachdruck 1967). – P. Kern, Die Artusromane des Pleier (Philologische Studien und Quellen 100), Berlin 1981. – H. Kratz, Wolfram von Eschenbach's ›Parzival‹. An Attempt at a Total Evaluation, Bern 1973. – H. Kuhn, Erec (1948), in: H. K., Dichtung und Welt im Mittelalter, Stuttgart 1959, S. 133–150. – H. Kuhn, Parzival. Ein Versuch über Mythos, Glaube und Dichtung im Mittelalter (1956), in: H. K., Dichtung und Welt im Mittelalter (s. o.), S. 151–180. – C. Luttrell, The Creation of the First Arthurian Romance, Edinburgh 1974. – J. Marx, La Légende arthurienne et le Graal, Paris 1952. – V. Mertens, Iwein und Gwigalois. Der Weg zur Landesherrschaft, in: GRM, NF 31 (1981) 14–31. – V. Mertens, Laudine. Soziale Problematik im ›Iwein‹ Hartmanns von Aue (Beihefte zur ZfdPh 3), Berlin 1978. – W. Mohr, Wolfram von Eschenbach, Aufsätze (Göppinger Arbeiten zur Germanistik 275), Göppingen 1979. – Dorothea Müller, ›Daniel vom blühenden Tal‹ und ›Garel vom blühenden Tal‹. Die Artusromane des Stricker und des Pleier unter gattungsgeschichtlichen Aspekten (GAG 334), Göppingen 1981. – Christa Ortmann, Ritterschaft. Zur Frage nach der Bedeutung der Gahmuret-Geschichte im ›Parzival‹ Wolframs von Eschenbach, in: Deutsche Vierteljahresschrift 57 (1963) 664–710. – L. Pollmann, Chrétien de Troyes und der Conte del Graal, Tübingen 1965. – R. Pérennec, Artusroman und Familie: ›Das welsche buoch von Lanzelete‹, in: Acta Germanica 11 (1979) 1–51. – H. Ragotzky, Gattungserneuerung und Laienunterweisung in Texten des Strickers, Tübingen 1981. – Christelrose Rischer, Literarische Rezeption und kulturelles Selbstverständnis in der deutschen Literatur der Ritterrenaissance des 15. Jahrhunderts, Stuttgart 1973. – K. Ruh, Lancelot. Wandlungen einer ritterlichen Idealgestalt (Marburger Universitätsreden 2), Marburg 1982. – Helga Schüppert, Minneszenen und Struktur im ›Lanzelet‹ Ulrichs von Zazikhofen, in: Würzburger Prosastudien II, München 1975, S. 123–138. – Ursula Schulze, amis unde man. Die zentrale Problematik in Hartmanns ›Erec‹, in: Beiträge zur Geschichte der dt. Sprache u. Lit. 105 (1983), S. 14–47. – K. Speckenbach, Handlungs- und Traumallegorie in der ›Gral-Queste‹, in: Formen und Funktionen der Allegorie, Symposion Wolfenbüttel 1978, hg. von W. HAUG, S. 220–242. – R. VOSS, Der Prosa-Lancelot (Deutsche Studien 12), Meisenheim am Glan 1970. – P. WAPNEWSKI, Hartmann von Aue, Stuttgart [6]1976. – MARIANNE WYNN, Orgeluse. Persönlichkeitsgestaltung auf chrestienschem Modell, in: German Life and Letters 30 (1976/77) 127–137. – H. ZIMMER, Nennius Vindicatus, Berlin 1893.

GRALROMANE

von

DIETER WELZ

I. GRALLEGENDE UND GRALROMAN

»Mit dem Gral tritt stofflich etwas gänzlich Neues in den Artusroman ein.«[1] Damit ereignet sich eine entscheidende Wende in der höfischen Epik: Übergang von einer ethisch-sozialen zu einer universal-eschatologischen Sinngebung des Erzählens.[2] Die Voraussetzungen dafür hat der Artusroman Chrétiens de Troyes geschaffen. In seinem ›Perceval‹ avanciert der ritterliche Held zum auserwählten Kämpfer gegen das Böse schlechthin; das profane Befreiungsabenteuer wächst sich aus zur allumfassenden Erlösungstat; mit dem letzten Abenteuer naht aber auch das Ende aller Geschichte und (nicht zuletzt) aller Geschichten. Diese Dialektik entfaltet sich vollständig erst im Prosa-Roman der ›Gral-Queste‹ (13. Jahrhundert); sie ist aber von vornherein im Gralstoff angelegt.

Erich Köhler behauptet kühn, das bei Chrétien erwähnte Buch, das der Graf Philipp von Flandern (gestorben 1191) ihm als Stoffquelle erschlossen habe, sei »nichts anderes als Roberts [von Boron] ›Estoire dou Graal‹«[3] gewesen. Dieses Buch behandelt in legendarischer Form die Translatio einer Reliquie, die das Erlösungswerk Christi symbolisiert und davon Nachricht gibt. Im Namen der drei göttlichen Personen sollen drei Auserwählte aus dem Morgenland das Objekt nach Westen, also ins Abendland überführen. Elemente einer geschichtstheologischen Spekulation sind in diesem Grundgedanken unverkennbar, der an die Lehre des Joachim von Fiore (1131–1202) vom Dritten Reich erinnert.[4] Eine positive Übereinstimmung zwischen ›Estoire‹ und Chrétiens Gralroman ist jedoch nur in der Bezeichnung des zweiten Gralhüters als *Riche Pescheeur* (»der Reiche Fischer«)[5] gegeben, die bei Chrétien als *riche roi Pescheor* (»reicher Fischerkönig«)[6] variiert erscheint. Die Abhängigkeitsverhältnisse ließen sich bislang nicht überzeugend klären und sind auch für die Zwecke der Stoffgeschichte wenig ergiebig. Festzuhalten ist hier lediglich, daß es ein zeitliches Nebeneinander von Grallegende und Gralroman gibt, das sich fast beliebig auseinanderdividieren läßt.[7]

II. ›ESTOIRE DOU GRAAL‹

Robert de Boron erzählt, wie Joseph von Arimathia den Gral erwirbt, die Gralstafel einrichtet und seinen Nachfolger bestellt, der das heilige Gefäß und die Evangelisation des Westens übernehmen soll. Die Erzählung endet mit dem Auszug der erwählten Schar. Was noch alles zu erzählen wäre, führt der Autor nur an, dann hört er auf. Die Nennung des »Herrn Gautier, der von Mont-Belyal war« (Übers., S. 78), weist auf die Zeit nach 1191, in die auch die Nachricht von der angeblichen Auffindung des Artusgrabes *in valle Avaloniae juxta Glastoniam* (»im Tal Avalon bei Glastonburg«) fällt, die geschäftstüchtige Mönche der Abtei Glastonbury verbreiten. In diese Gegend zieht es nun aber auch den Petrus der ›Estoire‹, der »die Täler von Avaron« (Übers., S. 73) suchen will. Die Reise geht also in die Artusregion und zumindest in diesem Sinne in den Artusstoffkreis hinein. Gral als Reliquie (Blutschüssel) und Artusmaterie werden damit kulturgeographisch zusammengerückt.

III. ›LI CONTES DEL GRAAL‹: CHRÉTIENS ›PERCEVAL‹-ROMAN

Chrétiens ›Perceval‹-Roman integriert den Gralstoff erstmals in das System der höfischen Epik und begründet so ein neues Subgenus des arthurischen Romans. Sein ›Perceval‹ ist ein pseudoritterlicher Sucheroman, den das zentrale Motiv des Nichtswissens bestimmt und strukturiert. Die Suche nach dem heiligen Gefäß führt über den Artusbereich hinaus und bringt den Helden mit der enigmatischen Gralswelt in Berührung. Seine Motivation ist das Wissen-Wollen. Sie beherrscht ihn, ist Obsession und Mission zugleich.

Bei Robert wird der Gral eindeutig als Kelch des Abendmahls identifiziert, in dem Joseph von Arimathia später das Blut des Gekreuzigten auffängt und aufbewahrt (Blut- und Weinmythologie). Dieser Kelch, so heißt es bei Robert, werde Graal genannt, weil niemand ihn sehen wird, dem er nicht genehm ist (*agreer*) – also auch der ungetaufte Heide Feirefiz nicht, von dem bei Wolfram dann die Rede sein wird! Robert zieht sich mit einem Wortspiel aus der Affäre, das wenig erklärt. Das Wort *graal* ist bei ihm Eigenname, bei Chrétien ein Appellativum (*un graal*, v. 3220), das aber auch als Eigenname Verwendung finden kann.[8] Wie Chrétien zu diesem Wort kommt, ist ungeklärt. Seine Gralvorstellung (Schlüssel? Hostienbehälter?: Fleisch- und Brotmythologie) ist christlich eingefärbt, ihr Ursprung in keltischer (irischer, walisischer, bretonisch vermittelter) oder christlicher Tradition umstritten.[9] Hier interessiert die Funktionsanalyse des Gral-Objekts als Gegenstand der Suche in einem Erzählzusammenhang, der von der Umwandlung eines katastrophalen Nichtwissens in ein heilsames Wissen handelt und diesen Vorgang romanhaft gestaltet.

Chrétiens Gralsucher ist durch Weltindifferenz gekennzeichnet. Sie befähigt ihn zu einer Reihe von Abschieden (von der Mutter, von der Freundin Blancheflor und der Liebe, schließlich von jedem Ort, an dem er eine Nacht geweilt hat, also von der behausten Existenz an sich), die den Erfolg seiner Suchfahrt und Enquête garantieren sollen. Dabei werden verschiedene Entwicklungsphasen des höfisch-ritterlichen Ideals als Phasen eines Sucherlebens sichtbar, die in der ›Gral-Queste‹ dann auf verschiedene Akteure verteilt sind. Chrétiens Gralheld distanziert sich nur zeitweilig von der höfischen Liebe, die zwar durch das Begehren nach dem Gral verdrängt wird, solange die Suche andauert, nicht aber prinzipiell verworfen wird.

In Chrétiens Darstellung fehlen dem Helden anfänglich sämtliche Attribute der höfisch-ritterlichen Existenz. Er kennt nicht einmal seinen wahren Namen. Die Erzählung erklärt diesen Mangel im individuellen Bereich als Folge der allgemeinen Unordnung, die nach dem Tode von Uter Pendragon eingetreten ist, als dessen Nachfolger König Artus inzwischen an die Macht gekommen ist. Das allgemeine Unglück bringt es mit sich, daß der Held um eine angemessene Erziehung betrogen wird. Diesen Betrug hat die Mutter zu verantworten, die den einzig ihr verbliebenen Sohn vor dem Rittertod bewahren möchte, dem zwei andere Söhne und als Folge dessen auch ihre Ehemann zum Opfer gefallen sind. Deshalb läßt sie ihn im Zustande der Ignoranz aufwachsen. Dieser Sohn als das letzte ihr gehörige Gut geht aber auch noch verloren. Das bricht der Mutter das Herz. Ihr Tod erweist sich dann als weitere schwere Hypothek, die der Held mit auf den Weg nimmt.

Die Anfangssequenz der Erzählung statuiert etwa folgenden Sachverhalt: die allgemeine Unordnung führt zum Verlust individueller Werte; der Held ist degradiert, da ihm Wissen und

Informationen bewußt vorenthalten werden, die ihm ein menschenwürdiges (sprich: höfisch-ritterliches) Dasein ermöglichen würden. So lebt er anfangs »wie ein Tier« (Übers., S. 14) dahin. Sobald er ahnt, was ihm vorenthalten worden ist, drängt er rücksichtslos auf die Erfüllung seiner legitimen Wünsche. Er erweist damit auf längere Sicht nicht nur sich selbst, sondern auch der gesamten guten Gesellschaft, die hier als Menschheit gilt, einen großen Dienst.

Die Prüfungssequenz bringt eine Reihe von Kämpfen, in denen der Held seinen »Sozialwert« unter Beweis stellt und Schaden wiedergutmacht, den er im Zustande der Ignoranz angerichtet hat. Für Artus beseitigt er mit seinem Wurfspieß den Roten Ritter, der dem Herren der Tafelrunde Reich und Herrschaft streitig macht und somit als Verräter anzusehen ist. Fortan trägt der Held das Kostüm des Roten Ritters. Ein Edelmann nimmt ihn in die Ritterlehre und initiiert ihn. Er erteilt auch verhängnisvollen Rat, indem er höfische Zurückhaltung einschärft, die dann späterhin das Frageversäumnis beim ersten Gralbesuch motiviert. Der siegreiche ritterliche Held, der auch erstmals bei einer Frau Erfolg hat, läßt sich nicht als Landesherr nieder, sondern zieht weiter, von Gewissensängsten geplagt. Auf der Suche nach der Mutter stößt er auf die Gralsburg, wo er die Erlösungsfragen versäumt und nicht nach Sinn und Zweck der Gralprozession (mit Blutender Lanze) fragt. Der lahme König sieht sich um eine begründete Hoffnung betrogen und also verraten. Unverrichteter Dinge muß der Held abziehen.

Im Gespräch mit der leidtragenden Jungfrau im Wald, die sich nicht von ihrem enthaupteten Minneritter trennen kann, weiß der Held plötzlich seinen Namen: *Perceval le Gallois* (Waliser? Valois?). Diese Namensfindung auf gut Glück bleibt ebenso rätselhaft wie die Unangemessenheit des Fragens es ist, wenn man die ihm inhärente Märchenlogik nicht akzeptabel findet. Artus begibt sich auf die Suche nach dem hochverdienten Roten Ritter und es kommt nach einigen Komplikationen (Blutstropfenepisode) zur Einholung in die Gesellschaft. Perceval hat in dieser Episode Keu Lügen gestraft und übel zugerichtet, zum anderen (im weltvergessenen Eingedenken) höfische Finesse bewiesen. Er ist nicht länger »wie ein Tier«, sondern ein Vollmitglied der Artusgesellschaft, von dem es heißt, ein besseres werde es nie geben. Dennoch liegt ein trügerischer Schluß vor; denn die Höchstqualifikation innerhalb des gesellschaftlichen Wertsystems zählt auf der Wertskala der religiösen Lebenslehre nicht, die mit dem Gralthema aufs engste verknüpft ist. Der glänzendste Vertreter weltlicher Ritterschaft ist auf der anderen Ebene ein Versager (»Verräter«), an dem Sündenmakel haftet.

Dies macht der störende Auftritt des »häßlichen Fräuleins« offenbar. Der Held wird öffentlich als Übeltäter diffamiert, der großes Unglück fortwirken läßt. Der Artusrunde werden gleichzeitig verlockende Abenteuermöglichkeiten eröffnet, was den allgemeinen Aufbruch zur Folge hat. Im Gegensatz zu den übrigen Rittern begibt Perceval sich auf die Suche nach einer Wahrheit, deren Erwerb die Welt erlösen kann von allem Übel. Die Frage: »Was ist das?« wird die Schilderung seiner Taten strukturieren. Die herkömmliche Ereignislogik hingegen, die auf die Frage antwortet: »Was kommt dann?«, ist für die Erzählung bestimmend, zu deren Held Gauvain aufrückt.

Der zweite Teil des ›Perceval‹ hat eine Doppelhandlung mit zwei ganz unterschiedlichen Helden. Beide müssen sich von dem Vorwurf des Verrats reinigen. Gauvain soll einen heimtückischen Mord verübt haben: eine Anschuldigung, die sich schließlich als haltlos erweist. Perceval kommt nach fünf Jahren der Gottvergessenheit, die er allerdings mit Rittertaten rühmlich ausgefüllt hat, zur Besinnung und erfährt sich als sündig. Der adlige Einsiedleroheim und Helfershelfer der Vorsehung in der Karfreitagsszene erteilt weitere Aufschlüsse über die Fragehemmung (»Die Sünde schnitt dir das Wort auf der Zunge ab« [Übers., S. 132]) und begründet diese Ansicht so, daß sie dem Helden einleuchtend erscheint und er sie hinnehmen kann. Damit ist er bußfertig und der Absolution fähig, womit der Gralerfolg wieder in den Bereich des Möglichen rückt.

Die Gauvain-Abenteuer berühren die Gralsuche lediglich in einem, allerdings um so bemerkenswerteren Punkte. Für ein Jahr wird Gauvain mit der Suche nach der Blutenden Lanze beauftragt. Das Besondere an dieser Waffe und das, was sie begehrenswert macht für Artusfeinde, ist aber dies, daß von ihr geschrieben steht, einst solle das ganze arthurische Königreich Logrien durch sie zerstört werden. Diese Suche verläuft hier ergebnislos. Die Heilsqueste wird somit zeitweilig ergänzt durch die Suche nach dem fatalen Hilfsmittel, das die Artusherrschaft beenden soll. Das ist ein erzähllogischer Zusammenhang: mit dem Ende aller Abenteuer im Gralerwerb würde die Artuswelt überflüssig und für den Untergang reif, der sie dann im ›Prosa-Lanzelot‹ auch ereilt. Köhler erblickt darin, wohl nicht ganz zu Unrecht, die »logische Folge einer christlich und ständisch gebundenen Geschichtsauffassung«,[10] die nicht über ihren eigenen Schatten springen kann.

Der ›Perceval‹-Roman bricht unvermittelt ab. Chrétien ist angeblich darüber gestorben.[11] Es ist jedoch ein im nachhinein bedeutsamer Zufall, daß die Erzählung an der Stelle aufhört, da Artus wähnt, sein Neffe Gauvain sei unwiederbringlich verloren. Eine Schreckens- und Untergangsvision steht also auch hier am zufälligen Ende des Romans. Erzähllogisch und stoffgeschichtlich ist das jedenfalls alles andere als ein bloßer Zufall.

IV. FORTSETZUNGEN DES ›PERCEVAL‹

Chrétiens ›Perceval‹ endet (nach Hilka) mit Vers 9234, ziemlich abrupt, wennschon nicht mitten im Satz. Doch nur vier der insgesamt fünfzehn überlieferten ›Perceval‹-Handschriften tun das auch. Der Rest bringt Fortsetzungen unterschiedlicher Länge, zwei (als Prologe) vorweg und vier im Anschluß an den Text von Chrétien. Auf diese Weise kommt (recht bald)[12] ein umfängliches französisches Gralepos zu Papier, je nach Redaktion 60– bis 70000 Verse stark. Keines der Manuskripte liefert die Gesamtmenge des anfallenden Materials. Auch in der 1530 gedruckten Prosafassung fehlt einiges, nämlich der von Gerbert de Montreuil stammende Teil. (Der mittelhochdeutsche ›Nüwe Parzefal‹ von Claus Wisse und Philipp Colin, 1331–1336 abgefaßt, übernimmt die drei Chrétien-Fortsetzungen einschließlich der ›Elucidation‹, aber ohne den sog. ›Bliocadran‹-Prolog. Die französischen ›Perceval‹-Fortsetzungen werden zwischen die Bücher XIV und XV von Wolframs ›Parzival‹ (s. S. 312ff.) eingeschaltet, stoffgeschichtlich bietet dieses Unternehmen also nichts Neues. Eigenständig ist lediglich der Epilog von Colin, der über die Entstehungsgeschichte dieser Handwerkerarbeit Rechenschaft ablegt und den Auftraggeber nennt: Ulrich von Rappoltstein.)

Der ›Elucidation‹-Prolog fundiert die Gralsuche ganz märchenhaft, sieht also von der christlichen Sündenfallthematik ab. Ziel der Suchfahrt ist hier die Wiederherstellung der gestörten Wachstumsordnung im Lande Logrien, das wüst und leer geworden ist infolge eines (Flur-)Frevels: Schändung der gastfreundlichen Grottenjungfrauen. Diese Wesen stellen fortan ihre segensreiche Tätigkeit ein, das Land verödet, der Hof des Fischerkönigs verschwindet. Von dessen Wiederauffindung hängt die glückliche Wende ab. Perceval hat als erster seine Chance, fragt aber nicht und vertut sie vorerst. Gauvain ergeht es etwas besser. Insgesamt werden aber sieben Abstecher zum Fischerkönig nötig, deren Erzählung im Zuge der ›Perceval‹-Fortsetzung nur streckenweise geleistet wird. Märchenglück ist schließlich beschieden.

Der sog. ›Bliocadran‹-Prolog bietet einen Erzählauftakt zum ›Perceval‹, der sich in einem Punkte auffällig abhebt von der Familiengeschichte, die Chrétien seinem Helden andichtet. Bliocadran, der Vater des Romanhelden, hat hier elf Brüder, die alle in Ritterkämpfen ums Leben kommen. Er selbst wird nur wenige Tage vor der Geburt des einzigen Nachkommen erschlagen. Der Wunsch der Witwe, ihr Kind für sich zu behalten, wird damit ähnlich stark motiviert wie in Wolframs ›Parzival‹, der womöglich den ›Bliocadran‹ voraussetzt.

Die sog. ›Erste Fortsetzung‹ (Pseudo-Wauchier) schildert die Gralsuche Gauvains. Zweimal erreicht dieser – auf der Jagd nach Gral und Lanze – die Gralsburg. Beide Besuche verlaufen jedoch enttäuschend. Zwar verfolgt er die Gralprozession (mit Blutender Lanze, Silberteller, Leuchter, Gral und Totenbahre samt zerbrochenem Schwert) aufmerksam, stellt auch klüglich Fragen, kann aber das Schwert nicht zusammenfügen, um sich als Gralheld zu qualifizieren: Die entscheidende Frage nach der Funktion des Gralsdienstes verschläft er. Ursache allen Unglücks ist hier ein Verrat: ein heimtückischer Schlag mit dem Schwert, das seither zerbrochen ist und der Heilung harrt wie der lahme Fischerkönig selbst. Die Schwertprobe ist hier die Grundvoraussetzung für die Ordnungsherstellung. Die Gralgeschichte um Joseph von Arimathia hat damit nicht viel zu tun. Sie wird entsprechend auch nicht in jeder Fassung der ›Ersten Fortsetzung‹ neu aufgetischt.[13]

Die sog. ›Zweite Fortsetzung‹ erweist Perceval als den wahren Gralhelden, dessen zweite Visite beim Fischerkönig bereits recht erfolgversprechend verläuft. Die sog. ›Dritte Fortsetzung‹ bringt dann die Krönung dieser Bemühungen. Der zweite Abstecher zum Fischerkönig ist von Wundern und Zeichen begleitet. Auch Teufelsspuk ist zu erleben. Daß Perceval zu guter Letzt die Priesterweihe empfängt und als Mann Gottes das Zeitliche segnet, zeichnet sich hierin bereits ab. Zwar fügt Perceval das Schwert glücklich zusammen, läßt aber eine winzige Scharte zurück. Um deren erzählerische Auswetzung bemüht sich dann Gerbert de Montreuil, der an dieser Stelle eine Erweiterung von rund 17000 Versen einschiebt, die man sich zwischen 1226 und 1230 entstanden denkt.

Gerbert verheiratet den Gralhelden mit Blanchefleur. Aus dieser Ehe sollen, einer höheren Verlautbarung zufolge, der Schwanenritter (Lohengrin) und der Eroberer von Jerusalem (Gottfried von Bouillon) hervorgehen. Damit wird die Gralgeschichte mit dem Gründungsmythos des flandrischen Grafengeschlechts liiert. Das ist das eigentlich Bemerkenswerte an dieser Interpolation, die sich mit dem Gesamtplan der ›Perceval‹-Fortsetzungen nur schlecht verträgt. Sie beginnt und endet mitten im zweiten Gralbesuch.

Die sog. ›Dritte Fortsetzung‹ (von Manessier, Anfang 13. Jahrhundert) behandelt die Beauftragung Percevals durch den Fischerkönig. Er übernimmt einen Racheauftrag, dessen Erfüllung die Heilung des lädierten Königs bewirken soll. Das Erlösungswerk vollzieht sich aber auf zwei Ebenen, ist als Rittertat und Glaubenskampf zu vollbringen. Daß der Teufel sich hier als Inkubus in Gestalt der Blanchefleur an den Ritter heranmacht, um ihn zu sündigem Tun zu verleiten – denn das bedeutet der Liebesakt in diesem Kontext –, zeigt an, daß die höfische Liebe nunmehr ausgespielt hat. Der Feind des Grals (Partinial) wird zu Tode gebracht, sein blutiges Haupt als Trophäe auf den Zinnen der Gralsburg aufgepflanzt. Bevor Perceval die Nachfolge des Gralhüters übernimmt, eilt er noch einmal zurück zu Artus, um Bericht zu erstatten.

Die Rückkehr des Helden zum Rapport, der in schwarzer Rüstung auf weißem Roß ankommt, nimmt die Erzählung zum Anlaß für einen deftigen (Kleriker-)Witz. Artus wundert sich nämlich, wer das sein könnte, der da naht. »Das ist der Teufel, der den Engel vom Himmel reitet«, witzelt Keu. Gauvain, Lancelot, Ywain, Boort, Hector und Lyonel, alles profan eingestellte Herren, die sich mit dem geistlichen Code nicht recht anfreunden können, sind vor Lachen außer sich. Nur Artus verübelt das. In diesem wiehernden Gelächter kommt eine unterschwellige Opposition zum Ausdruck, die sich erzählerisch sonst kaum bekundet oder sogleich unterdrückt wird: der Gralsfeind Partinial wird ausdrücklich seiner gottlosen Renitenz wegen hingerichtet. Erst in der ›Queste del Saint Graal‹ wird die Opposition des profanen Rittertums gegen die geistliche Bevormundung von Gauvain und Konsorten voll ausagiert. Hier bleibt das noch bloße Andeutung. Perceval beendet seine Laufbahn als Priester. Mit ihm werden schließlich Lanze, Gral und sonstiges Altargerät ins Jenseits befördert. Hienieden erinnert eine Inschrift an ein im Kern himmlisches Geschehen.

V. WOLFRAM VON ESCHENBACHS ›PARZIVAL‹

Die erste außerfranzösische Bearbeitung des Perceval-Gral-Stoffes ist der ›Parzival‹ Wolframs von Eschenbach, entstanden zwischen 1200 und 1210. Gegen mütterliche Widerstände kommt der Held wie bei Chrétien zu seinem Auftrag, den Gral zu erobern. Das Verhalten der Witwe mutet hier wahnhaft an. Sie stirbt den Tod der Einsamen und Verlassenen, als der Sohn im Narrenkostüm als Dümmling aus dem mütterlichen Reservat ausbricht und sich in die Welt hinauswagt. Das Abenteuer seiner Sozialisation gerät stärker noch als bei Chrétien zu einer reinen Glückssache.

Die Prüfungssequenz entwickelt sich auf der Linie, die im ›Perceval‹ vorgezeichnet ist. Auf dem Wege zu Artus erfährt der Held seinen Namen von dem Fräulein mit dem toten Ritter (Sigune und Schionatulander). Es geht dabei mit rechten Dingen zu, nicht rätselhaft wie bei Chrétien. Der erste Kampf (gegen den Roten Ritter: Ither) steht ebenso deutlich im Zeichen der Ambivalenz wie sein Aufbruch in die arthurische Welt. Der Tod Ithers ist nicht nur ein Gewinn (für Artus), sondern auch ein Unglück für die gute Gesellschaft, zu der er aller Differenzen zum Trotz nun einmal gehört. Ginover erblickt in diesem Schicksalsschlag gar den Anfang vom Ende der Artusherrlichkeit und beklagt das Unrecht dieser Tötung ebenso wie die Erzählung es tut im laufenden Kommentar. Es grenzt an Wahnwitz, daß dieser Dynast und Frauenkenner seiner Rüstung wegen umgebracht wird, banalem Totschlag zum Opfer fällt. Der ahnungslose Held, der sie braucht, wird mit dem Hinweis auf seine Unzurechnungsfähigkeit entlastet, denn er weiß (noch) nicht, was er tut. Das Unheil nimmt also in gesteigerter Drastik seinen Lauf.

Ein ausgesprochenes Malheur steht am Anfang dieser Ritterkarriere und indiziert deren Kalamität. Der Held muß buchstäblich über Leichen gehen, um an das Ziel seiner Wünsche zu gelangen. Das kennzeichnet die Problematik dieses Fortkommens, die zunehmend zu einer Sache der Innerlichkeit gerät und auf dieser Ebene bewältigt werden muß. In der Einsiedlerepisode wird das schließlich geleistet, auf religiöser Grundlage wie bei Chrétien. An die Stelle der Erkundigung tritt bei Wolfram die Mitleidsfrage: nicht Wißbegierde, sondern Mitgefühl wird von dem Erlöser erwartet. An der Märchenhaftigkeit der ganzen Angelegenheit ändert sich aber nichts. Vor seinem ersten Gralbesuch heiratet Parzival, läßt seine Frau aber bald mehr oder minder sitzen. Neben der Sorge um die Mutter motiviert hier Abenteuerlust die Abreise.

Der Gral wird bei Wolfram zu einem »Ding an sich«: *daz was ein dinc, daz hiez der Grâl,/erden wunsches überwal* (v. 235. 23–34). Er ist das höchste der Gefühle, jedenfalls kein Hostienbehälter, sondern ein überirdischer Gegenstand, ein Stein, wie später enthüllt wird, der als *lapsit exillis* (v. 469. 7) vom Himmel gefallen ist. Eine himmlische Oblate sichert sein Funktionieren als Tischleindeckdich, aber auch als Nachrichtenträger für Kommunikation zwischen Himmel und Erde. Das Objekt des heldischen Begehrens verfestigt sich damit zu einem *dinc*, dessen Besitz die Erfüllung aller Wünsche garantiert und damit wohl auch deren Aufhören in absoluter Wunschlosigkeit. Der Gral wird erklärtermaßen zum höchsten Sehnsuchtsziel, vor dem alles verblaßt, auch die (eheliche) Liebe. Paradoxerweise geriert Parzival sich aber als Minneritter, der die Abenteuer der Gralsuche im Dienste seiner (Ehe-)Frau Condwiramurs bestehen will. Das erklärt sich hier als sündhafte Auflehnung gegen Gott und das von ihm verhängte Schicksal. Es besagt keineswegs, daß die höfische Liebe als Hauptmotivation dieser Suche aufzufassen wäre. Das genaue Gegenteil ist der Fall: sie wird durchaus zweitrangig und dient als Vorwand für andersartige Bestrebungen.

Parallel zu Parzival wird Gawan als Verräter diffamiert und zum Aufbruch ins Abenteuer der Rehabilitation gezwungen. Die allgemeine Mobilisierung der Tafelritter ist auch bei Wolfram das Ergebnis fragwürdiger Anschuldigungen und verlockender Abenteuerangebote, die in einem Atemzuge von der Gralsbotin (Cundrie) gemacht werden. Die Doppelhandlung wird hier konsequent durchgeführt. Im Laufe der Erzählung werden mehr und mehr Gralsucher aufgeboten, die aber alle vergeblich unterwegs sind. Allein Parzival gelangt ans Ziel. Gawan muß auch hier zeitweilig auf Gralsuche gehen, aber das bleibt folgenlos. Von der Blutenden Lanze ist dabei nicht die Rede. Das Zerbröckeln der Artuswelt artikuliert sich bei Wolfram im stimmungshaften Detail; es bedarf keines Requisits und keiner Reliquie dazu.

Parzival bekundet auch nach der Karfreitagsepisode die Absicht, den Gral eigenmächtig zu erbeuten. Der Einsiedleronkel Trevrizent kann ihm das nicht ausreden. In diesem Punkt erweist Parzival sich als verstockt. Tatsächlich setzt sich seine Einstellung dann erzählerisch durch, sehr zur Überraschung auch des geistlichen Beistands, der das unglaublich findet. Die Sache hat aber erzähllogisch ihre Richtigkeit, weil der Held, der diese schwere Aufgabe bewältigt, dafür eben vorgesehen ist. Stoffgeschichtlich erklärt sich dieser Umstand wohl daher, daß der mythische Held dieser Erzählungsvorkommen per definitionem dadurch gekennzeichnet ist, daß das Unmögliche für ihn und durch ihn überhaupt erst möglich wird. Das begründet seinen Heldenstatus im Sinne der Tautologie: Held ist Held.

Die Abenteuer der neuerlichen Zusammenführung der Tafelrunde schaffen die Voraussetzungen für die Wiederherstellung der großen Ordnung der Dinge. Die Unglücksbotin taucht wieder auf, nunmehr als Glücksbringerin, und feiert Parzival als *krône menschen heiles* (v. 781. 14), da per *epitafjum* (v. 781. 15) in himmlischer Fernschrift seine Berufung zum Gralshüter erfolgt ist. Damit ist das Prüfungsverfahren abgeschlossen: die Glorifizierung des Helden besiegelt das. Die Abwicklung der Ritualien mit Mitleidsfrage und Demutsgebärde ist nur noch reine Formalität: »Theater der Mitleidsfrage«[14] in opernhafter Inszenierung zum märchenhaften Beschluß der Erzählung, die sich hier auf ihre Ursprünge zurückbesinnt und als Märchen endet, also so, wie sie wohl einst bei den Kelten angefangen hat.

Parzival reagiert selbstzufrieden auf den neuesten Stand der Dinge: *mit saelde ich gerbet hân den grâl* (v. 803. 13) (›mit Glück habe ich den Gral erworben‹), befindet er und schreibt somit seinen Erfolg dem Glück (*saelde*) des Tüchtigen zu, der schließlich als lachender Erbe dasteht. Die Welt der Erzählung ist damit auch global wieder in Ordnung. Eine gottgefällig wehrhafte Institution (der neue Gralshüter und seine keusche Kriegerschar) wacht heimlich über ihren Bestand. Auch die Nachfolge dieses guten Regiments ist gesichert. Das Familienunternehmen soll immerfort florieren, in Ost (Priester Johannes-Prognose) und West (Schwanenritter-Motiv), in der ganzen (damals bekannten) Welt also. Die knapp referierte Loherangrin-Geschichte spricht nicht dagegen. Sie erweist vielmehr, wie die heimliche Weltherrschaft funktioniert: märchenhaft nämlich.

VI. ›DIU CRÔNE‹ HEINRICHS VON DEM TÜRLIN

›Diu Crône‹ Heinrichs von dem Türlin, entstanden zwischen 1220 und 1240 (s. oben S. 320ff.) banalisiert das Graltheme. Hier steht die Gralsuche im Kontext einer profanen Abenteuer-

und Sühnefahrt, die nicht religiös motiviert ist. Sie gilt der termingerechten Tilgung ritterlicher Schuld. Als ihr Held tritt Gawein in Aktion und sorgt damit für eine echte Überraschung unter Kennern der Materie, die ihm eine solche Hauptaktion nicht recht zutrauen wollen.[15] Den Auftrag, *daz sper und den rîchen grâl* (v. 18921) zu finden und Nachricht davon zu bringen, erteilt Angeras, ein Todfeind des Helden, der nach Erfüllung der Auflage zu dessen Freund wird und Aufnahme bei Artus findet. Nutznießer der Erlösungsarbeit ist eine (feenhafte) Landesfürstin, in deren Schloß der Gralspuk andauert, bis die erlösende Frage nach der Bedeutung dieser mysteriösen Vorgänge ihm ein Ende bereitet.

In diesem Roman hat Parzival sich als ein unverbesserlicher Versager bereits disqualifiziert, als Gawein die Sache übernimmt. Der verhält sich richtig, indem er den betäubenden Wein ablehnt, auf den Kalocreant und Lanzelet nicht verzichten können, und somit die Frage nicht verschläft, von der alles abhängt. Jungfrauen und Junker defilieren hier mit Leuchtern, Lanze, Silberteller und Gralbehälter vorbei und bedienen den (untoten) Gralhüter mit drei Tropfen Lanzenblut und einem Drittel Hostie, was kanonisch seine Richtigkeit hat (Blut/Wein, Leib/Hostie). Die Gralsritter erweisen sich hier als gespenstisches Unwesen, das der Held beendet. Zum Lohn für seine Mühe erhält er das Gralsschwert, das nie zerbrechen wird. *Von dem grâl daz wilde maere* (v. 29575) ist damit aus. Da Artus dank der heldischen Aktivitäten fortan im Besitz des Glücksringes ist, kann auch eigentlich nicht mehr viel passieren. Das Glück lacht hier den Artusleuten noch einmal ganz unkompliziert für immer und ewig.

VII. DER ›JÜNGERE TITUREL‹

Wolframs ›Parzival‹ erfährt im sog. ›Jüngeren Titurel‹ (JT) Albrechts (von Scharfenberg)[16] eine ambitionierte Fortsetzung, die eine gründliche Beantwortung möglichst aller Fragen anstrebt, die der Eschenbacher offengelassen hat. Vor allem interessiert den Dichter des JT die Geschichte der Gralherrschaft von ihren Anfängen bis in die fabelhafte Gegenwart, daneben Glück und Ende Schionatulanders, von dessen Tod Wolfram im ›Parzival‹ und im ›Titurel‹-Bruchstück berichtet. Seinen mittelalterlichen Ruhm verdankt der JT, ein Werk von 6207 Strophen zu je sieben Zeilen, der Tatsache, daß man es für eine Arbeit Wolframs hatte halten können. Albrecht nennt sich erst in der Strophe 5833 als Verfasser, nachdem er sich bis dahin als Wolfram ausgegeben hat. Der JT ist seit 1272 als bekannt vorauszusetzen.

Die Geschichte um das Brackenseil, dem Schionatulander nachjagt, um dabei den Tod zu finden, weitet sich im JT zu einem monumentalen Ritterroman aus, der in die Gralerzählung eingebettet ist. Die Anfänge der Gralherrschaft liegen im Westen. Titurel regiert als erster Gralshüter in dem Land *Salvâterre*, das nach dem Heiland (*Sanct Salvâtor*) benannt ist, und von Frankreich aus erreicht wird. Titurel stammt aus einem orientalischen Geschlecht, das im Auftrag des römischen Kaisers Frankreich erobert und christianisiert hat. Titurel erhält seinen Ruf als Engelsbotschaft. Mit Hilfe von oben errichtet er den Graltempel. Die Bauzeit beträgt 30 Jahre und entspricht sozusagen zwanglos der Lebenszeit Christi.

Die Beschreibung dieses Tempels (Str. 311–414) wird durch eine allegorische Auslegung ergänzt (Str. 492–559), die nach geläufigem exegetischem Schema verläuft, christliche Heils- und Lebenslehre zum Inhalt hat und diese einschleifen möchte. Innen wie außen ist dieser Tempel Träger von Bedeutung. Die Einbettung der Ritterabenteuer in die Gralsgeschichten relativiert das höfisch-ritterliche Treiben, das im Zeichen von Fatalität und Vergeblichkeit steht und seinem Ende entgegenstrebt, ohne es indes schon erreicht zu haben. Diese Welt bleibt schließlich zurück und sich selbst überlassen. Der Gral wandert ab nach Osten, also in die Richtung, aus der die Gabe des Sonnenlichts stammt, wie es im Text heißt. Ein (mytho-)logischer Schluß somit, der vorchristliche Perspektiven eröffnet, – gegen den Willen der christlich meinenden Erzählung.

Der Tod des Musterritters Schionatulander ist zutiefst fatal. Er erklärt sich erzähllogisch aus einer Verwechslung. Das ihm zugedachte Gold der *Saelde* geht irrtümlich in den Besitz des Verräters über und ermöglicht dann dessen Sieg über den Helden. Parzival ist beiläufig in diese Sache verwickelt. Das Glücksgold ist nämlich identisch mit den Schmucksachen, die der Dümmling einst der Herzogin Jeschute abgenommen und dann verscherbelt hat.

Parzivals Gralsuche verläuft ähnlich wie bei Wolfram, allerdings eher unproblematisch. Die Erwählung des Suchers ist entscheidend. Die allgemeine Freude über den Gralerfolg wird hier gedämpft durch die Totenklage, die diese Erzähleinheit beschließt und die Opfer des ritterlichen Lebens noch einmal in Erinnerung ruft, die es zu beklagen gibt. Es sind nicht wenige. Die Orientfahrt mit dem Gral führt in märchenhafte Regionen und endet im Lande des Priesters Johannes. Der Bericht über das Johannesreich, den Feirefiz liefert, deckt sich in wesentlichen Punkten mit dem Bericht des gefälschten Briefs, den (um 1165) der Presbyter Johannes angeblich ins Abendland verschickt hat, an Papst und Kaiser.

In dieser heilen Welt ist es möglich, Gralsburg und Tempel einfach herbeizuwünschen. Der hier wohnhaften *edlen menige* ist gegeben, was der *argen diet*, dem schlimmen Volk im Westen versagt bleibt. Titurel lüftet vor seinem Abgang das Geheimnis des Grals und beantwortet die Frage nach seinem Wesen im Sinne der altfranzösischen Grallegende. Der Gral ist Abendmahlsschüssel und besteht aus *Jaspis exillis*, was an Wolfram denken läßt. Im arthurischen Abendland hält sich das Gerücht von der orientalischen Gralherrlichkeit, doch jede weitere Gralsuche ist erfolglos. Mit dieser These verabschiedet die Erzählung weitere Mediationsversuche (zwischen Artus- und Gralstoff) und propagiert die endliche erzählerische Lösung des Problems.

VIII. PROSA-GRALROMANE: ›DIDOT PERCEVAL‹, ›PERLESVAUS‹, ›QUESTE DU SAINT GRAAL‹

Der sog. ›Didot Perceval‹ ist vermutlich zwischen 1190 und 1215 entstanden, sein Autor unbekannt. Robert de Boron, Chrétien und dessen zweiter Fortsetzer liefern den Erzählstoff. In diesem Roman tritt Merlin am Artushof auf und erzählt dort die Geschichte des Grals (nach Robert). Der lahme Fischerkönig Bron muß geheilt, das Land entzaubert werden. Ein Ritter der Tafelrunde soll das besorgen. Als Bedingung für die erfolgreiche Frageaktion gilt ritterliche Höchstleistung.

Perceval nimmt den Gefährlichen Sitz an der Tafelrunde in Anspruch, der hier dem besten Ritter der Welt vorbehalten ist. Er handelt damit voreilig und schuldhaft. Eine Stimme von oben verurteilt es, eine Felsspalte tut sich auf und zeigt eine schwere Verfehlung an: eine Übertretung als Riß, der nach Heilung verlangt. Perceval wird jedoch nicht vom Erdboden verschlungen, wie es Moses bei Robert widerfährt, sondern begibt sich auf Sühne- und Suchfahrt nach dem Gral. Andere tun ein Gleiches.

Der Tod der Mutter belastet den Gralsucher hier zwar auch, ist aber nicht die große Sünde wie bei Chrétien. Beim ersten Gralbesuch versagt der Held wie gehabt. Er läßt sich aber anders als bei Chrétien auf keine Liebesbeziehung ein, sondern bleibt keusch. Im zweiten Anlauf bewältigt er dann die schwere Aufgabe und wird als Gralhüter inthronisiert, auf höheren Befehl hin. Der gespaltene Felsen schließt sich zum Zeichen des neuen Bundes. Merlin erläutert den Artusleuten den großen Zusammenhang und sorgt für die Protokollierung des Gesamtabenteuers. Die Erzählung vom Tod des Königs Artus (›Mort Artu‹) folgt sodann.

Der ›Perlesvaus‹ (zwischen 1191 und 1212 entstanden) bezeichnet seinen Helden als den »Guten Ritter«. Das erinnert an den Guten Söldner Joseph von Arimathia, von dem er hier abstammt. Sexuelle Enthaltsamkeit gilt als Gütezeichen wie schon in der Grallegende. Die allgemeine Unordnung der Ausgangssituation hat hier der Gute Ritter aber selbst verursacht. Sie ist eine Folge der versäumten Erlösungsfrage. Schuld und Sühne sind damit auf eine Person vereint, und zwar auf märchenhaft ideenlose Weise. Ein einziges Wort hätte genügt, um das ganze Malheur zu vermeiden. Die allgemeine Notlage des Anfangs bedingt individuelle Wertverluste, von denen selbst Artus nicht verschont bleibt: er büßt seine Herrschertugenden ein und versinkt in Trägheit. Sein Hof verkommt entsprechend. Artus ist am Ende, die arthurische Blütezeit scheint dahin. So sieht es anfangs aus.

Zwar unterzieht sich der König einer geistlichen Kur und kehrt rehabilitiert ins höfische Leben zurück, doch die allgemeine Kalamität dauert an. Allein der vorbestimmte Held kann sie beheben. Ihm ist der Schild des Joseph von Arimathia zugedacht, der am Artushof an exponierter Stelle des einzigen Kämpfers harrt, der ihn führen soll. Gawain und Lancelot versuchen sich – wie zu erwarten – vergeblich als Gralerlöser. Gawain reagiert sprachlos auf den Anblick von Gral und Blutender Lanze, Lancelot kriegt die Gerätschaft nicht einmal zu Gesicht. Ihm wird seine sündhafte Liaison mit der Artuskönigin verübelt, die ihm über alles geht, selbst über sein Seelenheil. Perceval braucht aber die Erlösungsfrage zum Schluß gar nicht zu stellen, da die zweite Gralvisite gestrichen wird. Die schwere Aufgabe besteht nunmehr darin, das Gralgebiet aus den Händen eines un- und irrgläubigen Usurpators zu befreien. Der Fischerkönig erlebt diese Befreiungstat hier gar nicht mehr mit, als deren Folge Gral und Lanze sich neuerlich zeigen. Wunder und Zeichen bezeugen die Wende zum Guten (zwei Sonnen, Stimme von oben). Artus pilgert ins Heilige Land des Grals, wo sich ihm das übersinnliche Wesen in fünf verschiedenen Formen offenbart.

Perceval bezieht späterhin die Gralsburg mit Mutter und Schwester, führt daselbst ein zurückgezogenes Leben der Askese und wird schließlich per Schiff in eine andere Welt überführt, in die der Gral bereits entschwunden ist. Die Gralsburg verfällt nach dem Abgang des letzten Bewohners und wird zu einem unheimlichen Ort, an dem es nicht geheuer ist.

Der ›Perlesvaus‹ setzt offensichtlich die ›Perceval‹-Tradition voraus, schließt aber auch an Roberts ›Joseph‹-Roman an. Er vertritt einen militanten Glaubenseifer und propagiert die kriegerische Bewältigung religiöser Konflikte. Der Gute Ritter führt sich streckenweise auf wie ein veritabler Kreuzfahrer, der schon mal einen seiner Widersacher an den Füßen aufhängen und im Blut seiner zuvor abgeschlachteten Anhänger ersäufen läßt. Von ritterlicher Toleranz hält er ebensowenig wie von der höfischen Liebe. Pazifismus ist ihm als Feigheit suspekt, Glaubensfanatismus sein Wesensmerkmal. Die Entstehung des Werkes ist mit der Abtei von Glastonbury in Verbindung zu bringen, die (indirekt) im Text erwähnt wird.[17]

Die künstlerisch bedeutendste Prosa-Version bietet die ›Queste del Saint Graal‹, die französisch zwischen 1215 und 1230 entstanden zu denken ist und im 13. Jahrhundert im Rahmen des ›Prosa-Lancelot‹ (s. oben S. 327–332) als ›Gral-Queste‹ ins Deutsche übertragen wird. In der ›Gral-Queste‹ erfährt die Spiritualisierung der Materie ihre letzte und zugespitzte Konsequenz. Als Gralheld erscheint hier Galaat, der illegitime Sohn Lanzelots. Von ihm und seinem Gehilfen (Parzifal) wird schließlich berichtet, daß sie im Verlaufe von fünf Jahren alle Abenteuer im Königreich Logrien beendet haben, womit die anfängliche Unordnung aufhört, über deren Ursache die Erzählung sich zunächst ausschweigt. Der Gral wird von Anfang an in *des richen Geleczten Königes huß* (S. 20,14–15) (›im Schloß des reichen, verletzten Königs‹) vermutet und dort auch von der erwählten kleinen Schar aufgespürt.

Die desolate Ausgangslage wird späterhin durch Vergehen erklärt, die zwar lange zurückliegen, aber bis in die Erzählgegenwart hineinwirken und sich störend bemerkbar machen. Individuelle Übertretungen werden global auf die uranfängliche Sündenschuld der Menschheit zurückgeführt und so verallgemeinert. Galaats Kommen entspricht deshalb auch ausdrücklich der Ankunft des Messias. Sein Erscheinen ist von dem Gralwunder begleitet, das dann wiederum den allgemeinen Aufbruch zur Gralsuche motiviert.

Der Held tritt termingerecht zu Pfingsten auf, genau 454 Jahre *nach dem das got gemartelt wart* (S. 5,6) und nimmt seinen Platz an der Tafelrunde ein. Das ist der *Sorglich Seß* (S. 5,3), der nur für ihn sicher ist. Galaat qualifiziert sich durch die Sitzprobe als derjenige, *der da ist kůmen von dem hohen geschlecht des konigs David und Joseph von Armathie* (S. 9,12–13) und *den gott hat gesant, umb das land zu erlösen von den großen wundern von den großen abentúren die also lang hant geweret* (S. 14,2–4). Die Qualifikation des einen und einzigen ist zugleich eine Disqualifikation für den Rest. Die Herabsetzung Lanzelots vollzieht sich sogleich in aller Öffentlichkeit. Der Titel *best ritter ... von der welt* (S. 16,7) wird ihm aberkannt. Der kommt fortan Galaat zu. Die Degradierung und Mortifizierung des bis dahin größten Artushelden ist damit eingeleitet. Sie wird späterhin rigoros durchgeführt. Schließlich trägt Lanzelot das Büßerhemd unter dem Kettenhemd, kündigt sein Liebesverhältnis mit Ginevra einseitig auf und beginnt ein neues Leben, so gut es eben gehen will. Gleich in seinem ersten Ritterturnier erweist Galaat sich als der neue Weltmeister im Hauen und Stechen. Nur Lanzelot und Parzifal holt er hier noch nicht vom Pferd; das geschieht erst später, denn unausbleiblich ist es allemal.

Das Gralwunder rundet diese Erzähleinheit ab und leitet zur nächsten über. Die Erscheinung des Grals wird durch akustische und optische Wahrnehmungen angekündigt und ist von Geruchs- und Geschmacksempfindungen begleitet. Die wunderbare Speisung der Tafelrunde wird freudig begrüßt als Gunstbeweis von oben: *das uns unser herre bewißt also groß fruntschefft* (S. 20,10–11), ist Anlaß zu allgemeiner Freude, die jedoch bald in Trauer umschlägt. Denn Gawain ergreift die Initiative und ruft zur Gralsuche auf. Alle Ritter der Tafelrunde leisten nun diesem Aufruf Folge und lassen Artus damit im Stich. Der verurteilt Gawains Verhalten und klagt ihn mit biblischem Pathos des Verrats an, indem er zetert: ›*Gawin, Gawin, ir hant mich verraten, wan myn ere wart nye so sere von uch gebessert als sie nů ist genydert*‹ (S. 26,22–27,1). Dieser ›Verrat‹ nimmt anspielungsreich den Untergang des Artusreichs vorweg, zu dem es späterhin durch Gawains Zutun kommt.

Der Ausgang der Gralsuche steht hier von vornherein fest. Ein Einsiedler verkündet der in Aufbruchsstimmung befindlichen Versammlung unumwunden, wie die Sache verlaufen wird: *die* großen wunder von dem heiligen grale (S. 24,12) sind *dem gůten ritter* Galaat allein vorbehalten. Diese Prognose erfüllt sich. Nach der Bewirtung von zwölf auserwählten Gralsuchern, zu denen Galaat, Bohort und Parzifal zählen, erhält einzig Galaat Einblick in die letzten Geheimnisse, bevor er endgültig Aufnahme findet in *der hymmelischen gesellschafft* (S. 381,10) und samt Gral entschwindet. Der Aufbruch der zum Mißerfolg verurteilten Menge mutet insofern einigermaßen absurd an; das ist wohl auch so gedacht. Er zeugt von ähnlicher Verblendung (Massenpsychose), wie Gawain sie verrät, als er zur Gralsuche auffordert. Artus zeiht ihn entsprechend der *irrekeit* (S. 27,3). Es handelt sich dabei in der Tat um eine Amtsanmaßung (bei Chrétien und Wolfram ist das keinesweges so!). Denn die Wortführung ist hier bereits Galaats Sache, den alle als den *herren und meister von der tafelrunden* (S. 28,21) anerkennen. Es kommt dann auch zu einer Neuvereidigung, die Galaat initiiert und notarisch beglaubigen läßt.

Die Wahrheitssucher ziehen fröhlich davon, die Zurückbleibenden aber schreien ach und weh. Sie haben Anlaß genug: 31 der ausrückenden Schar kehren nicht mehr zurück – und nicht wenige davon (18 an der Zahl) hat Gawain selbst *dot geschlagen* (S. 388. 11) und somit auf dem Gewissen. An seinem Verräter- und Judasstatus kann anders als bei Wolfram hier kein Zweifel aufkommen.

Die Sucheritter ziehen individuell und vereinzelt auf Abenteuer aus, *der ein her, der ander dar* (S. 32,20), ziellos und auf gut Glück in die Welt hinein. An die Stelle des günstigen Geschicks ist nun aber die providentielle Begnadung getreten, deren letztlich nur ein einziger teilhaftig werden kann, der seine bis ins letzte Detail vorgezeichnete Rolle spielt – als Aktionsspieler in einem Ritus, der einer wunderlichen Logik folgt, die nur Sachverständige in geistlichen Dingen verstehen. Der Zeichencharakter des Erzählten und der Erzählung selbst erklärt sich aus dieser Referenz. Sie beschwört ihn recht eigentlich herauf. Das herkömmliche Erzählen mit seiner Kausal- und Ereignislogik profaner Art endet hier und hört über weite Strecken fast ganz auf. Die Gralsuche bewirkt im Sinne eines ritualisierten Ausleseverfahrens die Trennung der wenigen, die (irgendwie) Erfolg haben sollen, von den vielen, die zum Scheitern verdammt sind.

Anders als Gawain ist Lanzelot nicht gänzlich verloren für die Zwecke dieser Erzählung. Zwar muß er sich Herabsetzungen aller Art gefallen lassen, aber zeitweilig gelingt ihm die Anpassung an das neue Wertsystem doch. In die Reihe der demütigenden Vorfälle gehört das nächtliche Gralwunder, dem Lanzelot im Zustand (sündhafter) Lähmung beiwohnt, der die metaphorisch zu nehmende Zungenlähmung im ›Perceval‹ buchstäblich übertrumpft. Die Entwertung seines bisherigen Daseins führt ihn zu der hier löblichen Einsicht: *ich bin dot mit sunden* (S. 85,19) und zur Absage an die höfische (Ehebruch-)Liebe. Lanzelot schwört dem Umgang *mit der koniginne und mit andern frauwen* (S. 87,8) ab und beteuert, sein früheres Leben nicht wiederaufnehmen zu wollen. Er tut es dann später doch. Die Büßerrolle ist ihm wahrlich nicht auf den Leib geschrieben.

Parzifal wird von einer Klausnerin in seine Familiengeschichte eingeweiht. Dabei wird der Tod seiner Brüder erwähnt und in ein bedenkliches Licht gerückt: *die sint dot und erschlagen umb iren úbermut* (S. 95,15), heißt es. Das erinnert an Chrétiens Version, bekrittelt das Faktum aber aus geistlicher Sicht. Vom Tod der Mutter erfährt Parzifal hier auch, zeigt jedoch kein Schuldbewußtsein. Das ist hier kein Erzählproblem und kommt deswegen gar nicht erst auf. Die Erzählung legt gesteigerten Wert auf die Klärung der Frage, *von was bedútniß es beschach* (S. 97,18) (›warum und wozu es geschah‹) und was es mit dem Auftritt des Roten Ritters auf sich hat. Dessen rote Rüstung erinnert (ziemlich einfallslos) an das Pfingstereignis, *da Christus sich in glichniß von fure* (S. 103,15) offenbart und mitgeteilt haben soll. Auch die Lehre von *den dry tafeln* (S. 97,20), die Christus, Joseph von Arimathia und Merlin gestiftet haben, wird an dieser Stelle verbreitet. Die Beziehung zwischen diesen drei Tafeln ist paradigmatisch, ebenso wie die zwischen ihren drei Herrensitzen und die zwischen Christus und Galaat. Auf der Suche nach letzterem, *dem öbersten und meister* (S. 103,14–15) der Tafelrunde, wird Parzifal schließlich auf die Gralsburg stoßen, *da der geleczt konig wonet* (S. 105,1). Zuvor muß er eine Reihe von Prüfungen absolvieren, in denen *der fynt* (S. 122,7) zu bestehen ist, dem die Keuschheit dieses Ritters ein Dorn im Auge ist. In diesen Keuschheitsproben unterstützt ein geistlicher Helfer den Prüfling mit Rat und Zuspruch, der zwischendurch, in den Ruhepausen, in einem weißen Schiff herangeschafft wird, Erklärungen abgibt und sodann überstürzt abreisen muß: *wan ich fast viel han zu thůn* (S. 139,8), entschuldigt er seine Eile. Tatsächlich haben die Deuter der erzählten Ereignisse zeitweilig mehr zu tun, als die darin verwickelten Akteure, die ständig um Rat einkommen müssen. Von selbst versteht sich für die nämlich bald überhaupt nichts mehr, auch das Selbstverständlichste nicht.

Während Parzifal zügig vorankommt und Lanzelot mühsam Fortschritte macht, stagniert Gawains Entwicklung gleichbleibend. Er widmet sich weiterhin dem einzigen Handwerk, das er beherrscht, und ist damit beschäftigt, *lút zu döten und ritter zu erschlagen* (S. 219,15); *von geistlichen dingen* (S. 219,20) hingegen weiß er nichts und – was mehr ist – will davon auch nichts wissen. Die insgesamt positive Entwicklung Lanzelots im Zeichen von *demutikeit* (S. 215,20) wird von diesem unverbesserlichen Haudegen nicht mitgemacht. Er entschließt sich nicht zur Umkehr im übertragenen Sinne, sondern schlicht zur Heimkehr an den Artushof und bricht die Suchaktion ab. Auf der Heimreise wird er beinahe noch von Galaat erschlagen: Strafe für seinen anmaßlichen Griff nach dem Schwert in der Marmorsäule, das dem Pfingstritter vorbehalten ist. Der Hauptverräter dieser Erzählung ist damit endgültig außer Gefecht gesetzt und programmgemäß ausgeschaltet. Er könnte die Gralsuche nicht mehr fortsetzen, selbst wenn er das wollte. Tatsächlich denkt er sowieso längst nicht mehr daran.

Die Qualifikation Bohorts vollzieht sich ähnlich wie die Parzifals als Bewährung in der Auseinandersetzung mit *des tufels wercke* (S. 248,7) und verläuft erfolgreich. Die drei favorisierten Gralsucher werden von Parzifals Schwester auf das Schiff Salomons gebracht, auf dem das Schwert Davids über die Zeiten hinweg für Galaat bereitliegt. Die drei Junggesellen trennen sich noch einmal, um sich fünf Jahre später auf der Gralsburg wiederzusehen, wo ihnen himmlischer Lohn winkt an der Graltafel. Mit ihnen sehen sich neun weitere Ritter am Ziel ihrer Wünsche. Joseph von Arimathia zelebriert mit dem Hinweis, *ich bin geistlich* (S. 367,20), eine Engelsmesse. Christus zeigt sich, identifiziert sich als das eigentliche Ziel der Suche und bedient alle Anwesenden mit dem Gral. Er leistet auch einen Beitrag zur Klärung der Ursprungsfrage und erklärt den Gral zu der *schußel daruß das Jhesus aß das lamp den grúnen donrstag mit synen jungern* (S. 370,15–16). Auch die Blutende Lanze wird in die Feierlichkeiten einbezogen. Ihr Blut fließt in das Gralgefäß und bewirkt als Einreibmittel die Heilung des lahmen Königs. Galaat erhält den Auftrag: *»schmyre im syn beyne«* (S. 371,16). Nach dessen Ausführung geht es dem Behandelten gleich viel besser: er springt *von dem bette gesunt und biederbe* (S. 372,9), um sich sodann ins Kloster zurückzuziehen.

Dieser Gralheld besitzt keinerlei Eigeninitiative mehr. Er gehorcht in blindem Glauben. Die drei Gefährten werden fernerhin ins Heilige Land beordert, um den Gral dort abzuliefern. Denn im Königreich Logrien haben sich auch hier die Menschen sichtlich *geergert* (S. 371,9), sind schlimmer geworden und des Grals nicht mehr wert. Die Absage an die Welt der brotessenden Menschen wird damit erneuert, doch deren Leben geht auch hier weiter im alten Trott. Am Artushof läßt man sich zwar Bericht erstatten über die Orientfahrt, die Bohort als einziger des Trios überlebt hat, sorgt für die Aufzeichnung der Erlebnisse, ändert aber seine Lebensgewohnheiten mitnichten. Die Erzählung von der Glorifizierung des Gralhelden im Morgenlande dient letztlich wieder einmal der höfischen Unterhaltung. Vom Gral bleibt somit nichts als die Möglichkeit seiner Erzählung übrig.[18]

Auch kulturgeographisch schließt sich damit der Kreis: Gralgebiet und Artuswelt, überirdischer und irdischer Bereich werden neuerlich klar getrennt. Es scheint insgesamt wohl doch so zu sein, daß die Artusgesellschaft die Annahme der Frohen Botschaft vom Gral verweigert hat. Sie geht deshalb als unzustellbar zurück an den Absender. Der Versuch, die herkömmliche (irdische) Erzählung für erbauliche (angeblich überirdische) Zwecke nutzbar zu machen, scheitert. Die Vermählung von Himmel und Erde im Gralroman wird zuschanden am Widerstand der Materie. Gralstoff und Artussage gehören eben doch nicht zusammen, und das nicht nur aus Gründen der Stoffgeschichte.[19]

ANMERKUNGEN

1 KÖHLER, Ideal und Wirklichkeit, S. 253. – Bei der Schreibung von Personennamen aus der Romanliteratur folge ich den einschlägigen Übersetzungen.

2 Ebd., S. 227.

3 Ebd., S. 221.

4 Vgl. RUH, Joachitische Spiritualität, S. 167–196.

5 BRUCE, Evolution, S. 243. – Übers. SANDKÜHLER, Robert de Boron, S. 75.

6 Vers 3495, ed. HILKA. – Übers. SANDKÜHLER, Perceval, S. 72.

7 Vgl. KÖHLER, Ideal und Wirklichkeit, S. 212, gegen RUH, Joachitische Spiritualität, S. 244.

8 KÖHLER, Ideal und Wirklichkeit, S. 221. Eine wichtige Rolle spielt in dieser Diskussion das kymrische (walisische) Mabinogi ›Peredur‹, das trotz später Überlieferung archaische Züge zu bewahren scheint, vgl. LOOMIS, Irish Origin, und Goetinck, Peredur.

9 LANGE, in: König Artus, S. 730–735.

10 Ideal und Wirklichkeit, S. 205.

11 Gerbert de Montreuil, ed. WILLIAMS, v. 6984–6987.

12 Thompson, Additions to Chrétien's ›Perceval‹, S. 217. Die beiden ersten Fortsetzungen kurz vor 1200 (früheste Redaktion), Manessiers Fortsetzung entsteht zwischen 1214 und 1225, Gerberts Interpolation nach 1225.
13 Nicht im Manuskript P, wohl im Manuskript M. Vgl. Sandkühler, Gauwain, S. 168 Anm.
14 Bertau, Deutsche Literatur, S. 1021.
15 Ebenbauer, Fortuna und Artushof, S. 32f.
16 Huschenbett, Albrecht von Scharfenberg, Sp. 200–206.
17 Nitze, Perlesvaus, S. 267f.
18 Todorov, Suche nach der Erzählung, S. 145.
19 Bezzola, Artus, Sp. 1074–1080.

BIBLIOGRAPHIE

Textausgaben

Chrétien de Troyes, Perceval: (Li Contes del Graal) hg. von A. Hilka, Halle (Saale) 1923; (Le Conte du Graal) hg. von W. Roach, Genf/Paris ²1959; deutsche Übersetzung: Perceval oder die Geschichte vom Gral, übersetzt von K. Sandkühler, Stuttgart 1957, ⁶1980.

›Perceval‹-Fortsetzungen

Perceval le Gallois: hg. von Ch. Potvin, Mons 1866–1871 (Bd. II–VI enthalten das gesamte Gralepos); ›Erste Fortsetzung‹: The Continuations of the Old French ›Perceval‹ of Chrétien de Troyes, hg. von W. Roach, Bd. 1–3/2, Philadelphia 1949–1955; deutsche Übersetzung: Gauwain sucht den Gral: Erste Fortsetzung des ›Perceval‹, übersetzt von K. Sandkühler, Stuttgart ⁷1977; Irrfahrt und Prüfung des Ritters Perceval: Zweite Fortsetzung, übers. von K. Sandkühler, Stuttgart ³1977; Perceval der Gralskönig: Ende der zweiten und dritte (Manessier-)Fortsetzung, übers. von K. Sandkühler, Stuttgart 1964. – *Gerbert de Montreuil*, La Continuation de Perceval: hg. von M. Williams, Bd. 1, Paris 1922, Bd. 2, Paris 1925.

The Didot Perceval according to the Manuscripts of Modena and Paris, hg. von W. Roach, Philadelphia 1941; The Romance of Perceval in Prose: A Translation of the E Manuscript of the Didot Perceval, übers. von D. Skeels, (Univ. of Washington Publications 15), Seattle 1961.

Heinrîch von dem Türlîn Diu Crône: hg. von G. H. F. Scholl (Bibliothek des litterarischen Vereins 27), Stuttgart 1852 (Nachdr. Amsterdam 1966); Inhaltsangabe in: Höfische Epik II, bearb. von P. Piper (DNL 4,1,2), Stuttgart o. J. (Nachdr. Tokio 1973), S. 248–301.

Der Jüngere Titurel: hg. von K. A. Hahn (Bibl. d. gesamten dt. Nat-Lit. 24), Quedlinburg und Leipzig 1842; Inhaltsangabe in: Höfische Epik II, bearb. von P. Piper, S. 457–559; Albrechts von Scharfenberg Jüngerer Titurel, hg. von W. Wolf, Bd. 1 (Str. 1–1957) (DTM 45) Berlin 1965, Bd. 2 (Str. 1958–4394) (DTM 55/61), Berlin 1958.

Der Niuwe Parzival von Claus Wisse und Philipp Colin (1331–1336); hg. von K. Schorbach (Elsässische Litteraturdenkmäler 5), Straßburg 1888 (Nachdr. Berlin und New York 1974).

Perlesvaus: Li Haut Livre du Graal, Perlesvaus, hg. von W. A. Nitze und Th. Jenkins,

Bd. 1 und 2, Chicago 1932 und 1937. The High History of the Holy Grail, übersetzt von S. Evans (Everyman's Library 445), London und Toronto, New York 1910.
La Queste del Saint Graal: hg. von A. Pauphilet, Paris ^{3}1965; Nacherzählung von K. Langosch in: König Artus und seine Tafelrunde: Europäische Dichtung des Mittelalters, hg. von W.-D. Lange und K. Langosch (Reclam UB 9945), Stuttgart 1980, S. 527–539; mhd. Fassung der ›Gral-Queste‹ in: Lancelot, nach der Heidelberger Pergamenthandschrift Pal. germ. 147 hg. von R. Kluge, Bd. 3 (DTM 63), Berlin 1972, S. 1–384 (zit.).
Robert de Boron, Roman de l'Estoire dou Graal: hg. von W. A. Nitze (CFMA 57), Paris 1927; deutsche Übersetzung: Die Geschichte des heiligen Gral: übers. von K. Sandkühler, Stuttgart ^{3}1979.
Wolfram von Eschenbach, Parzival: hg. von K. Lachmann (1833), Berlin und Leipzig ^{6}1926; neuhochdeutsche Übersetzung von W. Mohr (in Versen) (GAG 200), Göppingen 1977; zweisprachige Ausgabe (Mittelhochdeutsch/Neuhochdeutsch): übers. von W. Spiewok (in Prosa) (RUB 3681/82), Stuttgart 1981.

Forschungsliteratur

Grundlegende und übergreifende Darstellungen

K. Bertau, Deutsche Literatur im europäischen Mittelalter, Bd. 1–2, München 1972 und 1973. – R. R. Bezzola, Artus (Arthur), Artussage, Artusroman, in: Lexikon des Mittelalters, hg. von R. Auty, u. a., Bd. 1, München und Zürich 1979, Sp. 1074–1078. – H. De Boor, Die höfische Literatur. Vorbereitung, Blüte, Ausklang, 1170–1250 (H. De Boor und R. Newald, Geschichte der deutschen Literatur von den Anfängen bis zur Gegenwart 2), München 1953 (^{9}1974). – H. De Boor, Die deutsche Literatur im späten Mittelalter. Zerfall und Neubeginn (De Boor/Newald, Geschichte der deutschen Literatur 3. 1), München 1962 (^{4}1973). – K. O. Brogsitter, Artusepik (Sammlung Metzler 38), Stuttgart 1965 (^{2}1971). Der Arthurische Roman, hg. von K. Wais (WdF 157), Darmstadt 1970. – J. D. Bruce, The Evolution of Arthurian Romance. From the Beginnings down to the Year 1300 (Hesperia-Ergänzungsreihe 879), Göttingen und Baltimore 1923 und 1924 (^{2}New York 1958). – K. Burdach, Der Gral. Forschungen über seinen Ursprung und seinen Zusammenhang mit der Longinus-Legende (Forschungen zur Kirchen- und Geistesgeschichte 14), Stuttgart 1938 (Nachdr. Darmstadt 1974). – W. Golther, Parzival in der deutschen Literatur (Stoff- und Motivgeschichte der deutschen Literatur 4), Berlin 1929. – E. Köhler, Ideal und Wirklichkeit in der höfischen Epik. Studien zur Form der frühen Artus- und Graldichtung (Beihefte zur ZfromPh 97), Tübingen 1956 (^{2}1970). – W. D. Lange, Die altfranzösischen Dichtungen (Wace bis Biket): Vom moralisch-didaktischen Nutzen der Fiktion als Historie, in: König Artus und seine Tafelrunde, hg. von Lange/Langosch (RUB 9945), Stuttgart 1980, S. 709–750. – R. Sh. Loomis, The Irish Origin and the Welsh Development of the Grail Legend, in: Wales and the Arthurian Legend, Cardiff 1956, S. 19–41. – R. Sh. Loomis, Arthurian Literature in the Middle Ages. A Collaborative History, Oxford 1959.

Spezielle Literatur

H. Brackert, Wolfram von Eschenbach: ›Parzival‹, in: Einführung in die deutsche Literatur des 12. bis 16. Jahrhunderts, Bd. 1, von W. Frey u. a., Opladen 1979, S. 158–196. – J. Bumke, Die Wolfram von Eschenbach Forschung seit 1945. Bericht und Bibliographie, München 1970. – Ch. Cormeau, ›Wigalois‹ und ›Diu Crône‹. Zwei Kapitel zur Gattungsgeschichte des nachklassischen Aventiurenromans (MTU 57), Zürich und München 1977. – A. Ebenbauer, Fortuna und Artushof. Bemerkungen zum »Sinn« der ›Krône‹ Heinrichs von dem Türlin, in: Österreichische Literatur zur Zeit der Babenberger. Vorträge der Lilienfelder Tagung 1976, hg. von A. Ebenbauer u. a., Wien 1977, S. 25–49. – J. Frappier, Chrétien de Troyes, in: Loomis, Arthurian Literature in the Middle Ages, S. 157–191. – J. Frappier, The Vulgate Cycle, in: Loomis, Arthurian Literature in the Middle Ages, S. 295–318. – P. Le Gentil, The Work of Robert de Boron and The ›Didot Perceval‹, in: Loomis, Arthurian Literature in the Middle Ages, S. 251–262. – G. Goetinck, Peredur. A Study of Welsh Tradition in the Grail Legends, Cardiff 1975. – D. Huschenbett, Albrecht von Scharfenberg, in: Verf.-Lexikon, Bd. 1 ([2]1978), Sp. 200–206. – D. Huschenbett, Albrechts ›Jüngerer Titurel‹. Zu Stil und Komposition (Medium Aevum 35), München 1979. – W. Kellermann, Aufbaustil und Weltbild Chrétien von Troyes im Percevalroman, Halle a. d. Saale 1936 (Nachdr. Tübingen 1967). – E. Köhler, Zur Entstehung des altfranzösischen Prosaromans, in: Köhler, Trobadorlyrik und höfischer Roman (Neue Beiträge zur Literaturwissenschaft 15), Berlin 1962, S. 213–223 (zuerst 1955/56). – W. A. Nitze, Perlesvaus, in: Loomis, Arthurian Literature in the Middle Ages, S. 263–273. – W. A. Nitze, Was hat Robert de Boron geschrieben? (1943), in K. Wais (Hg.): Der arthurische Roman, S. 301–309 (WdF 157), Darmstadt 1970. – W. Röll, Studien zu Text und Überlieferung des sog. Jüngeren Titurel (Germanistische Bibliothek, 3. Reihe), Heidelberg 1964. – K. Ruh, Joachitische Spiritualität im Werke Roberts von Boron, in: Festschr. Max Wehrli, Zürich 1969, S. 167–196. – K. Ruh, Der Gralsheld in der Queste del Saint Graal, in: Wolfram-Studien 1, hg. von W. Schröder, Berlin 1970, S. 240–263. – K. Ruh, Höfische Epik des deutschen Mittelalters, Teil 2 (Grundlagen der Germanistik 25), Berlin 1980, S. 55–139 (›Parzival‹). – H. Rupp (Hg.), Wolfram von Eschenbach (WdF 57), Darmstadt 1966. – E. Schmid, Studien zum Problem der epischen Totalität in Wolframs ›Parzival‹ (Erlanger Studien 8), Erlangen 1976. – J. Schwietering, Mittelalterliche Dichtung und bildende Kunst, in: ZfdA 60 (1923) 113–127 (Der Graltempel im ›JT›, S. 118–127). – H.-H. Steinhoff, Artusritter und Gralsheld. Zur Bewertung des höfischen Rittertums im ›Prosa-Lancelot‹, in: The Epic in Medieval Society, hg. von H. Scholler, Tübingen 1977, S. 271–289. – A. W. Thompson, Additions to Chrétien's ›Perceval‹. Prologues and Continuations, in: Arthurian Literature in the Middle Ages, S. 206–217. – T. Todorov, Die Suche nach der Erzählung, in: Todorov, Poetik der Prosa (1971) (Ars Poetica 16), Frankfurt a. M. 1972, S. 126–134 (›Gral Queste‹). – D. Welz, Episoden der Entfremdung in Wolframs ›Parzival‹, in: Acta Germanica 9 (1976) 47–110. – D. Welz, Lancelot im ›Verlornen Walt‹. Zu Struktur und Sinn einer Episode aus dem deutschen ›Prosa-Lancelot‹, in: ZfdA 107 (1978) 231–247. – W. Wolf, Der Jüngere Titurel, ›das Haubt ob teutschen Puechen‹, in: WW 6 (1955/56) 1–12 (WW Sammelband II. Düsseldorf 1962, S. 209–220).

TRISTAN

von

PETER K. STEIN

I. EINLEITENDES

Der ›Tristan‹-Stoff wird der Artus-Sage zugerechnet und war im Mittelalter (mindestens) ebenso verbreitet wie diese. Allerdings hat er nicht nur vorwiegend romanhafte Darstellungen gefunden, er lebt auch in Kurzerzählungen, balladesken Formen, in der Lyrik, in Meisterliedern, im »Volksbuch«, im Märchen und in szenischer Form. Er hat sich in einer Geschehensfolge kristallisiert, die ziemlich konsistent erscheint.

1. Der junge, hochadelige Riwalin tritt in den Dienst des Königs Marke von Cornwall, verliebt sich in dessen Schwester Blancheflor und hat mit ihr einen Sohn, Tristan. Sie stirbt bei der Geburt, Tristan wird vom »Meister« Curvenal fein erzogen. Der Jüngling kommt inkognito an Markes Hof und gewinnt die Liebe seines Onkels. Er tötet den irischen Kämpen Morholt, als dieser Menschentribut einfordert. Ein Stückchen von Tristans Schwert, das in Morholts Schädel steckengeblieben war, wird von der irischen Prinzessin Isolde aufbewahrt, die Rache schwört. – Tristan ist verwundet, nur Isolde kann ihn heilen, was bei einem (ersten) Inkognito-Aufenthalt in Irland geschieht. Ein zweites Mal gelangt Tristan inkognito als Brautwerber für Marke nach Irland und erschlägt einen Drachen. Er wird erkannt, kann sich aber vor Isoldes Wut erretten, da diese nur durch seine Zeugenschaft (Drachenzunge) davor bewahrt werden kann, die Frau des Truchsessen zu werden, der die Tat und den Lohn (Isolde) für sich reklamiert. Tristan gewinnt Isolde als Braut für Marke. Auf der Überfahrt nach Cornwall gibt ihnen jemand einen magischen Trank. Sie sind während dessen Wirkung so aneinander gekettet, daß sie, ohne einander zu lieben, nur kurze Zeit existieren können. Es kommt zur Hochzeit mit Marke. Die beiden aber versuchen, bei Hofe ihrer Liebe zu leben.

2. Die nun folgende Episodenreihe von Verteidigungslisten ist in nahezu allen Varianten unterschiedlich. In der »Mehlstreu-

Szene« kommt es (meist) zur Überführung und Verurteilung der beiden. Auf dem Wege zum Richtplatz gelingt es Tristan zu fliehen und anschließend Isolde vor Aussätzigen zu retten, denen sie der wutentbrannte Marke übergeben hatte. Tristan und Isolde fliehen in den Wald Morois, wo sie von einem Einsiedler zur Buße aufgefordert werden. Eine Beendigung der »illegitimen« Liaison ist ihnen allerdings erst nach dem Aufhören der Trankwirkung möglich. Inzwischen hat sie Marke einmal zufällig gefunden, ihnen aber – da sie durch Tristans Schwert getrennt schliefen – kein Leid getan, sondern nur Zeichen seiner Anwesenheit hinterlassen. Marke nimmt nun Tristans durch den Einsiedler vermitteltes Angebot einer Rückgabe Isoldes an, schickt ihn aber ins Exil. Tristan geht zunächst an den Artushof, von wo aus ihm Gawan zu einem abenteuerlichen Wiedersehen mit Isolde verhilft (»Sichelfalle«). Danach geht er in die *(petit)* Bretagne.

3. Dort befreit er die Herrscherfamilie und willigt in das Drängen vor allem des Herrschersohnes Kaherdin ein, dessen Schwester Isolde Weißhand zu heiraten. Er vollzieht die Ehe nicht, und als dies entdeckt wird (Episode vom »kühnen Wasser«: als bei einem Ausritt Tristans Frau das Wasser einer Pfütze zwischen ihren Schenkeln hochspritzt, sagt sie, das Wasser sei kühner als Tristans Hand), gesteht Tristan, daß eine schönere und zärtlichere Isolde in Cornwall seine Geliebte sei. Aus der Notwendigkeit eines Beweises hierfür ergibt sich eine erste Rückkehr nach Cornwall, der weitere Verkleidungsabenteuer folgen. Bei einem von diesen beleidigt Isolde Tristan so sehr, daß er seine Ehe vollzieht. – Schließlich wird er bei einem amourösen Abenteuer Kaherdins so gefährlich verletzt, daß er nach seiner Geliebten um die einzig dieser möglichen Heilung schicken muß. Falls sie mit dem Boten komme, solle das Schiff weiße Segel setzen, andernfalls schwarze. Isolde eilt zu ihrem Geliebten, aber dessen Gattin berichtet ihm fälschlich – ob schuldbar oder nicht –, die Segel seien schwarz. Tristan stirbt, und als Isolde erkennt, daß sie zu spät gekommen ist, stirbt sie neben ihm. Man begräbt sie nebeneinander, aus ihren Gräbern wachsen eine Rose und eine Rebe, die sich ineinander verschlingen. Marke erfährt von dem Trank und verzeiht.

II. STOFFGESCHICHTE

2.1. Materialien

Im ›Tristan‹ spielen keltische Elemente eine Rolle. Einen keltischen ›Tristan‹ allerdings gibt es nicht. – Der Name ›Tristan‹ ist als ›*Drustan*, Sohn des *Talorc*‹ für einen piktischen König um ca. 780 belegt (er ist häufiger zu finden, wenn man das Patronymicon nicht beachtet), als *drvstavs* auf einem südcornischen Gedenkstein des 6. Jahrhunderts und als ›*Drystan/Trystan*, Sohn des *Tallwch*‹ mehrfach im Walisischen. – Auch für ›Marke‹ weisen die Belege ins Walisische, für andere Namen nicht so eindeutig. – Dichterische Texte sind nur im Walisischen belegt und in ihrem Zeitansatz umstritten. In der irischen Erzählwelt finden sich motivverwandte Geschichten.

In die ›Tristan‹-Romane eingegangen sind auch international verbreitete Märchen-, Novellen- und Schwankmotive, Elemente aus der antiken Sage und dem spätantiken Roman, sowie aus orientalischen Quellen (Wîs und Ramîn, Keis Ibn Dore(i)dsch‹: TEKINAY).

Spekulationen gibt es um drei Dichternamen, die in Texten des 12. und 13. Jahrhunderts mit ›Tristan‹-Bearbeitungen in Verbindung gebracht werden, ohne daß Texte vorliegen: der angeblich am Hofe von Poitou wirkende walisische Geschichtenerzähler *Bleheris* (Varianten), Chrétien de Troyes (Gedicht über »König Mark und die blonde Iseut«) und ein *La Chèvre*, dem in zwei Quellen ein ›Tristan‹ zugeschrieben wird.

2.2. Zur Forschung

Um die Jahrhundertwende gelangte J. Bédier zu der Ansicht, daß alle frühen Dichtungen zum ›Tristan‹ auf ein einziges *poème primitif* eines genialen Dichters zurückgingen und dieses inhaltlich rekonstruiert werden könne. Dieses sei nicht inselkeltischen, sondern kontinentalen Ursprungs. Diese These wurde angefochten: mehrsträngige und auch orale Tradition sei möglich, überdies habe bereits die keltische Kultur den (für Bédier entscheidenden) Liebe-Loyalitäts-Konflikt gekannt. – In den fünfziger Jahren ergab sich ein Übergewicht für die (flexiblere) ›Kelten-These‹.

Die heutige Lage ist wieder komplexer. Eine Ansicht will im nördlichen Britannien des 7./8. Jahrhunderts eine ›Drustan‹-Saga im Umkreis klösterlicher Kultur entstanden wissen, von welcher alle Parallelen abzuleiten seien. Andere betonen die kreative Relevanz der Waliser, wieder andere rücken Cornwall ins Zentrum. Andrerseits ist auch die alte These vom persischen und arabischen Einfluß wieder aufgenommen und konkretisiert worden. Neuerdings stellt man – mit keineswegs uninteressanten Argumenten – die Relevanz des Keltischen überhaupt in Frage.

III. DIE TRADITION DER VERSROMANE

Frankreich ist die Wiege der ›Tristan‹-Literatur. Zwei Traditionen lösen einander ab. Die zweite Hälfte des 12. Jahrhunderts ist die Zeit der erzählenden Versdichtungen. Diese leben in Deutschland, West- und Nordeuropa weiter, nicht aber in Frankreich. Dort herrscht ab dem 13. Jahrhundert, ebenso wie in Ost- und Südeuropa, die Prosatradition.

3.1. Die französischen Versdichtungen

Der ›höfische‹ Roman in Frankreich tritt von Anfang an als gespaltenes Genre auf. Dem eigentlichen, grundsätzlich optimistisch-rationalen *roman courtois* treten formal gleichartige Werke zur Seite, die das Schicksalhafte thematisieren: der »Schicksalsroman« als optimistische Variante und der ›Tristan‹-Typ, der die Schicksalsbestimmtheit des Menschen als zerstörerische Fatalität erlebt. Die Rezeption der ›Tristan‹-Romane gerade im Deutschland des 12. und 13. Jahrhunderts zeigt, daß man entweder versuchte, die Abgründe menschlich-autonomer Selbstdeutung zu beseitigen, oder das Zurückgeworfensein des Menschen, aber auch der Kunst, auf sich selbst zu gestalten.

Der ›Roman de Tristan‹ des Thomas (de Bretagne?, »des Anglonormannen«?) ist in Fragmenten überliefert, die der Abschiedsszene und dem Isolde-Weißhand-Teil zugehören. Man hat das Werk nach Gottfried von Straßburg, der ›Tristrams-Saga‹, dem ›Sir Tristrem‹ und Teilen der ›Tavola Ritonda‹ ergänzt.

Als Autor vermutet man einen gebildeten Franzosen, der in England, vielleicht am anglonormannischen Hofe, wirkte. Die Entstehungszeit wird meist mit 1155 (›Brut‹) und 1170/80 (›Cligès‹) eingegrenzt. – Inhalt und Struktur weichen von dem oben erstellten Gerüst ab:

Die Ereignisse bis zum Morholt-Kampf sind romanhaft ausgebaut, die Wirkung des Minnetranks ist zeitlich nicht begrenzt. Die Episodenfolge danach ist neu gestaltet, führt nicht zur Verurteilung, Markes Zweifel werden thematisch: Gottesurteil und (willkürliche) Verbannung. Das Waldleben ist als Idylle gestaltet, aus der die Liebenden wieder an den Hof geholt werden. Nach der Entdeckung in der zweiten Baumgartenszene (Cambridge) flieht Tristan u. a. nach Spanien, dann in die Bretagne. –

Die anderen Fragmente erzählen den Zweifelsmonolog Tristans, seine verpatzte Hochzeitsnacht mit Isolde Weißhand, die Episode zwischen Isolde und Cariado (dieser, ein die Königin begehrender, recht süffisanter Höfling, berichtet im sogenannten Eulendialog – Isolde vergleicht ihn, ähnlich süffisant konversierend, einer Eule, die stets für sich und andere Unglück bringt – von Tristans Hochzeit; Isolde glaubt ihm nichts), ... die Szenenfolge um den Statuensaal, der Tristan die lebendige Liebesbeziehung ersetzt. Die bekannte Episode vom »kühnen Wasser« führt auch hier zu Rückkehrabenteuern, die auch einen wütenden, alles ins Negative verkehrenden Auftritt Brangänes enthalten: Während des auch bei Eilhart berichteten nächtlichen Aufenthalts von Tristan und Kaherdin im Zelt der Isolde hat sich Kaherdin – wie bei Eilhart in Camille – in Brangäne verliebt, die sich hier aber – wie man aus ihrem Wutausbruch schließen muß – ihm hingegeben hat; nach der Abreise der beiden Männer wird den Damen – wieder wie bei Eilhart – berichtet, daß sie vor Rittern, die sie erkannt und im Namen Isoldes aufgefordert haben stehenzubleiben, geflohen sind; Brangäne gerät über die vermeintliche, denn es waren nur die Knechte, die die Pferde zu hüten hatten – Feigheit ihres Ritters und Tristans so in Wut, daß sie die wichtigsten Stationen des Geschehens bis dahin – insbesondere die Kette der Liebeslisten und ihre eigene Verbundenheit mit Tristan und Isolde – als das darstellt, was sie für eine ›Normalperspektive‹ wohl sind: Ehebruch, Betrug und Beihilfe dazu. Sie droht mit der Anzeige von Tristans Anwesenheit, warnt dann aber Marke nur vor Cariado, der vom Hof verstoßen wird. Tristan erhält seine tödliche Wunde, als er einem Namensvetter, ›Tristan dem Zwerg‹ in einer (legitimen) Liebesangelegenheit beisteht. Die Ereignisse bis zu seinem Ende sind in ihrer Fatalität akzentuiert. Der Roman schließt ohne Rose und Rebe mit Isoldes Tod in der Frustration des Zuspätgekommenseins und mit einem (ironisch-fatalistischen?) Erzählerkommentar.

Als charakteristisch für Thomas gilt die Verpflanzung der

Geschichte in höfisches Milieu, die Verinnerlichung und Symbolisierung, sowie das psychologisierend-didaktische Erzählen.

Auch der zweite ›Roman de Tristan‹, in dem sich ein Béroul zweimal nennt, wird als Fragment, allerdings einer einzigen Handschrift, angesehen. – Die Frage, ob man einen oder zwei Autoren anzusetzen habe, wird heute aufgrund eines besseren Verständnisses für die episodisch-emotionale Komposition eher zugunsten der ersten Annahme entschieden. Die Datierungen gehen weit auseinander: von etwa 1160 bis ins frühe 13. Jahrhundert. – Béroul muß als gebildeter, wenn auch individueller Autor angesehen werden, der wohl aus dem Südwesten Frankreichs stammte. – Inhalt und Struktur ähneln zunächst dem in 1. referierten Handlungsschema. Dann geht Béroul eigene Wege und berichtet von einer Szene, in der sich Isolde öffentlich vom Verdacht des Ehebruchs reinigt (das Burleske ist gegenüber Thomas ausgebaut), sowie von Racheakten Tristans an den ›verräterischen‹ Baronen Markes. – Es ist ungewiß, ob man Béroul nach Eilhart (vgl. u. S. 372f.) vervollständigen darf. Die beiden letzten Szenen könnten besser durch den Schluß des ›Tristan en prose‹ (vgl. u. S. 381ff.) ergänzt werden.

Es ist aber auch grundsätzlich fraglich, ob das Konzept eines vollständigen ›Tristan‹-Romanes vorliegt. Aufgrund der Thematisierung könnte man das Erhaltene als vollständig akzeptieren, als Kette öffentlicher Situationen.

Die traditionelle Unterscheidung in eine *version commune* und in eine *version courtoise* (eine ›spielmännische‹ und eine ›höfische Version‹) (Frappier) wird schon seit einiger Zeit angefochten: der Pessimismus des Thomas widerspricht in seiner Fatalistik dem »Höfischen«; dies allerdings mag Gottfried zu seinem Insistieren auf der alleinigen Richtigkeit der Thomas-Version geführt haben. Zumindest ist die übliche Terminologie unbrauchbar. Man könnte die (vorhandenen!) Unterschiede präziser fassen als »erzähltechnische«, »thematische« und solche bezüglich der Stringenz der Fatalität: Ereignis als »Einzelfall« oder »Gesetz«.

Das früheste Beispiel eines Episodengedichts dürfte der ›Lai du Chèvrefeuille‹ (›Geißblatt-Lai‹) der Marie de France sein, der zwischen ca. 1160 und 1170/80 datiert wird. – Unter Lais sind hier Kurzerzählungen in Reimpaaren zu verstehen, die folkloristisch-märchenhafte und andere Motive höfisch und mit Blick auf das schicksalhafte Phänomen Liebe verarbeiten. Es sind zwei lyrische Geißblattlieder bekannt. Möglicherweise nimmt Marie ein solches Lied zum (fiktiven) Anlaß, um zu erzählen, warum der ›Lai du Chèvrefeuille‹ von Tristan angefertigt wurde.

Tristan kommt aus seinem Geburts-(!) und Verbannungsort Südwales, versteckt sich in Cornwall, schnitzt eine Botschaft auf einen Haselstock und legt diesen an den Weg, auf dem Isolde vorbeikommen muß. Diese bemerkt das Zeichen, sie verbringen eine kurze Glückszeit. Isolde kündigt Tristan die Aufhebung der Verbannung an, die Trennung bringt neues Leid. Tristan macht den Lai zur Erinnerung. Das wichtigste Interpretationsproblem ist die Frage, ob das bereits zu Beginn erwähnte tragische Romanende den glückhaften Augenblick aufhebt, oder ob ein Symbol der letztlich sieghaften Liebe gestaltet werden sollte.

Als eine der Maskeraden, die Tristans Rückkehrabenteuer ermöglichen, dient schon bei Eilhart und in einer Handschrift des ›Tristan en prose‹ (wie anderswo) die eines Narren. Zwei selbständige anonyme Dichtungen des späteren 12. Jahrhunderts erzählen von der ›Folie (= Narrheit) Tristan‹. Eine, die ›Folie de Berne‹, ordnet man Béroul zu, die andere, die ›Folie d'Oxford‹, Thomas. Ein 1973 erstmals veröffentlichtes Fragment der ›Folie de Berne‹ (das Cambridger) zeigt, daß die beiden Texte einander näher stehen, als man bisher annahm, und wohl auf eine gemeinsame Quelle zurückgehen.

In den Rahmen der Rückkehr als Narr sind Anspielungen auf in den Romanen gestaltete Szenen eingebaut, die der Narr vor dem Königspaar und dann vor der Königin allein macht. Thematisiert wird wohl die Fähigkeit Isoldes, Tristan zu erkennen, was in der ›Folie de Berne‹ erst nach der Freudenbezeugung von Tristans Hund Husdent geschieht, in der ›Folie d'Oxford‹ erst, nachdem Tristan seine Stimme nicht mehr verstellt. Die Liebenden spielen unterschiedliche Rollen: nicht eine *version commune* und eine *version courtoise* stehen einander gegenüber, sondern ein Tristan, der seine reservierte Dame um Anerkennung anbettelt (Bern), einem grausamen, der absichtsvoll seine Maske vor einer immer heftiger gequälten Isolde aufrechterhält (Oxford).

Im ›Donnei des amants‹ (›Disput eines Liebespaares‹, um 1200) erzählt der Liebhaber, um die Dame gefügiger zu machen, auch die Episode von ›Tristan Rossignol‹ (›Tristans Nachtigallenimitation‹): Nach einjähriger Verbannung kehrt Tristan aus der Bretagne zurück. Er schleicht nachts in Markes Garten und ahmt die Nachtigall nach. Isolde verläßt ihr Lager und schreitet zwischen den schlafenden Wächtern hindurch. Da erwacht der Aufpasserzwerg, Isolde schlägt ihm mehrere Zähne aus. Marke kommt und befiehlt, sie nicht am nächtlichen Spaziergang zu hindern, Tristan sei ja nicht im Lande ...

In die erste Hälfte des 13. Jahrhunderts gehört die Erzählung ›La luite de Tristan‹ (›Tristans Kampf‹), besser bekannt als ›Tristan ménestrel‹ (›Tristan als Spielmann‹), die Gerbert de Montreuil in seine Fortsetzung des (Chrétienschen) ›Perceval‹ eingefügt hat.

Tristan kommt inkognito an den Artushof und besiegt einige Ritter. Während des Duells mit Gawan wird er erkannt, Artus unterbricht den Kampf. Nach dem Willkomm besiegt Tristan Gawan noch im Ringkampf (= *la luite*). Es kommt zu einem Wiedersehensabenteuer. Dazu reiten außer den beiden zwölf Artusritter in *ménestrel*-Verkleidung aus. In Markes Hauptstadt singen sie und werden als Wächter bei einem Gruppenturnier angestellt. Tristan will aber zuvor noch Isolde treffen und spielt den von beiden gemeinsam gemachten Geißblattlai auf der Flöte. Es kommt zu einem Rendezvous, das Gawan und Brangäne bewachen. Als Markes Turnierpartei in Not gerät, greifen die Artusritter ein. Das Erscheinen Percevals, der auf der Gralsuche ist, verhindert deren Sieg, er schlägt alle. Nach dem Erkennen bitten alle Marke, sich mit Tristan zu versöhnen. Tristan darf am Hof bleiben, muß aber Isoldes Kammer meiden. Als die Artusritter aufbrechen, bleibt Tristan traurig zurück. Getröstet wird er von Isolde und Brangäne. Die Beliebtheit des ›Tristan‹-Stoffes ist durch zahlreiche Anspielungen in Liedern und Romanen (z. B. Chrétiens ›Erec‹, ›Cligés‹ und ›Lancelot‹) bezeugt.

3.2. Die deutsche Tradition

Beide französischen Versromane wurden innerhalb kurzer Zeit und inhaltlich getreu ins Deutsche übersetzt.

Der ›Tristrant‹ des Eilhart von Oberge ist der älteste, vollständig erhaltene ›Tristan‹-Roman. – Er ist in drei Fragmenten des 12. Jahrhunderts und in drei Handschriften des 15. (Bearbeitung des 13.?) überliefert. Der Name des Autors findet sich nur in der Spätüberlieferung. – Die um dieses »frühhöfische« Werk geführte Diskussion hat ergeben, daß es »zu Anfang der siebziger Jahre am Niederrhein verfügbar« war (VL II^2, 416). Inhalt und Struktur entsprechen dem in I. erstellten Gerüst. – Die Interpretationen sind unterschiedlich. Einerseits spricht man von einem modernen Thema in formal wie ideologisch altertümlichem Gewand. Andrerseits gesteht man Eilhart höfisches und psychologisches Interesse zu, er bereite Gottfried vor. – Die Versöhnlichkeit des Schlusses ist nicht sosehr eine Entschuldigung der Liebenden, sondern Garantie, daß der Konflikt nicht gesellschaftstypisch ist: Apologie der Gesellschaft, charakteristisch für die meisten ›Tristan‹-Traditionen (BERTAU, STEIN).

Gottfried von Straßburg ist nahezu ein anonymer Autor. Im Prolog und Werk durchziehenden Akrostichon gibt er neben *Dieterich* (Gönner?) sowie *Tris(tan)* und *Isol(den)* (»umarmend«) die Folge *Gote(frid)*. Aus Erwähnungen bei anderen ergibt sich: Gottfried aus Straßburg, *meister* (nicht *her*). Identifizierungsversuche waren bisher haltlos. Erkennbar ist die umfassende Bildung. Eine Klassifizierung als »Bürger« ist nichtssagend. Eher läßt sich ein *clerc* bei Hofe (Bischof oder Stadt Straßburg?) – gebildet, kritisch, in sozialer Zwischenstellung – denken. – Eine Datierung des in 27 Textzeugen überlieferten ›Tristan‹-Torso auf etwa 1210 ergibt sich aus dem Literaturexkurs (vv. 4619ff.), den Straßburger Ketzerereignissen, auf die mit dem Gottesurteil Isolde vielleicht verdeckt angespielt wird, und dem Verweis auf *Thomas von Britanje* als (einzig richtige, v. 150) Quelle. Das Verhältnis zu dieser ist nur inhaltlich bestimmbar, es gibt bloß zwei kurze gemeinsame Stellen. Eigenständig ist Gottfried wohl in seiner Gestaltungstechnik, Sprachkunst, Kommentierung (Intensität, Verflechtung mit der Erzählung), Integration allegorischer, theologischer, kunstkritischer, künstlerisch-musikalischer und antiker Elemente. – Geschehensstrukturell folgt Gottfried Thomas. Er bricht mit den Heiratsüberlegungen Tristans (v. 19548) an einem Tiefpunkt ab, der diesen in einer dem Prologprogramm widersprechenden Haltung zeigt: Tristan wirft in seinem Monolog Isolde ihre Ehe mit Marke vor; sie könne in dieser jederzeit ihr Verlangen stillen; schließlich stellt er fest, daß sie ihm nicht *fröud und frôlîchez leben* bieten könne (letzter Vers des Fragments), wodurch er in Gegensatz zu der Absage des Prologes an jene gerät, die das Leid in der Liebe, und damit jene *liebe-leit*-Konstellation nicht akzeptieren, die Gottfried als den Sinn und die entscheidende Qualität seines Liebesromans ansieht und die ihn auch dazu gebracht hat, den Prolog in mystisch-hymnisch und sakramentaltheologisch inspirierten Versen ausklingen zu lassen. Beide Fortsetzer geben den Tod als Abbruchsgrund an.

Die interpretierende Forschung zum ›Tristan‹-Material hat mit Gottfried-Arbeiten begonnen. Am Anfang stehen Gesamtwürfe, die bis heute als (meist nichtreflektierte) Vorgaben in Detailstudien oder Wiederaufnahmen weiterwirken. RANKE erkannte 1925 die Verwendung theologischer Sinnerzeugungstechniken (Minnegrotte als Allegorie). Diese Einsicht ist in Versuchen übersteigert, das Werk durchgängig als mit einem *sensus spiritualis* (›tieferer Sinn‹) versehen zu deuten (TAX, JAEGER, WISBEY). SCHWIETERING bemerkte v. a. terminologische Bezüge zur mystischen Theologie Bernhards von Clairvaux. Auch hier kam es zu überzogenen Gesamtdeutungen, die teilweise in die Nähe des verweltlichten Mystizismus Richard Wagners führten. Die Bedeutung der zweifellos vorhandenen Elemente aus Sakramententheologie, Allegorese, Mystik und Heilsgeschichte für die Interpretation hat MIETH deutlich gemacht. WEBERS (1953) Verständnis des ›Tristan‹ als eines häretisch beeinflußten Werkes, das philosophisch-theologischer Ausdruck einer weltanschaulichen Krise um 1200 sei, ist methodisch unhaltbar. Aber man wird die Indizien einer politisch-gesellschaftlichen, die höfisch-kulturellen Werte betreffenden, aber auch literarischen Krise um 1200 nicht übergehen dürfen. – Aufmerksamkeit wird wohl auch der Möglichkeit zuzuwenden sein, daß in Gottfrieds Werk Formen indirekten Sprechens (Ironie u. a.) nicht nur punktuell, sondern auch strukturbildend eingesetzt sind.

Das Schicksal von Gottfrieds Torso im 13. Jahrhundert ist zwiespältig. Einerseits scheint er zum »Kulturgut« kanonisiert worden zu sein, andrerseits konnte oder wollte man mit seiner Aussage nichts mehr anfangen, und es drängt sich der Eindruck von Versuchen auf, Gottfried zu »domestizieren«. Die Texte sind aus dieser Situation – und nicht primär als »epigonal« – zu verstehen: man mußte sich neue Literaturmaximen schaffen, wollte aber auch die »Klassiker« bewahren und vollständig haben, wozu man bei der Fortsetzung von Gottfrieds Werk auf Eilhart zurückgriff, obwohl Gottfried deutlich auf Thomas verwiesen hatte.

Ulrich von Türheim hat seine Gottfried-Fortsetzung im Auftrag Konrads von Winterstetten (hoher Würdenträger Friedrichs II., Erzieher Heinrichs VII., Mäzen des schwäbisch-spätstaufischen Dichterkreises) um 1235 geschaffen.

Inhaltlich folgt er Eilhart. Er berichtet von Tristans Hochzeit, dem »kühnen Wasser« und läßt ein Reh, das auch in der Minnegrotte gewesen war, einen Brief Isoldes überbringen, was zur Cornwall-Expedition führt. Eilharts Kette der Besuchsabenteuer wird zu einem, das alle anderen enthält, zusammengezogen, der Todesbericht entspricht Eilhart. Dann holt Marke die beiden Särge nach Cornwall und läßt sie im Münster eines neuen Klosters beisetzen. Dort ereignet sich das Pflanzenwunder. Marke tut viel für sein Seelenheil.

Diese Geschichte wird in formal »klassischer« Weise, aber mit Zusatzdetails und zahlreichen Erzählerkommentaren eher primitiver Art in 3730 Versen erzählt. Dabei gerät Ulrich offensichtlich in ein Dilemma zwischen christlicher Ehemoral und dem Staunen vor der Liebe und den Qualitäten der Helden (bes. ab v. 3556), so daß er schließlich ein Gebet um die Aufnahme Tristans in den Himmel aufgrund seiner *triuwe* anfügt.

Heinrich von Freiberg dürfte nach dem sächsischen Freiberg benannt, durch die Widmung seines ›Tristan‹ (um 1285–90) an Reimund von Lichtenberg auf die zweite Hälfte des 13. Jahrhunderts datierbar und in der Umgebung Wenzels II. von Böhmen (1278–1305) lokalisierbar sein. Sein Werk zeugt von Literaturkenntnis und Beherrschung der höfischen Dichtersprache. Als Quellen genügt es wohl, Kenntnis Gottfrieds, Eilharts, vielleicht auch Ulrichs anzunehmen. Alles andere ist als Analogie zu Gegebenem (der Narr Tristan legt sich – analog zu *Tantris* – den Namen *Peilnetôsî* = *Îsôtenliep* zu) und aus der Absicht, Gottfried nicht nur zu vervollständigen, sondern auch Material aus vorangehenden Eilhart-Episoden einzubringen, erklärbar:

Ehe, Sichelfallenabenteuer, Entdeckung, Verurteilung, Flucht und neuerliches, aber entbehrungsreiches Waldleben, Rückholung Tristans durch Marke, Rückkehr Tristans zu seiner Frau, »kühnes Wasser«, Rückkehrabenteuer, *Folie*, Ehevollzug und Tod. Marke gründet ein Kloster, übergibt Kurvenal die Herrschaft und tritt selber ein. Der Schluß übersteigert die Versöhnlichkeit noch durch die quasi-dokumentarische Benennung des Klosters mit dem Namen des 1284 vollendeten Zisterzienserinnenklosters Marienstern in der Lausitz.

Entschärfungsbemühungen zeigen sich auch in der Stilisierung Tristans zum Musterritter, in der Abschwächung des Minnekonfliktes und im Epilog: der Liebestod ist Warnung vor weltlicher Liebe und das Rosenstockwunder bedeutet die Liebe Christi und seiner Gläubigen.

›Tristan als Mönch‹, das Werk eines anonymen Elsässers aus der Mitte des 13. Jahrhunderts, ist das einzige deutsche Episodengedicht. JUNGREITHMAYR hat es neuerdings in die Nähe des Stricker und dessen Auseinandersetzung mit der klassischen mittelhochdeutschen Literatur gerückt. Der Inhalt des 2705 vv. langen Gedichtes bewegt sich zwischen ›Tristan‹-Novelle und

Schwank: Tristan *und sin vil liebestes* (v. 27) werden von Artus und seiner Königin zu einem Fest geladen. Er zieht schweren Herzens mit seiner Frau dorthin. In einem Traum zeigt sich ihm Isolde beleidigt. Um ihr seine Liebe zu zeigen, aber auch zu sehen, was sie im Falle seines Todes tun würde, verunstaltet er das Gesicht eines toten Ritters, den er zufällig gefunden hat, läßt ihn durch Kurvenal als Tristan ausgeben und wird selbst als buße- und schutzsuchender »Tristanmörder« Mönch. Artus überführt die Leiche »Tristans« nach Cornwall, der Mönch begleitet die Expedition. Es kommt dort über die Vermittlung Kurvenals zur Aufklärung Isoldes und zu zwei Treffen. Dann scheint es Tristan genug, er verläßt Cornwall, kehrt nach Parmenien zurück und verkleidet sich nie wieder als Mönch.

Anspielungen und Verwendungen von Gottfrieds ›Tristan‹ im Spätmittelalter zeigen, daß dessen Gedankenwelt und Aussage hierbei sekundär waren. Tristan wird zum Topos, es werden Einzelstellen und zusammenhanglose Episoden rezipiert.

Den in Handschriften von 1449 und 1483 überlieferten, im späten 14. Jahrhundert entstandenen tschechischen ›Tristram‹ schreibt man zwei Autoren aus dem Milieu klerikaler Kanzlisten zu, die nach breiterer Wirkung strebten. – Die Handlungsstruktur ist durch Vorlagenwechsel bestimmt:

Vom Beginn bis zu Markes Hochzeit ist Eilhart vorlagengetreu verwendet (= C I); der freiere Rest (= C II) folgt Gottfried, Eilhart, Heinrich und dann noch einmal Eilhart und Heinrich bis vor Isoldes Tod. Dann geht das Werk eigene Wege: Isolde gerät an Tristans Bahre fast in ein Handgemenge mit dessen Gattin, dann stirbt sie; Tristans Hund geht nach einem Selbstmordversuch auf den beiden Leichen ein; Kurvenal wird von einem Fischer vor Ähnlichem bewahrt; Marke kommt kriegerisch, um Isolde vor Tristan zu retten; als er das Geschehene erfährt, klagt er und organisiert die Überführung nach Cornwall. Dort läßt sich Brangäne in der Gruft der Liebenden einmauern. Es kommt zu einer mit der gesamten kirchlichen Hierarchie bestückten Bestattungsfeier. Marke läßt das von ihm gegründete Kloster vom Papst einweihen, übergibt Kurvenal die Herrschaft und tritt selber ein. Das Pflanzenwunder fehlt.

Die Übernahmen erfolgen nicht ohne Änderungen. Stets werden auch die gerade nicht verwendeten Vorlagen mitbeachtet, teils wird das für die jeweilige Vorlage Typische (Exkurse, *Gandîn*, *Petitcriû* und Gottesurteil bei Gottfried, Eilharts Aussätzigenszene) entfernt.

Der anonyme Prosaroman ›Tristrant und Isalde‹, der von 1484 bis 1664 in 16 Drucken und dann wieder ab 1809 überliefert ist, übernimmt weitgehend Eilhart und verwertet wahrscheinlich auch Gottfried, Heinrich und den tschechischen ›Tristram‹. Es wird versucht, das Eilhart-Geschehen aus allgemein menschlicher Erfahrung verstehbar zu machen (der Minnetrank hat in den vier Jahren seiner Wirkung Liebe erzeugt, die weiterbesteht, Z. 1081–1099) und den Ehe- und Loyalitätsbruch nach zeitgenössischen Rechtsmaximen zu durchleuchten, wobei Tristans Handeln als juridisch nicht schuldhaft erkannt wird (Z. 1421–26, 1969–78). Von einer solchen Auffassung her ist auch der Epilog eine sinnvolle Warnung, angesichts der »natürlichen« Elementargewalt der Liebe und der damit verbundenen gesellschaftlichen Folgen vorsichtig zu sein und Gottes Hilfe zu suchen (PLATE).

Hans Sachs kannte die Eilhart-Prosa wohl aus dem Wormser Druck von um 1550. Im Dezember 1551 schrieb er sechs Meisterlieder mit ›Tristan‹-Thematik. Auf den 7. 2. 1553 datiert (gedruckt 1561) ist die ›Tragedia mit 23 Personen, von der strengen lieb herr Tristrant mit der schönen königin Isalden, und hat 7 actus‹. Sachs bearbeitet den Stoff keineswegs »dramatisch«. Er kürzt ihn (wohl auch nach moralischen Gesichtspunkten) und »erzählt« ihn szenisch-dialogisch unter Zuhilfenahme eines auch kommentierenden Narrators, des *Ehrnholdt*. Dieser äußert zum Schluß eine Warnung vor »unordentlicher« Liebe und propagiert die kirchliche Ehelehre: keine vorehelichen Beziehungen, Monogamie und Treue, Vermehrung als erster Ehezweck.

3.3. Die nordische Tradition

Die nordische Tradition wird ab 1226 mit Bruder Robert greifbar. Der historische Kontext intensiver Kontakte Norwegens zu England trug unter Hákon Hákonarson (1217–1263) literarische Früchte.

Die ›Saga af Tristram ok Ísönd‹ (›Tristrams saga ok Ísondar‹), eine nur in isländischen Handschriften seit der zweiten Hälfte des 15. Jahrhunderts überlieferte norwegische Prosaübertragung des Thomasromans, gibt ihre Daten selbst an: 1226 im Auftrag Hákons von Bruder Robert verfaßt. Die Erzählung folgt bis auf inhaltliche Details und wohl die meisten kommentierenden und analysierenden Partien Thomas, schließt aber mit dem Pflanzenwunder ab. Die rhetorisierte Prosa ist – soweit man dies aus der Überlieferung noch erkennen kann – wohl als Äquivalent zur Kunstform des Thomas zu werten. Darin begründet die ›Saga‹ ebenso eine nordische Tradition wie stofflich. Es kam zu Motivübernahmen aus dem ›Tristan‹ in mehrere isländische Dichtungen. Die mit ›Strengleikar eða Liodabók‹ betitelte, ebenfalls von Hákon veranlaßte, um 1250 geschriebene Sammlung französischer Lais enthält eine Übersetzung des ›Chèvrefeuille‹: ›Geitarlauf‹. Das Vorwort der Sammlung bietet literaturfunktional (Erinnerung an große Taten, wie sie heute nicht mehr begegnen) und gattungsgeschichtlich (Erklärung des Begriffes ›bretonischer Lai‹) Interessantes. Die Übersetzung ist in Prosa und bemüht sich um Verständlichmachung fremder Elemente.

Die ›Saga af Trístram ok Isodd‹ (Isländischer ›Tristan‹), eine anonyme Dichtung, ist in zwei Handschriften (15. und Mitte 18. Jahrhundert) überliefert. Sie ist eine der eigenartigsten ›Tristan‹-Dichtungen überhaupt:

Philippus von England hat zwei Kinder, Mórodd (Marke) und Blenzibly (Blancheflor). In einem Turnier wird der Liebhaber Blenziblys von einem spanischen Ritter Kalegras (Riwalin Kanelagres), Sohn eines Vasallen des Königs Hlöðvir von Spanien, getötet. Blenzibly verliebt sich in den Ritter, und sie verbringen drei Jahre in ihrem Gemach, wo sie sich auch durch den Aufbruch der Spanier nicht stören lassen. Hlöðvir wird vom russischen König angegriffen, die Spanier siegen zwar, aber der König und Kalegras' Vater fallen. Der Ziehvater Bíring benachrichtigt Kalegras. Dieser kommt, besiegt die Russen neuerlich, wird aber dabei tödlich verwundet und läßt Blenzibly rufen. Diese kommt mit ihrem jüngst geborenen Sohn Trístram zu spät und stirbt. Trístram wird von Bíring aufgezogen. – Als er neun Jahre alt ist, erobert ein afrikanischer Piratenkönig Spanien und nimmt Geiseln. Alle werden losgekauft, nur das Lösegeld für Tristram kann nicht aufgebracht werden. Die Piraten versuchen, aus ihm Angaben über seine Verwandtschaft herauszufoltern. Als dies mißlingt, setzen sie ihn aus, er schwimmt in das Land seines Onkels Mórodd. – Die folgenden Ereignisse entsprechen den aus Robert bekannten, allerdings mit Abweichungen: Morholt wird zum irischen König, der mit Frau Flúrent und Tochter Ísodd auf den Rat Kaeis des Höfischen (der auch die Truchsessenrolle übernimmt) um Tribut nach England fährt. Dem Zweikampf geht eine Schlacht voraus; der Schwertsplitter bleibt in Trístrams Schädel stecken. Auf seine Heilungsfahrt nimmt er eine Schar untereinander Versippter mit. Einen davon bringt er dazu, einen anderen zu töten, den Rest besorgt die Blutrache: Trístram landet in Irland mit einem Leichenschiff. Er wird von einem Küstenwächter der Königin gemeldet. Auf die Bitte der Mutter hin heilt und verschont Ísodd Trístram, ja sie verliebt sich in ihn. Nach der Drachengeschichte bietet man sie ihm an, er aber verweist auf Mórodd. Er tut dies auch bei seiner zweiten Irlandfahrt. – Auf der Heimreise reicht Bríngven (Brangäne) den Minnetrank, worauf die Fahrt auf drei Monate ausgedehnt wird. Nach der Ankunft offeriert auch Mórodd Ísodd Trístram, dieser aber lehnt wieder und trotz Verlangens aus Loyalität ab. Der Hochzeitsbetrug dauert drei Tage, den Mordversuch an Bríngven stoppt Ísodd persönlich, alles wird zum Test von Bríngvens Loyalität erklärt. Der kluge Héri bemerkt das Verhältnis und meldet es in Erfüllung seiner Ratgeberpflicht. Mórodd deutet alle Beweise wider besseres Wissen zugunsten der Liebenden. Neu ist die Szene, in der Trístram mittels eines Seils bei Ísodd einsteigt, sowie die Fähigkeit Héris, Männer- von Frauenblut zu unterscheiden, was er in der Mehlstreuszene zur Aufdeckung von Ísodds Lüge, das Blut im Bett stamme von ihr, ausnützt. Schließlich werden sie beim Beischlaf ertappt: »Da dachte der König, er könne nun kaum mehr übersehen, daß die Dinge nicht so seien, wie sie sein sollten«. Er sperrt die Liebenden für sieben Tage ohne Speise und Trank in eine Höhle, in der er sie beobachten kann. Sie spielen ihm mithilfe des Trennungsschwertes die Unschuldigen vor, und er »behandelte sie weiterhin gut«. – Dann greift König Fúlsus, ein »Heidenhund«, England an. Im Kampf verspricht Trístram Gott, von Ísodd zu lassen. Er siegt, weil er an sie denkt. Mórodd fordert von ihr den Unschuldstest, den sie auf die bekannte Weise besteht. – »Dann unternahm Trístram eine Reise von England nach Spanien«. Dieses erobert er und heiratet Ísodd die Schwarze. Die Ehe ist zwar problematisch, »dennoch, nachdem sie drei Jahre zusammengelebt hatten, gebar Ísodd die Schwarze einen Sohn«, Kalegras Trístramsson, der die Vorzüge seines Vaters hat. – Nach einer Hilfsexpedition für den sächsischen Kaiser folgt die Thomas-Episode mit dem zweiten Trístram, die zum Tod der beiden Liebenden führt. Das sich über das Gewölbe der Grabeskirche von einem Grab zum anderen ziehende Baumwunder ist »noch« zu sehen, »als ein Zeichen, daß Trístram Ísodd nicht aus Bösartigkeit gegen seinen Verwandten Mórodd verführt hat, daß vielmehr Gott selbst in seiner Weisheit die beiden füreinander bestimmte. Und der Grund, warum Trístram die Blonde Ísodd von Mórodd nicht angenommen hatte, war, daß er diesem die beste Partie gönnte. Dennoch konnte er in keiner Weise dem Schicksal widerstehen«. – Der Erzähler schließt mit der Bitte, Gott möge ihnen im Himmel ein Zusammensein ermöglichen und fügt als Nachgeschichte an: Mórodd erträgt alles wie ein Mann, übergibt Kalegras Trístramsson die Herrschaft und endet als Einsiedler in Jerusalem. Trístramsson heiratet die zweitschönste Frau der Welt, die Kaisertochter Lilja. Sie haben Kinder, über die es »eine große Saga gibt«. »Nun regierte Kalegras über England, solange es Gott erlaubte, er, der lebt und regiert, Welt ohne Ende. Amen«.

Man hat diese Saga als Inhaltsangabe aus dem Gedächtnis und als bäurische Fassung des Robert-Werkes angesehen. Das ist wohl irrig, denn es werden zwar die meisten Motive Roberts verwendet, aber abgeändert und in verstellter Reihenfolge, sowie angereichert aus der isländischen Literatur. Es ist wohl mit einem bewußt verändernden und komponierenden Autor zu rechnen. Aufgrund des Schlusses liest SCHACH das Werk als einen Protest gegen die blinde Lustverfallenheit Markes sowie gegen die Betrügereien und Doppelzüngigkeiten Tristans und Isoldes bei Robert: »In Wahrheit ein Anti-Tristan«.

Nicht ganz geklärt ist das Verhältnis der künstlerisch eindrucksvollen isländischen Ballade ›Tristrams Kvaeđi‹ (›Tristan-Lied‹ wohl aus der zweiten Hälfte des 15. Jahrhunderts, in vier Versionen in Handschriften des 17. Jahrhunderts) zu den beiden Sagas. – In zwischen 20 und 33 Vierzeilern mit dem Refrain »Nur ein Scheiden war bestimmt für sie« (B: »Und glücklich ist der Mann, der neben ihr schlafen geht«) wird auf der Basis von Robert der Romanschluß erzählt. Mit der isländischen Saga stimmen die Namen der beiden Isolden überein: die »blonde/helle« steht der »schwarzen« gegenüber.

1847/48 wurde nach dem Vortrag der 77-jährigen Anna Hamsdotter die färöische Ballade von Tístram und Dame Ísin, ›Tístrams Táttur‹, aufgezeichnet:

Tístram und Dame Ísin lieben einander, aber seine Eltern wollen sie trennen. Deshalb senden sie ihn mit einem Brief zum König von Frankreich. Dieser möge Tístram entweder seine Tochter geben oder ihn töten. Tístram hält Ísin die Treue und wird gehängt. Ísin kommt in einem Rachefeldzug, verwüstet Frankreich und schneidet ihn vom Galgen. Dann bricht ihr das Herz.

3.4. Der mittelenglische ›Sir Tristrem‹

Ein Gutteil der französischen Verstradition ist wohl auf englischem Territorium entstanden. Eine national-englische Rezeption erfolgt erst etwa 100 Jahre danach und blieb vereinzelt. Bedeutend wurde die englische ›Tristan‹-Dichtung erst mit Thomas Malory (s. u., 4.4.), der aber auf den ›Tristan en prose‹ zurückgriff. – Der mittelenglische ›Sir Tristrem‹ ist nur in der Sammelhandschrift Auchinleck (um 1330) überliefert und gehört noch ins 13. Jahrhundert. Verwendet wird eine komplizierte 11-zeilige Strophe, die keine genauen Parallelen hat. Der Autor ist anonym. Die Hinweise in Strophe 1 sowie bei Robert Mannyng of Brunne auf den Namen *Thomas* und die Orte *Erceldoune* und *Kendale* sind nicht eindeutig interpretierbar. – Das Werk erzählt die Thomas-Episoden bis zu Tristans letzter Verwundung (ein Blatt fehlt) in 304 Strophen mit anderer Akzentuierung (eher Ritter- als Liebesroman) und Detailänderungen (z. B.: der Hund hat Reste des Trankes geleckt, deshalb ist er so treu), auf das Handlungsgerüst beschränkt, sprunghaft-balladesk und in hohem Tempo. Konstitutiv sind das Verwurzeltsein von Überlieferung, Werkstil und Aspekt in der Kultur des Londoner Bürgertums und landadeliger Kreise, eine Position zwischen Roman und Ballade, sowie die zum Erzählstil und zum Publikum passende (fiktive?) Hervorhebung der Mündlichkeit und des englisch-nationalen Charakters (Crépin).

IV. Die europäische Prosa-Tradition

Vom 13. bis zum 15. Jahrhundert dominieren in der Artusliteratur Frankreichs, Italiens und Spaniens Prosaromane. England ist hiervon teilweise betroffen, Ausläufer führen nach Griechenland und Weißrussland, ein serbischer ›Tristan‹ ist bezeugt. – In Frankreich kam es durch verstärkte Laienschriftlichkeit, geistliche Polemik gegen die »Lügenhaftigkeit« der Versdichtung, beim Versuch einer Neuformulierung der »ritterlichen« Weltsicht zu »wissenschaftlichen« Prosa-Summen auf vielen Gebieten. Diese Prosaromane sind Neukonzeptionen, nicht einfach Prosaisierungen.

4.1. Der französische ›Tristan en prose‹

Was man als Prosa-Tristan bezeichnet, ist ein komplexes Überlieferungsgefüge mit ausgeprägter Variantenbildung. Das Nachstehende folgt Baumgartner:

Dem Prolog eines *Luce del Ga(s)t* folgt eine Vorgeschichte, die weit zurückreicht und Motive wie Vergewaltigung/Inzest, Verwandtenmord, Ehebruch, Vatersuche, Verschwinden und Wiederauftauchen u. a. zusammenbaut. Schließlich besteigen Marke in Cornwall und Meliadus in Léonois den Thron. Meliadus heiratet Markes Schwester: das sind die Eltern Tristans.

1. Die konventionelle ›Tristan‹-Handlung ist die Basis eines ersten Teiles. Abgeändert ist die Frühgeschichte: die Mutter stirbt im Wald auf der Suche nach dem verhexten Vater, nachdem sie Tristan geboren und benannt hat, aufgrund einer Aussage Merlins, der auch die spätere Größe des Kindes (Kampf der beiden besten Ritter, Lancelot und Tristan, am *perron de Merlin*) vorhersagt und Tristans Vater entzaubert. Wegen stiefmütterlicher Ränke muß Tristan nach Frankreich und von dort aufgrund einer Liebesintrige der Königstochter inkognito zu Marke fliehen. – Während des ersten Irlandaufenthaltes erscheint bei einem Turnier Palamède, ein in Isolde verliebter Heidenritter, der Tristan als Nebenbuhler und Kumpan hinfort begleitet. Dessen Liebe lenkt Tristans Aufmerksamkeit auf Isolde. Er siegt in dem Turnier, und als er als Morholttöter erkannt wird, wird er wegen seiner Ritterqualitäten nur verbannt. – In Cornwall bringt ihm ein Liebesabenteuer die Feindschaft Markes und die Brautwerbung um Isolde ein. Er kann zufällig den irischen König in einem Rechtskampf vor Artus siegreich vertreten und erhält Isolde. Die Überfahrt erleidet eine Verzögerung durch Befreiungsabenteuer in Branors »Schloß der Tränen«. Der Minnetrank wird ohne Einschränkung berichtet. – Die Abenteuerkette nach der Hochzeit entspricht nur teilweise dem Bekannten: Palamède befreit Brangäne, entführt Isolde und wird von Tristan in einem Zweikampf besiegt. Das Waldleben spielt in einem Schloß, wo Marke Isolde entdeckt und entführt, während Tristan auf einer Jagd eine Giftwunde davonträgt. Da ihn Isolde nicht heilen kann, geht er zur ebenfalls heilkundigen zweiten Isolde in die Bretagne und heiratet diese. Isolde erfährt dies und beklagt sich brieflich bei Guinevere und Lancelot. – Bei einer Spazierfahrt auf dem Meer wird Tristan in das »Land der Leibeigenschaft« verschlagen, das er befreit. – Die Fahrt nach Cornwall mit Kaherdin führt zunächst in den »Gefährlichen Wald« in Logres (Artus' Reich), wo er unerkannt Artus vor einer Fee rettet. In Cornwall verliert Tristan wegen eines Briefwechsels Isoldes mit dem in sie verliebten Kaherdin den Verstand, wird von Marke im Wald entdeckt, Isolde zur

Heilung übergeben und dann verbannt. Der Ritter Dinadan schließt sich ihm an.
2. Tristan vollbringt in Logres, wohin er gegangen war, große Taten, wobei Dinadan als Kumpan, aber auch als vernunftbestimmter Kritiker von »Rittertum« und »Liebe« auftritt. Lancelot sucht Tristan, der Artus' Sitz meidet. Es kommt zur Aufnahme in die Artusrunde auf den Sitz Morholts. – Marke kommt, um Tristan zu töten, Artus vermittelt, beide gehen nach Cornwall, während es am Artushof zu Sippenfehden kommt, die die Wurzeln des späteren Unterganges sind. In Cornwall bricht Marke den Frieden, Tristan flieht schließlich nach zwei Einkerkerungen und einem Kampf, in welchem er Cornwall vor den Sachsen rettet, mit Isolde nach Logres.
3. Lancelot stellt den beiden sein Schloß *Joyeuse Garde* (»Glückliche Wacht«) zur Verfügung. Eine glückliche Zeit wird durch die Gral-Queste unterbrochen. Während dieser bringt Marke Artus in Bedrängnis (Palamède und der reine Lancelot-Sohn Galahad retten ihn), sodann entführt er Isolde. – Tristan folgt nach Cornwall. Dort verwundet ihn Marke während eines Zusammenseins mit Isolde tödlich, Tristan erdrückt diese in letzter Umarmung, nachdem er beredten Abschied vom Rittertum genommen hat. Seine Waffen werden zu Artus gebracht, wo große Trauer ausbricht. – In Andeutungen im Französischen, ausführlich im Italienischen finden sich unterschiedliche Versionen der Rache an Marke. – Französische Handschriften bringen den Epilog eines *Hélie de Boron*.

Der ›Tristan en prose‹ war für etwa 250 Jahre ein Hit. Man zählt etwa 80 Handschriften und Fragmente, 8 Drucke (1484–1533), sowie den ›Nouveau Tristan‹ des Jean Maugin (mehrfach zwischen 1554 und 1586). – Die Handschriften weisen zwei Teile auf: einen, der weithin gemeinsam ist (bis etwa zu jenen Taten, die zur Aufnahme in die Tafelrunde führen) und einen zweiten von großer Versionenvielfalt. Dabei kristallisieren sich neben Einzelfällen eine knappere und eine breit überlieferte, stark erweiterte (»Vulgat«-Version) heraus. Kein erhaltener Text (auch nicht des ersten Teiles) repräsentiert die «Urprosa« (ca. 1230). – Die in Prologen und Epilogen genannten Autorennamen sind nicht verifizierbar. – Hauptquellen sind neben der Verstradition der arthurische Lancelot-Gral-Zyklus und spätere Romane. Als Neuheit sind lyrische Verspassagen (Lais) eingestreut. – Der ›Tristan en prose‹ ist wohl als Ergänzung zum Lancelot-Gral-Zyklus zu verstehen, und zwar so, daß sich, hierarchisch abgestuft, eine Biographienfolge bei drei besten Ritter, Galahad (Gralsfinder), Lancelot und Tristan, ergibt (BAUMGARTNER, RUHE). Daraus resultieren Veränderungen: Vermehrung der Gestalten durch Parallelisierungen, neue Figuren (Palamède, Dinadan – der Ritter, der den Sinn der Welt nicht findet), die Arthurisierung, die Anschwärzung Markes, die »Verritterlichung«. Die private Katastrophe des Liebespaares wird in die kosmische des Artusunterganges eingebaut.

Auf den ›Tristan en prose‹ folgt eine Sekundärrezeption in Kompilationen, in welche auch die Geschichten der Artus, Lancelot und Tristan vorangehenden Generation eingebaut werden. Der Roman ›Ysaye le triste‹ berichtet von Tristans und Isoldes Sohn und dessen Nachkommen.

4.2. Die italienische Tradition

Italien erhielt die *matière de Bretagne* aus Frankreich. Zeugnisse finden sich früher als Texte. Die ersten erhaltenen Dichtungen sind solche der französischen Sekundärrezeption des ›Tristan en prose‹ (›Palamède‹, Rusticien de Pise, ›Prophecies de Merlin‹), die im 13. Jahrhundert in Italien in französischer Sprache abgefaßt wurden. – Im ›Tristan‹-Bereich selbst gibt es Hinweise auf Kenntnis auch der Versfassungen, allerdings dominiert der ›Tristan en prose‹.

Die italienischen Texte, wohl ab Beginn des 14. Jahrhunderts entstanden, unterscheiden sich teilweise beträchtlich von den erhaltenen französischen und gehen häufig mit den iberischen, teilweise auch mit Malory zusammen, so daß man manchmal für diese italo-iberische Gruppe eine verlorene französische Version als Grundlage ansetzt.

Der ›Tristano Riccardiano‹, der älteste Artusroman Italiens (Ende 13./ Anfang 14. Jahrhundert), erzählt von Tristans Geburt bis zur Artusbefreiung durch Tristan in geradliniger Prosa, kommentarlos, stellenweise geschickt kürzend, wodurch Tristan stärker ins Zentrum gerät.

Der ›Tristano Veneto‹ folgt dem ›Riccardiano‹, ergänzt aber dann Tristans Kampf mit Lancelot (*perron de Merlin*), den Tod und eine Version der Rache an Marke.

Der ›Tristano Corsiniano‹ folgt den französischen Vorlagen enger und bringt Abenteuer Tristans und Dinadans.

Das in einer Sammlung kaufmännischer (!) Texte, ›Zibaldone da Canal‹, enthaltene ›Tristan‹-Bruchstück (Ende 14. Jahrhundert) erzählt aus der Jugend Tristans.

Die ›Tavola Ritonda‹ ist in sieben, bzw. acht Handschriften von der Mitte des 14. bis zur Wende zum 17. Jahrhundert überliefert. Es ist der Versuch einer Artus-Summe, wie dies dann im 15. Jahrhundert genrebildend wird (Michel Gonnot, Ulrich Füetrer, Thomas Malory), nur daß hier Tristan und seine Geschichte Zentrum und Erzählgerüst bilden. Quellen sind der ›Palamède‹, der ›Riccardiano‹, Thomas (in den Kapiteln 63–67), die ›Queste del Saint Graal‹ und der ›Mort Artu‹. Stärker als der Prosa-›Tristan‹, ähnlich dem ›Riccardiano‹, ist das Werk auf Tristan zentriert, die Abenteuer sind so ausgewählt, daß es zu einer durchgehenden Gegenüberstellung mit Lancelot, und zwar zugunsten Tristans, kommt. Dieser verkörpert ein Ideal des *cavaliere errante*, das christliche, aristokratische und bürgerliche Tugenden vereint.

Tristan hat früh in italienische Novellen Eingang gefunden. – Der ›Conto [Erzählung] di Brunor e di Galeotto suo figlio‹ der Sammlung ›Conti di antichi cavalieri‹ (wohl noch Ende des 13. Jahrhunderts) fügt der Episode von Branors (= ›Brunor‹ der Novelle) ›Schloß der Tränen‹ eine Vorgeschichte hinzu, die vom Entstehen der ›bösen *coutume*‹ (›böses Gewohnheitsrecht‹, an einen bestimmten Ort geknüpft) berichtet und mit Branors Sohn Galehaut (= Galeotto; nicht zu verwechseln mit dem Lancelot-Sohn Galahad), dem hochherzigen Prinzen, eine der edelsten Gestalten der Artus-Prosaromane überhaupt zum Helden macht: dieser kann zwar die *coutume* seiner Heimat nicht abschaffen, da er dann seinen Vater töten müßte, sucht aber, herumziehend und Gleichgesinnte sammelnd, überall solche *coutumes* aus der Welt zu schaffen; dabei wird er zum Schwurfreund Lancelots und sucht, Tristan irgendwo zu treffen und zu überwältigen, um ihn zwingen zu können, den *coutume*-Kampf mit seinem Vater zu übernehmen. Galehauts Macht wächst so an, daß er Artus in Bedrängnis bringt, sich diesem aber – um der Freundschaft für Lancelot und der Ehrerbietung für Tristan willen – freiwillig unterwirft. Kurz davor erfährt er, daß Tristan zufällig die *coutume* seiner Heimat gebrochen habe – und er ist nun, da dies geschehen ist und er Tristan und Lancelot zu Freunden hat, restlos glücklich. – In zwei Versionen der Sammlung ›Il Novellino‹ liegt die aus Béroul, Thomas und dem ›Tristan en prose‹ gemischte Erzählung vom »Belauschten Stelldichein« vor (vgl. auch ›Tavola Ritonda‹, Kap. 63). Im Druck des ›Novellino‹ von 1572 findet sich eine Episode von Tristans Wahnsinn, die von den bekannten abweicht.

Seit dem 14. Jahrhundert tritt der Artusstoff auch in balladesken, populären Reimgedichten, *cantari* auf.

Ins Gefolge der *cantari* gehört das ›Buch über die Kämpfe Tristans und Ghalassos und über die Königin Isolde‹ (1492 und 1523), das stofflich und motivisch eher dem Karlszyklus nahesteht. Anspruchsvoller ist Niccolòs degli Agostini ›Innamoramento [Liebesentflammtheit] di messer Tristano e di madonna Isotta‹, das die ›Tristan‹-Geschichte frei erzählt.

4.3. Die iberoromanische Tradition

Rezeptionsgrundlage sind die französischen Prosatexte, allerdings der italo-iberischen Gruppe, also nicht erhalten. Fraglich ist, ob man Italien als Mittlerstufe ansehen muß. Neuerdings erkennt man die Differenziertheit der iberoromanischen Tradition (mehrere Rezeptionsstränge, die zumindest zwei Kulturbereichen, Katalonien und Kastilien/Portugal, zugehören). Sie ist bis weit herauf Adelsrezeption. – Den Artusromanen nahezu parallel geht eine Sekundärrezeption im ›Amadis de Gaula‹, der ebenso wie diese um die Wende zum 16. Jahrhundert (in der Neufassung des Garci de Rodriguez de Montalvo) gedruckt wurde. Eine Art »Tertiärrezeption« liegt bei Cervantes vor, der zwar keinen Artusroman gekannt haben dürfte, sich selbst aber über den ›Amadis‹ auf Artus zurückführt.

In Katalonien dürfte der Artusstoff einige Zeit direkt aus Frankreich und der Provençe rezipiert worden sein, was Übersetzungen erst später notwendig machte. Zeugnisse weisen auf eine starke Verbreitung der Artusromane ab der ersten Hälfte des 14. Jahrhunderts hin. Erhalten sind zwei ›Tristan‹-Fragmente aus dieser Zeit: eines erzählt von Tristans Hochzeitsnacht, von Isoldes Brief an Tristan und von Tristans Rückkehr mit Kaherdin, das andere von Tristans Geburt.

Die Rezeption in Portugal und Galizien ist eng mit Kastilien und Leon verbunden. Alfons X. von Kastilien (und Leon) verwendete wie andere das Portugiesische als Sprache höfischer Lyrik. Bei ihm steht auch die früheste ›Tristan‹-Anspielung. Seit dem 14. Jahrhundert häufen sich die Spuren, ein ›Tristan‹-Roman ist bibliothekarisch bezeugt. »Tristanisches« kommt in zweierlei Form vor. – Den ›Cancioneiro [Liederbuch] de Ajuda (de Lisboa)‹ eröffnen fünf lyrische Stücke des 13./14. Jahrhunderts, die sich als *Lais de Bretanha* bezeichnen (ohne mit den »bretonischen *Lais*«, s. o. S. 370f., etwas zu tun zu haben), von denen drei auf Lais des ›Tristan en prose‹ zurückzuführen sind. –

Das galizisch-portugiesische ›Tristan‹-Fragment des 14. Jahrhunderts bringt Material der französischen Vulgatfassung, das sonst in der iberischen Tradition nicht vorkommt.

In Kastilien und Leon (Zentralspanien) scheint sich – über Aktivitäten des Königshauses, insbesondere der Herrscher seit Alfons X. (1252–1284) – das Einfallstor des Artusstoffes in die Halbinsel ergeben zu haben. Die Rezeption ging vom Königshaus aus und verbreitete sich bis zur ersten Hälfte des 15. Jahrhunderts bis in den Landadel. Nach 1500 erfolgt eine kurze Spätblüte in Drucken.

Spuren enthalten neben der Lyrik Alfons' X. der ›Libro de buen amor‹ (1343) des Erzpriesters Juan Ruiz und der ›Cancioneiro de Baena‹ (um 1445). Erhalten sind mehrere ›Tristan‹-Romane, die möglicherweise auf ein Original des späten 13. Jahrhunderts zurückgehen. Ein Fragment des 14. Jahrhunderts (Bonilla-Fragment) berichtet die Geschichte vom alten Ritter Branor nach Rusticien: ein über hundertjähriger Ritter kommt an den Artushof und wirft alle Ritter im Lanzenkampf nur dadurch aus dem Sattel, daß er ihnen seine gepanzerte Brust entgegenhält. Nur bei Lancelot und Tristan verwendet er auch seinen Speer, um ihnen das gleiche Schicksal zu bereiten. Artus selbst verweigert er den Kampf. Schließlich, nachdem er weggeritten ist, läßt er seinen Namen und den Zweck seines Tuns sagen: er sei Ritter aus der Runde von Artus' Vater Uther-Pendragon und habe prüfen wollen, wie hoch die Kampfkraft der heutigen Starritter sei. Das Ereignis wird in der Artuschronik vermerkt (s. auch u., 4.5. und 4.6.). Der ›Tristan‹ der Handschrift Vatican 6428 (14./15. Jahrhundert), den sein Herausgeber ›El cuento de Tristán de Léonis‹ nannte, berichtet die Ereignisse von Tristans Kindheit bis zu einem Turnier der Zeit von *Joyeuse Garde* (Artusbesuch im Zelt Tristans und Isoldes). Der Text steht inhaltlich den Drucken nahe, weicht aber sprachlich und in Details beträchtlich ab. – Ein vollständiger ›Tristan‹ liegt in zwei Drucken (1501 und 1528) vor: ›Libro del esforçado cauallero don Tristán de Leonís y des fechos en armas‹ (›Buch der Tapferkeit des Ritters Herrn Tristan von Leonis und seiner Waffentaten‹). Hervorgehoben wird seine Liebesleidenschaft und seine Gleichrangigkeit mit Lancelot. In Einzelheiten gibt es Eigenständiges (die Szene mit dem »Trennenden Schwert« wird in *Joyeuse Garde* von Artus als bewußte Täuschung Markes inszeniert), den Schluß bildet jene Beschreibung der Schönheit Isoldes, die Brunetto Latini (ca. 1220–1294) in sein enzyklopädisches Werk ›Li

Livres dou Trésor‹ als Beispiel brillanter Rhetorik eingefügt hat. – Ein weiteres ›Tristan‹-Fragment ist bis jetzt zwar bekannt, aber nicht zugänglich gemacht (15./16. Jahrhundert). Es enthält Isoldes Anklagebrief und eine Rechtfertigung Tristans. – Die Handschrift Madrid 9611 enthält einen ›Lancelot‹, der auf einen ›Libro de don Tristán‹ verweist und Lancelotabenteuer einführt, die zu einem solchen überleiten könnten.

Zwei Texte können als iberoromanische »Originalbeiträge« gelten. In mehreren Versionen des 15./16. Jahrhunderts ist die Ballade ›Herido [tödlich verwundet] está don Tristán‹ überliefert: Mit der im Rücken noch zitternden Lanze küßt Tristan schreiend und schweißtriefend Isolde, die ein Gleiches tut. Dem Wasser entspringt eine Lilie. Jede Frau, die diese ißt, wird schwanger. Isolde hat von ihr gegessen.

1534 erschien in Sevilla eine ›Coronica nueuamente emendada y anadida del buen cauallero don Tristán de Leonís y del rey don Tristán de Leonís, el joven, su hijo‹ (›Neu verbesserte und ergänzte Chronik von dem guten Ritter Herrn Tristan von Leonis und vom König Herrn Tristan von Leonis, dem Jungen, seinem Sohn‹). Der Roman wurde 1555 auch italienisch herausgebracht.

Einem ersten Band, der im Wesentlichen den beiden anderen Drucken folgt, ist die Geschichte der Kinder der Liebenden (nicht derjenigen aus ihren Ehen wie sonst meist –, sondern aus ihrer Liebe), *Tristán* und *Iseo*, angefügt. Diese werden (hier liegt eine Interpolation im ersten Buch vor) während des auf zwei Jahre ausgedehnten Aufenthaltes im »Schloß der Tränen« gezeugt, bei der Weiterfahrt dort in guter Obhut zurückgelassen und nach dem Tode ihrer Eltern von Gouvernal, Brangäne, Kaherdin und Lancelot ins Spiel einer höchst komplexen Handlung gebracht, in deren bis Afrika reichendem Verlauf zwei weitere Tristane (*Tristan de Egipto* und *Tristan de Libya*, Großneffe und Enkel des eigentlichen Tristan) auftreten. Der Schlußteil wechselt in die Realität und führt zur Vereinigung der Länder Kastilien und Leon. – Das Werk zeigt Tendenzen zur politisch-ethischen Didaxe, vor allem werden soziale Bindungen (Herr und Vasall, Gatte und Gattin, Eltern und Kinder) hervorgehoben. EISELE meint, daß der »Autor ein politisch engagierter Großgrundbesitzer war (möglicherweise eine Frau), der/die wenigstens teilweise beabsichtigte, eine heilsame Burleske einer Literaturform anzubieten, die bereits in mehr als einer Hinsicht lächerlich geworden war« (S. 41) – und das 16. Jahrhundert nicht überleben sollte.

4.4. Sir Thomas Malory

Der englische ›Sir Tristrem‹ hatte keine Nachwirkungen, so daß sich die zweite englische ›Tristan‹-Gestaltung an der völlig anderen Tradition des ›Tristan en prose‹ orientierte. Dieser zweite ›Tristan‹ ist bis heute aktuell geblieben: das ›Boke of Syr Trystrams de Lyones‹, Teil des ›Le Morte Darthur‹ von Thomas Malory (beendet um 1470; erster Druck: 1485). – Seine Vorlagen sind französische Prosazyklen, die Malory durch mittelenglische Romanzen ergänzt und in Syntax und Struktur (»Entflechtung« des bautechnischen *entrelacements* zu einem »thematischen«) umarbeitet: es entsteht ein neues, wohlkonzipiertes Ganzes. – Der Sinn seiner Arthuriade ist die Darstellung einer ritterlichen Welt, die ihre Aktualität aus der gerade (und erst) im Spätmittelalter europaweit auftretenden Wechselwirkung von Ritterliteratur und adeliger Lebenspraxis bezieht. – Die Struktur von ›Le Morte Darthur‹ ist wohl dreiteilig und folgt dem Schema »Aufstieg und Etablierung« (*tales* 1–4), »Höhe, Breite und Wandel« (*tale* 5: ›Trystrams‹) und »Niedergang und Ende« (*tales* 6–8) des Rittertums. – Spezifisch für Malory ist, daß er, bei aller Übernahme des katastrophenorientierten Konzepts des französischen Lancelot-Gral-Zyklus, auch am Ende noch versöhnliche Aspekte einzubringen vermag. – In dieses Konzept fügt sich der ›Tristan‹ ein. Er bildet das gewichtete Zentrum des Romans. Er ist in sich wieder dreigeteilt: Tristans Aufstieg als Liebender und Ritter, Marke der Schurke, Tristan und Isolde (in *Joyeuse Garde*). – Das *tale* läßt aber auch Probleme erkennen. Einmal ist die Geschichte nicht vollständig. Malory folgt zwar (auswählend) den Umrissen des ›Tristan en prose‹, beendet aber seinen ›Tristan‹ mit dem Aufenthalt in *Joyeuse Garde* und der Bekehrung des Palamède durch Tristan. Dieser kommt danach handelnd nicht mehr vor, es wird dreimal in anderen Zusammenhängen von seinem Tode berichtet. Dann aber ist der ›Trystrams‹ durch mehrere recht eigenständige Geschichten erweitert, die kaum auf Tristan bezogen zu sein scheinen. Aber: »Das eigentliche Thema dieses *tale* [ist] nicht Tristans Weg, sondern ›Ritterschaft‹ selbst, von welcher so demonstriert wird, daß sie eine Angelegenheit ist, die komplexer erscheint, als die Erzählung von einem Individuum« (BENSON). – Der ›Tristan‹ aber bleibt auf der Strecke: weder der Ehebruch, noch die Gesellschaft um Tristan und Isolde, noch die Liebe werfen Probleme auf.

4.5. Das griechische ›Tristan‹-Fragment

In der Handschrift Vatican 1822 (14. Jahrhundert) findet sich ein Text in griechischen Versen. Er enthält, ohne daß Fragmentarizität erkennbar wäre, jene Erzählung vom uralten Ritter, der alle Artushelden, einschließlich Tristan und Lancelot zu Fall bringt und dann mit einem Mädchen zur Hilfe für dessen Reich fortreitet, die schon zu erwähnen war (s. o. S. 387).

4.6. Der Serborussische ›Tristan‹

Dafür, daß im Mittelalter der ›Tristan‹ an der dalmatinischen Küste und auch im Binnenland verbreitet war, gibt es mehrere Zeugnisse. Erhalten aber ist nur eine weißrhutenische Handschrift (›Posener‹) vom Ende des 16. Jahrhunderts, die (glaubhaft) angibt, aus dem Serbischen die »Geschichten von Helden« zu übersetzen.

Der darin enthaltene ›Roman von Tristan und Isolde‹ (›Povest o Tristanu o Izoti‹) stellt eine eigenwillige Version auf der Basis des ›Tristan en prose‹ dar, zu der es kaum literaturhistorische, keine interpretierenden Studien gibt. Eine französische Textgrundlage könnte für Teile wahrscheinlich sein, anderes weist nach Italien, anderes hat keine bekannten Quellen. Das Alter des serbischen Originals ist kaum bestimmbar.

Der in der englischen Übersetzung ca. 100 Druckseiten lange, in 38 Kapitel unterteilte Text folgt in den Kapiteln 1–25 (bis zur Hochzeitsnacht Markes) dem ›Tristan en prose‹ in eigenständiger Nachgestaltung. Kapitel 26 ist eine Version des »Belauschten Stelldichein«, die Kapitel 27 und 28 folgen bis zur Befreiung Isoldes von Palamède durch Tristan wieder dem Prosa-›Tristan‹. – Dann geht der Text eigene Wege: Isolde will nicht mehr zu Marke zurück, und so »wanderten [sie] durch die Welt«. Sie treffen auf ein Lager des Artushofes, dort kommt es zu Inkognito-Kämpfen, bis Lancelot Tristan erkennt. Dem Empfang folgt eine Schönheitskonkurrenz (Kap. 29–31). Die Kapitel 32–35 erzählen Abenteuer zur Befreiung des Artus, Kapitel 36 und 37 weitere Serien. Das letzte Kapitel, 38, ist eigenartig: zunächst provozieren Tristan und Lancelot einen alten Burgherrn – den schon bekannten uralten Ritter –, der sie beide besiegt. Dann ergeht es ihnen ebenso mit einem fahrenden Ritter, der sich als Galahad, Lancelots Sohn entpuppt. Die Gestaltungsweise grenzt hier manchmal ans Groteske, nicht zuletzt auch dann, wenn man sich der geradezu messianischen Prophezeihungen über Tristans

Welterlöserrolle am Beginn des Romans erinnert. – Schließlich kehren Tristan und Isolde zu Marke zurück, der ihnen ein glückliches Leben ermöglicht. Auf einem Turnier, fern von Isolde, wird Tristan verwundet. Als er dann auch noch einen Sehnsuchtsbrief Isoldes erhält, ist er dem Tode nahe und läßt Marke bitten, ihm Isolde zu senden. Der Roman endet: »König Marke ließ Isolde gerne ziehen, und sie machte sich mit einem Herz voll Freude auf den Weg. Nachdem sie angekommen war, begann sie ihn zu behandeln, was sie bestens konnte. Ich weiß nicht, ob er sich von seinen Wunden erholte, oder ob er starb. – So viel steht über ihn geschrieben«.

BIBLIOGRAPHIE

Textausgaben (in der Reihenfolge der Erwähnung im Text)

Ystorya Tristan (walisisch): HILL, S. 1–5.

Französische Verstexte

J. C. PAYEN, Tristan et Iseut. *Les Tristan en vers.* Édition nouvelle. Texte, traduction, notes critiques, bibliographie et notes (Les Classiques Garnier), Paris 1974. – A. T. HATTO, Gottfried von Straßburg: ›Tristan‹. With the surviving fragments of the ›Tristan‹ of *Thomas* [...] translated (Penguin Books), Harmondsworth 1960. – U. MÖLK, *Berol*: Tristan und Isolde (Klassische Texte des romanischen Mittelalters in zweisprachigen Ausgaben 1), München 1962. – D. RIEGER und R. KROLL, *Marie de France*: Die Lais. Übersetzt (Klassische Texte des romanischen Mittelalters in zweisprachigen Ausgaben 19), München 1980. – G. PARIS, *Le Donnei des Amants*, in: Romania 25 (1896) 497–541. – J. L. WESTON und J. BÉDIER, *Tristan ménestrel*, in: Romania 35 (1906) 497–530.

Eilhart von Oberg: D. BUSCHINGER, Eilhart von Oberg: Tristrant. Édition diplomatique et traduction en francais moderne (GAG 202), Göppingen 1976.

Gottfried von Straßburg

P. F. GANZ, Gottfried von Straßburg: Tristan. Nach der Ausgabe von R. Bechstein (Deutsche Klassiker des Mittelalters, N. F. 4), 2 Bände, Wiesbaden 1978. – R. KROHN, Gottfried von Straßburg: Tristan. Ins Neuhochdeutsche übersetzt, mit einem Stellenkommentar (RUB 4471/3), 3 Bde., Stuttgart 1980.

Ulrich von Türheim: T. KERTH, Ulrich von Türheim: Tristan (ATB 89), Tübingen 1979.

Heinrich von Freiberg: A. BERNT, Heinrich von Freiberg, 2 Bde., Halle/Saale 1906, Nachdruck Hildesheim 1978.

D. BUSCHINGER, Heinrich von Freiberg, Tristan. Edité avec Introduction et Index (GAG 270), Göppingen 1982.

Tristan als Mönch: B. C. BUSHEY, ›Tristan als Mönch‹ (GAG 119), Göppingen 1974.

Tschechischer Tristan: U. BAMBORSCHKE, Das alttschechische Tristan-Epos (Veröffentlichungen des Osteuropa-Instituts der FU Berlin 35/I–II), Wiesbaden 1968/1969.

Prosa-Eilhart: A. BRANDSTETTER, Tristrant und Isalde (ATB, Ergänzungsreihe 3), Tübingen 1966.
Hans Sachs
E. SOBEL, The Tristan Romance in the Meisterlieder of Hans Sachs (University of California Publications in Modern Philology 40), Berkeley-Los Angeles 1963. – A. VON KELLER, Hans Sachs: Tragedia [. . .], in: Werke, Bd. XII, Nachdruck Hildesheim 1964.
Bruder Robert
E. KÖLBING, Tristrams Saga ok Ísondar, Heilbronn 1878, Nachdruck Hildesheim-New York 1978 [mit deutscher Übersetzung]. – P. SCHACH, The Sage of Tristram and Ísönd. Translated with an introduction, Lincoln und London 1973.
Geitarlauf: R. COOK und M. TVEITANE, Strengleikar. An Old Norse Translation of Twenty-One Old French Lais [Ausgabe und Übersetzung] (Norsk Historisk Kjeldeskrift Institutt), Oslo 1979.
Isländischer Tristan: HILL, S. 6–28.
Isländische und färöische Balladen
HILL, S. 29–38, 156–158.
Sir Tristrem: E. KÖLBING, Sir Tristrem [mit deutscher Übersetzung], Heilbronn 1882.
Tristan en prose
E. LÖSETH, Le roman en prose de Tristan, le roman de Palamède et le compilation de Rusticien de Pise, Paris 1890, Nachdruck New York 1970 [Inhaltsangaben]. – R. L. CURTIS, Le Roman de Tristan en Prose, 2 Bde., München 1963 und Leiden 1976. – C. E. PICKFORD, Tristan 1489 [Faksimile des Erstdrucks von Jehan Le Bourgoys, Rouen], London 1976. – J. BLANCHARD, Le Roman de Tristan en Prose. Les deux captivités de Tristan (Bibliothèque Française et Romane, Série B, 15), Paris 1976.

Italienische Texte
F. ARESE, Prose di Romanzi [Teile aus ›Riccardiano‹, ›Veneto‹ und ›Tavola Ritonda‹], Torino 1950. – E. G. PARODI, Il Tristano Riccardiano, Bologna 1896. – M. GALASSO, Il Tristano Corsiniano, Monte Cassino 1937. – F.-L. POLIDORI, La Tavola Ritonda o L'Istoria di Tristano, 2 Bde., Bologna 1864/65. – P. RAJNA, I Cantari di Carduino, giuntovi quello di Tristano e Lancillotto, quando combattettero al Petrone di Merlino, Bologna 1873. – G. BERTONI, Cantari di Tristano, Modena 1937. – P. RAJNA, Il Cantare dei Cantari e il Serventese del Maestro di tutte l'Arti, in: ZfromPhil 2 (1878) 220–254 und 419–437.

Spanische Texte: siehe H. L. SHARRER, A Critical Bibliography of Hispanic Arthurian Material. I. Texts: the prose romance cycles (Research Bibliographies and Checklists 3), London 1977.
Thomas Malory: s. o., S. 337.
Griechisches Fragment: HILL, S. 41–46.
Serborussischer Tristan: HILL, S. 47–143.

Anthologie englischer Übersetzungen: J. HILL (Hg.), The Tristan Legend. Texts from Northern and Eastern Europe in Modern English Translation (Leeds Medieval Studies 2), Leeds 1977.

Forschungsliteratur

Bibliographien, grundlegende und übergreifende Darstellungen

H. Küpper, Bibliographie der Tristansage (Deutsche Arbeiten der Universität Köln 17), Jena 1941. – Bbsia. Bulletin Bibliographique de la Société Internationale Arthurienne 1 (1949) ff. – H. H. Steinhoff, Bibliographie zu Gottfried von Straßburg (Bibliographien zur deutschen Literatur des Mittelalters 5), Berlin 1971. – D. J. Shirt, The Old French Tristan Poems. A bibliographical guide (Research Bibliographies and Checklists 28), London 1980. – C. E. Pickford/R. Last, The Arthurian Bibliography. I: Author Listing (Arthurian Studies III), Cambridge 1981.

M. S. Batts, Gottfried von Straßburg (Twaynes World Authors Series 167), New York 1971. – J. D. Bruce, The Evolution of Arthurian Romance. 2nd edition with a supplement by A. Hilka (Hesperia, Ergänzungsreihe 8), Göttingen 1928, Neudruck Genf 1974. – W. Golther, Tristan und Isolde in den Dichtungen des Mittelalters und der Neuzeit, Leipzig 1907. – B. M. Langmeier, Forschungsbericht zu Gottfrieds von Straßburg ›Tristan‹ mit besonderer Berücksichtigung der Stoff- und Motivgeschichte für die Zeit von 1759–1925, Zürich 1978. – R. S. Loomis (Hg.), Arthurian Literature in the Middle Ages, Oxford 1959, Neudruck 1974. – R. Picozzi, A History of Tristan Scholarship (Kanadische Studien zur deutschen Sprache und Literatur 5), Bern-Frankfurt 1971. – F. Ranke, Tristan und Isolde (Bücher des Mittelalters), München 1925 [deutsche Übersetzungen]. – G. Weber/W. Hoffmann, Gottfried von Straßburg (Sammlung Metzler 15), 5. Auflage, Stuttgart 1981.

Spezielle Literatur

R. Baehr, Chrétien und der Tristan, in: Sprachkunst 2 (1971) 43–58. – E. Baumgartner, Le ›Tristan en prose‹ (Publications Romanes et Françaises 133), Genf-Paris 1975. – J. Bédier, Le Roman de Tristan par Thomas. Poème du XIIe siècle (Satf), 2 Bde., Paris 1902 und 1905, Neudruck New York 1968. – L. D. Benson, Malory's Morte Darthur. Cambridge Mass.-London ²1977. – D. Branca, I Romanzi Italiani di Tristano e la Tavola Ritonda, Florenz 1968. – A. Cavaliere, La Leggenda Medievale di Tristano e Isotta, Rom 1974. – W. Christ, Rhetorik und Roman. Untersuchungen zu Gottfrieds von Straßburg ›Tristan und Isold‹ (Deutsche Studien 31), Meisenheim am Glan 1977. – A. Crépin, Position de ›Sir Tristrem‹, in: D. Buschinger (Hg.), La Légende de Tristan au Moyen Âge (GAG 355), Göppingen 1982, S. 89–108. – R. Dean und E. Kennedy, Une fragment anglo-normand de la Folie Tristan de Berne, in: Moyen Âge 79 (1973) 57–72. – M. Delbouille, Le premier roman de Tristan, in: Cahiers de Civilisation Médiévale 5 (1962) 273–286 und 419–435. – D. Delcorno-Branca, Per la storia del Roman de Tristan in Italia, in: Cultura Neolatina 40 (1980) 211–229. – G. Eisele, A Reappraisal of the 1534 Sequel to Don Tristán de Leonís, in: Tristania 5/2 (1980) 28–44. – W. J. Entwistle, The Arthurian Legend in the Literatures of the Spanish Peninsula, London und Toronto 1925, Neudruck 1975. – J. Frappier, Structure et sens du Tristan. Version commune, version courtois, in: Cahiers de Civilisation Médiévale 6 (1963) 255–279 und 441–454. – E. G. Gardner, The Arthurian Legend in Italian Literature, London-New York 1930, Neudruck 1971. – W. Haug, *âventiure* in Gottfrieds von Straßburg Tristan, in: H. BACKES (Hg.), Festschrift für Hans Eggers zum 65. Geburtstag (PBB 94, Sonderband), Tübingen 1972, S. 88–125. – C. S. JAEGER, Medieval Humanism in Gottfried von Straßburg's Tristan und Isolde (Germanische Bibliothek, Reihe 3), Heidelberg 1977. – A. JUNGREITHMAYR, Tristan als Mönch. Ansätze zu einem Textverständnis, in: P. K. STEIN u. a. (Hgg.), Sprache-Text-Geschichte (GAG 304), Göppingen 1980, S. 409–440. – T. KERTH, The Denouement of the Tristan-Minne. Türheim's dilemma, in: Neophilologus 65 (1981) 79–93. – H. KRAUSS, Der Artusroman in Italien, in: GRLMA IV, Heidelberg 1978, S. 667–675. – R. LATHUILLÈRE, Le roman de Tristan en prose. Guiron le courtois. Le Roman du Graal postérieur à la Vulgate. La Compilation de Rusticien de Pise, in: GRLMA IV, Heidelberg 1978, S. 601–625. – H. G. LEACH, Angevin Britain and Scandinavia (Harvard Studies in Comparative Literature 6), Cambridge-London 1921. – D. MIETH, Dichtung, Glaube und Moral. Studien zur Begründung einer narrativen Ethik. Mit einer Interpretation zum Tristanroman Gottfrieds von Straßburg (Tübinger Theologische Studien 7), Mainz 1976. – W. MOHR, Tristan und Isolde, in: GRM 56 (1976) 54–83. – O. J. PADEL, Les elements Celtiques, in: D. BUSCHINGER (Hg.), La Légende de Tristan au Moyen Âge (GAG 355), Göppingen 1982, S. 81–88. – B. PLATE, Verstehensprinzipien im Prosa-Tristrant von 1484, in: G. KAISER (Hg.), Literatur – Publikum – historischer Kontext (Beiträge zur älteren deutschen Literaturgeschichte 1), Bern-Frankfurt-Las Vegas 1977, S. 79–89. – F. RANKE, Die Allegorie der Minnegrotte in Gottfrieds Tristan (1925), in: A. WOLF (Hg.), Gottfried von Straßburg (WdF 320), Darmstadt 1973, S. 1–24. – K. RUH, Höfische Epik des deutschen Mittelalters. Zweiter Teil: ›Reinhart Fuchs‹, ›Lanzelet‹, Wolfram von Eschenbach, Gottfried von Straßburg (Grundlagen der Germanistik 25), Berlin 1980. – E. RUHE und R. SCHWADERER (Hgg.), Der altfranzösische Prosaroman. Funktion, Funktionswandel und Ideologie am Beispiel des ›Roman de Tristan en prose‹ (Beiträge zur romanischen Philologie des Mittelalters 12), München 1979. – J. SCHWIETERING, Der Tristan Gottfrieds von Straßburg und die bernhardinische Mystik (1943), in: Philologische Schriften, München 1969, S. 338–361. – P. K. STEIN, Die Musik in Gotfrieds von Straßburg ›Tristan‹ – ihre Bedeutung im epischen Gefüge. Vorstudie zu einem Verständnishorizont des Textes, in: ders. u. a. (Hgg.), Sprache-Text-Geschichte (GAG 304), Göppingen 1980, S. 569–694. – P. W. TAX, Wort, Sinnbild, Zahl im Tristanroman (Philologische Studien und Quellen 8), 2., durchges. und erw. Auflage, Berlin 1971 (zuerst 1961). – A. TEKINAY, Materialien zum vergleichenden Studium von Erzählmotiven in der deutschen Dichtung des Mittelalters und den Literaturen des Orients (Europäische Hochschulschriften Reihe 1, 144), Bern 1980. – VERFASSERLEXIKON. Die deutsche Literatur des Mittelalters. Verfasserlexikon. 2., völlig neu bearbeitete Auflage, Berlin-New York 1978 ff. – B. WACHINGER, Zur Rezeption Gottfrieds von Straßburg im 13. Jahrhundert, in: W. HARMS und L. P. JOHNSON (Hgg.), Deutsche Literatur im späten Mittelalter, Berlin 1975, S. 56–82. – G. WEBER, Gottfrieds von Straßburg ›Tristan‹ und die Krise des hochmittelalterlichen Weltbildes um 1200. 2 Bde., Stuttgart 1953. – R. A. WISBEY, The *renovatio amoris* in Gottfried's ›Tristan‹, in: London German Studies 1 (1980) 1–66. – A. WOLF, *diu wâre wirtinne-der wâre Êlicon*. Zur Frage des typologischen Denkens in volkssprachiger Dichtung des Hochmittelalters, in: Amsterdamer Beiträge zur Älteren Germanistik 6 (1974) 93–131.

HÖFISCHE UND UNHÖFISCHE MINNE- UND ABENTEUERROMANE

von

WERNER RÖCKE

I

Literarische Gattungen des Mittelalters bilden sich nicht am Maßstab eines regelgebenden Modells, sondern in der Abfolge unterschiedlicher, hinsichtlich ihrer thematischen Struktur und ihres Redestils mehr oder weniger lose zusammenhängender Texte. »Sie können als solche nicht abgeleitet oder definiert, sondern nur historisch bestimmt, abgegrenzt und beschrieben werden.«[1] Das gilt auch für die bislang dargestellten epischen Stoffe und Erzählformen, wie die Bibel-, Geschichts- oder Heldenepik, den antikisierenden, Artus-, Grals- oder Tristanroman. Gleichwohl beruht die Kontinuität dieser verschiedenen Erzähltypen auf einem jeweils recht einheitlichen Figuren- und Motivensemble, das zwar unterschiedlich akzentuiert, nicht aber beliebig erweitert oder gar verändert worden ist. Ein solch konstantes Figuren- und Motivensemble hingegen fehlt in einer Gruppe von Erzählungen, die sich durch eine bunte Erzählfülle, durch das Nebeneinander und die Verschränkung ganz unterschiedlicher Stoffbereiche und Erzählmuster, darüber hinaus auch noch durch eine äußerst disparate Chronologie und Wirkungsabsicht auszeichnen: einerseits die sog. »Spielmannsepen« mit ihrer Verschränkung ganz unterschiedlicher Stoffbereiche, wie z. B. reichspolitischer Auseinandersetzung, Brautwerbung und Wunderfahrten (›König Rother‹, ›Herzog Ernst‹) oder Heidenkampf, Brautwerbung und Heilshandeln Gottes (›Oswald‹, ›Orendel‹) oder mit dem Thema des Sieges listiger Klugheit über Untreue und Betrug (›Salman und Morolf‹); andererseits die sog. »Minne- und Abenteuerromane«[2], die auf eine höchst variable Art und Weise von Liebesglück und Liebesleid erzählen, von Trennung und Wiedervereinigung der Liebenden, ihrer Suche nach dem oder der Geliebten und ihrer immer weitergehenden Verstrickung in Wunder und Abenteuer. Dazu zählen neben der umfänglichen, ihre Vorlage erheblich erweiternden Bearbeitung des spätantiken ›Apollonius‹-Romans durch den Wiener Arzt Heinrich von Neustadt (›Apollonius von Tyrlant‹) rührende Erzählungen von der innigen Liebe zweier Kinder, die aufgrund ständischer und religiöser Unterschiede voneinander getrennt, nach vielen Gefahren aber auch wieder miteinander verbunden werden (›Flore und Blanscheflur‹, Johann von Würzburg: ›Wilhelm von Österreich‹), dann auch legendenhafte Liebesromane, in deren Verlauf die Liebenden in der Nachfolge Christi voneinander getrennt und erst nach vielen Beweisen ihrer Tugendhaftigkeit geläutert und von Gott erneut verbunden werden (›Die gute Frau‹, Ulrich von Etzenbach: ›Wilhelm von Wenden‹, ›Magelone‹), bzw. gegen alle Anfeindungen des Bösen ihre Demut und Keuschheit bewahren (›Mai und Beaflor‹); schließlich Erzählungen vom Sieg der Liebenden über Zauberei und Verwandlung, von ihrer Bewährung, aber auch ihrem Versagen in Prüfungen aller Art (›Friedrich von Schwaben‹, ›Melusine‹).

Angesichts dieser Fülle unterschiedlichster Stoffe, Figuren und Motivfelder, angesichts auch ihrer diffusen Chronologie – eine sichere Datierung ist bei vielen dieser Texte unmöglich, die ältesten von ihnen (›König Rother‹, ›Herzog Ernst‹) gehören wohl noch ins 12., die jüngsten (›Heymonskinder‹, ›Magelone‹) ins 16. Jahrhundert – erscheint ihre Zusammenfassung zu einer Erzählgattung problematisch. Gleichwohl sind die Gemeinsamkeiten zwischen diesen so unterschiedlichen Texten deutlich genug: Übereinstimmungen in der thematischen Struktur, in den Schwerpunkten und dem Aufbau der Handlung, Übereinstimmungen aber auch – trotz aller Unterschiede – in der Konstellation und Darstellung der Figuren. Allerdings treten diese Konstanten der thematischen Struktur und des Figurenensembles nur in Verbindung mit ganz unterschiedlichen Stoffbereichen und Erzählweisen, also nur in den vielfältigsten Variationen in Erscheinung, nicht jedoch als unveränderbare Norm. Dieses Verhältnis von »gattungshafter Dominante« und »Gattungsmischung«[3], von Grundformen dieser Erzählungen und ihrer Verschränkung mit den unterschiedlichsten Stoffen und Formen stellt sich in der historischen Abfolge der Texte jeweils anders dar, ermöglicht aber auch schon ihre Zusammenfassung zu bestimmten Textgruppen und Erzähltypen, d. h. zu einer synchronen Gliederung der Gattungsgeschichte.

Die Fragwürdigkeit der Annahme einer eigenen Gattung »Spielmannsepik« dagegen ist inzwischen anerkannt: weder trifft die Gattungsbezeichnung selbst das Richtige, da der mittelalterliche *spilman* vielleicht noch als Träger mündlicher Literatur in Frage kommt, nicht aber als Verfasser von Buchliteratur, wie es die sog. »Spielmannsepen« zweifellos waren; noch reichen die vermuteten Gattungskriterien, wie Einheitlichkeit des Stils, der relevanten Motive u. a. dazu aus, eine eigene Erzählgattung zu begründen.[4]

Was sind nun die »gattungshaften Dominanten« der Minne- und Abenteuerromane, und welche Formen der »Gattungsmischung« bringen sie hervor?

1. Mit der einen Ausnahme des ›Herzog Ernst‹ geht es in all diesen Erzählungen um Werbung und Gewinn einer Geliebten, Braut oder Gattin, um die glückliche Vereinigung und erneute Trennung, um die Suche nach der oder dem Geliebten und um das Bestehen zahlreicher Abenteuer, schließlich um die erneute Wiedervereinigung, den endgültigen Vollzug der Ehe oder – wie in ›Salman und Morolf‹ – um die endgültige Bestrafung der Gattin. Die erheblichen Unterschiede im einzelnen: daß die Brautwerbung Gewalt oder List erfordert, daß die Helden, ihre Werber oder die Mädchen und Frauen ihrer Wahl die verschiedensten Prüfungen zu bestehen haben u. ä., ändert nichts an dieser strukturellen Analogie des Handlungsaufbaus. Er führt auf zwei unterschiedliche Stofftraditionen zurück, die in diesen Erzählungen miteinander verbunden worden sind. Da ist zum einen das Motiv der Brautwerbung, das in der west-, nord- und osteuropäischen Literatur des Mittelalters weit verbreitet war und in zahlreichen Variationen überliefert ist: Ein König oder Fürst berät im Kreis seiner Vasallen über Möglichkeit und Notwendigkeit einer Heirat, um die Herrschaftsnachfolge durch Erben zu sichern. Ein erfahrener Ratgeber berichtet von einer standesgemäßen und unbeschreiblich schönen Prinzessin, die allerdings nur unter Gefahren für Leib und Leben zu erringen wäre. Dennoch zieht der König aus und gewinnt sie, sei es nun durch Gewalt oder List, gegen ihren Willen oder im heimlichen Einverständnis mit ihr, nachdem er eine Reihe von Kämpfen gegen ihren Vater, ihre Sippe, ihre Vasallen zu bestehen hatte. In dem Maße nun, wie bei der Entführung Gewalt und Kampf zurücktreten und Liebesempfindungen, Formen der listigen Verstellung, des Verkleidens, der heimlichen Unterredung in den Vordergrund treten, die gegen den in der Regel höchst abstoßend geschilderten Vater der Geliebten zum Ziel verhelfen sollen, verbindet sich das Motiv der Brautwerbung oder des

Brautraubs mit antiker Erzähltradition. Im spätantiken oder hellenistischen Roman liegt ein festes Motivensemble vor, dessen Einfluß bei der Umformung der alten Brautwerbungsformen in Rechnung zu stellen und das dem Mittelalter wohl insbesondere über den außerordentlich weit verbreiteten ›Apollonius von Tyrus‹, vielleicht auch über orientalische Erzählungen, wie z. B. die aus ›1001 Nächten‹, bekannt geworden ist. Die Kenntnis des Apollonius-Romans (s. oben S. 282f.) ist in der mitteleuropäischen Literatur seit dem 10. Jahrhundert bezeugt; er tritt dann einen wahren Siegeszug durch die lateinische und volkssprachige Literatur des Mittelalters an. Sein Handlungsschema: Ein junger Fürst hört von einer ausnehmend schönen Prinzessin und will sie von ihrem Vater, der bislang allerdings alle Freier töten ließ, gewinnen. Auch er muß fliehen und gelangt als Schiffbrüchiger in das Reich eines Königs, in dessen Tochter er sich sofort verliebt und die er auch gewinnt. Widrige Umstände trennen das schöne Paar; die Liebenden werden im weiten Raum der Mittelmeerwelt umhergetrieben, bestehen zahllose Gefahren für Leib und Seele, Versuchungen und Nachstellungen aller Art, werden schließlich aber durch eine gnädige Gottheit wieder zusammengeführt.

2. Dieses Handlungsschema, das sich so oder ähnlich in den meisten der spätantiken Liebes- und Reiseromane findet, ist um die beiden Konstanten Liebe und Abenteuer zentriert. Für den literaturgeschichtlichen Ort des Minne- und Abenteuerromans im Mittelalter ist dieses Schema insofern von Bedeutung, als es einerseits maßgeblich zur Verfeinerung des alten Brautwerbungsmotivs beigetragen hat, wie es zum Teil noch in der nordeuropäischen Saga oder auch in der deutschen Heldenepik zu finden ist, andererseits den Unterschied gegenüber *minne* und *aventiure* des höfischen Romans markiert. Wunder und Abenteuer bieten hier keineswegs, wie im höfischen Roman, je neu Gelegenheit zur Bewährung des Helden und seines ritterlichen Ethos, sondern schaffen neue Erfahrungen in einer weiter gewordenen Welt, rufen Erstaunen und den Wunsch nach immer neuen Begebenheiten hervor, nicht den Wunsch nach einer erneuten Bestätigung der eigenen Vollkommenheit. Die *minne* ist im höfischen Roman diesem Zweck der *aventiure* zugeordnet. Im Minne- und Abenteuerroman hingegen meinen Minne und Liebe das persönliche Glück, die Trauer über die Trennung von der Geliebten, die Freude über die Vereinigung mit ihr; nicht die gesellschaftlichen Verpflichtungen stehen im Vordergrund, sondern die persönliche Bindung der Liebenden.

Führt bereits die Verbindung des alten Brautwerbungsschemas mit dem spätantiken Roman zu einer höchst variablen Gestaltung der »gattungsbildenden Dominanten« Minne und Abenteuer, so werden sie darüber hinaus noch mit ganz unterschiedlichen Stoff- und Gattungstraditionen verbunden: insbesondere der heroischen oder Reichsdichtung einerseits, der Legendendichtung andererseits.

So verschränken z. B. der ›König Rother‹ oder der ›Herzog Ernst‹ das Motiv der weiten und abenteuerlichen Reise aus dem hellenistischen Roman mit reichspolitischen Themen: Problemen der Herrschaftskontinuität, der Auseinandersetzung zwischen dem Kaiser und seinen Vasallen, der Sicherung von Frieden und Macht des Reichs. Auf den Zusammenhang von hellenistischem Roman und Legende hingegen hat Max Wehrli aufmerksam gemacht: die Legende sei »das wichtigste Vehikel . . ., welches das Gut des antiken Romans dem christlichen Mittelalter und damit seiner Erzähldichtung überhaupt zuführt.«[5] So sind insbesondere das ›St. Oswald-Buch‹ und der ›Orendel‹ dem Aufbau und der Erzählweise der Legende verpflichtet: Gottes wunderbares Handeln lenkt das Geschehen, die Helden sind Träger von Gottes Willen und je neu von seiner Gnade abhängig. Diese »Legendenromane« verbinden das Brautwerbungsmotiv mit der Legendenstruktur, das Erzählmuster des antiken Romans mit der Verherrlichung von Heidenkampf und Kreuzzug. Legendenhafte Züge finden sich auch im »erbaulichen Minneroman« vom Typus der ›Guten Frau‹ und der Bekehrung der Liebenden (s. o.), hingegen fehlen sie in den empfindsamen Minneromanen vom Typus ›Flore und Blanscheflur‹ oder in den »abenteuerlichen Minneromanen«[6] vom Typus des ›Apollonius von Tyrlant‹. Beide stehen dem antiken Liebes- und Reiseroman mit seiner Motivreihe von Trennung und Reise, Suchen und Finden noch am nächsten, sei es nun, daß die Gefühlsseligkeit der Liebe selbst in den Vordergrund tritt, wie im empfindsamen, sei es die Welt der phantastischen Gefahren und Abenteuer, wie im abenteuerlichen Minneroman.

3. Dem Wechsel von Trennung und Wiedervereinigung der Liebenden entspricht der von Ferne und Heimat, hilflosem Ausgesetztsein in unwägbaren Gefahren und sicherer Rückkehr nach Haus. So sind die Helden dieser Romane zumeist unterwegs, ihre wichtigste Lebensform ist die Reise, und zwar zunächst, wie im antiken Reiseroman, in der weiten Welt der Mittelmeerländer, dann aber auch, jenseits der bekannten Welt,

in den rätselvollen Gegenden der Fabel- und Wunderwesen, der Drachen und wilden Tiere, der ungezähmten Natur.

Als Reisende, Suchende, Vertriebene erfahren – dies im doppelten Wortsinn – die Helden die damals bekannte, nurmehr erahnte oder gefürchtete Welt des geheimnisvollen Orients und kehren erst nach einer langen Irrfahrt in die Geborgenheit der Heimat zurück. Eine vergleichbare Verschränkung von Bekanntem und Unbekanntem, Vertrautem und Ungewissem zeigt sich zwischen den unterschiedlichen Zeitebenen der Erzählungen. Bekannte historische Namen, zumindest aber entsprechende genealogische Schlußvermerke verlegen die Ereignisse in die Früh- oder Vorgeschichte des Reichs. Erzählt werden Geschichten aus einer längst vergangenen Zeit, die zugleich aber auch durch vielfältige Bezüge mit der Gegenwart des Hörers oder Lesers verbunden wird. Nicht epische Distanz zur Vergangenheit, sondern ihre Integration in die Gegenwart ist das Ziel dieses Erzählens, sei es nun durch genealogische Bezüge oder aber durch die Aktualisierung des überkommenen Stoffs im Hinblick auf politische und soziale Konflikte der Gegenwart.

4. Dieser Erweiterung literarischer Erfahrungen in Raum und Zeit entspricht schließlich auch eine bemerkenswerte Differenzierung der Personendarstellung. Epische Helden (z. B. im ›Nibelungenlied‹) handeln nicht in selbstgewählter Kompetenz, sondern sind Träger von Gottes Willen, bzw. seines Geschichtshandelns, oder aber sie unterliegen den Zwängen von Blutschuld und Ehre, Vasallentreue und Rachegebot. In beiden (und anderen) Fällen sind Zweifel am Heldentum undenkbar; die Helden haben keine andere Möglichkeit, als ihr Heldentum je neu unter Beweis zu stellen. Die literarischen Helden der Minne- und Abenteuerromane hingegen haben diese Unschuld des Handelns verloren. Sie wägen ab, sie prüfen den Nutzen von Gewalt oder List und sind auch selbst immer neuen Prüfungen unterworfen. Während der epische Held »ungeteilt einsteht für das, was irgend an Folgen aus dem Tun entspringt«[7], sehen sich die Helden der Minne- und Abenteuerromane einem Zwang zur permanenten Rechtfertigung ihres Tuns ausgesetzt und erfahren die Reihe ihrer Abenteuer und Gefahren als immer neue Prüfungen, die ihnen erst nach langem Bemühen, nach Ungewißheit und Verzweiflung die ersehnte Vereinigung mit der Geliebten und die Rückkehr in die Heimat bringen. Sie machen sich selbst auf die Suche nach ihrem Glück, verlassen die Geborgenheit von Heimat, Familie und Herrschaft, schlagen sich durch

alle Wirrnisse des Schicksals und gelangen erst nach Abenteuer- und Irrfahrt an das ersehnte Ziel. Diese »Idee der Prüfung des Helden und seines Wertes«, die auch in der Legendendichtung mit ihrer Abfolge von Bewährungen und Glaubensbeweisen wirksam ist, ist die »zentrale regulative Idee des Romans«.[8] Zusammen mit den Beobachtungen zur Gattungsmischung und zur Erweiterung der Erfahrung in Raum und Zeit verweist sie auf die Anfänge romanhaften Erzählens, die schon in der Mitte des 11. Jahrhunderts im lateinischen ›Ruodlieb‹, »dem ältesten Roman des Mittelalters«[9], zu finden und in der Folgezeit in die unterschiedlichsten Formen aufgefächert worden sind. Der besondere Reiz nun der Minne- und Abenteuerromane liegt darin, daß die Vereinzelung ihrer Helden, ihre Glückssuche und ihre Prüfung auf eine höchst ambivalente Weise erfolgt: die Isolation des Helden in Glücksfahrt und Wunderwelt verbindet sich mit dem sicheren Geleit, ja der Erwählung durch Gott; die Zufälligkeit der Schicksalsschläge scheint gleichwohl einer inneren Ökonomie zu folgen, die unzweifelhaft zum Erfolg führt.

In den einzelnen Erzähltypen des Minne- und Abenteuerromans stellt sich diese Ambivalenz auf unterschiedliche Weise dar.

II. HEROISCH-POLITISCHE ROMANE[10]

Der ›König Rother‹ ist wohl schon um 1160 entstanden, und auch seine handschriftliche Überlieferung beginnt bereits vor der Wende zum 13. Jahrhundert. Sein Verfasser ist unbekannt, stand aber wohl in enger Beziehung zum bayerischen Geschlecht der Tengelinger vom Chiemsee, die im ›Rother‹ mehrfach rühmend erwähnt werden.

Der Handlungsaufbau des ›König Rother‹ ist zweigeteilt: der erste Teil erzählt von Rothers Werbung um die Tochter des Königs Konstantin, von ihrer Entführung und ihrer Rückentführung nach Konstantinopel, der zweite Teil von Rothers erneuter Fahrt an Konstantins Hof und seinem endgültigen Sieg. Anfang und Ende nennen politische Motive: die Sicherung der Herrschaftsfolge durch einen Erben, die Suche nach einer ebenbürtigen Braut, zum Schluß die Ordnung des Reichs und die erneute Belehnung der treuen Vasallen. Bei der Ausdehnung dieses Reichs von Sizilien bis nach Friesland dürfte der Verfasser – einmal von der alten Streitfrage abgesehen, ob der Rother des

Romans auf eine bestimmte Herrscherpersönlichkeit verweist – an das karolingische Reich unter Karl dem Großen gedacht haben, bei Konstantin an den Herrscher über das oströmische Reich. Der erste Teil des ›Rother‹ beginnt nach dem Brautwerbungsschema: Rother wird von seinen Vasallen zur Heirat gedrängt, die durch seine Erben auch ihre Lehnsnachfolge sichern wollen. Lupold, einer der Treuesten und Klügsten aus Rothers Gefolge, berichtet von der Schönheit und dem Reichtum von Konstantins Tochter, warnt aber auch vor der Werbung, da Konstantin bislang jeden Werber habe töten lassen. Gleichwohl erklärt er selbst sich zu der gefährlichen Fahrt bereit, doch werden er und die anderen elf Boten, in Konstantinopel angelangt, zu schlimmster Kerkerhaft verurteilt. Von Anfang an wirft das auf Konstantin ein bezeichnendes Licht: immer wieder wird er als negatives Gegenbild zum ritterlichen Edelmut Rothers herausgestellt, als gewalttätig und rechtsbrüchig, als hinterhältig und feige, als geizig und ehrlos.

Ganz anders Rother. Als seine Boten nicht zurückkehren, beschließt er auf Anraten seiner Vasallen ihre Befreiung, doch soll sie nicht gewaltsam, sondern unter Anwendung einer List erfolgen: Rother soll sich als ein von Rother Vertriebener ausgeben (Dietrich), in Konstantins Dienste treten und dadurch Boten und Braut zu gewinnen suchen. Trotz dieser offensichtlichen Verfeinerung des alten Brautwerbungsschemas aber verzichtet Rother keineswegs auf Gewalt. Zu seinem Gefolge stößt auch der Riesenkönig Asprian mit seinen Leuten, die mit ihrem furchtbaren Aussehen und ihrer nur mühsam gebändigten Gewalttätigkeit – einer von ihnen, ein gewisser Witold, muß ständig in Ketten geführt werden, um nicht alles zu zerschlagen – in Konstantinopel Angst und Schrecken verbreiten. Dieses Nebeneinander von Verzicht auf Gewalt und ihrer gleichzeitigen Delegation an die riesigen Unholde im eigenen Gefolge, von höfischem Gebaren und latenter Gewalt, ist für den Handlungsaufbau des ›Rother‹ konstitutiv; die Transformation des Brautwerbungsschemas erfolgt nur insofern, als die Gewalt in wenigen Figuren verkörpert, nicht aber beseitigt wird. An Konstantins Hof kommt es denn auch immer wieder zu Ausbrüchen unkontrollierter Gewalt der Riesen: so zerschmettert Asprian einen gezähmten Löwen Konstantins kurzerhand an der Wand, bei den Vorbereitungen zum Festgelage wird er vom Kämmerer eines Herzogs des Ostreichs provoziert und erschlägt ihn; der Ausbruch eines allgemeinen Kampfs kann nur mit Mühe verhindert werden.

Der Demonstration von Gewalt zur Behauptung seiner Überlegenheit über Konstantin entspricht Rothers demonstrative Verschwendung: mit vollen Händen verteilt er Reichtümer über Reichtümer, unterstützt verarmte Ritter, zieht sie so in sein Gefolge und kann Konstantin auch noch anläßlich eines Festes übertrumpfen, das der Repräsentation von dessen Macht dienen sollte. Auf Gattin und Tochter Konstantins hat das die erhoffte Wirkung; während die erstere nurmehr die Kurzsichtigkeit und den Ehrverlust ihres Gatten verhöhnt, verliebt sich die Prinzessin in Rother/Dietrich: »die Schönste liebt den Stärksten.«[11] Und so kommt es – in dieser Erzählung von Herrscherrivalität und listiger Übervorteilung, wilden Gewaltausbrüchen und ihrer mühsamen Zähmung etwas höchst Merkwürdiges – zu einem ersten, außerordentlich zart geschilderten, zugleich aber auch hinsichtlich seiner rechtlichen Konsequenzen genau kalkulierten Zusammentreffen der Liebenden, zu einem Minnegespräch, zu einer ersten sanften Berührung, als die Prinzessin ihren Fuß zur rechten Schuhprobe in Rothers Schoß setzt, zu Liebesbekenntnis, Selbstentdeckung Rothers und der Bereitschaft der Prinzessin zur gemeinsamen Flucht.

Eine Möglichkeit dazu ergibt sich nach einem Husarenstück Rothers: König Ymelot von Wüsten-Babylon – gemeint ist das ägyptische Kairo – bedroht Konstantinopel, wird aber von Rother inmitten seines Heerlagers gefangengenommen; der Kampf ist damit entschieden, bevor er begonnen hat. Rother wird von Konstantin selbst vorausgeschickt, um den Frauen die freudige Nachricht zu überbringen und kann ungehindert, zusammen mit der Geliebten und den inzwischen befreiten Boten, Konstantinopel verlassen. Der zweite Teil des Romans folgt in wichtigen Bestandteilen der Salomosage, wie sie in ›Salman und Morolf‹ überliefert ist (s. u.). Nach der ebenfalls durch eine List erreichten Rückentführung der Prinzessin nach Konstantinopel folgt ihr Rother mit seinem Heer, versteckt es aber in einem Wald nahe der Stadt und begibt sich zum Hochzeitsschmaus in den Palast, wo Konstantin seine Tochter dem Sohn Ymelots vermählen will. Er wird erkannt, zum Tode verurteilt, bittet sich aber als letzte Gnade aus, vor jenem Wald gehenkt zu werden, in welchem sein Heer versteckt liegt. Ein Hornstoß ruft es herbei, und es beginnt ein endloses Schlachten. Allerdings wüten die Ritter und Riesen nur gegen die Heiden; die Christen und selbst der tückische Konstantin werden verschont, auch wenn der Riese Witold bei seinem Anblick vor Wut in seine Stange beißt, daß die Funken stieben.

Der Ausblick auf die Regelung der Reichsgeschäfte, auf die Belehnung der Getreuen, auf die weitere Herrschaftsfolge bis zu Karl dem Großen – Rothers Sohn ist Pippin, der Vater Karls – steht am Ende der Dichtung. Sie mag zeitpolitischen Interessen, sei es nun bayrischer Adelsgeschlechter oder auch der staufischen Reichsideologie, gedient haben. Ihre literaturgeschichtliche Bedeutung jedoch liegt nicht in diesen Aktualisierungen, sondern in der Transformation des alten Brautwerbungsschemas zu einer kunstvollen Mischung aus heroischem Stoff und spätantikem Roman, Reichsdichtung und höfischen Zügen, Gewalt und List.

Auch im ›Herzog Ernst‹ geht es um die Verbindung von Reichsdichtung und Reiseroman: Der Erzählrahmen oder die sog. ›Kernfabel‹ handelt von Problemen des Reichs, von Konflikten zwischen der kaiserlichen Zentralgewalt und der Territorialmacht des Herzogs, von Krieg und Frieden des Reichs sowie der Gefahr seines Verfalls und der Hoffnung auf seine erneute Wiederherstellung; der eingeschobene Reiseteil erzählt von Ernsts Irrfahrt durch die Wunderwelt des Orients, seiner Begegnung mit Gefahren und Fabelwesen aller Art. Dabei dürfte die Kernfabel auf eine deutsche »Empörer-Geste« zurückgehen, ein Kurzepos, das – ähnlich den französischen *Chansons de geste* – an heroische Taten aus Geschichte und Sage erinnert und das wohl bereits zwei verschiedene historische Ereignisse ineinander verwoben hat: zum einen die Empörung Liudolfs von Schwaben gegen seinen Vater Otto I. (953), zum anderen den Aufstand Ernsts von Schwaben und seines Freundes Werner von Kyburg gegen seinen Stiefvater Konrad II. (1027). Im Reiseteil hingegen greift der unbekannte Verfasser außer auf den hellenistischen Reiseroman wohl auch auf orientalische Erzählungen, insbesondere von Sindbads wunderbaren Reisen, und auf phantastische Kosmographien zurück.

Der ›Herzog Ernst‹ zählt zu den beliebtesten Stoffen des Mittelalters: auf die älteste bekannte mittelfränkische Fassung A aus dem späten 12. Jahrhundert folgt zu Beginn des 13. Jahrhunderts eine wohl umfangreichere mittelhochdeutsche Fassung B, in der zweiten Hälfte des 13. Jahrhunderts eine weitere, insbesondere die höfischen Erzählteile betonende Fassung D, schließlich im 14. Jh. eine Liedfassung und dann im 15. Jh. eine frühneuhochdeutsche Prosa F, die sich in einer gekürzten Fassung und in vielen Nachdrucken noch lange großer Beliebtheit erfreute, ab dem 13. Jahrhundert aber auch schon eine ganze Reihe lateinischer Vers- und Prosabearbeitungen. Dabei mögen für einzelne Bearbeitungen – sehr schön nachzuweisen z. B. in Odos ›Ernestus‹ (›Herzog Ernst‹ E) – politische Interessen durchaus von Belang sein. Gleichwohl braucht man auch beim ›Herzog Ernst‹ »nicht sofort an bestimmte politische Tendenzen denken; es handelt sich schon ganz allgemein um das Dauerthema des politischen Lebens nicht nur in Deutschland: die Äquilibrierung zwischen Krone und Fürsten, zwischen heroischem Einzelgängertum und gemeinsamer Verpflichtung, zwischen den komplizierten Bindungen der Treue, der Feudalität ...«.[12] Wurde im ›Rother‹ die Treue zwischen König und Gefolge, Lehnsherr und Vasall bestätigt und gepriesen, so erscheint sie im ›Herzog Ernst‹ als gefährdet, zerstört, nur mühsam wiederherstellbar.

Der erste Teil des Romans: Nachdem Adelheid, die früh verwitwete Mutter Herzog Ernsts von Bayern, mit Kaiser Otto eine zweite Ehe eingegangen ist, erfährt Ernst die besondere Gnade seines Stiefvaters. Otto belehnt ihn mit großen Besitzungen, versichert ihn seiner besonderen Zuneigung und bittet ihn schließlich auch um Hilfe beim Schutz des Reichs. So wird Ernst zum vertrauten und hochgeehrten Ratgeber und Vasallen seines Herrn und Kaisers; der Frieden und der Wohlstand des Reichs scheinen gesichert. Dennoch ist dieses Gleichgewicht und diese Harmonie zwischen Lehnsherr und Vasall, Kaiser und Territorialfürst, Stiefvater und Stiefsohn nur von begrenzter Dauer, ja sie wird ins Gegenteil verkehrt, als der Kaiser bald selbst mit Mord und Brand in Bayern einfällt. Bewirkt wird dieser Sinneswandel durch die Einflüsterungen eines neidischen Rivalen, eines Pfalzgrafen Heinrich vom Rhein, daß Ernst ein Komplott zu Ottos Entmachtung geschmiedet habe. Die scheinbar so festen Bande zwischen Otto und Ernst haben gegenüber diesem bloßen Verdacht keinen Bestand und zerbrechen; die anfängliche Harmonie mündet in Krieg und Gewalt. Damit beginnt ein endloser Kreislauf von Verletzung und Rache, Verteidigung und erneutem Angriff, der allerdings nicht dem individuellen Versagen oder einer persönlichen Schuld eines der beiden Rivalen zuzuschreiben, sondern dem Mechanismus einer Adelsgesellschaft geschuldet ist, die weitgehend noch auf den konkurrierenden Ehransprüchen der feudalen Herren, nicht aber auf objektiven rechtlichen Normen fußt. So entschließt sich auch Ernst nach anfänglichem Zögern zur Rache: nur begleitet von seinem Freund, dem Grafen Wetzel, dringt er in die kaiserliche Pfalz in Speyer ein und erschlägt den falschen Pfalzgrafen, während Otto selbst sich nur mit knapper Not in eine Kapelle retten kann. Darauf aber ist es an ihm, Rache zu schwören: Ernst verfällt der Reichsacht, soll seines gesamten Besitzes verlustig gehen und von einem Reichsheer daraus vertrieben werden. Der Übermacht muß er schließlich weichen. Zwar wehrt er sich und wehren sich seine Burgen und Städte, doch ist das Land schließlich zerstört und Ernsts Heer ebenso zusammengeschmolzen wie seine finanziellen Mittel. So bleibt ihm nur die Flucht: Ernst will das Kreuz nehmen und sich dem Dienst am heiligen Grab widmen, um ehrenvoll aus diesem für ihn so aussichtslosen Kampf herauszukommen. Die Kreuzfahrerschar sticht denn auch von Konstantinopel aus in See; es beginnt der zweite Teil der Erzählung, einer Reise in die Wunderwelt des Orients, die sich dann noch einmal im ›Reinfried von Braunschweig‹ findet, einem umfangreichen Minne- und Abenteuerroman aus dem frühen 14. Jahrhundert von einem ansonsten unbekannten Ostschweizer.

Besonders ausführlich widmet sich der Verfasser der ersten Station der Reise, der wohl in der Nähe Indiens gedachten Stadt Grippia. Nachdem Ernst und seine Mannen von dem obligaten Seesturm von ihrer Reiseroute abgebracht und in diese entlegene Weltgegend verschlagen worden sind, werden sie zunächst nicht von den Bewohnern der Stadt, Mischwesen aus menschlichen Körpern und Kranichköpfen, in maßloses Erstaunen versetzt, sondern von dem künstlerischen und technischen Raffinement von Stadt und Burg. Für Ernst selbst ist ihre prachtvolle Ausstattung Anlaß genug, nach der sicheren Heimkehr des Gefolges noch einmal in die Stadt zurückzukehren und sie, getrieben vom Reiz des Fremden, von der Lust am Abenteuer, genauer zu erforschen. Hier beginnt jenes Interesse am Exotischen, das ihn später je ein Exemplar der Plattfüßler, Pygmäen, der Einäugigen usw. aufbewahren läßt, um sie nach seiner Rückkehr zu Hause vorführen zu können. Die Wunder der Reise sind also erschreckend und faszinierend zugleich: gefährliche Erscheinungen, die zugleich aber auch schon einiges von ihrem Schrecken eingebüßt haben, indem sie den Wissensdurst befriedigen und neue Erfahrungen ermöglichen. Vorerst aber geraten Ernst und sein Freund Wetzel durch ihre Neugier in Lebensgefahr und verlieren viele ihrer Gefährten, als es mit den Kranichschnäblern doch noch zum Kampf kommt. Nur mühsam retten sie sich mit wenigen ihrer Getreuen aufs Schiff.

Die weiteren Abenteuer: Ihr Schiff zerschellt an dem aus Sindbads 6. Reise bekannten Magnetberg, doch werden Ernst und seine Leute, in Rinderhäute eingenäht, von Greifen an Land gebracht. Nach einer waghalsigen Floßfahrt durch einen Berg hindurch gelangen sie wieder zu Menschen: den einäugigen Arimaspen, denen sie gegen ihre Feinde helfen. Zum Dank erhält Ernst ein Herzogtum als Lehen und kann nun, anders als im Kampf gegen Kaiser Otto, seine Fähigkeit unter Beweis stellen, sein Land gegen Angriffe zu verteidigen. Ob er die Langohren zurückwirft, den benachbarten Pygmäen gegen eine Kranichplage beisteht oder ein Riesenheer durch eine List besiegt: seine im Kampf gegen Otto verletzte Ehre wird in all diesen Kämpfen wiederhergestellt und damit die Voraussetzung für seine Reintegration in den Reichsverband geschaffen. Nach einer letzten Heldentat – Ernst verhilft den christlichen Äthiopiern gegen die heidnischen Ägypter zum Siege – kehrt er denn auch nach Hause zurück; in Bamberg kommt es zur Versöhnung mit Otto. Den Zusammenhang zwischen der Abenteuerreise und der Reichsthematik stellt der Verfasser durch einen prachtvollen Edelstein her, den Ernst auf seiner gefährlichen Floßfahrt im Berginnern abgebrochen hat und der nun die Reichskrone schmückt: Sinnbild einer neuen Herrlichkeit des Reichs und neuer Hoffnung auf Recht und Frieden, Einheit und Integrität, die in den Kämpfen zwischen Otto und Ernst verlorengegangen war.

In die Frühgeschichte des Reichs, in die Kämpfe zwischen Frankenkönig und rivalisierenden Sippen, in die zwanghafte Folge von Gewalt und Rache führt schließlich auch die ›History von den vier Heymons Kindern‹ zurück, die allerdings unter den heroisch-politischen Romanen eine Sonderstellung einnimmt (s. oben S. 95). Einerseits fehlt ihr das Motiv der wunderbaren Reise im Mittelmeerraum und damit wohl auch der Einfluß des hellenistischen Romans, andererseits datieren deutsche Bearbeitungen erst aus dem 16./17. Jahrhundert, wobei erst die Ausgabe Köln 1604 in der Folgezeit häufig nachgedruckt worden und bis ins 19. Jahrhundert ein beliebter Lesestoff geblieben ist. Nicht die Reise ins Unbekannte mit all ihren Zufällen, Abenteuern, Wundern ist die vorherrschende Lebensform der vier Söhne Heymos von Dordone: Ritsard, Writsard, Adelhard und Reinold mit ihrem übergroßen und mächtigen Pferd Beyart, sondern der Kampf, die permanente Fehde mit Karl, dem König Frankreichs und Erbfeind ihres Geschlechts. Dieser Karl vereinigt, wie in den *Chansons de geste* häufig zu beobachten, die Erinnerung an verschiedene fränkische Herrscher: an Karl den Großen selbst, dann aber auch an den in Frankreich bis ins 16. Jahrhundert außerordentlich populären merowingischen Hausmeier (*major-domus*) Karl Martell und an den 875 zum Kaiser gekrönten Westfranken Karl den Kahlen (843–877). Die Sage vom Kampf der Sippe Aimons gegen Karls Herrschaftsanspruch stammt aus den Ardennen; ihre älteste französische Fassung, der ›Renaus de Montauban‹ (= Reinold von Montalban, Stammburg der Sippe), dürfte schon gegen 1150 entstanden sein; sie fand insbesondere in der französischen und niederländischen Literatur (›Renout van Montelbaen‹, 13. Jahrhundert; die Prosa ›Heemskinderen‹, 1508), aber auch in anderen volkssprachlichen Literaturen des Mittelalters weiteste Verbreitung. Die deutsche ›History‹ folgt den niederländischen ›Heemskinderen‹, die allerdings über die ursprüngliche Empörer-*Geste* schon weit hinausgehen. Denn diese ursprüngliche Kernfabel ist wohl schon früh durch ganz unterschiedliche Stoffe erweitert worden, ohne daß deren Integration aber recht gelungen wäre. Der Eindruck des Uneinheitlichen, des unverbundenen Nebeneinanders selbständiger Erzählblöcke, ist denn auch in der ›History‹ stärker als in den beiden anderen heroisch-politischen Romanen. An die Empörer-*Geste* schließt sich die Legendenüberlieferung vom heiligen Reinold oder Reinwald an, der in Dortmund verehrt wird und aufgrund der Namensübereinstimmung mit der Geschichte vom Sohn Heymos verbunden werden konnte: Erzählungen von Reinolds Kämpfen gegen die Heiden, von Krankenheilungen, Teufelsaustreibung und Martyrium; die Empörer-*Geste* wird zur Vita eines Heiligen. In die Geschichte der Fehde mit Karl sind andererseits noch Erzählungen vom helfenden Eingreifen Malegys' verwoben, eines Vetters der Heymosöhne, bewandert in der *Kunst Nigromantia*, aber auch der listigen Übertölpelung: schwankähnliche Erzählungen, die mit dem blutigen Ernst der Kernfabel nur noch wenig gemein haben.

Zunächst aber die Empörer-*Geste* selbst: sie folgt der fatalen Logik von Gewalt und Gegengewalt, von rivalisierenden Herrschaftsansprüchen und Krieg, von Ehrverletzung und Rache, die das Reich nicht zur Ruhe kommen lassen. Mißgunst und Streit prägen das Verhältnis zwischen Karl und der Heymosippe von

Anfang an. Anläßlich der Krönung Ludwigs jedoch, des Sohnes Karls, entsteht Todfeindschaft zwischen ihnen, als Reinold Ludwig erschlägt, der seinen Vater und Bruder gedemütigt, Reinold also herausgefordert hat. Alle Helden sind den Geboten von Ehre und Satisfaktion unterworfen. Sie treffen Entscheidungen nicht aufgrund ihrer individuellen Einsicht, sondern sehen sich ununterbrochen dem Zwang ausgesetzt, ihre persönliche Überlegenheit zu demonstrieren und Rache zu fordern, wo das in Frage gestellt wird. Ludwig treibt diesen Wettkampf der Prahlerei, der Körperleistung (im Steinwurf), der Freigebigkeit (im Kirchenopfer) zu weit und bezahlt dafür mit dem Leben. So beginnt ein endloser Kampf mit wechselndem Kriegsglück, an dem auch Karls Kronvasallen Roland, Turpin u. a., hin- und hergerissen zwischen ihrer Verpflichtung gegenüber den mit ihnen blutsverwandten Heymonskindern und ihrer Vasallenpflicht gegenüber Karl, teilhaben.

Diese Kollision von Königs- und Familienrecht, Machtanspruch der Zentralgewalt und den älteren Sippen- und Blutsbanden, ist neben den permanenten Ehrkonflikten ein weiteres Handlungsmuster des Romans, in welchem die Helden zerrissen werden; es versteht sich von selbst, daß es ebenfalls mit pausenlosen Schlägereien und neuen Satisfaktionsdrohungen verbunden ist. Frieden kehrt erst ein, als Reinold auf weiteren Widerstand und vor allem auf Beyart verzichtet: der treue Gaul wird ertränkt und kann erst sterben, als Reinold sich von ihm abwendet; es folgt die Wende der Empörer-*Geste* zur Legende. Reinold begibt sich zu einem Eremiten in die Wildnis, wird nach drei Jahren asketischen Lebens von einem Engel ins heilige Land zum Kampf gegen die Heiden gerufen, besiegt sie, nur mit seinem Pilgerstab bewaffnet, scharenweise, und wirkt dann noch in Köln als Wundertäter in der Nachfolge Christi. Die Heiligenvita schließt mit Martyrium und Folgewundern: neidische Dombauarbeiter haben Reinold erschlagen, doch will der in den Rhein geworfene Körper nicht untergehen, Glocken beginnen zu läuten und ein wunderbar bewegter Karren überführt ihn nach Dortmund.

Eine vergleichbare Bedeutung kommt Gottes wunderbarem Wirken sonst nur noch in den Legendenromanen zu, die allerdings, anders als die ›Heymonskinder‹, wieder auf dem Motivensemble von Reise und Abenteuer im Anschluß an den antiken Roman aufbauen, es jedoch, ebenso wie die Brautwerbungsformel oder auch die wenigen Reste der Reichsthematik, dem »literarischen Ton«[13] der Legende angleichen.

III. LEGENDENROMANE

Gemeinsam sind den drei Legendenromanen ›Oswald‹, ›Orendel‹ und ›Salman und Morolf‹ die Probleme ihrer Datierung. Alle drei sind erst in Fassungen des 15. Jahrhunderts überliefert; ob frühere Stoffbearbeitungen überhaupt existiert haben, ist im Falle von ›Salman und Morolf‹ wahrscheinlich, im Falle von ›Oswald‹ und ›Orendel‹ umstritten. Auf recht unterschiedliche Weise aber erfolgt die Überlagerung von Brautwerbung und Reichsthematik, Reise und Abenteuer durch legendenhafte Züge.

So beginnt der ›Oswald‹ mit der bekannten Ausgangssituation der Brautwerbung: Oswald, ein mächtiger englischer König, berät im Kreise seiner Vasallen und ›Landesherren‹ über eine passende Gemahlin, um dem Land die Erbnachfolge zu sichern, doch bleiben alle Beratungen ohne Ergebnis. Erst ein weitgereister Pilger, Warmunt, erzählt von der schönen Pamige im Heidenland, die zwar selbst dem christlichen Glauben anhänge, deren Vater Aron aber bislang jeden Werber habe töten lassen. Dennoch will Oswald natürlich die Werbung wagen. Als Boten gewinnt er einen Raben, dem wunderbarerweise von Gott Redegabe und Verstand geschenkt worden sind und der auch sonst, in seiner nüchternen Klugheit und seiner Eßlust, in seinem höfischen Gebaren, aber auch in seinen Allüren durchaus menschliche Züge aufweist. Er ist der ideale Bote für Oswald und entledigt sich seiner Aufgabe mit der gleichen souveränen Vorausplanung, die auch sonst die Abschwächung des alten Brautwerbungsschemas kennzeichnet. Doch trotz all seiner Schlauheit, seiner Beredsamkeit und höfischen Bildung ist der Rabe schließlich noch auf Gottes Hilfe angewiesen. Gleichwohl sind er und auch die Prinzessin Pamige in dieser Hinsicht noch von Oswald zu unterscheiden, der sein ganzes Leben, sein Denken und Handeln Gott anheimgestellt hat. Oswald tritt von Anfang an als Heiliger auf: er sieht sich einzig und allein als Werkzeug Gottes, er glaubt und bewirkt die sichtbare Bestätigung seines Bittgebets durch Wunder aller Art und wird schon zu Lebzeiten zum *heilant* (v. 3051), zum lebendigen Zeugnis eines heiligen Lebens.

Der Rabe kann nach einem hindernisreichen Botenflug Pamige endlich seine Werbung überbringen und erhält von ihr als Beweis ihrer Zusage Brief und Ring, aber auch Ratschläge, wie ihre Befreiung am besten zu bewerkstelligen wäre. Nach seiner

Heimkehr nach England rüstet Oswald sogleich ein Heer aus, schifft sich ein, vergißt aber den Raben, der nun – zutiefst beleidigt – erst durch einen Engel Gottes zum zweiten Botenflug zu Pamige herbeigeschafft werden muß. Pamige rät zu einer List: Oswald und wenige Getreue sollen Aron ihre Dienste als Goldschmiede anbieten und so sein Vertrauen gewinnen. Die eigentliche Befreiung Pamiges gelingt dann mit Hilfe eines Hirsches, den Oswald auf Pamiges Anraten hin mitgebracht hatte. Prachtvoll geschmückt steht er eines Morgens vor Arons Burg, der natürlich seine Ehre daran setzt, ihn zu erjagen. Die Abwesenheit des Vaters nutzt Pamige zur Flucht, doch ist auch sie trotz ihrer Klugheit auf Gottes Hilfe angewiesen: erst auf ein Gebet zur Mutter Gottes hin springt das Tor auf und kann Pamige in Oswalds Arme eilen.

Während der Flucht übers Meer tritt das Listmotiv ganz hinter die Notwendigkeit und je neu erfolgte Gewährung von Gottes Gnade zurück: aufgrund von Oswalds Gelübde, hinfort jedem Bittsteller jeden Wunsch zu erfüllen, wird die Verfolgerflotte sofort durch Unwetter behindert. Gleichwohl kommt es auf einer Insel zum Kampf, zur Niederlage der Heiden und – was hier wichtiger ist – zu einem Bestätigungswunder. Aron erklärt sich zur Taufe bereit, sofern Oswald seine 3000 erschlagenen Krieger auferstehen lassen könne. Erst nach Arons Wortbruch und einem erneuten Wunder aber – *sant Oswald der heilant* läßt aus einer Steinwand eine Quelle entspringen – beginnt ein wahres Tauffest: drei Tage lang vollzieht Oswald an all den auferstandenen Heiden die Taufe, bis schließlich 72 von ihnen aus Angst, nicht mehr berücksichtigt zu werden, gemeinsam in das Taufwasser springen, sich dann aber gleich auch noch den Tod wünschen, um Leib und Seele nicht mehr zu beschmutzen. Dieser Eifer der frisch Bekehrten ist keineswegs Ausdruck ironischer Distanz, sondern entspringt der überwältigenden Wirkung des Wunders, das Oswald vollbracht hat. Die Legende öffnet »die Welt des offenbar werdenden Heiligen«[14], sie demonstriert die Unterbrechung des natürlichen Verlaufs der Dinge durch Gottes Allmacht und ruft angesichts dessen zur Nachfolge auf.

Die Ungläubigen der Erzählung vollziehen diesen Schritt bereits stellvertretend für den Leser; in der Mischung aus Brautwerbungsfabel, Reiseroman, Listerzählung und Legende gewinnen die legendenhaften Züge immer mehr an Gewicht. Im Schlußteil des Romans wird das besonders deutlich. Nach glücklicher Heimkehr stellt der *milte künec Oswalt* (v. 27) eben die

Tugend unter Beweis, die auch in der Kultgeschichte des hl. Oswald seit Bedas ›Kirchengeschichte‹ besonders hervorgehoben wird: seine unbeschreibliche Freigebigkeit gegenüber allen Armen und Bettlern. Von Christus selbst wird nun Oswalds Gelübde auf die Probe gestellt, hinfort keinem Bittsteller mehr einen Wunsch zu versagen, und er kommt ihm bis zum Verzicht auf Krone und Gattin nach, um derentwillen er die Fahrt ins Heidenland unternommen hatte. Zwar erhält er beides noch zurück, doch fordert Christus von beiden Eheleuten sexuelle Enthaltsamkeit und verheißt ihnen die rasche Aufnahme ins Himmelreich. Damit ist der Kreis geschlossen, das vorbildliche Leben eines Heiligen zu Ende gebracht. Dennoch ist dieser Legendenroman mit der Legendenüberlieferung vom hl. Oswald, einem christlichen König im englischen Northumbrien des 7. Jahrhundert, der die Tochter eines getauften Nachbarkönigs heiratete und auf einem Kriegszug den Tod fand, keineswegs identisch. Er mag von der Legendenüberlieferung mit beeinflußt worden sein; seine literarische Besonderheit aber liegt in der legendenhaften Überlagerung bekannter Motive und Erzählmuster, nicht in der Ausweitung der Oswald-Legende zum Roman. Im sog. ›Münchner Oswald‹ ist das noch, anders als in dem späteren und kürzeren sog. ›Wiener Oswald‹, deutlich genug.

Ähnlich verhält es sich mit dem ›Orendel‹, dem ›Buch vom heiligen Rock‹ Christi, das nurmehr in einer Handschrift des 15. und zwei Drucken des 16. Jahrhunderts überliefert, dessen ursprüngliche Textfassung aber unbekannt ist. Es wird vermutet, daß sie anläßlich der Überführung des hl. Rocks Christi in den Hauptaltar des Trierer Doms (1196) entstanden ist und der Propagierung des regionalen Reliquienkults gedient hat.

Auch der unbekannte Verfasser dieses Legendenromans verbindet Legende und Brautwerbungsfabel, Reise- und Minneerzählung miteinander, verzichtet aber auf das Listmotiv und beschränkt sich stattdessen auf eine stereotype Abfolge von je neuen und natürlich siegreichen Kämpfen Orendels selbst, aber auch Brides, der zur kampfstarken Heldenjungfrau stilisierten Königin von Jerusalem, gegen Heiden, Riesen und andere Feinde.

Bereits in der doppelten Einleitung des Romans ist sein kompilatorischer Charakter gut erkennbar; der Streit darüber, ob er nun als Geschichte des Rocks Christi oder des Trierer Königssohns und Heidenkämpfers Orendel anzusehen sei, erübrigt sich deshalb. Berichtet wird zunächst von der Entstehung des Rocks, den Christus während seiner Fasten- und Leidenszeit getragen hat, von seiner Versenkung im Meer; davon, daß ihn ein Pilger findet, schließlich ein Fisch verschlingt, der dann erst von Orendel in einem wunderbaren Fischzug gefangen wird. Damit ist die Verknüpfung mit dem zweiten Erzählstrang, einer Kompilation von Brautwerbung und Reiseroman, vollzogen: Orendel, der Sohn König Ougels von Trier, will um Bride, die schöne Königin von Jerusalem, werben, bricht mit einer mächtigen Flotte auf, verliert sie aber in einem schrecklichen Sturm vor der Küste Palästinas und wird als einziger an Land gespült. Die Abhängigkeit der folgenden Erzählsequenz vom ›Apollonius‹-Roman ist offensichtlich: der schiffbrüchige Orendel wird von einem Fischer aufgenommen, besiegt dessen Mißtrauen mit einem von Gott gewährten wunderbaren Fischzug und erwirbt mit Gottes Hilfe den grauen Rock, den er hinfort als einzigen Schutz trägt. Er gewinnt die Zuneigung der Königin Bride und begibt sich mit ihr in eine endlose Folge von Kämpfen, Gefangennahmen und Befreiungen, die von Gott auch gegen die größte Übermacht zum Siege gebracht werden. Sie enden mit der Überführung des Rockes Christi nach Trier und – nach der Rückkehr der Helden ins Heidenland – mit der endgültigen Niederlage der Heiden.

Auch noch in der Mechanik dieser Siege bezeugt das Eingreifen Marias, des Engels Gabriel, ja Christi selbst auf Seiten der christlichen Kämpfer die Fortdauer und die Offenbarung der *historia divina* (Heilsgeschichte); und nicht zuletzt Orendels sicherer Kampfesschutz, der graue Rock, nach dem er auch benannt wird, ist die sichtbare Bestätigung von Gottes wunderbarer Mithilfe im Gang der Ereignisse.

In ›Salman und Morolf‹ hingegen tritt das Legendarische zurück und das Listmotiv, das im ›Orendel‹ ganz fehlt, in den Vordergrund. Der Stoff geht auf spätjüdische Salomolegenden zurück, die zunächst in byzantinische, dann auch in russische Erzählungen Eingang gefunden haben; in die deutsche Literatur wird der Stoff aus byzantinischer Überlieferung gekommen sein. Das Grundmuster der jüdischen Salomolegende ist der Streit zwischen dem weisen und mächtigen König Salomo des Alten Testaments und dem Dämonenfürsten Aschmedai oder Asmodaeus, den Salomo mit Hilfe eines zauberkräftigen Siegelrings beherrscht. Aschmedai jedoch gelangt in den Besitz dieses Rings und kann Salomo von Land, Herrschaft und Gattin vertreiben. Erst nach langen Bettelfahrten gelangt dieser wieder in den Besitz seines Rings und kann den Dämon überwinden. In der europäischen Literatur des Mittelalters ist dieser Stoff auf eine doppelte Weise bearbeitet worden: einerseits in Gestalt eines zunächst lateinischen, dann in verschiedene Volkssprachen übertragenen Streitgespräch Salomos mit dem Bauern Markolf, einem Ausbund an Häßlichkeit und Gewitztheit (›Dialogus Salomonis et Marcolphi‹, um 1200), andererseits in Gestalt einer Erzählung von der zweifachen Entführung Salmes, der schönen Gattin Salomos, und ihrer Rückführung durch Morolf, den Bruder und listigen Helfer Salomos. Beide Bilder der Figur Markolf/Morolf gehen auf den Dämonenfürsten Aschmedai zurück, doch ist wohl darüber hinaus der Morolf aus ›Salman und Morolf‹ vom Markolf des ›Dialogus‹ beeinflußt: zwar ist er kein Bauer, sondern der Bruder des Königs, doch besitzt er die gleiche Gabe listiger Planung, der Verkleidung, der unflätigen Streiche und der skrupellosen Selbstbehauptung, die auch vor Mord nicht zurückschreckt. Doch auch mit dem Malegys der ›Heymonskinder‹ gibt es in dieser Hinsicht zahlreiche Übereinstimmungen. In der Anlage der Handlung liegt eine bemerkenswerte Verkehrung des Brautwerbungsschemas: nicht König Salman, der christliche Herrscher in Jerusalem, wirbt um eine heidnische Prinzessin, sondern er selbst ist es, dem seine Gattin Salme, die inzwischen getaufte Tochter eines heidnischen Fürsten, geraubt wird.

König Fôre, vielleicht der Pharao Ägyptens, will sich Salme mit Waffengewalt holen, wird aber geschlagen und gefangengenommen. Mit einem Zauberring läßt er sie, die gegen Morolfs Rat zu seiner Wächterin bestellt war, in Liebe zu ihm entbrennen, kann mit ihrer Hilfe fliehen und durch ihren Scheintod ihre Flucht vorbereiten. So macht sich Morolf endlich, in der Haut eines alten Juden, auf die Suche. Immer wieder bedient er sich des Mittels der Verkleidung. Der Weisheit Salomos ist er damit ebenso überlegen wie der Macht und Gewalt seiner Gegner: er bewegt sich zwischen den festen Erwartungen und gewohnten Formen der Selbstdarstellung und wird gerade dadurch gefährlich. So findet er schließlich auch zu Salme, wird entdeckt, kann aber dennoch fliehen. Es folgt der im zweiten Teil des ›Rother‹ nachgebildete Sieg Salmans über Fôre: er versteckt sein Heer in der Nähe von Fôres Burg, wird entdeckt, soll vor dem Wald gehenkt werden, in welchem das Heer versteckt liegt, und wird endlich befreit. Ein zweiter Kursus, die Flucht Salmes mit dem Heidenkönig Princiân, wiederholt spiegelbildlich den ersten; der Roman endet mit Salmes Ermordung durch Morolf und Salmans Heirat mit Fôres Schwester.

Legendenmotive bleiben nur ausnahmsweise, z. B. die vielfältig genutzten Zauberringe, erhalten; ansonsten aber dominieren die Motive der List und der Verstellung, des Obszönen und der Skrupellosigkeit, die den Erzähltypus des Legendenromans auflösen und zum Schwankroman hin öffnen.

IV. ABENTEUERLICHE UND ERBAULICHE MINNEROMANE

Der spätantike Roman, insbesondere der ›Apollonius von Tyrus‹, hat die Entwicklung des Minne- und Abenteuerromans in seinen verschiedenen Mischformen maßgeblich beeinflußt. So wird das Handlungsschema von Liebe und Reise, Trennung und Vereinigung, Schicksal und Abenteuer im erbaulichen Minne- und Abenteuerroman mit legendenhaften Zügen verbunden. In der Regel liegt diesem Romantypus ein triadischer Aufbau zugrunde: auf Vereinigung und Glück der Liebenden folgt ein Bekehrungserlebnis, das sie zur Abkehr von Glück und Reichtum bringt und einen langen Weg der Entbehrungen beginnen läßt, gleichwohl aber schließlich zu erneutem Glück führt. Das erste bekannte Beispiel dieses Erzähltyps ist die in den zwanziger Jahren des 13. Jahrhunderts von einem unbekannten Alemannen nach einer französischen Vorlage verfaßte ›Gute Frau‹. Der Roman besteht aus zwei Teilen: Im ersten Teil wird von der Minne zwischen einer Grafentochter aus dem französischen Barrîâ und einem ihrer Vasallen erzählt, von dessen ritterlichen Taten und der Heirat mit seiner Herrin; im zweiten Teil folgt der Verzicht des Herrscherpaars auf Reichtum und Ehre angesichts einer Schar von Blinden, seine Wanderschaft, Trennung und erneute Vereinigung. Auf ihrer beschwerlichen Reise ohne Ziel bringt die gute Frau Zwillinge zur Welt, doch werden die Ehegatten, Eltern und Kinder schon bald voneinander getrennt. Trotz dieser Schicksalsschläge gelingt es der Frau, zunächst dem Grafen von Blois, dann sogar dem französischen König angetraut zu werden, gleichwohl aber ihre Keuschheit zu bewahren, bis es zur glücklichen Vereinigung mit Gatten und Kindern kommt.

Ähnlich gebaut ist Ulrichs von Etzenbach ›Wilhelm von Wenden‹, den er dem Böhmenkönig Wenzel II. gewidmet und wohl auch in dessen Auftrag um 1290 zum Ruhm von Herrscher und Land verfaßt hat. Der ›Wilhelm von Wenden‹ ist ein »Schlüsselroman«[15]: das heidnische Herrscherpaar des Romans, Wilhelm und Bene, steht für Wenzel II. und seine Gattin Guta, die Tochter Rudolfs von Habsburg; Wenden für Böhmen. Als Herrscherlob und Fürstenspiegel nähert sich der ›Wilhelm von Wenden‹ wiederum dem Typus des politischen Romans, unterscheidet sich von ihm aber auch durch die in der ›Guten Frau‹ vorgegebene Verschränkung von Legendenmotiven und antikem Reiseroman. Auch hier erfolgt das Ende des Liebesglücks des jungen Herrscherpaars durch ein Bekehrungswunder. Wilhelm trifft auf zwei christliche Pilger, die ihm von Christus erzählen. Der Name Christi, *daz süeze wort* (v. 503), senkt sich in sein Herz, wendet es zu Christus hin und verändert den ganzen Menschen. Schließlich begibt er sich zusammen mit Bene auf den Weg der Nachfolge Christi. Es ist das Wort, nicht wie im Legendenroman das Mirakel, das den Wandel bewirkt; es verändert das Innere des Menschen und bedarf nicht der äußeren Bestätigung.

Die Reise des Paars ist in der ›Guten Frau‹ vorgegeben: Armut, Geburt von Zwillingen, Trennung von Frau und Kindern. Während Wilhelm im hl. Land in den christlichen Glauben eingeführt wird und sich gegen die Heiden bewährt, wird Bene aufgrund ihrer Weisheit zur Fürstin eines Landes erkoren, werden die Söhne getrennt voneinander aufgezogen, finden aber zueinander und – wenn auch als Räuber – in Benes Land. Glück des Wiedersehens, Taufe und erneute, nun christliche Eheschließung, schließlich der Rückzug des Herrscherpaars ins Kloster stehen am Ende; Bittgebete für Wenzel und Guta nehmen das Herrscherlob noch einmal auf.

Eine solch aktuelle Wirkungsabsicht wie überhaupt jeder genealogische Bezug fehlen in dem wohl gegen 1270/80 entstandenen Roman von ›Mai und Beaflor‹ aus dem im Mittelalter weit verbreiteten Stoffbereich der demütigen und unschuldig verfolgten Frau (›Crescentia‹, ›Genoveva‹; ›Königin von Frankreich‹).

Die älteste bekannte Fassung des Crescentiastoffs findet sich in der ›Kaiserchronik‹ (vor 1139, s. oben S. 51), die ›Genoveva‹-Erzählung fußt auf der in französischen, spanischen, deutschen und niederländischen Redaktionen überlieferten Geschichte von der Königin Sibylle, der Frau Karls des Großen und Tochter des Kaisers Konstantin (vgl. z. B. die deutschen Fassungen Schondochs: ›Die Königin von Frankreich und der ungetreue Marschall‹ von ca. 1465 oder Elisabeths von Nassau-Saarbrücken:

›Sibille‹ von ca. 1437), die um 1400 mit der Legendentradition von der heiligen Genoveva verschmolzen und in dieser Form in Volksbuch, geistlichem und Märtyrerdrama zu einem der beliebtesten Legendenstoffe wurde.

Den verschiedenen Traditionssträngen gemeinsam ist die Geschichte der unschuldig verfolgten Ehefrau, die den Werbungen eines Liebhabers nicht nachgibt, daraufhin von ihm des Ehebruchs bezichtigt, von ihrem Gatten bestraft und verjagt, nach zahllosen Abenteuern, nach Waldleben und Gefahr aber wieder rehabilitiert wird, wohingegen der falsche Liebhaber eines schändlichen Todes stirbt. Auch in ›Mai und Beaflor‹ wird die Erzählfolge des antiken Liebes- und Reiseromans mit einem Legendenmotiv verbunden: Beaflor, Tochter des Königs von Rom, gelangt auf der Flucht vor ihrem Vater, der in Liebe zu ihr entbrannt ist, in das Land des Grafen Mai, der sich in sie verliebt und sie trotz ihrer Einwände, daß ihr solch hohe Würde nicht zukomme, heiratet. Die Rolle des bösen Verleumders übernimmt hier Mais Mutter, die sich mit der unstandesgemäßen Frau ihres Sohnes nicht abgefunden hat: diese habe, läßt sie ihrem Sohn in einem gefälschten Brief ins Feldlager mitteilen, nach einem Ehebruch ein Ungeheuer zur Welt gebracht, woraufhin ein ebenfalls gefälschter Brief Mais seine Getreuen dazu auffordert, Mutter und Kind zu töten. Beaflor jedoch entgeht dem Anschlag und begibt sich wieder auf die Flucht, gelangt zurück nach Rom und wird hier endlich auch von Mai wiedergefunden. Beide Gatten werden schließlich noch zum römischen Kaiserpaar erhoben; das Legendenmotiv führt nicht zu Weltabkehr und Askese, sondern – wie in der ›Schönen Magelone‹ – zu Glück und Pracht, weltlicher Herrschaft und ehelicher Liebe.

Zahlreiche Motive der ›Schönen Magelone‹ finden sich bereits in einem Märchen aus ›1001 Nacht‹; in der Romania wurde sie zu einem der beliebtesten Erzählstoffe des späten Mittelalters. Ein französischer Prosaroman des 15. Jahrhunderts (›L'Istoyre de Pierre de Provence et de la belle Maguelone‹) bot denn auch die Vorlage für die deutsche Bearbeitung des protestantischen Theologen und Sekretärs am kursächsischen Hof Veit Warbeck, dessen ›Fast schône und kurtzweilige Histori / von der schönen Magelone . . .‹ sein Freund, der Prinzenerzieher und Sekretär Georg Spalatin, 1535 in Druck brachte.

Peter, der Sohn des Grafen von Provence, zieht trotz der Einwände seiner Eltern nach Neapel, um die schöne Königstochter Magelone zu sehen. Dort zeichnet er sich als unbekannter

Ritter im Turnier aus, und beide verlieben sich ineinander. In einer heimlichen Zusammenkunft entdeckt er sich ihr, beide bekennen einander ihre Liebe und beschließen zu fliehen. Während ihrer Flucht aber werden sie durch unglückliche Zufälle voneinander getrennt. Während Peter nach Alexandrien verschlagen wird und sich dort die Zuneigung des Sultans erringt, zieht Magelone als Pilgerin in die Provence und gründet auf der Mittelmeerinsel Maguelonne eine Kirche mit Spital, wo sie sich in aufopfernder Nächstenliebe dem Dienst an Kranken und Armen widmet. Schließlich begibt sich Peter, vom Sultan reich beschenkt, auf die Heimreise, kommt als kranker Mann in Magelones Spital und wird von ihr gepflegt und erkannt. Die Heirat der Liebenden und ein gottgefälliges Leben in ihrem Herrscheramt beenden wiederum die lange Trennung und Irrfahrt. Der Intensität von Liebesglück und Liebesleid entspricht hier angesichts der schicksalhaften Trennung die Bereitschaft, in demütigem Dienst am Nächsten das weitere Geschick allein Gott anheimzustellen und nicht mehr auf dem eigenen *wil und beger* zu beharren. Das Bekehrungsmotiv also wird in der ›Schönen Magelone‹ moralisch gewendet: sie wird zum Exempel des Verzichts auf den eigenen Willen, der Unterwerfung unter die Barmherzigkeit Gottes, aber auch die Gebote von *Zucht und Ehr*, die anstelle der Flucht ins selbstgewählte Glück den Dienst am Nächsten und die Unterordnung unter die Normen des gesellschaftlichen Anstands fordern.

Etwas abseits steht der ›Friedrich von Schwaben‹ (um 1320). Zwar liegt auch ihm noch die Struktur des antiken Reiseromans zugrunde (Liebesglück – Trennung – Wiedervereinigung), doch wird sie von einer krausen Fülle anderer Motive, literarischer Reminiszenzen und diverser Zauberwunder überwuchert. Die Stoffquelle des ›Friedrich von Schwaben‹ ist vielleicht das aus Apuleius' ›Goldenem Esel‹ bekannte ›Amor- und-Psyche‹-Märchen, vielleicht auch das benachbarte Motiv von Tierbräutigam oder -braut, wie es sich in der ›Schwanritter‹- oder auch in der ›Melusinen‹-Sage findet.

Die Königstochter Angelburg wird von ihrer bösen Stiefmutter in eine Hindin verwandelt; sie kann nur erlöst werden, wenn ein Fürstensohn 30 Nächte bei ihr weilt, ohne sie zu berühren und ohne ihr Gesicht zu sehen. Friedrich von Schwaben will das auf sich nehmen, versagt aber dann doch angesichts der übergroßen Versuchung. So muß sich Angelburg von ihm trennen und wird mit zwei ihrer Damen in weiße Tauben verwandelt. Die

Bedingung ihrer Erlösung: Ihr Geliebter muß nun ihr Federkleid an sich bringen, während sie in Menschengestalt in einem bestimmten Brunnen badet. Auf der Suche nach dem Brunnen bewährt sich Friedrich in zahllosen Abenteuern, Gefahren, Heldentaten, bis er schließlich diese Prüfung besteht und beide Liebenden in Angelburgs Land zurückkehren.

V. EMPFINDSAME MINNEROMANE

Die erbaulichen Minneromane haben das Thema der Minnesehnsucht, des Schmerzes und der Freude der Minne mit dem Motiv der Bekehrung und der Nachfolge verknüpft und – so besonders in der ›Schönen Magelone‹ – einen Weg der Läuterung der Liebe gezeigt. Im empfindsamen Minneroman hingegen – dazu zählen die verschiedenen Bearbeitungen des ›Flore- und Blanscheflur‹-Stoffs sowie Johanns von Würzburg ›Wilhelm von Österreich‹ – stehen die Macht und Grenzenlosigkeit der Minne selbst im Mittelpunkt. Gerade die unschuldige Selbstverständlichkeit der Kinderminne läßt sich nicht an ständische oder religiöse Grenzen binden, sondern überwindet sie mit einer rührenden Opferbereitschaft für den oder die Geliebte(n): ein Panegyricus auf die Leidenschaft der Minne selbst, dem eine ebenso differenzierte wie kunstvolle Beschreibung einzelner Gefühlslagen der Minne entspricht. Die Welt der Gefühle ist denn auch, trotz der Übernahme des bekannten Schemas von Liebe – Trennung – Vereinigung, der eigentliche Handlungsraum dieser Romane; der Aufbau der Handlung gibt wohl ihren Rahmen, nicht aber ihre Besonderheit zu erkennen.

›Flore und Blanscheflur‹ zählt zu den bekanntesten Erzählstoffen des Mittelalters. Der ältesten Fassung eines französischen Versromans (›Floire et Blancheflor‹, ca. 1160) steht noch der sog. ›Trierer Floyris‹ von ca. 1160 nahe. Als nächster widmet sich dem Stoff in seiner »aristokratischen« Fassung Konrad Fleck, der in der ersten Hälfte des 13. Jahrhunderts in einer oberrheinischen Stadt gelebt haben mag. Die spätmittelalterliche Prosafassung von 1499 hingegen geht auf die »populäre« Version Boccaccios (›Il filocolo‹) zurück. Erst in dieser Fassung fand der Stoff weiteste Verbreitung, während Konrad Flecks Wirkung bescheiden blieb.

Eine christliche Pilgerin kommt gefangen an den Hof des heidnischen Königs von Spanien, erlangt das Vertrauen der

Königin, und beide Frauen bringen am selben Palmsonntag zwei einander sehr ähnlich sehende Kinder, einen Jungen und ein Mädchen, zur Welt. Noch in der Wiege entspinnen sich zwischen dem Königssohn Flore und der Sklaventochter Blanscheflur die ersten zarten Liebesbande, und bereits als Fünfjährige wollen und können sie von ihrer Liebe nicht mehr lassen. Rührend wird ihr verliebtes Spiel beschrieben: die ersten Küsse, die gemeinsame Lektüre von Liebesgeschichten, die ersten Liebesbriefe auf ihren Schreibtafeln, bis Flores Eltern diese unstandesgemäße Verbindung ihres Sohnes zu verhindern suchen. Unter vielen Seufzern, Tränen, Treuebeweisen werden die Liebenden getrennt, Blanscheflur sogar an ägyptische Kaufleute, von diesen in den Harem eines ägyptischen Kalifen (= mhd. *amiral*) verschachert. Flore indes soll das verheimlicht und stattdessen ihr Tod eingeredet werden, den wiederum ein prachtvolles Grabmal beweisen soll. In seiner zierlichen Künstlichkeit und graziösen Zartheit jedoch wird dieses Grabmal zum Sinnbild eben der Liebe, die Flores Eltern paradoxerweise mit Hilfe des Grabmals unterbinden wollen. Inmitten eines entzückenden »Lustorts« (*locus amoenus*) gelegen, gipfelt es in der kunstvollen Darstellung beider Liebender. Flore bietet der Freundin – entsprechend der Blumensymbolik beider Namen – eine goldene Rose dar, diese ihm eine Lilie. Dazu bringt ein feiner Mechanismus die Gruppe noch zum Reden und in Bewegung: Flore bittet die Geliebte, ihn zu küssen, da er sonst vergehen müsse, sie versichert ihn ihrer Liebe, und beide vereinigen sich im Kuß.

Liebe und Kunst, Gefühl und handwerkliches Können sind hier auf beispielhafte Weise miteinander verbunden. Empfindungen werden darstellbar, indem sie zum Kunstwerk, zur rührenden Geste veräußerlicht werden. Nicht Sentimentalität im Sinne einer – im übrigen durchaus neuzeitlichen – Innigkeit des Gefühls ist für diese Form der Liebe charakteristisch, sondern ihr höchst kunstvolles Arrangement im rührenden Bild. Das gilt auch für die glückliche Vereinigung der Liebenden: versteckt in einem Korb roter Rosen gelangt Flore zur Geliebten in den Turm des Kalifen. Zwar werden sie entdeckt, doch rührt ihre wechselseitige Todesbereitschaft den Kalifen so sehr, daß er Blanscheflur freigibt: angesichts dieser Liebe hat sogar die brutale Macht ihr Recht verloren.

Auch im 1314 abgeschlossenen ›Wilhelm von Österreich‹ des ansonsten nicht weiter bekannten Johann von Würzburg schließlich geht es um Kinderliebe über religiöse Schranken hinweg, um Trennung durch die Eltern, um lange und gefährliche Reisen des Helden, dann auch um Glück und Vermählung. Allerdings endet dieser Roman, durchaus gattungsuntypisch, in der Katastrophe: Wilhelm wird auf der Jagd von Feinden tödlich verletzt, seine Aglye stirbt – wie Isolde – über der Leiche des Geliebten.

Mit den empfindsamen Minneromanen ist unser Überblick über die verschiedenen Typen des Minne- und Abenteuerromans abgeschlossen. Im Spektrum neuer literarischer Erfahrungen und Darstellungsmöglichkeiten, das der Erzählliteratur des Mittelalters mit der Rezeption des spätantiken Liebes- und Reiseromans eröffnet worden war, geht es ihnen insbesondere um die Darstellung von Gefühlen und Empfindungen, in den anderen Textgruppen um jeweils andere Akzente. Sie alle miteinander erst belegen den außerordentlich breiten Wirkungsradius dieser Gattung, die durch die Verbindung ihrer beiden Konstanten Minne und Abenteuer mit den unterschiedlichsten Stoffbereichen zu einer der variationsreichsten Gattungen des Mittelalters geworden und dadurch wohl auch den unterschiedlichsten Publikumserwartungen entgegengekommen ist. Die lange und intensive Wirkung vieler dieser Erzählungen jedenfalls, dann auch ihre Verbreitung in Prosa-, Druck- und »Volksbuch«-Fassungen im 16. Jahrhundert und später, könnte darauf hindeuten.

ANMERKUNGEN

1 H. R. JAUSS, Theorie der Gattungen und Literatur des Mittelalters, in: H. R. J., Alterität und Modernität mittelalterlicher Literatur, München 1977, S. 330.
2 K. RUH, Epische Literatur, S. 140.
3 H. R. JAUSS [vgl. Anm. 1], S. 332.
4 M. CURSCHMANN, ›Spielmannsepik‹.
5 M. WEHRLI, Roman und Legende, S. 432.
6 H. DE BOOR, Die deutsche Literatur im späten Mittelalter. Zerfall und Neubeginn, Teil 1, München 1962, S. 90.
7 G. W. F. HEGEL, Ästhetik, Bd. I, hg. von F. BASSENGE, Berlin/Weimar [2]1965, S. 187.
8 M. BACHTIN, Das Wort im Roman, in: M. B., Die Ästhetik des Wortes, hg. von R. GRÜBEL (edition suhrkamp 967), Frankfurt 1979, S. 269.
9 M. WEHRLI, Geschichte der deutschen Literatur vom frühen Mittelalter bis zum Ende des 16. Jahrhunderts, Stuttgart 1980, S. 214.
10 M. WEHRLI [vgl. Anm. 9], S. 223.
11 W. J. SCHRÖDER, König Rother. Gehalt und Struktur; S. 334.

12 M. Wehrli, Herzog Ernst, S. 440.
13 H. R. Jauss [vgl. Anm. 1], S. 331.
14 H. R. Jauss [vgl. Anm. 1], S. 47.
15 H. F. Rosenfeld, Einleitung zur Ausgabe des ›Wilhelm von Wenden‹ (DTM 49), Berlin 1957, S. XXIX.

BIBLIOGRAPHIE

Textausgaben

Flore und Blanscheflur, eine Erzählung von *Konrad Fleck*, hg. von E. Sommer, Quedlinburg/Leipzig 1846.

Friedrich von Schwaben: hg. von M. H. Jellinek (DTM 1), Berlin 1904.

Die gute Frau: hg. von E. Sommer, in: ZfdA 2 (1842) 385–481.

Heinrich von Neustadt, Werke: hg. von S. Singer (DTM 7), Berlin 1906.

Herzog Ernst. Ein mittelalterliches Abenteuerbuch. In der mittelhochdeutschen Fassung B nach der Ausgabe von K. Bartsch mit den Bruchstücken der Fassung A hg. und übersetzt von B. Sowinski (RUB 8352–7), Stuttgart 1970.

Schön und lustige Histori, von den Vier Heymons-Kindern, in: Deutsche Volksbücher, ausgewählt und eingeleitet von P. Suchsland, III, Berlin/Weimar 1968, S. 123–323.

Johann von Würzburg, Wilhelm von Österreich: hg. von E. Regel (DTM 3), Berlin 1906.

Mai und Beaflor: hg. von A. J. Vollmer, Leipzig 1848.

Orendel: hg. von H. Steinger (ATB 36), Halle 1936; Faksimileausgabe der Vers- und der Prosafassung nach den Drucken von 1512, hg. und mit einem Vorwort versehen von L. Denecke, Stuttgart 1972.

Der Münchner Oswald. Mit einem Anhang: die ostschwäbische Prosabearbeitung des 15. Jh., hg. von M. Curschmann (ATB 76), Tübingen 1974.

König Rother. Nach der Ausgabe von Th. Frings und J. Kuhnt, in 3. Aufl. besorgt von I. Köppe-Benath (Altdeutsche Texte für den akademischen Unterricht 2), Halle 1968; König Rother. Geschichte einer Brautwerbung aus alter Zeit, übertragen und eingeleitet von G. Kramer, Berlin (DDR) 1961.

Salman und Morolf: hg. von A. Karnein (ATB 85), Tübingen 1979; Die deutschen Dichtungen von Salomon und Markolf, I, hg. von F. Vogt, Halle 1880; Das Spruchgedicht von Salomon und Markolf (Die deutschen Dichtungen von Salomon und Markolf 2), hg. von W. Hartmann, Halle 1934.

Deutsche Spielmannsdichtungen des Mittelalters, nacherzählt und hg. von G. und W. Hecht, Leipzig 1977.

Spielmannsepen Bd. II (Sankt Oswald – Orendel – Salman und Morolf). Texte, Nacherzählungen, Anmerkungen und Worterklärungen von W. J. Schröder, Darmstadt 1976 (Bd. I noch nicht erschienen).

Ulrich von Etzenbach, Wilhelm von Wenden: hg. von H. F. Rosenfeld (DTM 49), Berlin 1957.

Veit Warbeck, Die schöne Magelone: hg. von H. G. Roloff (RUB 1575), Stuttgart 1969.

Forschungsliteratur

Grundlegende und übergreifende Darstellungen

M. CURSCHMANN, ›Spielmannsepik‹. Wege und Ergebnisse der Forschung von 1907–1965. Mit Ergänzungen und Nachträgen bis 1967, Stuttgart 1968. – E. FRENZEL, Stoffe der Weltliteratur. Ein Lexikon der dichtungsgeschichtlichen Längsschnitte, Stuttgart ⁶1983. – TH. FRINGS, Die Entstehung der deutschen Spielmannsepen, in: W. J. SCHRÖDER (Hg.), Spielmannsepik (WdF 385) S. 191–212. – H. KOKOTT, ›Frühhöfische‹ Dichtung. Die Aristokratisierung der Literatur, in: W. FREY u. a.; Einführung in die deutsche Literatur des 12.–16. Jahrhunderts I (Adel und Hof), Opladen 1979, S. 11–48. – K. RUH, Epische Literatur des deutschen Spätmittelalters, in: W. ERZGRÄBER (Hg.), Europäisches Spätmittelalter (Neues Handbuch der Literaturwissenschaft 8), Wiesbaden 1978, S. 117–188. – W. J. SCHRÖDER, Spielmannsepik (Sammlung Metzler 19) Stuttgart ²1967. – W. J. SCHRÖDER (Hg.), Spielmannsepik (WdF 385), Darmstadt 1977 [Aufsatzsammlung]. – M. WEHRLI, Roman und Legende im deutschen Hochmittelalter, in: Worte und Werte. Festschrift B. Markwardt, Berlin 1961, S. 428–443.

Spezielle Literatur

J. BÉDIER, Les Légendes épiques. Recherches sur la formation des chansons de geste, IV, Paris ³1929. – K. H. BENDER, König und Vasall. Untersuchungen zur chanson de geste des XIII. Jahrhunderts (Studia Romanica 13), Heidelberg 1967, S. 145–175. – M. CURSCHMANN, Der Münchner Oswald und die deutsche spielmännische Epik (MTU 6), München 1964. – A. EBENBAUER, ›Orendel‹ – Anspruch und Verwirklichung, in: Strukturen und Interpretationen, Festschrift B. Horacek, Stuttgart 1974, S. 25–63. – R. KOHLMAYER, Ulrichs von Etzenbach ›Wilhelm von Wenden‹. Studien zu Tektonik und Thematik einer politischen Legende aus der nachklassischen Zeit des Mittelalters (Deutsche Studien 25), Meisenheim 1974. – J. KÜHNEL, Zur Struktur des ›Herzog Ernst‹, in: Euph. 73 (1979) 248–271. – A. MASSER, Zum ›Wilhelm von Wenden‹ Ulrichs von Etzenbach, in: ZfdPh 93 (1974) Sonderheft, S. 141–155. – N. MILLER, Brautwerbung und Heiligkeit. Die Kohärenz des ›Münchner Oswald‹, in: DVjs 52 (1978) 226–240. – W. J. SCHRÖDER, König Rother. Gehalt und Struktur, in: W. J. SCHRÖDER (Hg.), Spielmannsepik (1977) (s. unter ›Grundlegende und übergreifende Darstellungen‹), S. 323–350. – W. THEISS, Die ›Schöne Magelone‹ und ihre Leser. Erzählstrategie und Publikumswechsel im 16. Jhdt., in: Euph. 73 (1979) 132–148. – F. URBANEK. Kaiser, Grafen und Mäzene im ›König Rother‹ (Philologische Studien und Quellen 71), Berlin 1976. – M. WEHRLI, Herzog Ernst, in: W. J. SCHRÖDER (Hg.), Spielmannsepik (1977), S. 436–451. – G. ZINK, ›Herzog Ernst‹ et chansons de geste, in: Etudes Germaniques 32 (1977), 108–118.

DAS NACHLEBEN DER MITTELALTERLICHEN STOFFE

von

ULRICH MÜLLER

Mit dem Weiterleben literarischer Werke und ihrer Inhalte, also ihrer Wirkungsgeschichte, hat sich die Literaturwissenschaft zwar immer beschäftigt, zumeist jedoch mehr oder minder nebensächlich; für den Bereich der mittelalterlichen Stoffe wurden katalogartige Materialsammlungen angelegt, in denen die spätere Nachwirkung dokumentiert wurde. Insbesondere durch Hans-Georg Gadamer (1960) und Hans Robert Jauß (1967) wurde die Wirkungsgeschichte, unter dem Begriff der »Rezeptionsforschung«, zu einem immer wichtigeren Teil der Literaturwissenschaft; die im Anschluß an Gadamer entstandene Diskussion und Kritik (vor allem durch Jürgen Habermas) arbeitete dann die Tatsache heraus, daß ›objektive Rezeptionsforschung‹ nicht möglich sei, sondern daß der historisch bedingte Standort des jeweiligen Rezipienten deutlich zu berücksichtigen sei, d. h. Rezeptionsforschung und Ideologiekritik zu verbinden seien.

Ganz besonders innerhalb der mediävistischen Literaturwissenschaften, und hier wiederum besonders innerhalb der Altgermanistik, nahm die Rezeptionsforschung in den letzten 15 Jahren einen immer stärkeren Aufschwung, und sie gehört mittlerweilen zu den fest etablierten und wichtigen Arbeitsgebieten und -methoden. Zahlreiche größere und kleinere Einzeluntersuchungen sowie Dokumentationen wurden angefertigt, und das Thema der »Mittelalter-Rezeption« war auch der Inhalt von mehreren wissenschaftlichen Kongressen (z. B.: Salzburg 1979 und 1982; Neubrandenburg 1979; St. Louis/USA 1982; Odense/Dänemark 1982; Berlin 1983), deren Ergebnisse jeweils in Sammelbänden vorliegen bzw. noch publiziert werden sollen.

Der folgende Überblick kann das große Gebiet nur skizzenhaft darstellen und wichtige Beispiele nennen; er ist dreigeteilt: (I) Schichten der Rezeption mittelalterlicher Stoffe; (II) Epochen ihrer Rezeption; (III) Zur Rezeption einzelner Stoffkreise.

I. SCHICHTEN DER REZEPTION MITTELALTERLICHER STOFFE

In vielen Fällen ist nicht zu unterscheiden, ob ein mittelalterlicher Stoff in seiner Formung durch ein ganz bestimmtes literarisches Werk weiterlebte (etwa: Artus- und Gralswelt, so wie sie in Wolframs ›Parzival‹ dargestellt sind), oder ob sozusagen die Quersumme verschiedener literarischer Ausformungen und vielleicht sogar auch mündlicher Erzähltraditionen zu einem bestimmten Stoffkreis (z. B.: die Geschehnisse um Dietrich von Bern) im Bewußtsein weiter existierte. Viele Stoffkreise wurden schon früh zu dem (und waren es wohl bereits im Mittelalter), was ich – in Anlehnung an den französischen Strukturalisten und Ethnologen Claude Levi-Strauss – »epische Mythen« nenne: nämlich Aussagen, deren Substanz weder im Stil noch in der Erzählweise noch in der Syntax, sondern in der *Geschichte,* die darin erzählt wird« (*ni dans le style, ni dans le mode de narration, ni dans le syntaxe, mais dans l'histoire qui y est rapportée*) liegt; solche »epische Mythen« sind also keine ausgeformten Geschichten oder gar literarische Fixierungen, sondern sie bestehen aus Personennamen, Konstellationen und Handlungsfragmenten, die eine geradezu sprichwörtliche Bekanntheit haben und die jederzeit zitiert werden können (z. B.: Tristan und Isolde bzw. Tristan und die beiden Isolden, Liebestrank, König Marke, Liebestod).

Die Rezeptionsgeschichte eines Stoffes oder eines Werkes setzt ein, sobald diese erstmals einer rezipierenden Öffentlichkeit bekannt werden; in vielen Fällen der mittelalterlichen Stoffe ist dieser Zeitpunkt heute nicht mehr feststellbar, da ihre Herkunft und Entstehung im Dunkel liegen. Da man niemals sicher sein kann, daß ein bestimmter Stoff völlig in Vergessenheit geraten ist, ist das Ende seiner Rezeptionsgeschichte grundsätzlich offen; das vorläufige Ende liegt jeweils in der unmittelbaren Gegenwart.

Bei der Rezeption eines Stoffes oder Werkes sind verschiedene Schichten zu unterscheiden, die jedoch oft nicht streng zu trennen sind und auch mehr oder minder stark zusammenhängen. Älter ist zumeist die Schicht der schöpferischen (produktiven) Rezeption: ein bestimmter Stoff oder Inhalt (manchmal auch die literarische Technik) werden aufgegriffen, nachgeahmt, parodiert, weiterentwickelt etc.: durch Literaten, durch Musiker, Maler, Bildhauer. Dadurch entstehen in einem Akt der produktiven Rezeption neue ›künstlerische‹ Werke ganz unterschiedlicher Art und Qualitätsstufe und natürlich für ganz unterschiedliche Publikumsschichten. So lassen sich z. B. schöpferische Rezeptionsformen des Artus- und Tristan-Mythos im 20. Jahrhundert nachweisen in literarischen Werken (Roman, Drama, Gedichten), in Kino- und TV-Filmen, im Musiktheater (Oper, Operette, Musical), in der sog. E-Musik (Oratorium) wie auch in der sog. U-Musik (populäre Liedtexte, »Mittelalter-Rock«), in Comics, in Bilddarstellungen (bis hin zum Reklamebild und Plakat). Teils stellen diese Neuschöpfungen einen hohen künstlerischen Anspruch, d. h. sind für das sog. ›gebildete‹ Publikum bestimmt, teils wenden sie sich an ein breites Publikum mit mehr oder minder starken (oder auch gar keinen) Vorkenntnissen. Zu erwähnen sind ferner auch solche Neuschöpfungen, die sich primär an ein jugendliches oder gar Kinder-Publikum wenden – so ist z. B. die durchaus wirksame Mittelalter-Rezeption im Jugendbuch (Heldensagen, Nacherzählungen für Jugendliche, aber auch Comics) bislang noch ganz unzureichend untersucht. Insgesamt kann der jeweilige Autor ganz unterschiedliche Intentionen haben: möglichst ›getreue‹ Vermittlung des alten Stoffes, Neugestaltung des alten Stoffes, Uminterpretation, Aktualisierung, Verwendung als Hülle für ganz andere Inhalte und Aussagen, Verarbeitung nur einzelner Motive etc. Einen anderen, vielfach damit verbundenen Großbereich der Rezeption stellt diejenige durch die Fachwissenschaft dar, die sich mit Editionen, Kommentaren, Untersuchungen, literaturgeschichtlichen Überblicken etc. der alten Texte und Stoffe annimmt; eine wichtige Rolle spielen auch die Übersetzungen, die sich meist an einen breiteren Rezipientenkreis richten. Neben der schöpferischen (produktiven) und neben der wissenschaftlichen Rezeption steht schließlich ein großer Bereich, der nicht leicht zu benennen ist: das bloße Weiterleben durch Namen (Tristan, Lanzelot), das gesprächsweise Anzitieren der alten Stoffe, ihre Verwendung in der Journalistik, in der Werbung und vor allem in der Politik (Kennedys »Camelot«; »Nibelungentreue«), wo manche der alten epischen Mythen eine ideologische Bedeutung erhalten haben; auch dieser Bereich ist noch ganz unzureichend erforscht. Die insgesamt angeführten Beispiele mögen aber zeigen, wie vielfältig die Schichten der »Mittelalter-Rezeption« sind, welch unterschiedliche Publikumskreise sie anzielen und wie verschieden, ja geradezu gegensätzlich die jeweiligen Motivationen sein können – sowohl (frühere) faschistische Diktaturen als auch zeitgenössische alternative Bewegungen können für ihre Zwecke die gleichen mittelalterlichen Stoffe aufgreifen und ideologisch (natürlich in unterschiedlichen Ausformungen) verwenden.

Was die Beurteilung anbetrifft, so werden auch in der Forschung immer wieder zwei Gesichtspunkte durcheinander gebracht, die aber scharf zu trennen sind: Die Qualität eines späteren Werkes wird daran gemessen, wie ›richtig‹ oder wie ›falsch‹ es die Vorlage rezipiert – ein solcher Maßstab, der natürlich vom jeweiligen wissenschaftlichen Standpunkt abhängt und zudem durchaus eine subjektive Komponente hat, ist anzuwenden, wenn ausdrücklich ein mittelalterliches Werk oder ein mittelalterlicher Stoff möglichst getreu vermittelt werden will bzw. soll, also z. B. bei Übersetzungen, Nacherzählungen oder bestimmten Verfilmungen. Das andere Kriterium der Beurteilung bezieht sich nur auf das neuentstandene Werk und läßt dessen Vorlagentreue beiseite: in allen Fällen schöpferischer (produktiver) Rezeption ist zumindest vorwiegend, wenn nicht sogar ausschließlich ein solcher Maßstab anzulegen (der wie alle ästhetischen Urteile auch sehr subjektiv sein kann). An einem Beispiel sei demonstriert, zu welch geradezu grotesken Ergebnissen die Verwirrung der beiden Kriterien führt: Wagner hat in seinem ›Parsifal‹ (1882) die Vorlage so einschneidend verändert, daß dieser mit Wolfram von Eschenbach und der Aussage von dessen ›Parzival‹ außer einigen Namen und Handlungselementen so gut wie nichts mehr gemeinsam hat, d. h. er hätte unter dem Gesichtspunkt der »Vorlagentreue« ein gänzlich mißlungenes Werk geschaffen. Kein intelligenter Interpret wird aber hier dieses Kriterium anwenden, sondern den ›Parsifal‹ ausschließlich als neues Werk, als Musikdrama des 19. Jahrhunderts, das eine mittelalterliche Vorlage zu etwas gänzlich anderem transformiert, bewerten und einschätzen. Dennoch aber ist Wagners ›Parsifal‹ unbestreitbar ein Fall von »Mittelalter-Rezeption«.

II. DIE EPOCHEN DER REZEPTION MITTELALTERLICHER STOFFE

Es ist ein weitverbreitetes Klischee, daß die Kenntnis der mittelalterlichen Werke und ihrer Erzählinhalte erst durch die Romantik in stärkerem Maße wiederbelebt worden sei und vorher weitgehend verschwunden war. Das ist in mehrfacher Hinsicht nicht ganz richtig. Die Tradition der mittelalterlichen Stoffe ist nie abgebrochen, ja man hat sich eigentlich bereits in der Renaissance (Humanismus) und in den folgenden Jahrhunderten mit dem Mittelalter und seinen Werken beschäftigt. Um die Erschließung der mittelhochdeutschen Literatur hat sich dann besonders intensiv die Aufklärung bemüht (Bodmer, Breitinger, Christoph Heinrich Myller), wobei das ›Altdeutsche‹ und ›Germanische‹ bereits Ende des 18. Jahrhunderts, mit dem Erwachen eines Nationalgefühls im deutschen Sprachbereich (Klopstock, Gleim; Justus Möser), eine nationale Bedeutung erhielt. Der endgültige Durchbruch für die Beschäftigung mit dem Mittelalter und dessen Kenntnis kam dann durch Herder und die Frühromantik (August Wilhelm und Friedrich Schlegel, Ludwig Tieck), doch brachten deren Bemühungen nicht sofort auch durchschlagende literarische Erfolge (meßbar in Auflagenzahlen) – dies geschah erst im Laufe des 19. Jahrhunderts, mit der zunehmenden Popularisierung (Übersetzungen von Karl Simrock u. a.) und Trivialisierung der alten Stoffe. Die Rückbesinnung auf Mittelalterliches im 19. Jahrhundert ist eng verknüpft mit dem Aufkommen des Nationalismus: man suchte unter anderem die Legitimation für die jeweilige nationale Identität in der eigenen Geschichte, in der eigenen vergangenen Literatur und in den alten epischen Mythen, die jetzt – falls möglich – zunehmend national beladen wurden. Die Weiterentwicklung des europäischen Nationalismus zu immer extremeren und überhitzteren Formen (Imperialismus, Faschismus) brachte dann ganz notwendigerweise eine wenigstens teilweise parallele Entwicklung innerhalb der Mittelalter-Rezeption hervor, deren trauriger Höhepunkt dann im deutschen Nationalsozialismus erreicht war. Grundsätzlich kann man feststellen, daß die Identitätssuche aus dem Mittelalter umso heftiger war, je prekärer es um die jeweilige politische Identität in der Realität bestellt war: im zersplitterten deutschen Sprachbereich, der sich unter vielen Schwierigkeiten zu einer wenigstens teilweisen politischen Einheit zusammenfand (1871), deren Vertreter sich immer wieder als zu spät und zu kurz gekommen ansahen und der dann als Folge des Nationalsozialismus wieder zerfiel, kam es daher auch zu extremen Übersteigerungen im Umgang mit dem mittelalterlichen »Erbe«, die sich in anderen Sprachräumen nicht in diesem Umfang und dieser Aggressivität finden lassen.

Die national bedingte Mittelalter-Rezeption seit dem frühen 19. Jahrhundert führte in Verbindung mit den neuen wissenschaftlichen Denkmethoden (Positivismus, Historismus) auch zum Entstehen der mediävistischen Fachwissenschaften: Zu deren Gründungsvätern gehörten z. B. im deutschen Sprachraum Friedrich Heinrich von der Hagen (der 1810 die erste existierende Professur für deutsche Sprache und Literatur erhielt, und zwar ein unbesoldetes Extraordinariat an der neugegründeten Berliner Universität), Karl Lachmann, Georg Friedrich Benecke sowie die Gebrüder Jacob und Wilhelm Grimm; eine Generation später begründete der Lachmann-Schüler Moriz Haupt (1841) die erste altgermanistische Fachzeitschrift, die heute noch existierende »Zeitschrift für deutsches Altertum und deutsche Sprache«; und lange Zeit bedeutete ›Germanistik‹ vor allem die wissenschaftliche Beschäftigung mit den alten deutschen und germanischen Sprachen und Literaturen (mit Ausnahme meist des Englischen) – erst Ende des 19. Jahrhunderts emanzipierte sich davon zunehmend die spätere Neugermanistik.

Einen tiefen Einschnitt, besonders im deutschen Sprachraum (was nach dem oben Ausgeführten nicht erstaunlich sein kann), bedeuteten für die Mittelalter-Rezeption in ganz Europa die durch den Nationalsozialismus und den Zweiten Weltkrieg verursachten Umwälzungen und teilweise radikalen Veränderungen: im deutschen Sprachgebiet galt anschließend das ideologisch oft so mißbrauchte Mittelalter (an dessen Mißbrauch auch die Germanisten nicht immer unbeteiligt waren) als verdächtig und vorbelastet; anderswo, im Zusammenhang von mehr kontinuierlichen politischen Weiterentwicklungen ist eine solche Zäsur sehr viel weniger deutlich feststellbar. Doch überall machte sich ein mehr oder minder stärkeres Desinteresse an Geschichte und Vergangenheit bemerkbar, abzulesen etwa an der zunehmenden Eliminierung historischer Studien und geschichtlicher Kenntnisse zugunsten von angeblich Wichtigerem (dem vielzitierten »Relevanten«) an den Universitäten und Schulen sehr vieler europäischer Länder. Zum allgemeinen Erstaunen entwikkelte sich dann im Laufe der siebziger Jahre, teilweise gleichzeitig mit der eben skizzierten Eliminierung, außerhalb der Fachwissenschaften das, was man mittlerweilen mit einem Schlagwort als »Mittelalter-Welle« bezeichnet und deren Ursachen viel diskutiert worden sind: festzustellen war dies etwa an dem enormen Zulauf bei Mittelalter-Ausstellungen (etwa der mittlerweilen legendären Staufer-Ausstellung, Stuttgart 1977 – aber auch bei anderen historischen Themen, etwa Tut-ench-Amun, den Wikingern, den Kelten), den sprunghaft zunehmenden

Fällen von schöpferischer Rezeption mittelalterlicher Werke, Stoffe und Themen in allen Medien (Literatur, Film, Musik), an der Publikation vieler Sachbücher zum Mittelalter (und deren teilweise hohen Verkaufszahlen) sowie vieler neuer Übersetzungen mittelalterlicher Werke. Und mit der notwendigen Verzögerung hat das alles mittlerweile auch seine Spuren in den Fachwissenschaften (siehe oben!) hinterlassen.

Ein Überblick über die Epochen der Mittelalter-Rezeption, und auch wenn er so skizzenhaft und oberflächlich wie der hier vorliegende ist, wäre unvollständig, wenn nicht eine besonders wichtige ›Station‹ innerhalb der schöpferischen Rezeption mittelalterlicher Stoffe ausdrücklich hervorgehoben würde: nämlich Richard Wagner (1813–1883) dessen Opern und Musikdramen ab dem ›Fliegenden Holländer‹ (soweit sie über das Stadium des Entwurfes gediehen, also fertiggestellt wurden) samt und sonders mittelalterliche Stoffe aufgreifen. Wagner hat diese allerdings nicht ›mittelalter-getreu‹ vermittelt, sondern er hat die Stoffe neugestaltet, verändert und weitgehend als Hülle für den Transport neuer, d. h. damals aktueller und auch eigener Probleme benützt. So hat Wagner, der »Mittler des Mittelalters« (so Peter Wapnewski, von dem die derzeit grundlegenden Untersuchungen zu diesem Thema stammen), zwar mehr für die heutige Bekanntheit mittelalterlicher Stoffe getan als jeder andere Künstler und wohl auch als alle Mediävisten zusammengenommen, aber er hat ihre Rezeption auch nachhaltig und eingreifend verändert; in vielen Fällen läuft daher die Rezeption eines mittelalterlichen Stoffes (z. B.: Tristan, Parzival) und die Wagnersche Rezeptionsform – vor allem auf der Ebene der ›höheren‹ Literatur – nebeneinander, und beide wirken auch immer wieder, manchmal durchaus ›störend‹ aufeinander ein: dies wird sich im folgenden mehrfach zeigen.

III. ZUR REZEPTION EINZELNER STOFFKREISE

Im folgenden sollen einige Stoffkreise, einige »epische Mythen« des Mittelalters, herausgegriffen und ihre produktive Rezeption (sowie die damit verbundene politisch-ideologische) exemplarisch dargelegt werden; ausgeschlossen bleibt dabei die Rezeption in der bildenden Kunst. Ganz besonders hier ist keinerlei, auch nur annähernde Vollständigkeit angestrebt: diese wird meist nicht einmal in monographischen Spezialuntersuchungen erreicht, und sie ist verständlicherweise auch in den jeweiligen Artikeln des stoffgeschichtlichen Lexikons von Elisabeth Frenzel (Stoffe der Weltliteratur, [6]1983) nicht zu finden. Der Überblick richtet sich nach folgenden Grundsätzen: Im Zentrum steht der deutschsprachige Raum, die anderen Sprach- und Kulturräume werden nur insoweit behandelt, als ich sie übersehen kann. Angeführt und behandelt werden diejenigen Ausformungen schöpferischer Rezeption, die (a) entweder besonders wichtige Stationen der Wirkungsgeschichte waren, die (b) heute noch eine gewisse Bekanntheit haben oder die (c) aus der unmittelbaren Gegenwart stammen. Der Schwerpunkt liegt im 19. und im 20. Jahrhundert. Das bedeutet: dieser Überblick ist nicht nur notwendigerweise subjektiv, sondern er ist ganz bewußt aus einer bestimmten zeitlichen Perspektive heraus verfaßt (nämlich dem Jahr 1983): die Rezeptionsgeschichte eines bestimmten Werkes oder Stoffes ist ja – wie oben erwähnt – potentiell ohne Ende und Abschluß, und jede Darstellung ist daher gezwungen, einen willkürlichen und dementsprechend mehr oder weniger schnell veraltenden Endpunkt zu setzen. Aus der Menge der in diesem Buch behandelten mittelalterlichen Stoffe können nicht alle herausgegriffen werden; überdies werden sie hier entsprechend der Art und Dichte ihrer Rezeption (also in anderer Reihenfolge) behandelt.

a) Die Nibelungen, Siegfried und Hagen

Der Nibelungen-Mythos ist *der* deutsche (bzw. genauer: preußisch-deutsche) Rezeptionsstoff der Neuzeit; seine Rezeptionsgeschichte ist dank der ideologiekritischen Anstöße von Helmut Brackert (1970, 1971, 1973) und insbesondere der eingehenden Untersuchung von Otfrid Ehrismann (1975) sowie der kommentierten Dokumentation von Werner Wunderlich (1977) gut überschaubar. Die moderne Rezeption des Nibelungen-Stoffes, der auch im späten Mittelalter und der frühen Neuzeit – vor allem durch das ›Lied vom Hürnen Seyfried‹ – nie in Vergessenheit geraten war, beginnt mit der Wiederentdeckung der drei wichtigsten ›Nibelungenlied‹-Handschriften (1755, 1769, 1779), der ersten vollständigen Textausgabe durch den Schweizer Christoph Heinrich Myller (1782; von Friedrich dem Großen noch abschätzig als »elendes Zeug« und »nicht einen Schuß Pulver werth« bezeichnet) sowie ihrer patriotisch-nationalen Interpretation seit den Befreiungskriegen. Das ›Nibelungenlied‹ und der Nibelungen-Stoff (in der Gestaltung der ›Edda‹-Lieder und später auch der ›Völsungen-Saga‹) wurden zu etwas, was sie im ganzen Mittelalter nie gewesen waren: nämlich zur National-Dichtung und zum National-Mythos der Deutschen, zum vollkommenen »Denkmal einer so lange verdunkelten Nationalpoesie«, »durchaus aus Deutschem Leben und Sinne erwachsen«, deren Lektüre »uns, zwar trauernd und klagend, doch auch getröstet und gestärkt zurückläßt, uns mit Ergebung in das Unabwendliche, doch zugleich mit Muth zu Wort und That, mit Stolz und Vertrauen auf Vaterland und Volk, mit Hoffnung auf dereinstige Wiederkehr Deutscher Glorie und Weltherrlichkeit erfüll(t)« – so Friedrich Heinrich von der Hagen in der Vorrede seiner ›Nibelunglied‹-Ausgabe von 1807, damit die deutsche Rezeptionsgeschichte der Zukunft schon vorwegnehmend und skizzierend. Ähnlich wie im Mythos von Kaiser Friedrich Barbarossa (der etwa zur gleichen Zeit sich ausformte – ursprünglich bezogen sich die Friedrichs-Prophetien ja auf den ›italienischen‹ Staufer, Friedrich II.) konzentrierte sich hierin die Hoffnung des zersplitterten und politisch machtlosen deutschen Bürgertums; und später – nach der Reichsgründung – sah es hier die historische Legitimation der endlich erreichten Größe. In zahlreichen Schulbuchausgaben, Übersetzungen, Gedichten, populären und auch wissenschaftlichen Abhandlungen wurde dieser Nibelungen-Mythos gepflegt; makabrer Höhepunkt dieser Entwicklung, in die auch die vielzitierte »Nibelungen-Treue« (Reichkanzler Fürst von Bülow vor dem Deutschen Reichstag, 29. 3. 1909) und die ebenso vielbemühte »Dolchstoßlegende« vom hinterrücks getroffenen deutschen Siegfried (so Paul von Hindenburg sinngemäß 1919) gehören, war der Appell Hermann Görings vom 3. 3. 1943 an die Wehrmacht, in der er den »Heroenkampf um Stalingrad« in Beziehung setzt mit dem ›Endkampf‹ der Nibelungen »in einer Halle voll Feuer und Brand«, beidesmal – so wird suggeriert – Europa und die europäische Kultur gegen den Feind von Osten verteidigend. Die Dokumentation von Werner Wunderlich (1977) vermittelt einen Eindruck von den entsprechenden literarischen Machwerken und den nationalistischen Verstiegenheiten, die im Laufe der Zeit produziert wurden. Seltsamerweise wurden die beiden Gegenspieler Siegfried und Hagen gleichermaßen zu nationalen Identifikationsfiguren: der eine als der ›typisch‹ deutsch-germanische, helle und lichte Held (mitunter in Beziehung gesetzt zu Hermann/Arminius), der andere als das tragikumwitterte Musterbeispiel für angeblich ebenso ›typisch deutsche‹ Gefolgschaftstreue und Schicksalsergebenheit. Die beiden herausragenden Neugestaltungen des Mythos im 19. Jahrhundert (den der Ästhetik-Professor Friedrich Theodor Vischer nur in einer »heroischen Oper« als neu darstellbar ansah, was auch die über 30 vor dem Ersten Weltkrieg entstandene Dramatisierungen zeigen) sind allerdings von solchen nationalen Bedeutungen weitgehend frei (ich würde behaupten: gänzlich frei): Friedrich Hebbels ›Nibelungen‹-Trilogie (1862), die die Handlung des ›Nibelungenliedes‹ auf die Bühne bringt und diese interpretiert als Kampf zweier Weltordnungen im Moment der Zeitenwende, nämlich zwischen dem alten Heidentum und dem neuen Christentum; sowie Richard Wagners Tetralogie ›Der Ring des Nibelungen‹ (Uraufführung des vollständigen Werkes: 1876; Arbeitsbeginn aber bereits 1848), wo mit den Mitteln des Musiktheaters und in epischer Breite der Nibelungen-Mythos in seiner nordischen Ausprägung (vor allem der ›Edda‹-Lieder und der ›Völsungen-Saga‹) umgeformt wird zur Welt- und (frühsozialistischen) Kapitalismuskritik, wo in größter Ausführlichkeit und unter Vorwegnahme späterer psychoanalytischer und tiefenpsychologischer Erkenntnisse vorgeführt wird, daß man aus dem Teufelskreis von Machtstreben und Besitzgier – im günstigsten Falle – durch ›Liebe‹ »Erlösung« finden könne. Während Hebbels Trilogie kaum noch gespielt wird, findet sich Wagners in jeder Hinsicht anspruchsvolle Tetralogie heute auf den meisten großen und ambitionierten Opernbühnen (und demgemäß in den Schallplatten-Katalogen), und entsprechend hat Wagners Darstellung und Deutung (die vom ›Nibelungenlied‹ ja ganz abweicht) die Rezeption des Stoffes sozusagen weltweit bestimmt und verändert. Die Faszination des Stoffes zeigt sich auch in Neuformungen außerhalb Deutschlands (z. B.: Henrik Ibsen, ›Hærmændene paa Helgeland‹ [schwed. Drama 1858]; L. E. E. Reyer, ›Sigurd‹ [frz. Oper 1884]; William Morris, ›Sigurd the Volsung and the Fall of the Nibelungs‹ [engl. Epos 1876]), in verschiedenen Verfilmungen (darunter die beiden eindrucksvollen Stummfilme von Fritz Lang, 1924, aber auch viel Triviales bis hin zu ›Siegfried und das sagenhafte Liebesleben der Nibelungen‹, 1969), in zahllosen Parodien (teils des ›Nibelungenliedes‹, teils des Wagnerschen ›Ring‹, z. B. die Nibelungen-Operette von Oscar Straus, 1905, und ›[Rudolf] Angerer's Nibelungenlied‹, 1972). Nach dem Zweiten Weltkrieg hatte man, zumal im deutschen Sprachraum, besondere Probleme mit dem ideologisch belasteten und vielmißbrauchten Stoff, was aber schon sehr bald wieder einsetzende (dramatische) Neuformungen nicht ausschloß (Reinhold Schneider, ›Die Tarnkappe‹, 1951; Max Mell, ›Der Nibelunge Not‹, 2 Teile 1944–1952). Viel gelesen wurde die »Bestandsaufnahme der deutschen Seele« durch Joachim Fernau (›Disteln für Hagen, 1966), die aber trotz aller Ironie und angeblichen Distanziertheit doch wieder das alte Nibelungen-Klischee tradiert; ferner – in der DDR – die Nacherzählung von Franz Fühmann (1971), die die Geschichte vorsichtig aktualisierend und ohne erkenntliche ideologische Absichten in eindrucksvoller Sprache wiedergibt (vgl. auch den ›Tod des Nibelungen‹, einen Roman über einen NS-Künstler, von dem DDR-Autor Rolf Schneider, 1970, wo die Nibelungen jedoch bloßes Zeichen der angeblichen NS-Kunst sind). Durch solche Werke, aber auch durch die unverminderte Tradierung in Jugendbüchern, in der Schule und durch verschiedene, teilweise neue Übersetzungen (und nicht zuletzt durch die anhaltende Wagner-Rezeption) blieb der Nibelungen-Mythos bis heute populär und bekannt: das zeigen Karikaturen, meist ironische Zitate in politischen Berichten und Glossen sowie der allenthalben anzutreffende Bedeutungsgehalt der Namen Siegfried, Hagen und Kriemhild (auch: Brünnhilde). Sogar alternative Theatergruppen bedienen sich des alten Stoffes, um mit seiner Hilfe politische Demaskierung zu betreiben (Ensemble Theaterhof: ›Wir Nibelungen‹, 1980). – In der Tradition der Siegfried-Gestalt, des angeblich blonden Hünen und des Drachentöters sind auch im Angelsächsischen die »neuen Barbaren« und »Drachengeschichten« zu sehen, vor allem die Buch-Serie um ›Conan‹ (von Robert E. Howard u. a., 1933 ff.; Verfilmung 1981: ›Conan the Barbarian‹; vgl. auch die Serie um ›Raven, Swordsmistress of Chaos‹ von Richard Kirk) sowie der Film ›Dragonslayer‹ (1981) und sogar die Romane von Anne McCaffrey über die »Dragonriders of Pern« (1968 ff.).

b) Gudrun; Dietrich von Bern

So gut wie keine ›erfolgreiche‹ schöpferische Rezeption läßt sich bei demjenigen Stoffkreis feststellen, der immer wieder im Zusammenhang mit den Nibelungen genannt wird und als dessen Gegenstück gilt: der Geschichte um Kudrun, also der nordischen Fürstentochter, die von ihrem abgewiesenen Freier, dem Normannen Hartmut, entführt wird, in der Fremde allen Werbungsversuchen ihres Entführers widersteht, eine lange Leidenszeit erduldet und schließlich von ihrem Verlobten Herwig und ihren Verwandten befreit wird. Die Geschichte ist nur im mittelhochdeutschen ›Kudrun‹-Epos überliefert, das wiederum nur in einer einzigen Handschrift (dem sog. ›Heldenbuch‹ Kaiser Maximilians I.) erhalten ist, obwohl der Stoff auch sonst im Mittelalter gelegentliche Spuren hinterlassen hat. Auch er wurde durch Karl Simrocks Übersetzung (1843) wieder bekannt, doch lebt er seitdem vorwiegend durch Trivialromane, Jugendbücher (z. B. Werner Jansen, ›Das Buch der Liebe: Gudrun-Roman‹, 1922 [recht erfolgreich]; Alma Johanna Koenig, 1928) und Heldensagen weiter. Zwar gab es im 19. und frühen 20. Jahrhundert angeblich acht Versuche im deutschen Sprachraum, aus der Geschichte eine Oper zu machen, doch blieben diese, wie auch die wenigen Dramatisierungen, samt und sonders erfolglos, und daran hat sich bis heute nichts geändert.

Ähnlich erfolglos waren fast alle modernen Versuche, den beliebtesten epischen Mythos des deutschen Mittelalters, nämlich denjenigen von Dietrich von Bern, neu zu beleben. Die entsprechenden Übersetzungen und Nachdichtungen von Karl Simrock (›Das kleine Heldenbuch‹, 1844–1857, ›Das Amelungenlied‹, 1843) bewirkten, ähnlich wie im Falle der Kudrun-Geschichte, vor allem Bekanntheit und Beliebtheit im Jugendbuch-Bereich; nur Werner Jansen hatte auch hier einen gewissen Erfolg (›Das Buch der Leidenschaft: Amelungenroman‹, 1920). Dabei schienen mir einige wesentliche Komponenten des alten Dietrich-Mythos (der trotz vieler Siege lange Zeit erfolglose Held; Vertreibung, Asyl, Heimkehr) durchaus aktualisierbar. Motive aus der sog. ›Jugendgeschichte‹ Dietrichs haben in Südtirol wenigstens eine gewisse lokale Bedeutung (›Laurin‹; ›Rosengarten‹). – Grundsätzlich dasselbe wie beim Dietrich-Mythos gilt auch für die damit verbundene Geschichte von Hildebrant und Hadubrant (die fast ausschließlich, aber durchaus virulent, in Anthologien und Übersetzungen, weiterlebt). Hier ist allerdings erstaunlicherweise eine moderne Ausnahme zu konstatieren, offenbar hervorgerufen durch das in diesem Kontext sehr aktuelle Thema des Kampfes unter Verwandten: Die DDR-Rockgruppe ›Transit‹ hat den Stoff für einen eindrucksvollen und durchaus hintergründig-bedeutungsvollen Song verwendet (ca. 1980). Ansonsten spielen Dietrich und Hildebrant nur noch dann gelegentlich eine Rolle, wenn der Untergang der Nibelungen neu gestaltet wird (d. h. also: bei der Besiegung von Gunther und Hagen und dem letzten grausigen Auftritt von Kriemhild).

c) Karl, Roland, Guilleaume/Willehalm

Bei der Rezeptionsgeschichte der Geschichten um Karl den Großen ist zum einen deutlich zu unterscheiden die Gestalt des historischen Kaisers, der im hohen Mittelalter fast zum Heiligen geworden ist (Karlsschrein, Aachen 1215), der stets *das* Urbild eines mittelalterlichen römischen Kaisers blieb und dessen Wiederkehr in den sog. Karls-Prophetien immer wieder geweissagt und erwartet wurde (vor allem in Frankreich, aber auch im Deutsch-Römischen Reich); zum anderen ist davon zu trennen die Karls-Figur, die sich aus dem altfranzösischen Zyklus der *chansons de geste* um *Charlemagne* entwickelt hat: hier ist Karl der Mittelpunkt, um den sich seine 12 Paladine gruppieren, der im Laufe der literarischen Entwicklung immer mehr zum schwächlichen, durch Verleumdungen leicht beeinflußbaren Fürsten wird, und um den sich eine Reihe von Empörergeschichten und von Abenteuerketten seiner Paladine bildet. Die nationaldynastische Bedeutung, die Karl schon in der ›Chanson de Roland‹ hatte, blieb im Königreich Frankreich erhalten, führte aber nie zur wirklichen Ausbildung eines nationalen Mythos – ein solcher entstand dann erst um die Gestalt der Jeanne d'Arc; daran änderte auch nichts, daß Napoleon I. sich ausdrücklich auf Karl als seinen großen Vorgänger berief. Der historische und auch der literarische Karl blieben für eine schöpferische Rezeption in Frankreich offenbar unergiebig, und dies gilt auch für seinen Paladin Roland und in noch stärkerem Maße für Guilleaume/Willehalm, seinen epischen ›Nachfolger‹. Ganz anders dagegen in Spanien und vor allem Italien: Karl, seine beiden herausragenden Helden Roland (Orlando) und Reinold (Rinaldo), Rolands Mutter Berta und weitere Gestalten wurden – wohl unter dem Einfluß der späten Artus-Epik – zu Figuren einer fast unendlichen Kette von Liebesverwicklungen, Irrfahrten und Kämpfen. Im spanischen Drama des 16. und 17. Jahrhunderts bildeten sie eines der beliebtesten Sujets (z. B. bei Lope de Vega, aber auch Calderon). In Italien, wo der gesamte Stoffkreis um 1370 zu den ›Reali di Francia‹ zusammengefaßt worden war, gelangten Orlando und Rinaldo durch die tragikkomischen Epen von Luigi Pulci (›Morgante‹, 1483), Matteo Maria Boiardo (›Orlando innamorato‹, 1487–1495) und vor allem Ludovico Ariosto (›Orlando furioso‹, 1516) sowie ihre Fortsetzer und Nachahmer (darunter z. B.: Torquato Tasso, ›Rinaldo‹, 1562) zu einer riesigen Popularität: ihre durch Irrtümer und Versehen immer wieder behinderten Liebesabenteuer machten Orlando und Angelica, Rinaldo und Clarice sowie Ruggiero und Bradamante (= Rinaldos Schwester) zu sprichwörtlich bekannten Liebespaaren, deren Geschichten auch zum Inhalt zahlreicher Opern und einiger Dramen des 17. und 18. Jahrhunderts wurden (unter anderem: Corneille 1695; Händel 1733; Haydn 1782).

Eine späte Blüte erlebten diese Geschichten dann in der sizilianischen *Opera dei pupi*, von der bis heute noch Reste (in Palermo und Catania) existieren und um deren Wiederbelebung man sich bemüht: Es handelt sich hier um ein Puppentheater, dessen zwischen 80 cm und 1,30 m große, 5 bis 16 kg schwere Figuren mit Eisenstäben bewegt werden, und mit denen die *pupari* in wochenlangen Aufführungszyklen die gesamte Geschichte von Karl und seinen Paladinen, von den ersten Anfängen über die Schlacht bei Roncesvalles bis hin zum Schicksal der Nachkommen, also durch mehrere Generationen hindurch, vorführten. Die *Opera dei pupi*, deren Anfänge im Dunkel liegen, hatte ihre Blüte im 19. und in der ersten Hälfte des 20. Jahrhunderts und war Volkstheater im echten Wortsinn; ihre Inhalte fanden sich gemalt auch auf den sizilianischen Bauernkarren *(carretti)* und leben heute noch in der gelegentlichen Bemalung von Motorfahrzeugen (vor allem Lastwagen und Lieferwagen) weiter. Die Erklärung dieser erstaunlichen Spätblüte ist nicht einfach; sie hängt vielleicht mit dem in den Karls-Geschichten immer gegenwärtig gebliebenen Gegensatz Christen-Araber, also der mittelalterlichen Kreuzzungs-Ideologie zusammen. – Auch im zeitgenössischen Italien wurde der Roland/Orlando-Stoff immer wieder neu realisiert, etwa in dem ironisch-hintergründigen Roman ›Il cavaliere inesistente‹ von Italo Calvino, in der eindrucksvollen dramatischen Fassung von Luca Ronconi und Edoardo Sanguineti (Spoleto 1968; auch als TV-Film) oder in dem vom Italo-Western und amerikanischen Fantasy-Genre beeinflußten Film ›I Paladini‹ (1983; Regie: Giacomo Battiato). –

Die schöpferische Rezeption im deutschsprachigen Raum konzentrierte sich auf die Rolands-Gestalt, die man im 19. Jahrhundert besonders in Balladen und Romanzen (Fouqué, F. Schlegel, Uhland) behandelte; doch letztlich lebt die Erinnerung an ihn und seinen letzten Kampf (also nicht seine Liebesabenteuer!) hier gleichfalls durch Jugendbücher, ferner die Übersetzungen der altfranzösischen ›Chanson de Roland‹ sowie die in ihrer genauen Bedeutung umstrittenen riesigen Roland-Statuen in Norddeutschland weiter. – Für das Angelsächsische ist auf den mehrfach aufgelegten *Fantasy*-Roman ›Huon of the Horn‹ der *Science-Fiction*-Autorin Andre Norton (1951) zu verweisen.

d) Der Artus- und Grals-Mythos

Was den Deutschen der Nibelungen-Mythos ist den Angelsachsen derjenige von König Artus und den Rittern seiner Tafelrunde (insgesamt wohl die am öftesten nacherzählte und ›verwendete‹ Geschichte der Weltliteratur): Die Plantagenets in England, vor allem Heinrich II. (1154–1189) und dessen Gattin Eleonore von Poitou († 1204), machten Artus zum mythischen Gründungskönig der Briten, auf dessen Wiederkehr man hofft und in dessen Rolle sich künftig jeder regierende englische König stilisieren konnte. Während der Nordfranzose Chrétien de Troyes mit seinen Artus-Romanen den politisch-dynastischen Mythos zum Standes-Mythos umformte und damit die national-britische Bedeutung völlig tilgte, blieb diese in der britischen Artus-Tradition fast durchgehend, bis heute, erhalten und wurde sogar nach Amerika verpflanzt. Die entscheidende Vermittlungsstelle für die spätere schöpferische Rezeption im Angelsächsischen war die umfangreiche Kompilation ›Le Morte Darthur‹ des Engländers Thomas Malory, die in der Druck-Publikation von William Caxton (1485) und deren Nachdrucken (vor allem ab 1816) weiteste Verbreitung hatte und die zur Vorlage für nahezu alle schöpferischen Rezeptionsformen des Stoffes wurde: die Geschichten um Arthur (so die englische Namenform), Guenevere, Lancelot, Galahad, Perceval, der Gralssuche, von Tristan und Isolde waren hier zusammengefaßt, aus denen sich jeder Spätere das Passende und ihn Interessierende aussuchen konnte. Die auch heute noch vielgelesenen Malory-Geschichten (etwa mit ›Grimms Märchen‹ im Deutschen vergleichbar!) erfuhren ihre herausragende literarische Gestaltung durch Alfred Tennysons ›Idylls of the King‹ (1859–1888), die zu einer bis heute anhaltenden Flut von weiteren Gestaltungen des Stoffkreises führten, zuerst in England, später dann auch in den USA; der Arthur-Mythos war so populär, daß Mark Twain bei seiner eigentlich zeitkritisch gemeinten Artus-Parodie ›A Connecticut Yankee at King Arthur's Court‹ (1889) mit einem sachkundigen Leserkreis rechnen konnte, und der anhaltende Erfolg des Buches bezeugt dies bis heute, auch in seinen Adaptionen als Kinderbuch, Film, Comic und sogar Musical. Aus der Menge der sehr zahlreichen späteren schöpferischen Rezeptionsformen des Artus-Mythos seien einige wichtige bzw. kennzeichnende hervorgehoben. In

England: der pazifistisch-idealistische Erziehungsroman ›The Once and Future King‹ von T. H. White (1939–1958); das ironisch-zeitkritische Strophen-Epos ›The Return of Arthur‹ von Mark Skinner (1966); die im Verkauf sehr erfolgreichen Roman-Nacherzählungen von Mary Stewart (1970–1983); das Rock-Album ›The Myths and Legend of King Arthur and The Knights of the Round Table‹ von Rick Wakemann (1974/1975). In den USA: ein dreiteiliges Versepos von Edwin Arlington Robinson (1917–1920); die 1937 von dem Zeichner Harold R. Foster begründete und teilweise am Artus-Hof spielende Comic-Serie ›Prince Valiant‹ (›Prinz Eisenherz‹); die aus dem Nachlaß veröffentlichte Malory-Nacherzählung von John Steinbeck (1956–59; 1976 publiziert); das nach dem sagenhaften Schloß von König Arthur betitelte Musical ›Camelot‹ (1960) von Alan Jay Lerner und Frederick Loewe (dem Erfolgs-Duo von ›My Fair Lady‹); die *Science-Fantasy*-Romane von H. Warner Munn (›Merlin's Ring‹, Merlin's Godson, 1939–1974) und Sanders Ann Laubenthal (›Excalibur‹, 1973); der literarisch sehr anspruchsvolle ›Lancelot‹-Roman von Walker Percy (1977), der während der sechziger Jahre in den Südstaaten spielt; der aus der Frauenperspektive gesehene Roman ›The Mists of Avalon‹ von Marion Bradley (1982); sowie zahlreiche Verfilmungen, unter denen hervorzuheben sind: Richard Thorpes ›Knights of the Round Table‹ (1953; mit Mel Ferrer, Ava Gardener und Robert Taylor), John Boormans ›Excalibur‹ (1981) sowie die britische Parodie ›Monty Python and the Holy Grail‹ (1974). Insbesondere in den USA erlebte der Artus-Mythos, und zwar aufgrund seines ihm innewohnenden ›Prinzip Hoffnung‹, in letzter Zeit eine erstaunliche Renaissance: zuerst in der Kennedy-Zeit (wo *Camelot* eine Art politische Chiffre wurde) und dann wieder ab 1980 (erfolgreiches Revival des Musicals ›Camelot‹; ›Excalibur‹-Film). Überdies kann man in zahlreichen englischen und amerikanischen Romanen, die inhaltlich nichts mit Arthur zu tun haben, Anspielungen auf seine Geschichte finden; und für die breitere Öffentlichkeit sind Arthur und seine Tafelrunde dort in Zitaten und Hinweisen aller Art ähnlich gut erkennbar wie Siegfried und Hagen im Deutschen. Nicht immer, aber zumeist ist in den angelsächsischen Arthur-Versionen auch die Dreiecksgeschichte von Arthur, Guinevra und Lancelot enthalten, die ja bereits in den spätmittelalterlichen Dichtungen (und so auch bei Malory) der letztliche Grund für den Untergang der Artus-Welt ist; Tristan und vor allem Perceval, die bei Malory gleichfalls –

und dies wiederum entsprechend der Tradition – direkt oder lose mit dem Artus-Geschehen verbunden sind, spielten dagegen im Angelsächsischen eine eher untergeordnete Rolle. Hinzuweisen ist aber wenigstens auf den dreiteiligen ›Parsival‹-Roman des Italo-Amerikaners Richard Monaco (1977–1980).

Eine vergleichbare Bedeutung hatte der Artus-Mythos für die Franzosen und Deutschen nicht, trotz der im gesamten Mittelalter als vorbildlich angesehenen und dominierenden französischen Artus-Romane und ihren mittelhochdeutschen Nachbildungen. Dennoch sind einige herausragende Werke zu nennen, vor allem aus letzter Zeit: im Französischen das ironisch-hintergründige Drama von Jean Cocteau (›Les Chevaliers de la Table Ronde‹, 1927) und das monumentale ›Graal-Théâtre‹ von Florence Delay/Jacques Roubaud (1977 ff.), von dem erst Teile veröffentlicht und aufgeführt worden sind – beide Dramatisierungen basieren auf dem spätmittelalterlichen Zyklus um Artus, Lancelot, Perceval und den Gral; zu einem düsteren Exempel vom notwendigen Untergang einer schuldbeladenen und überlebten Gesellschaftsordnung wird der Artus-/Lanzelot-Mythos in dem Film ›Lancelot du Lac‹ (1974) von Robert Bresson; eine sozusagen wortgetreue Verfilmung des Chrétienschen ›Perceval‹ unternahm 1979 Eric Rohmer, der damit einen elitär-hochstilisierten Literatur-Film für Cineasten produzierte. – Keine erfolgreiche schöpferische Rezeption hatte lange Zeit der Artus-/Lanzelot-Mythos im Deutschen, bis dann 1981 das überdimensionale Theaterstück ›Merlin oder das wüste Land‹ von Tankred Dorst zum »Theaterereignis der achtziger Jahre« (so eine Pressekritik) wurde: in überbordender Bilderfülle rollt hier das gesamte Geschehen, von den Anfängen bis zum Untergang der Artus-Welt ab, mehr das unausweichliche Scheitern betonend als die Hoffnung auf eine möglicherweise bessere Zukunft. Bereits 1980 hatte das ZDF den Stoff in einer dreizehnteiligen TV-Serie (von Justus Pfaue) wiederzubeleben versucht.

Eine sehr viel intensivere Rezeption hatte im Deutschen der Parzival- und Gral-Mythos, und zwar basierend auf Wolframs ›Parzival‹-Roman (der ja seinerseits auf Chrétien beruhte), welcher durch die Editionen von Myller (1783/4) und besonders Karl Lachmann (1833) sowie durch die Übersetzungen von San-Marte (1836–1841) und Simrock (1842) bekannt geworden war. Ein umfangreiches ›Parcival‹-Epos verfaßte Friedrich de la Motte-Fouqué (der auch andere mittelalterliche Stoffe wiederzubeleben versuchte): es blieb bis heute unveröffentlicht und daher ohne Wirkung. Die für lange Zeit gültige und andere Rezeptionsmöglichkeiten behindernde Neufassung des Stoffes unternahm dann Richard Wagner mit seinem Musikdrama ›Parsifal‹ (1845–1882); er veränderte, ausgehend von Wolfram und dem Gral-Roman des Robert de Boron, den Parzival-Mythos grundlegend und eingreifend: sein »Bühnenweihfestspiel« ist ein Appell, dem Eros als dem sublimsten Ausdruck von Machtstreben und Gewalt zu entsagen, also Triebverzicht zu leisten, um damit inneren und äußeren Frieden in einer vielleicht besseren neuen Gesellschaftsform zu bewirken. Wohl wegen der nicht ganz eindeutigen ›Botschaft‹ des Parsifal und seiner katholisch-christlichen Symbolik ist das Werk bis heute umstritten, was aber seine nachhaltige Wirkung nur noch förderte. Schon 1845–1847 hatte Wagner mit dem ›Lohengrin‹, der auf Wolframs Schlußbemerkungen über Parzivals Söhne, der mittelalterlichen Schwanenritter-Sage und dem literarisch sehr mäßigen ›Lohengrin‹-Epos (vermittelt durch Joseph Görres, 1813) beruht, eine ›eingängigere‹ und (scheinbar) leichtere Grals-Geschichte dargestellt.

Lange hat Wagners übermächtiger Einfluß den Erfolg anderer Parzival-Gestaltungen verhindert. Erst in jüngster Zeit gibt es im Deutschen wieder Versuche, den Parzival-Mythos ohne oder gar gegen Wagner neu zu gestalten, etwa mit den Mitteln des Puppentheaters durch Nathalie Harder (1979/1982), in der aktualisierenden Verfilmung des Wolframschen Romans durch Richard Blank (1980) oder in dem sehr ambitionierten Experimental-Stück ›Flechtungen. Der Fall Partzifall‹ des Werkhauses Moosach (1978), wo der Stoff mit den Themen Außenseitertum und Geisteskrankheit kombiniert wird. Auch neue Übersetzungen von Wolframs Roman (Wolfgang Mohr 1977 u. ö., Wolfgang Spiewok 1977 u. ö., A. T. Hatto 1980) sowie die allerdings stark ideologisierte Nacherzählung durch den DDR-Autor Wolfgang Heiduczek (1974 u. ö.) zeigen ein erneutes Interesse.

e) Tristan

Ähnliches läßt sich für den Tristan-Mythos konstatieren. Er war im Deutschen gleichfalls durch Myllers Ausgabe von Gottfrieds Roman-Fragment und der Fortsetzung Heinrichs von Freiberg (1785) wieder bekanntgeworden, und 1844 veröffentlichte Hermann Kurz dann die erste Übersetzung. Dadurch lernte Wagner den Tristan-Mythos kennen, während frühere Neugestaltungsversuche der als »frivol« und »verweichlicht« geltenden Geschichte über Entwürfe nicht hinausgediehen waren. Wagner formte – wie später dann auch im ›Parsifal‹ – seine Vorlage eingreifend um: sein Musikdrama ›Tristan und Isolde‹ (1867–1869) zeigt nicht wie Gottfrieds handlungsreicher Roman das Scheitern eines Paares an der Gesellschaft, sondern es führt – unter Eliminierung der gesamten Handlung um die zweite Isolde (Weißhand) – die Unmöglichkeit vor, ›Liebe‹ in der irdischen Existenz zu realisieren, und es verherrlicht die Weltflucht des Paares ins Nirwana und dessen jenseitige Vereinigung und Verklärung. Auch hier hat Wagner die Rezeption eines mittelalterlichen Mythos entscheidend verändert, wenn auch nicht so stark ›behindert‹ wie im Fall des ›Parzival‹/›Parsifal‹. In ausgesprochener Konkurrenz zu Wagners übermächtiger Deutung hat der französische Literaturwissenschaftler Joseph Bédier (1900) in seinem ›Roman de Tristan et Iseut‹ die gesamte mittelalterliche Tristan-Tradition zusammengefaßt und (sozusagen als ein moderner Malory) nacherzählt; sein auch ins Deutsche übersetztes Buch ist bis heute außerordentlich erfolgreich, es bewirkte mehrere andere Nacherzählungs-Versuche, und es wurde von dem Schweizer Komponisten Frank Martin auch als Textgrundlage verwendet für ein (wiederum unausgesprochen nicht-wagnerisches) Tristan-Oratorium, ›Le vin herbé‹ (1938–1942). Die beträchtliche Popularität der Geschichte ermöglichte nicht nur verschiedene ironische Versionen (am bekanntesten: John Updike, ›Four Sides of one Story‹, 1965), sondern auch deren Verarbeitung in der Tiefenstruktur durch Romanciers wie Charles Morgan (›Sparkenbroke‹, 1936) und vor allem James Joyce (›Finnegans Wake‹ 1939: einer der kompliziertesten und anspruchsvollsten Romane der gesamten Weltliteratur).

An dem mittelalterlichen Tristan-Stoff und an Wagner hatte Denis de Rougemont (›L'amour et l'occident‹, 1939; dt.: ›Die Liebe und das Abendland‹, 1966) seine umstrittene These vom abendländischen »Mythos der Leidenschaft« dargelegt, der nach seiner Interpretation letztlich alle Ordnungen zerstöre und Europa in den Untergang führe. Auch für den Tristan-Mythos lassen sich in letzter Zeit mehrere Neuübersetzungen (und das heißt hier: des Gottfriedschen Romans) konstatieren: ins Neuhochdeutsche durch Günter Kramer (1966), Wolfgang Mohr (nach H. Kurz: 1980), Xenia von Ertzdorff/Doris Scholz/Carola Volkel (1980), Rüdiger Krohn (1980) sowie Wolfgang Spiewok (soll demnächst veröffentlicht werden); ins Englische durch A. T. Hatto (1960), ins Französische durch Daniella Buschinger und Jean-Marc Pastré (1980) und ins Italienische durch Gabriella Agrati/Maria Letizia Magini (1983) – Gottfrieds Werk ist damit der am öftesten neuübersetzte mittelalterliche Roman der letzten Jahre geworden! Erfolgreiche (deutsche) Nacherzählungen veröffentlichten Ruth Schirmer (1969) und der DDR-Romancier Günther de Bruyn (1975). – Eine Verfilmung unternahm Veith von Fürstenberg (›Feuer und Schwert‹, 1981/82), der damit den ersten, aber nicht unumstrittenen und finanziell erfolglosen deutschen *Fantasy*-Film herstellte; frühere Tristan-Filme stammen von Jean Cocteau (›L'eternel retour‹, 1943) und Yvan Lagrange (1972). Die neueste Tristan-Komposition stammt wiederum von einem Schweizer Komponisten: das »mystère musicale« ›La Folie de Tristan‹ von Armin Schibler (1978).

f) Die anderen Stoffgruppen

Die weiteren in diesem Band behandelten »epischen Stoffe des Mittelalters« hinsichtlich ihrer späteren schöpferischen Rezeption in ähnlicher Weise hier vorzuführen, ist mir nicht möglich, und es ist derzeit für einen einzelnen auch eine überhaupt (noch) nicht zu bewältigende Aufgabe. Einige wenige ausgewählte und vereinzelte Beobachtungen müssen daher im folgenden genügen.

Aus Teil I (»Heilsgeschichte und Erbauung«) hat vor allem Form und Inhalt der Legende weitergewirkt; einen kurzen allgemeinen Überblick dazu gibt Hellmut Rosenfeld (1961) für das Deutsche – das Weiterleben von Legendenstrukturen bis hin zu modernen Fußballer-Viten glaubt der Romanist Hans Ulrich Gumbrecht nachweisen zu können. Eine besondere Rezeptionsgeschichte hatten die beiden legendenhaften Erzählungen Hartmanns von Aue: Die Geschichte vom Armen Heinrich, im 19. Jahrhundert auf deutsch mehrfach nacherzählt, hat H. W. Longfellow als Rahmen in ›The Golden Legend‹ (1851) verwendet, und von ihm angeregt sind dann wiederum einige erfolglose Dramatisierungsversuche im Deutschen entstanden. Spätere, letztlich gleichfalls nicht langlebende Bühnenfassungen sind die Oper von Hans Pfitzner/James Grun (1895) und das Schauspiel von Gerhart Hauptmann (1902), wo beidesmal die glaubwürdige Darstellung des Mädchens zum Problem wird. Ganz anders ging daher Ricarda Huch in ihrer Novelle ›Der Arme Heinrich‹ (1922) den Stoff an: sie erzählt die Geschichte so, wie sie ›wirklich‹ geschehen sei (Heinrich als skrupelloser Adliger, der das Opfer des Mädchens annimmt, später die Tochter des Arztes in Salerno verführt und nach Palästina mitnimmt, dort von ihr aber aus Eifersucht vergiftet wird); Hartmanns Version ist dann hier diejenige, die ein Mönch, der den Ritter Heinrich voll Entsetzen beobachtet und begleitet hat, so konzipiert, wie sie ›eigentlich‹ hätte verlaufen müssen – wenn es einen gerechten Gott gäbe. Das Verfahren erinnert an dasjenige, mit dem später Thomas Mann den Hartmannschen ›Gregorius‹ nacherzählte (›Der Erwählte‹, 1951), verwendet aber nicht das Erzählmittel der Ironie, das dieser dann – und damit Ansätzen bei Hartmann selbst folgend – so virtuos gebrauchte: Manns Roman ist die raffiniert-distanzierte Wiedergabe einer frommen und wunderreichen Geschichte durch einen Skeptiker; dessen Umgang mit der Vorlage haben Wyseling (1967) und Mertens (1978) eingehend dokumentiert und interpretiert.

Die Erzähltechnik der mittelalterlichen Tier-Epik hat keine Fortentwicklung erfahren, brachte aber die Beinahe-Übersetzung Goethes (›Reineke Fuchs‹, 1794) hervor. Die Form der Allegorie sollte in der Barock-Zeit (im Roman und auf der Bühne) ihren Höhepunkt erleben und fand dann erst wieder im 20. Jahrhundert Verständnis und Verwendung. Die mittelalterliche Rezeption der antiken Stoffe brach mit Renaissance und Humanismus fast gänzlich ab; man griff direkt auf die griechischen und lateinischen Originale zurück, und es entwickelten sich von der mittelalterlichen Tradition unabhängige Rezeptionsformen.

Aus dem Kreis der höfischen und unhöfischen Abenteuer- und Minneromane wurden einige Figuren und Geschichten durchaus produktiv weiterentwickelt: Etwa die halb romanhafte, halb legendenhafte ›Genoveva‹-Geschichte, die vor allem im geistlichen Drama des 17. und 18. Jahrhunderts als Märtyrergeschichte beliebt war und die auch später vor allem ein Bühnen-Thema war (Wilhelm Müller, 1775–1781; Ludwig Tieck, 1800; Friedrich Hebbel, 1845; nach Tieck und Hebbel dann auch die bis heute gelegentlich zu hörende Oper von Robert Schumann, 1850). Von den verschiedenen Neubearbeitungen des französischen ›Melusinen‹-Stoffs hielt sich eigentlich nur die Variante der ›Undine‹ (nämlich die Novelle von Friedrich de la Motte-Fouqué [1811], die auf die spätmittelalterliche Staufenberger-Sage zurückgeht und die wiederum vor allem auf der Bühne weiterlebt: Oper von Lortzing, 1845 (zuvor schon von E. T. A. Hoffmann 1816); Dramen von Gerhard Hauptmann (›Die versunkene Glocke‹, 1896) und Jean Giraudoux, 1939; Ballet von

H. W. Henze, 1958. Auf die geistreiche Verwendung der Melusinen-Gestalt in Fontanes Roman ›Der Stechlin‹ hat Hugo Kuhn (1979) hingewiesen. Die französische Geschichte von der ›schönen Magelone‹, u. a. durch ein deutsches Volksbuch weit verbreitet, fand gleichfalls viele Neubearbeitungen, von denen sich aber nur die Romanzen von Ludwig Tieck, und zwar in der Vertonung von Johannes Brahms (op. 33, 1861), halten konnten.

Die im Mittelalter sehr beliebte Geschichte vom Herzog Ernst, seiner Rebellion gegen seinen Stiefvater und seiner abenteuerreichen Orientreise erfuhr seit der Romantik verschiedene Dramatisierungen, und sie ist vor allem durch das Jugendbuch noch bekannt; von den Bühnenfassungen sind besonders zu nennen: Ludwig Uhlands ›Ernst, Herzog von Schwaben‹ (1817), wo die Themen Rebellion und Freundestreue im Zentrum stehen, sowie das Stück des DDR-Dramatikers Peter Hacks (›Das Volksbuch vom Herzog Ernst oder der Held und sein Gefolge‹, 1957): mit viel Sarkasmus und unter Verwendung Brechtscher Techniken wird hier vorgeführt, wie Ernst ganz unheldisch nur auf Kosten seiner Leute und überdies nur so recht und schlecht seine Abenteuer überleben kann. – Schließlich sei noch hingewiesen auf den ›Grendel‹-Roman des amerikanischen Erfolgs-Autors (und Mediävisten!) John Gardner von 1971, wo der erste Teil der Beowulf-Geschichte auf betroffen machende Weise aus der Perspektive des Ungeheuers erzählt wird (vgl. auch: Henry Treece ›The Green Man‹, 1966 und Michael Crichton ›Eaters of the Dead‹, 1976 sowie die kanadische »Rock-Oper« ›Beowulf‹ von Victor Davies/Betty Jane Wylie, 1974); ferner auf die Dramatisierungen der nordischen Saga-Stoffe durch Adam Gottlob Oehlenschläger (1797–1850) sowie die moderne Verwendung des Begriffs *Saga* als Bezeichnung für einen bestimmten Roman-Typ, der zumeist die Geschichte eines Familien-Clans erzählt.

Abschließend sei festgestellt: Die Rezeption der verschiedenen mittelalterlichenErzählstoffe kann letztlich nicht als etwas Isoliertes betrachtet werden; sie gehört in den Zusammenhang der allgemeinen Mittelalter-Rezeption, die von der Baukunst (Neoromanik, Neogotik) bis hinein in den Alltag (z. B. das sog. ›ritterliche Verhalten‹) reicht. Natürlich gehört hierher auch die Rezeption von historischen Gestalten und ihrer »Geschichte« wie Abaelard und Heloisa, Walther von der Vogelweide, Neidhart »von Reuenthal«, Dante, Oswald von Wolkenstein, François Villon, Hans Sachs, ganz zu schweigen von Personen wie

Barbarossa, Richard Löwenherz, Saladin (vgl. hier den gleichnamigen ägyptischen Film von 1963!) oder Jeanne d'Arc. Ferner sind in diesem Zusammenhang zu nennen Romane wie ›The Lord of the Rings‹ von J. R. Tolkien (1954/1968), ›The Last Unicorn‹ von Peter S. Beagle (1968), Umberto Ecos ›Il nome della rosa‹ (1980), die immer beliebter werdenden *Fantasy*-Erzählungen *(Sword and Sorcery)* und *Fantasy*-Filme sowie schließlich der große Bereich der *Science fiction*, wo – man denke nur an den Film ›Star Wars‹ (bisher 3 Teile: 1977/1983) und seine Nachahmungen – Strukturen und Personentypen der mittelalterlichen epischen Mythen in vielfältiger Weise weiterleben.

Dies alles aufzuarbeiten, zu systematisieren und theoretisch zu fundieren ist eine Aufgabe künftiger Forschungsarbeiten zur Mittelalter-Rezeption. Auch das hier Vorliegende zu einigen epischen Mythen und Stoffkreisen ist notwendigerweise unvollständig sowie ergänzungs- und zumindest gelegentlich korrekturbedürftig: einen Eindruck davon, wie intensiv viele mittelalterliche Stoffe weitergelebt haben und zu welch unterschiedlichen Neugestaltungen sie Spätere provoziert haben, wird es aber dennoch vermitteln.

Für kritische Durchsicht und Ergänzungen danke ich Siegrid Schmidt (Salzburg), die an einer Diss. aus dem Bereich der Mittelalter-Rezeption arbeitet. Ferner möchte ich mich pauschal bei zahlreichen Kolleginnen und Kollegen, vor allem in Österreich, der Schweiz, beiden Teilen Deutschlands, Dänemark, Frankreich, Großbritannien, Italien, Spanien, Schweden, Ägypten, Japan und in den USA bedanken, die mich seit Jahren mit Material versorgten und mir immer wieder Gelegenheit gaben, auch ganz unkonventionelle *questes* zum Nachleben mittelalterlicher Stoffe zu unternehmen.

BIBLIOGRAPHIE

Allgemeines und Grundlegendes zur Rezeptionsforschung

H.-G. GADAMER, Wahrheit und Methode. Grundzüge einer philosophischen Hermeneutik, Tübingen [2]1965. – G. GRIMM, Rezeptionsgeschichte. Grundlegung einer Theorie. Mit Analysen und Bibliographien (Uni-Taschenbücher 691), München 1977. – Hermeneutik und Ideologiekritik. Mit Beiträgen von K.-O. APEL, C. VON BORMANN, R. BUBNER, H.-G. GADAMER, H. J. GIEBEL, J. HABERMAS, Frankfurt a. M. 1971. – H. R. JAUSS, Literaturgeschichte (edition suhrkamp 418), Frankfurt a. M. 1970 u. ö. – C. LEVI-STRAUSS, Anthropologie structurale, Paris [2]1974 (deutsche Übersetzung: Frankfurt a. M. 1967 u. ö.). – R. TROUSSON, Thèmes et mythes, Bruxelles 1981.

Allgemeines und Übergreifendes zur Mittelalter-Rezeption

Gisela Brinker-Gabler, Poetisch-wissenschaftliche Mittelalter-Rezeption. Ludwig Tiecks Erneuerung altdeutscher Literatur (GAG 309), Göppingen 1980. – W. Harms, Das Interesse an mittelalterlicher deutscher Literatur zwischen der Reformationszeit und der Frühromantik, in: Akten des VI. Internationalen Germanisten-Kongresses Basel 1980, Band 1, Bern 1981, S. 60–84. – J. Janota (Hg.), Eine Wissenschaft etabliert sich. 1810–1870. Texte zur Wissenschaftsgeschichte der Germanistik III (Deutsche Texte 53), Tübingen 1980. – G. Kozielek (Hg.), Mittelalterrezeption. Texte zur Aufnahme altdeutscher Literatur in der Romantik (Deutsche Texte 47), Tübingen 1977. – H. Moser, Karl Simrock. Universitätslehrer und Poet, Germanist und Erneuerer von »Volkspoesie« und älterer »Nationalliteratur« (Philologische Studien und Quellen 82), Berlin 1976. – P. Wapnewski, Der traurige Gott. Richard Wagner in seinen Gestalten, München 1978 u. ö. – P. Wapnewski, Tristan, der Held Richard Wagners, Berlin 1981. – U. Müller, Vom ›Parzival‹ zum Liebesverbot. Richard Wagner und das Mittelalter, in: G. Heldt (Hg.), Beiträge zur Wagner-Forschung (ersch. demn.).

Zu einzelnen Stoffbereichen

Zu einem ersten Überblick vgl. jeweils den entsprechenden Artikel bei Elisabeth Frenzel, Stoffe der Weltliteratur, Stuttgart [6]1983. – Zu (fast) allen Problemen und Rezeptionsbereichen, die ich hier behandelt habe, finden sich wichtige Beiträge in einem der Sammelbände zu den bisherigen Symposien zum Thema »Mittelalter-Rezeption«: J. Kühnel / H.-D. Mück / U. Müller (Hg.), Mittelalter-Rezeption (I). Gesammelte Vorträge des Salzburger Symposions ›Die Rezeption mittelalterlicher Dichter und ihrer Werke in Literatur, Bildender Kunst und Musik des 19. und 20. Jahrhunderts‹ (GAG 286), Göppingen 1979. – W. Spiewok (Hg.), Rezeption deutscher Dichtung des Mittelalters. Ausgewählte Beiträge von der Jahrestagung des Arbeitskreises »Deutsche Literatur des Mittelalters« zum Thema »Rezeption mittelalterlicher Dichtung in der Literatur der DDR« am 26. und 27. Juni 1979 in Neubrandenburg (DDR) (Greifswalder Germanistische Forschungen 4), Greifswald 1982. – A. Haarder / I. Piø / R. Schröder / P. B. Sørensen (Hg.), The Medieval Legacy. A Symposium, Odense 1982. – J. Kühnel / H.-D. Mück / Ursula Müller / U. Müller (Hg.), Mittelalter-Rezeption II. Gesammelte Vorträge des 2. Salzburger Symposions ... (GAG 358), Göppingen 1982. – J. F. Poag / Gerhild Scholz-Williams (Hg.), Das Weiterleben des Mittelalters in der deutschen Literatur, Königstein 1983. – P. Wapnewski (Hg.), Beiträge des Berliner DFG-Symposions zur Mittelalter-Rezeption (ersch. demn.).
Als neues Publikationsorgan ist geplant: FORUM. Materialien und Beiträge zur Mittelalter-Rezeption. Hg. von R. Krohn.
Ergänzend dazu seien nur noch einige wenige andere, neuere Arbeiten aufgeführt: C. Alberti, Il teatro dei pupi e lo spettacolo popolare siciliano, (Problemi di storia dello spettacolo 4), Milano 1977. – O. Ehrismann, Das Nibelungenlied in Deutschland. Studien zur Rezeption des Nibelungenlieds von der Mitte des 18. Jahrhunderts bis zum Ersten Weltkrieg (Münchner Germanistische Beiträge 14), München 1975. – M. Girouard, The Return to Camelot. Chivalry and the English Gentleman, New Haven/London 1981 [mit zahlreichen Abbildungen!]. – H. U. Gum-

BRECHT, Faszinationstyp Hagiographie. Ein historisches Experiment, in: CH. CORMEAU (Hg.), Deutsche Literatur im Mittelalter. Kontakte und Perspektiven. Hugo Kuhn zum Gedenken, Stuttgart 1979, S. 37–84. – V. MERTENS, Gregorius Eremita. Eine Lebensform des Adels bei Hartmann von Aue in ihrer Problematik und ihrer Wandlung in der Rezeption (MTU 67), Zürich/München 1978. – U. MÜLLER, Lanzelot am Broadway und in New Orleans. Zur Rezeption des Lanzelot- und Artus-Stoffes in der zeitgenössischen Literatur und Musik, in: J. KÜHNEL / H.-D. MÜCK, U. MÜLLER (Hgg.), De poeticis medii aevi quaestiones. Käte Hamburger zum 85. Geburtstag (GAG 335), Göppingen 1981, S. 351–390. – A. PASQUALINO, L'opera dei pupi, Palermo 1978 [mit zahlreichen Abbildungen!]. – H. ROSENFELD, Legende (Sammlung Metzler 9), Stuttgart 1969. – U. SCHULTE-WÜLWER, Das Nibelungenlied in der deutschen Kunst des 19. und 20. Jahrhunderts, Gießen 1979. – A. SCHWARZ, Sprechaktgeschichte. Studien zur Methodologie der pragmatischen Interpretation anhand der Liebeserklärungen in den mittelalterlichen und modernen Tristan-Fassungen (GAG 398), Göppingen 1983. – P. K. STEIN, Literaturgeschichte – Rezeptionsforschung – »Produktive Rezeption«. Ein Versuch unter mediävistischem Aspekt anhand von Beobachtungen zu Günter de Bruyns Nachdichtung von Gottfrieds von Straßburg Tristan im Kontext der wissenschaftlichen und kulturpolitischen Situation in der DDR (GAG 287), Göppingen 1979 [auch wichtig zum Grundlegenden!]. – B. TAYLOR / ELIZABETH BREWER, The Return of King Arthur. British and American Arthurian Literature since 1900, Cambridge/ Totowa (USA) 1983. – MARY WILDMAN, Twentieth-Century Arthurian Literature: an annotated bibliography, in: R. BARBER, Arthurian Literature 2, Cambridge 1982, S. 127–162 [umfangreiche, aber naturgemäß nicht ganz vollständige Auflistung der angelsächsischen Primär- und Sekundärliteratur]. – H. WSYLING, Thomas Manns Verhältnis zu den Quellen. Beobachtungen am »Erwählten«, in: Thomas-Mann-Studien 1 (1967), S. 258–334, 342–346. – W. WUNDERLICH (Hg.), Der Schatz des Drachentödters. Materialien zur Wirkungsgeschichte des Nibelungenliedes, Stuttgart 1977.

Nachtrag: Zum Karl-Stoff sei noch verwiesen auf die Musicals ›Pippin‹ (USA 1972; sehr erfolgreich) und ›Pipino il Breve‹ (Italien: Catania 1983), zum Melusinen-Stoff auf den Roman ›El unicornio‹ des Argentiniers Manuel Mujica Lainez (1965); zum Gesamtkomplex der Mittelalter-Rezeption in den USA schließlich auf die *Role-playing Games* wie ›Dungeons and Dragons‹ sowie ähnliche *Fantasy*-Spiele (zunehmend auch für Video), die sich jetzt auch in anderen Ländern als große Erfolge erweisen. Auf Tristan und Isolde spielt evtl. der eindrucksvolle Roman von Albert Cohen an: ›Belle du seigneur‹ (1968; dt. 1983).

EPISCHE STOFFE IN MITTELALTERLICHEN BILDZEUGNISSEN

von

NORBERT H. OTT

Enites Sattel, Helmbrechts Haube, Lancelots autobiographischer Freskenzyklus – die mittelalterliche Dichtung kennt zahlreiche Schilderungen von Kunstwerken und Gebrauchsgegenständen, auf denen literarische Szenen dargestellt werden. Gelten der Kunstgeschichte solcherart Textpassagen als schriftliche Quellen mittelalterlicher Kunst, so wertet sie der Literarhistoriker als literarischen Niederschlag der realen Existenz von Bilddarstellungen dichterischer Stoffe und ihres identifikatorischen Gebrauchs. Denn die epischen Stoffe des Mittelalters wurden nicht nur in der Form von Texten tradiert; abgelöst von diesen, materialisierten sie sich auch im Medium der bildenden Kunst – auf Teppichen und Fresken, in Glasfenstern und Skulpturen, auf Elfenbein- und Holzschnitzereien. Für die Lebensform der Stoffe selbst, ihren »Sitz im Leben«, ist – wie die Ausstattung der Handschriften mit Illustrationen und Buchschmuck, die hier nicht behandelt werden – ihre Rezeption im Medium der Bildkunst von entscheidender Aussagekraft. Darstellungsort und Funktion der bildlichen Zeugnisse, ihre Werkstoffe und der Kontext, in den sie eingefügt sind, differenzieren bereits die dargestellten Stoffumkreise und erlauben Rückschlüsse auf ihre Gebrauchssituation.

Vor allem zwei Stoffbereiche – Tristan und Karl-Roland – sind überaus häufig zum Thema der bildenden Kunst geworden; alles andere – ›Iwein‹, ›Parzival‹, ›Wigalois‹ oder Schondochs ›Königin von Frankreich‹ etwa – ist dagegen von quantitativ untergeordneter Bedeutung. In mehr als 60 Zeugnissen ist der Tristanstoff in zyklischen Folgen und in Einzelszenen dargestellt, der Karl-Roland-Stoff kaum seltener. Oft wird dabei der Stoff, wie es scheint, umgedeutet; für den Textinterpreten häufig unverständlich, repräsentiert die Mehrzahl der Bilddarstellungen nicht (oder nicht mehr) den gesamten Handlungsverlauf des Stoffvorwurfs oder gar die Struktur seiner spezifischen Textfassungen. Die Transponierung in ein anderes Darstellungsmedium hat offensichtlich eine veränderte Rezeptionsmöglichkeit zur Folge – der jeweilige Gebrauch des bildkünstlerischen Gegenstands akzentuiert nun auch die thematische Aussage. Hinter dem Bilderzyklus eines literarischen Stoffs steht nicht – oder nur in Ausnahmefällen – die Absicht, den gesamten Handlungsverlauf in eine kurzgefaßte Bildergeschichte umzusetzen; vielmehr werden den Stoffquellen bestimmte Handlungszüge, Szenenfolgen und Appelle entnommen, die nun, im neuen Gebrauchszusammenhang, der Selbstidentifikation und der repräsentativen Ideologisierung ihres Publikums und ihrer Auftraggeber zu dienen haben.

I. HEIDENKAMPF UND ADELSHEILIGKEIT: DIE BILDZEUGNISSE DES KARL-ROLAND-STOFFS

Das früheste profanliterarische Bildzeugnis überhaupt – Kapitelle in der Abteikirche Sainte-Foy in Conques[1], einer Station am Pilgerweg nach Santiago di Compostela – taucht um 1100 im Umkreis des Karl-Roland-Stoffs auf. Die hier dargestellten Hornbläser und kämpfenden Ritter, geläufige Bildtypen der Rolandsikonographie,[2] sind jedoch noch kaum aus dem literarischen Stoff geschöpft; erst ihr Gebrauch am Ort ihrer Darstellung (Conques gehörte zur Priorei von Roncesvalles) bewirkte ihre Identifizierung mit Episoden aus Erzählungen um Karl und Roland. Der Lanzenkampf zweier ungerüsteter Ritter, denen eine dritte Person in den Arm fällt, auf dem einen Kapitell, und der Schwertkampf zwischen einem Christen und einem Heiden auf dem anderen sind im Kontext der übrigen Skulpturen der Kirche deutlich als Mahnung zur Stabilisierung des »Gottesfriedens«, der *Treuga Dei* (von Urban II. auf dem Konzil von Clermont 1095 ausgesprochen), als Aufruf zum Verzicht auf Gewalt unter den Christen und als Appell zum Heidenkampf zu verstehen.[3] Die noch allgemeine didaktische Botschaft dieser Bilderfolge bezogen die Santiago-Pilger wohl schon bald auf den umlaufenden literarischen Stoff: die anonymen Streiter wurden als heidenbesiegender und hornblasender Roland gedeutet, und als Roland, der, von einem Engel zum Frieden unter Christen und zum Kampf gegen die Heiden ermahnt, innehält in seinem Streit mit Olivier (›Girart de Vienne‹ v. 5888 ff.)

Am Anfang der Rolandsikonographie steht also eine Folge noch sehr allgemeiner Szenen, die erst im Gebrauch auf den geläufigen literarischen Stoff bezogen wurden: »In der Geburtsstunde der bildlichen Darstellungen Rolands deutet nicht das Kunstwerk das Gedicht oder die Sage, das Gedicht oder die Sage dienen dazu, das Kunstwerk zu deuten.«[4] Schon dieses erste Bildzeugnis macht deutlich, wie gebrochen der Quellenbezug zwischen Stoff und Bild ist: Nur in Ausnahmefällen ist eine direkte Abhängigkeit der Bilddarstellung von einer bestimmten Textfassung nachzuweisen.

Eindeutig auf den Karl-Roland-Stoff zu beziehen sind Darstellungen auf einem Architrav der Kathedrale St. Pierre in Angoulême. Selbst wenn auch diese Plastiken nicht detailliert der ›Chanson de Roland‹ entsprechen,[5] lassen sich doch alle drei Szenen deuten: als Kampf zwischen Turpin und dem Heiden Abîme; als Roland, der Marsilies den Arm abschlägt; als die Ohnmacht des verwundeten heidnischen Herrschers vor Saragossa. Der Architrav stützt ein Apostel-Tympanon: der Verkündigung des Evangeliums wird so ein Aufruf zur Ausbreitung des Christenglaubens durch den Heiligen Krieg zugeordnet – die Taten Rolands und seiner Mitstreiter werden gezielt als *gesta Dei per Francos*, als »Taten Gottes durch die Franken«, gewertet. Die Person des Auftraggebers unterstreicht den kreuzzugspropagandistischen Charakter des Architravs, der – wohl kurz nach der Eroberung von Saragossa 1118 entstanden – dem Artusfries in Modena stilistisch nahekommt und auch Verwandtschaft mit dem Teppich von Bayeux aufweist. Der aus dem Arrondissement Bayeux stammende Erbauer der Kirche, Bischof Girart, gilt als Anreger vieler von Aquitanien ausgehender Spanienkreuzzüge, in denen er die Päpste Gelasius II. und Calixtus II. unterstützte. Die Darstellung, deren Entstehung zusammenfällt mit den französischen Erfolgen gegen die spanischen Mauren um 1120, ist damit eines der ersten Bildzeugnisse, das den »literarischen« Karl-Roland-Stoff bewußt zur politischen Propaganda nutzt.

Massive politische Absichten stehen auch hinter dem Freskenzyklus in der römischen Kirche Santa Maria in Cosmedin, den der Kreuzzugspapst Calixtus II. in der ersten Hälfte des 12. Jahrhunderts hat anbringen lassen: Neben (nicht mehr erhaltenen) Evangelienfresken und zwölf Danielszenen zeigen (ursprünglich) zwölf Wandbilder Szenen aus dem Leben Karls des Großen, die die Kenntnis des ›Pseudo-Turpin‹, der ›Chanson de Roland‹ und der ›Descriptio‹ vermuten lassen. Bestrafung der Sachsen, Jerusalemreise, Befreiung des Jakobusgrabs und die Roncesvallesschlacht fügen sich zusammen zu einem »›politische(n)‹ Bilderzyklus, der als ›Herrscherspiegel‹ seine Funktion im Kampf zwischen Papsttum und Kaiser hatte«[6]. Durch den »typologischen« Bezug auf die Danielfresken der gegenüberliegenden Längswand, die Nebukadnezar als ungerechten König charakterisieren, wird Karl als *der* gerechte Herrscher gefeiert – was sich nahtlos dem (kirchen-)politischen Programm Calixts einfügt. Dessen enge Beziehungen zu Compostela, die Veranlassung des sog. ›Codex Calixtinus‹ (Kompilation aus ›Pseudo-Turpin‹ und Pilgerwegweiser), seine Interventionen für Cluny, der propagandistischen Vorkämpferin der Spanienkreuzzüge, und seine eigenen kreuzzugspolitischen Unternehmungen gerinnen im Karlszyklus von Santa Maria zum Propagandakunstwerk: Der Kaiser figuriert sowohl als Vorläufer (des Papstes selbst) im Kampf gegen die Ungläubigen wie als vorbildlicher Vollender kirchenpolitischer Ziele.

Ein »öffentlich«-repräsentativer Anspruch bestimmt grundsätzlich alle Bildzeugnisse des Karl-Roland-Stoffs. So wurden um 1139 Roland und Olivier als Wächter am Portal des Doms von Verona aufgestellt: der »heilige« Roland trägt neben dem Schwert *Durindarda* und dem Handschuh einen Palmwedel als Symbol der Märtyrer, Olivier hat einen Morgenstern als Attribut.[7] Möglicherweise korrespondiert diese Darstellung des idealen, die Zwietracht in ewige Freundschaft wandelnden, *fortitudo* (Tapferkeit) und *sapientia* (Weisheit) verkörpernden Paares mit dem Roland-Basrelief an der Fassade von San Zeno in Verona, etwa gleichzeitig in derselben Werkstatt des Niccoló entstanden. Der »steinernen Armenbibel« von San Zeno sind zwei profanliterarische Szenen integriert: rechts ist unter drei Friesen mit Szenen aus Schöpfung und Altem Testament Dietrichs Höllenjagd dargestellt, links fügt sich unter einem Erlösungszyklus Rolands Kampf mit Ferragut von Nájera an, wie ihn der ›Pseudo-Turpin‹ und die ›Entrée d'Espagne‹ schildern.[8] Die Kampfbegegnung ist in zwei Phasen gegliedert, die die Ikonographie literarischer Stoffe weiterhin bestimmen werden: den Kampf zu Pferd mit der Lanze und den Kampf zu Fuß mit dem Schwert.[9] Roland durchbohrt in der ersten Station den Heiden mit seinem Speer, doch verhindert dessen magische Unverwundbarkeit seinen Tod; erst in der zweiten Kampfphase gelingt es, Ferragut an seiner einzig verwundbaren Stelle, dem Nabel, tödlich zu treffen.

Der Kampf zwischen Roland und Ferragut ist »das konstanteste und zugleich populärste Motiv der gesamten Rolands-Ikonographie. (...) In ihm findet der allegorische Kampf zwischen Tugend und Laster eine seiner eindringlichsten konkretisierenden Darstellungen.«[10] Die Szene ist bis in die Glasfenster von Chartres zu verfolgen; auf einem Kapitell an der Fassade des Palasts der Herzöge von Granada in Estella an der Straße nach Santiago, erbaut zwischen 1150 und 1165 von Sancho dem Weisen, wird sie ebenfalls, in Speer- und Schwertkampf gegliedert, dargestellt. Ein Kapitell (um 1140) im Schiff von Saint-Julien in Brioude (Haute-Loire), auch eine Station am Pilgerweg nach Santiago, bringt den Reiterkampf der beiden; auf dem Nachbarkapitell ist *Guillaume a cort nez* (»Wilhelm Kurznase«) zu sehen.[11]

Sicher wird nicht jeder Zweikampf eine Darstellung Rolands und Ferraguts sein, nicht jeder Hornbläser ist als Roland zu deuten. Im Figurenpaar eines Schwertträgers und eines Hornbläsers an der Torre Ghirlandina des Doms zu Modena (1169/79) jedoch scheint Roland als Vasall Karls und als Roncesvalleskämpfer repräsentativ vorgestellt und in eine Reihe mit David und Artus als eine Art *Neuf-Preux*-Vorläufer (s. u.) integriert zu sein. Attribute und darstellerische Details, typische Szenenreihungen und Korrespondenzen mit dem ikonographischen Kontext erleichtern vielfach die Deutung bildkünstlerischer Zeugnisse, die besonders dann unproblematisch ist, wenn Schriftzeilen das Bildprogramm erläutern – selbst dann, wenn dieses sich nicht immer bruchlos auf bekannte Textfassungen beziehen läßt. Durch Inschriften gesichert ist der Rolandszyklus des 1179 datierten (beim Erdbeben von 1858 nahezu zerstörten) Fußbodenmosaiks der Kathedrale von Brindisi: In den Randstreifen umkränzt eine Folge von Szenen aus der Roncesvallesschlacht das alttestamentliche Programm des Mittelteils. Bischof Wilhelm von Brindisi – dem Kreuzfahrerhafen – ließ die Kirche in der Zeit der ersten großen Erfolge Saladins errichten. Bemerkenswert an diesem Mosaik sind bildtypische Entsprechungen von Rolandsszenen mit solchen des Bodenmittelteils: der trauernde Roland etwa trägt den toten Olivier in der gleichen Weise auf den Schultern wie Kain den erschlagenen Abel. Solcherart optische Bezüge werden häufig bewußt als Aufforderung zur gegenbildlichen (antitypischen) Lesung der Programmteile eingesetzt.[12]

Am Beginn des 13. Jahrhunderts entstehen zwei Bildwerke, die die Geschichte von Karl und Roland wiederum gezielt für politische Ansprüche nutzen und zugleich den Epochenwandel auf dem Gebiet der bildenden Kunst markieren: der romanische Aachener Karlsschrein und die gotischen Glasfenster von Chartres. »Wenn es ein Kunstwerk gibt, das in der Lage ist, zugleich die Intensität der politischen Rückbesinnung auf Karl den Großen und die triumphale Ausbreitung seiner Legende im deutschen Kaiserreich am Ende des XII. Jahrhunderts zu illustrieren, so ist dies der Schrein des ›heiligen Karl‹ im Dom zu Aachen.«[13] 1165 wurde, initiiert von Friedrich I., Karl heiliggesprochen; die Feier des neuen Heiligen fand nicht nur in der um 1180 entstandenen ›Vita Sancti Karoli‹ statt, sie schlug sich auch nieder in einem »öffentlichen« Kunstwerk wie dem Aachener Sarkophag. An einer der Giebelseiten thront der Heilige Karl zwischen den stehenden, maßstäblich kleineren Figuren Leos III. und Turpins. Turpins Chronik schließlich, »authentischstes« Zeugnis für Karls Heiligkeit, spielt in der Ikonographie des aus einer Werkstatt des Maaslandes stammenden Reliquienbehältnisses eine entscheidende Rolle: Fünf Reliefs (die Erscheinung des hl. Jakobus vor Karl, der Fall Pamplonas, das Wunder der roten Kreuze, das Lanzenwunder und die Heidenschlacht) haben offensichtlich den ›Pseudo-Turpin‹ als Quelle. Welch eminent politischer Anspruch mit diesem Bildzeugnis eines literarischen Stoffs verbunden war, zeigt Friedrichs II. Teilnahme an der Weihe des Schreins, an dessen Entstehung wohl auch Kaiser Otto IV., Sohn Heinrichs des Löwen, des mutmaßlichen ›Rolandslied‹-Mäzens, beteiligt war.

Spielt Roland selbst in der Ikonographie des Schreins nur die Nebenrolle eines Vasallen Karls, so tritt er im etwa gleichzeitig entstandenen Glasfenster von Chartres entschieden in den Vordergrund. In neun der insgesamt 21 Szenen, die zwischen einem Fenster des hl. Jakobus und einem der heiligen Krieger Theodor und Vincenz im nördlichen Chorumgang angebracht sind, ist er die zentrale Figur. Sechs Szenen des Gesamtprogramms schildern die Orientreise Karls – wohl nach der ›Descriptio‹ –, zehn den Krieg zur Befreiung des Jakobusgrabs – nach dem ›Pseudo-Turpin‹ –, vier das Drama von Roncesvalles. Die Geschichten Karls und Rolands werden durch die Ägidiusmesse, eine Anti-Propaganda gegen Rolands inzestuöse Herkunft und Karls angreifbaren Lebenswandel, verknüpft.[14] So ist das Karl-Roland-Fenster von Chartres mit seiner sehr gezielt eingesetzten Programmatik ein monumentales Zeugnis der französischen Politik seit Philipp August, der *renovatio imperii Caroli Magni*, der Erneuerung der Herrschaft Karls des Großen.

Die Karl-Roland-Ikonographie erscheint – außer in prachtvoll ausgestatteten Codices[15] – vor allem in der Monumentalkunst: in Fresken, Glasfenstern, Skulpturen. Der Ort ihres Gebrauchs ist das »öffentliche« Gebäude: Außenfronten fürstlicher Paläste und besonders Kathedralen und Kirchen am Pilgerweg nach Santiago – und auch hier Gebäudezonen, die den Blicken der »Öffentlichkeit« zugänglich sind: Portale, Kirchenschiffswände, Kapitelle. Ein Schauobjekt wie der Karlsschrein bildet davon keine Ausnahme. Dies verweist auf den eminenten politischen Anspruch, der sich mit dem Stoff verband und in seinen Bildzeugnissen materialisierte. Die Auftraggeber in Frankreich und Italien – Kreuzzugspäpste und fürstliche Propagandisten des Heidenkampfes –, der Entstehungsanlaß vieler Zeugnisse – Krisenzeiten des christlichen Reichs im Kampf gegen die Heiden, die »staatliche« Anknüpfung an den Gründerherrscher Karl durch deutsche wie französische Könige und die damit verbundene Heiligsprechung des Kaisers – unterstreichen diesen Aspekt. Propagierung der Kreuzzugsideologie, die Rolle des christlichen »Staats« und seiner adeligen Vertreter – Kaiser, Fürsten, ritterliche Kämpfer, Kirchenfürsten (Turpin!) – sind die Appelle, die die Bildzeugnisse an ihr Publikum richten.

II. EXEMPLARISCHER RITTER UND MINNEHELD: DER TRISTANSTOFF IN BILDZEUGNISSEN

Ganz anders ist die Gebrauchssituation der Bildzeugnisse des höfischen (Aventiure- und Minne-)Romans, die besonders für den Stoffkreis des ›Tristan‹ zahlreich überliefert sind.[16] Zwar ist das früheste ›Tristan‹-Denkmal, das sog. Forrer-Kästchen (um 1200), insofern mit den ersten Rolandsskulpturen, den Kapitellen von Conques, vergleichbar, als auch hier noch relativ unspezifische Szenen offensichtlich erst im Gebrauch auf den umlaufenden Stoff bezogen werden. Doch schon die Funktion des Gegenstands als Minnekästchen markiert den differenten Gebrauch des Stoffs und seiner Ikonographie. Die meisten der mehr als 50 Bildzeugnisse des Tristanstoffs sind denn auch Gegenstände höfischen (Luxus-)Gebrauchs – Minnekästchen, Spiegelkapseln, Kämme, Schreibtafeletuis, Turnierpokale, Tischgeräte – oder für höfische Innenräume gedacht, wie Fresken und Teppiche. Das gilt auch für die Fußbodenfliesen aus der Chertsey Abbey (um 1270), die ursprünglich für eines der Schlösser König

Heinrichs III. von England bestimmt waren. Schon dieses früheste zyklische Zeugnis des Tristanstoffs zeigt die Tendenz fast aller Bildzeugnisse literarischer Stoffe[17]: nicht eine vollständige »illustrierte« Kurzfassung des literarischen Texts zu liefern, sondern aus dem Stoff bestimmte, für das adlige Selbstverständnis identifikatorisch wichtige Handlungsabschnitte herauszulösen und andere gänzlich zu unterschlagen. Die erhaltenen 24 Kacheln, die sich wohl auf die Fassung des Thomas von Bretagne beziehen, setzen den Schwerpunkt vor allem auf die Vorgeschichte: zwölf Darstellungen zeigen Tristans Erziehung und die Geschichte um Morgan, zehn schildern Moroltkampf, Krankheit und Heilung Tristans, zwei den Drachenkampf, eine den Minnetrank, eine die Feuerprobe.

Eine ähnliche Gewichtung zeigen drei in Niedersachsen entstandene gestickte Teppiche, die heute im Kloster Wienhausen über Celle aufbewahrt werden,[18] vor allem der älteste (um 1300/1310), der auf drei durch Wappenfriese getrennten Bildstreifen 22 von Textzeilen begleitete Szenen bringt. Die Bilderfolge reicht vom Moroltkampf bis zum Minnetrank; die drei Friese scheinen jeweils ein Sinnzentrum des Stoffs zu betonen: im ersten ist der Zweikampf Tristans mit Morolt dargestellt, im zweiten Tristans Meerfahrt und Heilung, im letzten die Brautwerbungsfahrt mit Drachenkampf und dem Minnetrank als Schlußakkord. Die dreizehn Bilder des fragmentarischen Teppichs Wienhausen II, um 1330, berücksichtigen ebenfalls nur die Ereignisse des Morolt- und des Drachenkampfes. Lediglich der späte, um 1360 zu datierende Teppich Wienhausen III versucht in vier Bildfriesen den gesamten Handlungsverlauf nachzuerzählen. Er verzichtet auf Vorgeschichte und Moroltkampf, bringt aber außer der Drachenepisode und dem Minnetrank auch Szenen aus der Minneehe Tristan-Isolde (mit Minnegrotte und Baumgarten) und die mit Isoldens Meerfahrt zum verwundeten Tristan endende Isolde-Weißhand-Episode. Doch obgleich versucht wird, den gesamten Stoff in eine Bilderfolge umzusetzen, herrscht doch ein Übergewicht bei der Brautwerbungsfahrt und dem Drachenkampf vor: allein auf zwei Streifen ist die Gewinnung Isoldens von der ›Schwalbenhaarepisode‹ (eine Schwalbe bringt ein goldenes Haar Isoldes an Markes Hof; dieser will die unbekannte Goldhaarige zur Frau) bis zum Beilager Markes mit Brangäne dargestellt; der gesamte Rest der Handlung ist auf die beiden übrigen Streifen verteilt.

Auch die um 1375 entstandene Weißstickerei in der Dompropstei Beatae Mariae Virginis in Erfurt wählt gezielt aus dem ›Tristan‹ aus: in zwei auf dem Kopf gegeneinander stehenden Bildstreifen zu je dreizehn Einzelbildern erzählt sie die Geschichte der Brautwerbung bis zur Hochzeit und einige Minneschwankepisoden. Kniffspuren zwischen den beiden Friesen des 428 cm langen und 93 cm breiten Behangs lassen vermuten, daß er längsgefaltet als Raumteiler diente. Die meisten Darstellungen sind auf die Ereignisse in Irland verwendet; nach der Landung in Cornwall folgen nur noch sieben Szenen, darunter die Botschaft Tristans an Isolde durch Holzspäne in einem Bach und die Baumgartenszene. Das Ende der Bilderreihe mit der Bestrafung des mißgünstigen Zwerges Melot signalisiert eine Deutung, mit der die illegitime Minneehe Tristans mit Isolde gesellschaftlich legitimiert werden soll.

Brautwerbungsfahrt, Drachentötung und Moroltkampf scheinen, wie die überlieferten Zeugnisse nahelegen, die höchste Bedeutung für den Adel besessen zu haben. Ein aus Norddeutschland oder Thüringen stammender, applizierter Wandteppich (um 1375), heute im Londoner Victoria and Albert Museum, ist zwar Fragment, doch verweisen die erhaltenen zehn Szenen auf ein Programm, das die Brautwerbungsfahrt mit dem Drachenkampf ins Zentrum stellt. Ähnliches gilt für ein 1539 im Elsaß gesticktes Teppich-Bruchstück (Leipzig, Museum des Kunsthandwerks), das wohl dem Prosa-»Volksbuch« von 1498 folgt und von dessen einst etwa 20 Szenen nur noch fünf – vom Drachenkampf bis zur Überfahrt nach Cornwall – erhalten sind. Der Kampf Tristans mit Morolt hingegen steht – nach einer Quellenmischung aus ›Tavola Ritonda‹, ›Morte d'Artur‹ und dem spanischen ›Cuento de Tristan de Leonis‹, wie Beischriften und Szenenbestand nahelegen – im Mittelpunkt eines sizilianischen Bettdeckenpaars in Weißstickerei (Florenz, Bargello; London, Victoria and Albert Museum). Höchst originell und ziemlich direkt sind dabei die Benutzer in das ikonographische Programm einbezogen: Tristans und Morolts Kampfschilde tragen die Wappen der Florentiner Bankiersfamilien Guicciardini und Acciaioulo, was die Vermutung bestätigen würde, daß das Dekkenpaar anläßlich der Hochzeit von Laodamia Acciaioulo und Piero di Luigi Guicciardini 1395 entstand.

Dem gesamten Handlungsverlauf des Stoffs oder gar der Struktur seiner Textbearbeitung entsprechen diese Bildzeugnisse damit keineswegs. Die Tradierung des Stoffs im Medium der Bildkunst hatte offensichtlich eine sehr bewußte Auswahl von

Szenenreihen zur Folge, deren Appell sich erst im Gebrauchszusammenhang der Bildzeugnisse erschließt. Dem anderen Darstellungsmedium immanent ist zudem ein eigenes Strukturmoment, nach dem sich die Bildwerke nun gliedern: Symmetrie und Szenenverklammerung, optische Entsprechungen und Oppositionen organisieren etwa den Erfurter Behang oder den älteren Wienhausener Teppich.[19] Ins Extrem ist das Prinzip der Szenenauswahl in den zahlreichen Einzeldarstellungen gesteigert, die aus dem Stoff oft nur eine einzige Szene herauslösen – in der Regel die Baumgartenszene[20] –, in die Tristanstoff und -figur »gerinnen«. Die Übertölpelung des rechtmäßigen Gatten Marke in dieser Minneschwankepisode signalisiert sozusagen die Legitimität der »illegitimen« Minnebeziehung zwischen Tristan und Isolde. Auch ein Grund für die Beliebtheit gerade dieser Szene in der bildenden Kunst mag die Tradition des Bildtyps gewesen sein, der neben Assoziationen zu Minne- und Paradiesgärten vor allem Erinnerungen an die Sündenfall-Darstellung wachruft.[21]

In 25 Denkmälern ist die Baumgartenszene – innerhalb typologischer Reihen oder als Einzelzeugnis – dargestellt: Auf dem sog. Regensburger Medaillonteppich wird sie um 1370 in 50 weitere Exempla von Liebespaaren und Weiberlisten integriert. Zwei Misericordien englischer Kirchen vom Ende des 14. Jahrhunderts – Chester und Lincoln – stellen sie in eine Reihe mit »klassischen« Minnesklaven, u. a. Samson, Vergil und Aristoteles, ebenso eine (zerstörte) geschnitzte Bankbekrönung im Rathaus von Reval, um 1490. Sie ziert zwei Kämpfer: einen an der Fassade der Stadthalle von Brügge (1376–87), der die Figur eines flandrischen Grafen trug, einen zweiten am Kaminsims im Haus des Jacques Coeur in Bourges (1443–50). Am Fuß eines französischen Turnierbechers aus Email ist sie zwischen Ritter und Lanzenträger eingefügt (Mailand, Museo Poldi-Pezzoli, um 1335). Zwei lederne Schreibtafel-Etuis des 14. Jahrhunderts (Namur, Musée Régional; Wrocław, Muzeum Narodowe) bringen die Szene; ein geschnitzter Buchsbaumkamm in Bamberg (1. Hälfte des 15. Jahrhunderts), dessen Rückseite ein Minneturnier zeigt, stellt sie dar, sowie ein (verlorenes) bemaltes Minnekästchen vom Beginn des 15. Jahrhunderts aus der ehem. Sammlung Figdor in Wien. Auf einem geschnitzten Holzkästchen (London, Victoria and Albert Museum, 14. Jahrhundert) korrespondiert die Baumgartenszene mit Jagdmotiven und einer Schachszene; auf zwei Spiegelkapseln (Rom, Vatikan; Paris,

Musée de Cluny) und einem Haarteiler (Turin, Museo Civico) aus Elfenbein, die aus einer französischen Werkstatt der 2. Hälfte des 14. Jahrhunderts kommen, ist sie abgebildet.

Bemerkenswert ist der Kontext, in den die Baumgartenszene auf einer Serie von sieben Elfenbeinkästchen[22] aus einer Pariser Werkstatt der 1. Hälfte des 14. Jahrhunderts integriert ist: Einhornjagd, Minneturnier und Erstürmung der Minneburg, Aristoteles als Lehrer Alexanders und von Phyllis geritten, ein Jungbrunnen, Pyramus und Thisbe, ein Wildmann mit Ritter und Mädchen, Galahad, der den Schlüssel zum Schloß der Jungfrauen erhält, Gawan im Wunderschloß (gefährliches Bett, Löwenkampf, Begrüßung durch die Jungfrauen) und, mit der Wunderbettszene optisch korrespondierend, Lancelot auf der Schwertbrücke. In diesem Programm (gefährlicher) Minneabenteuer ist Tristan als exemplarischer Minneheld repräsentativ vorgestellt. In den zyklischen Bildzeugnissen vorbildlicher Kämpfer und Minneritter, wird Tristan in den Einzeldarstellungen zur beispielhaften Verkörperung des Minnenden: Souverän spielt mit dieser Deutung der Figur ein um 1400 in Oberitalien entstandenes, bemaltes Wöchnerinnentablett (Paris, Louvre), das eine nackte Venus, gleich Maria in einer Mandorla am Himmel schwebend, zeigt, flankiert von zwei Amorn gleich Engeln, angebetet von den sechs am Boden knieenden Minnehelden Achill, Tristan, Lancelot, Samson, Paris und Troilus. Kaum ein anderes Beispiel zeigt so deutlich, daß der Gebrauch die dem Stoff entnommenen Deutungsangebote der textabgelösten Bildzeugnisse bestimmt und neu akzentuiert.

III. IKONOGRAPHISCHE AUSWAHLPRINZIPIEN: ›IWEIN‹, ›PARZIVAL‹, ›WILHELM VON ORLENS‹

Die zyklischen wie die Einzelzeugnisse des Tristanstoffs, aber auch die der Karl-Roland-Geschichte, lassen erkennen, daß es weder für Künstler noch für Auftraggeber darum ging, eine bildliche Kurzfassung des zugrunde liegenden Texts für Illiterate zu bieten, sondern daß bestimmte Handlungsabschnitte und Sinnelemente des Stoffs nur den Anlaß boten, neue Gebrauchsabsichten zu demonstrieren. Die gezielte Auswahl der zur Verfügung stehenden Szenen und Motive unterstreicht die Absicht der Benutzer, literarische Stoffe zur Ideologisierung der eigenen gesellschaftlichen Rolle repräsentativ zu verwenden. Die Struktur fast aller Bildzeugnisse entspricht den am ›Tristan‹ dargestellten Prinzipien. Es ist folglich müßig, der Frage genauer oder verfehlter Textrezeption durch den bildenden Künstler nachzugehen: die bildliche Organisation der überlieferten literarischen Bildkunstwerke ist das Ergebnis bewußter Planung und nicht Resultat unvollkommenen Textverständnisses.

Der früheste profan-literarische Freskenzyklus, die ›Iwein‹-Bilder auf Rodeneck in Südtirol[23], bald nach Hartmanns von Aue Werk entstanden, entnimmt dem Text nur den ersten Handlungsabschnitt: das Brunnenabenteuer mit der Tötung Askalons und der Erringung Laudines. Elf Szenen zeigen auf den vier Wänden des relativ kleinen Burgzimmers die mit der Gewinnung der Dame endende Aventiure: Iweins Ausritt und sein Besuch beim Waldmenschen, der ihn zum Zauberbrunnen weist; Askalons Überwindung im Speer- und Schwertkampf, die Gefangenschaft hinter dem Falltor, Askalons Tod in Laudines Armen, Lunete überreicht Iwein den Zauberring, die Bahrprobe und die Suche nach dem Unsichtbaren. Der Zyklus schließt mit der Versöhnung Iweins und Laudines im Beisein Lunetes: auch ohne die Darstellung der Hochzeit ist so als Ziel der gefährlichen Kampf-Aventiure die Minnebeziehung Iwein-Laudine – die Sicherung der Landesherrschaft – zwingend. Eine solche Sinnaussage des Bilderzyklus würden auch die fünf englischen Misericordien des 14. und 15. Jhs. (Chester, Boston, Lincoln, Oxford, Norwich) bestätigen, die Iwein und sein durch das Falltor getötetes Pferd in eine Reihe mit anderen Minne-Exempla stellen, u. a. den gerittenen Aristoteles, Tristan im Baumgarten, Samson, Vergil im Korb. Auch der wohl als Hochzeitsgeschenk angefertigte sog. Maltererteppich im Freiburger Augustinermuseum läßt die Ereigniskette auf zwei signalhafte Szenen schrumpfen – Iweins Kampf mit Askalon und die in Rodeneck als Schluß des Zyklus überlieferte Szene – und stellt sie neben andere zweigliedrige Darstellungen von Minnemacht und Weiberlist.

Das zweite zyklische Bilddenkmal des ›Iwein‹-Stoffs, die Wandgemälde im Hessenhof in Schmalkalden (1. Hälfte 13. Jh.), gewichtet, obschon bis zur Löwenaventiure reichend, ebenfalls den ersten Handlungsabschnitt stark. Fünfzehn der 22 Szenen behandeln das Brunnenabenteuer und die Minnebegegnung mit Laudine. Als Abschluß und Sinnziel der Handlungskette wird die Hochzeit beider insofern besonders betont, als ihre Darstellung nicht, wie die übrigen Szenen, in Streifen am Gewölbe entlangläuft, sondern als einziges Gemälde die Lünette der

Nordwand schmückt. Wie in Rodeneck, das als erfolgreiche Minneaventiure endet, wird somit auch hier der Textvorwurf benutzt, um die Gewinnung der Frau und die Sicherung der Landesherrschaft in repräsentativen Bildern ideologisch zu überhöhen.

Vergleichbaren Auswahlprinzipien folgt ein im Braunschweiger Herzog-Anton-Ulrich-Museum aufbewahrter Teppich[24] aus der Mitte des 14. Jahrhunderts, der der gleichen Klosterwerkstatt entstammt wie der Wienhausener ›Tristan‹-Teppich III und aus Wolframs ›Parzival‹ einen einzigen Abschnitt entnimmt: Gawans Minnebegegnung mit Orgeluse. Die stark fragmentierte Stickerei, von deren einst vier Bildstreifen nur noch drei lückenhaft erhalten sind, nimmt damit den ›Parzival‹ zum Anlaß, eine gefährliche, zur Erringung von Land und Frau führende Minneaventiure dem Publikum als vorbildhaft hinzustellen. Die Doppelung von Kampfszenen und die Betonung der Abenteuer auf *Schastel marveile* verweisen auf den Stellenwert der Aventiure als das – neben der Minne – zweite Sinnzentrum des höfischen Romans und als ideologischen Wert der ihn tragenden Gesellschaft. Wie in den Elfenbeinkästchen, die drei Szenen aus der *Schastel-marveile*-Episode neben andere Minne-Exempla stellen, wird Gawan hier zum vorbildlichen Minneritter. Das zweite zyklische Bildzeugnis des ›Parzival‹, (zerstörte) Fresken in einem Lübecker Patrizierhaus, um 1350, scheint, auch wenn der schon bei der Aufdeckung 1929 schlechte Erhaltungszustand eine Gesamtdeutung kaum zuläßt, dagegen eher den Höhepunkten der gesamten Handlung zu entsprechen: die Gemäldefolge begann mit Parzivals Abschied von Herzeloyde und endete mit der Auffindung des Gral.[25]

Auch der im Frankfurter Museum für Kunsthandwerk aufbewahrte, am Mittelrhein Anfang des 15. Jahrhunderts entstandene Teppich nach Rudolfs von Ems ›Wilhelm von Orlens‹[26] scheint eine glücklich endende Minneaventiure repräsentativ vorführen zu wollen. Die mit Schriftbändern versehene, in fünfzehn Einzelszenen gegliederte Handlungsfolge reicht von Wilhelms und Amelies Begegnung beim Schachspiel über die Minnekrankheit des Helden, seinen Ritterschlag bei Jôfrit und dem Turnier bis zur Entführung der Geliebten; er »illustriert« also nur etwa ein Drittel des Texts, läßt die Vorgeschichte weg und unterschlägt den gesamten Rest: die Problematisierung der Minne, die Rückentführung der Braut und die mühsame Wiedergewinnung bis zur endlichen Hochzeit. Dieses Auswahlprinzip verbindet das Zeugnis mit dem Braunschweiger Gawan-Teppich, den Rodenecker ›Iwein‹-Fresken und den ›Tristan‹-Zyklen von Runkelstein und Erfurt.[27]

Bildzeugnisse literarischer Stoffe, die den als Quelle dienenden Text relativ gleichmäßig in eine Bilderfolge umsetzen, sind – wie etwa die Lübecker ›Parzival‹-Fresken oder die fragmentarische Bergener ›Wilhelm-von-Orlens‹-Decke[28] – die Ausnahme. Weit häufiger scheint es die Absicht der Auftraggeber und Künstler gewesen zu sein, aus dem Stoff gezielt auszuwählen und bestimmte Deutungsmöglichkeiten – die nicht unbedingt die Sinnzentren der Texte sein zu brauchen – repräsentativ zu nutzen. Problematisierungen und Differenzierungen der Romane – auch die Doppelwegstruktur, zu deren bildlicher Darstellung durchaus gestalterische Mittel vorhanden gewesen wären – gehen dabei in der Regel unter. Übrig bleibt ein zunächst oberflächlich scheinender, eher direkter Appell zur Identifikation mit dem Dargestellten und zur Ideologisierung gesellschaftlicher Rollen mithilfe des Bildwerks.

IV. ZITIERTES EXEMPLUM IN DER KIRCHLICHEN IKONOGRAPHIE: ALEXANDER DER GROSSE UND DIETRICH VON BERN

Bei den Bildzeugnissen, die die Sinnaussage der Stoffe in nur einer einzigen Szene signalisieren, spielt Alexanders des Großen Himmelfahrt im Greifenwagen[29] eine besondere Rolle. Häufig wird dieses Beispiel der *superbia* in typologische Minnesklaven-Reihen einbezogen: wenigstens acht Misericordien englischer Kirchen (Chester, Lincoln, Gloucester, Wells, Cartmel, Beverley, Darlington, Walley) bringen das Motiv.[30] Die bildlichen Darstellungen des Themas sind fast so alt wie seine Textfassungen: Schon in Byzanz entstanden zahlreiche Elfenbeine, Textilien und Steinskulpturen. Es ist daher kaum möglich, bestimmte volkssprachliche Fassungen als Quellen der mittelalterlichen Bildzeugnisse nachzuweisen; eher sind die Traditionslinien innerhalb des Mediums bildende Kunst selbst zu suchen. Die Kenntnis der volkssprachlichen Texte mag dann die Faszinationskraft des Bildtyps verstärkt haben. Die mittelalterlichen Alexanderdarstellungen sind ein Beispiel für die kaum direkte Umsetzung literarischer Texte in die bildende Kunst – und damit für den mehrfach gebrochenen Quellenbezug auch anderer literarischer Bildzeugnisse.

Besonders häufig wurde im Mittelalter Alexanders Himmelfahrt in die Bildprogramme von Kirchen und Kathedralen integriert. In der gleichen Zeit, dem 11. Jahrhundert, aus der das in die Fassade von San Marco in Venedig eingebaute byzantinische Relief stammt, entstanden die ersten mitteleuropäischen Zeugnisse: 1063 deutet der Chronist Ayméric de Peyrac in seiner Beschreibung eines nicht mehr erhaltenen Mosaikfußbodens in Moissac die Figur zwischen den Greifen fälschlich als Chlodwig; um 1100 entstand ein Alexanderkapitell im Kreuzgang der gleichen Kirche. Beliebt ist das Motiv in den Mosaikfußböden Apuliens: in der Mitte des 12. Jahrhunderts erscheint es in den Kathedralen von Otranto, Trani und Tarent. Zu Szenen aus der Karl-Roland-Geschichte wird Alexander in Sainte-Foy in Conques (Kapitell, um 1100), in Santa Maria della Strada bei Matrice (Tympanon, um 1148) und in Borgo San Donnino, Fidenza (Hauptfassade, um 1200) gestellt. Mit Daniel in der Löwengrube korrespondiert Alexanders Himmelfahrt am Westportal von Oloron-Sainte-Marie (Ende des 12. Jahrhunderts).

In Deutschland läßt sich die Szene seit der Mitte des 12. Jahrhunderts nachweisen. Ein Kapitell im Chorumgang des Basler Münsters fügt Alexanders *superbia* zu einer Sündenfall-Darstellung und reiht diese programmatische Kombination mit Kapitellen, die Dietrich, Sintram vom Drachen befreiend, sowie Pyramus und Thisbe darstellen. Eine (zerstörte) Portalplastik an der Klosterkirche von Petershausen bei Konstanz (um 1180) enthielt die Szene; ein Kämpfer am Eingang der Nikolauskapelle des Freiburger Münsters (um 1200) und das etwa gleichzeitige Relief am Pfarrhoftor der Remagener Pfarrkirche stellen sie dar.

Ein anderer Stoffkreis, der hauptsächlich im Kontext kirchlicher Ikonographie tradiert wird, ist mit Dietrich von Bern die germanisch-deutsche Heldensage.[31] Oft werden die bildlichen Darstellungen vor allem von Dietrichs Höllenritt programmatisch mit Karl-Roland- und/oder Alexander-Szenen zusammengefügt: Das schon erwähnte Alexander-Kapitell am zweiten Chorpfeiler des Basler Münsters korrespondiert mit einem Dietrich-Kapitell; die Basreliefs an der Portalfassade von San Zeno in Verona stellen die Höllenjagd des die *superbia* symbolisierenden Dietrich gegen Roland als gerechten Bezwinger des Heiden Ferragut. Das älteste Bildzeugnis des Dietrichstoffs scheint der Relieffries an der Westfassade der Klosterkirche St. Peter und Paul in Andlau im Elsaß (um 1130) zu sein: Dietrichs Jagd nach dem Höllenhirsch, die Befreiung Sintrams aus dem Drachenmaul (wie in Basel) und der bei den Pferden wartende Hildebrand sind in ein Bildprogramm von Kämpfen und Jagden, von grotesken Ungeheuern und allegorischen Szenen integriert. Auch der Kampf eines Ritters gegen einen Drachen, aus dessen Maul ein menschlicher Kopf ragt, auf dem Typanon des Westportals von St. Peter in Straubing (Ende des 12. Jahrhunderts) erinnert an die Ikonographie der Sintram-Befreiung in Andlau.

Im Museo Civico in Pavia befindet sich ein Fassadenrelief von San Giovanni in Borgo (2. Viertel des 12. Jahrhunderts), das einen hornblasenden Reiter, hinter dem ein Dämon fliegt – offensichtlich Dietrichs Höllenjagd –, zeigt. Von der gleichen Fassade stammt ein Heidenkampf – möglicherweise der zwischen Roland und Ferragut – und Daniel in der Löwengrube, mit dem Alexander auf dem Tympanon von Oloron-Sainte-Marie verbunden wurde. Auch die Reliefplatte mit dem berittenen Hornbläser, die neben *Alexander elevatus* am Remagener Pfarrhoftor angebracht ist, läßt sich als Dietrich deuten.

Die Dietrichfigur wird in diesen Programmen stets negativ akzentuiert: der tote Arianer Theoderich ist Ziel kirchlicher Gegenpropaganda, der Höllenritt Sinnbild der gerechten Strafe für seine *superbia*, kaum anders als Alexanders Himmelfahrt. Das gilt wohl auch für das Gemälde an der Außenwand der Schloßkapelle von Hocheppan in Südtirol (um 1150–80).[32] Wahrscheinlich als positives Vorbild wurde Dietrich jedoch im Freskenzyklus des Wehrturms auf Schloß Brandis in Marienfeld, Graubünden, verstanden, der die Kämpfe gegen Ecke bringt (um 1320), ebenso in den Wandbildern von Schloß Lichtenberg, Südtirol (heute Innsbruck, Ferdinandeum), die Dietrichs Kampf mit Laurin enthalten (um 1390). Hier nämlich sind die Szenenausschnitte aus dem Heldensagenstoff einbezogen in andere Kampfdarstellungen ohne Textbezug, in Jagdszenen und höfische Motive.

Im Kontext kirchlicher Ikonographie ist Dietrich hingegen, wie auch Alexander, Beispiel der *superbia*. Dem heilsgeschichtlichen Vollzugsraum der Kirche werden bildliche »Zitate« aus (pseudo-)historischen literarischen Stoffen eingefügt: germanische Vergangenheit, Antike und – mit dem positiven Heidenkämpfer Roland – französische Reichshistorie. Was aber fehlt in diesem historische »Wahrheit« repräsentierenden Programm, ist der Artusstoff: Szenen aus Artusromanen kommen im Rahmen der Kathedralikonographie fast nie vor, und wo Artus selbst zum Gegenstand von Bildzeugnissen wird, ist es nicht der Artus der höfischen Epik, sondern eher eine mythische Figur der Frühzeit. Auf der Archivolte der ›Porta della Pescheria‹ am Dom zu Modena[33] (um 1120/30) streitet *Artus de Bretania* mit *Burmaldus* und *Carrado*, um die gefangene *Winlogee* (Ginover?) zu befreien. Singulär ist die Artusszene des Fußbodenmosaiks von Otranto (Apulien)[34], die wohl eine kymrisch-bretonische Sage vom Katzenkampf auf Artus überträgt: Artus kämpft, auf einem gehörnten Tier reitend (einem Ziegenbock als Verkörperung der *luxuria*?) gegen das Katzenungeheuer Capalu.[35] Die dem Artusroman entnommenen Szenen auf zwei Kapitellen in Chartres (2. Hälfte des 14. Jahrhunderts) – Gawan auf dem Wunderbett, Lancelot auf der Schwertbrücke – sind wohl eher die die Regel bestätigende Ausnahme; zudem fungieren die auch von Minnekästchen bekannten Darstellungen als Exempla der Weiberlist und Warnung vor der irdischen Liebe, dem *amor carnalis*, wie sie auch die Misericordien-Programme englischer Kirchen bestimmen. Als Minnesklave taucht Artus dann zusammen mit Ginover, der Lancelot-Geliebten, in minnetypologischen Reihen auf, etwa auf den(zerstörten) Medaillonfresken im Konstanzer Haus zur Kunkel (um 1300).

Die kirchliche Ikonographie aber läßt den Artusroman beiseite. Die Einfügung von Bild-»Zitaten« aus den drei (pseudo-) historischen Gattungen französische Reichshistorie, germanisch-deutsche Heldensage und Antikenroman dagegen in biblisch-heilsgeschichtliche Bildprogramme legt ein Bewußtsein des Publikums vom Wahrheitsanspruch dieser Stoffbereiche und von der Fiktionalität des höfischen Romans nahe.[36]

V. LITERARISCHE BILDZEUGNISSE UND IHRE DARSTELLUNGSORTE: DAS BEISPIEL RUNKELSTEIN

Nicht nur die Auswahlprinzipien, denen die Bildzeugnisse literarischer Stoffe folgen, oder der Kontext, in den die programmatisch ausgewählten Szenen integriert sind, geben Hinweise auf ihre Gebrauchssituation. Auch der Darstellungsort – Kirche oder höfischer Innenraum, Teppich oder Minnekästchen – signalisiert die Absicht, die Auftraggeber und Benutzer mit Bilddenkmälern bezweckten.

Um die Mitte des 14. Jahrhunderts wurden der Triumphbogen und Teile des Langhauses der Pfarrkirche von Fraurombach (Hessen) mit Fresken nach Ottes ›Eraclius‹ bemalt.[37] Ein solches

Programm, das die Wiedergewinnung des von Heiden aus Jerusalem geraubten Kreuzes schildert, hat durchaus ähnlichen Appellcharakter wie die kreuzzugspropagandistischen Karl-Roland-Darstellungen, etwa der Karlszyklus in Santa Maria in Cosmedin. Sicher gänzlich anders ist die Gebrauchsabsicht der Bilderzyklen von Schondochs ›Königin von Frankreich‹. Mitte des 15. Jahrhunderts ließ der Tridentiner Bischof den Gerichtssaal des Palazzo Neso in Coredo[38] mit dreizehn Szenen der Dichtung bemalen; 1492 wurde im Elsaß ein Teppich des gleichen Themas gewirkt, von dem nur noch ein Fragment von vier Szenen erhalten ist.[39] Die Geschichte von der standhaften Geliebten und dem Sich-Wiederfinden der getrennten Eheleute, dem Genoveva-Stoff verwandt, mag in einem Gerichtsraum als Exempel vom Sieg des Rechts verstanden worden sein. Vom Verlust und dem Wiederfinden der Geliebten handelt auch ›Der Busant‹, der den fünfzehn in vier Fragmenten (London, Victoria and Albert Museum; Köln, Kunstgewerbemuseum; Nürnberg, Germanisches Nationalmuseum; ehem. Wien, Sammlung Figdor) noch erhaltenen Szenen eines elsässischen Rücklakens (Ende des 15. Jahrhunderts) als Quelle diente.[40] Die Funktion solcher Teppiche in höfischen und patrizischen Wohnräumen unterscheidet sich kaum von der der Fresken. Dies gilt sicher auch für das (fragmentarische) Rücklaken im Städtischen Museum Braunschweig,[41] das die Geschichte des ›Herzog Ernst von Schwaben‹ in zwölf Bilder umsetzt (2. Hälfte des 14. Jahrhunderts). Die fabulöse Orientgeschichte scheint in der spätmittelalterlichen Bildkunst beliebt gewesen zu sein: ein oberrheinisches Webteppich-Fragment im Historischen Museum Basel (Ende des 15. Jahrhunderts) und ein etwa gleichzeitiger Freskenzyklus in der Scholasterei des ehemaligen Kollegiatsstifts in Karden an der Mosel (der dazu noch acht Bilder der Susanna-Geschichte stellt) rezipieren den Stoff nach Michael Wyssenheres ›Von dem edeln herrn von Brunswik‹, einer Kompilation der Herzog-Ernst-Sage mit der Geschichte von Heinrich dem Löwen.[42]

Die Funktion der Räume, die mit Wandmalereien oder Teppichen geschmückt werden, prägt vielfach die Wahl der Stoffe und bestimmt den (neuen) Deutungszusammenhang, in den diese in ihren Bildzeugnissen geraten können. Auch ikonographische Folgen ohne (eindeutigen) Texthintergrund hatten nicht bloß ästhetischen Charakter, sondern durchaus programmatische Appellfunktion: Höfische Spiele, Jagd und Tanz, Minneturniere und Kampfdarstellungen, auch Travestien höfischer Beschäftigungen im Kostüm von Wildleuten – beliebte Motive vor allem der spätmittelalterlichen Textilkunst – repräsentieren im Grunde nichts anderes als die zentralen Deutungsmuster des höfischen Romans: Minne und Aventiure. Die Programmatik auch von Bilderfolgen ohne Bezug auf bestimmte literarische Stoffe ist nicht zufällig, sondern verrät in der Regel bewußte Identifikationsabsichten ihrer Benutzer: Die Ikonographie der Monatsbilder-Fresken im sog. Adlerturm in Trient,[43] Anfang 15. Jahrhundert, ist deutlich höfisch akzentuiert: Jagd, Turnier, Blumenpflücken, eine Schneeballschlacht und eine Minneszene werden als Privilegien der höfischen Gesellschaft dargestellt, die diese von anderen Klassen unterscheiden und zu denen auch die Muße zur Literatur gehört. Die Wandmalereien aus Lichtenberg[44] bringen außer Genesis- und Dietrichszenen einen Katalog höfisch-ritterlicher Beschäftigungen wie Jagd, Reihentanz, Rosenpflücken, Lanzenstechen und Kolbenturnier. Wie gezielt die Funktion bestimmter Gemächer durch ihr Ausstattungsprogramm akzentuiert werden konnte, zeigen die Fresken im Castel d'Avio in Sabbionara bei Trient:[45] die sog. Casetta dei Soldati (Anfang des 14. Jhs.) dient sowohl durch die Bildinhalte als auch die Bilderfolge dem Selbstverständnis des ritterlichen Kämpfers; eingeleitet durch die programmatische Darstellung des Ritterheiligen St. Georg werden katalogartig alle Arten von Gefechten und Kampfspielen vorgeführt: Ringkämpfe, Einzel- und Gruppenkämpfe mit Lanzen, Schwertern und Armbrüsten, Reitergefechte. Das Turmgemach im Bergfried (3. Viertel des 14. Jahrhunderts) hingegen steht unter dem Thema Minne: eine Dame mit Hündchen, ein vom Minnepfeil getroffener Ritter, eine Abschiedsszene, Frau Minne selbst und Amor bilden einen Zyklus, dem möglicherweise ein (nicht gedeuterer) epischer Stoff zugrundeliegt. Mit Minne und Aventiure wird hier – auch ohne direkten Bezug auf Textvorlagen – in zwei Räumen eines ritterlichen Ansitzes ein literarisches Programm verwirklicht.

Das wohl eindrucksvollste Beispiel einer Gesamtausstattung mit Wandmalereien allgemein-höfischer und literarischer Themen ist Schloß Runkelstein in Südtirol.[46] Um 1400 wurden nahezu alle Räume dieses Ansitzes im Auftrag der Bozner Brüder Niklaus und Franz Vintler, die 1385 die Burg gekauft hatten, ausgemalt; zu Beginn des 16. Jahrhunderts hat Kaiser Maximilian I. die Fresken als neuer Besitzer renovieren lassen. Runkelstein ist von den Vintlers nicht ganzjährig bewohnt worden – wie es scheint, benutzten die neuen Besitzer den Ansitz zur Repräsentation ihrer sozialen Stellung, wobei die an den Wänden vorgezeigte Literatur zur Identitätsfindung einer aufgestiegenen, ihrer selbst bewußt gewordenen Gesellschaftsschicht diente.

Der zum älteren Baubestand gehörende Westpalas wurde gänzlich mit Bilderzyklen höfischer Freizeitbeschäftigungen ausgestattet: Im 2. Stock schließt sich an einen Raum mit Wappenfriesen Südtiroler Adelsgeschlechter ein Eckzimmer an, dessen Wände eine vor einer Landschaftskulisse lustwandelnde höfische Gesellschaft zeigen, die sich mit Gesprächen und Spielen – so auch dem auf Teppichen und Kästchen beliebten Quintaine-Spiel[47] – vergnügt. In der südlich folgenden, sog. »Badestube« treten von einer gemalten Bogengalerie aus modische Damen und Herren, Tiere, Fabelwesen und einige nackte oder mit schleierartigen Hemden bekleidete Gestalten mit den Benutzern des Raums in einen die Schranke zwischen Illusion und Wirklichkeit durchbrechenden Dialog. Die Wände des großen Saals im 3. Stock wurden – wie in Lichtenberg und Castel d'Avio – mit einem Katalog höfischer Vergnügungen bemalt: außer Jagden auf Hirsche, Eber, Bären, Gemsen, Steinböcke und Hasen und einem Fischfang sind höfische Damen und Herren beim Ballspiel und beim Reigentanz dargestellt. Die Lünette der Südwand bringt ein Turnier, dessen Teilnehmer durch die Wappen ihrer Kampfschilde als Herzog Leopold von Österreich, die Brüder Vintler, der Hauptmann an der Etsch Heinrich von Rottenbuch und andere Ritter zu identifizieren sind: die Benutzer des Raumes bringen sich selbst ins Rollenspiel ein. Ein Kolbenturnier ziert den Bogenausschnitt im anschließenden Südzimmer; die Wände zeigen hinter einer Estrade Damen und Herren in angeregtem Gespräch.

Gänzlich als »literarischer« Bau ist das erst von den Vintlers errichtete Sommerhaus[48] konzipiert: Die zum Hof hin offene Erdgeschoßhalle war in zwei Streifen mit 22 (weitgehend zerstörten) Terra-verde-Bildern nach Wirnts von Gravenberc ›Wigalois‹ ausgemalt.[49] Die beiden darüberliegenden Räume enthalten ebenfalls Bilderzyklen mittelhochdeutscher Epen: Gottfrieds ›Tristan‹ und des Pleier ›Garel von dem blühenden Tal‹.[50] Wie die ›Wigalois‹-Fresken begleiten auch die vierzehn (teilweise fragmentarischen) ›Tristan‹-Malereien die Handlungshöhepunkte des Texts ohne Redundanzen oder Weglassungen – ganz anders als die sonstigen zyklischen Zeugnisse des Stoffs. So wird etwa der Zweikampf mit Morolt nicht in die beiden Stationen Lanzen-

und Schwertkampf auseinandergefaltet, sondern lediglich die Tötung des Gegners dargestellt. Der Drachenkampf schrumpft zusammen auf das die weitere Handlung motivierende Ereignis: das Herausschneiden der Drachenzunge; im Hintergrund der Szene reitet der betrügerische Truchseß vorbei. Das Schlußbild der Feuerprobe kann als Legitimierung der illegitimen Minne-Ehe zwischen Tristan und Isolde gelten. Die 23 farbigen Gemälde im ›Garel‹-Zimmer unterscheiden sich von den Terra-verde-Malereien des ›Tristan‹ auch dadurch, daß die Szenen nicht – wie hier – in eine Landschaft integriert sind, sondern den Roman in gerahmte Stationenbilder zerlegen. Bezeichnend für die konservativen Identifikationsabsichten der Auftraggeber ist auch die Wahl der Vorlage: nicht des Stricker die arthurische Welt kritisierender ›Daniel‹ wurde abgebildet, sondern dessen »reaktionärer« Gegenentwurf mit seinem hochstilisiert-höfischen Helden. Diesem Konzept fügt sich auch Wigalois, der makellose Held ohne Krise, ein, und Tristan, der in Runkelstein als siegreicher Ritter und kluger Höfling erscheint.[51]

Die beiden Epenzimmer erreicht man über einen Balkon, dessen Wand mit einer »literarischen« Erweiterung der »Neun-Helden«-Reihe bemalt ist: Den klassischen Dreiergruppen der *Neuf Preux* sind aus der Literatur entliehene Triaden angeschlossen: die drei besten Artusritter Parzival, Gawan und Iwein, die drei exzeptionellsten Liebespaare Wilhelm von Österreich und Aglie, Tristan und Isolde, Wilhelm von Orlens und Amelie, die drei kühnsten Recken der Heldensage Dietrich von Bern, Siegfried und Dietleib, schließlich die drei stärksten Riesen, die drei schrecklichsten Riesenweiber und die drei besten Zwerge der heldenepischen Literatur.[52]

Schon diese Erweiterung der *Neuf-Preux*-Reihe wirft ein Licht auf den literarisierenden Aspekt, der hinter der Konzeption des Runkelsteiner Sommerhauses steht. Und die die drei Epen relativ gleichmäßig in Bilder umsetzenden Zyklen zeigen die veränderte Gebrauchssituation, die die Runkelsteiner Bildzeugnisse etwa von den Rodenecker Fresken oder den Wienhausener Teppichen unterscheidet: Der Stoffvorwurf dient nicht mehr als Vorrat für die Herauslösung repräsentativer Handlungsabschnitte, die dann ideologisierend genutzt werden. Jetzt wird im Bildzeugnis Literatur als Literatur historisierend-archivalisch rezipiert. Die Beschäftigung mit Literatur als einst adelig-höfischem Privileg durch Angehörige neuer Gesellschaftsschichten wie den Vintlers ist selbst Mittel zur Stilisierung der eigenen Identität geworden.

Die Bildzeugnisse literarischer Stoffe sind vom 12. bis ins 15. Jahrhundert zahlreichen Wandlungen unterworfen. Steht am Anfang, etwa in Conques, noch der lose, im Gebrauch erst hergestellte Zusammenhang zwischen Stoff und Bild, so markiert Runkelstein eine ziemlich genaue »Illustration« einer bestimmten Textfassung. Stets jedoch ist die Absicht der Auftraggeber und Benutzer eine nicht allein ästhetische: über die bloße Schmuckfunktion hinausreichende Qualitäten, ideologische Ansprüche und zur Identifikation aufrufende Appelle zeichnen alle Bildzeugnisse aus, sei es der kreuzzugspropagierende Aspekt der Karl-Roland-Darstellungen, sei es der Versuch, in der Ikonographie höfischer Stoffe Minne und Aventiure krisenlos zu harmonisieren. Erst die ganz späten Zeugnisse dienen nicht mehr der Selbstdeutung ritterlich-höfischer Existenz: In einer Serie Brüsseler Wirkteppiche des späten 16. Jahrhunderts agieren Tristan und Isolde gleichsam wie antike Helden;[53] nur wenig früher können Roland und Lancelot einem französischen Kartenspiel als Karo- und Treffbube dienen.[54]

ANMERKUNGEN

1 Zu sämtlichen Karl-Roland-Bildzeugnissen s. LEJEUNE/STIENNON; dort weitere Literatur.

2 Die Bildtypen sind u. a. auch auf dem Sarkophag der Doña Sancha in Jaca (Ende des 11. Jahrhunderts) und an der Fassade von San Giovanni in Borgo, Pavia (Mitte des 12. Jahrhunderts) überliefert, vgl. LEJEUNE/STIENNON, S. 26–29.

3 Auch ein Portalkapitell an San Salvador, Fruniz, Spanien (12. Jahrhundert), läßt diese Deutung zu.

4 LEJEUNE/STIENNON, S. 24.

5 LEJEUNE/STIENNON, S. 31–46, wollen alle drei Szenen als direkte Illustration des Oxforder ›Roland‹ (oder doch einer diesem nahestehenden Fassung) verstehen; differenzierter D. J. A. ROSS, The Iconography of Roland, in: Medium Aevum 37 (1968) 46–65.

6 O. DEMUS/M. HIRMER, Romanische Wandmalerei, München 1968, S. 122.

7 Die Deutung von I. SCHRÖBLER, Ikonographische Bemerkungen zur Komposition der Vorauer Bücher Mosis und zu den bildlichen Darstellungen der Rolandssage, in: ZfdA 100 (1971) 250–269, die in der zweiten Figur Guillaume sehen will, ist wohl kaum zutreffend: stets treten Roland und Olivier, nie aber Roland und Wilhelm gemeinsam als Paar auf. Vgl. auch das Straßburger Karlsfenster, um 1200, mit Roland und Olivier als Assistenzfiguren.

8 Die alternativ gestellte Frage, ob Niccoló die Szenen einer bestimmten Text-

fassung entnahm oder ob er sich auf mündliche Verbreitung des Stoffs stützte, vernachlässigt die eigenen Strukturgesetze des Mediums bildende Kunst.

9 Vielleicht liegt der Anstoß zur langen Tradition der Doppelkampfszene hier in der mythischen Unverletzlichkeit Ferraguts, die die zweite Kampfstation notwendig macht.

10 Lejeune/Stiennon, S. 82.

11 Wahrscheinlich sind auch die Kapitellskulpturen an der Chorwand der Catedral Vieja, Salamanca, um 1160–70, und aus dem Kreuzgang von Tarragona, 12. Jahrhundert, als Roland-Ferragut-Kampf zu deuten.

12 Der bildliche Kontext, in den die Rolandsszenen einbezogen sind, liefert häufig wichtige Deutungsanstöße: An der Fassade von Santa Maria della Strada in Matrice, Apulien, um 1148, stehen die Rolandsskulpturen (Hinterhalt in Roncesvalles, Roland zerschlägt sein Schwert, er bläst das Horn neben seinem zusammengebrochenen Pferd Veillantif) neben Szenen, die die Gefahren der Straße für den Reisenden und Pilger zeigen (aus dem ›Ottaviano‹, 13. Jahrhundert, den ›Mirabiliae urbis Romae‹ und dem ›Floovant‹, Ende 12. Jahrhundert).

13 Lejeune/Stiennon, S. 185.

14 Rolands Kindheit, die »Verschleierung« seiner inzestuösen Herkunft und Karls Lossprechung von seinen Sünden in der Ägidiusmesse werden u. a. programmatisch in den Wandmalereien von Le Loroux-Bottereau (um 1200), auf einem Kapitell in Luna, Spanien (12. Jahrhundert), und an der Fassade des Doms von Borgo San Donnino, Fidenza (um 1200). Vgl. Lejeune/Stiennon, S. 160–176.

15 Besonders auch deutsche volkssprachliche Handschriften, die gewöhnlich einen geringeren Ausstattungsanspruch vertreten, sind im Stoffbereich Karl-Roland von hohem Anspruchsniveau: das ›Rolandslied‹ zählt zu den frühesten deutschen Bilderhandschriften überhaupt (Heidelberg cpg 112, um 1180–90), Strickers ›Karl‹ ist mit Deckfarbenminiaturen auf Goldgrund illustriert (St. Gallen, Stadtbibl. Vadiana Cod. 302, Ende des 13. Jahrhunderts; Berlin mgf 632, 2. Viertel des 14. Jahrhunderts) – ein Indiz für den Repräsentationsanspruch des Stoffs.

16 Zu den ›Tristan‹-Bildzeugnissen vgl. Loomis, S. 42–69; Frühmorgen-Voss; N. H. Ott, ›Tristan‹ auf Runkelstein und die übrigen zyklischen Darstellungen des Tristanstoffes. Textrezeption oder medieninterne Eigengesetzlichkeit der Bildprogramme?, in: Haug u. a., S. 194–238; Ott, Katalog (dort auch Literatur zu den einzelnen Objekten).

17 Eine Ausnahme ist Runkelstein, vgl. unten S. 467ff.

18 Zu den Wienhausener Teppichen vgl. J. Ricklefs, Der Tristanroman der niedersächsischen und mitteldeutschen Tristanteppiche, in: Niederdeutsches Jahrbuch 86 (1963), 33–48; Fouquet, Wort und Bild.

19 Vgl. dazu Ott, Runkelstein [s. Anm. 16], bes. S. 212–228.

20 Zu den Bildzeugnissen der Baumgartenszene Fouquet, Baumgartenszene.

21 Die Übertragung von in christlicher Ikonographie entwickelten Bildtypen auf profane Zusammenhänge zeigen eindringlich die drei Szenen eines Weißstikkerei-Fragments in Lüneburg, Museumsverein, Anfang des 14. Jahrhunderts: die Baumgartenszene ist aus dem Sündenfall-Bildtyp abgeleitet, Tristan im

Bad aus Taufbildern, eine Fahrt über Meer aus Christus auf dem See Genezareth.

22 Baltimore, Walters Art Gallery; Birmingham, Barber Institute; Florenz, Bargello; Krakau, Domschatzkammer; London, British Museum; London, Victoria and Albert Museum; New York, Metropolitan Museum. Zum gerittenen Aristoteles vgl. W. STAMMLER, Der Philosoph als Liebhaber, in: STAMMLER, S. 12–44.

23 Zu den ›Iwein‹-Bildzeugnissen vgl. LOOMIS S. 77–79; SCHUPP; H. SZKLENAR, Iwein-Fresken auf Schloß Rodeneck in Südtirol, in: Bibliographical Bulletin of the Internat. Arthurian Society 27 (1975) 172–180; V. MERTENS, Laudine. Soziale Problematik im ›Iwein‹ des Hartmann von Aue (Beihefte zur ZfdPh 3), Berlin 1978, S. 81–89; OTT/WALLICZEK.

24 Vgl. LOOMIS S. 72f.; KURTH, I S. 246; III Taf. 170; OTT, Minne-Aventiure.

25 Vgl. W. BURMEISTER, Gotische Wandmalereien in einem Lübecker Bürgerhause, in: Zeitschrift des Vereins für Lübeckische Geschichte und Altertumskunde 26 (1932) 113–128; LOOMIS S. 75f.

26 Vgl. SCHUETTE, II, S. 8–10 und Taf. 3f.; OTT, Minne-Aventiure.

27 Ein Teppich des ›Chevalier de cygne‹, französisch, 15. Jahrhundert (Fragmente in Krakau, Katharinenkirche, und Wien, Museum für Kunst und Gewerbe) beschränkt sich auf die Darstellung der Jugendgeschichte.

28 Vgl. W. STAMMLER, Rudolf von Ems: 1. Die Bergener Decke – 2. Der Sigmaringer Teppich, in: STAMMLER, S. 71–73.

29 Alexanders Himmelfahrt hat grundlegend SETTIS-FRUGONI bearbeitet.

30 Ein aus Kloster Adelshausen stammender Teppich (Freiburg, Augustinermuseum), frühes 14. Jahrhundert, stellt Alexander als Gefangenen der Königin Kandace neben Samsons Löwenkampf und den gerittenen Aristoteles als weiteres Beispiel der Weibermacht.

31 Vgl. zu den Dietrich-Zeugnissen W. STAMMLER, Theoderich der Große (Dietrich von Bern) und die Kunst, in: STAMMLER, S. 45–70.

32 Obgleich vereinzelt Einwände gegen die Deutung der Szene als Dietrichs Höllenritt vorgebracht wurden (H. SZKLENAR, Die Jagdszene von Hocheppan – ein Zeugnis der Dietrichsage?, in: Deutsche Heldenepik in Tirol. Beiträge der Neustifter Tagung 1977, hg. von E. KÜHEBACHER [Schriftenreihe des Südtiroler Kulturinstitutes 7], Bozen 1979, S. 407–465), scheint das Publikum die Szene doch so rezipiert zu haben.

33 R. S. LOOMIS, The Modena Sculpture and Arthurian Romance, in: Studi Medievali N. S. 9 (1936) 1–17; J. STIENNON/R. LEJEUNE, La légende arthurienne dans la sculpture de la cathédrale de Modène, in: Cahiers de la Civilisation médiévale 6 (1963) 281–296.

34 Vgl. W. HAUG, Das Mosaik von Otranto. Darstellung, Deutung und Bilddokumentation, Wiesbaden 1977.

35 Unsicher ist die Deutung der Skulpturen an der Torre Ghirlandina in Modena als Artus und Ginover. Vgl. STIENNON/LEJEUNE [s. Anm. 33].

36 Ähnliches geschieht bei Heinrich von München, der in seine Weltchronik-Kompilation zwar Teile aus Antikenroman, Chanson de geste und germanischem Heldenepos inseriert, nie aber Passagen aus dem Artusroman.

37 R. KAUTZSCH, Die Heracliusbilder zu Frau-Rombach in Oberhessen, in: Fest-

schrift Schneider, Freiburg 1906, S. 509–530; ders., Ein Beitrag zur Geschichte der deutschen Malerei in der ersten Hälfte des XIV. Jahrhunderts, in: Festschrift Schmarsow, Leipzig 1907, S. 73–94. – Die Chorgemälde in Wiesendangen, Kanton Zürich, Ende 15. Jh., folgen der lateinischen Quelle.

38 WEINGARTNER, Profane Wandmalerei, S. 35–45; A. MORASSI, Un nuovo ciclo di pittura profane nel Trentino, in: Bollettino d'Arte del ministero della pubblica istruzione 10 (1926) 449–467; B. KURTH, Typoskript in der Bibliothek des Warburg-Instituts London.

39 KURTH, I, S. 241, II Taf. 151.

40 KURTH, I, S. 239–241, II Taf. 142–149. Eine ebenfalls elsässische Replik in Paris, Louvre, s. KURTH, I, S. 241, II, Taf. 150.

41 SCHUETTE II, S. 20f. u. Taf. 3.

42 KURTH I S. 244f., II, Taf. 165; W. STAMMLER, Herzog Ernst und Heinrich der Löwe, in: STAMMLER, S. 77–81.

43 B. KURTH, Ein Freskenzyklus im Adlerturm zu Trient, in: Jahrbuch des kunsthistorischen Institutes der k. k. Zentralkommission für Denkmalpflege 5 (1911) 9–104.

44 J. VON SCHLOSSER, Die Wandgemälde aus Schloß Lichtenberg in Tirol, Wien 1916. Die Deutung einiger Kampfszenen als Kämpfe Dietrichs mit Laurin und Dietleib, die STAMMLER [s. Anm. 31], S. 60, vornimmt, scheint etwas gewagt.

45 G. FOGOLARI, Gli affreschi del Castello di Sabbionara di Avio, in: Tridentum 10 (1907) 49–63; A. MORASSI, Una »camera d'amore« nel Castello di Avio, in: Festschrift Schlosser, Zürich/Leipzig/Wien 1927, S. 99–103; WEINGARTNER, Profane Wandmalerei, S. 2–7, 13–22.

46 S. jetzt O. TRAPP, Tiroler Burgenbuch, V, Sarntal, Bozen/Innsbruck/Wien 1981, S. 109–176.

47 So z. B. ein deutsches Minnekästchen, Ende des 14. Jahrhunderts, im Metropolitan Museum New York; ein oberrheinischer Teppich, um 1400, in Nürnberg, Germanisches Nationalmuseum.

48 Zum Gesamtprogramm des Sommerhauses s. W. HAUG, Das Bildprogramm im Sommerhaus von Runkelstein, in: HAUG u. a., S. 15–62.

49 D. HUSCHENBETT, Beschreibung der Bilder des ›Wigalois‹-Zyklus, in: HAUG u. a., S. 170–177; Abb. der Nachzeichnungen S. 178–193.

50 D. HUSCHENBETT, Des Pleiers ›Garel‹ und sein Bildzyklus auf Runkelstein, in: HAUG u. a., S. 100–128; zum ›Tristan‹ s. OTT [s. Anm. 16]. Abb. der Nachzeichnungen S. 142–169, S. 242–247.

51 Vgl. dazu HAUG [s. Anm. 48], bes. S. 52f.

52 Die Identifizierung der Riesen und Zwerge ist z. T. problematisch; vgl. J. HEINZLE, Die Triaden auf Runkelstein und die mittelhochdeutsche Heldendichtung, in: HAUG u. a., S. 63–93; Nachzeichnungen S. 94–99.

53 Brüssel, Musée Communal und Ministère des Affaires Etrangères; Literatur s. OTT, Katalog, Nr. 28–34.

54 LEJEUNE/STIENNON, S. 426.

BIBLIOGRAPHIE

Forschungsliteratur

DORIS FOUQUET, Wort und Bild in der mittelalterlichen Tristantradition. Der älteste Tristanteppich von Kloster Wienhausen und die textile Tristanüberlieferung des Mittelalters (Philologische Studien und Quellen 62), Berlin 1971. – DORIS FOUQUET, Die Baumgartenszene des Tristan in der mittelalterlichen Kunst und Literatur, in: ZfdPh 92 (1973) 360–370. – HELLA FRÜHMORGEN-VOSS, Tristan und Isolde in mittelalterlichen Bildzeugnissen, in: H. F.-V., Text und Illustration. Aufsätze zu den Wechselbeziehungen zwischen Literatur und bildender Kunst, hg. und eingeleitet von N. H. OTT (MTU 50), München 1975, S. 119–139. – W. HAUG / J. HEINZLE / D. HUSCHENBETT / N. H. OTT, Runkelstein. Die Wandmalereien des Sommerhauses, Wiesbaden 1982. – R. KOECHLIN, Les ivoires gothiques français. 2 Bde. u. 1 Tafelbd., Paris 1924, Nachdr. Paris 1968. – B. KURTH, Die deutschen Bildteppiche des Mittelalters, 3 Bde., Wien 1926. – RITA LEJEUNE/J. STIENNON, Die Rolandssage in der mittelalterlichen Kunst, 2 Bde., Brüssel 1966. – R. S. LOOMIS/ LAURA HIBBARD LOOMIS, Arthurian Legends in Medieval Art (The Modern Language Association of America, Monograph Series 9), London/New York 1938. – R. VAN MARLE, Iconographie de l'Art profane au Moyen Age et à la Renaissance, 2 Bde., Paris 1931/32. – N. H. OTT, Katalog der Tristan-Bildzeugnisse, in: HELLA FRÜHMORGEN-VOSS, Text und Illustration. Aufsätze zu den Wechselbeziehungen zwischen Literatur und bildender Kunst, hg. u. eingeleitet von N. H. OTT (MTU 50), München 1975, S. 140–171. – N. H. OTT, Geglückte Minne-Aventiure. Zur Szenenauswahl literarischer Bildzeugnisse im Mittelalter, in: Jahrbuch der Oswald-von-Wolkenstein-Gesellschaft 2 (1982/83) 1–32. – N. H. OTT / W. WALLICZEK, Bildprogramm und Textstruktur. Anmerkungen zu den ›Iwein‹-Zyklen auf Rodeneck und in Schmalkalden, in: Deutsche Literatur im Mittelalter. Kontakte und Perspektiven. Hugo Kuhn zum Gedenken, hg. von CH. CORMEAU, Stuttgart 1979, S. 473–500. – M. SCHUETTE, Gestickte Bildteppiche und Decken des Mittelalters, 2 Bde., Leipzig 1927/30. – V. SCHUPP, Kritische Anmerkungen zur Rezeption des deutschen Artusromans anhand von Hartmanns ›Iwein‹. Text – Theorie – Bildmaterial, in: Frühmittelalterliche Studien 9 (1975) 405–442. – C. SETTIS-FRUGONI, Historia Alexandri magni elevati per griphos ad aerem. Origine, iconografia e fortuna di un tema (Istituto storico italiano per il Medio Evo, Studi storici 80–82), Roma 1973. – W. STAMMLER, Wort und Bild. Studien zu den Wechselbeziehungen zwischen Schrifttum und Bildkunst im Mittelalter, Berlin 1962. – J. WEINGARTNER, Die Wandmalerei Deutschtirols am Ausgange des XIV. und zu Beginn des XV. Jahrhunderts, in: Jahrbuch des kunsthistorischen Institutes der k. k. Zentralkommission für Denkmalpflege VI (1912) 1–60. – J. WEINGARTNER, Die profane Wandmalerei Tirols im Mittelalter, Münchner Jahrbuch der bildenden Kunst NF 5 (1928) 1–63.

GESCHICHTE DER INTERPRETATION

von

URSULA PETERS

Li conte de Bretaigne s'il sont vain et plaisant,
Et cil de Romme sage et de sens aprendant,
Cil de France sont voir chascun jour aparant.[1]

»Die Erzählungen der Bretagne sind nichtig und unterhaltsam,
Die von Rom lehrreich und voller Sinn,
Die von Frankreich sind wahr, wie es jeden Tag offenkundig wird.«

Der Arraser Autor Jean Bodel, der im Prolog zu seiner *Chanson de geste* ›Sachsenkrieg‹ (›Chanson de Saisnes‹, letztes Drittel des 12. Jahrhunderts) die möglichen epischen Stoffe Revue passieren läßt, bezeugt ein ausgeprägtes Gattungsbewußtsein im Bereich der Großepik: tatsächlich konkurrieren um die Wende des 12. Jahrhunderts in Frankreich wie in Deutschland nationale Heldenepik, antikisierende Romane und Artusdichtung um die Gunst des Publikums. Zugleich hat dieser kunstbewußte Autor mit seiner qualifizierenden Unterscheidung der einzelnen literarischen Typen als wahrhaft, lehrhaft und lügenhaft, aber ergötzlich, einen poetologischen Diskussionsrahmen abgesteckt, in dem sich auch die Forschung des 19. und 20. Jahrhunderts bewegen wird. Denn auch die wissenschaftliche Auseinandersetzung mit der mittelalterlichen Großepik hat sich sehr bald auf die Themen objektive Totalität, subjektive Sinngebung und literarische Fiktion konzentriert und damit auf die Opposition heroische Epik – höfischer Ritterroman, die die weitere Differenzierung in antikisierender Roman und Artusepik überdeckte. Dieses Neben- und Gegeneinander von Heldenepik und höfischem Roman wird auch den folgenden Überblick über die Geschichte der Interpretation bestimmen, weil sich an der Auseinandersetzung mit diesen beiden zentralen literarischen Formen mittelalterlicher Großepik die thematischen Schwerpunkte und wechselnden Interessen der wissenschaftlichen Diskussion geradezu paradigmatisch verfolgen lassen.

Die von Jean Bodel programmatisch formulierte Trennung von Heldenepik und Ritterroman gilt allerdings nur für die sog. Blütezeit. Bereits im ausgehenden Mittelalter war sie nicht mehr präsent. Schon die großangelegten Kompilationen des Spätmittelalters verarbeiten die verschiedensten Episoden der Karls-, Wilhelms- und Artusepik, ohne sich um die unterschiedliche Herkunft der Stoffe zu kümmern. Es ist deshalb nur konsequent, wenn auch im 17. und 18. Jahrhundert – in der ›vorwissenschaftlichen‹ Phase der Rezeption mittelalterlicher Erzähldichtung – nicht zwischen dem Heldenepos und dem höfischen Roman unterschieden wurde, sondern die Ritterdichtung als Ganzes im Zentrum eines eher kulturhistorischen Interesses stand. Denn sie galt – zumindest in Frankreich[2] – als wertvolles Dokument für die materielle Kultur, Lebensformen und Verhaltensnormen der verschiedensten sozialen Gruppen im Mittelalter. Dieses dezidiert historische Interesse, das eine allmähliche Differenzierung des etablierten negativen Mittelalter-Bildes und damit auch eine Abkehr von dem gängigen Desinteresse an der Literatur dieser Zeit ermöglichte, führte schließlich Ende des 18. Jahrhunderts zu einem so voluminösen Werk wie La Curne de Sainte-Palayes ›Mémoires sur l'ancienne chevalerie‹, das sehr eindrücklich den Quellenwert der Ritterdichtung für den Historiker vor Augen führt.

Die Unterscheidung zwischen Heldenepos und höfischem Roman wurde erst Ende des 18. Jahrhunderts wieder entdeckt, vornehmlich in Deutschland, als in Verbindung mit J. G. Herders Überlegungen zum Wesen sog. Volkskunst eine intensive Diskussion über den Gegensatz von Volks- bzw. Naturpoesie und Kunstpoesie einsetzte. Heldenepik und höfischer Roman werden nun auf das etablierte Gegensatzpaar Volks- und Kunstpoesie bezogen. Diese Verteilung führte freilich zu einer deutlichen Bevorzugung des Heldenepos. Zwar betont etwa Wilhelm Grimm ausdrücklich: »Kunstpoesie, d. h. die mit Bewußtseyn und Absicht gedichtete, ist in ihrer Idee eben so vortrefflich, als Natur- oder Nationalpoesie«[3]. Dennoch war mit der Einschätzung des Ritterromans als Kunstpoesie eine implizite Wertung verbunden, die dem höfischen Roman – wie auch dem Minnesang – als Nachfolger der Nationalpoesie, die nicht mehr im Volk lebendig lebte, das Interesse weitgehend entzog. Diese Dichtung einer geschlossenen Gesellschaft, die im 12. Jahrhundert im Umkreis der Fürstenhöfe blühte, schien auch der wissenschaftlichen Erforschung nur wenig Probleme zu stellen. Ganz im

Gegensatz zu den Heldenepen, deren historische Grundlagen, Entstehung und Tradierung weitgehend im Dunkeln liegen, die die verschiedensten Vermutungen über die wechselvolle Geschichte der Volkspoesie erlaubten und zu einem bedeutenden Argument in der Auseinandersetzung um das Wesen von Volks- bzw. Nationalpoesie werden konnten. Diese Rolle hat in einem geradezu überwältigenden Ausmaß das ›Nibelungenlied‹ übernommen, in Frankreich in abgeschwächter Form die ›Chanson de Roland‹. Sie können deshalb als »Fallbeispiele« einer Forschungsgeschichte der Heldenepik gelten.

II

Die Rezeption des ›Nibelungenlieds‹, das nach frühen Versuchen einer Popularisierung erst um 1800 auf ein größeres Interesse stößt, stand zunächst ganz im Zeichen der Homerforschung, vor allem F. A. Wolfs Schrift ›Prolegomena ad Homerum‹, die nach ihrem Erscheinen im Jahre 1795 großes Aufsehen erregt hatte. Wolf geht hier von Einzelliedern als den mündlichen Vorstufen der homerischen Epen aus, die in schriftloser Zeit von Rhapsoden vorgetragen worden und erst später von Ordnern, sog. Diaskeuasten, zu den uns erhaltenen Epen zusammengestellt worden seien. Wolfs Thesen zur Entstehung von ›Ilias‹ und ›Odyssee‹ wurden bereitwillig auf das ›Nibelungenlied‹ übertragen, denn seine Überlegungen zur mündlichen Tradierung und schriftlichen Fixierung heldenepischer Stoffe kamen jener weitverbreiteten Überzeugung entgegen, daß die Heldenepik des 12. und 13. Jahrhunderts fast unversehrt die alte Kraft früher Volkspoesie bewahrt habe. Am konsequentesten und radikalsten hat Karl Lachmann dieses Konzept in eine kritische ›Nibelungenlied‹-Analyse umgesetzt, als er im Jahre 1816 in seinem folgenreichen Vortrag ›Über die ursprüngliche Gestalt des Gedichts von der Nibelungen Noth‹[4] die allmähliche Entstehung des ›Nibelungenlieds‹ als eine Abfolge von Einzelliedern, Sammlungen von Ordnern, Bearbeitungen von Kritikern vorführte. Diese sog. Liedertheorie wurde in der zweiten Hälfte des 19. Jahrhunderts zu einem Gegenstand erbitterter Auseinandersetzungen. Die Diskussion konzentrierte sich fast ausschließlich auf die sog. Handschriftenfrage, konkret auf Lachmanns Bevorzugung der Hohenems-Münchner Handschrift A, deren wenig geglätteter Text seinen Vorstellungen von der Entstehung des ›Nibelungenlieds‹ entgegengekommen sein mochte. Diese als Lachmann-Kritik initiierte Auseinandersetzung um die Überlieferung des ›Nibelungenlieds‹ fand schließlich im Jahre 1900 ihren abrupten Abschluß in Wilhelm Braunes Stemma (Handschriften-›Stammbaum‹), das der Handschrift B die Priorität zusprach und – mit wenigen Ausnahmen – zunächst allgemein akzeptiert wurde. Damit war ein bedeutendes Kapitel der Forschungsgeschichte zur Heldenepik abgeschlossen: eine Phase intensivster Bemühungen um die Erforschung vergangener mündlicher Erzählformen, ihrer Entstehung im Kontext von Geschichte, Sage und Mythos, ihrer oralen Tradierung und Verschriftlichung im Mittelalter. Dieses epentheoretische Interesse fand im ›Nibelungenlied‹ einen besonders irritierenden Text und in Lachmanns Liedertheorie einen ausgesprochen fruchtbaren wissenschaftlichen »Irrtum«, der eindringliche Diskussionen und Handschriftenuntersuchungen provozierte.

Ein neuer Anstoß erfolgte durch Andreas Heuslers stoffgeschichtlich orientierte Arbeiten zur Heldendichtung, speziell zum ›Nibelungenlied‹[5], die Lachmanns Sammeltheorie eine Entstehung des Großepos durch »Anschwellung« entgegensetzten. Heusler geht von dem grundlegenden Unterschied zwischen mündlichen Liedern und schriftlicher Großepik aus, verfolgt den qualitativen stilistischen Sprung vom Lied zum Epos, das durch umfassende szenische Erweiterungen des alten Liedes entstehe, und rekonstruiert schließlich – durch einen systematischen Vergleich des erhaltenen Texts mit nordischen Fassungen – die literarische Vorgeschichte des ›Nibelungenlieds‹. Das Ergebnis dieser vergleichenden Untersuchungen ist ein in seiner Klarheit und Einfachheit bestechender stoffgeschichtlicher Stammbaum. Grundlage dieser Konzeption von einigen wenigen und eindeutig fixierbaren Vorstufen des überlieferten Texts ist Heuslers Überzeugung von der dezidiert literarischen, an Dichterpersönlichkeiten gebundenen Tradierung des Stoffes – eine für die nachfolgende Forschung faszinierende Überzeugung, die in dem programmatischen Satz »was man herkömmlicherweise ›Heldensage‹ nennt, ist Heldendichtung«[6] gipfelte. Diese Konzeption entsprach in besonderer Weise den Interessen einer literarhistorischen Forschung zu Beginn des 20. Jahrhunderts, die zunehmend im engeren Sinn literarhistorische Argumentationsmuster bevorzugte. In dieser Situation wurde Heuslers Entstehungsmodell des ›Nibelungenlieds‹ – ähnlich wie Braunes Handschriftenuntersuchungen – als ein befreiender Abschluß fruchtloser Diskussionen über die mythischen Grundlagen und die volkstümliche Überlieferung des ›Nibelungenlied‹-Stoffes empfunden.

Parallel zu diesem stoffgeschichtlichen Interesse, das sich zunehmend in konkreten Quellenuntersuchungen äußerte, setzte in den zwanziger Jahren dieses Jahrhunderts eine ausdrücklich auf das Verständnis des erhaltenen Textes ausgerichtete Forschungsrichtung ein, die Heuslers literarhistorische Akzentuierung des Nibelungenproblems radikalisierte, weitgehend auf die Vorstufen-Argumentation verzichtete und das ›Nibelungenlied‹ als einen literarischen Text des ritterlich-höfischen Zeitalters in das Zentrum der Diskussion rückte.[7] Die Phase der ›Nibelungenlied‹-Interpretation war angebrochen. Fixpunkt dieser Untersuchungen ist die Persönlichkeit des ›Nibelungenlied‹-Dichters, der in einer überlegen-kalkulierten Aufbautechnik den alten Stoff seinen Intentionen angepaßt habe und eine durchgehende und klare Konzeption erkennen lasse. Eine entscheidende Voraussetzung dieser Überlegungen ist allerdings die ›Einheit‹ des ›Nibelungenlieds‹, die in zahlreichen Arbeiten zu den evidenten Inkonsistenzen des Texts diskutiert wird. Gerade diese strukturanalytischen Versuche einer Integration dieser Inkonsistenzen verweisen jedoch auf ein grundsätzliches Problem jeder ›Nibelungenlied‹-Interpretation: die Frage nach der Interpretierbarkeit dieses Texts, dem möglicherweise gerade jene durchgehende Problematisierung des Stoffes fehlt, wie sie für den höfischen Roman bestimmend ist. Dieses Bewußtsein der Interpretations-Problematik zeichnet sich jedenfalls in neueren Arbeiten ab, die gerade die Widersprüche und Sprünge des ›Nibelungenlieds‹ herausstellen und dabei seinen Sonderstatus als Text auf der Grenze von Mündlichkeit und Schriftlichkeit betonen. Dies bedeutet zugleich eine Art Revision der ›Nibelungenlied‹-Interpretation der letzten fünfzig Jahre und eine Rückkehr zu Fragestellungen und Diskussionen des 19. Jahrhunderts.

Dieser, freilich meist unbewußte, Rückgang auf Problemstellungen, Vorstellungen und Argumentationsmuster der frühen ›Nibelungenlied‹-Rezeption ist auch in anderen Bereichen der ›Nibelungenlied‹-Forschung zu beobachten. Brackert[8] bezeichnet etwa mit seinem grundsätzlichen Zweifel an der Anwendbarkeit der stemmatologischen Methode auf die spezifische Überlieferungssituation des ›Nibelungenlieds‹ den Beginn neuerlicher Bemühungen um die »richtige« Deutung des handschriftlichen Befunds. Auch Heuslers stoffgeschichtlicher Stammbaum des

›Nibelungenlieds‹ wird heute nicht nur im einzelnen, sondern grundsätzlich problematisiert: durch die romanistische, vor allem aber die slavistische Epenforschung[9], die historisch konkrete Einblicke in das komplizierte Verhältnis von Heldensage, Geschichte und Heldendichtung erlaubt und ein neues Verständnis von Heldensage profiliert. Einen vorläufigen Höhepunkt in der Problematisierung gängiger Thesen zur Heldenepik, speziell zum ›Nibelungenlied‹, bedeutet die Rezeption der sog. Oral-Poetry-Theorie, einer in den dreißiger Jahren von dem Homer-Forscher Milman Parry initiierten, von seinem Schüler Albert B. Lord[10] programmatisch fixierten und in den USA längst etablierten Forschungsrichtung, die auf der Basis von Feldstudien in Jugoslavien die wichtigsten Merkmale zur grundsätzlichen Unterscheidung mündlich komponierter Dichtung und schriftlicher Werke herausgearbeitet hat. Entscheidende Kennzeichen mündlicher Dichtung seien der häufige Einsatz fester Formeln bzw. formelhafter Wendungen, typische Szenenabläufe und das Fehlen von Enjambement – alles Techniken des Erzählens, die sich der mündlichen Improvisationskunst analphabetischer Sänger verdanken. Mit der Übertragung dieser Kriterien mündlichen Dichtens auf vergangene Dichtungsformen, die zwar ausschließlich schriftlich überliefert sind, jedoch mündliche Vorstufen, ja sogar eine mündliche Entstehung vermuten ließen, ist die Forschungsdiskussion wieder bei den alten Auseinandersetzungen um die verschlungene Vorgeschichte und komplizierte Entstehung mittelalterlicher Heldenepen angelangt. Kernpunkt der mediävistischen Variante der Oral-Poetry-Theorie war die Parrysche Formel als Indikator mündlicher Entstehung. Die Ergebnisse der – im Falle des ›Nibelungenlieds‹ seit 1967 vorgelegten[11] – Formeluntersuchungen sind allerdings nicht sehr ermutigend. Die Antworten bewegen sich zwischen den Extremen: Aufzeichnung eines mündlichen Vortrags bzw. Diktat eines mündlichen Dichters – rein schriftliche Entstehung; und sie pendeln sich schließlich auf Zwischenlösungen ein, die mit mehreren Möglichkeiten von Übergangstexten rechnen. Schon diese Abstufungen in der Mündlichkeits-Zuweisung, eine Folge sehr unterschiedlicher Ergebnisse hinsichtlich der Formeldichte, verweisen auf ein zentrales Problem germanistischer Oral-Poetry-Adaptationen: die fehlende Präzision der Formelanalyse, die gerade auf das für die Mündlichkeitsfrage entscheidende Argument, die homerspezifische, metrisch gebundene *Epitheton-ornans*-Formel, verzichten muß. Insofern ist es nur konsequent, daß die mediävistische Kritik vornehmlich an dem Formelbegriff einsetzt und zunehmend weniger den anfänglichen Optimismus teilt, durch ein quantifizierendes Verfahren die Nähe mittelalterlicher Heldenepen zur Mündlichkeit zu bestimmen.

Trotz aller berechtigten kritischen Distanz gegenüber den geradezu naiven Methoden und den Gegebenheiten mittelalterlicher Dichtung wenig entsprechenden Ergebnissen der Oral-Poetry-Theorie sollte jedoch nicht übersehen werden, daß sie durch ihr Insistieren auf dem Faktor der Mündlichkeit im Entstehungsprozeß der Heldendichtung den Blick der Forschung erneut auf den Sonderstatus dieses literarischen Typus gerichtet hat, der sich freilich nicht nur in einem stereotyp-wiederholenden Sprachduktus manifestiert, sondern auch in einer spezifischen Offenheit der Überlieferung und einem im Vergleich zum höfischen Roman merkwürdig reduzierten Sinnpotential. Auf diese Aspekte konzentrieren sich jedenfalls die neuesten Arbeiten zur Heldendichtung, die ebenfalls eine Standortbestimmung, vor allem des ›Nibelungenlieds‹, hinsichtlich der Opposition Mündlichkeit – Schriftlichkeit anvisieren, dabei jedoch weniger an einer eindeutigen Antwort als an einer Präsentation des komplizierten Beziehungsgeflechts von mündlicher und schriftlicher Kultur im Mittelalter interessiert sind.

Die Forschungsgeschichte zu der französischen Variante mittelalterlicher Heldenepik, den *Chansons de geste*, verlief im wesentlichen nach demselben Muster einer Abfolge »traditionalistischer« und »individualistischer« Richtungen.[12] Denn auch hier wechseln Phasen eines vordringlichen Interesses der sog. Traditionalisten bzw. Neo-Traditionalisten für die mündliche Vorgeschichte und Tradierung der erhaltenen Texte mit Zeiten der Interpretation der *Chansons de geste* als Werken des 12. Jahrhunderts, die auf aktuelle Probleme ihrer Gegenwart reagieren und nur von daher zu verstehen sind. Schon diese in der romanistischen Forschung übliche terminologische Unterscheidung von Traditionalisten und Individualisten verweist auf eine für die *Chanson-de-geste*-Forschung charakteristische Ausbildung fester Forschungsrichtungen, ja sogar »Schulen«, die eine zweispurige Kontinuität des Fragens garantiert – ganz im Unterschied zu der neueren germanistischen Diskussion, die oft ohne explizite Anknüpfung an ältere Positionen und dadurch eher diskontinuierlich geführt wird.

Die romanistische Heldenliedforschung setzte in den dreißiger Jahren des 19. Jahrhunderts mit einer Übertragung der romantisch-germanistischen Epentheorie auf die französischen Verhältnisse ein: die *Chansons de geste* werden auf karolingische Volkslieder, die sog. Kantilenen, zurückgeführt, die von berufsmäßigen Spielleuten verbreitet und im 11. Jahrhundert entweder zu den erhaltenen Großepen zusammengefügt oder zu den entsprechenden Texten frei verarbeitet worden seien. Diese von Claude Fauriel[13] programmatisch vorgetragene, von Gaston Paris[14] produktiv weitergeführte Kantilenen-Theorie bestimmte die Forschungsszene des 19. Jahrhunderts und gewinnt auch in der neuesten Diskussion wieder an Boden, allerdings in veränderter Form: Ausgangspunkt der Beweisführung ist hier die kastilische Epik, die auf epische Kurzformen, die sog. Romanzen, zurückgeht und die deshalb in der von Menéndez Pidal dominierten Gruppe der Neo-Traditionalisten als Paradigma einer auf mündlichen liedhaften Vorstufen basierenden schriftlichen Großepik gilt.

Zunächst erfolgte jedoch – wie in der Germanistik – zu Beginn des 20. Jahrhunderts der Gegenschlag gegen die romantische Konzeption einer Jahrhunderte überdauernden volksliedhaften Tradierung heldenepischer Stoffe: Philipp August Becker[15] und Joseph Bédier setzten bei Dichterpersönlichkeiten des 11. /12. Jahrhunderts ein, die aus punktuellen historischen bzw. pseudohistorischen Informationen die Geschichten um Karls Sarazenenkämpfe, das Freundespaar Roland-Olivier und die Heidenkämpfe des Grafen Wilhelm von Toulouse konzipiert und mit diesen Texten eine den literarischen Erwartungen ihres Publikums adäquate künstlerische Leistung vollbracht hätten. Joseph Bédier geht sogar in seinem kritischen Impetus weit über das in der Germanistik etwa zu gleicher Zeit einsetzende antiromantische Verständnis der Heldendichtung hinaus: Während etwa Andreas Heusler sehr wohl an der stofflichen und literarischen Vorgeschichte der erhaltenen Epen interessiert ist, konzentriert er seine Überlegungen auf die Texte des 11. und 12. Jahrhunderts, die auf der Basis eines sehr spärlichen historischen Materials in einem Guß von profilierten Jongleurs verfaßt worden seien. Der auf eine Vielzahl von Sängern zurückgehenden jahrhundertelangen Stofftradierung stellt Bédier programmatisch den schöpferischen Augenblick eines begabten Dichters entgegen, der das zentrale Thema des Texts »erfunden« habe.

Die Problematik dieser extrem »individualistischen« Entstehungstheorie ist jedoch offensichtlich, sobald sich – wie etwa im Falle der ›Chanson de Roland‹ – evidente Indizien für die Existenz der *Chanson de geste*-Stoffe bereits für das frühe 11. Jahrhundert finden. Denn hier gibt es Belege für die frühe Kenntnis und Verbreitung eines Rolandsstoffes, der bereits die für die ›Chanson‹ charakteristische thematische Ausprägung gehabt haben muß. Diese »Entdeckungen« der Neo-Traditionalisten hatten ein deutliches Revirement der Forschung zur Folge: der Schwerpunkt des Interesses liegt jetzt wieder weniger auf der neuartigen literarischen Konzeption der *Chansons*-Dichter als auf der Tradition eines Stoffes, der im 11. Jahrhundert – wohl im Zuge der entstehenden Pilger- und Kreuzzugsbewegungen – neu aktiviert und zu den erhaltenen *Chansons de geste* umgearbeitet worden ist.

Nicht nur im Bereich der Stoffgeschichte hat dieser neotraditionalistische Zugang zur romanischen Heldenepik einen neuen Aufschwung erfahren. Verstärkt wurde diese Position auch durch eine überzeugende romanistische Variante der Oral-Poetry-Theorie, durch Jean Rychners überlieferungsgeschichtlich und stilanalytisch orientierte Arbeit zu den erhaltenen Epentexten, deren mündliche Vortragsform und Verbreitung bis in Einzelheiten für die spezifische literarische Technik des variablen Aufbaus, der Strophenwiederholungen und formelhaften Wendungen verantwortlich seien. Mit dieser Suche nach den Spuren einer mündlichen Tradition in den *Chansons de geste* verlagert sich allerdings zugleich die Diskussion von der Epenentstehung auf die Frage nach dem Status der Heldenepen des 12. Jahrhunderts im Kontext der anderen epischen Formen – eine synchrone Akzentuierung der Forschung, die in den letzten Jahren unter den verschiedensten methodischen Prämissen erprobt wurde: Gattungstheoretische Interessen führten in vergleichenden Strukturanalysen von höfischen Romanen und *Chansons de geste* zu einem vielschichtigen synchronen System von Gattungsfunktionen;[16] historisch-soziologische Untersuchungen konzentrierten sich auf die Kreuzzugs- und Vasallitätsthematik der Texte[17] und strukturalistische Interpretationsversuche fixierten die Gattungsevolution der *Chansons de geste* zu einem statisch-synchronen System, in dem sich die einzelnen Texte – im Sinne der Analogie wie des Kontrasts – gegenseitig erhellen.[18]

Bereits diese Vielzahl interpretatorischer Zugriffe verweist auf eine unterschiedliche Ausrichtung der germanistischen und romanistischen Forschung: während sich die deutschen Texte übergreifenden Deutungsversuchen weitgehend entziehen, zumindest keine überzeugenden Gesamtinterpretationen provozieren, bietet das Spektrum der romanischen Heldenepik den literaturwissenschaftlichen Bemühungen die vielfältigsten Möglichkeiten. Es wäre freilich zu fragen, ob sich in diesem Befund prinzipielle Unterschiede zwischen den romanischen und deutschen Texten oder nicht eher unterschiedliche Wege der beiden Disziplinen spiegeln: die germanistische Heldendichtungsforschung rekurriert verstärkt auf die etablierten Probleme der Überlieferung und Stoffgeschichte, die romanistische Mediävistik ist hingegen mehr – oder zumindest auch – in die strukturalistische und semiotische Diskussion der letzten Jahre eingebunden.

III

Im Falle des höfischen Romans scheinen die Gemeinsamkeiten der französischen und deutschen Texte eine parallele Forschungsgeschichte nahezulegen. Aber auch in diesem Bereich gibt es Phasen einer weitgehenden Divergenz der jeweiligen Interessen. Zunächst überlagerte allerdings im frühen 19. Jahrhundert in beiden Ländern die Begeisterung für das sog. Nationalepos alle Bemühungen um die höfische Dichtung, die als ritterliche Kunstpoesie immer dem Verdacht des Elitär-Künstlichen ausgesetzt war. Neben einer punktuellen ›Iwein‹- und ›Tristan‹-Rezeption konnte praktisch nur der Parzival-Gral-Stoff – wohl wegen seiner deutlichen religiösen Akzentuierung – in besonderer Weise etwa das Interesse eines A. W. Schlegel, J. Grimm, K. Lachmann und L. Uhland auf sich ziehen. Bereits in diesem frühen Stadium der wissenschaftlichen Beschäftigung mit der ritterlich-höfischen Epik zeichnet sich eine Konzentration auf bestimmte Texte und Themen ab, die sich lange Zeit durchgehalten hat und erst in den letzten Jahren durch andere Texte einbeziehende Untersuchungen abgelöst wird. Schwerpunkt der Forschungsauseinandersetzung waren und sind in Frankreich wie Deutschland die Artus-, Gral- und Tristandichtungen, die andere literarische Typen, den antikisierenden Roman, den Liebes- und Abenteuerroman nichtarturischer Provenienz, zurücktreten ließen. Wie in der Forschung zur Heldenepik dominierte auch hier lange Zeit hindurch ein stoffgeschichtliches Interesse: die Frage nach der Herkunft und Übermittlung des Artusstoffes, der *matière de Bretagne*, die die Zusammenarbeit von Keltologen, Romanisten und Germanisten erforderte. Die intensiven Bemühungen um genauere Einsichten in die Vorgeschichte des Artusstoffs verdanken sich hier freilich weniger einem genuinen Interesse an frühen nationalen Ausprägungen von Sage, Märchen und Heldendichtung und ihren Spuren in der mittelalterlichen Ritterdichtung. Im Falle der Artusepen dominierte von vornherein eine literarhistorische Problematik: denn die Diskussion um die Vermittlung des keltischen Artusmaterials nach Frankreich implizierte die Frage nach der Leistung des Dichters Chrétien de Troyes, der diesem Stoff im Rahmen einer neuen Romanform in Westeuropa für Jahrhunderte zu einem ungeheuren Ansehen verholfen hat.

Kernpunkt der Auseinandersetzung, die bis in die fünfziger Jahre des 20. Jahrhunderts geführt wurde, war das Problem der Vermittlungswege für das Artusmaterial, das im 12. Jahrhundert in gelehrt-historischer bzw. pseudohistorischer, aber auch volkstümlicher, vielleicht sogar poetischer Form existierte. Die gelehrte Artusüberlieferung ist unproblematisch: sie scheint allen geistlich gebildeten Autoren bekannt gewesen zu sein und gilt als Chrétiens Hauptquelle. Umstritten waren hingegen Herkunft und Vermittlungsform jener den Artusroman bestimmenden Märchenszenerie und -motivik, die auf eine ungelehrt-mündliche keltische Überlieferung verweist, die – in England oder auf dem Festland – den Weg in die französische Dichtung gefunden hat. An den literarischen Konturen dieser keltischen Artustradition entzündete sich die Diskussion. Während etwa der Chrétien-Herausgeber Wendelin Foerster[19] für diesen Artusstoff eine eher diffuse Tradierung annahm, die erst nach Chrétiens entschlossener literarischer Ausgestaltung eine dichterische Form erhalten habe, wird seit Gaston Paris[20] bis zu Roger Sherman Loomis'[21] weitausgreifenden Untersuchungen mit einer reich entwickelten und durch zweisprachige bretonische Erzähler im französischen Sprachbereich verbreiteten keltischen Artustradition gerechnet, die schon vor Chrétien eine literarische Fixierung in französischen Prosaerzählungen erfahren habe.

Diese Debatte über die Vorgeschichte des Artusstoffes, an der sich die Germanistik – abgesehen von Untersuchungen zu den »Nebenquellen« eines Hartmann oder Wolfram – praktisch nicht beteiligt hat, hat allerdings in den letzten dreißig Jahren an Bedeutung verloren. An ihre Stelle tritt die Frage nach der Verwandlung, die die irische Mythologie bei ihrer Übertragung in einen fremden kulturellen Kontext erfahren hat, nach der Funktion der keltischen Abenteuerwelt im französischen Artusroman. Dieser ursprünglich mythologische Stoff, der bei den höfischen Dichtern sein mythologisches Sinnpotential verlor und als faszinierend-fremdartige Wunderwelt figurierte, wurde in seiner geradezu generischen Bedeutung nicht nur für die Entwicklung der mittelalterlichen Artusepik, sondern auch als produktive Basis eines Fiktionalisierungsprozesses erkannt.[22]

Im germanistischen Bereich dominierte hingegen die Phase einer thematisch-ideologischen Interpretation der vier bedeutendsten Werke: Hartmanns ›Erec‹ und ›Iwein‹, Wolframs ›Parzival‹ und Gottfrieds ›Tristan‹. Diese Arbeiten, die in der Regel von einer programmatischen »Schuld« und einem exemplarischen Sühneweg des Helden ausgehen, reduzieren allerdings sehr häufig die Artusepen zu didaktischen Thesenromanen – eine problematische Prämisse, die in den letzten Jahren verstärkt abgelehnt wird. Denn bereits die Vielfalt der Forschungsthesen zur jeweiligen Schuldfrage, aber auch die modernistisch-trivialen Resultate hinsichtlich der »Aussage« der Romane lassen vermuten, daß es bei dieser neuen Romankunst weniger um thematisch-ideologische Konsistenz, um eine besondere gedankliche Akzentuierung als um die spezielle Art der Stoffpräsentation ging.

Ähnliche Probleme werfen die neueren Versuche einer gesellschaftsgeschichtlichen Interpretation des höfischen Romans auf, die – nach frühen kulturgeschichtlich orientierten Darstellungen im 19. Jahrhundert – im Jahre 1956 mit Erich Köhlers wegweisendem Chrétien-Buch neu einsetzte, in der Germanistik allerdings erst mit einer Verzögerung von etwa zehn Jahren aufgegriffen und – vor allem durch Gert Kaisers Arbeit zu den Artusepen Hartmanns von Aue – produktiv weitergeführt wurde. Inzwischen hat sich diese Forschungsrichtung in beiden Disziplinen fest etabliert. Gemeinsam ist diesen Arbeiten die These, daß die höfischen Dichter als Angehörige oder zumindest Sprecher einer bestimmten Adelsgruppe – in Frankreich des niederen Rittertums, in Deutschland der Ministerialen – ihren Stoff im Blick auf deren Ängste, Hoffnungen oder Utopien ausgestaltet und mit unübersehbaren Identifikationsangeboten versehen hätten. Auf der Basis dieser Prämisse eines homologischen Bezugs von sozialgeschichtlichen Fakten bzw. Erklärungsmodellen und bestimmten literarischen Themen sind in den letzten Jahren eine Reihe differenzierter gesellschaftsgeschichtlich akzentuierter Analysen zu den verschiedensten Texten des 12. und 13. Jahrhunderts entstanden, die die Gattungsgeschichte des höfischen Romans als eine schrittweise Reaktion des Adels auf die für diese Gruppe bereits im 12. /13. Jahrhundert spürbaren negativen Folgen des sog. Territorialisierungsprozesses profilieren.

Diese Interpretationsversuche rekurrieren allerdings – zu ihrem Nachteil – nur in den seltensten Fällen auf jene strukturanalytische Forschungstradition, die sich – in der Nachfolge von Hugo Kuhns[23] ›Erec‹-Aufsatz des Jahres 1948 – um die Erhellung des Sinnpotentials der für den höfischen Roman Chrétienscher Prägung charakteristischen ›Symbolstruktur‹ bemüht.[24] Die in der Romanistik (Kellermann) und Germanistik bereits in den dreißiger Jahren formulierte Entdeckung, daß in Chrétiens Romanen wie auch in den deutschen Übertragungen das weitverbreitete narrative Schema der zweimaligen Ausfahrt als ein streng gegliederter Stationenweg erscheint, der sehr diffizile Wiederholungen, Analogien und Interferenzen aufweist, ist als das entscheidende sinnstiftende Schema dieses Romantyps erkannt worden: in einem »doppelten Kursus« durchlaufe der Artusheld einen Stationenweg, der nicht unbedingt eine übergreifende Aussage vermittle, sondern eher punktuell – durch strukturelle Querverbindungen im Sinne des Kontrasts, der steigernden Reprise oder Variation – einen »Sinn« des Aventiurewegs aufblitzen lasse. Fluchtpunkt dieses erzähltechnischen Spiels mit thematischen Rekurrenzen, die sich kaum einer durchgehenden Programmatik einpassen, sei die Figur des selbstbewußten, ironischen Erzählers, der durch permanente Kommentare des Romangeschehens ein Abgleiten der sinnbildlichen Präsentation in typologische oder gesellschaftsgeschichtliche Dimensionen verhindere.[25]

Damit wird zwar die Faszination deutlich, die der höfische Roman auf Autoren wie Publikum als ein »Abenteuer des Erzählens« ausgeübt haben mag. Es bleibt jedoch als ungeklärter Rest der »Sitz im Leben« dieser Dichtung, die in der zweiten Hälfte des 12. Jahrhunderts an den französischen und deutschen Fürstenhöfen im Kreis der *clercs et chevaliers*, der Hofkleriker und Ritter, entstanden ist. Er ließe sich nur durch eine Kombination weitausgreifender kulturgeschichtlicher Studien mit den verschiedensten textanalytischen Verfahren fixieren.

ANMERKUNGEN

1 Zitat bei U. Mölk (Hg.), Französische Literarästhetik des 12. und 13. Jahrhunderts, (Sammlung romanischer Übungstexte 54) Tübingen 1969, S. 6, Vv. 9–11.

2 Vgl. hierzu die informative Darstellung von R. R. Grimm, Leser und Kritiker des mittelalterlichen Romans in der Neuzeit, in: GRLMA IV, 1, S. 123–144.

3 W. Grimm, Ueber die Entstehung der altdeutschen Poesie und ihr Verhältniß zu der nordischen (1808), wieder in: G. Kozielek (Hg.), Mittelalterrezeption. Texte zur Aufnahme altdeutscher Literatur in der Romantik (Deutsche Texte), Tübingen 1977, S. 124–150, hier S. 143.

4 Wieder in: W. J. Schröder (Hg.), Das deutsche Versepos (WdF 109), Darmstadt 1969, S. 1–82.

5 A. Heusler, Lied und Epos in germanischer Sagendichtung (1905), Nachdruck Darmstadt 1956; ders., Nibelungensage und Nibelungenlied. Die Stoffgeschichte des deutschen Heldenepos (1920). Nachdruck Darmstadt 1973.

6 Heusler, Nibelungensage, S. 151.

7 Die verschiedenen Möglichkeiten der ›Nibelungenlied‹-Interpretation dokumentiert der Band von H. Rupp (Hg.), Nibelungenlied.

8 Beiträge zur Handschriftenkritik des Nibelungenliedes (Quellen und Forschungen zur Sprach- und Kulturgeschichte der germanischen Völker, NF 11), Berlin 1963.

9 Vgl. etwa den repräsentativen Querschnitt bei K. von See (Hg.), Europäische Heldendichtung; eine für die Frage der Entstehung von Großepik sehr perspektivenreiche Heusler-Kritik bietet W. Haug, Andreas Heuslers Heldensagenmodell. Prämissen, Kritik und Gegenentwurf, in: ZfdA 104 (1975) 273–292.

10 Der Sänger erzählt. Wie ein Epos entsteht, München 1975.

11 F. H. Bäuml und D. J. Ward, Zur mündlichen Überlieferung des Nibelungenliedes, in: DVjs 41 (1967) 351–390; die nachfolgenden Versuche sind aufgeführt bei E. R. Haymes, Mündliches Epos.

12 Vgl. den knappen Forschungsüberblick von H. Krauss in der Einleitung zu Altfranzösische Epik, S. 1–12.

13 Etwa in den Vorlesungen: Origines de l'épopée chevaleresque du moyen âge. In: Revue des deux mondes I,7 (1832) 513–575; 672–710; I,8 (1832) 138–194; 268–308; 425–470.

14 Der Ursprung des französischen Heldenepos (1865), wieder in: H. Krauss (Hg.), Altfranzösische Epik, S. 13–31.

15 Die altfranzösische Wilhelmsage und ihre Beziehung zu Wilhelm dem Heiligen (1896). Nachdruck Genève 1974, hier S. 136f.

16 Etwa bei H. R. Jauss, Theorie der Gattungen und Literatur des Mittelalters (1972), wieder in: H. R. J., Alterität und Modernität der mittelalterlichen Literatur. Gesammelte Aufsätze 1956–1976, München 1977, S. 107–138, hier S. 114–118.

17 Vgl. neben der Arbeit von K.-H. Bender vor allem E. Köhler, »Conseil des barons« und »jugement des barons«. Epische Fatalität und Feudalrecht im altfranzösischen ›Rolandslied‹ (1968), wieder in: H. Krauss (Hg.), Altfranzösische Epik, S. 368–412.

18 Vgl. etwa die originelle, aber problematische Arbeit von A. ADLER, Epische Spekulanten.
19 Etwa in der Einleitung zur ›Erec‹-Ausgabe: W. FOERSTER, Christian von Troyes Sämtliche Werke, III, Erec (1890). Nachdruck Amsterdam 1965, S. XXII–XLIII.
20 Vgl. etwa den einflußreichen Artikel von G. PARIS, Romans en vers du cycle de la table ronde, in: Histoire littéraire de la France, Bd. 30, Paris 1888, S. 1–19.
21 R. SH. LOOMIS, The Development of Arthurian Romance, London 1963, hier S. 32–43.
22 Sehr dezidiert formuliert diese Einsicht H. R. JAUSS, Epos und Roman – eine vergleichende Betrachtung an Texten des XII. Jahrhunderts (Fierabras – Bel Inconnu) (1962), wieder in: H. KRAUSS (Hg.), Altfranzösische Epik, S. 314–337.
23 H. KUHN, Erec (1948), wieder in: H. KUHN / CH. CORMEAU (Hg.), Hartmann von Aue, S. 17–48.
24 Zuerst bei W. KELLERMANN, Aufbaustil und Weltbild Chrestiens von Troyes im Percevalroman (Beihefte zur Zeitschrift für romanische Philologie 88), Halle 1936. Programmatisch etwa W. HAUG, Die Symbolstruktur des höfischen Epos und ihre Auflösung bei Wolfram von Eschenbach, in: DVjs 45 (1971) 668–775.
25 Vgl. etwa den perspektivenreichen Artikel von R. WARNING, Formen narrativer Identitätskonstitution im höfischen Roman, in: GRLMA IV, 1, S. 25–59.

BIBLIOGRAPHIE

Zum deutschen Heldenepos

Forschungsberichte und Überblicke

J. KÖRNER, Nibelungenforschungen der deutschen Romantik (1911); Nachdruck Darmstadt 1968. – O. EHRISMANN, Das Nibelungenlied in Deutschland. Studien zur Rezeption des Nibelungenlieds von der Mitte des 18. Jahrhunderts bis zum Ersten Weltkrieg (Münchner Germanistische Beiträge 14), München 1975. – E. R. HAYMES, Das mündliche Epos. Eine Einführung in die ›Oral Poetry‹-Forschung (Sammlung Metzler 151), Stuttgart 1977.

Einzeldarstellungen und Sammelbände

H. RUPP (Hg.), Nibelungenlied und Kudrun (WdF 54), Darmstadt 1976 – K. v. SEE (Hg.), Europäische Heldendichtung (WdF 500), Darmstadt 1978. – J. HEINZLE, Mittelhochdeutsche Dietrichepik. Untersuchungen zur Tradierungsweise, Überlieferungskritik und Gattungsgeschichte später Heldendichtung (MTU 62), Zürich und München 1978. – N. VOORWINDEN/M. DE HAAN (Hg.), Oral Poetry. Das Problem der Mündlichkeit mittelalterlicher epischer Dichtung (WdF 555), Darmstadt 1979. – M. CURSCHMANN, ›Nibelungenlied‹ und ›Nibelungenklage‹. Über Mündlichkeit und Schriftlichkeit im Prozeß der Episierung, in: CH. CORMEAU (Hg.), Deutsche Literatur im Mittelalter. Kontakte und Perspektiven. Hugo Kuhn zum Gedenken. Stuttgart 1980, S. 85–119. – A. MASSER (Hg.), Hohenemser Studien zum Nibelungenlied (Montfort. Vierteljahresschrift für Geschichte und Gegenwart Vorarlbergs. Heft 3/4. 1980), Dornbirn 1981.

Zur Chanson de geste

Forschungsbericht

K. Kloocke, Joseph Bédiers Theorie über den Ursprung der Chanson de geste und die daran anschließende Diskussion zwischen 1908 und 1968 (Göppinger Akademische Beiträge 33. 34), Göppingen 1972.

Einzeldarstellungen und Sammelbände

J. Bédier, Les légendes épiques. Recherches sur la formation des chanson de geste. III. Paris ³1929. – J. Rychner, La Chanson de geste. Essai sur l'art épique des jongleurs (Société de Publications romanes et françaises 53), Genève-Lille 1955. – R. M. Menéndez Pidal, La chanson de Roland et la tradition épique des Francs. Trad. de l'espagnol par I.-M. Cluzel. 2 éd. Paris 1960. – Chanson de geste und höfischer Roman. Heidelberger Kolloquium 30. Januar 1961 (Studia Romanica 4), Heidelberg 1963. – K.-H. Bender, König und Vasall. Untersuchungen zur Chanson de geste des XII. Jahrhunderts (Studia Romanica 13), Heidelberg 1967. – A. Adler, Epische Spekulanten. Versuch einer synchronen Geschichte des altfranzösischen Epos (Theorie und Geschichte der Literatur und der schönen Künste 33), München 1975. – H. Krauss (Hg.), Altfranzösische Epik (WdF 354), Darmstadt 1978.

Zum höfischen Roman

Forschungsberichte und Überblicke

K. O. Brogsitter, Artusepik (Sammlung Metzler 38) Stuttgart 1965. – K. Ruh, Höfische Epik des deutschen Mittelalters. I. Von den Anfängen bis zu Hartmann von Aue (Grundlagen der Germanistik 7), Berlin 1967; II. ›Reinhart Fuchs‹, ›Lanzelet‹, Wolfram von Eschenbach, Gottfried von Straßburg (Grundlagen der Germanistik 25), Berlin 1980.

Einzeldarstellungen und Sammelbände

E. Köhler, Ideal und Wirklichkeit in der höfischen Epik. Studien zur Form der frühen Artus- und Graldichtung (1956) (Beihefte zur Zeitschrift für romanische Philologie 97), Tübingen ²1970. – K. Wais (Hg.), Der arthurische Roman. (WdF 157), Darmstadt 1970. – G. Kaiser, Textauslegung und gesellschaftliche Selbstdeutung. Aspekte einer sozialgeschichtlichen Interpretation von Hartmanns Artusepen (1973), 2., neubearbeitete Aufl. unter dem Titel: Textauslegung und gesellschaftliche Selbstdeutung. Die Artusromane Hartmanns von Aue (Schwerpunkte Germanistik), Wiesbaden 1978. – H. Kuhn / Ch. Cormeau (Hg.), Hartmann von Aue (WdF 359), Darmstadt 1973. – E. Köhler (Hg.), Der altfranzösische höfische Roman (WdF 425), Darmstadt 1978. – J. Frappier / R. R. Grimm (Hg.), Le roman jusqu' à la fin du XIIIe siècle. Tome 1 (partie historique), (GRLMA IV, 1), Heidelberg 1978.

KURZVITEN

Doz. Dr. Peter DINZELBACHER, geboren am 14. Juli 1948 in Linz a. d. Donau, studierte in Graz und Wien Geschichte, Latein, Volkskunde und Kunstgeschichte. Nach seiner Promotion 1973 war er Assistent am Historischen Institut der Universität Stuttgart, wo er sich 1978 habilitierte. Sein Arbeitsschwerpunkt liegt auf dem Gebiet der mittelalterlichen Religiosität in ihren schriftlichen und bildlichen Manifestationen. Neben zahlreichen Aufsätzen und Lexikonartikeln (u. a. im *Verfasserlexikon, Lexikon des Mittelalters, Sachwörterbuch zur Literatur des europäischen Mittelalters*) erschienen als Monographien: *Die Jenseitsbrücke im Mittelalter* (1973), *Judastraditionen* (1977), *Vision und Visionsliteratur im Mittelalter* (1981), *Mittelalterliche Visionsliteratur* (Anthologie 1984/85). Er ist Herausgeber des Sammelbandes *Frauenmystik im Mittelalter* (1984).

Prof. Dr. Alfred EBENBAUER, geboren am 13. Oktober 1945 in St. Michael/Steiermark, studierte an der Universität Wien Germanistik und promovierte dort 1970 mit der Dissertation *Helgisage und Helgikult*; 1971/72 war er Assistent an der Universität des Saarlandes, 1970–1981 Assistent am Institut für Germanistik der Universität Wien. 1978 erfolgte die Habilitation an der Universität Wien mit der Habilitationsschrift *Carmen historicum*. Nach einer Gastprofessur an der Universität Innsbruck und der Übernahme einer Professur an der Universität Heidelberg wurde er 1981 auf den Lehrstuhl für Ältere Deutsche Sprache und Literatur der Universität Wien berufen. Neben Arbeiten zur altnordischen Mythologie und zur mittellateinischen Literatur veröffentlichte Ebenbauer mehrere Artikel zur deutschen Literatur des Mittelalters.

Prof. Dr. Ingeborg GLIER, geboren am 22. Juni 1934 in Dresden, studierte Anglistik, Germanistik und Geschichte in München, promovierte dort 1957/58 und habilitierte sich 1969 für Deutsche Philologie. Sie lehrt als Professor of Germanic Languages and Literatures an der Yale University in New Haven, CT, USA. Sie beschäftigt sich vor allem mit dem Minnesang und der

Literatur des Spätmittelalters und veröffentlichte u. a. *Deutsche Metrik* (1961), *Artes amandi. Untersuchung zu Geschichte, Überlieferung und Typologie der deutschen Minnereden* (1971).

Prof. Dr. Walter HAUG, geboren am 23. November 1927 in Glarus/Schweiz, promovierte 1952 an der Universität München in den Fächern Deutsche Literaturwissenschaft, Theaterwissenschaft, Philosophie und Psychologie. Er war dann Lektor und Dramaturg am Bayerischen Staatsschauspiel in München. 1966 habilitierte er sich mit einer Arbeit über orientalisch-mittelalterliche Literaturbeziehungen. 1967 wurde er auf den mediävistischen Lehrstuhl der Universität Regensburg berufen. Seit 1972 lehrt er in Tübingen. Die Schwerpunkte seiner wissenschaftlichen Veröffentlichungen liegen in den Gebieten: deutsche Heldenepik, hoch- und spähöfischer Roman, mittelalterliche Mystik, Literaturtheorie und vergleichende Literaturwissenschaft. Er ist Mitherausgeber der Deutschen Vierteljahrsschrift für Literaturwissenschaft und Geistesgeschichte.

Prof. Dr. Joachim HEINZLE, geboren am 2. August 1945, studierte Architektur, Germanistik und Geschichte in Zürich, Berlin und Tübingen, promovierte 1969 an der Freien Universität Berlin mit einer Arbeit über Wolfram von Eschenbach, habilitierte sich 1975 an der Universität zu Köln mit einer Arbeit über die mhd. Dietrichepik, wurde 1976 zum apl. Professor an der Universität zu Köln ernannt und lehrt seit 1978 als Professor für Germanistik/Mediävistik an der Universität Kassel. Er veröffentlichte Arbeiten zur deutschen Literatur des hohen und späten Mittelalters.

Dr. Anne HEINRICHS, geboren am 1. März 1912 in Horst/Holstein, Privatdozentin an der Freien Universität Berlin, Lehrtätigkeit im Fach ›Ältere Skandinavistik‹ und Wissenschaftsgeschichte des Altnordischen. Promotion 1937 an der Universität Bonn mit der Arbeit *Der germanische Ächter* (Bonner Beiträge zur Deutschen Philologie, Bd. 5, 1938). Habilitation 1981 an der Freien Universität Berlin. Veröffentlichungen: Aufsätze über die Isländersagas, vorwiegend zur Stilistik, über die Königssagas und über die Rezeption des Altnordischen im 18. Jahrhundert.

Mitherausgeberin der *Olafs saga hins helga. Die ›Legendarische Saga‹ über Olaf den Heiligen,* erschienen in Heidelberg 1982. Vorträge auf internationalen Sagakonferenzen.

Prof. emerit. Dr. Heinrich Matthias HEINRICHS, geboren 1911 in Amern am Niederrhein, gestorben 1983 in Berlin. Promotion 1937 an der Universität Bonn mit der Arbeit *Stilbedeutung des Adjektivs im eddischen Heldenlied* (Bonner Beiträge zur Deutschen Philologie, Bd. 4, 1938). Habilitation 1952 an der Universität Köln für das Fach ›Germanische Philologie mit besonderer Berücksichtigung von altnordischer Philologie und Volkskunde‹. 1960 Ordinarius an der Justus-Liebig-Universität in Gießen, 1967–1978 Ordinarius an der Freien Universität Berlin. Veröffentlichungen: *Studien zum bestimmten Artikel in den germanischen Sprachen,* (Beiträge zur deutschen Philologie, Bd. 1, 1954), Aufsätze zu allen Gebieten des weitgespannten Faches, Herausgabe der kleinen Schriften in Vorbereitung. Im letzten Jahrzehnt bedeutende Mitwirkung bei der Zusammenarbeit der Skandinavisten auf nationaler und internationaler Ebene.

Prof. Dr. Dieter KARTSCHOKE, geboren am 3. Mai 1936 in Breslau, studierte Germanistik, Anglistik und Latinistik in Heidelberg und promovierte 1963 mit der Dissertation *Die Datierung des deutschen Rolandsliedes* (1965). Bis zur Habilitation 1971 war er Wissenschaftlicher Assistent in Heidelberg und Berlin, lehrte danach an den Universitäten in Karlsruhe, Saarbrücken, Mannheim, Heidelberg und Hannover und ist seit 1980 Professor für Ältere deutsche Literatur an der Freien Universität Berlin. Veröffentlichungen zur spätantiken lateinischen und frühen volkssprachigen Literatur, zur höfischen Dichtung des 12. und 13. Jahrhunderts und zur deutschen und lateinischen Literatur des 16. Jahrhunderts, u. a. *Bibeldichtung. Studien zur Geschichte der epischen Bibeldichtung von Juvencus bis Otfrid von Weißenburg* (1975) und *Altdeutsche Bibeldichtung* (1975).

Prof. Dr. Fritz Peter KNAPP, geboren 6. Juli 1944 in Wien, war 1976–1982 ao. Univ.-Prof. für Ältere deutsche Sprache und Literatur unter Einschluß der Vergleichenden Literaturgeschichte des Mittelalters an der Universität Wien und ist seither

Professor für Ältere deutsche Literaturwissenschaft an der Universität Passau. Buchveröffentlichungen (unter anderen): *Similitudo. Stil- und Erzählfunktion von Vergleich und Exempel in der lateinischen, französischen und deutschen Großepik des Hochmittelalters*, Bd. I (1975); *Der Selbstmord in der abendländischen Epik des Hochmittelalters* (1979); *Das lateinische Tierepos* (1979).

Prof. Dr. Volker MERTENS, geboren am 14. September 1937 in Hildesheim, ist Professor für ›Ältere deutsche Sprache und Literatur‹ an der Freien Universität Berlin. Er promovierte in Würzburg 1966 über *Das Predigtbuch des Priester Konrad* und habilitierte sich dort 1976 mit einer Arbeit über Hartmann von Aue: *Gregorius Eremita.* Veröffentlichungen: *Laudine. Soziale Problematik im ›Iwein‹ Hartmanns von Aue* (1977); Aufsätze zur höfischen Epik, zum Minne- und Meistersang, zur geistlichen Lyrik und Prosa des Mittelalters; Mitherausgeber beim *Lexikon des Mittelalters;* Manuskripte für Rundfunk- und Fernsehproduktionen (SFB).

Prof. Dr. Ulrich MÜLLER, geboren am 19. Dezember 1940 in Göppingen, studierte Germanistik, Latein, Archäologie und Musikwissenschaft in Tübingen; 1971 Habilitation an der Universität Stuttgart; seit 1976 ist er Professor für Deutsche Literatur des Mittelalters an der Universität Salzburg. Veröffentlichungen vor allem zu folgenden Gebieten: zur Lyrik des Mittelalters (u. a. politische Lyrik, Oswald von Wolkenstein), zur Musik der Antike und des Mittelalters, zur Überlieferungsgeschichte (Faksimiles, EDV-Konkordanzen), zur Mittelalter-Rezeption (besonders im 20. Jahrhundert). Ein *Wagner-Handbuch* (gemeinsam mit Peter Wapnewski) ist in Vorbereitung. Mitherausgeber einiger wissenschaftlicher Reihen (Göppinger Arbeiten zur Germanistik, Litterae u. a.).

Dr. Norbert H. OTT, geboren 1942 in Coburg, studierte Germanistik, Kunstgeschichte und Geschichte in München und promovierte mit einer Arbeit über *Rechtspraxis und Heilsgeschichte. Zu Überlieferung, Ikonographie und Gebrauchssituation des deutschen ›Belial‹.* Er bearbeitet an der Bayerischen Akademie der Wissenschaften einen Gesamtkatalog der deutschsprachigen Bilderhandschriften des Mittelalters. Lehrtätigkeit an der Universität München. Ott veröffentlichte mehrere Aufsätze und Handbuchartikel hauptsächlich zur mittelalterlichen Handschriftenillustration, zu den Wechselbeziehungen zwischen Literatur und bildender Kunst und zur Chronistik im Mittelalter.

Dr. Marianne OTT-MEIMBERG, geboren 1949 in Gießen, studierte Germanistik und Geschichte in Gießen und München. Sie promovierte mit einer Arbeit zum ›Rolandslied‹ (*Kreuzzugsepos oder Staatsroman? Strukturen adeliger Heilsversicherung im deutschen ›Rolandslied‹*). Frau Ott-Meimberg ist Studienrätin für Deutsch, Geschichte und Sozialkunde in München und hat einen Lehrauftrag am Deutschen Seminar der Universität inne.

Dr. Ursula PETERS, geboren am 11. September 1944 in Würzburg, studierte Germanistik, Romanistik und Philosophie in Würzburg, Heidelberg, Berlin und Köln und promovierte im Jahre 1970 an der Freien Universität Berlin mit einer Arbeit über Ulrich von Lichtenstein. Seit 1971 ist sie als wissenschaftliche Angestellte in Konstanz tätig, sie habilitierte sich hier im Jahre 1980 mit einer Arbeit über das Thema ›Literatur in der Stadt‹.

Dr. Werner RÖCKE, geboren am 25. April 1944 in Zoppot/Danzig, studierte Germanistik und evangelische Theologie in Göttingen und Berlin, Promotion 1975. Von 1971–1975 wissenschaftlicher Assistent, seit 1977 Assistenzprofessor an der Freien Universität Berlin. Veröffentlichungen über Thomasin von Zerklaere: ›Der wälsche Gast‹ (*Feudale Anarchie und Landesherrschaft,* 1978), Berthold von Regensburg (*Vier Predigten,*1983), Herman Botes ›Ulenspiegel‹ (*Spätmittelalterliche Literatur im Übergang zur Neuzeit,* 1978), den spätmittelalterlichen Schwankroman (*Die Freude am Bösen,* 1984) sowie Aufsätze über verschiedene Themen.

Prof. Dr. Ursula SCHULZE, geboren 16. Juni 1936 in Berlin, studierte Germanistik und Geschichte, promovierte 1966 und habilitierte sich 1972 mit einer Arbeit zur mittelhochdeutschen Urkundensprache. Seit 1972 ist sie Professor für ›Ältere deutsche Sprache und Literatur‹ an der Freien Universität Berlin. Sie publizierte eine Reihe von Arbeiten zu Problemen und Autoren der höfischen Literatur des Mittelalters (Gottfried von Straßburg, Hartmann von Aue, Walther von der Vogelweide, Neidhart, Konrad von Würzburg), zum Nibelungenlied sowie zur Rezeption mittelalterlicher deutscher Literatur im 19. und 20. Jh., sie ist Mitherausgeberin des *Lexikon des Mittelalters* und des *Wörterbuchs zum Corpus der altdeutschen Originalurkunden,* dessen Publikation 1985 beginnt.

Dr. Peter K. Stein, geboren am 3. September 1940 in Matzendorf bei Wiener Neustadt, Niederösterreich, studierte zuerst Theologie (Schwaz in Tirol, 1959–1964), dann Germanistik und Anglistik in Salzburg (ab 1964). 1971 promovierte er mit einer Arbeit über *Die Rolle des Geschehens in früher deutscher Epik* (v. a. zu ›Genesis‹, ›Crescentia‹, ›Lucretia‹ und ›König Rother‹). Seit 1973 ist er wissenschaftlicher Assistent am Institut für Germanistik der Universität Salzburg. – Wissenschaftliche Veröffentlichungen in Fachzeitschriften und Kongreßberichten zu Problemen mittelalterlichen Erzählens (Walahfrid Strabo, Frau Ava, »Straßburger Alexander«, ›Staufische Klassik‹, Dietrichepik, »Orendel« sowie – mehrfach – zu Gottfrieds von Straßburg »Tristan«), Buchveröffentlichung: *Literaturgeschichte, Rezeptionsforschung, ›produktive Rezeption‹* (zu Günter de Bruyns Gottfried-Nachdichtung) 1979. Rezensions- und Lehrtätigkeit in den Bereichen germanistische Mediävistik und Sprachwissenschaft. – 1984 Habilitation für ›Ältere Deutsche Sprache und Literatur‹ an der Universität Salzburg mit Studien zu Gottfried von Straßburg sowie einer Arbeit über *›Tristan‹ in den Literaturen des europäischen Mittelalters.*

Prof. Dr. Dieter Welz, geboren 1939 in Königsberg/Pr., lebt seit 1970 in Südafrika. Er hat seit 1978 den Lehrstuhl für Deutsch der Rhodes Universität (Grahamstown) inne und gibt seit 1975 das Jahrbuch des Südafrikanischen Germanistenverbandes (Acta Germanica) heraus. Neben Veröffentlichungen in Fachzeitschriften und Sammelbänden liegen auch belletristische Publikationen vor: die Funkerzählungen *Alibi oder Kannitverstan* (1983) und *Initiation oder das Prinzip Dichtung* (1983), das Radio-Feature

Ästhetik und Apartheid (1984) und der Erzählband *Willkommen und Abschied oder Akademischer Austausch* (1984).

Prof. Dr. Ulrich Wyss, geboren am 26. Mai 1945 in Bern, Promotion 1971, Habilitation im Fach Deutsche Philologie 1978. Seit 1980 Professor an der Universität Erlangen-Nürnberg. Veröffentlichungen: *Theorie der mittelhochdeutschen Legendenepik* (1973), *Die wilde Philologie. Jacob Grimm und der Historismus* (1979), *Die Urgeschichte der Intellektualität und das Gelächter* (1983), Aufsätze und Rezensionen in Fachorganen, vor allem zur mittelalterlichen Epik, zur Rezeption mittelalterlicher Literatur und zur Wissenschaftsgeschichte der Germanistik.

AUTOREN- UND WERKEREGISTER
(Primärliteratur)

STOFFEREGISTER